Research Report on The Development of China's Green Finance

中国绿色金融发展研究报告 2021

主　　编　朱信凯　周月秋　王　文
执行主编　蓝　虹　殷　红

中国金融出版社

责任编辑：张怡妲
责任校对：孙　蕊
责任印制：张也男

图书在版编目（CIP）数据

中国绿色金融发展研究报告. 2021 / 朱信凯，周月秋，王文主编. —北京：中国金融出版社，2022.2

ISBN 978-7-5220-1495-1

Ⅰ.①中…　Ⅱ.①朱…②周…③王…　Ⅲ.①金融事业—经济发展—研究报告—中国—2021　Ⅳ.①F832

中国版本图书馆CIP数据核字（2022）第027682号

中国绿色金融发展研究报告2021
ZHONGGUO LÜSE JINRONG FAZHAN YANJIU BAOGAO 2021

出版
发行　中国金融出版社

社址　北京市丰台区益泽路2号
市场开发部　（010）66024766，63805472，63439533（传真）
网上书店　www.cfph.cn
　　　　　（010）66024766，63372837（传真）
读者服务部　（010）66070833，62568380
邮编　100071
经销　新华书店
印刷　河北松源印刷有限公司
尺寸　210毫米×285毫米
印张　27.75
字数　627千
版次　2022年3月第1版
印次　2022年3月第1次印刷
定价　108.00元
ISBN 978-7-5220-1495-1
如出现印装错误本社负责调换　联系电话(010)63263947

编委名单

高级学术顾问

刘　伟　中国人民大学校长
廖　林　中国工商银行行长

学术顾问

王利明　中国人民大学原常务副校长
周月秋　中国工商银行首席经济学家
马　骏　中国金融学会绿色金融专业委员会主任、北京绿色金融与可持续发展研究院院长
朱信凯　中国人民大学副校长、环境学院院长
吴晓球　中国人民大学原副校长

专家咨询组（以姓氏笔画为序）

马险峰　中国证监会中证金融研究院副院长
王金南　生态环境部环境规划院院长
韦洪莲　生态环境部固体废物与化学品管理技术中心总工
方锋杰　湖州银行副行长
朱　戈　北京产权交易所总经理、北京绿色交易所董事长
庄毓敏　中国人民大学财政金融学院院长、重阳金融研究院院长
刘瑞霞　金融稳定理事会气候相关财务信息披露工作组（TCFD）成员、中国银行业支持实现碳达峰碳中和目标专家工作组首席专家、中国工商银行支持碳达峰碳中和暨气候风险工作组首席专家
孙　涌　中国人民银行贵州中心支行副行长
李　强　中国工商银行专项融资部总经理
李志刚　中国工商银行信贷与投资管理部总经理
别　涛　生态环境部法规与标准司司长
张　虹　中国工商银行湖南省分行副行长
陈　明　生态环境部对外合作与交流中心副总经济师
陈朝阳　易方达基金战略规划部总经理

罗施毅　兴业银行绿色金融部总经理
周国梅　生态环境部对外合作与交流中心党委书记、主任
周爱国　江苏银行公司部总经理
郭建伟　中国金融出版社总编辑
唐　杰　中国人民大学环境学院党委书记

主　编

朱信凯　中国人民大学副校长、环境学院院长
周月秋　中国工商银行首席经济学家
王　文　中国人民大学重阳金融研究院执行院长、中国金融学会绿色金融专业委员会秘书长、
　　　　兰州大学绿色金融研究院学术委员会主任委员

执行主编

蓝　虹　中国人民大学环境学院教授、博士生导师、中国人民大学生态金融研究中心副主任、
　　　　中国环境科学学会绿色金融专业委员会副主任
殷　红　中国工商银行现代金融研究院副院长、中国金融学会绿色金融专业委员会副秘书长

编委（以姓氏笔画为序）

马　中　中国人民大学环境学院原院长、教授、博士生导师、《中国绿色金融发展研究报告
　　　　（2017—2019年）》第一主编
万　倩　衢州市人民政府金融工作办公室绿色金融服务中心副主任
王　淳　中国工商银行信贷与投资管理部专家
王　克　中国人民大学环境学院副教授
王　洋　中国工商银行现代金融研究院经理
王晓霞　中国人民大学环境学院讲师
邓凯馨　中国工商银行信贷与投资管理部经理
石　磊　中国人民大学首批杰出学者、中国人民大学环境学院院长助理、教授、博士生导师
乐　宇　中国工商银行风险管理部资深经理
冯　乾　中国工商银行风险管理部风险经理、副研究员、高级经济师
刘　援　生态环境部对外合作与交流中心高级工程师、主任专家
刘　蕾　生态环境部对外合作与交流中心工程师
刘瑞霞　金融稳定理事会气候相关财务信息披露工作组（TCFD）成员、中国银行业支持实现
　　　　碳达峰碳中和目标专家工作组首席专家、中国工商银行支持碳达峰碳中和暨气候风险
　　　　工作组首席专家
刘阳洋　清华大学绿色金融发展研究中心初级研究员

编委名单

许光清	中国人民大学环境学院副教授
严　谨	工银标准首席经济学家
杜艳春	生态环境部环境规划院助理研究员
李　乐	生态环境部对外合作与交流中心工程师
李浩东	兰州新区财政局（国有资产监督管理局）副局长
吴　蔚	中国工商银行现代金融研究院处长
吴　敏	中国工商银行湖州分行经理
邱牧远	中国工商银行现代金融研究院经理
宋　科	中国人民大学财政金融学院党委副书记、副教授
宋祎川	生态环境部环境规划院助理研究员
张　喆	生态环境部固体废物与化学品管理技术中心高级工程师
张　虹	中国工商银行湖南省分行副行长
张静文	中国工商银行现代金融研究院经理
陈思梦	中国人民银行乌鲁木齐中心支行副主任科员
昌敦虎	中国人民大学环境学院副教授、博士生导师
郆志坚	中国人民银行乌鲁木齐中心支行金融研究处处长
郑　军	生态环境部对外合作与交流中心高级工程师、主任专家
赵　阳	生态环境部对外合作与交流中心高级工程师
胡桂斌	中国工商银行信贷与投资管理部处长
贾其容	中国工商银行现代金融研究院经理
黄丁伟	湖州市人民政府金融工作办公室副主任
梅德文	北京绿色交易所总经理、中国金融学会绿色金融专业委员会副秘书长
康　立	中国工商银行现代金融研究院副处长
葛　敏	中国人民大学重阳绿色金融运营专员兼生态金融研究中心办公室副主任
葛察忠	生态环境部环境规划院管理政策所所长、研究员
程　琳	北京绿色金融与可持续发展研究院国际合作中心主任
程翠云	生态环境部环境规划院副研究员
谭　雪	国网能源研究院有限公司研究员

前　言

2020年绿色金融发展面临着前所未有的机遇和挑战。面对新冠肺炎疫情、气候变化等重大危机，人类越发认识到人与自然是命运共同体，实现经济绿色发展是全球主要政策方向。世界多国提出将绿色作为产业变革的重要方向，着力推动制定国家中长期绿色低碳发展战略。2020年7月，联合国经济社会事务部发布《2020年可持续发展目标报告》（The Sustainable Development Goals Report 2020），认为新冠肺炎疫情所带来的空前危机让2030年可持续发展目标的实现遭遇更加严峻的挑战。在后疫情时代落实《巴黎协定》和《2030年可持续发展议程》，以及全球经济要实现低碳化、生态化转型，面临比之前更大的困难。

气候风险有可能会给金融机构带来重大风险，从而使金融机构特别是商业银行气候风险管理成为2020年绿色金融发展的重要内容之一。中国人民银行《中国金融稳定报告2020》指出：气候风险是指极端天气、自然灾害、全球变暖等气候因素及社会向可持续发展转型对经济金融活动带来的潜在不确定性。为了对气候风险进行有效识别和评估，以保障金融稳定，气候相关金融信息披露工作组（TCFD）2020年发布了《风险管理整合指南》《情景分析指南》，指导企业将气候风险融入全面风险管理框架，加强气候风险的前瞻性影响评估。2021年，TCFD发布适用于不同行业的《气候相关指标、目标和转型计划》，促使各企业的披露指标更加量化和更具可比性。巴塞尔委员会也将气候风险纳入监管内容。2020年初，巴塞尔委员会成立气候相关金融风险高级别工作组（TFCR），负责推进气候风险的监管工作。TFCR计划编制气候风险量化方法、气候风险向银行体系的转移渠道等系列报告、并制定有效的气候风险监管措施。2021年4月，巴塞尔委员会发布评估气候相关金融风险的方法论、气候风险驱动因素和传导机制两份文件，引导各国监管机构将气候风险视为一类主要的金融风险。

气候转型风险已经成为我国银行面临的重大挑战。在碳达峰和碳中和的目标下，化石能源、水泥、钢铁、垃圾处理、交通运输等传统高碳排放行业面临严峻的转型风险。一是为降低碳排放，高碳行业产能将会被压降；二是随着碳排放权交易制度的完善，其生产成本将受到负面影响；三是政策层面将逐步加强对高碳行业的融资限制。这些行业信贷规模存量较大，转型需要的过渡期较长，给银行信贷质量带来较大压力。

例如，目前中国的燃煤发电装机仍在不断增长，共有9 800万千瓦的煤电项目正在建设当中，另有5 300万千瓦尚未开工但已获得核准。在2060年碳中和目标下，继续建设新的、大规模、高投资、寿命长的燃煤电厂，不仅会造成新的投资快速搁浅，还会迫使现有电厂以更新速度退役，从而给金融机构带来损失。欧盟碳边境调节机制则会加大企业生产成本，压缩利润空间，降低企业的还款能力，导致银行呆账坏账的增加，根据人民大学绿色金融团队的测算，仅仅欧盟碳边境调节机制就将给我国的商业银行带来1 661亿元的价值损失。

生物多样性严重丧失，也给金融机构带来巨大的环境风险。生物多样性和生态系统服务政府间科学政策平台（IPBES）发现，目前全球有四分之一的物种受到威胁，约100万个物种面临灭绝，大多数生态系统和生物多样性指标下降。这种下降正在破坏自然的生产力、弹性和适应性，同时也对经济造成极端风险和不确定性。新型肺炎的大流行也与自然栖息地的破坏、城市扩张等不可持续的发展方式有一定关联。后者也加剧了生物多样性损失和气候变化。生物多样性下降可以通过不同渠道影响金融资产、金融机构和金融体系。这些风险不仅是企业面临的风险，还包括家庭和公共部门，以及主权债务风险，它可能会削弱各国管理财政运作（包括长期偿债）和货币体系运作的能力。若依赖生物多样性的资产或经济活动业绩下降，金融机构就会面临损失。荷兰央行发现，荷兰金融机构36%的投资高度或非常高度依赖一种或多种生态系统服务。为减少经济相关因素对生物多样性和生态系统造成的损害而出台或出现的政府措施、技术发展和消费者偏好的改变，有可能成为转型风险，尤其是当金融机构直接或间接地暴露于这些因素之下时。与气候变化类似，生物多样性损失可能会给金融系统带来风险。这就需要对宏观经济分析和微观审慎分析进行补充，并对金融系统的相互联系和溢出风险进行宏观金融分析。

全球的央行与监管机构目前已经形成一个新的共识，即环境风险（涵盖与环境和气候相关的风险）已经成为金融风险的重大来源之一。环境和气候因素可能会演化为金融机构所面临的金融风险，也可能会对金融稳定构成系统性的威胁。2020年9月10日，央行和监管机构绿色金融网络（Central Banks and Supervisors Network for Greening the Financial System，NGFS）发布了环境风险分析领域的两份重量级文件，包括《金融机构环境风险分析综述》和《环境风险分析方法案例集》。NGFS指出，为了有效应对环境和气候相关风险，监管机构、金融机构、国际组织、第三方供应商和学术机构各界应共同努力推广环境风险分析在金融业的应用。

对金融来说，风险总是"双面刃"，既会给金融机构带来损失，也成为金融机构发展的动力和源泉。全球气候风险和生物多样性风险等环境风险的加剧，也使绿色金融变得更加重要，在全球经济绿色复苏中扮演着更为重要的角色，并获得强劲的发展，可持续金融、气候金融、生物多样性金融、保护性金融、蓝色金融等绿色金融的多种类型在全球扩展。

2020年9月，习近平主席在第七十五次联合国代表大会一般性辩论上提出"双碳"目标。据国家气候战略中心测算，为实现2060年碳中和目标，每年的资金缺口在1.6万亿元以上。

我国已经进入全球绿色金融发展的前沿方阵，在双碳目标激励下，2020年绿色金融获得了很大发展。截至2021年第二季度末，本外币绿色贷款余额13.92万亿元，同比增长26.5%，比第一季度末高1.9个百分点，高于各项贷款增速14.6个百分点，上半年增加1.87万亿元。从资产质量来看，绿色贷款中的不良贷款余额390亿元，不良率0.33%，比同期企事业单位贷款不良率低1.65个百分点，比年初下降0.24个百分点，较全国商业银行不良贷款率低1.51个百分点。其中，投向具有直接和间接碳减排效益项目的贷款分别为6.79万亿元和2.58万亿元，合计占绿色贷款的67.3%。分用途看，基础设施绿色升级产业和清洁能源产业贷款余额分别为6.68万亿元和3.58万亿元，同比分别增长26.5%和19.9%。分行业看，交通运输、仓储和邮政业绿色贷款余额3.98万亿元，同比增长16.4%，上半年增加3295亿元；电力、热力、燃气及水生产和供应业绿色贷款余额3.88万亿元，同比增长20.2%，上半年增加3 554亿元。

2020年，国际绿色债券发行量延续了增长趋势，根据气候债券倡议组织（CBI）统计，全球绿色债券发行规模达到2 901亿美元（约1.87万亿元人民币），我国虽较早就面临疫情冲击，但随着第三、第四季度经济迅速企稳，绿债发行同步回暖，全年发行量达224亿美元，规模仅次于美、德、法三国，居第四位。截至2020年末，境内绿色债券累计发行规模超过1.4万亿元，存量规模为8 132亿元，居第二位。从发行主体看，工业部门全年发行1 087.08亿元，占国内发行总额的50.19%，同比大增18.47个百分点；发行规模居第二位的是公用事业，占比为24.38%，同比增加2.19个百分点。金融业发行规模则从2016年时超90%占比，下降为17.84%。实体企业对绿色债券迅速增长的需求，有助于绿债主体的多元化。从债券利率看，AAA级1~3年期、3~5年绿债平均发行利率分别为3.27%、3.93%，同比分别下行95个、49个基点，有利于降低绿色项目融资成本。从投资范围看，我国绿色债券不断从境内走向境外。2020年10月20日，发改委、人民银行等五部门联合发印发《关于促进应对气候变化投融资的指导意见》，提出支持境内符合条件的绿色金融资产跨境转让，支持离岸市场不断丰富人民币绿色金融产品及交易，支持我国金融机构和企业到境外进行气候融资。上述政策有助于引进国际资金和境外机构投资者，推动我国绿色债券市场双向开放。2020年，中资企业直接在境外发行了29笔绿色债券，募集资金约102亿美元，为我国绿债发展开辟了新的市场。2020年，各种创新型绿债产品涌现。蓝债发行取得突破，诞生了多个国内绿债发行中的"首次"。如首个以"两山"为主题的绿色金融债、首个"应对气候变化"专题的国际绿色金融债券、首个宽基人民币信用债ESG因子指数、首单绿色资产支持商业票据等。

2020年7月15日，由财政部、生态环境部、上海市共同发起设立的国家绿色发展基金股份有限公司在上海揭牌运营，首期募资规模885亿元，重点投资污染治理、生态修复和国土空间绿化、能源资源节约利用、绿色交通和清洁能源等领域。据测算，首期国家绿色发展基金按1∶5的比例有望撬动约近4 000亿元社会资本投向生态环保领域。我国绿色公募基金数量在近几年不断快速增长，CSMAR数据库显示，2020年至今，市场上共计新发行31只绿色公募基金，较上年增长1.3倍，其中新能源主题基金占比超过90%。

2020年是ESG投资在我国资本市场实践落地的进阶之年，双碳目标的提出也为ESG投资带来新的发展机遇。2021年以来，包括银行理财子公司、公募基金在内的众多投资机构都围绕ESG主题积极布局。根据CSMAR数据库，纯ESG公募基金产品有10只，规模接近10亿元，而2019年纯ESG公募基金产品有6只，规模约6.5亿元，增长率超过50%。Wind数据显示，目前市场上存续的ESG主题相关投资基金规模合计超1 600亿元。近一年、两年、三年的平均收益率分别为43.82%、102.20%、90.51%。

2020年1月，中国银保监会发布《关于推动银行业和保险业高质量发展的指导意见》（以下简称《意见》），在绿色转型的关键时期对保险业的发展、保险产品创新和保险资金提供了明确方向。《意见》的内容既包括对已有环责险、巨灾险的要求，更强调了创新绿色保险产品的重要性。在保障生态安全与绿色发展、促进节能减排、实现气候变化的适应与应对过程中，所用到的兼顾风险管控和资金运用的手段，都可以作为绿色保险的创新发展方向。《意见》提出"探索碳金融、气候债券、蓝色债券、环境污染责任保险、气候保险等创新型绿色金融产品",要"进一步提高环境污染责任强制保险覆盖面与渗透率""推进再保险市场建设,扩大巨灾保险试点范围"。《意见》明确鼓励保险资金通过市场化方式投资产业基金。

2020年绿色保险最大的特点是与碳中和目标的融合,开发出了很多绿色保险产品,例如可再生能源项目保险、碳交易保险、林业碳汇指数保险、林业碳汇价格保险、巨灾保险、天气指数保险等。例如天气指数保险,截至2021年6月,我国天气指数保险试点产品60余种,涉及20多个省份。根据目前可获取的资料整理,共有20个省份推出41项经济作物类天气指数保险;7个省份推出12项粮食作物天气指数保险;11个省份推出13项牲畜水产养殖类天气指数保险。除了个别天气指数保险向全国推广,大部分试点地区集中在东南沿海。根据中国保险行业协会数据显示,2020年,巨灾/天气保险总保额达到3 624.99亿元,比2018年增加了803.43亿元,年均增速13.35%;巨灾/天气保险赔款达到5.058亿元,较2018年增加2.627亿元,年均增速44.24%。

碳市场在2020年取得飞跃性的进展。2020年10月,《关于促进应对气候变化投融资的指导意见》提出充分发挥碳排放权交易机制的激励和约束作用。要求稳步推进碳排放权交易市场机制建设,不断完善碳资产的会计确认和计量,建立健全碳排放权交易市场风险管控机制,逐步扩大交易主体范围,适时增加符合交易规则的投资机构和个人参与碳排放权交易。在风险可控的前提下,支持机构及资本积极开发与碳排放权相关的金融产品和服务,有序探索运营碳期货等衍生产品和业务。探索设立以碳减排量为项目效益量化标准的市场化碳金融投资基金。鼓励企业和机构在投资活动中充分考量未来市场碳价格带来的影响。2021年3月30日,生态环境部公布了《碳排放权交易管理暂行条例(草案修改稿)》首次明确提出设立碳排放政府基金,即国家碳排放交易基金,保障有偿分配收入用途。7月16日,全国碳排放权交易市场正式启动,首日成交量为410.40万吨,成交额2.1亿元。中国碳排放权交易市场一经启动,即成为全球覆盖温室气体排放量规模最大的碳市场。

国际能源署(International Energy Agency,IEA)于2021年发布的《2021世界能源投资》报告中显示,截至2020年,中国仍然是最大的能源投资市场,并且是决定全球能源投资市场趋势的主要市场。彭博新能源财经(BNEF)指出,2020年中国再次蝉联可再生能源的最大投资国,总额为836亿美元,相较2019年上升了0.24%。截至2020年底,中国风电累计装机超过2.8亿千瓦,其中,仅2020年一年,风电新增装机容量7 167万千瓦,是过去三年的总和。2020年我国光伏行业投融资金额为682亿元,同比增长279%;2020年全球太阳能企业融资总额(包括风险资本、私募股权、债务融资和公开市场融资)为145亿美元,我国占72%。

基于我国绿色金融发展中存在的问题,本报告提出了以下政策建议。

第一,优化绿色金融资金的投资结构。目前,绿色金融资金48%投在了基础设施绿色升级产业,27%投在了可再生能源和清洁能源领域,这两项占比75%以上,工业污染治理、环境修复、生态修复等领域只占不到25%。但是在绿色金融资金需求方面,这些领域的需求占到50%以上,包括节能、碳汇工程、污染治理等,都严重缺乏资金。绿色基础设施建设、可再生能源和清洁能源等,在绿色项目中属于收益相对高一些的项目,金融机构具有更强的投资意愿,而工业污染治理、碳汇工程、环境和生态修护等，收益较低风险较大，金融机构在绿色项目筛选的时候，就会更倾向于选择这些项目。但是很难获得投资的这些污染治理、碳汇林等项目，恰好是我国生态环境保护和双碳目标实现必须落实的绿色项目，因此需要通过政策引导和市场激励，优化绿色金融资金的投资结构，引导金融机构投资碳汇工程、污染治理等项目。

第二，加大绿色金融的正向激励。绿色金融具有较强的正外部性，需要财政、金融和监管的激励机制来降低融资成本，或者提高项目收益。建议给执行绿色金融政策较好的金融机构给予正向激励。例如，对于一些符合条件的绿色信贷资产，适当调低其违约概率和给定违约概率下的损失率，降低其资产风险权重，以银行内生激励机制的角度引导商业银行信贷资金向绿色领域倾斜。

第三，加强境内外绿色债券相关标准的统一。据气候债券倡议组织（CBI）统计，近年我国发行的绿色债券中，仅有约55%~75%的债券符合国际定义。主要差异集中在应对气候变化、募集资金使用、信息披露和存续期持续管理等方面。绿色金融标准的统一，有利于获得国际绿色资金的支持。建议加强境内外绿色金融相关标准的统一，中欧绿色债券标准目前已有80%的相似度，中欧还在深入开展标准的对照研究，预计共同标准有望在2022年发布。在此基础上，应充分利用气候相关财务信息披露工作组（TCFD）、"一带一路"银行间常态化合作机制（BRBR）、粤港澳大湾区绿色金融联盟等各类平台，在绿色债券募集资金投向、外部评估、信息披露、存续期管理等多方面加强国际沟通交流，扩大中欧绿债标准的影响力。同时引入公信力较高的国际认定机构参与认证评级，吸引境外ESG资金投资国内绿色债券，提升国内绿色债券发展的国际化水平。

第四，提升绿色金融与碳中和的契合度。绿色金融是实现双碳目标的重要手段，当前绿色金融政策与碳达峰、碳中和还处在融合过程中，要加快推进绿色金融与双碳目标的契合进程，强化金融产品"碳"属性，激发相关产业和企业低碳转型的活力与积极性，引导企业积极对接碳中和背景下新兴产业项目，有效解决转型企业找资金、绿色资金找企业难题。

第五，完善绿色基金的规范性。由于政策的倡导，近5年我国绿色产业基金发展迅速，但数量迅速增长的同时，基金的质量不高，同时规范性不足。由于投资标准不够清晰，管理不够规范，容易出现资金投向非绿色领域，偏离绿色投资，违约绿色基金设立目标的问题。而对于偏市场化的绿色投资基金，包括大型企业集团设立的绿色产业基金、金融机构与私人设立的PE、VC绿色基金，由于绿色标准、绿色评价、绿色认证、绿色监管尚未形成和落地，导致真假难断，只能通过基金名称或投向简单地进行识别和分类。中国证券投资基金业协会虽然已发布《绿色投资指引（试行）》，并要求基金管理人每年开展一次绿色投资情况自评估，但管理人自评偏形式化，从中国证券投资基金业协会发布的《基金管理人绿色投资自评报告》看，股权版问卷仅收到586份结果，其中，有效样本仅224份，在绿色投资产品运作方面，有19家样本私募股权机构声称发行过或正在发行以绿色投资为目标的产品，产品只数合计21只，与备案公示信息差异巨大。

目 录

1 绿色金融市场供需现状分析与预测 ·· 1
   1.1 综述 ·· 1
   1.2 清洁和可再生能源（电力）投资需求预测 ··· 4
      1.2.1 清洁和可再生能源（电力）投融资现状 ·································· 5
      1.2.2 清洁能源和可再生能源（电力）投融资资金需求 ···················· 5
   1.3 生物质开发利用（非电力）投资需求预测 ··· 7
      1.3.1 生物质开发利用（非电力）投融资现状 ·································· 7
      1.3.2 生物质开发利用（非电力）投融资需求 ·································· 7
   1.4 中国工业废水治理投资需求预测 ··· 8
      1.4.1 工业废水治理投融资现状 ·· 8
      1.4.2 工业废水治理投融资资金需求 ··· 8
   1.5 工业废气治理投资需求预测 ·· 9
      1.5.1 非电行业超低排放改造投融资 ··· 9
      1.5.2 北方地区清洁取暖治理投融资 ··· 11
      1.5.3 挥发性有机物治理投融资 ·· 11
   1.6 工业固体废物与化学品风险防范投资需求预测 ································ 12
      1.6.1 工业固体废物与化学品风险防范投融资现状 ························ 12
      1.6.2 工业固体废物与化学品风险防范投融资资金需求 ················· 13
   1.7 城镇排水投资需求预测 ··· 14
      1.7.1 城镇排水投融资现状 ··· 14
      1.7.2 城镇排水投融资资金需求 ·· 15
   1.8 城镇供水投资需求预测 ··· 15
      1.8.1 城镇供水投融资现状 ··· 16
      1.8.2 城镇供水投融资资金需求 ·· 16
   1.9 城镇生活垃圾处理投资需求预测 ·· 17
      1.9.1 城镇生活垃圾处理与投资现状 ··· 17
      1.9.2 城镇生活垃圾处理投融资需求 ··· 17
   1.10 城市轨道交通投资需求预测 ·· 18

		1.10.1	城市轨道交通投融资现状	18
		1.10.2	城市轨道交通投融资资金需求	19
	1.11	农业与农村污染防治投资需求预测	19
		1.11.1	农业污染防治投资需求预测	19
		1.11.2	农村污染防治投资需求预测	22
	1.12	生态环境修复投资需求预测	23
		1.12.1	工商业场地修复投资需求预测	23
		1.12.2	耕地土壤修复投资需求预测	25
		1.12.3	地下水修复投资需求预测	26
		1.12.4	海岸带生态环境治理修复投资需求预测	27
	1.13	生态保护与修复投资需求预测	29
		1.13.1	生态保护红线修复投资需求预测	29
		1.13.2	生物多样性保护投资需求预测	30
		1.13.3	碳汇工程投资需求预测	32
	1.14	节能与气候变化投资需求预测	33
		1.14.1	节能投资需求预测	33
		1.14.2	二氧化碳减排投资需求预测	34
	1.15	节水投资需求预测	35
		1.15.1	节水投融资现状	36
		1.15.2	节水投融资资金需求	37
	1.16	绿色建筑投资需求预测	38
		1.16.1	绿色建筑投融资现状	38
		1.16.2	绿色建筑投融资资金需求	39
	1.17	新能源汽车投资需求预测	40
		1.17.1	新能源汽车投融资现状	40
		1.17.2	新能源汽车投融资资金需求	41
2	绿色金融市场与产品	43
	2.1	绿色信贷	43
		2.1.1	政策体系不断完善	43
		2.1.2	市场稳步发展	45
		2.1.3	产品和服务持续创新	46
		2.1.4	问题与建议	47
	2.2	绿色债券	48
		2.2.1	中国绿色债券发展情况	48

2.2.2　政策与产品创新 ·· 51
　　　2.2.3　存在的问题与建议 ·· 54
　2.3　绿色基金 ·· 56
　　　2.3.1　绿色基金发展概况 ·· 56
　　　2.3.2　绿色基金的创新实践和发展趋势 ·· 61
　　　2.3.3　绿色基金发展中的不足和应对措施 ·· 66
　2.4　绿色保险 ·· 68
　　　2.4.1　绿色保险分类法的国内外比较 ·· 69
　　　2.4.2　保险行业支持绿色转型 ·· 71
　　　2.4.3　保险产品创新，助推绿色社会转型 ·· 72
　　　2.4.4　环境污染（强制）责任保险 ·· 77
　　　2.4.5　生态损害赔偿制度 ·· 83
　　　2.4.6　中国的气候保险实践 ·· 86
　　　2.4.7　中国气候保险市场现状 ·· 91
　　　2.4.8　气候保险的国际经验 ·· 103
　　　2.4.9　我国气候保险的发展建议 ·· 108
　2.5　碳金融及其他环保市场 ·· 109
　　　2.5.1　中国碳市场发展的政策环境 ·· 109
　　　2.5.2　中国试点碳市场发展情况 ·· 113
　　　2.5.3　中国全国碳市场进展 ·· 123
　　　2.5.4　未来中国碳市场发展展望 ·· 129

3　绿色金融地方试点 ·· 136

　3.1　新疆 ·· 136
　　　3.1.1　绿色金融改革创新机制不断完善 ·· 136
　　　3.1.2　创新多种绿色金融工具，健全绿色金融工具体系 ······················ 137
　　　3.1.3　防止疫情反弹及保持微观企业主体活力，精准帮扶产业链上绿色中小
　　　　　　微企业 ·· 139
　　　3.1.4　以建设绿色项目库为抓手，精准绿色金融服务对象 ·················· 140
　　　3.1.5　加大绿色金融专题调研和政策研究，总结可复制推广的经验 ········ 140
　3.2　贵州 ·· 141
　　　3.2.1　绿色金融发展概况 ·· 141
　　　3.2.2　绿色金融市场发展及产品创新 ·· 147
　　　3.2.3　绿色金融基础设施建设 ·· 149
　　　3.2.4　绿色金融项目库与绿色金融标准体系建设 ·································· 154

3.2.5 典型案例 ·········· 155

3.3 江西 ·········· 165
 3.3.1 赣江新区绿色金融改革创新试验区建设情况 ·········· 166
 3.3.2 存在问题 ·········· 167
 3.3.3 下一步工作思路 ·········· 168

3.4 广东 ·········· 169
 3.4.1 广州绿色金改区市场建设分析 ·········· 169
 3.4.2 广州绿色金改区政府政策推动分析 ·········· 175
 3.4.3 广州绿色金改区建设的特点和成效 ·········· 177
 3.4.4 广州绿色金融推动可持续、高质量发展的方向 ·········· 178

3.5 浙江 ·········· 179
 3.5.1 湖州市 ·········· 179
 3.5.2 衢州市 ·········· 183

3.6 兰州 ·········· 193
 3.6.1 重点工作进展 ·········· 194
 3.6.2 下一步工作计划 ·········· 197

4 "一带一路"投融资绿色化 ·········· 199

4.1 "一带一路"绿色金融（投资）指数 ·········· 199
 4.1.1 "一带一路"绿色金融（投资）指数价值持续提升 ·········· 199
 4.1.2 样本选择、指标体系和主要创新点 ·········· 200
 4.1.3 "一带一路"绿色发展主要特点 ·········· 201
 4.1.4 建议和展望 ·········· 205

4.2 碳中和目标下"一带一路"投资项目气候风险的系统化管理 ·········· 206
 4.2.1 "一带一路"投资项目面临的气候风险与挑战 ·········· 207
 4.2.2 投资项目气候风险管理国际经验 ·········· 208
 4.2.3 投资项目气候风险管理案例分析 ·········· 212
 4.2.4 系统推动"一带一路"投资项目气候风险管理的建议 ·········· 215

4.3 推动区域经贸合作绿色低碳发展的新契机 ·········· 215
 4.3.1 全球经济复苏呈现绿色化、区域化、数字化的新特征 ·········· 215
 4.3.2 《区域全面经济伙伴关系协定》（RCEP）为区域投资贸易绿色化带来新契机 ·········· 217
 4.3.3 协同推进 RCEP 及"一带一路"相关国家绿色低碳发展 ·········· 221

5 碳中和背景下金融机构的低碳转型 ·········· 225

5.1 全球碳中和进展 ·········· 225

5.2 碳中和对重点产业的影响 …… 227
 5.2.1 碳中和路径分析 …… 227
 5.2.2 能源行业影响分析 …… 228
 5.2.3 交通领域行业影响分析 …… 229
 5.2.4 冶金行业影响分析 …… 230
 5.2.5 水泥行业影响分析 …… 231
 5.2.6 石化、化工行业影响分析 …… 232
 5.2.7 造纸行业影响分析 …… 232
5.3 碳中和对金融业的影响 …… 233
5.4 金融机构碳中和的国际经验 …… 234
5.5 对我国金融机构的建议 …… 236

6 绿色金融与能源结构低碳转型 …… 238

6.1 中国能源投融资现状 …… 238
 6.1.1 中国能源投融资发展现状 …… 238
 6.1.2 碳达峰及碳中和目标下中国能源投融资的新特征 …… 241
 6.1.3 中国能源投融资存在的问题 …… 243
6.2 中国能源投融资未来趋势 …… 244
 6.2.1 中国能源投融资存在的风险 …… 244
 6.2.2 碳达峰及碳中和目标对能源结构转型的新要求 …… 245
 6.2.3 碳达峰及碳中和目标下中国能源投融资需求 …… 247
 6.2.4 碳达峰及碳中和目标下中国能源投融资政策建议 …… 248

7 金融机构环境信息披露 …… 250

7.1 金融机构环境信息披露框架准则比较及国际实践 …… 250
 7.1.1 国际气候相关准则概述 …… 250
 7.1.2 气候相关财务信息框架全球实践 …… 251
 7.1.3 金融机构环境信息披露全球实践趋势 …… 252
7.2 我国金融机构环境信息披露政策环境及趋势 …… 254
7.3 我国金融机构环境信息披露实践 …… 257
7.4 我国金融机构环境信息披露建议 …… 259
 7.4.1 政策层面 …… 259
 7.4.2 机构层面 …… 259

8 绿色金融与节能减排产业 …… 260

8.1 节能环保产业发展概况 …… 260

　　　　8.1.1　中国节能环保产业整体发展趋势 ·· 260
　　　　8.1.2　中国节能环保产业分行业发展现状 ·· 264
　　　　8.1.3　中国节能环保产业上市公司发展 ·· 273
　　8.2　2020 年节能环保产业的制度环境 ··· 284
　　　　8.2.1　2020 年节能环保产业发展的驱动背景 ··· 284
　　　　8.2.2　2020 年节能减排领域相关政策 ·· 288
　　　　8.2.3　绿色金融制度助力节能减排产业发展的路径实践 ···························· 291
　　8.3　绿色金融助力节能环保产业趋势和展望 ··· 296

9　绿色金融与生物多样性保护

　　9.1　生物多样性价值主流化 ·· 298
　　9.2　联合国"综合环境经济核算体系" ·· 300
　　　　9.2.1　SEEA 起源 ·· 301
　　　　9.2.2　SEEA 发展 ·· 302
　　　　9.2.3　SEEA 催生 Biofin ··· 303
　　9.3　联合国"生物多样性金融倡议" ·· 303
　　　　9.3.1　双重目标 ·· 304
　　　　9.3.2　三个步骤 ·· 304
　　　　9.3.3　四个领域 ·· 305
　　　　9.3.4　六种解决方案 ·· 306
　　　　9.3.5　Boifin 案例研究 ·· 313
　　9.4　各国转型变革的举措 ·· 317
　　　　9.4.1　举措一：核算对自然影响和依赖的成本效益 ·································· 318
　　　　9.4.2　举措二：基于生态系统建立自然资本账户 ······································ 319
　　　　9.4.3　举措三：改革金融激励以推动产业转型升级 ·································· 319
　　　　9.4.4　举措四：将自然的价值融入决策程序 ·· 320
　　　　9.4.5　举措五：赋能使全社会行动起来 ··· 321
　　　　9.4.6　案例研究 ·· 322
　　9.5　我国进展 ··· 323
　　　　9.5.1　生态补偿 ·· 324
　　　　9.5.2　市场交易 ·· 325
　　　　9.5.3　生态产品价值核算 ·· 326
　　　　9.5.4　保护区融资 ··· 328
　　　　9.5.5　案例研究 ·· 330

10 气候风险管理 ··· 331

10.1 气候风险概述 ··· 331
- 10.1.1 气候风险的相关定义 ·· 331
- 10.1.2 气候风险的特征分析 ·· 333
- 10.1.3 气候风险影响机制分析 ·· 333
- 10.1.4 气候风险监管政策进展情况 ·· 334

10.2 加强气候风险管理 ·· 335
- 10.2.1 双碳目标下银行业的机遇和挑战 ······································ 335
- 10.2.2 银行业气候风险管理的国际经验 ······································ 337
- 10.2.3 银行业气候风险管理的国内经验 ······································ 337
- 10.2.4 提升气候风险管理能力的建议 ·· 339

10.3 助力实现双碳目标 ·· 340
- 10.3.1 银行业是助力实现双碳目标的重要力量 ································ 340
- 10.3.2 银行业支持双碳目标的国际实践 ······································ 341
- 10.3.3 完善气候风险治理机制 ·· 342
- 10.3.4 提供低碳转型定制化金融服务 ·· 342
- 10.3.5 银行业支持双碳目标的国内实践 ······································ 343
- 10.3.6 应对气候变化和助力双碳目标的建议 ·································· 344

10.4 完善气候风险信息披露 ·· 345
- 10.4.1 金融稳定理事会气候风险信息披露框架 ································ 345
- 10.4.2 其他代表性气候风险信息披露框架 ···································· 349
- 10.4.3 气候风险金融信息披露实施进展情况 ·································· 350
- 10.4.4 对我国完善气候风险信息披露的建议 ·································· 352

11 绿色金融与绿色财政政策 ·· 353

11.1 2020年国外绿色金融政策进展 ·· 353
- 11.1.1 国外绿色金融政策概览 ·· 353
- 11.1.2 中外绿色金融政策合作 ·· 354

11.2 2020年国内绿色金融政策进展 ·· 355
- 11.2.1 国家绿色金融发展政策 ·· 355
- 11.2.2 地方绿色金融发展政策 ·· 356
- 11.2.3 绿色金融工具和基础设施发展 ·· 357

11.3 2020绿色财政支持绿色金融政策综述 ······································ 358
- 11.3.1 2020年财政资金支持绿色金融发展的总体情况 ························ 358

        11.3.2　2020年绿色财政政策支持绿色金融发展的具体情况 …………… 359
        11.3.3　绿色财政政策支持绿色金融发展的展望 ……………………………… 384

12　绿色金融国际合作的最新进展 ………………………………………………… 386

  12.1　G20重启可持续金融研究小组并升级为工作组 …………………………… 386
        12.1.1　改善可持续投资方法的可比性、兼容性和互操作性 ……………… 387
        12.1.2　完善环境信息披露和报告框架 ………………………………………… 387
        12.1.3　促进国际金融机构支持巴黎协定和可持续发展目标 ……………… 388
        12.1.4　预期成果 ……………………………………………………………………… 389
  12.2　NGFS将环境风险研究扩展至生物多样性领域 …………………………… 389
        12.2.1　金融业因生物多样性下降而面临的风险 …………………………… 389
        12.2.2　下一步研究计划 …………………………………………………………… 391
  12.3　GIP成立中亚办公室并计划发布第二份年报 ……………………………… 391
  12.4　绿色金融能力建设进入新阶段 …………………………………………………… 392
  12.5　我国金融中心积极参与绿色金融国际合作 …………………………………… 394
        12.5.1　北京积极建设中国首个国际绿色金融中心 ………………………… 394
        12.5.2　打造上海作为联通国内国际双循环的绿色金融枢纽 …………… 395
        12.5.3　深圳、香港：推动粤港澳大湾区成为未来全球最具活力的绿色金融
               市场 ……………………………………………………………………………… 396
  12.6　绿色金融成为气候变化大会和生物多样性大会重要议题 ……………… 396

附录　中国2020年绿色金融发展大事记 ……………………………………………… 398

后　记 …………………………………………………………………………………………… 416

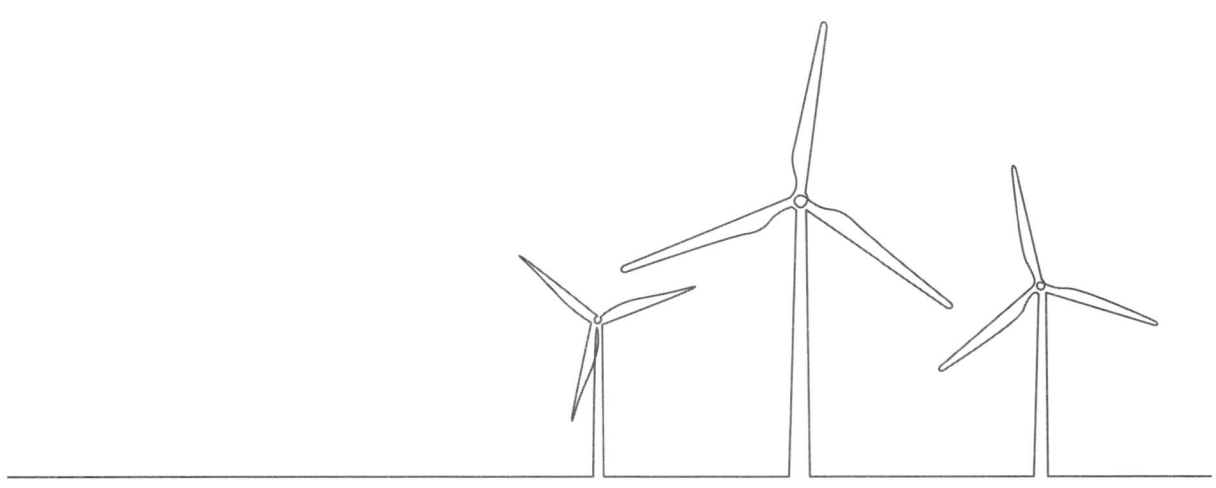

1 绿色金融市场供需现状分析与预测

1.1 综述

根据中国绿色发展和环境保护规划,中国的绿色投融资资金来自六个领域,即可持续能源、基础设施建设、环境修复、工业污染治理、能源与资源节约、绿色产品。生态保护、气候变化适应(如森林碳汇)等领域缺少发展目标和明确标准,未纳入绿色投融资的资金量测算之中。

表1-1列示了2019—2021年中国绿色投融资资金总量情况,各年绿色投融资资金量的测算方法如下。

2019年绿色投融资资金量直接来自相关领域的官方统计数据,或者根据国家制定的2019年绿色发展目标和2019年实际达到的环境保护水平,计算得到的绿色投融资资金量。

2020年绿色投融资资金量直接来自相关领域的官方统计数据,或者根据国家制定的2020年环境保护标准和2020年绿色发展目标、结合2019—2020年的绿色发展实际趋势,估算得到的绿色投融资资金量。

2021年绿色投融资资金量是达到国家制定的2021年绿色发展目标和2021年应达到的环境保护标准,结合已有数据测算得到的绿色投融资资金量(见表1-1)。

表 1-1 中国绿色投融资资金总量   单位：亿元

领域	类别	2019 年	2020 年	2021 年
可持续能源	清洁和可再生能源（电力）	2 959.0	4 691	2 563.5
	生物能（非电力）	455	1 560	1 785.6
工业污染治理	工业废水治理	144	151	83.7
	工业废气治理	731	1 107.2	722.3
	工业固体废物治理	66.1	71.3	37.7
基础设施建设（环境保护）	城镇排水	503.5	610.6	540
	城镇供水	931.1	820.5	958.34
	城市生活垃圾处理	624	697.1	810.85
	城市轨道交通	5 958.9	6 500	7 097.5
环境修复	工商业场地修复	72.94	53.12	61.31
	耕地土壤修复	536	536	619.3
	地下水修复	634.84	557.38	638.83
	农业污染防治	—	146.7	171.9
	农村污染防治	—	136.6	146.18
	海岸带修复	16	16	11.75
生态保护与修复	生态保护红线修复	386.94	422.78	303.97
	生物多样性保护	8.85	6.14	14.47
	碳汇工程	2 901.18	3 165.21	3 221.26
能源与资源节约	节能	907.8	45.85	2 017.4
	二氧化碳减排	1 287.3	390.69	2 731.89
	节水	1 989.02	3 214.18	1 705.55
绿色产品	绿色建筑	281.14	281.14	281.14
	新能源汽车	1 124.6	1 756.71	2 229.61
合计		22 519.21	26 962.4	28 691.15

根据 2019 年和 2020 年绿色金融数据，结合国家出台的相关政策和法律法规，预测 2021 年节能、二氧化碳减排、城市轨道交通、新能源汽车领域投资需求空间较大。生物能（非电力）、城镇供水、城市生活垃圾处理、环境修复、生物多样性保护、碳汇工程整体投资需求呈上升趋势。清洁和可再生能源（电力）、工业污染治理、城镇排水、生态保护红线修复、节水领域投资需求有所下降，绿色建筑投融资资金与上年度持平。

在可持续能源领域，预计 2021 年清洁和可再生能源（电力）投资需求有所下降，生物能（非电力）投资需求将有所上升。清洁和可再生能源（电力）方面，2021 年预计全国全社会用电量比 2020 年增长 6%~7%，由于风电装机单位投资成本的下降，加之容量增加的幅度保持稳定，本年的风电发电所需的资金规模预计将降低。同时，水电装机容量将随行业增速放缓而增长变慢，导致水电新增投资需求同比 2020 年降低一半以上。2019—2021 年，我国生物质开发利用（非电力）投融资资金实现大幅增长，无害化处理设施建设和规模化大型沼气工程逐渐成为生物质能重要发展方向，生物天然气有很大增长空间。当前，正值"十四五"规划的开局之年,"十四五"规划也明确提出了推动可再生能源非电利用的发展方向,因此生物质开发利用(非电力)投资前景十分乐观。

在工业污染治理领域,预计2021年整体投资需求有所下降。工业废水治理投融资资金需求降低主要原因在于除了工业废水的产生量呈现连年下降的趋势,在2020年后实现工业废水处理率达到100%目标下,2020年前后处理设施技术改造需求接近饱和,废水治理设备的改造资金需求开始缩减。工业废气治理需求有所下降但整体稳定在较高位点,投资需求较大。自2018年以来,非电行业超低排放改造、北方地区清洁取暖治理改造、挥发性有机物治理改造正如火如荼地开展,加之政策支持以及改造成本的逐渐回落,工业废气治理行业的投资前景呈现向好趋势。工业固体废物投资需求下降主要原因在于预测2021年我国的工业固体废物产生量及化工原料产生量的新增幅度将会放缓。

在基础设施建设领域,预计2021年除城镇排水投资需求下降外,城镇供水、城市生活垃圾处理、城市轨道交通领域投资需求上升,城市轨道交通领域资金需求较大。2021年我国城镇排水投融资资金需求较2020年有所降低,主要是由于2020年处于"十三五"规划的最后一年,为实现规划目标投融资需求较大,2021年后投融资又趋向平稳。2021年供水新增投资上升的主要原因是城镇供水量的增加,新增投资主要用于增加供水能力的需要和新建供水管道。2017—2020年城镇生活垃圾处理投资不断增长,主要原因是我国对美好生活环境的需求增强,生活垃圾处理成为环境治理重要领域。我国相关法律、法规以及标准出台加强了对生活垃圾的清运保障力度,促进垃圾处理行业发展。2021年,《"十三五"现代综合交通运输体系发展规划》已经完成,规划里程指标逐渐落实,同时"十四五"规划对城市交通发展提出新的要求。为实现交通强国、智能交通、现代物流、现代产业、农村振兴、都市圈交通等具体目标,城市轨道交通的投资还会进一步深化完善,投资需求较大。

在环境修复领域,预计2021年除海岸带修复投资需求有所下降外,工商业场地修复、耕地土壤修复、地下水修复、农业、农村污染防治投资需求均有所增加。工商业场地修复受疫情影响2020年工商业场地修复工程项目金额大幅降低,后疫情时代经济回转,恢复污染地块的治理与修复力度。为实现《土壤污染防治行动计划》中"到2030年,受污染耕地安全利用率达到95%以上"的目标,未来十年耕地修复投资需求空间进一步增加。"十三五"期间,我国地下水生态环境保护工作取得显著成效,但地下水生态环境保护工作起步较晚,仍需推进,仍需资金投入保持地下水环境质量的稳定。我国政策鼓励引导社会资本有序投入农业农村增加农业污染防治资金,健全多元投入保障机制,确保农业污染防治目标的完成。随着农业绿色生产方式的推进,2021年化肥减量增效试点项目、各省秸秆综合利用工作等重点任务持续进行,农村污染防治资金需求有所增加。由于"十三五"海岸带修复工作取得较好成果,后期修复任务较为轻松,海岸带生态环境治理修复投资需求略有下降。

在生态保护与修复领域,预计2021年生态保护红线修复资金需求有所下降,生物多样性保护资金需求有所增加,碳汇工程投资空间较为广阔。由于2021年处于新规划的开端年,目标完成年限还较长,造林量、防沙治沙量及退耕还湿量的估算量有所降低,导致生态保护红线修复投融资需求略微收缩。我国已初步完成国家公园的基础建设，进入国家公园成果验收阶段，新阶段对于国家公园试点有新的要求，需要大量资金满足新的发展需求，因此生物多样性保护资金需求上升。碳汇项目对减缓、适应气候变化，促进社区可持续发展以及实现"碳中和""碳达峰"的积极效益，使得该领域资金需求有所增加。

在能源与资源节约领域，预计 2021 年节能与二氧化碳减排方面投资需求明显，节水投资需求有所下降。2021 年领导人气候峰会上我国提出将力争 2030 年前实现碳达峰、2060 年前实现碳中和的远景目标。由于 2020 年全国万元国内生产总值能耗下降幅度放缓，在"十四五"开年之际，节能产业面临双碳目标下技术升级及推广新机遇。受到减污降碳、落实 2030 年应对气候变化国家自主贡献目标等碳强度控制政策目标影响，2020—2021 年，工业部门生产经营活动趋向平稳，我国工业和农业节水投融资资金降低，主要源于工业和农业节水技术已达到一定水平，节水潜力在不断缩减。

在绿色产品领域，预计 2021 年绿色建筑资金需求与上年基本持平，新能源汽车投资需求进一步增加。建筑物在建造和运行过程中消耗大量的自然资源和能源，是温室气体排放的主要来源之一，绿色建筑对空间的绿色化高效利用符合减污降碳的发展要求。"十四五"规划对于绿色建筑暂无明确规划要求，但其在建筑领域具有较好发展前景。随着碳达峰与碳中和各项政策的持续推进，政策支持叠加企业技术创新使新能源汽车在市场的推动下销量增加明显。随着锂矿、动力电池相关技术的进一步突破，2019—2021 年新能源汽车投资呈上升趋势，新能源汽车产业投资需求进一步增加。

2019 年全国万元国内生产总值二氧化碳排放下降幅度是 2020 年下降幅度的 4.1 倍，在此基础上，二氧化碳减排投资需求较 2020 年显著增强。

1.2 清洁和可再生能源（电力）投资需求预测

2019 年我国清洁和可再生能源（电力）投资为 2 959 亿元，装机容量共计 8.42 亿千瓦；2020 年我国清洁和可再生能源（电力）投资为 4 691 亿元；2020 年底，我国清洁和可再生能源发电装机达到 9.85 亿千瓦[1]，同比增长 17.0%[2]。

2021 年我国清洁和可再生能源发电投融资的总资金需求为 2 563.5 亿元，相较于 2020 年减少 55%；总装机容量达到 10.86 亿千瓦，较 2020 年增加 10.3%。

2019—2021 年，我国清洁和可再生能源发电投融资资金稳定在一定范围内，2021 年资金需求有所下降。2021 年水电、核电以及风电的投资相比于 2020 年均有所下降，光伏、生物质发电的投资显著上升。由于风电装机单位投资成本的下降，加之容量增加的幅度保持稳定，本年的风电发电所需的资金规模预计将降低。同时，水电装机容量将随行业增速放缓而增长变

---

[1] https://www.chyxx.com/industry/202106/954714.html。
[2] http://www.chinapower.com.cn/fd/hyxw/20210203/50050.html。

慢，导致水电新增投资需求同比 2020 年降低一半以上。

1.2.1　清洁和可再生能源（电力）投融资现状

根据国家能源局对 2020 年可再生能源发展情况的公示，2020 年我国清洁和可再生能源（电力）运行的相关数据如下：到 2020 年底，我国清洁和可再生能源（电力）发电装机达到 9.34 亿千瓦，同比增长 17.5%；其中，水电装机 3.7 亿千瓦、风电装机 2.81 亿千瓦、光伏发电装机 2.53 亿千瓦、生物质发电装机 2 952 万千瓦，另外核电装机 0.51 亿千瓦[①]，分别同比增长 3.9%、33.8%、24.0%、28.3% 和 4.1%。可再生能源发电装机约占全部电力装机的 29.1%，同比下降 10.4 个百分点，相比 2019 年有所下降，但依旧维持在 30% 上下[②]。

2020 年，全国风电新增并网装机 7 167 万千瓦，累计装机 2.81 亿千瓦。2020 年，全国风电发电量 4 665 亿千瓦时，连续第二年突破 4 000 亿千瓦时，同比增长 15%；平均利用小时数 2 097 小时。全国风电弃风电量 166 亿千瓦时，同比减少 3 亿千瓦时，平均弃风率为 3%，同比下降 1 个百分点，继续实现弃风电量和弃风率的"双降"。

2020 年，我国电力生产运行平稳，电力供需总体平衡。从生产端看，2020 年我国电力延续了绿色低碳发展趋势，非化石能源发电装机和发电量均保持较快增长。根据国家统计局发布的数据显示，2020 年全国水电装机容量 3.7 亿千瓦，完成投资 1 077 亿元。

截至 2020 年底，我国投入商业运行的核电机组共 49 台，装机容量达到 0.51 亿千瓦（额定装机容量）。2020 年核电完成投资 378 亿元，同比上涨 12.8%[③]。

我国 2019—2020 年清洁和可再生能源发电投资与装机容量如表 1-2 所示。

表 1-2　我国 2019—2020 年清洁和可再生能源发电投资与装机容量[④⑤]

利用能源类别	2019 年		2020 年	
	完成投资（亿元）	装机容量（亿千瓦）	完成投资（亿元）	装机容量（亿千瓦）
水电（含抽水蓄能）	814	3.56	1 077	3.7
风电	1 244	2.10	2 618	2.81
核电	335	0.49	378	0.51
光伏发电	116	2.04	218	2.53
生物质发电	450	0.23	400	0.30
合计	2 959	8.42	4 691	9.85

1.2.2　清洁能源和可再生能源（电力）投融资资金需求

在稳中求进工作总基调和国家宏观政策逆周期调节的大背景下，2021 年全社会用电量将延

---

① http://www.china-nea.cn/site/content/38577.html。
② http://zfxxgk.nea.gov.cn/2021-06/20/c_1310039970.htm。
③ http://www.nea.gov.cn/2021-01/20/c_139683739.htm。
④ https://www.chyxx.com/industry/202106/954714.html。
⑤ https://huanbao.bjx.com.cn/news/20200114/1036171.shtml。

续平稳增长，在没有大范围极端气温影响的情况下，预计2021年全国全社会用电量比2020年增长6%~7%[①]。预计2021年全国基建新增发电装机容量1.8亿千瓦左右，其中非化石能源发电装机投产1.4亿千瓦左右。正值"十四五"规划开局之年，常规电源建设年度投资整体将保持低位水平，以"风电"及"光伏"为代表的可再生能源投资将在高位水平发展。

2020年，中国水力发电装机容量达3.7亿千瓦。到2021年，常规水电与抽水蓄能电站装机预计将达到3.78亿千瓦[②]。按照平均7 050元/千瓦计算，2021年中国水电投资需要564亿元。

截至2020年底，中国累计风电并网容量已达到2.81亿千瓦。综合行业内开工建设信息、风电机组及施工招标信息、国家能源局及各地方政府的年度风电建设方案、区域风电规划、各大风电基地开发进度等信息，预计2021年中国风电新增装机在0.30亿千瓦左右[③]。按照平均3 200元/千瓦计算[④]，2021年中国风电投资需要960亿元。

近年来，我国核电"走出去"战略进展顺利，特别是与"一带一路"相关国家和地区开展了多项合作。根据2021年上半年装机容量推算2021年全年，中国核电净在运装机容量将略高于0.53亿千瓦[⑤]。按照平均8 475元/千瓦计算，2021年中国核电投资需要169.5亿元。

2020年，我国光伏装机容量为2.53亿千瓦，根据预测，2021年光伏新增装机将达0.55亿千瓦，即2021年光伏装机容量预计将达3.08亿千瓦[⑥]。光伏投资成本步入快速下降通道，我国光伏发电成本未来将大幅下降，成为可再生能源中最具有竞争力的能源。按照平均600元/千瓦计算，2021年中国太阳能发电投资需要330亿元。

随着我国大力鼓励和支持发展可再生能源，生物质能发电投资热情迅速高涨。根据上半年新增装机容量，预计2021年全年装机容量将新增0.06亿千瓦[⑦]。目前独立生物质发电项目的投资建设成本为8 000~10 000元/千瓦，据此估计，2021年生物质能发电新增投资540亿元。

综上所述，2021年我国清洁和可再生能源（电力）发电投融资的总资金需求为2563.5亿元，总装机容量达到10.86亿千瓦，如表1-3所示。

表1-3 我国2021年清洁和可再生能源发电投融资的资金需求以及装机容量

利用能源类别	资金需求（亿元）	总装机容量（亿千瓦）
水电（含抽水蓄能）	564	3.78
风电	960	3.11
核电	169.5	0.53
光伏发电	330	3.08
生物质发电	540	0.36
合计	2 563.5	10.86

---

① https://news.bjx.com.cn/html/20210202/1133986.shtml。
② https://zhuanlan.zhihu.com/p/368311560。
③ https://xueqiu.com/4289770541/163278938。
④ https://www.sogou.com/link?url=DSOYnZeCC_oFmTickJ_wjzMkVIumkSMDcjVW1uVZJtmsixzmCSwcBa3mlRzfPLR2。
⑤ https://www.163.com/dy/article/GH4S5AQL05198SOQ.html。
⑥ http://finance.eastmoney.com/a/202011181705889739.html。
⑦ http://www.hxny.com/nd-59339-0-50.html。

1.3 生物质开发利用（非电力）投资需求预测

2019 年，我国生物质开发利用（非电力）投资约为 455 亿元。根据《生物质能发展"十三五"规划》，预计 2020 年我国生物质开发利用（非电力）投资约为 1 560 亿元[①]。

2021 年，我国生物质开发利用（非电力）的资金需求为 1 875.6 亿元。

2019—2021 年，我国生物质开发利用（非电力）投融资资金实现大幅增长，无害化处理设施建设和规模化大型沼气工程逐渐成为生物质能重要发展方向，生物天然气有很大增长空间。当前，正值"十四五"规划的开局之年，"十四五"规划也明确提出了推动可再生能源非电利用的发展方向，因此生物质开发利用（非电力）投资前景十分乐观。

1.3.1 生物质开发利用（非电力）投融资现状

生物质能是重要的可再生能源，具有绿色、低碳、清洁、可再生等特点。加快生物质能开发利用，是推进能源生产和消费革命的重要内容。《中华人民共和国国民经济和社会发展第十四个五年规划和 2035 年远景目标纲要》明确提出"推动生物技术和信息技术融合创新，加快发展生物医药、生物育种、生物材料、生物能源等产业，做大做强生物经济"。国家能源局发布的《生物质能发展"十三五"规划》明确提出了"十三五"的生物质能发展目标。预计 2020 年，除生物质发电外，生物质能开发项目累计投资约为 1 560 亿元。

1.3.2 生物质开发利用（非电力）投融资需求

根据《生物质能发展"十三五"规划》，2015 年生物质成型燃料年利用量约 800 万吨；到 2020 年，生物质成型燃料年利用量 3 000 万吨。由于目前国家规划中未给出生物质成型燃料的实际投资成本数据，根据 2015—2020 年增长率推算 2021 年年利用量预计为 3 908 万吨；当前的投资成本为 282 元/吨，预计 2021 年发展生物质成型燃料的资金需求将达到 25.6 亿元[②]。

生物质液体燃料包括生物燃料乙醇、生物柴油，截至 2018 年底，燃料乙醇产能达到 322 万吨，到 2020 年，生物燃料乙醇年产量将达 400 万吨，其中，生物燃料乙醇的投资成本为 5 363 元/吨，按年增长率估算 2021 年燃料乙醇产能增加 45.8 万吨，资金需求为 24.6 亿元。2015 年，我国生物柴油产量约为 80 万吨，到 2020 年我国生物柴油年产量将达到 200 万吨，根据 2015—2020 年增长率推算 2021 年生物柴油新增产量约为 40.2 万吨，目前生物柴油的生产设备投资成本约为 1 800 元/吨，原材料收购价格为 6 000 元/吨，2021 年预计生物柴油的资金需求是 31.4 亿元。因此，2021 年生物质液体燃料资金需求为 56 亿元。

2015 年以来，随着我国环保趋严，以及"煤改气"、城市化进程加快，加大了对天然气的

---

① https://huanbao.bjx.com.cn/news/20200509/1070225.shtml。
② http://www.nea.gov.cn/2016-12/14/c_135904504.htm。

消费需求，国家加快了生物天然气开发利用政策支持。《生物质能发展"十三五"规划》中提出，到 2020 年生物质基本实现商业化和规模化利用，生物天然气产量将达 80 亿立方米，但目前距离这个目标还很远，2018 年底生物天然气总产能为 0.576 亿平方米。根据国家能源局《关于促进生物天然气产业化发展的指导意见（征求意见稿）》[①]，预计 2020 年生物天然气年产量超过 20 亿立方米，到 2025 年生物天然气产量超过 150 亿立方米。根据增长率推算 2021 年年产量应为 29.9 亿立方米。预测资金需求将达到 1 794 亿元。

综上所述，我国 2021 年生物质开发利用（非电力）的资金需求为 1 875.6 亿元。我国 2021 年生物质能（非电力）产量与投融资的资金需求如表 1-4 所示。

表 1-4　我国 2021 年生物质能（非电力）产量与投融资资金需求

	生物质成型燃料	生物质液体燃料	生物天然气	总计
产量预测	3 908 万吨	686 万吨	29.9 亿立方米	—
投资总额（亿元）	25.6	56	1 794	1 875.6

1.4　中国工业废水治理投资需求预测

2019 年，我国工业废水治理投资约为 144 亿元，2020 年我国工业废水治理投资约为 151 亿元，比 2019 年增长了 4.9%。

2021 年，我国工业废水治理资金需求为 83.7 亿元，较 2020 年减少 44.6%。

2019—2021 年，我国工业废水治理投融资资金将先升后降，主要原因在于除了工业废水的产生量呈现连年下降的趋势，要求在 2020 年后实现工业废水处理率达到 100%，因此 2020 年前后处理设施技术改造需求接近饱和[②]，废水治理设备的改造资金需求开始缩减。

1.4.1　工业废水治理投融资现状

我国目前工业废水处理设施产能利用率只有 50% 左右，因此"十四五"期间新建工程设施空间不大，升级改造的需求会有所提升。2019 年工业废水治理的工程设施投资约为 144 亿元；2020 年工业废水治理的工程设施投资约为 151 亿元[③]。

1.4.2　工业废水治理投融资资金需求

2017 年，我国工业废水排放量为 182 亿吨，占污水排放总量的 23.55%[④]，目前我国的工业废水排放量已连续多年出现下降。由于未公布近年我国工业废水的排放量，按照平均下降幅度为 2%，我们预计，2021 年的工业废水排放量为 167.9 亿吨。2019 年报告中预测从 2020 年开始

---

① https://ishare.ifeng.com/c/s/7kyFet3me1q。
② https://www.h2o-china.com/news/123313.html。
③ http://www.water8848.com/news/202002/26/122991.html。
④ http://tuozi.chinabaogao.com/gonggongfuwu/05241924R019.html。

实现工业废水排放完全达标，2019 年的工业废水排放达标率约为 94.6%，因此 2020 年的工业废水处理量相较于 2019 年新增 14 亿吨，即 384 万吨/日；按照工业污水处理设备的改造成本为 4 500 元·日/吨，得到 2020 年中国工业废水治理总资金需求为 172 亿元[①]。而根据最新数据预测 2020 年我国工业废水处理率为 97.9%[②]，因此 2021 年按完全达标计算，2021 年工业废水处理量相较于 2020 年新增 6.8 亿吨，即 186 万吨/日。按照工业污水处理设备的改造成本为 4 500 元·日/吨，得到 2021 年中国工业废水治理总资金需求为 83.7 亿元。

我国 2019—2021 年工业废水治理投资如表 1-5 所示。

表 1-5　我国 2019—2021 年工业废水治理投资　　　　　　　　　　　单位：亿元

年份	2019	2020	2021
投资金额	144	151	83.7

1.5　工业废气治理投资需求预测

2019 年，我国工业废气治理投资为 731 亿元，2020 年，我国工业废气治理投资为 1 107.2 亿元，比 2019 年增长了 51.5%[③]。

2021 年，我国工业废气治理投融资的总资金需求将达到 722.3 亿元，较 2020 年降低了 35%。

2019—2021 年，我国工业废气治理投融资资金处于先升后降的态势，但整体稳定在较高位点，投资需求较大。自 2018 年以来，非电行业超低排放改造、北方地区清洁取暖治理改造、挥发性有机物治理改造正如火如荼地开展，加之政策支持以及改造成本的逐渐回落，工业废气治理行业的投资前景呈现向好趋势。

1.5.1　非电行业超低排放改造投融资

1.5.1.1　非电行业超低排放改造投融资现状

2018 年政府工作报告明确提出，要推动钢铁等非电行业超低排放改造。非电行业超低排放改造由 2018 年拉开序幕，随后的全国环境保护工作会议再次强调，将启动钢铁行业超低排放改造。2019 年 4 月，《关于推进实施钢铁行业超低排放的意见》的发布，意味着非电行业超低排放改造正式开始。目前，各地在充分借鉴电力行业超低排放改造技术成果和经验做法的基础上，正积极推进当地钢铁行业的超低排放改造，同时水泥行业、陶瓷行业、砖瓦行业、平板玻璃行业、燃煤锅炉治理的超低排放改造也在陆续进行。2019 年非电行业超低排放改造投资达到

---

① 已根据最新数据对上期数进行调整。
② https://www.askci.com/news/chanye/20210114/1133091332584.shtml。
③ 引用自 2020 年报告测算值。

363.5亿元左右，2020年非电行业超低排放改造投资达到443.4亿元左右[①]，相较于2019年提高了22%。

1.5.1.2 非电行业超低排放改造投融资需求

钢铁行业方面，据统计2017年全国有待改造的烧结机约900台，烧结机面积约11.6万平方米。改造路线分别为：电除尘+半干法脱硫除尘+中温SCR协同净化工艺，单位投资约45万元/平方米；电除尘+活性炭协同治理工艺，单位投资约55万元/平方米，因此投资的单位成本按照平均成本50万元/平方米计算。《关于推进实施钢铁行业超低排放的意见》规定，2020年底前重点区域60%企业完成改造；到2025年底前，重点区域钢铁企业超低排放改造基本完成（100%）。按照2021—2015年五年间相同的改造速率来计算，得到2021年钢铁行业的超低排放改造资金为46.4亿元。

水泥行业方面，水泥生产过程中本身二氧化硫和烟尘排放不易超标，一般只需要设置脱硝设施。我国新型干法水泥生产线产能约每年25亿吨，其中7亿吨已有脱硝设施。水泥厂安装脱硝设施的总承包价格为300万元/亿吨，脱硝率可达60%以上。如果为全部新型干法水泥生产线安装脱硝设施，还有59.2亿元的市场空间。由于水泥行业的超低排放改造刚刚起步，预计2021年的改造率达到20%~30%，取20%，据此估计，2021年水泥行业的超低排放改造资金为11.8亿元。

陶瓷行业方面，2016年建筑陶瓷生产线3 400多条；卫生陶瓷隧道窑生产线200多条，梭式窑近千座，可改造空间大。改造路线包括袋式除尘、湿法脱硫、湿电除尘、喷雾干燥塔脱硝等系列设备，单位投资大约在600万元/生产线。假设全国范围内均根据特别排放限值进行改造，总投资约为276亿元。由于陶瓷行业的超低排放改造同样也起步较晚，预计2021年的改造率达到20%~30%，取20%，据此估计，2021年陶瓷行业的超低排放改造资金为55.2亿元。

砖瓦行业方面，2016年底我国有砖瓦企业约5万家。其中，工艺先进的隧道窑企业数量约占行业的20%；工艺落后的轮窑企业数量约占80%；可改造的隧道窑约1万条，其余将被淘汰。改造路线包括湿法除尘或脱硫除尘一体化等，单位投资320万~350万元/生产线。假设全国范围内均按照特别排放限值进行改造，总投资约为320亿~350亿元。根据《建材工业"十三五"发展规划》，加快砖瓦工业供给侧结构性改革和转型升级，及《2030年中国建材工业"创新提升、超越引领"发展战略》中2020年的发展目标，预计2021年的改造率在30%~40%，取30%，所需资金约为100.5亿元。

平板玻璃行业方面，2016年，现有平板玻璃企业222家，年生产能力14.1亿重量箱（即19.6万吨），改造路线为湿法脱硫或半干法脱硫技术、SCR脱硝等，单位投资约1 400万~1 800万元/生产线（产能为600吨/日），假设全国范围内均按照特别排放限值进行改造，总投资约为45.7亿~58.8亿元。平板玻璃行业的提标改造主要集中发生于2019—2021年，平均来看2021年所需资金约为17.4亿元。

---

① 来自上一年报告测算。

自《燃煤锅炉节能环保综合提升工程实施方案》颁布以来，燃煤工业锅炉行业迎来以燃煤清洁化、替代化为主要技术路线的节能减排革命，燃煤锅炉治理方面，假设治理成本 24 万元/台，2021 年工业锅炉治理存有 96 亿元市场空间。

综上来看，2021 年中国非电行业超低排放改造的资金需求可以达到 327.3 亿元，如表 1-6 所示。

表 1-6 我国 2021 年非电行业超低排放改造投融资资金需求　　　　　　　　单位：亿元

	钢铁行业	水泥行业	陶瓷行业	砖瓦行业	平板玻璃行业	燃煤锅炉行业	总计
投资总额	46.4	11.8	55.2	100.5	17.4	96	327.3

1.5.2 北方地区清洁取暖治理投融资

1.5.2.1 北方地区清洁取暖治理投融资现状

作为重大民生工程，清洁取暖事关千家万户，关系北方地区群众温暖过冬，是能源生产和消费革命、农村生活方式革命的重要内容。2018 年，北方地区新增清洁取暖面积约 15.5 亿平方米，清洁取暖率达到约 46%，减少散煤消费约 2 100 万吨，2018 年北方地区清洁取暖治理投资约为 371.6 亿元。估算得 2019 年的清洁取暖治理资金投资约为 197.5 亿元。

1.5.2.2 北方地区清洁取暖治理投融资需求

根据《北方地区冬季清洁取暖规划（2017—2021 年）》，到 2019 年北方地区清洁取暖率达到 50%，到 2021 年达到 70%，2020 年新增清洁取暖面积 15 亿平方米。由此可以推算 2021 年的改造面积将达到 10.5 亿平方米。由试点城市宝鸡市自 2019 年的清洁取暖改造面积及资金投入可以计算得到平均改造成本为 12.14 元/平方米①，加上取暖设备采购成本 97.5 亿元②，由此推算，2021 年的清洁取暖治理资金需求量为 225 亿元。

1.5.3 挥发性有机物治理投融资

1.5.3.1 挥发性有机物治理投融资现状

2015 年 8 月新修订的《大气污染防治法》首次将挥发性有机物（VOCs）纳入监管范围；2016 年 12 月发布的《"十三五"生态环境保护规划》，划定目标在 2020 年前，重点地区重点行业挥发性有机物排放量下降 10%以上；2018 年 1 月，环保部印发了《2018 年重点地区环境空气挥发性有机物监测方案》，确定 2018 年在污染较重的京津冀及周边、长三角、珠三角、成渝、关中地区、辽宁中南部、武汉及周边城市开展监测，其他地区可参照方案自行开展 VOCs 监测，其中直辖市、省会城市及计划单列市须开展自行监测，地级城市如已具备在线 VOCs 监测设备建议开展自行监测。据统计，2015 年我国的挥发性有机物超过 3 000 吨，2017 年我国主要污染源 VOCs 排放量在 2 500~3 000 吨。

---

① https://chplaza.com.cn/article-6389-1.html。
② http://www.chinaiol.com/heating/u/0313/47220902.html。

1.5.3.2 挥发性有机物治理投融资需求

根据《"十三五"生态环境保护规划》，到 2020 年，建立健全以改善环境空气质量为核心的 VOCs 污染防治管理体系，实施重点地区、重点行业 VOCs 污染减排，排放总量下降 10%以上。通过与 NOx 等污染物的协同控制，实现环境空气质量持续改善。

截至 2020 年，挥发性有机物的排放总量约削减 300 吨，按照 2018—2020 年以相同的治理速度削减挥发性有机物，2020 年全年应降低排放量约 100 吨。下一年保持此削减速率，因此 2021 全年应降低排放量约 100 吨。由于未透露挥发性有机物治理的相关成本，根据相关论文推算挥发性有机物（VOCs）污染治理平均成本为 1.7 亿元/吨，得到 2021 年治理挥发性有机物的资金需求约为 170 亿元。

1.6 工业固体废物与化学品风险防范投资需求预测

2019 年，我国工业固体废物与化学品风险防范投资为 66.1 亿元。2020 年工业固体废物与化学品风险防范投资为 71.3 亿元，比 2019 年增长了 7.9%。

2021 年，我国工业固体废物与化学品风险防范投资的总资金需求将达到 37.7 亿元，较 2020 年降低了 47.1%。

2019—2021 年，我国工业固体废物与化学品风险防范投资呈现先升后降的趋势，主要原因在于预测 2021 年我国的工业固体废物产生量及化工原料产生量的新增幅度将会放缓。

1.6.1 工业固体废物与化学品风险防范投融资现状

2018 年，200 个大、中城市一般工业固体废物产生量达 15.5 亿吨。数据分析，在 2018 年，重点发布的工业企业中尾矿产生量为 8.8 亿吨，占重点发布工业企业一般工业固体废物的 27.4%；其次是煤灰，生产量超过 5.3 亿吨，占比是 16.6%，此外，生产量比较大的还有煤矸石、冶炼废弃物及炉灰，生产量在 3 亿吨左右。相比危险废物，一般工业固体废物对环境的危害性比较小，但是与生活垃圾比较，其中堆肥或者焚烧的利用率又比较低，目前，我国一般工业固体废物处理的主要方法是资源化利用。据悉，在 2018 年我国一般工业固体废物综合利用量 8.6 亿吨，综合利用率为 55.5%。2018 年工业固体废物治理投资为 17.6 亿元[1]。2019 年完成工业固体废物治理投资为 31.4 亿元，2020 年完成工业固体废物治理投资为 37.2 亿元[2]

2019 年，全国乙烯产量 2 052.3 万吨，比上年增长 9.4%；纯苯 861.8 万吨，下降 2.1%；甲醇 4 936.3 万吨，增长 0.4%；涂料 2 438.8 万吨，增长 2.6%；化学试剂 2 360.7 万吨，增长 12.0%；硫酸 8 935.7 万吨，增长 1.2%；烧碱 3 464.4 万吨，增长 0.5%；纯碱 2 887.7 万

---

[1] http://www.stats.gov.cn/tjsj/zxfb/201810/t20181022_1629136.html。

[2] http://wx.h2o-china.com/news/326523.html，根据 2018—2019 年连续两年增速平均求得。

吨，增长 7.6%；合成树脂 9 574.4 万吨，增长 9.3%；合成纤维单（聚合）体 7 405.9 万吨，增长 9.9%。此外，生产轮胎外胎 8.42 亿条，增长 1.9%。2019 年化工产品的总产量达到 4.85 亿吨。

2020 年主要产品中，乙烯产量 2 160 万吨，同比增长 4.9%。初级形态的塑料产量 10 355 万吨，增长 7%；合成橡胶产量 740 万吨，增长 0.5%；合成纤维产量 5 634 万吨，增长 3.8%。烧碱产量 3 643 万吨，增长 5.7%；纯碱产量 2 812 万吨，下降 2.9%。化肥产量 5 396 万吨，下降 0.9%；其中氮肥增长 2.7%，磷肥下降 6.9%，钾肥下降 7%。农药产量 215 万吨，下降 1.1%。橡胶轮胎外胎产量 81 848 万条，增长 1.7%。电石产量 2 792 万吨，增长 4.5%[①]。2020 年化工产品的总产量达到 4.76 亿吨[②]。

根据相关化工企业化学品风险防范改造投资得到单位改造成本为 66.7 元/吨，得到 2019 年我国化学品风险防范所需的资金为 34.7 亿元。2020 年我国化学品风险防范所需的资金为 34.1 亿元。

综上所述，2019 年我国工业固体废物与化学品风险防范投融资资金需求为 66.1 亿元。2020 年我国工业固体废物与化学品风险防范投融资资金需求为 71.3 亿元。

1.6.2 工业固体废物与化学品风险防范投融资资金需求

根据国务院 2016 年 12 月出台的《"十三五"节能减排综合工作方案》，到 2020 年，工业固体废物综合利用率达到 73% 以上。据估计，2020 年的一般工业固体废物产生量将缩减至 13.8 亿吨，2021 年将进一步缩减至 13.4 亿吨[③]。若 2020 年综合利用率 73%，则 2020 综合利用量应达到 10.1 亿吨；若到 2021 年综合利用率达到 80%，则综合利用量应达到 10.7 亿吨，即 2021 年新增的工业固体废物治理能力为 16.44 万吨/日，单位处理成本约 1.4 元/吨/日，则我国 2021 年工业固体废物治理投融资的资金需求将达到 23 亿元。

根据宏观经济运行趋势、行业生产、价格走势、结构调整变化以及新冠肺炎疫情等因素综合分析判断，预计 2021 年的化工原料同比上涨 4.6%[④]，达到 4.98 亿吨。根据相关化工企业化学品风险防范改造投资得到单位改造成本为 66.7 元/吨，得到 2021 年我国化学品风险防范所需的资金为 14.7 亿元。

综上所述，2021 年我国工业固体废物与化学品风险防范投融资资金需求为 37.7 亿元。

我国 2019—2021 年工业固体废物治理与化学品风险防范投资如表 1-7 所示。

表 1-7 我国 2019—2021 年工业固体废物治理与化学品风险防范投资　　单位：亿元

年份	2019	2020	2021
投资金额	66.1	71.3	37.7

---

① https://www.sohu.com/a/457830000_120207616。
② https://xueqiu.com/1533701086/183066233。
③ https://www.docin.com/p-2167680601.html。
④ https://xueqiu.com/8302426719/144674318，引用 2019 年数据。

1.7 城镇排水投资需求预测

2019年,我国城镇污水处理厂污水处理能力为1.77亿立方米/日,新增管道建设6.05万千米,新增投资503.5亿元;2020年,我国城镇污水处理厂污水处理能力为1.92亿立方米/日,新增管道建设6.58万千米,新增投资610.6亿元。

2021年,全国污水处理能力为2.32亿立方米/日,比2020年新增0.4亿立方米/日;排水管道长度增加2万千米,新增管网投资为140亿元。2021年我国城镇排水投资需求达540亿元。

2021年我国城镇排水投融资资金需求较2020年有所降低,主要是由于2020年处于"十三五"规划的最后一年,为实现规划目标投融资需求较大,2021年后投融资又趋向平稳。

1.7.1 城镇排水投融资现状

2018年我国废水排放量达631.71亿吨,工业废水排放量为110.59亿吨,城镇生活污水排放量为521.12亿吨;2019年废水排放量达661.53亿吨,较2018年增长4.72%,工业废水排放量为106.88亿吨,2019年的城镇生活污水排放量为554.65亿吨[1]。2020年我国城镇常住人口为90 199万人[2],2019年我国城镇常住人口84 843万人[3],比上年末增加5 356万人,增加了6.31%,2020年城镇生活污水产生量为589.65亿吨,城镇生活污水处理量将为360亿吨。

我国污水处理厂数量不断增加,2018年污水处理厂数量为2 321座,2019年增至2 471座,同比增长6.46%;污水处理厂污水处理能力大幅提升,2018年污水处理厂污水处理能力1.69亿立方米/日,2019年增至1.77亿立方米/日,同比增长4.73%[4]。2019年城镇污水处理能力较上年增加0.08亿立方米/日,按照每日吨污水处理能力的建设成本1 000元计算[5],新增投资80亿元。根据《"十三五"全国城镇污水处理及再生利用设施建设规划》,我国"十三五"的城镇污水处理能力将提升0.52亿立方米/日,2015年城镇污水处理能力为1.4亿立方米/日,由此推算到2020年我国的城镇污水能力将达到1.92亿立方米/日,较2019年增加0.15亿立方米/日。按照每日吨污水处理能力的建设成本1 000元计算,所需资金量达到150亿元。

2018年我国排水管道长度为68.35万千米,2019年我国排水管道长度为74.40万千米[6],同比增长8.85%。假定2020年排水管道同比率增长,2020年我国排水管道长度为80.98

---

[1] 《中国城市建设统计年鉴》。
[2] http://www.gov.cn/guoqing/2021-05/13/content_5606149.htm。
[3] https://m.huaon.com/detail/687818.html。
[4] https://www.ybzhan.cn/news/detail/86514.html。
[5] http://www.cathayripe.com/new/hydt/8.html。
[6] 数据来源:中华人民共和国住房和城乡建设部。

万千米,新增管道建设 6.58 万千米。城镇排水管网建设投资成本为 70 万元/千米①,则 2020 年新增管网投资为 460.6 亿元。

1.7.2 城镇排水投融资资金需求

根据《"十四五"全国城镇污水处理及再生利用设施建设规划》,我国"十四五"期间,新增污水处理能力 2 亿立方米/日。因此,推算 2021 年我国城镇污水能力较上年将增加 0.4 亿立方米/日,按照每日吨污水处理能力的建设成本 1 000 元计算,所需资金量达到 400 亿元。

根据《"十四五"全国城镇污水处理及再生利用设施建设规划》,我国"十四五"期间,新增和改造污水收集管网 8 万千米,按照 2021—2025 年以相同的建设速度来计算,2021 年我国排水管道长度增加 2 万千米,新增管网投资为 140 亿元。

综上所述,2021 年城镇排水投资共计 540 亿元。

我国 2019—2021 年城镇排水投资与处理能力如表 1-8 所示。

表 1-8 我国 2018—2020 年城镇排水投资与处理能力

年份	污水处理能力（亿吨/日）	新增污水处理能力（亿吨/日）	新增投资（亿元）
2019	1.81	0.08	503.5
2020	2.04	0.15	610.6
2021	2.68	0.4	540

1.8 城镇供水投资需求预测

2019 年,我国供水管道长度 92 万千米,年供水总量为 628.3 亿立方米,较 2018 年 614.6 亿立方米增长 2.23%。2020 年,我国供水管道长度为 97.9 万千米,年供水总量为 673.8 亿立方米,城镇供水投资 820.5 亿元,较 2019 年 931.1 亿元降低 11.88%。

近年来我国城市供水总量总体呈现上升态势。2021 年,我国城镇供水总量预计达到 722.29 亿立方米,管网漏损率控制在 9.5%,中国城镇供水投融资的资金需求为 958.34 亿元,较 2019 年下降。

2021 年供水新增投资上升的主要原因是城镇供水量的增加,新增投资主要用于增加供水能力的需要和新建供水管道。

---

① 参考：http://wenku.baidu.com/link?url=zh4MCMB_KCFenS8BA6aSwGPnZ82_hzccjUo4vCSa-kx5MY8rd-VCCgbNgyKIS-DhJYyIH42GQda8KxkNQaa-BE4Q-xrGv424RhPfMayVl86K,工程总投资 3 986.57 万元,新建排水管 58 千米,则排水管网投资成本为 69 万元/千米；参考：http://www.shehong.gov.cn/xxgk/zbcg/201507/t20150708_49418.html,金华镇城区污水管网改造建设工程投资为 1 600 万元,建设生活污水收集管网 23 千米,投资成本为 70 万元/千米。

1.8.1 城镇供水投融资现状

2018年,我国城镇人口达8.31亿人,其中城镇用水人口为5.03亿人[①],占比为60.53%,城镇供水量为614.6亿立方米,城镇供水投资543亿元;2019年我国城镇人口达8.48亿人,城镇用水人口为5.18亿人,占比为61.08%,比2018年增长0.55%,城镇供水总量为628.3亿立方米[②],供水投资为560.1亿元[③]。2019年人均供水量为121.19立方米,单位水量的供水投资为0.89元/立方米。2020年我国城镇人口达9.02亿人,假设城镇用水人口增速与2019年相同,2020年城镇用水人口为5.56亿人,供水总量为673.82亿立方米,供水投资为599.7亿元。

国务院关于印发水污染防治行动计划的通知》(国发〔2015〕17号)要求到2017年,全国公共供水管网漏损率控制在12%以内;到2020年,控制在10%以内。2015年以来,公共供水管网漏损控制水平有了一定提高,管网漏损率逐年降低,2019年城镇公共供水管网漏损率为10.5%,2020年城镇公共供水管网漏损率为10%,较2019年降低0.5%。2018年供水管道长度长度为86.5万千米,2019年供水管道长度长度为92万千米,假设管网长度年增长率不变,2020年管网长度为97.9万千米,管网改造6.31万千米;2021年管网长度为104.1万千米,管网改造6.31万千米。

1.8.2 城镇供水投融资资金需求

2021年,预计中国城镇人口为9.59亿人,城镇供水服务人口5.96亿人。按照每人每日用水量不变的原则,2021年城镇供水总量为722.29亿立方米,比2020年增加了48.47亿立方米,新增供水量0.13亿立方米/日。按照当前投资水平,需要新建水厂及管网投资642.84亿元。

按照《水污染防治行动计划》的要求,到2020年,全国公共供水管网漏损率控制在10%以内。假定2021年按相同的比例改善公共供水管网漏损率,则2021年公共供水管网漏损率控制为9.5%。减少供水管网漏损率需要对老旧管网计划性改造、局部简易改造等,管网改造投资水平为管网建设投资水平的二分之一,即50万元/千米。2021年管网改造6.31万千米,管网改造投资为315.5亿元。

2021年,新建水厂及管网投资642.84亿元,管网改造投资为315.5亿元,中国城镇供水投融资的资金需求为958.34亿元。

我国2019—2021年城镇供水投资与供水量如表1-9所示。

---

① https://huanbao.bjx.com.cn/news/20201222/1124210-3.shtml。
② 数据来源:《中国城市建设统计年鉴》。
③ https://www.qianzhan.com/analyst/detail/220/210121-263c690f.html。

表 1-9 我国 2019—2021 年城镇供水投资与供水量

年份	城镇供水总量（亿立方米）	新增供水量（亿立方米）	新增投资（亿元）
2019	628.3	11.3	931.1
2020	673.82	22.6	820.5
2021	722.29	48.47	958.34

1.9 城镇生活垃圾处理投资需求预测

《"十三五"全国城镇生活垃圾无害化处理设施建设规划》中提出加快处理设施建设、完善垃圾清运体系、加大存量治理力度、推进餐厨垃圾资源化利用与无害化处理、推行生活垃圾分类、加强监管能力建设等目标，预计全国城镇生活垃圾无害化处理设施建设总投资约 2 518.4 亿元。2017—2020 年城镇生活垃圾处理投资不断增长，主要原因是我国对美好生活环境的需求增强，生活垃圾处理成为环境治理重要领域。我国相关法律、法规以及标准出台加强了对生活垃圾的清运保障力度，促进垃圾处理行业发展。

1.9.1 城镇生活垃圾处理与投资现状

2017 年，全国城市生活垃圾清运量为 2.15 亿吨，市容环卫专用车辆设备 22.8 万台，垃圾填埋场数量为 654 处。2017 年，生活垃圾处理投资为 355.7 亿元，城镇生活垃圾无害化处理能力达到 57.63 万吨/日，较 2016 年增加 5.9 万吨/日。

2018 年，全国城市生活垃圾清运量为 2.28 亿吨，市容环卫专用车辆设备 25.2 万台，垃圾填埋场数量为 663 处。2018 年，生活垃圾处理投资为 535.9 亿元，城镇生活垃圾无害化处理能力达到 61.82 万吨/日，较 2017 年增加 4.19 万吨/日。[①]

2019 年，全国城市生活垃圾清运量为 2.42 亿吨，生活垃圾处理投资为 624.04 亿元，城镇生活垃圾无害化处理能力达到 65.79 万吨/日，较 2018 年增加 3.97 万吨/日[②]。

2020 年，全国城市生活垃圾清运量为 2.42 亿吨，生活垃圾处理投资为 697.06 亿元，城镇生活垃圾无害化处理能力达到 69.75 万吨/日，较 2019 年增加 3.96 万吨/日[③]。

1.9.2 城镇生活垃圾处理投融资需求

2020 年 1 月，环境保护部印发《关于生活垃圾焚烧厂安装污染物排放自动监控设备和联网有关事项的通知》，提出 2020 年底将建立较为完善的城镇生活垃圾处理监管体系。2021 年 5 月，发改委和住建部印发《"十四五"城镇生活垃圾分类和处理设施发展规划》，对未来五年垃圾资源化利用率、垃圾分类收运能力、垃圾焚烧处理能力提出了具体目标。为实现新阶段的发

---

① https://data.stats.gov.cn/easyquery.htm?cn=C01&zb=A0B09&sj=2020。
② https://new.qq.com/omn/20210427/20210427A03IPT00.html。
③ https://www.ndrc.gov.cn/xxgk/zcfb/ghwb/201701/t20170122_962225.html?code=&state=123。

展目标，我国势必需要进一步加大投资力度、增强基础设施建设。

根据 2017—2020 年的城镇生活垃圾处理和投资相关数据进行预测，2021 年全国城市生活垃圾清运量为 2.67 亿吨，生活垃圾处理投资为 810.85 亿元，城镇生活垃圾无害化处理能力达到 73.73 万吨/日，较 2020 年增加 3.98 万吨/日。

我国 2019—2021 年城镇生活垃圾处理投资与处理量如表 1-10 所示。

表 1-10 我国 2019—2021 年城镇生活垃圾处理投资与处理量

年份	垃圾清运量（亿吨）	垃圾无害化处理量（万吨/日）	年完成投资额（亿元）
2019	2.42	65.79	624.0
2020	2.54	69.75	697.1
2021	2.67	73.73	810.85

1.10 城市轨道交通投资需求预测

2017 年全国城市轨道交通完成投资额较 2016 年大幅度上升，主要源自 2017 年出台的《"十三五"现代综合交通运输体系发展规划》，城市轨道交通投融资的资金需求趋于明朗。2018 年新增投资有所下降，由于 2015 年国家发展改革委、交通运输部于 2016 年 3 月联合印发的《交通基础设施重大工程建设三年行动计划》进行到最后一年，且基本完成预期。2021年，《"十三五"现代综合交通运输体系发展规划》已经完成，规划里程指标逐渐落实，同时"十四五"规划对城市交通发展提出新的要求。

1.10.1 城市轨道交通投融资现状

2017 年，全国共计开通城轨交通线路 165 条，运营线路长度达 5 032.7 千米，当年新增运营线路长度 879.9 千米，同比增长 21.2%，当年完成投资 4 761.6 亿元。

2018 年，全国共计开通城轨交通线路 185 条，运营线路总长度 5 761.4 千米，当年新增运营线路长度 728.7 千米，城市轨道交通当年完成投资 5 470.2 亿元，同比增长 14.9%。

2019 年，全国共计开通城轨交通线路 208 条，运营线路长度达 6 736.2 千米，当年新增运营线路长度 974.8 千米，同比增长 16.9%；当年完成投资 5 958.9 亿元，同比增长 8.9%。

2020 年，全国共计开通城轨交通线路 233 条，运营线路长度达 7 545.5 千米，当年新增运营线路长度 809.3 千米，同比增长 12.0%[1]。当年完成投资 6 500 亿元，同比增长 9.1%，年度完成建设投资额创历史新高[2]。

2021 年，预计将新增运营线路 730.0 千米，预计投资金额为 7 097.5 亿元。

---

[1] 数据来源：中华人民共和国交通运输部。
[2] https://www.sohu.com/a/402881727_120113054。

1.10.2 城市轨道交通投融资资金需求

《"十三五"现代综合交通运输体系发展规划》提出,以轨道交通和高速公路为骨干,以国省干线公路、通勤航空为补充,加快推进城市群(圈、带)多层次城际快速交通网络建设,适应城市群发展需要。建设京津冀、长江三角洲、珠江三角洲三大城市群以轨道交通为主的城际交通网络。到2020年,城市轨道交通运营里程达到6 000千米,推进城区常住人口300万以上的城市轨道交通成网。

目前现有运营线路总长度为7 545.5千米,已达到《"十三五"现代综合交通运输体系发展规划》目标要求。2021年是"十四五"规划的开端之年,为实现交通强国、智能交通、现代物流、现代产业、农村振兴、都市圈交通等具体目标,城市轨道交通的投资还会进一步深化完善①。

我国2019—2021年城镇城市轨道交通投资如表1-11所示。

表1-11 我国2019—2021年城镇城市轨道交通投资

年份	轨道交通线路(千米)	新增城市轨道交通(千米)	新增投资(亿元)
2019	6 736.2	974.8	5 958.9
2020	7 545.5	809.3	6 500
2021	8 275.5	730.0	7 097.5

1.11 农业与农村污染防治投资需求预测

1.11.1 农业污染防治投资需求预测

农业农村部于2015年打响了农业面源污染治理攻坚战,提出了到2020年实现农业用水总量控制、化肥农药使用量减少、畜禽粪便秸秆地膜基本资源化利用的"一控两减三基本"的目标任务,2017年进一步聚焦重点领域和关键环节,启动实施了畜禽粪污资源化利用、果菜茶有机肥替代化肥、东北地区秸秆处理、农膜回收和以长江为重点的水生生物保护行动等农业绿色发展五大行动②。2018年,生态环境部和农业农村部印发《农业农村污染治理攻坚战行动计划》,提出2020年要完成的主要任务:加强农村饮用水水源保护、加快推进农村生活垃圾污水治理、着力解决养殖业污染、有效控制种植业污染、提升农业农村环境监管能力③。

2021年4月,农业农村部和国家乡村振兴局引发《社会资本投资农业农村指引》,鼓励引导社会资本有序投入农业农村,健全多元投入保障机制,确保农业污染防治目标的完成。2021

---

① https://mp.weixin.qq.com/s?__biz=MzI3MDQwMDQ5NQ==&mid=2247527993&idx=2&sn=b766f7ef731c30b336a55c89be6a1a35&scene=0。
② http://www.moa.gov.cn/xw/zwdt/201807/t20180726_6154819.htm。
③ http://www.mee.gov.cn/xxgk2018/xxgk/xxgk03/201811/t20181108_672959.html。

年，农业污染防治投资需求约为171.9亿元。

1.11.1.1 农业污染防治投融资现状

2016年，农业部会同财政部围绕构建环京津冀生态一体化屏障，投入资金10亿元，在河北、山西、内蒙古、辽宁、吉林、黑龙江、江苏、安徽、山东、河南10省（区）90个县，按照"整县推进、多元利用、政府扶持、市场运作"的原则，开展了秸秆综合利用试点[1]。2016—2018年我国投入资金38亿元，补助支持240个县开展秸秆综合利用，加大秸秆还田、离田等机具补贴力度；2017年共安排秸秆粉碎还田机、捡拾打捆机，购置补贴4.6亿元[2]。

2016年，中央财政安排资金6.94亿元，支持开展测土配方施肥，普及科学施肥技术。2017年起，在100个重点县（市、区）开展有机肥替代化肥示范，对蔬菜、果树等作物上使用低毒生物农药给予适当补贴[3]。2017—2019年，已在175个县开展果菜茶有机肥替代化肥，300个县实施化肥减量增效[4]，我国水稻、玉米、小麦三大粮食作物化肥利用率为39.2%，比2017年提高1.4个百分点。农药利用率为39.8%，比2017年提高1.0个百分点[5]。全国测土配方施肥技术应用面积19.3亿亩次。绿色防控面积超过8亿亩，三大粮食作物病虫害统防统治覆盖率达到40.1%。

2020年，农业农村部会同有关部门安排中央资金4.4亿元，支持"无废城市"试点地区24个畜牧大县开展畜禽粪污资源化利用。人民银行支持试点城市大力发展绿色金融。市场监管总局批准发布8项"无废城市"建设相关国家标准。商务部推动发布《报废机动车回收管理办法》，累计创建231家绿色商场。邮政局指导试点城市探索应用快递绿色包装[6]。

2021年，《农业农村部关于落实好党中央、国务院2021年农业农村重点工作部署的实施意见》提出，要推行农业绿色生产方式。继续推进化肥农药减量化，优化实施果菜茶有机肥替代化肥试点，研究制定大田作物有机肥施用政策，构建有机肥施用长效机制。扶持发展植保社会化服务组织，推广绿色防控产品和技术，创建100个绿色防控示范县[7]。

全国每年产生畜禽粪污总量达到近40亿吨，畜禽养殖业排放物化学需氧量达到1 268万吨，占农业源排放总量的96%，是造成农业面源污染的重要原因[8]。2017年，财政部、农业部启动实施畜禽粪污资源化利用试点，安排资金20亿元，支持51个畜牧大县整县开展畜禽粪污资源化利用[9]，同年出台《全国畜禽粪污资源化利用整县推进项目工作方案（2018—2020年）》。2019年中央预算内投资继续支持畜禽粪污资源化利用整县推进项目建设，项目县名额

---

[1] https：//www.sohu.com/a/192048612_774224。
[2] https：//www.sohu.com/a/192048612_774224。
[3] http：//jiuban.moa.gov.cn/zwllm/tzgg/tz/201709/t20170912_5812571.htm。
[4] https：//www.sohu.com/a/304023935_754111。
[5] https：//baijiahao.baidu.com/s?id=1653352937217162744&wfr=spider&for=pc。
[6] http：//www.mee.gov.cn/xxgk2018/xxgk/xxgk15/202005/t20200515_779537.html。
[7] https：//zbdi.sdut.edu.cn/2021/0304/c4620a416419/page.htm。
[8] http：//www.zhonghaihuanjing.com/nd.jsp?id=19&groupId=-1。
[9] https：//www.sohu.com/a/224098067_661251。

分配共 83 个，2019 年上半年安排中央预算内投资 37 亿元[①]。

2012—2015 年我国支持以县市为单位开展地膜回收利用工程和能力建设，试点范围已覆盖新疆、甘肃、内蒙古、河北等 11 个省（区、兵团）的 229 个县市，累计投资 9.01 亿元。

1.11.1.2 农业污染防治投融资资金需求

《农业农村部关于落实党中央、国务院 2020 年农业农村重点工作部署的实施意见》指出，2020 年对规模养殖场粪污处理设施配套率开展评估，确保达到 95% 以上。建设 100 个地膜回收利用示范县。主要农作物化肥、农药使用量实现零增长，化肥、农药利用率达到 40%；秸秆综合利用率达到 85%，养殖废弃物综合利用率达到 75%，农膜回收率达到 80%。

化肥、农药综合利用方面。2020 年，深入实施化肥减量增效行动，确保化肥利用率提高到 40% 以上，保持化肥使用量负增长。选择 300 个粮棉油生产大县开展化肥减量增效试点，在完成果菜茶有机肥替代化肥 2018—2019 年启动实施的试点任务基础上，再选择 63 个县（市、区）开展试点[②]。2015 年以来，农业农村部组织开展化肥农药使用量零增长行动，经过 5 年的实施，截至 2020 年底，我国化肥农药减量增效已顺利实现预期目标，化肥农药使用量显著减少，化肥农药利用率明显提升，促进种植业高质量发展效果明显。经科学测算，2020 年我国水稻、小麦、玉米三大粮食作物化肥利用率 40.2%，比 2015 年提高 5 个百分点；农药利用率 40.6%，比 2015 年提高 4 个百分点[③]。根据化肥减量增效试点项目预算以及果菜茶替代试点相关补助[④]，2021 年化肥及农药综合利用资金需求约为 41.7 亿元。

秸秆综合利用方面。2020 年，中央财政安排资金 27 亿元，全面实施秸秆综合利用行动，坚持农用优先、多元利用的原则，以肥料化、饲料化、燃料化为主要利用方向，支持各地结合实际，突出重点，培育壮大一批秸秆综合利用市场主体，激发秸秆还田、收储运、加工利用等关键环节市场主体活力，探索可持续、可推广的产业模式和稳定运行机制，稳步提升秸秆综合利用能力和水平[⑤]。2021 年各省秸秆综合利用工作重点任务共有 184 个重点县任务，结合 2016—2018 年整县推进数量及投资计算，2021 年秸秆综合利用方面需求资金约 29.44 亿元[⑥]。

养殖废弃物综合利用方面。2020 年拟先行选择 100 个生猪存栏量 10 万头以上的非畜牧大县开展畜禽粪污资源化利用整县推进[⑦]。按照《畜禽粪污资源化利用行动方案（2017—2020 年）》中对畜牧大县的认定和具体地区的资金计算[⑧]，2020 年畜禽粪污资源化利用整县资金需

---

① https://baijiahao.baidu.com/s?id=1647972299443505097&wfr=spider&for=pc。
② http://www.ciodpa.org.cn/index.php?m=content&c=index&a=show&catid=33&id=2705。
③ http://www.moa.gov.cn/xw/zwdt/202101/t20210117_6360031.htm。
④ http://nynct.qinghai.gov.cn/Html/2020_07_20/230537_233471_2020_07_20_280956.html；https://www.sohu.com/a/214374414_99918227。
⑤ http://www.moa.gov.cn/govpublic/KJJYS/202108/t20210818_6374304.htm。
⑥ 根据 2016—2018 年数据计算，整县推进平均投资为 39÷240≈0.16 亿元；按照 2021 年 130 个整县推进需求计算，秸秆综合利用方面资金需求约为 130×0.16=20.8 亿元。
⑦ https://baijiahao.baidu.com/s?id=1647972299443505097&wfr=spider&for=pc。
⑧ http://www.moa.gov.cn/nybgb/2017/dbq/201801/t20180103_6134011.htm；https://max.book118.com/html/2021/0521/5131124344003231.shtm。

求约为 55.56 亿元。

农膜回收方面。目前，我国秸秆综合利用率达到 86%，585 个畜牧大县整县推进畜禽粪污资源化利用，畜禽粪污综合利用率超过 75%，农膜回收率达到 80%[①]。2020 年，在内蒙古、甘肃和新疆支持 100 个县整县推进废旧地膜回收利用，鼓励其他地区自主开展探索[②]，根据农膜回收及综合利用项目投资成本[③]计算，2021 年农膜回收资金需求为 20 亿元。

综上，2021 年农业污染防治投融资资金需求为 146.7 亿元。

1.11.2 农村污染防治投资需求预测

《农村人居环境整治三年行动方案》提出，到 2020 年，实现农村人居环境明显改善，村庄环境基本干净整洁有序，村民环境与健康意识普遍增强。《农村环境整治资金管理办法》指出，整治资金重点支持范围包括以下事项：农村污水和垃圾处理；规模化以下畜禽养殖污染治理；农村饮用水水源地环境保护，水源涵养及生态带建设；其他需要支持的事项。农村人居环境整治与广大农民群众的利益密切相关，中央一号文件提出，支持农民群众开展村庄清洁和绿化行动，推进"美丽家园"建设。2021 年，预计农村污染防治投融资资金需求约为 136.6 亿元。

1.11.2.1 农村污染防治投融资现状

2008—2019 年，生态环境部不断深化"以奖促治"政策，推动农村环境综合整治。在中央财政的大力支持下，累计安排专项资金 537 亿元，支持各地开展农村生活污水和垃圾处理、畜禽养殖污染治理、饮用水水源地保护等，共完成 17.9 万个村庄整治，建成农村生活污水处理设施近 30 万套，2 亿多农村人口受益；其中"十三五"以来安排资金 222 亿元，支持各地实现 10.1 万多个村庄环境整治，完成《水污染防治行动计划》确定的"十三五"新增 13 万个建制村环境综合整治目标任务的 77%[④]。

2018 年，中共中央办公厅、国务院办公厅印发了《农村人居环境整治三年行动方案》，以农村垃圾、污水治理和村容村貌为主攻方向，推进农村人居环境突出问题治理。2019 年，中共中央办公厅、国务院办公厅转发了《中央农办、农业农村部、国家发展改革委关于深入学习浙江"千村示范、万村整治"工程经验扎实推进农村人居环境整治工作的报告》，强调扎实推进农村人居环境整治活动。

2019 年在农村污染防治方面有如下安排[⑤]。第一，农业农村部会同国家发改委利用中央预算内投资，安排 30 亿元专项资金启动人居环境整治整县推进工程。第二，中央财政从 2019 年开始，利用五年时间对地方的农村厕所革命进行支持。通过政策支持实现农村厕所粪污基本得

---

① http://www.moa.gov.cn/ztzl/ymksn/rmrbbd/202107/t20210719_6372136.htm。
② http://www.jcs.moa.gov.cn/zcjd/202007/t20200710_6348437.htm。
③ 农膜回收利用整县试点推进成本约为 2 000 万元/个。https://baijiahao.baidu.com/s?id=1642444536261148848&wfr=spider&for=pc。
④ https://www.sohu.com/a/357276702_162522?scm=1002.44003c.fe0183.PC_ARTICLE_REC。
⑤ http://www.gov.cn/xinwen/2019-07/11/content_5408466.htm。

到处理和资源化利用,2019 年安排 70 亿元资金会惠及超过 1 000 万农户。第三,财政部下达 4.2 亿元用于农村污水治理综合试点工作,共下达 41.8 亿元用于农村环境整治。2019 年完成 2.5 万个建制村环境综合整治任务。经过整治的村庄,生活污水得到处理的比例≥60%,生活垃圾得到无害化处理的比例≥70%,畜禽粪便得到综合利用的比例≥70%,饮用水达到卫生合格标准的比例≥90%①。

按照《2020 年农村人居环境整治工作要点》,2020 年 21 个部门要共同完成 11 个方面 50 项举措。2020 年,国家继续加大资金投入支持农村人居环境整治,在农村污水处理上,生态环境部配合财政部安排 36 亿元,将完成 12.5 万个建制村环境整治;同时安排了中央财政奖补资金 74 亿元用来支持农村厕所革命、生活垃圾污水治理、畜禽粪污资源化利用等②。2020 年,中央财政安排 74 亿元资金支持农村厕所革命整村推进。中央预算内投资安排 30 亿元支持农村人居环境整治整县推进,中央财政还拿出 4 亿元对整治成效显著的地方给予激励支持③。

1.11.2.2 农村污染防治投融资资金需求

据《"十三五"生态环境保护规划的通知》,90%以上村庄的生活垃圾得到有效治理。

按照《国务院办公厅关于加快推进畜禽养殖废弃物资源化利用的意见》(国办发〔2017〕48 号),2020 年畜禽粪污综合利用率达到 90%以上,规模养殖场粪污处理设施装备配套率达到 100%。《农业农村污染治理攻坚战行动计划》相关任务,2020 年年底前,完成供水人口在 10 000 人或日供水 1 000 吨以上的地下水型饮用水源调查评估和保护区划定工作,2020 年 4 月,国家发改委会同农业农村部先期下达农村人居环境整治专项 2020 年中央预算内投资 21 亿元,支持中西部省份以县为单位开展农村人居环境整治④。

2021 年需要完成的建制村环境综合整治任务的数量约为 3.2 万个⑤,比照 2020 年约需要 76.18 亿元资金用于完成"十三五"计划的剩余建制村环境综合整治工作。加上每年 70 亿元的"农村厕所革命"支持资金,2021 年农村污染防治投融资资金需求约为 146.18 亿元。

1.12 生态环境修复投资需求预测

1.12.1 工商业场地修复投资需求预测

2018 年出台的《土壤污染防治法》把土壤污染防治工作纳入法制化轨道,2020 年,财政部、生态环境部等六部门制定的《土壤污染防治基金管理办法》,提供了土壤污染治理资金引入的新途径。2020 年各地土壤污染防治细化政策密集落地,省级行政区土壤污染风险管控和修

---

① https://www.sohu.com/a/332496324_470091。
② https://www.hbzhan.com/news/detail/138384.html。
③ http://www.xinhuanet.com/2020-07/24/c_1126283046.htm。
④ http://huanbao.bjx.com.cn/news/20200424/1066209.shtml。
⑤ http://www.mee.gov.cn/xxgk2018/xxgk/xxgk15/202102/t20210201_819774.html。

复名录均出台，土壤修复重视程度有所提升。受疫情影响2020年工商业场地修复工程项目金额大幅降低，后疫情时代经济回转，恢复污染地块的治理与修复力度，预计2021年工商业场地修复投资需求为61.31亿元。

1.12.1.1 工商业场地修复投融资现状

2014年4月17日，环保部和国土资源部联合公布了《全国土壤污染状况调查公报》，引起了社会各方对于我国土壤污染状况的广泛关注。根据该调查公报，全国土壤总的超标率为16.1%，其中轻微、轻度、中度和重度污染点位比例分别为11.2%、2.3%、1.5%和1.1%[①]。

在调查的690家重污染企业用地及周边的5 846个土壤点位中，超标点位占36.3%；在81块工业废弃地的775个土壤点位中，超标点位占34.9%；在146家工业园区的2 523个土壤点位中，超标点位占29.4%[②]。

根据《土壤污染防治行动计划》，中央财政设立了土壤污染防治专项资金，有力地支持了土壤污染状况详查、土壤污染源头防控等工作。2016年至2019年11月末大约四年时间里，累计下达了280亿元[③]，2019年，专项资金为50亿元[④]；2020年，财政部首先提前下达2020年土壤污染防治专项资金，包含31省（直辖市）35亿元[⑤]，之后发放第二批专项资金，包括全国23省（直辖市）共计5亿元[⑥]，也即2020年土壤污染防治专项资金为40亿元。

从细分类别看，耕地污染和矿山污染修复的项目收益比较低，绝大部分项目需要政府付费。工业场地项目位于经济较为发达的城市，土地价格较高，开发商和政府愿意进行修复再开发。工业场地修复资源来源包括政府付费、开发商付费、污染企业付费、政府和社会资本合作等，收益主要是土地出让或运营。根据相关资料，工业场地修复成本20万~50万元/亩。一般来说，修复支出仅占出让金不到20%[⑦]。

1.12.1.2 工商业场地修复投融资资金需求

根据中国环境产业协会土壤与地下水修复专业委员会数据显示，2008年至2018年我国工业污染场地修复项目资金额从0.4亿元提升至60.6亿元[⑧]。2017年，我国工业污染场地项目金额为35.9亿元，同比增长35.9%。从项目数量来看，工业场地类项目数量增长放缓，较2019年同期增长8.62%；从项目金额来看，2020年工业场地类土壤修复工程项目金额53.12亿元，仍占据行业市场的主要份额，为57.6%，但较2019年的72.94亿元对比，该类型项目金额占比减少18.69%[⑨]。

---

① http://www.chyxx.com/industry/201612/482750.html。
② http://www.xinhuanet.com/politics/2017-06/15/c_1121145613.htm。
③ https://www.sohu.com/a/396358029_100180709。
④ 参考https://www.sohu.com/a/396358029_100180709，截至2020年4月末，财政部已经累计下达2020年土壤污染防治专项资金（共两批）40亿元，已经达到2019年全年规模的80%，因此2019年全年为50亿元。
⑤ https://huanbao.bjx.com.cn/news/20200423/1066085.shtml。
⑥ https://huanbao.bjx.com.cn/news/20200423/1066081.shtml。
⑦ https://baijiahao.baidu.com/s?id=1681496015298416494&wfr=spider&for=pc。
⑧ https://www.qianzhan.com/analyst/detail/220/190715-40a4e368.html。
⑨ https://www.hbzhan.com/news/detail/140403.html。

根据2019年和2020年土壤防治专项资金和工商业场地修复投资之间的相关性，假设二者是正比例关系，则根据《关于2020年中央和地方预算执行情况与2021年中央和地方预算草案的报告》，2021年，土壤污染防治专项资金安排44亿元[①]计算得到，2021年的工商业场地修复投资约为61.31亿元。

我国2019—2021年工商业污染场地修复投资如表1-12所示。

表1-12 我国2019—2021年工商业污染场地修复投资　　　　　　　　　　单位：亿元

年份	2019	2020	2021
工商业场地修复投资	72.94	53.12	61.31

1.12.2 耕地土壤修复投资需求预测

继2016年《土壤污染防治行动计划》正式发布后，2019年1月《土壤污染防治法》正式实施，土壤修复进入法治化轨道。2019年8月，农业农村部发布《受污染耕地治理与修复导则》规定了受污染耕地治理与修复的基本原则、目标、范围、流程、总体技术性要求等，于2019年11月1日正式实施。

2019年、2020年耕地修复的项目总投资约为536亿元。为实现《土壤污染防治行动计划》中"到2030年，受污染耕地安全利用率达到95%以上"的目标，未来十年耕地修复投资仍需增加，2021年耕地土壤修复的项目总投资约为619.3亿元。

1.12.2.1 耕地土壤修复投融资现状

根据2014年环保部和国土资源部发布的《全国土壤污染状况调查公报》，耕地、林地、草地、未利用地土壤点位超标率分别为19.4%、10.0%、10.4%与11.4%。其中耕地土壤污染点位超标率最高，其中轻微、轻度、中度和重度污染点位比例分别为13.7%、2.8%、1.8%和1.1%，主要污染物为镉、镍、铜、砷、汞、铅、滴滴涕和多环芳烃[②]。研究显示，近20多年，我国粮食主产区耕地土壤重金属污染呈上升趋势，点位超标率从7.16%增长至21.49%，增长了14.33个百分点。污染物以镉、镍、铜、锌和汞为主，南方粮食主产区土壤重金属污染重于北方[③]。为实现从源头上防范农用地污染风险，《土壤污染防治行动计划》发布实施后生态环境部会同有关部门组织开展了涉镉等重金属重点行业企业排查整治行动，共排查企业13 000多家，确定需整治污染源近2 000个[④]。

从项目数量来看，2020年，农用地类土壤修复工程项目数量为283个，占比42.37%，超越工业场地类项目，成为年度数量最多的项目类型，较2019年的85个增长了282.43%；从项目金额来看，2020年农用地项目金额为10.14亿元，较2019年的5.10亿元有显著增加，增长

---

① https://baijiahao.baidu.com/s?id=1693731429006752675&wfr=spider&for=pc。
② 《全国土壤污染状况调查公报》。
③ https://www.sohu.com/a/258907473_313745。
④ https://baijiahao.baidu.com/s?id=1651541566533526325&wfr=spider&for=pc。

幅度为98.8%①。

1.12.2.2 耕地土壤修复投融资资金需求

《土壤污染防治行动计划》目标中提到,"到2030年,受污染耕地安全利用率达到95%以上"。要求在完成2020年目标的前提下,至少应再实现16 667平方千米轻度和中度污染耕地的安全利用。参照永清环保中标的标的成本506万元/平方千米(修复时间以10年计),43 333平方千米轻度、中度污染耕地的安全利用成本为2 193亿元。假设到2030年开展修复治理工程措施的污染耕地将得到彻底修复,那么进行替代种植或退耕还林还草、修复治理的资金量分别为1 333亿元、2 667亿元。2021—2030年合计耕地修复资金需求为6 193亿元,平均每年的资金需求量为619.3亿元。而"十三五"期间耕地修复的资金需求为2 680亿元,平均每年的资金需求量为536亿元②。

我国2019—2021年耕地土壤修复投资如表1-13所示。

表1-13 我国2019—2021年耕地土壤修复投资　　　　　　　　　　单位:亿元

年份	2019	2020	2021
耕地土壤修复投资	536	536	619.3

1.12.3 地下水修复投资需求预测

地下水生态环境保护工作起步较晚,生态环境部2019年3月出台《地下水污染防治实施方案》,随后发布了《HJ25.6污染地块地下水修复与风险管控技术》,地下水修复工作细节不断完善。根据《"十三五"生态环境保护规划》完成情况及"十四五"工作方向预测,2019年,我国地下水修复投融资资金为638.84亿元;2020年,我国地下水修复投融资资金约为557.38亿元;2021年,我国地下水修复投融资资金约为638.83亿元。

1.12.3.1 地下水修复投融资现状

2019年,10 168个国家级地下水水质监测点中,Ⅰ~Ⅲ类水质监测点占14.4%,Ⅳ类占66.9%,Ⅴ类占18.8%。全国2 830处浅层地下水水质监测井中,Ⅰ~Ⅲ类水质监测井占23.7%,Ⅳ类占30.0%,Ⅴ类占46.2%。超标指标为锰、总硬度、碘化物、溶解性总固体、铁、氟化物、氨氮、钠、硫酸盐和氯化物③。

2020年,自然资源部门10 171个地下水水质监测点(平原盆地、岩溶山区、丘陵山区基岩地下水监测点分别为7 923个、910个、1 388个)中,Ⅰ~Ⅲ类水质监测点占13.6%,Ⅳ类占68.8%,Ⅴ类占17.6%;水利部门10 242个地下水水质监测点(以浅层地下水为主)中Ⅰ~Ⅲ类水质监测点占22.7%,Ⅳ类占33.7%,Ⅴ类占43.6%,主要超标指标为锰、总硬度和溶

---

① https://www.hbzhan.com/news/detail/140403.html。
② 马中,徐湘博,赵航,朱峰,昌敦虎.论"土十条"污染耕地修复资金需求及实现机制[J].环境保护,2017,45(16):43-46。
③ 《2019年中国生态环境状况公报》。

解性总固体①。

与2019年度相比，地下水水质监测点Ⅰ~Ⅲ类水质监测点下降了0.8%，Ⅳ类增长了1.9%，Ⅴ类下降了1.2%，较差水质增幅明显。浅层地下水水质监测井Ⅰ~Ⅲ类水质监测井下降了1.0%，Ⅳ类提高了3.7%，Ⅴ类降低了2.6%。

总体来看，地下水质在2020年有变差现象。

根据《"十三五"生态环境保护规划》，到2020年，我国地下水质量极差的比例将下降到15%左右，而根据《2015年生态环境状况公报》，2015年的极差地下水占地下水比重为18.8%，因此五年要修复3.8%的地下水，平均每年修复3.8%/5的地下水。根据《2018年中国水资源公报》，2018年我国地下水资源量中与地表水不重复量为1 139.3亿立方米，则2019年需要修复的地下水量为9.07亿立方米；根据《2019年中国水资源公报》，2019年我国地下水资源量中与地表水不重复量为1 047.7亿立方米，则2020年需要修复的地下水量为7.96亿立方米。按照70元/立方米的修复成本②，我国在2019年地下水修复投融资的资金需求为634.84亿元，2020年地下水修复投融资的资金需求为557.38亿元。

1.12.3.2 地下水修复投融资资金需求

"十三五"期间，我国地下水生态环境保护工作取得显著成效，但问题点多面广、基础薄弱，是一项长期而艰巨的任务。地下水生态环境保护工作起步较晚，仍需推进，总体上保持地下水环境质量的稳定③。因此假设2021年和上一年的地下水修复水平类似，根据《2020年中国水资源公报》④，2020年我国地下水资源量中与地表水不重复量为1 200.8亿立方米，估计2021年需要修复的地下水量为9.13亿立方米，2021年地下水修复投融资的资金需求为638.83亿元。

我国2019—2021年地下水修复投资如表1-14所示。

表1-14　我国2019—2021年地下水修复投资　　　　　　　　　　　　　　　　　　　　单位：亿元

年份	2019	2020	2021
地下水修复投融资	634.84	557.38	638.83

1.12.4　海岸带生态环境治理修复投资需求预测

2016年11月，中央全面深化改革领导小组第二十九次会议审议通过了《海岸线保护与利用管理办法》，明确提出了实施自然岸线保有率目标管控、实施岸线分类保护、加强岸线集约节约利用、实施海岸线整治修复和加强海岸线监督管理等任务。

---

① 《2020年中国生态环境状况公报》。
② 美国于1980年创立"超级基金"联邦计划，截至2004年底，该基金总计约投入960亿元人民币用于地下水修复工作，共修复地下水、地表水约14亿立方米，折合70元/立方米。
③ 李志涛，刘伟江，陈盛，李娇，朱岗辉，李松，费扬. 关于"十四五"土壤、地下水与农业农村生态环境保护的思考[J]. 中国环境管理，2020，45（6）：45-50。
④ https：//www.sohu.com/a/477040706_123753。

2020年，我国沿海侵蚀较重的砂质监测岸段主要分布在辽宁、山东、福建和海南沿海，侵蚀较重的粉砂淤泥质监测岸段主要分布在江苏沿海。与2019年相比，海平面上升和极端海平面事件影响总体偏轻，严重侵蚀岸段占比减少，但辽宁、江苏、福建和广西沿海部分监测岸段海岸侵蚀程度加剧[1]。

国家对海岸带修复问题的持续关注推动，省级海洋发展"十四五"规划等文件逐渐出台，由于"十三五"海岸带修复工作取得巨大成果，后期修复任务较为轻松，海岸带生态环境治理修复投资需求略有下降，2020年海岸带生态环境治理修复投资需求约11.75亿元。

1.12.4.1 海岸带生态环境治理修复投融资现状

在现行的国家标准、行业标准和相关出版物中，海岸线定义为平均大潮高潮线，在实地表现为水陆分界的痕迹线，国际通行以此作为陆海分界线[2]。2016年以来，国家通过支持沿海城市实施"蓝色海湾"整治项目的方式，逐步修复受损海岸线、已经破坏的滨海湿地，有效提高了生物多样性，提升了生态系统功能。

2020年，全国近岸海域[3]水质总体稳中向好，优良（Ⅰ、Ⅱ类）水质海域面积比例为77.4%，比2019年上升0.8个百分点；劣Ⅳ类为9.4%，比2019年下降2.3个百分点。主要超标指标为无机氮和活性磷酸盐。监测的193个入海河流水质断面中，无Ⅰ类水质断面，Ⅱ类占22.3%，Ⅲ类占45.6%，Ⅳ类占24.9%，Ⅴ类占6.7%，劣Ⅴ类占0.5%。主要超标指标为化学需氧量、高锰酸盐指数、五日生化需氧量、总磷和氨氮。不同类型污染源中，综合排污口污水排放量最大，其次为工业污染源，生活污染源排放量最小。除铅外，各项污染物中，综合排污口排放量均最大[4]。

2017年国家海洋局发布的《全国海洋经济发展"十三五"规划》指出，到2020年整治和修复的海岸线不少于2 000千米。根据定海市投资3 000万元整治修复里钓山岛、大猫岛的部分岸线共计13.27千米计算，海岸线修复成本约为226.07万元/千米[5]。根据《舟山市定海区2020年海岸线整治修复五个项目的可行性研究报告》2020年海岸线整治修复五个项目总投资约2 551.93万元，整治修复岸线总长度8.689千米计算，海岸线修复成本约为293.70万元/千米[6]，综上所述，"十三五"期间海岸带修复投入资金约为52亿元。且估计2019年和2020年海岸线修复均投资了约16亿元[7]。

1.12.4.2 海岸带生态环境治理修复投融资资金需求

根据《中华人民共和国国民经济和社会发展第十四个五年规划和2035年远景目标纲要》

---

[1] 《2020中国海平面公报》。
[2] http：//aoc.ouc.edu.cn/_t719/2019/1113/c13996a275902/page.htm。
[3] 近岸海域：指《全国海洋功能区划（2011—2020年）》确定的海域范围，水质为春、夏、秋三期监测结果。
[4] 《2020中国生态环境状况公报》。
[5] http：//www.dinghai.gov.cn/art/2018/11/2/art_1489648_22997224.html。
[6] http：//dhnews.zjol.com.cn/jinridinghai/shizhengjingji/202007/t20200708_1947575.shtml。
[7] "十三五"期间海岸待修复共需资金2 000×260＝52亿元，2019年前总投资20亿元，按照2019、2020两年投资金额相近计算，2020年供需投资约为16亿元。

中的要求，自然岸线保有率不低于35%，与"十三五"规划目标一样，因此假设"十四五"期间修复的海岸线和"十三五"持平，并将年均修复量作为规划第一年也即2021年的修复量，即2021年修复的海岸线预估为400千米，则海岸线修复成本约为11.75亿元（见表1-15）。

表1-15　我国2019—2021年海岸带生态环境治理修复投资　　　　　　　　　　　单位：亿元

年份	2019	2020	2021
投资金额	16	16	11.75

1.13　生态保护与修复投资需求预测

1.13.1　生态保护红线修复投资需求预测

2019年，生态保护红线修复投融资需求为386.94亿元，造林706.7万公顷，森林抚育773.3万公顷，防沙治沙226万公顷，退耕还湿2万公顷。2020年生态保护红线修复投融资需求为422.78亿元，比2019年上升9.26%；造林677万公顷，森林抚育837万公顷，防沙治沙209.6万公顷，退耕还湿7.68万公顷。

2021年，生态保护红线修复投融资需求将达到303.97亿元，比2020年降低28.10%；将完成造林4 623万公顷，森林抚育880.5万公顷，防沙治沙198.4万公顷，退耕还湿3.14万公顷。

2019—2020年，生态保护红线修复投融资需求有所上升，主要源于《"十三五"生态环境保护规划》的计划进行收尾阶段，为完成规划目标，森林抚育量、防沙治沙量及退耕还湿量较"十三五"前期有所增加。2020—2021年，由于处于新规划的开端年，目标完成年限还较长，造林量、防沙治沙量及退耕还湿量的估算量有所降低，导致生态保护红线修复投融资需求略微收缩。

1.13.1.1　生态保护红线修复投融资现状

2019年完成造林706.7万公顷，森林抚育773.3万公顷，防沙治沙226万公顷，退耕还湿2万公顷[①]。

2020年完成造林677万公顷，森林抚育837万公顷，防沙治沙209.6万公顷[②]，退耕还湿7.68万公顷[③]。

2019年，造林投资285.7亿元[④]，森林抚育投资82.52亿元[⑤]，沙土治理投资2.72亿

[①]　《2019年中国国土绿化状况公报》。
[②]　《2020年中国国土绿化状况公报》。
[③]　根据《全国湿地保护"十三五"实施规划》到2020年开展退耕还湿15.68万公顷，2016—2019年，我国共完成退耕还湿8万公顷，则2020年完成退耕还湿7.68万公顷。
[④]　《2019年中国国土绿化状况公报》。
[⑤]　https：//baijiahao.baidu.com/s? id=1685665379190458691&wfr=spider&for=pc。

元，退耕还湿投资 16 亿元。2019 年生态保护红线修复投融资共计 386.94 亿元。

2020 年，造林投资 273.7 亿元，森林抚育投资 85.12 亿元[①]，沙土治理投资 2.52 亿元，退耕还湿投资 61.44 亿元。2020 年生态保护红线修复投融资共计 422.78 亿元。

1.13.1.2 生态保护红线修复投融资资金需求

根据"十四五"规划纲要，"十四五"时期森林覆盖率将达到 24.1%，2020 年末森林覆盖率为 23.04%[②]，森林面积 2.21 公顷[③]，假设"十四五"时期每年造林数相同，预计 2021 年需要完成造林 462.3 万公顷，单位造林成本为 0.40 万元/公顷，2021 年我国的造林投融资资金需求为 184.9 亿元。

假设森林抚育增量与造林量增量成比例，则 2021 年森林抚育 880.5 万公顷，单位森林抚育成本为 0.104 万元/公顷，2021 年我国的森林抚育投融资的资金需求为 91.57 亿元。

假设沙土治理面积的减量与造林量增量成比例，则 2021 年防沙治沙 198.4 万公顷，单位沙土治理面积为 0.012 万元/公顷，2021 年我国的沙土治理投融资资金需求为 2.38 亿元。

假设 2021 年退耕还湿量与"十三五"时期年均量一样，则 2021 年退耕还湿 3.14 万公顷，单位退耕还湿成本为 8 万元/公顷，则 2021 年退耕还湿成本为 25.12 亿元。

2021 年我国生态红线修复投融资共需资金 303.97 亿元。

我国 2019—2021 年生态红线修复投融资及修复量如表 1-16 所示。

表 1-16　我国 2019—2021 年生态红线修复投融资及修复量　　　　　　单位：亿元

年份	2019	2020	2021
造林投资	285.7	273.7	184.9
森林抚育	82.52	85.12	91.57
防沙治沙	2.72	2.52	2.38
退耕还湿	16	61.44	25.12
总计	386.94	422.78	303.97

1.13.2　生物多样性保护投资需求预测

2019 年，生物多样性保护投融资共计 12.53 亿元。其中，国家公园体制试点项目建设投融资 8.85 亿元，国家级自然保护区投融资 3.68 亿元。2020 年，生物多样性保护投融资共计 6.70 亿元，较 2019 年下降 46.53%。其中，国家公园体制试点项目建设投融资 6.14 亿元，较 2019 年下降 30.62%；国家级自然保护区投融资 0.56 亿元，较 2019 年下降 84.78%。

2021 年，生物多样性保护投融资总需求将达到 15.03 亿元，较 2020 年上升 124.33%。其

---

① https://baijiahao.baidu.com/s?id=1685665379190458691&wfr=spider&for=pc。
② http://www.forestry.gov.cn/sites/main/main/liuyan/liuyanhuifu.jsp?cid=20210327155034790135025。
③ 《2019 年中国国土绿化状况公报》中，至 2020 年 3 月，全国森林覆盖率达 22.96%，森林面积 2.2 亿公顷，因此 2020 年末时的森林面积约 2.21 公顷。

中，国家公园体制试点项目建设投融资14.47亿元，较2020年上升135.67%；国家级自然保护区投融资0.56亿元，与2020年持平。

2019年至2021年，我国生物多样性保护投融资资金先降后升，主要源于两方面原因。一是《"十三五"生态环境保护规划》中的国家级自然保护区建设任务已完成，新的规划纲要对于国家自然保护区的个数未作明确要求，会相应减少对国家级自然保护区投融资。二是因为我国已初步完成国家公园的基础建设，进入国家公园成果验收阶段，新阶段对于国家公园试点有新的要求，需要大量资金满足新的发展需求。

1.13.2.1 生物多样性保护投融资现状

2019年，我国已建立国家公园试点10处，总面积约22.29万平方千米；国家级自然保护区474处。2019年国家级自然保护区新增15.4平方千米①。

2020年，我国已建立国家公园试点10处，总面积约22.29万平方千米；国家级自然保护区474处。2020年国家级自然保护区新增2.36平方千米②。

2019年，国家公园体制试点项目建设投融资8.85亿元③，国家级自然保护区投资3.68亿元④。生物多样性保护投融资共计12.53亿元。

2020年，国家公园体制试点项目建设投融资6.14亿元⑤，国家级自然保护区投资0.56亿元⑥。生物多样性保护投融资共计6.70亿元。

1.13.2.2 生物多样性保护投融资资金需求

2021年下半年，国家林业和草原局将组织开展国家公园试点验收工作，对达到标准和要求的，正式设立国家公园。因此在2021年，仍按试点工作预测投融资需求，试点总面积约22.29万平方千米。2021年国家公园试点投融资需求预计为14.47亿元⑦。

2021年，假设我国新增国家级自然保护区的面积与2020年相同，也为2.36万平方千米，则2021年国家级自然保护区投融资为0.56亿元⑧。

2021年，我国生物多样性保护投融资共计15.03亿元。

我国2019—2021年生物多样性保护投融资资金需求如表1-17所示。

---

① 《2019年中国生态环境状况公报》。
② 《2020年中国生态环境状况公报》。
③ 参考《三江源国家公园公报（2019）》。
④ 根据2018年国家级自然保护区面积新增25.13平方千米，落实投资额为6亿元，可得单位面积投资额为2 387.58万元/平方千米。
⑤ 2020年三江源国家公园项目支出3.39亿元，三江源国家公园总面积为12.31万平方千米，单位投资额为0.28万元/平方千米。
⑥ 根据2018年国家级自然保护区面积新增25.13平方千米，落实投资额为6亿元，可得单位面积投资额为2 387.58万元/平方千米。
⑦ 参考2021年三江源国家公园管理局部门预算，项目预算支出为7.99亿元，三江源国家公园总面积为12.31万平方千米，单位投资额为0.64万元/平方千米。
⑧ "十四五"规划纲要明确指出，要科学划定自然保护地保护范围及功能分区，并未对国家级自然保护区在数量上做进一步要求，因此大致估算认为2021年新增面积和2020年相同。

表 1-17　我国 2019—2021 年生物多样性保护投融资资金需求　　　　　　　　　　　　　　　单位：亿元

年份	2019	2020	2021
国家公园	8.85	6.14	14.47
国家级自然保护区	3.68	0.56	0.56
投融资总额	12.53	6.70	15.03

1.13.3　碳汇工程投资需求预测

2019 年，我国碳汇工程投融资 2 901.18 亿元。其中，造林投资 285.7 亿元，产生碳汇量 9.57 亿吨，固碳成本 2 615.48 亿元。2020 年，我国碳汇工程投资 3 165.21 亿元，比 2019 年上升 9.1%。其中，造林投资 273.7 亿元，比 2019 年下降 4.2%，产生碳汇量 10.58 亿吨，固碳成本为 2 891.51 亿元，比 2019 年上升 10.6%。

2021 年，我国碳汇工程投融资总需求将达到 3 221.26 亿元，比 2020 年上升 1.8%；造林投资 184.9 亿元，比 2020 年下降 32.4%；产生碳汇量 11.11 亿吨，固碳成本为 3 036.36 亿元，比 2020 年上升 5.0%。

2019—2021 年，我国碳汇工程投融资资金缓慢上升，主要源于总固碳成本的增加。造林投资一直缓慢下降，2019—2020 年的下降一方面源于《"十三五"生态环境保护规划》的计划接近尾声，另一方面源于受疫情影响，造林量较"十三五"前期有所降低；而 2020—2021 年的下降是由于我国新的规划在森林覆盖率提升要求上比上一个五年计划要低，从而导致造林量较先前比有所降低。

1.13.3.1　碳汇工程投融资现状

2019 年完成造林 706.7 万公顷，截至 2019 年我国共完成造林 8 449.75 万公顷[1]，全年固碳量为 9.57 亿吨[2]。

2020 年完成造林 677 万公顷，截至 2020 年我国共完成造林 9 126.75 万公顷[3]，全年固碳量为 10.58 亿吨[4]。

2019 年，造林投资 285.7 亿元[5]，固碳成本为 2 615.48 亿元[6]，碳汇投融资共 2 901.18 亿元。

2020 年，造林投资 273.7 亿元[7]，固碳成本为 2 891.51 亿元[8]，碳汇投融资共 3 165.21 亿元。

---

[1]《2019 年中国国土绿化状况公报》。
[2]《2020 年全国生态气象公报》中，2020 年全国平均植被生物量为 1 159 克碳/平方米，与 2019 年相比，2020 年植被净初级生产力增加 26 克碳/平方米，因此认为 2019 年全国平均植被生物量为 1 133 克碳/平方米。
[3]《2020 年中国国土绿化状况公报》。
[4]《2020 年全国生态气象公报》中 2020 年全国平均植被生物量为 1 159 克碳/平方米。
[5]《2019 年中国国土绿化状况公报》。
[6] 侯元兆，王琦. 中国森林资源核算研究 [J]. 世界林业研究，1995 (3)：51-56. 我国森林固定 1 吨二氧化碳的平均成本为 273.3 元。
[7] 假设单位面积造林成本和 2019 年一样进行估算。
[8] 侯元兆，王琦. 中国森林资源核算研究 [J]. 世界林业研究，1995 (3)：51-56. 我国森林固定 1 吨二氧化碳的平均成本为 273.3 元。

1.13.3.2 碳汇工程投融资资金需求

根据"十四五"规划纲要,"十四五"时期森林覆盖率将达到24.1%,2020年末森林覆盖率为23.04%[①],森林面积2.21公顷[②],假设"十四五"时期每年造林数相同,预计2021年需要完成造林462.3万公顷,单位造林成本为0.40万元/公顷,2021年我国的造林投融资资金需求为184.9亿元。

假设2021年单位面积植被的固碳量与2020年相同,则全年固碳量为11.11亿吨,固碳成本为3 036.36亿元。

2021年我国碳汇投融资共计3 221.26亿元(见表1-18)。

表1-18 我国2019—2021年年碳汇工程投融资资金需求及碳汇量

年份	2019	2020	2021
造林(万公顷)	706.7	677	462.3
碳汇量(亿吨)	9.57	10.58	11.11
投融资总额(亿元)	2 901.18	3 165.21	3 221.26

1.14 节能与气候变化投资需求预测

1.14.1 节能投资需求预测

2019年我国节能投资907.8亿元,万元国内生产总值能耗水平为0.54吨标准煤/万元。2020年我国节能投资45.85亿元,全国万元国内生产总值能耗万元国内生产总值能耗水平基本与上年持平为0.54吨标准煤/万元,比上年下降0.1%,相较于2019年,万元国内生产总值能耗水平下降幅度放缓。叠加受《"十三五"节能减排综合工作方案》接近尾声以及新冠肺炎疫情影响,2020年整体节能需求收缩、投资金额大幅下降,估算节能投资为45.84亿元。

2021年领导人气候峰会上我国提出将力争2030年前实现碳达峰、2060年前实现碳中和的远景目标。在"十四五"开年之际,节能产业面临双碳目标下技术升级及推广新机遇,预计2021年实现节能2.2亿吨标准煤,节能投融资资金需求将达到2 017.4亿元。

1.14.1.1 节能投融资现状

2019年我国全年能源消费总量48.6亿吨标准煤,比上年增长3.3%。煤炭消费量增长1.0%,原油消费量增长6.8%,天然气消费量增长8.6%,电力消费量增长4.5%。煤炭消费量占能源消费总量的57.7%,比上年下降1.5个百分点;天然气、水电、核电、风电等清洁能源消费量占能源消费总量的23.4%,上升1.3个百分点。2019年全年国内生产总值990 865亿

---

① http://www.forestry.gov.cn/sites/main/main/liuyan/liuyanhuifu.jsp?cid=20210327155034790135025。
② 《2019年中国国土绿化状况公报》中,至2020年3月,全国森林覆盖率达22.96%,森林面积2.2亿公顷,因此2020年末时的森林面积约2.21公顷。

元，万元国内生产总值能耗水平为 0.54 吨标准煤/万元，比 2018 年下降 2.6%[1]。

2020 年我国全年能源消费总量 49.8 亿吨标准煤，比上年增长 2.2%。煤炭消费量增长 0.6%，原油消费量增长 3.3%，天然气消费量增长 7.2%，电力消费量增长 3.1%。煤炭消费量占能源消费总量的 56.8%，比上年下降 0.9 个百分点；天然气、水电、核电、风电等清洁能源消费量占能源消费总量的 24.3%，上升 1.0 个百分点。2020 年全年国内生产总值 1 015 986 亿元，比上年增长 2.3%，万元国内生产总值能耗水平比 2019 年下降 0.1%[2]。

2019 年我国节能 0.99 亿吨标准煤[3]，节能投资为 907.8 亿元[4]。2020 年我国节能 0.05 亿吨标准煤[5]，节能投资为 45.85 亿元。

1.14.1.2 节能投融资资金需求

"十四五"时期，我国能源领域经济社会发展主要目标为单位国内生产总值能源消耗降低 13.5%[6]，平均每年约降低 2.7%。结合 2019 年、2020 年国内生产总值能源消耗情况，预计 2021 年我国万元 GDP 能耗为 0.52 吨标准煤/万元。国际货币基金组织（IMF）在 2021 年 4 月《全球经济展望报告》中预测中国 2021 年 GDP 将增长 8.4%[7]，则我国 GDP 将达到 110.13 万亿元。综上，2021 年我国需节能 2.20 亿吨标准煤，节能投资需求达到 2 017.4 亿元。

我国 2019—2021 年节能投融资及节能量如表 1-19 所示。

表 1-19 我国 2019—2021 年节能投融资与节能量

年份	2019	2020	2021
万元 GDP 能耗值（亿吨标准煤）	0.54	0.54	0.52
节能量（亿吨标准煤）	0.99	0.05	2.20
投资（亿元）	907.8	45.85	2 017.4

1.14.2 二氧化碳减排投资需求预测

2019 年我国碳减排投融资 1 287.3 亿元，碳减排量为 55 亿吨。2020 年我国碳减排投融资 390.69 亿元，较 2019 年下降 69.65%；2020 年我国碳减排量为 13.66 亿吨，较 2019 年下降 75.16%。2021 年我国碳减排投资的总资金需求为 2 731.89 亿元，较 2020 年增长 599.24%。碳

---

[1] 《2019 年国民经济和社会发展统计公报》。
[2] 《2020 年国民经济和社会发展统计公报》。
[3] 根据 2018 年和 2019 年国民经济和社会发展统计公报，2018 年万元 GDP 能耗水平为 0.55 吨标准煤/万元，2019 年万元 GDP 能耗水平为 0.54 吨标准煤/万元，2019 年全年国内生产总值 990 865 亿元。
[4] 根据国家发展改革委 2018 年 2 月颁布的《国家重点节能低碳技术推广目录（2017 年本，节能部分）》，2017 年重点节能技术未来五年预计总投入为 11 466 亿元，平均每年投资为 2 293 亿元，预计每年可节能 2.5 亿吨标准煤，折合节能投资成本为 917 元/吨标准煤。
[5] 根据 2019 年和 2020 年国民经济和社会发展统计公报，2019 年万元 GDP 能耗水平为 0.54 吨标准煤/万元，2020 年万元 GDP 能耗水平下降 0.1%，2020 年全年国内生产总值 1 015 986 亿元。
[6] 《中华人民共和国国民经济和社会发展第十四个五年规划和 2035 年远景目标纲要》。
[7] http://www.imf.org/en/publications/WEO/ssues/2020/04/14/weo-apri/-2020。

减排量为 51.76 亿吨，比 2020 年增长 278.92%。

2019—2020 年，我国二氧化碳减排投资大幅下降，主要源于受疫情影响经济上行压力变大，碳减排活动受影响，全国万元国内生产总值二氧化碳排放下降 1.0%，低于 2019 年 4.1% 的下降幅度投资需求相应减少。2021 年我国碳排放权交易平台正式启动，碳交易市场进一步活跃，因此 2020—2021 年，受到减污降碳、落实 2030 年应对气候变化国家自主贡献目标等碳强度控制政策目标影响，二氧化碳减排投资需求较 2020 年显著增强。

1.14.2.1　二氧化碳减排投融资现状

根据《中国应对气候变化的政策与行动 2020 年度报告》显示，2019 年我国万元生产总值二氧化碳排放较 2005 年降低约 47.9%，相较于 2018 年下降 4.1%，相当于减排 56.96 亿吨二氧化碳①。根据路孚特对全球碳交易量和碳价格的评估，2019 年中国碳市场成交均价为 2.93 欧元/吨②，比 2018 年增长 9.9%，则 2019 年的投资为 1 287.3 亿元。

2020 年我国万元国内生产总值二氧化碳排放下降 1.0%③，可推断 2020 年二氧化碳减排量为 13.66 亿吨。2020 年碳交易年平均成交价格为 28.6 元/吨，上涨 25%④，则 2020 年投资额为 390.69 亿元。

1.14.2.2　二氧化碳减排投融资资金需求

根据 IMF 对中国 2021 年 GDP 增速 8.4% 的预测，基于 2020 年国内生产总值为 1 015 986 亿元，2021 年国内生产总值预计为 1 101 328 亿元。"十四五"规划中至 2025 年，单位国内生产总值二氧化碳排放累计降低 18%，年均降低 3.6%，我国碳减排量预计将达 52.78 亿吨⑤。2021 年 7 月 16 日我国碳排放权交易市场正式上线交易，按照碳价 51.76 元/吨⑥计算，2021 年二氧化碳减排投资资金需求将达到 2 731.89 亿元。

我国 2019—2021 年碳减排投融资及碳减排量如表 1-20 所示。

表 1-20　我国 2019—2021 年碳减排投融资与碳减排量

年份	2019	2020	2021
碳减排量（亿吨）	55	13.66	51.76
投资（亿元）	1 287.3	390.69	2 731.89

1.15　节水投资需求预测

2019 年我国工业节水和农业节水投资 1 989.02 亿元，比 2018 年增长 34.59%。其中，工业

---

① http://www.tanpaifang.com/tanguwen/2019/1127/66507.html 按照 2018 年减排幅度、减排量换算。
② http://www.tanjiaoyi.com/article-31422-1.html。
③ 《2020 年国民经济和社会发展统计公报》。
④ http://www.tanpaifang.com/tanguwen/2021/0410/77392.html。
⑤ 根据推算出的 2020 年单位国内生产总值二氧化碳强度及 3.6% 的下降目标进行推算。
⑥ http://www.tanpaifang.com/tanjiaoyi/2021/0819/79203.html。

节水 110.04 亿立方米，比 2018 年增长 42.23%；农业节水 18.62 亿立方米，比 2018 年增长 1.42%。2020 年我国工业节水和农业节水投资 3 214.18 亿元，比 2019 年增长 61.60%。其中，工业节水 187.2 亿立方米，比 2019 年增长 70.12%；农业节水 69.9 亿立方米，比 2019 年增加 2.75 倍。

2021 年我国工业和农业节水投融资的总资金需求将达到 1 705.55 亿元，较 2020 年减少 46.94%；工业节水量为 99.95 亿立方米，比 2020 年减少 46.61%；农业节水量为 10.2 亿立方米，比 2020 年减少 85.41%。

2019—2020 年，节水投融资需求出现大幅波动，主要原因是受新冠肺炎疫情、降水偏丰等因素影响，工业部门生产经营波动较大。随着疫情防控措施的有效推进，2020—2021 年，工业部门生产经营活动趋向平稳，我国工业和农业节水投融资资金降低，主要源于工业和农业节水技术已达到一定水平，节水潜力在不断缩减。

1.15.1 节水投融资现状

2019 年全国用水总量 5 991 亿立方米，比 2018 年下降 0.4%。其中，生活用水增长 1.9%，工业用水下降 2.1%，农业用水下降 0.5%，生态补水增长 0.5%。万元国内生产总值用水量 67 立方米，比上年下降 6.1%。万元工业增加值用水量 42 立方米，比上年下降 7.2%。人均用水量 429 立方米，比上年增长 0.8%。全年新增耕地灌溉面积 27 万公顷，新增高效节水灌溉面积 2 190 万亩[①]。2019 年我国工业节水 110.04 亿立方米[②]，农业节水 18.62 亿立方米[③]，我国工业节水投资达到 1 708.92 亿元[④]，农业节水投资达到 280.1 亿元[⑤]，2019 年工业节水投资和农业节水投资共 1 989.02 亿元。

2020 年全国用水总量 5 812.9 亿立方米。其中，生活用水 863.1 亿立方米，占用水总量的 14.9%；工业用水 1 030.4 亿立方米，占用水总量的 17.7%；农业用水 3 612.4 亿立方米，占用水总量的 62.1%。与 2019 年相比，受新冠肺炎疫情、降水偏丰等因素影响，用水总量减少 208.3 亿立方米。2020 年我国工业节水 187.2 亿立方米，农业节水 69.9 亿立方米，全国人均综合用水量 412 立方米，万元国内生产总值（当年价）用水量 57.2 立方米，比

---

① 《2019 年国民经济和社会发展统计公报》。

② 根据《2018 年国民经济和社会发展统计公报》，2018 年我国工业增加值为 305 160 亿元，比 2017 年增长 6.1%，若 2019 年工业增加值与 2018 年相同为 6.1%，且工业需水量按工业增加值的增速同比例增长，则 2019 年工业需水量为 1 423.77 亿立方米，实际 2019 年工业用水量为 1 313.73 亿立方米。

③ 根据 2017 年 2 月 14 日水利部、国家发展改革委等 5 部委联合印发的《"十三五"新增 1 亿亩高效节水灌溉面积实施方案》，"十三五"期间，全国新增高效节水灌溉面积 1 亿亩总投资约 1 279 亿元，可新增年节水能力 85 亿立方米，则农业灌溉每亩节水 85 立方米。

④ 根据工业和信息化部、水利部、全国节约用水办公室 2016 年发布的《国家鼓励的工业节水工艺、技术和装备目录（第二批）》测算，项目总投资为 201 146.6 万元，预计年节水量总量为 12 951.3 万立方米，折合工业节水投资成本为 15.53 元/吨。

⑤ 根据 2017 年 2 月 14 日水利部、国家发展改革委等五部门联合印发的《"十三五"新增 1 亿亩高效节水灌溉面积实施方案》，"十三五"期间，全国新增高效节水灌溉面积 1 亿亩总投资约 1 279 亿元，可新增年节水能力 85 亿立方米，则农业节水投资成本折合 1 279 元/亩。

上年上涨36.2%①。全年新增耕地灌溉面积43万公顷，新增高效节水灌溉面积160万公顷②。2020年我国工业节水投资达2 907.22亿元③，农业节水投资达306.96亿元④，2020年工业节水投资和农业节水投资共3 214.18亿元。

1.15.2 节水投融资资金需求

"十三五"期间，全国新增高效节水灌溉面积共11 060万亩，"十四五"时期，现代农业农村建设目标中新增高效节水灌溉面积0.6亿亩，年均新增1 200万亩⑤，则2021年预计新增农业节水资金需求为153.48亿元，新增节水能力10.2亿立方米。

根据工业和信息化部、水利部、全国节约用水办公室2016年发布的《国家鼓励的工业节水工艺、技术和装备目录（第二批）》，所包括的工业节水工艺、技术和装备共有72项，据测算，项目总投资为201 146.6万元，预计年节水量总量为12 951.3万立方米，折合工业节水投资成本为15.53元/吨。

2020全年全部工业增加值313 071亿元，比上年增长2.4%⑥。考虑到2020年新冠肺炎疫情对工业企业造成的影响，结合2019年、2018年工业增加值增长率5.7%、6.1%，2019年、2018年万元工业增加值用水量42立方米、45立方米，暂用2019年数值对2021年节水投融资进行测算。若2021年工业增加值保持2019年5.7%的水平，且工业需水量按工业增加值的增速同比例增长，2019年全年全部工业增加值317 109亿元，则2021年我国工业需水量为1 388.61亿立方米。2021年工业用水量应为1 389.85亿立方米。

按照2021年万元工业增加值用水量的下降比率与2019年相同来测算，2021年我国万元工业增加值用水量应为38.98立方米，工业用水量应为1 289.91亿立方米（不含用电厂冷却水用量）。2021年我国工业节水量为99.94亿立方米，2020年工业节水投资需求达到1 552.07亿元。

综上所述，2021年我国节水投融资的资金需求为1 705.55亿元。

我国2019—2021年工业和农业节水投融资及节能量如表1-21所示。

---

① 《2020年中国水资源公报》。
② 《2020年国民经济和社会发展统计公报》。
③ 根据工业和信息化部、水利部、全国节约用水办公室2016年发布的《国家鼓励的工业节水工艺、技术和装备目录（第二批）》测算，项目总投资为201 146.6万元，预计年节水量总量为12 951.3万立方米，折合工业节水投资成本为15.53元/吨。
④ 根据2017年2月14日水利部、国家发展改革委等五部门联合印发的《"十三五"新增1亿亩高效节水灌溉面积实施方案》，"十三五"期间，全国新增高效节水灌溉面积1亿亩总投资约1 279亿元，可新增年节水能力85亿立方米，则农业节水投资成本折合1 279元/亩。
⑤ 根据2017年2月14日水利部、国家发展改革委等五部门联合印发的《"十三五"新增1亿亩高效节水灌溉面积实施方案》，"十三五"期间，全国新增高效节水灌溉面积1亿亩总投资约1 279亿元，可新增年节水能力85亿立方米，则农业灌溉每亩节水85立方米。
⑥ 《2020年国民经济和社会发展统计公报》。

表 1-21　我国 2019—2021 年节水投融资与节水量

节水类别	2019 年		2020 年		2021 年	
	完成投资（亿元）	节水量（亿立方米）	资金需求（亿元）	节水量（亿立方米）	资金需求（亿元）	节水量（亿立方米）
工业	1 708.92	110.04	2 907.22	187.2	1 552.07	99.95
农业	280.1	18.62	306.96	69.9	153.48	10.2
合计	1 989.02	128.66	3 214.18	257.1	1 705.55	110.14

1.16　绿色建筑投资需求预测

2019 年我国绿色建筑投资为 281.14 亿元，比 2018 年下降了 13.93%，新增绿色建筑面积 3.68 亿平方米，比 2018 年下降了 5.4%。2019—2021 年，我国绿色建筑投融资的年均资金需求将达到 281.14 亿元，每年新增绿色建筑 3.68 亿平方米。

由于 2019 年绿色建筑面积增量中二星级和三星级的比重有所下降，因而 2019 年投融资资金需求相应减少。2019 年至 2021 年，我国绿色建筑投融资资金与上一年度持平，由于 2020 年度属于"十三五"规划的收尾阶段，绿色建筑增量与上一年度持平。建筑物在建造和运行过程中消耗大量的自然资源和能源，是温室气体排放的主要来源之一，绿色建筑对空间的绿色化高效利用符合减污降碳的发展要求。"十四五"规划对于绿色建筑暂无明确规划要求，但其在建筑领域具有较好发展前景。

1.16.1　绿色建筑投融资现状

我国在建设特色社会主义道路上，一直注重环境保护，在城市规划和绿色建筑方面，早在 2005 年，建设部、科技部联合出台了《绿色建筑技术导则》，旨在引导、促进和规范绿色建筑的发展。近年来，我国中央政府更是陆续出台了关于绿色建筑的发展政策体系，促进了我国建筑行业绿色发展和城市住区环境的改良。2016 年发布的《住房城乡建设事业"十三五"规划纲要》，明确到 2020 年城镇新建建筑中绿色建筑推广比例超过 50%。2017 年的《建筑节能与绿色建筑发展"十三五"规划》，力争使绿色建筑发展规模实现倍增，到 2020 年新增绿色建筑面积 20 亿平方米以上。2019 年住房与城乡建设部发布《绿色建筑评价标准》（GB/T 50378—2019），重新构建了绿色建筑评价指标体系，重构绿色建筑关键技术体系，为绿色建筑未来发展提出了更高要求。

2018 年，我国新增绿色建筑面积 3.89 亿平方米[①]，用于新增绿色建筑的投资额达 326.64 亿元[②]。据测算，2018 年新增的 3.89 亿平方米绿色建筑，形成节能能力 1 497.65 万吨标准

[①]　根据 2018 年 3 月颁布的《住房城乡建设部建筑节能与科技司 2018 年工作要点》，力争到 2018 年底，城镇绿色建筑占新建建筑比例达到 40%。

[②]　假设住宅、公共建筑占比与 2015 年相同，一星、二星、三星级建筑占比与 2015 年相同，增量成本参考《2015 年度绿色建筑评价标识统计报告》。

煤，减排 3 925.01 万吨二氧化碳[①]。

2019—2020 年，我国每年新增绿色建筑面积 3.68 亿平方米[②]，每年用于新增绿色建筑的投资额达 309.96 亿元[③]。据测算，单年新增的 3.68 亿平方米绿色建筑，形成节能能力 1 416.8 万吨标准煤，减排 3 713.12 万吨二氧化碳[④]。

《关于印发绿色建筑创建行动方案的通知》（建标〔2020〕65 号）指出，到 2022 年，当年城镇新建建筑中绿色建筑面积占比达到 70%。

1.16.2 绿色建筑投融资资金需求

根据《建筑节能与绿色建筑发展"十三五"规划》的目标，到 2020 年，我国城镇新建建筑能效水平比 2015 年提升 20%，城镇新建建筑中绿色建筑面积比重超过 50%，绿色建材应用比重超过 40%，新增绿色建筑面积 20 亿平方米以上，全国城镇既有居住建筑中节能建筑所占比例超过 60%[⑤]。2020 年，我国需新增绿色建筑 3.68 亿平方米[⑥]，其中，住宅面积 1.80 亿平方米（49%），公共建筑面积 1.88 亿平方米（51%）[⑦]。

根据《2015 年度绿色建筑评价标识统计报告》对合理项目进行的绿色建筑增量成本统计分析得出，一星级住宅、公建增量成本分别为 25.14 元/平方米和 33.8 元/平方米，二星级住宅、公建增量成本分别为 64.23 元/平方米和 111.47 元/平方米，三星级住宅、公建增量成本分别为 135.92 元/平方米和 233.92 元/平方米。

假设 2021 年与 2015—2020 年水平一致[⑧]，新增绿色建筑为一星级的占 45%，对于住宅建筑的投资达到 25.14 元/平方米，对于公共建筑的投资达到 33.8 元/平方米，因此 2021 年用于一星级绿色建筑的投资达到 49.06 亿元；新增绿色建筑为二星级的占 40%，对于住宅建筑的投资达到 64.23 元/平方米，对于公共建筑的投资达到 111.47 元/平方米，因此 2021 年用于二星级绿色建筑的投资达到 129.83 亿元；新增绿色建筑为三星级的占 15%，对于住宅建筑的投资达到 135.92 元/平方米，对于公共建筑的投资达到 233.92 元/平方米，因此 2021 年用于三星级绿

---

① 参考 http://www.luaninfo.com/News/zwxx/2019/03/13/092816825106.html，安徽省某市建成节能建筑 8 556.3 万平方米，形成节能能力约 329.42 万吨标准煤、减少二氧化碳排放 863.07 万吨。则每 1 万平方米平均形成节能能力 0.0385 万吨标准煤、平均减少排放 0.1009 万吨二氧化碳。

② "十三五"规划提出，到 2020 年我国新增绿色建筑面积 20 亿平方米以上，据《住房城乡建设部办公厅关于 2016 年建筑节能与绿色建筑工作进展专项检查情况的通报》可知 2016 年已新增 5 亿平方米，2017 年已增 3.75 亿平方米，2018 年已增 3.89 亿平方米。假设其余新增绿色建筑面积按每年相同计算。

③ 假设住宅、公共建筑占比与 2015 年相同，一星、二星、三星级建筑占比与 2015 年相同，增量成本参考《2015 年度绿色建筑评价标识统计报告》。

④ 参考 http://www.luaninfo.com/News/zwxx/2019/03/13/092816825106.html，安徽省某市建成节能建筑 8 556.3 万平方米，形成节能能力约 329.42 万吨标准煤、减少二氧化碳排放 863.07 万吨。则每 1 万平方米平均形成节能能力 0.0385 万吨标准煤、平均减少排放 0.1009 万吨二氧化碳。

⑤ 住房和城乡建设部 2017 年出台的《建筑节能与绿色建筑发展"十三五"规划》。

⑥ 根据"十三五"规划，2016—2020 年新增绿色建筑 20 亿平方米以上，2016 年已新增 5 亿平方米，2017 年已增 3.75 亿平方米，2018 年已增 3.89 亿平方米。假设其余新增绿色建筑面积按每年相同计算。

⑦ 假设住宅、公共建筑占比与 2015 年相同。

⑧ http://huanbao.bjx.com.cn/news/20160607/740409.shtml。

色建筑的投资达到 102.25 亿元。

综上所述，我国 2021 年绿色建筑投融资的资金需求为 281.14 亿元。

我国 2019—2021 年绿色建筑投融资及新增面积如表 1-22 所示。

表 1-22　我国 2019—2021 年绿色建筑投融资及新增面积

绿色建筑星级	2019 年		2020 年		2021 年	
	完成投资（亿元）	新增面积（亿立方米）	资金需求（亿元）	新增面积（亿立方米）	资金需求（亿元）	新增面积（亿立方米）
一星级	49.06	1.66	49.06	1.66	49.06	1.66
二星级	129.83	1.47	129.83	1.47	129.83	1.47
三星级	102.25	0.55	102.25	0.55	102.25	0.55
合计	281.14	3.68	281.14	3.68	281.14	3.68

1.17　新能源汽车投资需求预测

2019 年我国新能源汽车投资为 1 124.6 亿元，新能源汽车产能 124.8 万辆，新建成 21.6 万个公共充电桩。2020 年，我国新能源汽车投融资的总资金需求将达到 1 756.71 亿元，较 2019 年增长 56.21%。其中，新能源汽车产能达 136.6 万辆，比 2019 年增长 9.4%；新建公共充电桩 85.5 万个。2021 年，我国新能源汽车投融资的总资金需求将达到 2 229.61 亿元，较 2019 年增长 26.92%，新能源汽车产能达 253.2 万辆，比 2019 年增长 85.26%，新建公共充电桩 102 万个。

2019—2021 年新能源汽车投资呈上升趋势。2019 年下半年受国五切换国六燃油车价格体系影响，以及 2020 年初新冠肺炎疫情，新能源汽车销量下降。2020 年 3 月 31 日，国务院常务会议明确将原本于 2020 年底全部退出的新能源汽车购置补贴延长两年，同时新能源汽车免征购置税政策也延长两年。政策支持使新能源汽车销量在 2020 年 7 月迎来同比增长。随着碳达峰与碳中和各项政策的持续推进，新能源汽车产业投资需求进一步增加。

1.17.1　新能源汽车投融资现状

2019 年，新能源汽车生产 124.2 万辆，销售 120.6 万辆，分别占同期我国汽车产销量的 4.57% 和 4.47%，同比分别下降 2.2% 和 3.98%。其中纯电动汽车产销分别完成 102 万辆和 97.2 万辆，产量同比增长 3.4%，销量同比下降 1.2%；插电式混合动力汽车产销分别完成 22 万辆和 23.2 万辆，同比分别下降 22.5% 和 14.5%。燃料电池汽车产销分别完成 2 833 辆和 2 737 辆，比上年同期分别增长 85.5% 和 79.2%[1]。2019 年底，我国累计公共充电桩数量已达 51.6 万个[2]。

2020 年我国新能源汽车产销分别完成 136.6 万辆和 136.7 万辆，同比分别增长 7.5% 和

---

[1]　https://bg.qianzhan.com/report/detail/300/200116-11247efa.html。
[2]　https://bg.qianzhan.com/report/detail/300/200707-b8cb6a6f.html。

10.9%。中国电动汽车充电基础设施促进联盟统计数据显示，2020年全年，国内充电基础设施增量为46.2万台，公共充电基础设施增量同比增长12.4%，但随车配建充电设施增量依然不高，同比下降24.3%。截至2020年12月，全国充电基础设施累计数量为168.1万台，同比增长37.9%。另根据公安部发布的最新数据，截至2020年底，全国新能源汽车保有量达492万辆，若按照这一数据计算，目前的车桩比约为3∶1[①]，离国家提出车桩比1∶1的目标仍有差距。

1.17.2 新能源汽车投融资资金需求

2020年国务院常委会会议通过了《新能源汽车产业发展规划（2021—2035年）》指出，到2025年，新能源汽车新车销售量达到汽车新车销售总量的20%左右。2021年起，国家生态文明试验区、大气污染防治重点区域的公共领域新增或更新公交、出租、物流配送等车辆中新能源汽车比例不低于80%[②]。

2021年1—7月，新能源汽车产销分别达到150.4万辆和147.8万辆，同比增长均为2倍[③]，月均产能21.5万辆，月均销售21.1万辆，则2020年全年预计生产新能源汽车257.83万辆，销售新能源汽车253.2万辆。则至少需要新能源汽车产能投资1 944.01亿元[④]。

截至2021年1月26日，国内与充电桩相关的在业、存续企业多达10.53万家。2016—2020年我国充电桩增速分别为248.5%、93.9%、74.2%、56.9%、37.9%[⑤]，"碳中和"背景叠加我国政策驱动下新能源汽车保有量地增长，在车桩比1∶1的目标下充电桩需求将会加速扩大。2019年我国车桩比为3.5∶1[⑥]，2020年车桩比为3∶1，2021年按照车桩比2∶1估计，充电桩需求将达到204.5万台[⑦]。近年来，公共充电桩与私人充电桩数量接近相等[⑧]，则2021年预计新建公共充电桩102万个，投资需求达285.6亿元[⑨]。

我国2019—2021年新能源汽车投融资及新增产能和公共充电桩如表1-23所示。

[①] http：//www.caam.org.cn/search/con_5233035.html。
[②] https：//www.miit.gov.cn/xwdt/szyw/art/2020/art_4390362916324365a260ed97d7558f18.html。
[③] http：//www.caam.org.cn/search/con_5233035.html。
[④] http：//auto.sohu.com/20120820/n351013078.shtml，"十二五"期间，一汽集团投入98亿元用于新能源汽车产品开发、能力建设、生产筹备等方面，并投资43.48亿元用于建设新能源汽车工厂改造项目，届时将形成单班年产10万辆、双班年产20万辆的生产能力，平均新能源汽车的投资成本为9.43万元/辆；据https：//xueqiu.com/6634714084/80997223，"十三五"期间动力电池的制造成本下降50%，假定其他制造成本变化不大，则新能源汽车整车制造成本下降15%~25%，则平均新能源汽车的投资成本为7.54万元/辆。
[⑤] http：//k.sina.com.cn/article_1704103183_65928d0f02002fbde.html。
[⑥] https：//bg.qianzhan.com/report/detail/300/200707-b8cb6a6f.html。
[⑦] 截止2020年底我国新能源汽车保有量为492万辆，加上2021年预计销售量253.2万辆，预计2021年我国新能源汽车保有量为745.2万辆，则需要充电桩372.6万台。2020年充电桩数量为168.1万台。
[⑧] https：//bg.qianzhan.com/report/detail/300/200707-b8cb6a6f.html。
[⑨] https：//www.diandong.com/news/151704.html，单个充电桩年平均营业开销加成本分摊在2.8万元左右。

表1-23 我国2019—2021年新能源汽车投融资及新增汽车产能和充电桩数量

类别	2019年		2020年		2021年	
	完成投资	新增量	资金需求	新增量	资金需求	新增量
新能源汽车产能（万辆）	941（亿元）	124.8	1 029.96（亿元）	136.6	1 944.01（亿元）	253.2
新增公共充电桩（万个）	183.6	21.6	726.75	85.5	285.6	102
合计	1 124.6	—	1 756.71	—	2 229.61	—

2 绿色金融市场与产品

2.1 绿色信贷

2020年，新冠肺炎疫情冲击全球，绿色复苏成为热点。2020年9月，习近平总书记提出"3060"目标为我国经济绿色、低碳、高质量发展指明了方向；10月，《中共中央关于制定国民经济和社会发展第十四个五年规划和二〇三五年远景目标的建议》指出未来五年要推动金融与实体经济均衡发展，发展绿色金融。绿色信贷作为绿色金融的主要实践主体，长期保持稳定增长态势，国家、部委、地方层面政策陆续出台，评价体系不断完善，金融机构创新持续推进，产品体系日趋丰富，未来将继续在金融支持高质量发展和我国生态文明建设中发挥重要作用。

2.1.1 政策体系不断完善

（一）国家层面

2020年1月，银保监会印发关于推动银行业和保险业高质量发展的指导意见，提出金融机构要建立健全环境社会风险管理体系，鼓励金融机构提升绿色金融专业服务能力和风险防控能力。3月，国家发改委、中宣部、财政部、商务部等23个部门联合印发《关于促进消费扩容提质加快形成强大国内市场的实施意见》指出加快构建"智能+"消费生态体系，鼓励使用绿色智能产品，健全绿色产品、服务标准体系和绿色标识认证体系，推进绿色消费、创建绿色商场。8月，商务部印发《全面深化服务贸易创新发展试点总体方案》，在京津冀、长三角、粤港澳及中西部具备条件的地区开展数字人民币试点。10月，生态环境部等五部门印发《关于促进应对气候变化投融资的指导意见》，首次从国家政策层面将应对气候变化投融资提上议程，为应对气候变化工作指明了发展方向，对气候变化领域的建设投资、资金筹措和风险管控进行了全面部署。

（二）地方层面

2020年5月，人民银行、银保监会、证监会及国家外汇管理局联合发布《关于金融支持粤港澳大湾区建设的意见》，明确指出推动粤港澳大湾区绿色金融合作。6月，上海、江苏、浙江三省（市）人民政府出台《关于支持长三角生态绿色一体化发展示范区高质量发展的若干措施》，提出长三角将发展节能环保、绿色低碳第三方服务、绿色金融等产业。11月，深圳出台中国首个地方绿色金融法律法规，同时也是全球首部规范绿色金融的综合性法案——《深圳经济特区绿色金融条例》，并将于2021年3月起实施。

（三）监管层面

已逐步形成以绿色信贷分类标准为基础、评价体系为支撑、环境信息披露为保障的较为完善的绿色信贷政策体系。

一是绿色信贷分类标准不断完善。 2020年7月，银保监会下发绿色融资统计制度说明，修订了绿色融资统计口径，统计制度进一步完善。绿色信贷分类标准与绿色产业目录相协调，为绿色金融更好地支持实体经济发展打下了基础，将在保障政策的有效传导，引导资金流向绿色经济领域，保证激励政策的精准实施和有效落地，帮助金融机构开展产品创新与风险管理等方面发挥更加重要的作用。

二是绿色信贷评价体系日益健全。 绿色信贷评价体系在当前绿色金融工具评估规则中发展相对完善。2020年，人民银行对2018年印发的《银行业存款类金融机构绿色信贷业绩评价方案（试行）》进行修订，起草了《〈银行业存款类金融机构绿色金融业绩评价方案〉的通知（征求意见稿）》，评价体系日臻完善，一是扩展了考核范围，统筹考虑绿色贷款和绿色债券业务开展情况；二是修订了评估指标，包括定量和定性两类，定量指标权重80%、定性指标权重20%并由人民银行根据发展需要适时调整；三是拓展了评价结果的应用场景，鼓励对评价结果多维运用。

三是环境信息披露稳步推进。 信息披露是绿色信贷体系的重要保障，随着绿色信贷评价标准的完善与评价体系的健全，环境信息披露要求也逐步提升。2020年3月，中共中央办公厅、国务院办公厅印发《关于构建现代环境治理体系的指导意见》，明确提出要健全环境治理企业责任体系和信用体系，要求排污企业公开环境治理信息、建立完善上市公司和发债企业强制性环境治理信息披露制度。部分地方政府积极开展环境信息披露探索，如深圳出台的《深圳经济特区绿色金融条例》中要求从2022年起在深圳注册的金融行业上市公司强制性披露环境信息。2020年，人民银行研究局发布了《金融机构环境信息披露指南（试行）》，部分绿色金融改革创新试验区已开展先行试用，如湖州实现了辖内金融机构环境信息全披露，大湾区13家法人银行发布环境信息披露报告。

2.1.2 市场稳步发展

2020年末，我国本外币绿色贷款余额达到11.95万亿元，较年初增长16.93%，比同期企事业单位贷款余额增速高4.45个百分点；绿色贷款全年增加1.73亿元，占同期企事业单位贷款增量的14.23%，比上年提升3.83个百分点（见图2-1）。从占比来看，2019—2020年，我国绿色贷款占企事业贷款比重呈波动上升趋势，2020年末为10.81%，较年初提升0.4个百分点（见图2-2）；从资产质量来看，绿色贷款中的不良贷款余额390亿元，不良率0.33%，比同期企事业单位贷款不良率低1.65个百分点，比年初下降0.24个百分点，较全国商业银行不良贷款率低1.51个百分点。

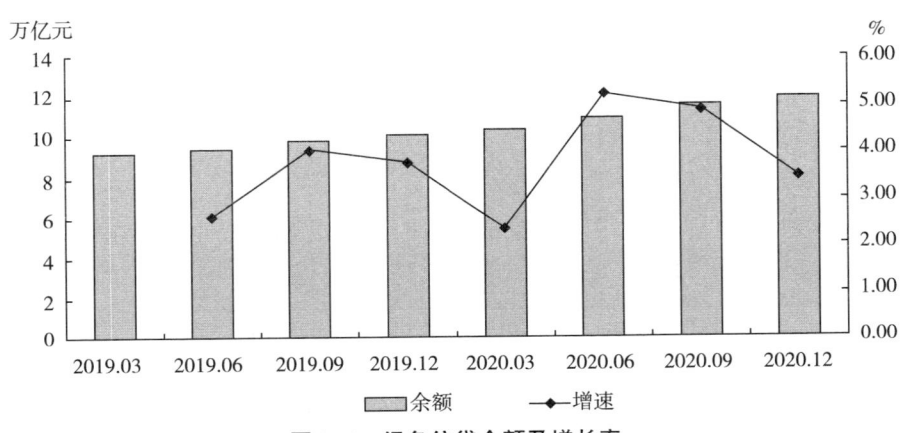

图 2-1　绿色信贷余额及增长率

（数据来源：人民银行、工商银行现代金融研究院整理）

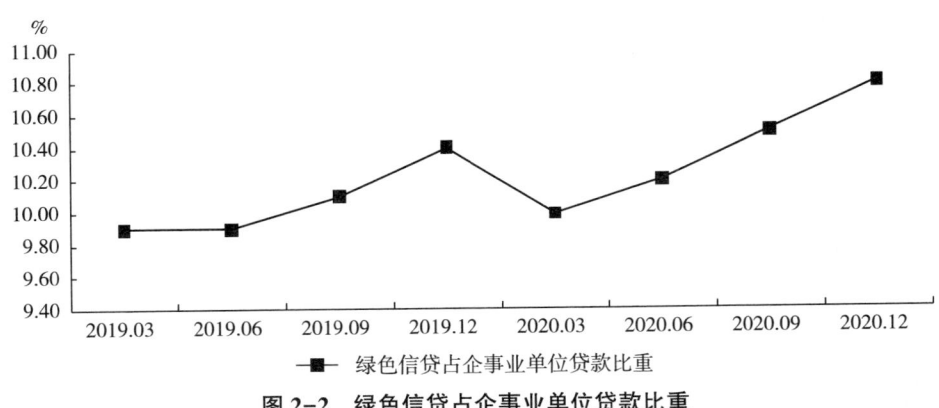

图 2-2　绿色信贷占企事业单位贷款比重

（数据来源：人民银行、工商银行现代金融研究整理）

分用途看，基础设施绿色升级产业贷款和清洁能源产业贷款余额分别为5.76万亿元和3.2万亿元，比年初分别增长21.3%和13.4%（见图2-3）。

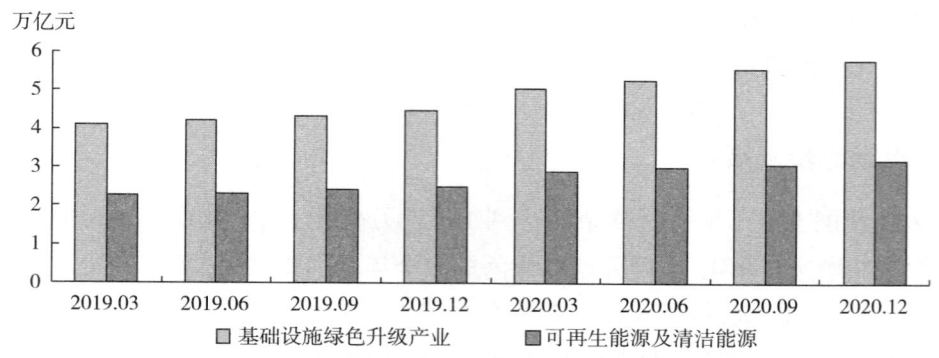

图 2-3 基础设施绿色升级产业、可再生能源及清洁能源领域绿色信贷情况

（数据来源：人民银行、工商银行现代金融研究院整理）

分行业看，交通运输、仓储和邮政业绿色贷款余额 3.62 万亿元，比年初增长 13%；电力、热力、燃气及水生产和供应业绿色贷款余额 3.51 万亿元，比年初增长 16.3%（见图 2-3）。

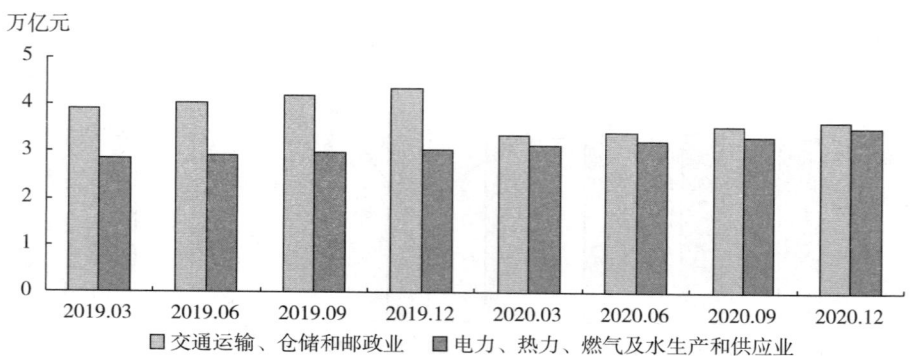

图 2-4 交通运输、仓储和邮政业及电力、热力、燃气及水生产和供应业绿色信贷情况

（数据来源：人民银行、工商银行现代金融研究院整理）

2.1.3 产品和服务持续创新

近年来，我国银行业金融机构在绿色发展理念引领下，积极开展绿色信贷产品创新，信贷支持力度不断加强、信贷服务广度持续拓宽，信贷产品日趋丰富，逐步形成多元化、较为完善的绿色信贷产品体系。

（一）绿色信贷支持对象扩展至小微企业及个人

随着绿色发展理念地推广，绿色发展已成为全社会共识，双碳目标下，每个企业和个体都面临生产生活方式的绿色低碳转型。在此背景下，银行业金融机构创新开发了一系列绿色信贷创新产品，将绿色信贷支持范围从发展之初的重大项目、大中型企业逐步扩展到小微企业和个人。如针对区域块状经济推出的"园区贷"，通过让"低小散"的小微企业集中入园的模式对集聚产业提供一站式、链条式金融服务，提高能源利用效率、促进土地节约集约、实现污染减排少排。如对个人客户绿色出行、垃圾分类、绿色公益等日常绿色行为进行积分，根据个人绿色积分不同为个人客户提供"绿色信用贷"，鼓励个人客户低碳生活、支持绿色发展。

(二) 绿色信贷发展方式由线下拓展到线上

科技的进步为绿色信贷发展注入了新动能，随着数字化水平的提升，绿色信贷发展方式开始从传统的线下走向线上。一是绿色金融管理系统化，人民银行已在浙江省上线绿色金融信息管理系统，并计划在长三角地区推广；一些地方政府如湖州搭建了"绿色金融服务综合平台"，实现政府采购"云上采"、金融政策"线上兑"、企业贷款"线上提"；银行业金融机构陆续建立绿色信贷系统，逐步实现绿色信贷统计、分析、风险管理自动化与智能化。二是绿色信贷服务线上化，新冠肺炎疫情让金融服务加速向线上化转型，现代科技的进步为绿色信贷发展提供了更多可能性，"e抵快贷""电力快贷""林农快贷"等一批线上信贷产品不断涌现，线上和线下的相互融合更好地促进了绿色信贷的发展。

(三) 绿色信贷担保方式不断创新

在传统抵（质）押担保方式上实现了新突破，以绿色资源权益如碳排放权、排污权、用能权、合同能源管理收益权、林业碳汇等环境权益为抵（质）押方式，推出一批绿色信贷创新产品。如碳排放权抵（质）押贷款，将控排企业碳排放权作为抵押物为融资提供担保，有效盘活企业碳资产的同时促进了企业节能减排，具有环境、经济双重效益。如广东碳排放权抵（质）押融资实践已开展得较为成熟，出台碳排放权抵（质）押融资实施规范，并形成了区域性的碳排放权抵（质）押融资标准。

2.1.4 问题与建议

(一) 问题

一是绿色信贷投放行业较为集中，与结构化投融资需求匹配度不高。按贷款用途来看，2020年末48%的绿色贷款用途为基础设施绿色升级产业、27%用于可再生能源和清洁能源领域。按行业来看，2020年末，交通运输仓储和邮政业，电力、热力、燃气及水生产和供应业在绿色信贷中的比重分别为30%和29%。双碳目标引领下，实体经济需要加速推动能源、工业、交通、建筑等多个高排放领域大规模脱碳，绿色信贷投放行业结构与融资需求结构存在偏差。

二是环境信息共享机制有待完善。目前，国内还未形成统一的环境数据共享机制，一方面，企业信息披露尚不充分、各级政府和监管披露数据未整合，金融机构环境信息获取难度大、成本高，信息的不对称使金融机构无法及时、准确评估融资对象的环境风险，可能造成重大损失；另一方面，环境风险的测算与评估对专业要求较高，以碳排放量的核算为例，实际操作时金融机构面临基础数据获取难、核算标准不统一、核算结果难校验等诸多困难。因此亟须建立一个统一的环境信息共享服务平台，整合各类环境信息、提供在线测算工具，提高金融机构环境信息获取效率，提升环境风险管理能力。

(二) 相关建议

一是扩大绿色信贷产品覆盖面。目前金融机构推出的绿色信贷产品面向个人消费领域仍较有限。随着绿色理念不断深入人心，消费者的绿色偏好也越来越高，金融机构可加大消费领域信贷产品创新，如针对生态环保节能房屋设计按揭贷款、绿色装修建材购买支持贷款，或设计绿色信用卡，对购买绿色认证产品提供折扣并对消费者在使用绿色信用卡进行无纸化交易、公共交通出行时给予积分等，引导鼓励消费者增加绿色领域消费，逐步培育壮大绿色低碳消费者队伍。

二是提升绿色信贷与碳中和的契合度。绿色信贷是实现双碳目标的重要手段，当前绿色信贷政策与碳达峰、碳中和还处在融合过程中，要加快推进绿色信贷与双碳目标的契合进程，强化信贷产品"碳"属性，激发相关产业和企业低碳转型的活力与积极性，引导企业积极对接碳中和背景下新兴产业项目，有效解决转型企业找资金、绿色资金找企业难题。

三是加大绿色信贷正向激励。绿色信贷具有较强的外部性，需要财政、金融和监管的激励机制来降低融资成本或提高项目收益。现有政策主要集中在补贴层面，直达金融机构的正向激励政策能提升绿色信贷的可持续性。如建立完善的碳核算系统以真实反映绿色信贷的环境收益。或降低绿色信贷资本占用，对于一些符合条件的绿色信贷资产，适当调低其违约概率和给定违约概率下的损失率，降低其资产风险权重，既可从银行内生激励机制的角度来引导商业银行信贷资金向绿色领域倾斜，又是对目前以财政补贴为主的激励体系的重要补充，可有效减轻财政压力。建议可在实施内评法的大型国有银行和国家级绿色金融改革创新试验区先行先试。

2.2 绿色债券

2.2.1 中国绿色债券发展情况

2.2.1.1 发行规模继续位于全球前列

2020年，国际绿色债券发行量延续了增长趋势，根据气候债券倡议组织（CBI）统计，全球绿色债券发行规模达到2 901亿美元（约合1.87万亿元人民币），发行规模创历史新高。但规模增速明显放缓，发行规模较上年（2 665亿美元）提升9%，增速同比大跌42个百分点，主要是由于突如其来的新冠肺炎疫情打乱了前两个季度的部分发行计划。2020年我国虽较早就面临疫情冲击，但随着第三、第四季度经济迅速企稳，绿债发行同步回暖，全年发行量达224亿美元，规模仅次于美、德、法三国，居第四位。[①]

根据境内统计口径，[②] 2020年，中国绿色债券市场继续稳健发展，155个发行主体在境内市场发行各类绿色债券220只，规模合计2 165.82亿元。[③] 截至2020年末，境内绿色债券累计发行规模超过1.4万亿元，存量规模为8 132亿元（见图2-5）。

---

① 仅为符合CBI标准的发行量。
② 人民银行研究局报告《2020年中国绿色债券发展概况及特点》。
③ 由于我国绿债标准与国际标准存在差异，导致根据国际标准统计的数据一般略低于国内标准的统计量。

2 绿色金融市场与产品

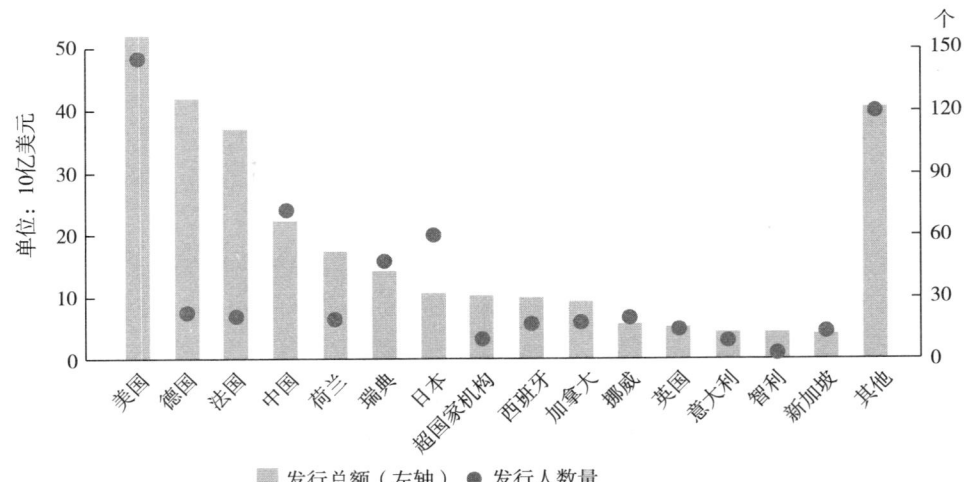

图 2-5 全球主要绿债发行国及超国家机构 2020 年发行规模与笔数

（数据来源：CBI）

2.2.1.2 绿债对实体经济支持力度不断加大

从发行主体看，如图 2-6 所示，工业部门的绿债发行数量与发行规模均拔得头筹，全年发行 1 087.08 亿元，占国内发行总额的 50.19%，同比大增 18.47 个百分点。发行规模居第二位的是公用事业，占比为 24.38%，同比增加 2.19 个百分点。金融业发行规模则从 2016 年时超 90% 占比，下降为 17.84%。实体企业对绿色债券迅速增长的需求，有助于绿债主体的多元化，体现了全社会绿色转型发展的巨大动能。

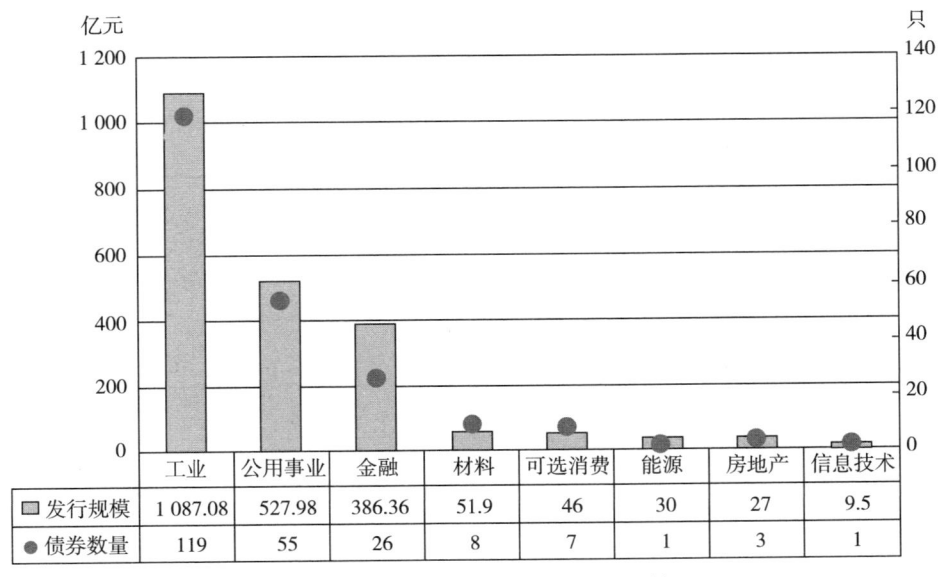

图 2-6 各行业部门 2020 年绿债发行情况

（数据来源：中央结算公司、Wind）

从债券利率看，AAA 级 1~3 年期、3~5 年绿债平均发行利率分别为 3.27%、3.93%，同比分别下行 95 个基点、49 个基点，有利于降低绿色项目融资成本。

从投向领域看，绿色债券募集资金主要投向绿色服务、节能环保和基础设施绿色升级三大领域，三者占比分别为 30.13%、28.07% 和 19.98%，与实体经济绿色转型关系密切（见图 2-7）。

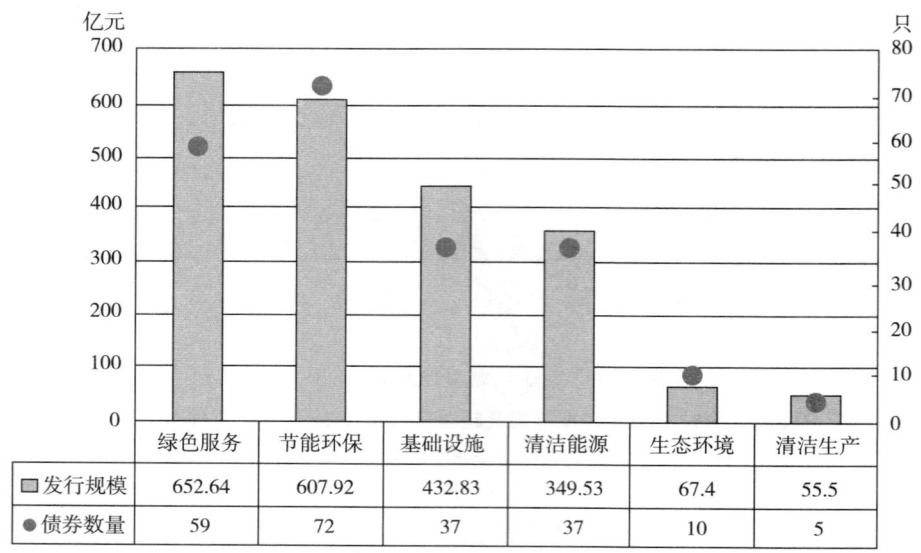

图 2-7　2020 年绿债募集资金投向情况

（数据来源：人民银行研究局）

2.2.1.3　质量提高、范围扩充、品种丰富

从评级结果看，绝大多数债项评级获得 AAA 级，占比 72.93%，① 且这一比例比上年扩大了近 15 个百分点。AA 以上评级的债券比例超过 99%。债项评级总体高于主体评级，反映了市场对绿色债券的认可度总体较高（见图 2-8）。

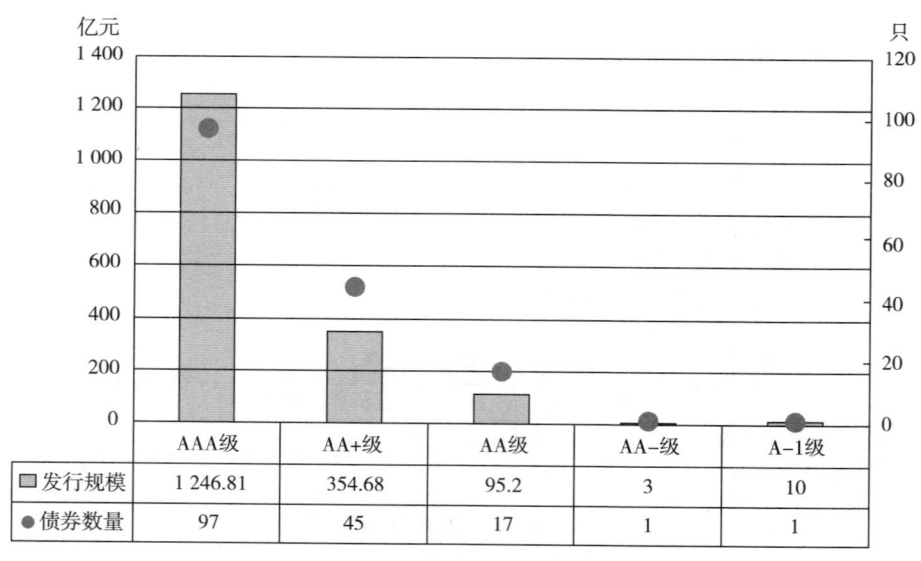

图 2-8　2020 年绿债评级情况

（数据来源：人民银行研究局）

---

① 该比例的基数为所有进行债项评级的债券。2020 年发行的绿色债券中，共有 59 只没有进行债项评级，规模合计 456.13 亿元。

从投资范围看，我国绿色债券不断从境内走向境外。2020年10月20日，发改委、人民银行等五部门联合发印发《关于促进应对气候变化投融资的指导意见》，提出支持境内符合条件的绿色金融资产跨境转让，支持离岸市场不断丰富人民币绿色金融产品及交易，支持我国金融机构和企业到境外进行气候融资。上述政策有助于引进国际资金和境外机构投资者，推动我国绿色债券市场双向开放。2020年，中资企业直接在境外发行了29只绿色债券，募集资金约102亿美元，为我国绿债发展开辟了新的市场。

从发行品种来看，如图2-9所示，公司债与企业债是发行规模最大的绿色债券品种，发行规模分别为732.1亿元、485.4亿元，重点支持了绿色交通、污水处理、海绵城市建设、清洁能源、能源生态园建设等领域。绿色金融债发行规模为272亿元，与上年相比有所下降。绿色资产支持证券发行规模为246.32亿元，占比比2019年继续扩大。绿色债券产品种类不断丰富。

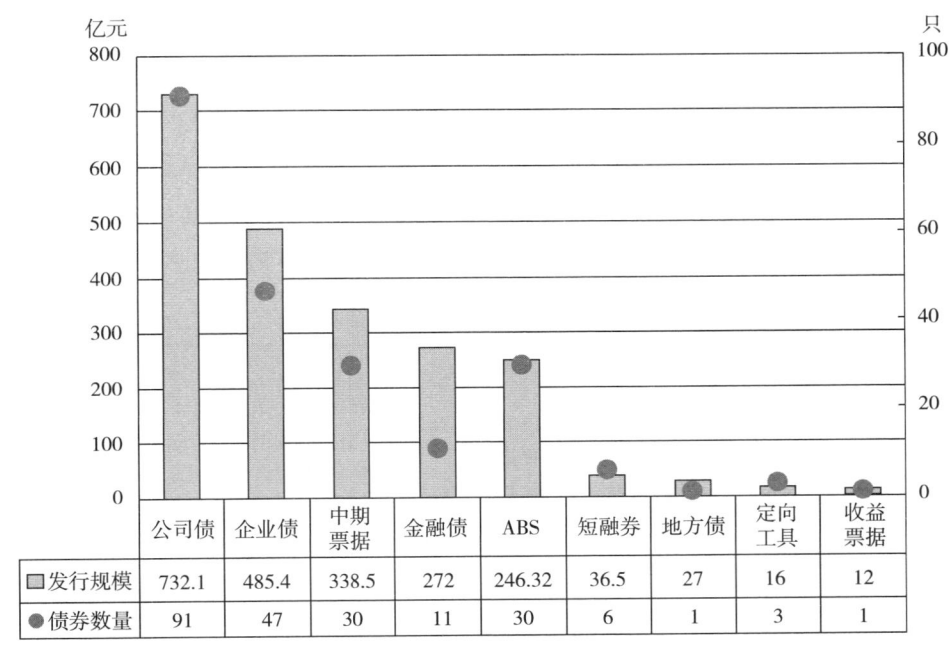

图 2-9 各绿债品种 2020 年发行情况

（数据来源：中央结算公司、Wind）

2.2.2 政策与产品创新

2.2.2.1 绿债市场制度体系不断完善

在标准方面，一是推动国内绿债标准走向统一。2020年3月3日，中共中央办公厅、国务院办公厅印发《关于构建现代环境治理体系的指导意见》，提出健全环境治理法律法规政策体系，完善金融扶持，统一国内绿色债券标准。2020年5月29日，国家发改委、人民银行和证监会联合发布《关于印发〈绿色债券支持项目目录（2020年版）〉的通知（征求意见稿）》，向社会公开征求意见。二是推进中外标准对接。值得特别关注的是，此次《绿色债券目录》修订中，删除了化石能源清洁利用的相关类别，在体现先进性的同时也便于后续与国际相关标准接轨。此外，通过中英金融机构气候与环境信息披露试点工作，人民银行正与欧洲联合研究双方绿色金融分类标准异同，并有望在这一工作结束后推出中英绿色金融共同标准。

在制度方面，一是降低绿色债券发行费用。2020年1月22日，上清所印发的《关于调降债券业务收费标准的通知》，对绿色债券的发行登记费率、付息兑付服务费率降低50%。二是优化绿色债券发行上市安排。2020年11月27日，上交所发布的《上海证券交易所公司债券发行上市审核规则适用指引第2号——特定品种公司债券》，明确了绿色公司债券定义、募集资金用途、绿色产业领域公司范围及披露评估等方面的内容。

在政策支持方面，一是支持民营企业发行绿色债券。2020年5月21日，国家发展改革委、科技部等六部门联合印发的《关于营造更好发展环境，支持民营节能环保企业健康发展的实施意见》，提出支持符合条件的民营节能环保企业发行绿色债券，拓宽节能环保产业增信方式。二是鼓励商业银行投资绿色债券。2020年7月21日，中国人民银行发布的《关于印发〈银行业存款类金融机构绿色金融业绩评价方案〉的通知（征求意见稿）》，将绿色债券业务纳入人民银行的金融机构绿色金融考核内容。三是鼓励各实验区内政策先行先试。2020年8月30日，国务院发布的《关于印发北京、湖南、安徽自由贸易试验区总体方案及浙江自由贸易试验区扩展区域方案的通知》，提出增强金融推动产业绿色发展的引导作用，支持金融机构和企业发行绿色债券。此后多地出台了绿色债券相关的支持政策，具体情况见表2-1。

表2-1 各地方发布的绿债支持政策

发布时间	发布机构	政策名称	绿债相关内容简介
2020年1月	南京市江北新区政府	《南京江北新区关于进一步深化绿色金融创新促进绿色产业高质量发展的实施意见（试行）》	支持区内符合条件的非金融企业在境内外发行绿色债券，鼓励企业创新发行绿色可续期债券和项目收益债券等结构化绿色债券产品，鼓励创新绿色中小企业集合债等，同时对在境内外成功发行绿色债券的辖内非金融企业给予贴息
2020年2月	江西省赣江新区政府	《2020年赣江新区绿色金融改革创新试验区建设重点工作分工表》	继续发行绿色市政债、绿色园区债，通过财园信贷通、科贷通、私募基金、企业上市、绿色项目挂牌展示等多种方式拓宽融资渠道，支持创建绿色工厂、绿色园区、绿色学校，助力新区加快建设
2020年3月	南宁市政府	《南宁市创建绿色金融改革创新示范区若干重点工作任务》	积极探索试点发行生态环保项目收益专项债券等方式，推动绿色地方政府专项债券的发行
2020年3月	江苏省政府	《关于推进绿色产业发展的意见》	实施绿色债券贴息、绿色产业企业发行上市奖励、绿色担保奖补、环境污染责任保险保费补贴等政策
2020年4月	广州市黄埔区政府和广州市开发区管委会	《关于印发广州市黄埔区、广州开发区促进绿色金融发展政策措施的通知》	对区域内发行绿色债券的企业给予贴息，对为中小企业发行绿色债券提供担保的融资担保机构给予风险补偿，以及对通过绿色企业和项目认证的中小微企业给予补贴
2020年5月	人民银行、银保监会、证监会、外管局	《关于金融支持粤港澳大湾区建设的意见》	支持广东地方法人金融机构在香港、澳门发行绿色金融债券及其他绿色金融产品，募集资金用于支持粤港澳大湾区绿色企业、项目

续表

发布时间	发布机构	政策名称	绿债相关内容简介
2020年6月	上海市人民政府、江苏省人民政府、浙江省人民政府	《关于支持长三角生态绿色一体化发展示范区高质量发展的若干政策措施》	大力发展绿色金融，支持在示范区发行绿色债券和绿色资产支持证券，推动区域内绿色债券和绿色资产支持证券的发行

2.2.2.2 创新型绿债产品层出不穷

为满足实体企业个性化的可持续融资需求，2020年各类创新型债券产品不断涌现。

一是抗疫债券销购两旺。华电国际在疫情暴发初期的2020年2月就发行了市场首只防疫债，用于防疫电力设施抢修。而最受市场关注的是财政部利用抗疫特别国债筹集了1万亿元资金，7月下拨直达县级政府支持地方抗疫。各大银行积极开展抗疫债券承销，工商银行截至2020年4月中旬已承销抗疫相关债券43只，为发行人募资1 069亿元，其中作为主承销商协助金砖国家新开发银行发行50亿元抗疫熊猫债，用于对疫情省份的紧急援助。

二是蓝债发行取得突破。蓝色债券是一种用于海洋环境保护与海洋环境可持续发展的绿色债券，在全球范围内尚属于创新业务。青岛水务集团于2020年11月成功发行国内首只蓝色债券，用于海水淡化工程扩建。

三是发行方式再获创新。国开行在2020年7月面向全球投资人多市场同步发行首单"应对气候变化"专题"债券通"绿色金融债券，成为探索绿色债券产品互联互通的一次成功实践。

此外，2020年也诞生了多个国内绿债发行中的"首次"。如首只以"两山"为主题的绿色金融债、首只"应对气候变化"专题的国际绿色金融债券、首只宽基人民币信用债ESG因子指数、首单绿色资产支持商业票据等。各只债券的具体发行情况见表2-2。

表2-2 2020年创新型绿债产品

发布时间	发布机构	发行金额（亿元）	情况介绍
2020年2月	华电国际电力股份有限公司	15.51	全市场首只绿色疫情防控债券、绿色防疫资产证券化产品——绿色定向资产支持票据（疫情防控债），基础资产为可再生能源电价附加补贴款，期限为2.5年，募集资金优先用于保障湖北、宁夏、山东、内蒙古等地区的绿色基础设施建设电力供应及疫情防控供电系统的抢修
2020年3月	金砖国家新开发银行	50	全国首只抗疫熊猫债——金砖国家新开发银行疫情防控熊猫债。由工商银行牵头承销，债券期限3年，票面利率2.43%，获得包括金融机构、证券公司、主权基金，资管公司等各类投资者踊跃认购。认购倍数高达2.99倍
2020年4月	中国农业发展银行	20	首只"两山"生态环保主题金融债券，期限为3年，发行利率为1.649%，募集资金主要用于支持生态文明建设重点领域，包括生态保护和修复、水资源节约与利用、重点流域水环境治理、城乡环境治理与污染防治等

续表

发布时间	发布机构	发行金额（亿元）	情况介绍
2020年7月	国家开发银行	100	多市场同步发行首单"应对气候变化"专题"债券通"绿色金融债券，发行利率为2.4984%，募集资金用于低碳运输等绿色项目，以有效减缓和抑制气候变化，减少污染物排放
2020年11月	中债金融估值中心	/	全球首只中债-ESG优选信用债指数。该指数成分券由待偿期不短于1个月、中债市场隐含评级不低于AA级、在境内公开发行且上市流通的中债ESG评价排名靠前的发行人所发行的信用债组成。该指数是依据中债ESG评价体系编制的全球首只宽基人民币信用债ESG因子指数
2020年11月	青岛水务集团	3	全国首只蓝色债券——2020年度第一期绿色中期票据，期限为3年，募集资金用于海水淡化项目建设。该只债券不仅符合绿色债券标准，同时符合蓝色债券属性，是全球非金融企业发行的首只蓝色债券。蓝色债券作为绿色债券的一种，募集资金专项用于可持续型海洋经济，在推动海洋保护和海洋资源的可持续利用中可发挥重要作用
2020年12月	中电投融和融资租赁有限公司	10.5	全国首单绿色资产支持商业票据（绿色ABCP），发行期限为30天。项目为16家微企业提供融资支持，涉及17个绿色项目，发挥了良好的经济与环境效应

2.2.3 存在的问题与建议

2.2.3.1 存在的问题

一是责任投资群体尚待深度培育。对比发达国家，我国的社会责任投资群体基础发展较晚。根据《中国责任投资年度报告（2020）》的统计，2020年中国泛ESG公募基金资产规模约为1 200亿元人民币，占国内公募基金规模的比例仅为0.55%，与美国（33%）、欧洲（45%）相比，仍存在较大差距。此外，调查显示我国金融机构对绿色投资关注度还普遍较低，① 国内投资者更加关注风险和收益，对于投资绿色债券与普通债券品种无明显考量差异，不利于绿色债券的推广与募资。

二是境内外标准尚待统一。据气候债券倡议组织（CBI）统计，近年我国发行的绿色债券中，仅有约55%~75%的债券符合国际定义。主要差异集中在应对气候变化、募集资金使用、信息披露和存续期持续管理等方面。

三是评估认证尚待严格规范。在绿色债券支持项目目录与国际标准趋同的基础上，需要专业的机构对具体的绿色项目进行认证。国内目前参与绿色债券评估认证的机构共有近20家，涵盖会计师事务所、评级机构、能源环境类咨询机构以及其他学术组织等，机构类型多样。相关机构在评估认证方法、流程和报告质量等方面参差不齐，市场公信力也有待培育。行

---

① 《中国基金业ESG投资专题调查报告（2019）》显示，在接受调查的324家证券投资机构中仅有16%关注绿色投资并开展实践。

业与监管方面亦未形成相关标准进行统一的市场规范。2015—2019年我国绿债与国际标准匹配情况如图2-10所示。

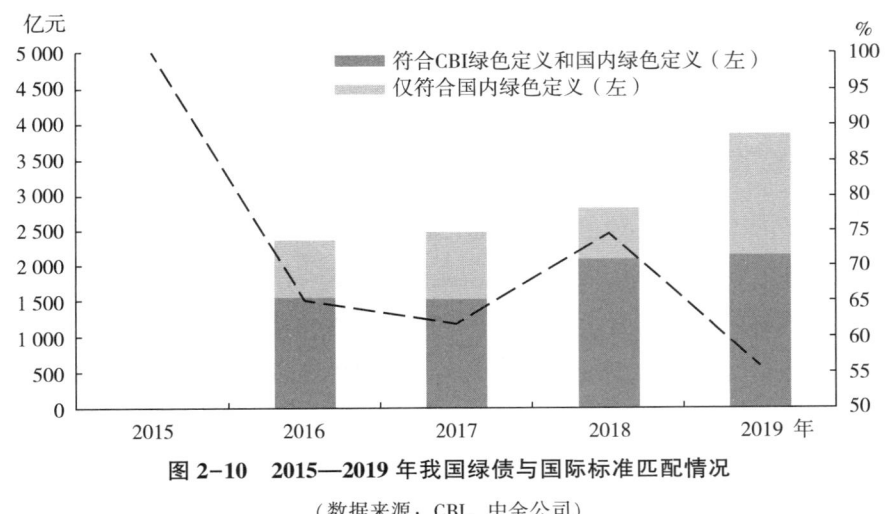

图2-10 2015—2019年我国绿债与国际标准匹配情况

（数据来源：CBI、中金公司）

四是发行成本需要进一步降低。绿色债券发行需要进行额外的"绿色认证"，且中、低评级的绿色债券相对普通债券的成本优势不明显，发行人发行动力相对受限。

2.2.3.2 发展建议

一是制定ESG投资激励政策。从国外发展绿色债券市场的实践经验来看，补贴、贴息、减免税收等优惠是各国普遍采取的措施。基于绿色债券的正外部性，建立健全激励机制十分必要。建议研究提高绿色债券在宏观审慎评估（MPA）中的占比、降低绿色债券风险权重等措施，使市场更有动力关注绿色债券投资，鼓励机构投资者增加对绿色债券的配置。可以通过组织召开绿色金融支持低碳发展论坛、区域绿色政策推广交流会、ESG与绿色债券投资研讨会等系列活动，为绿色债券市场的发展建言献策，培育共推绿色发展的良好氛围。

二是加强绿色债券标准合作。中欧绿色债券标准目前已有80%的相似度，中欧还在深入开展标准的对照研究，预计共同标准有望在2021年发布。在此基础上，应充分利用气候相关财务信息披露工作组（气候相关财务信息）、"一带一路"银行间常态化合作机制（BRBR）、粤港澳大湾区绿色金融联盟等各类平台，在绿色债券募集资金投向、外部评估、信息披露、存续期管理等多方面加强国际沟通交流，扩大中欧绿债标准的影响力。同时引入公信力较高的国际认定机构参与认证评级，吸引境外ESG资金投资国内绿色债券，提升国内绿色债券发展的国际化水平。

三是开展债券相关产品创新。比如可以大力发展创新绿色债券指数、ETF等产品，为投资机构以绿色指数为基础开发公、私募基金等绿色金融产品奠定基础，推动绿色债券相关产品的快速发展与市场宽度的扩大。

四是完善信息披露制度。信息披露制度的完善有利于增强市场信心，促进绿色债券市场的长期健康发展，也有利于吸引外资进入市场。建议部门出台政策，要求绿色债券发行人披露环境信息，督促投资机构定期报告其绿色投资理念、体系建设及投资目标达成情况，发行人也应逐步完善自身披露标准与流程。

2.3 绿色基金

2.3.1 绿色基金发展概况

绿色金融手段包括绿色信贷、绿色债券、绿色股票指数和相关产品、绿色基金、绿色保险、碳金融等金融工具。其中，绿色基金是其他绿色金融工具的基础和载体。我国部分绿色产业投资周期长、回报率偏低，债权融资存在自有资金不足、期限错配等问题，并且部分绿色产业尚处于行业生命周期的早期或发展期，盈利能力不足、风险偏高。在绿色金融体系中，绿色基金的资金来源最为广泛，且属于直接融资体系，对于改善绿色产业发展中遇到的金融结构失衡具有重要作用。

2017年之后，我国绿色基金备案数量有一定幅度下降（见图2-11），有三个方面的原因，一是由于备案政策收紧，整体基金备案数量呈下降趋势；二是2016—2017年是绿色金融重大政策发布期，绿色基金备案相对较为集中；三是2017年之后商业银行理财资金参与私募基金在政策上受到限制，地方政府以基金方式进行融资也受制于《关于进一步规范地方政府举债融资行为的通知》（财预〔2017〕50号）的规定。

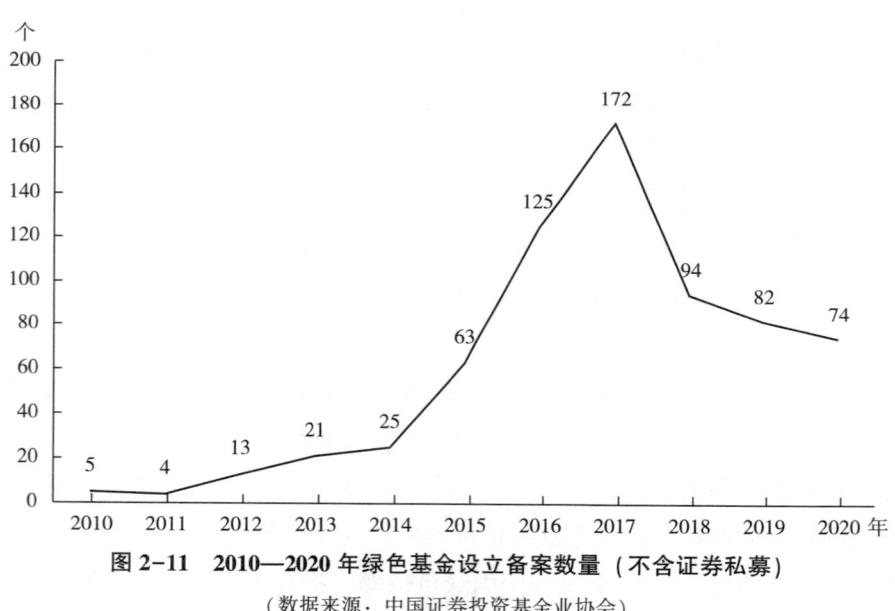

图2-11 2010—2020年绿色基金设立备案数量（不含证券私募）

（数据来源：中国证券投资基金业协会）

2020年的新冠肺炎疫情对社会和经济发展造成的巨大冲击，绿色复苏成为疫后经济发展的重要推动力，绿色基金经过2020年初的低迷，在中央到地方一系列政策的支持下，在2020年下半年进入了发展快车道；特别是2020年7月国家绿色发展基金的成立，更是进一步刺激资本对绿色投融资方面的热情。本节从新出台的绿色基金相关政策和公私募绿色基金的情况，总结分析了2020年中国绿色基金发展概况。

2.3.1.1 2020年绿色基金政策

绿色基金的快速增长有赖于政府政策的支持引导,中央层面发布的《关于构建现代环境治理体系的指导意见》,以及《关于统筹做好疫情防控和经济社会发展生态环保工作的指导意见》等文件鼓励建立绿色基金,强调发挥国家绿色发展基金的作用,进一步促进绿色投融资,以满足绿色产业发展资金需求,表2-3是2020年出台的绿色基金政策的具体内容。

表2-3 发展绿色基金相关政策

发行时间	部门	政策/文件	相关内容
2020年3月3日	中共中央办公厅、国务院办公厅	《关于构建现代环境治理体系的指导意见》	完善金融扶持。设立国家绿色发展基金。推动环境污染责任保险发展,在环境高风险领域研究建立环境污染强制责任保险制度。开展排污权交易,研究探索对排污权交易进行抵质押融资。鼓励发展重大环保装备融资租赁。加快建立省级土壤污染防治基金。统一国内绿色债券标准
2020年3月3日	生态环境部	《关于统筹做好疫情防控和经济社会发展生态环保工作的指导意见》	充分发挥国家绿色发展基金作用,鼓励有条件的地方、金融机构和社会资本设立区域性绿色发展基金。加强污染防治资金项目管理,向受疫情影响较重的地区和疫情防控重点工作倾斜。对受疫情影响严重且符合污染治理条件的复工复产企业,依法核准延期缴纳环境保护税。推动金融机构加大绿色信贷实施力度

资料来源:作者根据官网信息整理。

政府牵头、以市场机制设立的绿色发展基金可以有效缓解环境治理中的市场失灵问题,在基金规模、资源配置方面具有天然优势,是缓解环保行业企业当前资金困境的有效方式。2018年6月,中共中央、国务院印发的《关于全面加强生态环境保护 坚决打好污染防治攻坚战的意见》提出"设立国家绿色发展基金";2020年7月15日,由财政部、生态环境部、上海市共同发起设立的国家绿色发展基金股份有限公司在上海揭牌运营,首期募资规模885亿元,重点投资污染治理、生态修复和国土空间绿化、能源资源节约利用、绿色交通和清洁能源等领域。据测算,首期国家绿色发展基金按1∶5的比例有望撬动约近4 000亿元社会资本投向生态环保领域。例如,国家集成电路产业投资基金一期募集资金1 387亿元,成功撬动约5 145亿元地方和社会资本投资于集成电路产业及配套环节,有效推动集成电路产业实现加速发展。

2.3.1.2 绿色私募基金发展概况

中国证券投资基金业协会(以下简称基金业协会)数据显示,截至2020年11月末,私募基金管理的总规模达到15.91万亿元,较上年底大增2.17万亿元,直逼16万亿元。同时,存续的私募基金管理人有2.46万家,较上年底增加140家;管理基金数量9.47万只,较上年底增长1.3万只。2020年前三季度中国私募基金产品数量为91 798只,规模达到15.82万亿元,较2019年均有所上升(见图2-12)。2020年,全国设立并在基金业协会备案的私募绿色基金数量达到105只。截至2020年末,与绿色生态、低碳环保、环境治理、清洁能源等绿色方向相关的私募基金超过500只,管理规模逾2 000亿元,其中股权创投基金占比超过90%。

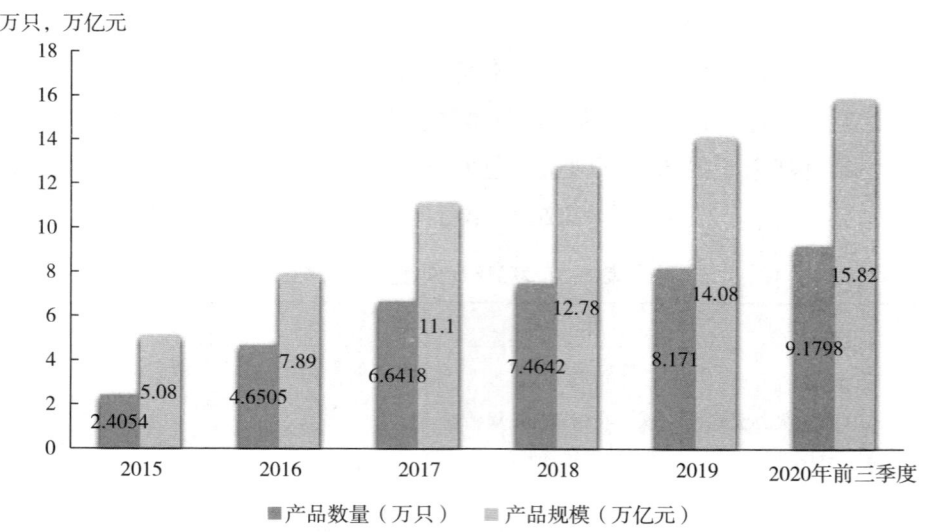

图 2-12　2015—2020 年中国私募基金数量及规模

（数据来源：Wind）

在私募基金的绿色投资方面，根据《中国基金业 ESG 投资专题调查报告（2019）》（简称报告）对私募股权投资机构（149 家）和私募证券投资机构（234 家）的调查显示，超七成的私募基金公司对 ESG/绿色投资有所关注和了解，已经开展相关实践的机构有 47 家，占比达 12.2%。降低风险是私募基金开展 ESG 和绿色投资的首要驱动力，并且治理因素成为最受机构关注的因素。其中，董事会与股东的关系、战略与绩效的关系、再投资与分红的关系、研发投入强度、财务造假、其他治理负面事件、ESG 议题是否列入公司战略规划与管理、公司治理信息披露质量 8 项因素被认为最为重要。同时，经整理报告数据后发现，有效样本中开展 ESG 投资的基金公司资产管理规模已超过人民币 2 万亿元，但是这些机构普遍认为气候变化风险对绿色投资所带来的影响为非重要因素，无论是股权投资机构还是证券投资机构对环境信息披露质量和气候变化风险的敏感度都较低，且尚未深入认识到气候变化风险与投资之间的关系，对气候变化所能引起的金融风险还没有给予足够的重视。

值得注意的是，气候相关风险近年来已经在国际上引起了金融业的广泛关注，该风险已经成为系统性金融风险的来源之一。美国环境责任经济联盟 Ceres 针对 500 家大型国际公司研究发现，气候变化相关因素正令逾万亿美元资金处于风险之中。[①] 2015 年 2 月，G20 金融稳定委员会成立了气候相关财务信息披露工作组（Task Force on Climate-related Financial Disclosures，简称 气候相关财务信息），旨在通过制定统一的气候变化相关信息披露框架，帮助投资者、贷款方和保险公司等金融机构合理地评估气候变化相关风险及机遇，做出更明智的财务决策。截至 2020 年 2 月，全球已经有资产总额近 138.8 万亿美元的 473 家金融机构就气候变化相关议题与企业进行沟通，要求企业按照气候相关财务信息的建议进行气候变化相关披露[②]，并建议将气候相关风险引入金融稳定监控和宏观监管。

[①] https://baijiahao.baidu.com/s?id=1651342886206234692&wfr=spider&for=pc。
[②] 气候相关财务信息 2020 年报告。

我国一些大型私募基金机构目前主要是通过增持黄金应对气候变化所造成的投资风险，因为他们认为黄金与气候变化相关的股票、大宗商品价格波动相关性较低，一旦气候变化导致保险股、农业股、大宗商品价格异常剧烈波动时，黄金较低的波动性反而能减少损失。但是整体来看，国内金融机构在应对气候变化所造成的投资风险方面依然"步伐较慢"，一方面是因为国内多数金融机构资产全球化配置尚未完成，将气候变化纳入投资组合风险评估体系的动能较弱；另一方面国内金融机构依然缺乏成熟的模型，将气候、上市公司业绩波动、产业经济发展波折等数据有效联系起来进行精准预判。我国私募基金行业在ESG/绿色投资实践中具备规模优势，截至2021年第一季度末，基金管理公司及其子公司、证券公司、期货公司、私募基金管理机构资产管理业务总规模约61.36万亿元，私募基金规模17.73万亿元，占比接近30%，私募基金在促进绿色投资发展中能够发挥重要作用，在未来可以成为关注气候变化等绿色投资风险的"先行者"，尝试将气候变化、环境影响等绿色因素纳入投资风险评估模型、创新绿色私募基金产品、组建专门的绿色投资团队等，为我国绿色私募基金发展提供更多可借鉴的经验和实践案例。

2.3.1.3 绿色公募基金发展概况

我国绿色公募基金数量在近几年不断快速增长（见图2-13）。CSMAR数据库显示，2020年至今，市场上共计新发行31只绿色公募基金①，较上年增长1.3倍，其中新能源主题基金占比超过90%（见表2-4）。绿色/ESG投资理念也不断渗入公募基金行业，绿色公募基金数量不断创造新高，公募基金的绿色投资规模不断扩大。

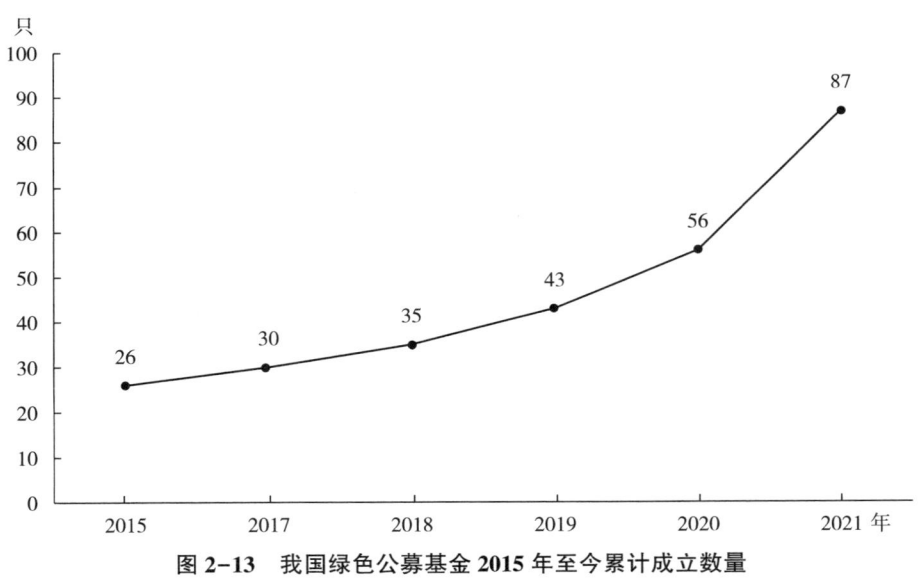

图2-13 我国绿色公募基金2015年至今累计成立数量

（数据来源：CMSAR数据库）

---

① 此处绿色公募基金是指：基金名称、投资目标、投资范围中包含"绿色、环保、低碳、清洁、可持续、新能源"等关键词以及与绿色经济相关的概念性主题基金。

表 2-4 2020 年至今新发行绿色公募基金

关键词	基金名称	成立日期	成立规模（元）	基金类别
绿色（1）	兴业绿色纯债一年定期开放债券型证券投资基金	2020-07-17	1 640 626 532.26	债券型基金
环保（5）	国泰中证环保产业 50 交易型开放式指数证券投资基金发起式联接基金	2021-06-08	10 102 749.97	其他
	国泰中证环保产业 50 交易型开放式指数证券投资基金	2021-03-19	226 117 535	股票型基金
	鹏华中证环保产业指数型证券投资基金（LOF）	2021-01-01	479 082 437.2	股票型基金
	申万菱信中证环保产业指数型证券投资基金（LOF）	2020-10-23	592 980 680.16	股票型基金
	新华中证环保产业指数证券投资基金	2020-12-03	983 952 960.83	股票型基金
低碳（4）	平安低碳经济混合型证券投资基金	2020-08-10	8 797 703 991.49	混合型基金
	鹏华中证内地低碳经济主题交易型开放式指数证券投资基金联接基金	2021-07-13	160 822 745.5	股票型基金
	鹏华中证内地低碳经济主题交易型开放式指数证券投资基金	2021-04-06	336 144 963	股票型基金
	易方达中证内地低碳经济主题交易型开放式指数证券投资基金	2021-04-15	395 323 000	股票型基金
清洁能源（1）	富国清洁能源产业灵活配置混合型证券投资基金	2020-03-06	1 750 660 779.01	混合型基金
可持续发展（1）	博时中证可持续发展 100 交易型开放式指数证券投资基金	2020-01-19	1 470 801 700	股票型基金
新能源（29）	国泰中证新能源汽车交易型开放式指数证券投资基金发起式联接基金	2020-04-03	10 446 816.64	股票型基金
	富国新材料新能源混合型证券投资基金	2020-06-24	832 540 378.5	混合型基金
	建信新能源行业股票型证券投资基金	2020-06-17	330 543 596.7	股票型基金
	西藏东财中证新能源汽车指数型发起式证券投资基金	2020-12-16	80 081 093.06	股票型基金
	创金合信新材料新能源股票型发起式证券投资基金	2020-12-30	38 982 375.39	股票型基金
	金鹰新能源混合型证券投资基金	2021-03-23	91 639 298.78	混合型基金
	景顺长城新能源产业股票型证券投资基金	2021-02-22	2 514 547 743	股票型基金
	长江新能源产业混合型发起式证券投资基金	2021-04-14	331 188 931.5	混合型基金
	天弘中证新能源汽车指数型发起式证券投资基金	2021-04-09	14 490 166.52	股票型基金
	博时新能源汽车主题混合型证券投资基金	2021-06-02	135 699 299.8	混合型基金
	信达澳银新能源精选混合型证券投资基金	2021-05-25	548 538 540.1	混合型基金
	泰达宏利新能源股票型证券投资基金	2021-05-26	317 832 206.5	股票型基金

续表

关键词	基金名称	成立日期	成立规模（元）	基金类别
新能源（29）	华富新能源股票型发起式证券投资基金	2021-06-29	217 334 206.7	股票型基金
	平安中证新能源汽车产业交易型开放式指数证券投资基金发起式联接基金	2021-06-29	47 125 974.62	股票型基金
	申万菱信中证内地新能源主题交易型开放式指数证券投资基金	2021-07-20	416 958 917	股票型基金
	广发国证新能源车电池交易型开放式指数证券投资基金	2021-06-15	1 152 646 746	股票型基金
	国泰中证新能源汽车交易型开放式指数证券投资基金	2020-03-10	2 360 696 482	股票型基金
	博时中证新能源汽车交易型开放式指数证券投资基金	2020-12-10	625 135 070	股票型基金
	富国中证新能源汽车指数型证券投资基金	2021-01-01	6 018 944 450	股票型基金
	交银施罗德国证新能源指数证券投资基金（LOF）	2020-11-30	3 395 277 170	股票型基金
	华夏中证新能源汽车交易型开放式指数证券投资基金	2020-02-20	10 762 884 000	股票型基金
	平安中证新能源汽车产业交易型开放式指数证券投资基金	2019-12-31	288 510 190	股票型基金
	易方达中证新能源交易型开放式指数证券投资基金	2021-03-11	266 922 376	股票型基金
	南方中证新能源交易型开放式指数证券投资基金	2021-01-22	2 038 804 000	股票型基金
	华安中证内地新能源主题交易型开放式指数证券投资基金	2021-07-09	442 409 000	股票型基金
	汇添富中证新能源汽车产业交易型开放式指数证券投资基金	2021-06-03	359 261 000	股票型基金
	博时中证新能源交易型开放式指数证券投资基金	2021-07-15	339 124 083	股票型基金
	华安中证新能源汽车交易型开放式指数证券投资基金	2021-02-03	571 689 000	股票型基金
	华夏中证新能源交易型开放式指数证券投资基金	2021-03-09	266 237 000	股票型基金

资料来源：CSMAR 数据库。

2.3.2 绿色基金的创新实践和发展趋势

2.3.2.1 绿色基金的创新实践

（1）碳中和主题绿色基金

2020 年 9 月，习近平主席在第七十五届联合国大会一般性辩论上提出"双碳"目标。通过绿色基金投资绿色低碳相关的新能源、新科技、新材料、新模式等领域的企业，助力实现"双碳"目标。据国家气候战略中心测算，为实现 2060 年碳中和目标，每年的资金缺口在 1.6 万亿元以上，以目前中国资本市场结构来计算，为实现"双碳"目标对股权投资的需求约为绿色融资总量的 30%，每年绿色基金的缺口超过 4 800 亿元。2021 年 5 月 24 日，厦门市首只碳中和主题绿色基金低碳发展基金成立。该基金总规模 30 亿元，首期规模 3 亿元，由金圆集团下属厦门市创业投资有限公司自主管理，主要投向可再生能源及资源循环利用的绿色环境、绿色能源行业，以及资源使用效率更高、碳排放水平更低的绿色制造、绿色生活相关产业；钢铁行业是碳排放量较大的行业之一，2021 年 7 月 15 日，中国宝武钢铁集团有限公司与国家绿色发展基金股份有限公司、中国太平洋保险（集团）股份有限公司、建信金融资产投资有限公司共同发起的宝武碳中和股权投资基金成立，该基金是目前国内市场上规模最大的碳中和主题基金，总规模 500 亿元，首期规模 100 亿元；2021 年 8 月 4 日，青松资本发起设立青岛市首只以"碳中和"为投资主题的产业基金——青岛市碳中和产业股权投资基金，该基金由青松资本主导并联合省市区引导基金、省市区国有平台、母基金等共同设立，基金总规模 100 亿元，这也是目前国内同类城市中政企共同参与设立的时间最早、规模最大的碳中和专项基金。

（2）ESG 主题基金

ESG 投资是一种投资于遵守更高的环境、社会和公司治理标准的投资策略，双碳目标的提出也为 ESG 投资带来新的发展机遇。2021 年以来，包括银行理财子公司、公募基金在内的众多投资机构都围绕 ESG 主题积极布局。根据 CSMAR 数据库，纯 ESG 公募基金产品有 10 只，规模接近 10 亿元，而 2019 年纯 ESG 公募基金产品有 6 只，规模约 6.5 亿元，增长率超过 50%。具体信息见表 2-5。

表 2-5 ESG 主题投资基金信息

主题	基金名称	发行日期	规模（元）	类型
ESG（10）	汇添富 ESG 可持续成长股票型证券投资基金	2021-06-10	1 967 928 681.34	股票型基金
	摩根士丹利华鑫 ESG 量化先行混合型证券投资基金	2020-07-16	2 225 819 599.15	混合型基金
	浦银安盛 ESG 责任投资混合型证券投资基金	2021-03-16	1 483 922 110.54	混合型基金
	方正富邦 ESG 主题投资混合型证券投资基金	2020-12-28	116 467 984.54	混合型基金
	创金合信 ESG 责任投资股票型发起式证券投资基金	2020-12-30	5 021 117.47	股票型基金
	国金 ESG 持续增长混合型证券投资基金	2021-07-20	144 677 414.89	混合型基金
	工银瑞信中证 180ESG 交易型开放式指数证券投资基金	2021-06-18	294 948 628	股票型基金
	富国中证 ESG120 策略交易型开放式指数证券投资基金	2021-06-16	241 458 957	股票型基金
	富国沪深 300ESG 基准交易型开放式指数证券投资基金	2021-06-24	552 176 885	股票型基金
	招商沪深 300ESG 基准交易型开放式指数证券投资基金	2021-07-06	242 334 374	股票型基金

资料来源：CSMAR。

2020年是ESG投资在我国资本市场实践落地的进阶之年，ESG投资在我国蓬勃发展，不断融入主流投资趋势。Wind数据显示，目前市场上存续的ESG主题相关投资基金规模合计超1 600亿元。近一年、两年、三年的平均收益率分别为43.82%、102.20%、90.51%。纯ESG产品中，如易方达ESG责任投资、南方ESG主题近一年来回报率均在55%以上。但是，当前国内公募基金发行的ESG基金以泛ESG基金为主，随着ESG信息披露及ESG研究分析等基础设施的逐步完善，ESG投资发展也将迎来黄金的发展期。同时，近来年随着政府政策与市场组织机构的推动，并随着A股纳入MSCI指数的步伐进一步加快，国际资本的流入倒逼上市公司重视并开展ESG管理，我国资产管理机构的ESG投资也将迎来新的发展机遇。

然而，ESG投资基金也面临诸多问题。第一，数据披露范围有限，数据规范程度不足。由于监管并未强制企业进行ESG信息披露，自愿披露ESG信息的公司尚属少数，并且由于缺乏统一标准，企业对ESG信息披露的侧重点不一而足。第二，数据时间长度有限，量化回测面临困难。已经披露的ESG数据时间跨度有限，数据长度参差不齐，使得ESG投资组合的历史回测变得非常困难，从而难以量化验证ESG投资指标对投资组合的影响大小。第三，评分机构不同，评价标准各异，评价结果差异悬殊世界范围内主流ESG评分机构有五六家，国内有两三家。不同机构对环境、社会、公司治理的定义不同，加权方式不同，使同一企业在不同标准下的评价结果差异较大。第四，业绩优势尚需时间检验。目前尚未有显著的实证检验表明ESG投资组合业绩可以大幅领先传统投资组合。无论是环境治理、社会责任，还是公司治理都是慢变量，在投资上的效果需要一定时间才能显现，对投资者的耐心和洞见提出了更高要求。

（3）绿色产业基金

绿色产业基金是绿色金融体系重要部分，随着绿色发展上升为国家战略，近几年我国绿色产业基金发展迅猛，国家绿色发展基金、地方绿色发展基金、PPP绿色项目基金、产业集团绿色投资基金等多种类型绿色基金不断推出，基协备案数量已超过700只，总设立规模已达数千亿元。

由发展时间短，绿色产业基金的质量总体有待提高。基金发展的规范性不足，相当部分基金目标规模较大，但实际运作过程中存在募集、投资两头难的问题，在基金设立、资金募集、投资管理、信息披露等方面均缺乏统一的规范。同时，由于配套与支持政策不足，社会资本参与度仍然相对较低，尚未发挥撬动社会资本的作用，回报率也并不理想。数据显示，约88.5%的绿色产业基金的实际回报率在5%~7%，低于平均7%以上的商业贷款利率。[①]

根据发起设立方式，我国绿色产业基金主要有四类：政府发起的绿色引导基金、PPP绿色项目基金、产业企业（大型企业集团）发起的绿色产业发展基金、金融机构或私人发起的绿色PE/VC基金。在实际操作过程中，不同类型的基金在发起设立与投资上也会存在交叉，如绿色引导基金的子基金通常会与产业资本或知名私募进行合作，产业资本与知名私募也会合作设立基金。

---

① https://mp.weixin.qq.com/s/IBb6EWcLe9aR47hLgWbNdQ。

1）各级政府的绿色产业引导基金

该类型基金重在引导和撬动社会资本，投向并孵化对绿色发展有重要意义的行业、项目和技术。目前国家绿色发展基金已经设立，旨在通过市场化方式，引导社会资本支持环境保护和污染防治、生态修复和国土空间绿化、能源资源节约利用、绿色交通和清洁能源等领域。除国家绿色发展基金外，在地方层面，各地也纷纷筹备或已设立绿色发展基金，但在募集与投资方面，都尚待进一步拓展。2020年多个省市成立绿色产业引导基金。2021年7月，山东省青岛市发起设立"100亿元碳中和产业股权投资基金"，该基金由青松资本和城阳区政府共同发起，是国内同类城市中政企共同参与设立的时间最早、规模最大的碳中和专项基金之一。2020年12月，兰州新区第一只绿色基金成立，总规模30亿元，首期规模10亿元。新区绿色基金主要投向新区绿色化工、现代农业、生物医药等绿色发展重点领域，对新区优质绿色企业提供资金支持。2020年11月，辽宁省低碳绿色产业投资基金成立，基金整体规模设定为30亿元，首期5亿元。将通过政府引导，社会资本参与，金融机构放大，投资环保产业领域的优秀企业股权、环保领域重点工程项目、先进环保装备制造、智慧环保、碳汇交易等领域，以促进环保产业实现高质量发展。

2）地方政府或建设单位的PPP绿色项目基金

此类基金主要投资于若干或单一环保类基建项目。从国际经验来看，环保类基础设施建设的持续性大规模融资需求无法单独依靠政府资金解决，引导和利用社会资本参与项目投资、建设、运营、退出被证明是一种行之有效的项目融资方式，并已在国内外得到广泛应用和推广。将PPP模式应用到绿色产业中，一方面保持了政府的引导作用，另一方面通过政府的参与为项目隐性增信，更容易吸引社会资金参与绿色基金。例如，2021年的广东省广州市黄埔区有轨电车2号线项目总投资26.95亿元，其中资本金5.39亿元，中国PPP基金投资1.62亿元，项目采用DBFOT模式实施，回报机制为可行性缺口补助，合作期限20年，其中建设期3年，运营期17年。该项目实施机构为黄埔区财政投资建设项目管理中心，社会资本方中铁二十五局牵头的联合体与广州开发区交通投资集团有限公司共同设立项目公司，负责本项目的设计、投资、建设、运营[①]；2019年的河北省秦皇岛市污水污泥处理PPP项目总投资36.8亿元，其中中国PPP基金投资金额约为3.29亿元，包括5座污水处理厂（总处理规模32万立方米/日）、1座中水处理厂、2座污泥处理厂（总处理规模500吨/日）、51座污水泵站和423.31千米排水管网。项目实施机构为秦皇岛市城市管理综合执法局，中标社会资本方是北控水务（中国）投资有限公司。项目采用TOT模式，合作期限为30年（30年均为运营期），回报机制为可行性缺口补助。[②]

3）大型企业集团的产业发展绿色基金

该类基金主要由大型企业集团设立，通常以产业发展为目的，投资行为与业务发展紧密联系，选择符合企业战略方向的绿色项目进行投资孵化或并购。同时，作为企业承担和履行社会

---

① http://www.cpppf.org/content/details_69_2235.html。
② http://www.cpppf.org/content/details_75_1598.html。

责任的重要体现，有助于提升其社会声誉。由于具有较好的产业整合平台，以及强大的资本运作能力，其投资的绿色产业项目退出渠道也更为通畅。例如，2020年4月，光大控股发起的"光大'一带一路'绿色股权基金"，目标规模200亿元，首期100亿元人民币，主要投向为绿色环境、绿色能源、绿色指导和绿色生活四个领域。

2.3.2.2 绿色基金的发展趋势

国家层面发力推动绿色基金发展。2020年7月，国家绿色发展基金有限公司成立，这是我国在生态环保领域的第一只国家级绿色基金，也是我国生态环境保护投融资机制改革取得的重大突破。我国在污染治理项目和产业发展方面，存在严重的融资难题。由于相关企业规模普遍较小，一般不具备上市资格，只能利用银行贷款和商业信用等融资方式。即便是能够进行银行贷款，也常常需要付出高昂的成本，不仅要上浮贷款利率，而且还要向担保公司、贷款银行支付不菲的担保费、抵押资产评估费、财务顾问费、业务咨询费等额外费用。设立国家绿色发展基金，可发挥中央财政投入的杠杆效应、乘数效应，引导资金流向生态环境领域，为企业提供资金支持，同时还能创新生态环境领域投融资方式，缓解环保行业融资难困境。目前我国生态环境治理资本市场尚不健全，社会资金承担风险的能力还有限，政府引导资金可以发挥桥梁纽带作用，充分体现政府引导、市场化运作特色，引导社会资金、运用市场机制来实现节能环保和绿色发展，是独具中国特色的绿色发展方式。

基金公司的绿色投资意识不断增加。截至2020年末，超过10%的基金管理公司已经将绿色投资纳入公司战略，超过四分之一的基金管理公司已经开始构建绿色投研体系。公募基金中已经有6只ESG主题策略基金、66只绿色方向基金、8只社会责任方向基金以及4只公司治理方向基金，管理规模合计约1900亿元。中国证券投资基金业协会在2020年面向开展的第二次写绿色投资自评估调查结果显示，公募基金管理公司将研究成果应用到绿色评价方法和绿色信息数据库的转化率较高，能够通过在股东大会上行使股东权利等方式积极促进被投企业提升绿色绩效，运用基金的力量推动绿色投资服务于实体经济；私募证券投资基金管理人在《绿色投资指引》框架下积极探索绿色投资战略、绿色投资研究和制度建设，但绿色投资目标的产品较少；私募股权创投基金管理人绿色投资方向广阔，在对被投企业开展绿色尽职调查方面有积极表现。

金融科技助推ESG投资基金发展。随着ESG投资规模迈向高增长阶段，中国ESG投资基金市场的发展仍然受制于数据因素。目前ESG数据问题主要体现在四个方面：信息披露不充分，主要以定性描述为主，定量数据少或缺乏；数据源分散、无统一标准，具有明显的非结构化特征；披露低频、缺乏及时性，导致评估时效性差；难以验证，数据不充分、不连续的特点导致ESG数据的无效或失真。针对ESG投资领域存在的数据问题，运用大数据、人工智能和自然语言识别等金融科技技术，通过对分布广泛的ESG信息的洞察、整合与有效管理，提供ESG数据平台、风险或价值分析工具、业务流程整合系统等功能，深度赋能ESG投资分析和投资决策。例如，嘉实基金与数据化研究中心Data Lab联合研究采用人工智能、机器学习和自然语言处理等科技手段，建立了符合中国市场特点的ESG评分系统，该系统由环境、社会和治理主体的一级指标，环境风险、污染治理、产品和服务质量及公司治理等八个议题的二级指标，23 个事项的三级指标以及超过 110 个底层指标构成。嘉实 ESG 评分系统利用 ESG 自然语言处理系统来提升数据更新频度，对金融监管主体披露渠道进行全面爬取，并增加对另类数据的挖掘和处理；ESG 数据也以定量指标为主，80% 以上的底层指标为量化指标，降低专家评估等主观指标比重。① "中证嘉实沪深 300ESG 领先指数"是从沪深 300 样本股中，选取 ESG 评分较好的 100 只股票作为样本，以行业中性的构建方式，反映沪深 300 指数成分中在各行业中环境保护、社会责任、公司治理综合表现较好的公司股票的整体表现。其中成分股筛选的核心标准是来自嘉实 ESG 评分系统，自基金成立以来，该指数收益表现明显优于沪深 300 指数（见图 2-14）。

图 2-14 中证嘉实沪深 300ESG 领先指数 931382. CSI 和沪深 300 指数收益对比

（数据来源：Wind）

2.3.3 绿色基金发展中的不足和应对措施

2.3.3.1 存在的主要问题

绿色基金发展规范性不足。由于政策的倡导，近 5 年我国绿色产业基金发展迅速，但数量迅速增长的同时，基金的质量不高，同时规范性不足。各地设立的政府性引导基金，存在前期调研不足，规模虚大，落地较难的问题，导致募集难、投资难，管理能力不足的问题出现。在募集过程中，容易出现政府隐性担保问题，违背了基金共同投资、共担风险的运作原则，甚至会出现基金的融资工具化，将基金变成了债务融资的工具。而在投资过程中，由于投资标准不够清晰，管理不够规范，容易出现资金投向非绿色领域，偏离绿色投资，违约绿色基金设立目标的问题。而对于偏市场化的绿色投资基金，包括大型企业集团设立的绿色产业基金、金融机构与私人设立的 PE、VC 绿色基金，由于绿色标准、绿色评价、绿色认证、绿色监管尚未形成和落地，导致真假难断，只能通过基金名称或投向简单地进行识别和分类。基金业协会虽然已发布《绿色投资指引》，并要求基金管理人每年开展一次绿色投资情况自评估，但管理人自评偏形式化，从基金业协会发布的《基金管理人绿色投资自评报告》看，股权版问卷仅收到 586

---

① 《金融科技推动中国绿色金融发展：案例与展望 2021》。

份结果，其中，有效样本仅 224 份，在绿色投资产品运作方面，有 19 家样本私募股权机构声称发行过或正在发行以绿色投资为目标的产品，产品只数合计 21 只，与备案公示信息差异巨大。

绿色基金缺乏配套政策支持。地方层面上，从 2017 年到 2020 年，只有广东、浙江、江苏等东部发达省份开始对基金参与相关机构进行财政金补贴或奖励，如江苏省对省生态环保发展基金投资省内环保、节能等成长期科技型绿色企业出现损失后给予损失金额 30% 的风险补偿，单个项目最高补贴 200 万元。[①] 由于绿色投资领域具有一定的公益性与外部性，在投资周期、投资回报、投资风险方面与社会资本的属性不完全匹配，因此，除了要倡导社会责任投资，发挥政府性基金的引导作用之外，还需要在人才、税收等方面的支持与鼓励。例如，荷兰政府推行的"绿色基金计划"对绿色基金投资者仅征收 1.2% 的资本收益税和 1.3% 的所得税；韩国政府对投资绿色产业比例超过 60% 的产业基金给予分红收入免税等优惠政策。但是，在政策制定过程中，也需要把握好度与原则，既要避免力度不足导致激励效果差，也要避免标准不科学或把关不严，导致政策被滥用，形成政策套利或政策寻租。

社会资本对绿色投资参与不足。绿色投资需要社会资本积极参与的合力，社会资本参与度不足既有绿色产业自身特点的原因，也有企业社会责任意识、基金管理运作等方面的原因。社会资本参与不足是绿色投资的天然缺陷，社会资本的逐利性与绿色项目的低收益特点是错位的，无法完全通过市场化方式进行适配和有效配置资源，阻碍了绿色基金的发展。而要解决这一问题，一方面，需要大型企业主动参与，承担和履行社会责任；另一方面，需要政策的引导，建立有效的社会动员机制。对于政府引导基金而言，由于政府主导基金的运作管理、项目选择和投资决策，导致绿色基金的市场化程度较低，直接影响了基金的运作效率，降低了社会资本参与的积极性，不利于绿色基金发展。企业社会责任意识不强也是社会资本参与不足的重要原因。在欧美国家，绿色发展基金通常由社会机构主导，各类市场主体会积极参与绿色发展，并作为企业的重要社会责任。巴克莱银行设定了 2050 年成为净零银行的目标，并在 2020 年已实现自身运营的碳中和，未来的重点是减少客户排放，帮助客户加速向低碳经济转型，并设立了 1.75 亿英镑绿色创新投资基金，投资于碳捕获、碳封存技术等。苹果的目标是 2030 年前实现全产业链碳中和，并与国际组织合作建立基金，投资于全球生态修复和森林保护项目。

2.3.3.2 建议

绿色基金的配套措施还需进一步细化明确。例如，在国家层面，基金多部门管理，没有统一的立法规划，如 2015 年财政部《政府投资基金暂行管理办法》和《关于财政资金注资政府投资基金支持产业发展的指导意见》、2016 年国家发展改革委《政府出资产业投资基金管理暂行办法》以及《私募投资基金监督管理暂行办法》等，都对政府出资资金来源和基金投资方向等内容作出了规定，但是各自的表述却不一致；《私募投资基金监督管理办法》，作为基金投资领域的配套管理办法，规定了私募投资基金是我国境内以非公开方式向投资者募集资金设立的投资基金，其财产投资包括买卖股票、股权、债券、期货、期权、基金份额及投资合同约定的

---

① http://database.syntaogf.com/think/public/index.php/admin/tools/query。

其他投资标的，但是对于私募股权投资基金设立、基金管理人和基金托管人权利义务等一系列重要问题未作出规范。

亟须建立绿色基金绩效评估机制。绿色基金在兼顾经济和社会效益的同时，也不应忽视投资回报，因此建议从环境效益、经济效益等方面评估绿色基金运作效果，探索建立第三方绿色基金绩效评估制度，同时对绿色投资进行全流程监管和考察并建立审查体系，确保资金真正投入绿色产业和绿色项目。还可建立绿色基金投融资信息交流平台，供资金端与项目段进行有效沟通交流，防范信用风险和流动性风险，提高基金投资对象和投资领域的透明度。

2.4 绿色保险

2012年，联合国发布"保险业促进可持续发展原则（PSI）"，强调了保险向"环境、社会及治理（ESG）"议题的延伸。

当前，中国社会处在建设生态文明的关键时期，经济社会的生产、交换、分配、消费系统正在经历前所未有的一次重大转型——绿色转型。促进生产的绿色转型，需要同时实现交换、分配、消费等方面的绿色转型。促进社会经济发展的全面绿色转型，需要在生产、交换、分配、消费的绿色转型之间形成系统合力。金融系统在支持社会的绿色转型中发挥着重要的激励作用。政府和市场对保险业的绿色转型的重视程度明显提高。

绿色保险是绿色金融不可或缺的重要组成部分。绿色保险的概念来自与传统保险的比较，既具有一般保险的属性，又具有特殊性。绿色保险因特有的防范、管理和分担生态环境风险的属性和对绿色项目的长期投资功能，可以协同其他绿色金融机制推动环境风险管理体系的发育，促进绿色体系建设和可持续发展。

"绿色"的含义广泛，各国绿色保险市场发育程度不一，人们对绿色保险概念的理解存在较多差异。总体来说，分歧反映了绿色保险范畴的狭义和广义。狭义的绿色保险指具体保险工具，现阶段我国关注度较高、发展时间较长、覆盖地区范围较广的是环境污染（强制）责任险、巨灾保险和气候气象险；广义的绿色保险包含与环境风险管理相关的各种保险产品、符合可持续发展理念的保险产品服务和保险资金的绿色运用，险种上覆盖了个人消费者、企业消费者以及其他特殊事项，并体现出鼓励环境友好行为创新险种设计的趋势。

从保险业的本质来看，保险业具有承保和投资两大业务。在承保端，保险机构开发多样化的绿色险种，填补因环境污染和气候变化所造成的损失、降低人身财产安全风险和健康风险；在投资端，保险机构作为重要的机构投资者，将资金投向环境保护、节能减排、资源循环利用、清洁能源、绿色交通、绿色建筑等领域，在运用资金的同时提高生态环境效益。

在中国社会的绿色转型和可持续发展过程中，绿色保险是基于环境风险管理，绿色保险可以为推动污染治理和修复、支持环境改善、应对气候变化和促进资源节约高效利用等方面提供创新型保险解决方案。

尽管我国保险业向绿色保险方向的转型已经起步，但整体而言，我国绿色保险目前尚处于发展探索阶段。环境污染责任保险依然是绿色保险最主要的险种。在其他绿色保险业务方面，主要依靠大中型保险企业开拓创新绿色保险。距离满足经济社会绿色转型的保障需求还任重道远，需要在思想转变、创新激励机制、风险数据积累、产品供给、保障覆盖广度深度等方面久久为功。

2.4.1 绿色保险分类法的国内外比较

2.4.1.1 中国绿色保险体系分类

绿色保险作为一种保险制度安排，包括三大板块：绿色保险产品、绿色保险服务（与产品相伴的风险管理服务）和保险资金绿色运用（见表2-6）。

绿色保险服务指在经营绿色保险业务过程中与产品相伴的风险管理服务。保险服务提供的主体既可以是保险公司，也可以是第三方机构，作用是提高投保主体的风险管理能力。目前，我国绿色保险服务主要有企业环境污染风险管理服务和养殖保险理赔与病死畜禽无害化处理联动两类，对应了两种相对成熟的绿色保险险种。前者通过提供环境风险现场勘察与评估、出具风险评估报告、提出相关安全建议和进行环境风险防范培训等手段，推动企业降低环境污染风险；后者将无害化处理作为保险理赔的前置条件，有利于降低对应的理赔风险。

保险资金绿色运用指利用保险资金进行绿色投资，支持绿色发展。保险资金具有规模大、期限长及来源稳定的特性，投资方式主要有债券投资计划、股权投资计划、资产支持计划、绿色产业基金、绿色股票、绿色信托、绿色PPP和绿色债券等，常见的投资方向有绿色产业园区、绿色农业、绿色交通、节能减排、绿色建筑、清洁能源和海绵城市等。截至2018年4月底，我国保险资金以债权投资计划形式进行绿色投资的总体注册规模达6 854.25亿元。

根据我国目前的实践情况，我们将绿色保险产品进行如下分类。其中，环境污染（强制）责任险是公众关注度最高的绿色保险。

表2-6 绿色保险分类

	板块	分类
绿色保险	绿色保险产品	1. 环境损害风险保障类：环境污染（强制）责任险，安全生产环境污染综合保险，船舶油污责任险等 2. 绿色资源风险保障类：森林保险，野生动物肇事责任险等 3. 绿色产业/技术保险：绿色科技保险（产品、装备、技术），低碳出行保险，绿色建筑保险，绿色农业保险，新能源汽车保险等 4. 绿色金融信用风险保障类：绿色贷款保证保险，碳排放权质押贷款保证保险等 5. 巨灾或天气风险保障类：巨灾保险，自然灾害公众责任险，农业自然灾害保险，天气指数保险等 6. 鼓励实施环境友好行为类 7. 促进资源节约高效利用类

续表

板块		分类
绿色保险	绿色保险服务（与产品相伴的风险管理服务）	1. 企业环境污染风险管理服务 2. 养殖保险理赔与病死畜禽无害化处理联动 3. 过期药品置换保险与过期药品无害化处理联动
	保险资金绿色运用	1. 绿色投资 2. 普惠金融（支持绿色产业项目）

2.4.1.2 国际绿色保险产品体系

德勤综合整理了一些国家的绿色保险产品，将绿色保险产品分为个人、企业以及其他特殊事项三类（见表2-7）。

表2-7 国际绿色保险产品分类

	分类		产品
绿色保险产品	个人产品	绿色财产重建保险 （Green Property Rebuilding）	承保范围包括房屋维修时使用更节能的材料，更节能的家具或电器。对于已经采取绿色行动的投保人，有时会在其保费上提供折扣
		再生能源财产补偿险 （Property Renewable Energy Reimbursement）	对象是在停电的情况下使用替代能源系统的房主。可以为以下方面提供赔偿：1. 向当地能源公司出售剩余能源而产生的收入损失；2. 购买替代电力的额外费用；3. 当房主的替代能源系统恢复在线状态时，检查、重新连接或许可的公用事业或政府费用
		减少财产损失的设备折扣 （Property Loss Mitigation Device Discount）	在灾害多发地区安装缓解设备或选择抗风暴建筑技术的房主可获得奖励
		随用随付/低里程折扣 （Pay As You Drive/Low Mileage Discount）	"随用随付"汽车保险产品会激励人们少开车，从而减少可能导致全球变暖的污染。这种保险根据客户的驾驶水平和驾驶量为他们提供个性化的汽车保险费率（从而节省费用）
		节油/低排放车辆折扣 （Fuel Efficient/Low Emission Vehicle Discount）	保险公司为混合动力或电动乘用车提供的一种保险折扣
	企业产品	升级为绿色商用车队险 （Upgrade to Green Commercial Fleets）	这类保险提供了将公司车队升级为混合动力车以进行新车更换的选项
		可再生能源项目保险 （Insurance for Renewable Energy Projects）	为可再生能源行业的公司（如太阳能，风能，水力等）提供服务，帮助它们管理风险，防御诉讼和保护资产。这些保险产品和服务旨在涵盖项目从设计到销售的所有阶段
		可再生能源财产、设备和使用损失保险 （Insurance for Renewable Energy Property, Equipment and Loss of Use）	这种保险提供了等效设备的替代成本补偿。可将正在运行、在建或新购买的设备添加到保单中，以跟上可再生能源领域快速的技术变化

续表

	分类		产品
绿色保险产品	企业产品	绿色建筑保险（Insurance for Green Building）	保险公司通过评估新结构的设计和规格，并提出确保高质量施工和防止特殊损失的方法，为客户提供可持续建设帮助
		节能保险（Energy Savings Insurance）	保险公司在保单有效期内（通常在5~10年的范围内）支付低于预定基准的任何能源节约差额
		碳捕集与封存/减排项目保险（Insurance for Carbon Capture & Storage/Emission Reduction Projects）	向参与捕获和储存大量二氧化碳和其他温室气体的组织提供的保险产品和服务。这些减排项目通常是在温室气体的大型点源（如发电厂）进行
		针对负面宣传的绿色建筑保险（Green Building Coverage Against Adverse Publicity）	当绿色建筑受到不利宣传时，该保险提供资金以雇佣危机管理专家来管理不利的宣传，并提供其他服务来帮助恢复公司的声誉
		减少易腐食品（Perishable Food Reduction Products）	该产品鼓励使用可用于减少从种植者到零售商的分配过程中损失的农产品量并提高农产品整体质量的设备
		全球天气保险（Global Weather Insurance）	使受保人免受不可预测的天气条件和气候变化的影响，这对于那些想要对冲特定天气变量（如在比赛期间超过特定阈值的雨量/风级）的赛事推广者来说可能是有益的
		碳交易的政治风险保险（Political Risk Insurance for Carbon-Trading）	利益相关方（如项目发起人，投资者和放款人）将获得财务保护，免受政府干预、禁运、许可证取消、战争和政治暴力可能会中断碳信用额度的生产，认证和交付的风险
	特殊事项	污染/环境责任保险（Insurance for Pollution/Environmental Liability）	该保险涉及广泛的风险和行业，例如法律和法院裁决产生的环境责任
		董事及高级职员保险（Directors & Officers Insurance）	针对被认为对气候变化有贡献的公司的诉讼正在增加，一些保险公司向董事和高级管理人员提供可选的全球变暖诉讼保护
		用于建筑调试的建筑师与工程专业责任保险折扣（Architects & Engineering Professional Liability Insurance Discount for Building Commissioning）	建筑物调试是验证所有子系统（电，管道，HVAC等）是否有效，高效且按设计工作的过程。这不仅对环境有利，而且还减少了专业责任索赔的可能性。因此，实施建筑调试的建筑师和工程公司将获得保险费抵免额
		评估人和家庭能源调查专业人员的责任保险（Professional Liability insurance for Raters and Home Energy Survey Professionals）	保护合格的评估员和家庭能源调查专业人员免受业务运营可能导致的事故和潜在诉讼的伤害

2.4.2 保险行业支持绿色转型

2020年以来，按照中央发展绿色金融的要求，中国人民银行、银保监会、保险行业协会等政府部门和行业组织加强统筹规划、政策协调和工作落实，尤为重视加快发展绿色金融及绿色保险，服务"双碳"工作推进。

2020年1月，银保监会发布《关于推动银行业和保险业高质量发展的指导意见》（以下简称《意见》），在绿色转型的关键时期对保险业的发展、保险产品创新和保险资金提供了明确方向。《意见》的内容既包括对已有环责险、巨灾险的要求，更强调了创新绿色保险产品的重要性。在保障生态安全与绿色发展、促进节能减排、实现气候变化的适应与应对过程中，所用到的兼顾风险管控和资金运用的手段，都可以作为绿色保险的创新发展方向。《意见》提出"探索碳金融、气候债券、蓝色债券、环境污染责任保险、气候保险等创新型绿色金融产品"，要"进一步提高环境污染责任强制保险覆盖面与渗透率""推进再保险市场建设，扩大巨灾保险试点范围"。

《意见》明确鼓励保险资金通过市场化方式投资产业基金，加大对战略性新兴产业、先进制造业的支持力度，这是对我国产业绿色转型的显著支持，一些符合绿色、低碳发展方向的产业方向有望得到来自保险资金的扶持，有利于产业培育。内容具体包括支持银行业金融机构向科技企业发放以知识产权为质押的中长期技术研发贷款，试点为入选国家人才计划的高端人才创新创业提供中长期信用贷款。鼓励保险机构创新发展科技保险，推进首台（套）重大技术装备保险和新材料首批次应用保险补偿机制试点。

《意见》中要求"进一步提高环境污染责任强制保险覆盖面与渗透率"。在此方面，相关部门一直在加强立法工作。2018年7月，生态环境部已就固体废物污染环境防治法修订草案公开征集意见，其中，增加了关于环境污染强制责任保险的条款，要求涉危险废物企业强制参保。2019年6月5日，国务院常务会议审议通过了该修订草案；6月25日，十三届全国人大常委会第十一次会议对草案进行了初次审议。2020年4月，第十三届全国人大常委会第十七次会议审议通过了新修订的《中华人民共和国固体废物污染环境防治法》，并自2020年9月1日起施行。

2.4.3 保险产品创新，助推绿色社会转型

绿色交通、绿色建筑、绿色低碳技术、生态碳汇等重点领域的发展至关重要。针对这些领域存在的风险问题，保险行业创新产品和服务，尝试发挥保险保障和风险管理的专业优势，助力绿色出行、赋能绿色建筑、支持绿色低碳技术推广、提升生态碳汇能力，为助推绿色社会转型贡献力量。

在绿色低碳技术方面，保险种类较多，涵盖技术研发、知识产权和产品质量三方面相关险种，发展较为成熟。但在绿色出行、绿色建筑、生态碳汇方面，目前保险产品和服务的创新应用还处于局部、分散的试点探索阶段，还未充分释放风险保障作用，尚未建立起来行之有效的商业模式。

2.4.3.1 助力绿色出行

绿色出行指能够节约能源、提高能效、减少污染、有益健康、兼顾效率的出行方式，包括乘坐公交及轨道等公共交通工具、骑自行车、步行、合作乘车、环保驾车等低碳出行行为。

据国际可再生能源署预测，我国未来私人汽车保有量仍将呈现稳步上升态势。私人小汽车的过度使用不仅给道路交通造成了巨大的压力，同时也带来了污染和碳排放的增加。2019年交通运输部、生态环境部等12部门联合发布的《绿色出行行动计划（2019—2022年）》（简称行动计划）明确提出，倡导简约适度、绿色低碳的生活方式，引导公众优先选择公共交通、步行和自行车等绿色出行方式，降低小汽车通行量，整体提升我国绿色出行水平；提出要"研究制定公众参与感强、富有吸引力的小汽车停驶相关政策""探索建立小汽车长时间停驶与机动车保险优惠减免相挂钩机制"。可见国家鼓励车主减少开车的次数，并尝试配以与之相应的保险优惠减免措施。

"停驶减免保费"在我国已有小范围尝试，尚未发展成为稳定的商业险种。深圳市于2013年推出了"爱我深圳、停用少用、绿色出行"行动，对申报绿色出行连续停驶30天以上的车主，可以顺延车险合同期限。2017年，"车车车险"和"安心保险"推出过一款"停驶返钱"的产品，车主在不开车的情况下可按"天"退保费。

北京环境交易所在2018年落地了"绿行者"项目，在覆盖人群、商业化成熟度方面表现最为突出。项目具体内容是在北京市发改委的补贴政策支持下，环交所绿色出行平台联合了车联网企业、保险公司、银行和环保企业，采用停驶数据自动记录、减排量自愿交易、现金奖励在线发放的模式。车辆安装自动记录设备后，停驶每天可获得0.5元奖励。购买车险的用户，每天还可获得车联网公司给予的1元至20元的额外奖励。可最高获得累计停驶180天的奖励金额。绿行者平台的保险机构参与方包括中华保险、中国人保、平安车险、中国人寿财险、安心互联网保险、建信财险、中国大地保险。每家保险根据车型不同，每日补贴不同。用户可以在各家保险公司的车险精准报价的页面根据保险公司车险报价、用户停驶每天可获得的奖励金额选择投保车险。

平台通过智能设备来识别用户的停驶污染物减排行为，将其减排量累积储存在"减排量账户"中，并通过减排量自愿交易的模式，与市场的激励机制对接，将用户践行的减排贡献化成真金白银。整个奖励流程无须人工申报，系统将根据用户停驶记录自动发放减排奖励。设备直接与保险公司直连，车主无须人工拍照取证，可直接获得保险公司理赔。

"停驶减免保费"是借助技术对传统车险产品的升级改造，将车辆的"使用"和"停放"按天进行了场景切割，增加了风险计算的精准程度。以项目方式进行的尝试得到市级政府的项目资金支持，加大了保险费返还的激励水平，通过政府和市场机构的合作，积累了一些有益的经验。项目制的方式意味着尚未成为稳定的保险品种，尚不具备大规模商业运营的条件。当政府的项目支持资金退出后，这些尝试性的险种面临退市风险。

2020年7月，银保监会重磅发布的《车险综合改革指导意见》，明确提出："探索在新能源汽车和具备条件的传统汽车中开发机动车里程（UBI）等创新产品。"UBI车险被称为是绿色保单，UBI车险是根据驾驶人的实际驾驶时间、地点、里程、具体驾驶行为来确定该缴纳多少车险，车主为了获得更大的保费优惠就会减少车辆的使用频率，继而降低二氧化碳的排放量，有可能缓解环境污染问题。UBI车险定价模型的技术基础是车联网、智能手机和OBD等联网设备，OBD即"车载自动诊断系统"，是车载监控系统的通信接口。

UBI车险自1998年在美国出现后，目前在国际上的发展已经较为成熟，据不完全统计，目前全球有超过300家保险机构推出UBI车险产品。UBI车险在意大利的渗透率最高，已超过15%，美国的UBI渗透率虽不及意大利，但其UBI保费规模位列全球第一，超过半数的保险公司都提供UBI产品和服务。

UBI车险在我国尚处于发展初期阶段。在政策红利和科技赋能的助力下，国内大型险企纷纷试点UBI，但由于目前尚未形成成熟的定价模式，且OBD的功能不够完善，监测信息和数据分析难以达到一定的精准度。中国太保已从美国引进UBI车险，目前正在进行大规模内测，据说已具备推向市场的前提条件，正积极向监管部门申报。随着UBI车险在国际市场上不断应用，我国车联网技术的不断成熟以及监管政策的相继出台，UBI车险在我国将迎来全新发展机遇。

"停驶减免保费"模式与UBI车险都具有保护环境的色彩，均为针对个人消费者的保险险种，从产品角度来讲，前者实现的基础是政策规定，定价简单，而后者则是用精确定价的思路来设计车险。新能源汽车保险由于车身结构、动力系统、使用场景及维修保养等都与燃油汽车具有较大区别，其风险特征呈现出一定的特殊性，目前我国新能源汽车保险产品还处于探索阶段，尚未实现应用。

2.4.3.2 赋能绿色建筑

绿色建筑是能够节约能源，提高资源利用率，为人类提供安全、高效的环境，并且使人与环境以及建筑相互适应、相互融合的新型建筑。

我国2012年4月发布了《关于加快推动我国绿色建筑发展实施意见》。各地纷纷出台政策，在土地规划条件中明确了绿色建筑在新建建筑中的比重和等级，我国绿色建筑面积激增。但高投入成本是否带来高质量建筑的不确定性成了制约绿色建筑高质量发展的关键问题，引入保险机制能够有效地解决这个难题。

绿色建筑保险作为绿色保险的一个创新品种，可以为绿色建筑行业相关建筑物、产品、装备、工作人员的职业责任等提供风险保障，既从市场监管的角度有力促进绿色建筑的健康发展，保证建筑各方面性能满足人们安全、舒适、健康的需求，更为建设项目交付后的运行维护提供保障，增强了人们对绿色建筑与建筑节能的认可度。

绿色建筑保险在我国起步较晚，目前还处于发展初期阶段。住房和城乡建设部于2019年发布了《绿色建筑评价标准》GB/T 50378，其中增加了关于建筑类保险的得分要求，包括建筑工程质量潜在缺陷保险和绿色建筑性能保险，肯定了保险机制在绿色建筑产业中的作用。2020年4月，中国建筑节能协会发布了绿色建筑质量性能保险试点方案，希望通过探索、试点、示范和引领作用，突破城市建筑质量管理和政府管理的责任风险，实现政府和保险业的共赢发展。

绿色建筑质量性能保险针对绿色建筑装修普遍存在的建筑内环境污染和建筑能耗进行承保，本质上为建筑工程质量潜在缺陷保险，有关部门虽已提出试点方案，但到目前为止还无相关项目的应用。绿色建筑性能保险可以对企业建筑开发项目的事前、事中、事后进行阶段性风险保障，开发前有助于项目投融资工程的增信，开发中发挥风险管理作用，开发后针对保险范畴的损失进行及时补损，有望在支持绿色建筑发展种形成一种可持续、可复制推广的模式。截至目前，绿色建筑性能保险已在北京、青岛、湖州三个地区落地，每个地区的实践都呈现出相应的特点。

2019年3月，全国首单绿色建筑性能保险落地北京市朝阳区。人保财险以朝阳区崔各庄奶东村企业升级改造项目为试点，引入绿色建筑性能保险，融入全流程风控服务，对项目的启动阶段、设计阶段、施工阶段、运行阶段的重要节点进行风险防控，确保标的的建筑满足绿色建筑评价星级要求。

在绿色建筑性能保险落地朝阳区仅两周之后，青岛市宣布全国首单超低能耗建筑性能保险落地中德生态园，扩展了绿色建筑性能保险的应用领域。人保财险公司聘请了第三方机构，从规划、设计、施工到交付，对项目进行全程风控服务，并对供暖年耗热量、供冷年耗冷量、气密性等指标进行检测，确保最终符合青岛市超低能耗建筑的指标要求。

2020年3月，在金融监管部门和住建部门的支持指导下，人保财险在湖州对绿色建筑性能保险进一步创新升级，引入科技手段，与银行机构联动，打造"保险+服务+科技+信贷"的新模式，并通过聘请绿色建筑风控服务机构、搭建绿色建筑信息化平台、完善绿色建筑保险认定标准等途径，为绿色建筑项目提供事前信用增进、事中风控服务、事后损失补偿的全方位保障，助力绿色建筑和保险行业协同发展。

绿色建筑保险起源于美国，目前在国际上的发展较为成熟。当前主流的国际绿色建筑保险产品主要分为绿色建筑财产保险和绿色建筑职业责任保险两类。绿色建筑财产保险产品以绿色建筑资产本身及附属设施、材料、装备为标的；绿色建筑职业责任保险则是以各类绿色建筑专业人员的职业责任风险为标的。

美国呈现出绿色建筑财产保险产品多样化的特征。Fireman's Fund保险公司是全球第一家绿色建筑保险提供商，从2006年开始提供名为GreenGard的绿色建筑财产保险，为美国商用建筑提供绿色建筑风险保障。除GreenGard之外，Fireman's Fund保险公司的主要绿色建筑产品还包括家庭住宅绿色建筑保险、绿色建筑升级财产保险、特定行业绿色建筑财产保险（教育行业、教会建筑等）。2010年，美国保险服务事务所（ISO）出台标准示范条款，绿色建筑保险模式成为保险业的主流。相比绿色建筑财产保险，绿色建筑职业责任保险起步稍晚。2009年4月，Argo保险经纪公司专门开发了绿色建筑职业责任保险，并与劳合社达成一致，为美国绿色建筑委员会成员（包括建筑师、工程师、顾问和专业设计师等）提供5%的保费折扣，每单保额上限100万美元，超过需增加新的承保人，并追加附加保险合同。

2.4.3.3 支持绿色低碳技术

绿色低碳技术是指能适应低碳经济发展需要，减少温室气体排放，防止气候变暖而采取的一切减碳或者无碳的技术手段，涉及电力、交通、建筑、冶金、化工、石化等部门以及在可再生能源及新能源、煤的清洁高效利用、二氧化碳捕获与埋存等领域开发的控制温室气体排放的新技术。

发展与应用绿色低碳技术对于我国实现碳达峰、碳中和目标具有重要的意义，但许多绿色低碳技术项目在研发或商业化过程中常常面临着技术风险或市场风险，如环保设备可能出现故障等风险，光伏和风电项目面临日照时间和风力的不确定性从而导致收益不确定等，导致了技术的发展和应用进程前期存在明显挑战。为了支持绿色低碳技术成果的转化和产业化，保险机构积极探索，针对不同的绿色低碳技术项目创新保险产品及服务，为科技企业在绿色低碳技术的研究及推广提供风险保障。

人保财险为清洁能源装备、环保装备制造企业提供全面的风险保障，在风力发电设备领域协助15家企业申报了31个项目，提供风险保障91亿元，涵盖了2.5~6MW各种类型的风力发电机组；在污水处理及回收利用装备、大气污染防治装备、固体废弃物处理装备等领域提供风险保障10.33亿元，有力地支撑了清洁能源与环保领域重大技术装备的推广应用。

此外，我国保险机构从技术研发、知识产权和产品质量安全三个方面开发推广科技保险产品，为高新科技的研究及推广提供风险保障，其中包含新能源与高效节能技术、环境保护新技术等绿色低碳技术。

在技术研发方面，保险机构推出研发费用损失保险及相关贷款保证保险等产品，前者能够保障由于企业经营问题、核心研究人员问题、研发核心设备故障或国家主管部门认定的其他原因，导致绿色低碳技术研发项目未在约定时间内完成而损失的研发费用或研发失败的研发费用补偿；后者能够为绿色低碳技术研发项目提供贷款保证保险，通过信贷增信功能，为其研发项目提供资金支持等。

在知识产权方面，专利执行保险可以保障通过法律程序排除他人对绿色低碳技术专利权的侵权行为过程中的调查费用、法律费用和直接损失；专利被侵权损失保险可以预赔付投保专利遭受第三方侵权时造成的直接经济损失；专利质押融资还款保证保险能够保障绿色低碳技术专利质押方式进行融资而未能按约清偿到期债务的借款本金余额和利息余额赔偿义务。

在产品质量安全方面，产品质量安全责任保险、首台套重大技术装备保险、重点新材料首批次应用保险、产品质量保证保险等产品，可以保障绿色低碳技术所需的新材料或装备在制造、销售或修理等环节可能面临的产品质量安全风险和责任风险，帮助绿色低碳技术产品的购买方消除对产品质量的顾虑，便于绿色低碳技术产品的市场化应用。

2.4.3.4 提升生态碳汇能力

森林是最大的陆上生态碳汇资源，具有较高的经济价值和成熟的产业链，是绿色资源中保险保障的主要对象。为保障林农收入，增强林业风险抵御能力，促进林业稳定发展，我国从1984年开始进行森林保险试点，经过三十多年的发展，我国森林保险产品种类经历了从单一到综合逐渐丰富、逐步完善的历程，为增强我国森林蓄积量和固碳能力，改善生态环境提供了有力保障。

随着我国加快推进碳排放权交易，林业碳汇作为抵消企业碳排放的一种高性价比手段，在我国自愿减排交易市场上备受青睐。林业碳汇项目的产出周期往往较长，短期内收入不稳定，且极易受自然灾害、病虫害的影响，给其产出和收入带来极大的不确定性。对于林业碳汇所面临的不确定性，保险手段可以成为一种有效的风险管理方式。我国保险机构聚焦森林碳汇功能，积极探索，开发了林业碳汇指数保险和林业碳汇价格保险创新型产品，为生态产品价值实现提供了新路径。

（1）林业碳汇指数保险。林业碳汇指数保险以碳汇损失计量为补偿依据，将由于火灾、冻灾、泥石流、山体滑坡等合同约定灾因造成的森林固碳量损失指数化，当损失达到保险合同约定的标准时，视为保险事故发生。林业碳汇指数保险赔款可用于灾后林业碳汇资源救助和碳源清除、森林资源培育及加强生态保护修复等有关费用支出。例如，人保财险于2021年3月在福建省顺昌国有林场签下全国首单"碳汇贷"银行贷款型森林火灾保险，为碳汇林提供2 100万元风险保障。"碳汇贷"是福建首例以林业碳汇为质押物、全国首例以远期碳汇产品为标的物的约定回购融资项目。同年4月，人寿财险引入碳汇计量，建立林业损毁与固碳能力减弱计量的函数模型，在福建省龙岩市新罗区创新开发了林业碳汇指数保险，为森林提供前期预警、中期定损、后期支付赔款的全流程风险管理服务。

（2）林业碳汇价格保险。针对林业碳汇交易项目开发的保险产品，能够有效防止碳汇林种植企业受到价格极端下跌的波动影响，稳定林业碳汇交易收入，从而保障林业产生的富余价值、生态环保价值、碳汇恢复期耗损、固碳能力修复成本以及碳排放权交易价值。人保财险2021年5月推出林业碳汇价格保险，与福建省南平市顺昌县国有林场成功签定。在保险期内，当市场林业碳汇项目价格波动造成保险碳汇的实际价格低于目标价格时，人保财险将按照合同约定进行赔偿。

林业碳汇指数保险以森林灾害导致的固碳损失为补偿依据，林业碳汇价格保险以碳价格极端下跌带来的经济价值损失作为补偿依据，为碳汇林种植企业提供碳汇量或经济价值的损失保障，应对碳汇资源风险的难题，提升碳汇林种植企业经营森林的积极性，提高森林固碳能力，助力实现"双碳"目标，在未来将具有广阔的应用前景。

目前我国的林业碳汇保险还处于创新探索阶段，发展面临着诸多挑战。其中，林业碳汇指数保险由于引发森林碳汇能力减弱的灾因繁多，不同地域森林碳汇能力有所不同，向全国推广尚有难度。林业碳汇价格保险结合了碳汇量损失与碳汇价格两种特性，极易受到碳汇价格的波动影响，而影响林业碳汇价格的因素非常复杂，且国内外碳交易市场尚未充分发挥"价格发现"的作用；此外，政策因素也非常关键，未来自愿减排项目抵消机制的细则、核证标准、备案总量、碳市场的监管政策等均可能发生变化，因此林业碳汇价格保险在未来也可能面临较大的挑战。

2.4.4 环境污染（强制）责任保险

环境污染责任保险是以环境侵权者因污染环境而应承担被侵权的第三者损害赔偿和污染治

理责任或生态系统修复责任为标的的责任保险。具体保障范围主要包括由于突发环境事件导致的第三者人身损害、第三者财产损害、应急处置与清污费用和生态环境损害等，也包括企业在生产经营过程中污染环境导致的第三者人身损害、第三者财产损害、应急处置与清污费用。环境污染责任保险不仅可以通过保险机制提高企业环境风险承载能力，更能通过费率杠杆促使企业加强环境风险管理，推动企业的绿色低碳转型发展。

2.4.4.1 年度发展情况

截至 2019 年 7 月，我国环境污染责任保险试点省（自治区、直辖市）共计 31 个，试点涉及重金属、石化、危险化学品、危险废物处置、电力、医药、印染等 20 余个高环境风险行业。2018 年，我国环境污染责任保险实现保单保费收入 3.09 亿元，提供风险保障 326.58 万亿元。目前，国内各主要保险公司都加入了试点。

我国环责险发展已经积累了一定的实践经验和理论研究，强劲的政策支持环责险发展将是未来几年的主趋势。补贴政策方面，江苏省明确对符合条件的投保企业按不超过年度实缴保费的 40% 给予补贴，浙江省对试点期间给予参保企业保费 20%~50% 的补助。政策激励机制上，厦门要求各区政府及各有关部门应当将企业投保环责险作为享受有关产业扶持政策的重要依据，四川将企业是否投保环责险与环保专项资金安排、绿色信贷支持、排污许可证换发、环境信用评价等紧密结合。评估体系和配套机制方面，浙江省湖州市发布了《环境污染责任保险风险评估技术规范》，其中共有"5+5"十大类风险指标，包括 80 项静态风险指标和 90 项动态风险指标，累计 170 项内容，有助于多方面考量企业的环境风险状况。

环责险试点省（自治区、直辖市）已达 31 个，但地区间发展不平衡，甚至呈现两极化发展的情况。无论是从投保企业数量、保费规模、承保限额，还是地区覆盖面来看，江苏、广东等地区仍然走在队伍前列。截至 2017 年 3 月，江苏全省已有 1 525 家企业投保环责险，实现保费收入 1 663.98 万元，为企业提供了 17.7 亿元环境风险保障。2019 年江苏 13 个设区市已实现环责险全覆盖，是全国覆盖范围最广的省份。

尽管环责险在我国已有十余年的发展历史，但仍面临保费规模小、覆盖率低、企业投保和保险机构开展业务意愿不强等问题。从全国范围来看，环责险投保企业的数量占规模以上工业企业的比例仍不足 5%，环责险保费收入占责任险保费收入仍不足 1%。

2.4.4.2 相关法律、法规和政策推进

纵观我国环责险的相关法律规定，现阶段尚无专门针对强制环责险的专门性立法，相关条文散见于不同法律部门、不同效力的文件中。目前主要以国务院、生态环境部等发布的规范性文件为主，法律位阶相对较低。

2019 年来，尽管受到新冠肺炎疫情的影响，强制环责险制度仍有所发展，中央层面和地方层面出台（修订）的一些法律或政策文件中对环责险发展方向和实践工作进行了原则性规定（见表 2-8），一些省直辖市加快了环责险的实施，但在全国的发展状况不一。

表 2-8 环境污染强制责任保险有关政策/法律文件（2019—2020 年）

	时间	名称	内容
中央层面	2020 年 4 月	《中华人民共和国固体废物污染环境防治法》（修订通过）	第九十九条，收集、贮存、运输、利用、处置危险废物的单位，应当按照国家有关规定，投保环境污染责任保险
	2020 年 3 月	《关于构建现代环境治理体系的指导意见》	第二十七条，推动环境污染责任保险发展，在环境高风险领域研究建立环境污染强制责任保险制度
	2020 年 1 月	《关于推动银行业和保险业高质量发展的指导意见》	"探索碳金融、气候债券、蓝色债券、环境污染责任保险、气候保险等创新型绿色金融产品"，要"进一步提高环境污染责任强制保险覆盖面与渗透率""推进再保险市场建设，扩大巨灾保险试点范围"
	2019 年 10 月	《关于提升危险废物环境监管能力、利用处置能力和环境风险防范能力的指导意见（环固体〔2019〕92 号）》	持续推进危险废物规范化环境管理，依法将危险废物产生单位和危险废物经营单位纳入环境污染强制责任保险投保范围
	2019 年 5 月	《国家生态文明试验区（海南）实施方案》	探索在（海南）环境高风险、高污染行业和重点防控区域依法推行环境污染强制责任保险制度
	2019 年 1 月	《生态环境部 全国工商联关于支持服务民营企业绿色发展的意见（环综合〔2019〕6 号）》	完善环境污染责任强制保险制度，将环境风险高、环境污染事件较为集中的行业企业纳入投保范围
地方层面	2021 年 8 月	贵州省全面推行环境污染强制责任保险制度	贵州省探索建立了"保险服务管家+五个统一"的环境污染责任保险新模式，实现环境污染强制责任保险试点全覆盖
	2021 年 7 月	《深圳市环境污染强制责任保险实施办法》	深圳环境污染强制责任保险制度改革正式落地，深圳是目前全国唯一通过立法确立环境污染强制责任保险制度的城市
	2019 年 6 月	厦门市《在环境高风险领域推行环境污染强制责任保险制度的意见》	在重金属污染行业、危险废物污染行业等环境高风险领域推行环境污染强制责任保险制度
	2019 年 3 月	《山东省实施企业环境污染责任保险管理办法》	山东环责险从试点向全面推行阶段推进，同时从企业自愿投保转变为要求高风险企业强制投保，其余企业自愿投保模式
	2019 年 1 月	《贵州省环境污染责任保险风险评估指南（试行）（黔环通〔2019〕5 号）》	明确了环境污染责任保险风险评估程序，企业环境风险评估指标体系及方法，由环境风险源、环境污染途径、环境风险暴露三类指标构成，解决了保前风险评估的科学性、可操作性、经济性和评估主体的特殊性问题

资料来源：根据公开资料整理。

2.4.4.3 进展与亮点

（1）强制环责险相关制度有所进展

一些法律修订和指导意见要求加快强制环责险，扩大实施范围。《关于构建现代环境治理体系的指导意见》要求在环境高风险领域研究建立环境污染强制责任保险制度。《中华人民共和国固体废物污染环境防治法》要求收集、贮存、运输、利用、处置危险废物的单位纳入环责险投保范围。山东省和厦门市发布政策文件，对重金属污染行业、危险废物污染行业等环境高风险企业提出了强制投保要求。

(2) 环责险实施机制多样化发展，产品和条款日趋丰富

"保险+服务+监管+信贷"多机制融合，推动银保联动、奖惩联合，利用第三方公司为企业提供评估、环保法律及技术咨询，降低企业受到行政处罚和发生环境污染事故的概率。将安全生产和环境污染保障合二为一的"安环险"，将自然灾害引发的环境污染纳入环责险保障范围，保险条款增加精神损害赔偿、附加疏散人群费用保险等。

(3) 环责险配套技术支撑体系发展

2019年，贵州省发布了《环境污染责任保险风险评估指南（试行）（黔环通〔2019〕5号）》，明确了环境污染责任保险风险评估程序、企业环境风险评估指标体系及方法，解决了保前风险评估的科学性、可操作性、经济性等问题。湖州市发布了《环境污染责任保险风险评估技术规范》，适用于全市铅蓄电池、电镀、化工等6大类行业，并将风险分为静态和动态共170项指标，细化制定了5个环境风险等级。

2.4.4.4 挑战与对策

完善环责险制度是我国生态环境治理体系、治理能力和服务能力现代化的重要内容，近年来环责险在曲折前行的道路中不断创新。在市场机制尚存缺陷的发展前期，我国环责险的市场规模体现出较强的政策性。2018年以来，贵州省、深圳市、山东省、海南省等地纷纷开展试点，在投保责任范围、责任限额、风险管理等方面的实施和探索，已经远超出相关试点文件的要求。

环责险实践过程中仍然面临着相关制度建设滞后、风险评估机制不成熟等问题。全面推进环责险需要进一步强化制度保障，为环责险发展创造良好的政策环境和市场条件。

(1) 抓紧环责险立法进程

我国环责险立法总体上表现出核心内容缺失、专门条款较少、可操作性不强、效力层级较低、涉及领域较窄等特点。当前实践主要是依靠《环境污染强制责任保险管理办法（草案）》等政策文件来推动，缺乏足够有效的法律规制。建议在《环境保护法》中设立专章，对环责险进行专门性规定，提高环责险的法律地位、真正实现环责险的强制性。同时，允许地方立法制定出比国家立法更为细化的规定，增强可操作性。

在上位法缺失的情况下，地方政府的探索呈现两极分化的态势。山东、深圳、贵州等试点地区在新一轮环境污染责任保险试点方案中探索新型模式，在强制投保企业范围扩容的基础上，进一步扩展承保责任范围，将渐进污染损害赔偿、生态环境损害赔偿、应急清污费用等责任纳入承保责任范围，并对赔偿责任限额进行规范，以期提高赔付率、增强企业投保动力、实现环境污染责任保险市场规模的跨越式发展。与此同时，湖南等地则在强制投保企业范围或承保责任范围的扩展上相对保守，沿用"低保额、低保障"的传统模式在有限的高风险行业稳步推进。

(2) 完善环境责任风险评估机制

现阶段，我国在环境风险查勘、评估、损害鉴定、赔偿标准等方面尚未形成规范的技术流程，地方试点大多依赖于国家环境保护标准《企业突发环境事件风险分级方法》《企业突发环

境事件风险评估指南（试行）》和《环境损害鉴定评估推荐办法（第Ⅱ版）》，再引入第三方评估机构的自主性解决方案提供环境隐患排查建议和开展事故责任认定。前者适用范围有限，后者存在较大的不确定性。建议针对不断扩大范围进入强制保险要求的 20 多个行业，提出细化的行业环境风险评估方法。另外，以环境污染事故数据、重大风险企业目录等大数据为基础建立数据库，增强环境风险的可保性。

（3）夯实风险研究和风险控制，应对结构性风险

强制投保企业范围和承保责任范围扩展后存在风险累积性高、信息高度不对称、本土市场经验数据缺乏、风险管控滞后等特征，使得保险行业在现有的风控技术条件下面临更高的"穿底风险"，急需形成保险机构合力，突破卡脖子的风险识别、评估、费率测算、管控等一系列关键障碍。

2.4.4.5　与国际先进水平的比较

西方国家环责险兴起于 20 世纪，市场发育程度高。相对而言，我国的环境污染责任保险制度起步时间晚、早期发展缓慢，近年来虽然存在立法上等方面的不足，也积累了一些宝贵的发展经验。与国际上美国、德国、法国、瑞典等国家，从立法模式、承保方式、投保模式、产品设计和配套机制等维度，进行对比和分析：

（1）立法模式的比较

目前国际上较为具有代表性的立法模式主要有三种：分散立法模式，该立法模式对法律体系的发达程度有较高的要求；通用性单行法模式，即存在适用于所有与之相吻合情况的一般条款（有特殊规定的除外）；环境法典专章模式，即在环境法典中专门设立一章或几章对环责险进行集中规定。

- 美国法律体系对侵权责任十分重视，为美国环责险市场发育提供了良好的土壤。美国采取了分散立法的模式，法律法规体系较为完善，且在司法实务中法院对保险公司的除外责任普遍采用严格解释。1969 年，美国颁布的《国家环境政策法》为环境风险管理奠定了重要基础。随后，1976 年出台的《资源保全与恢复法》提出了需要强制投保的污染损害赔偿责任，1980 年出台的《综合环境反应、赔偿和责任法》制定了追溯责任、无过错责任和连带责任的理论原则，用以最大程度保障受害者能够获得赔偿。此外，1965 年的《固体废物处置法》、1970 年的《清洁空气法》和《清洁水法》也有明确条款规定需要投保的情形。

- 德国以通用性单行法的模式，实行严格的环境法律制度。《环境责任法》以及被市场普遍接受的《环境责任保险一般条款》《环境损害赔偿法草案》，构成了德国完善的环责险法律体系。德国现行的环责险基本都是根据《环境责任法》的相关规定而制定实施的，除保险条款上附加特殊的承保条件外，基本上都应该符合该法的要求，为环责险市场的顺利发展奠定了基础。

- 瑞典实行环境法典专章模式，其《环境保护法》和《环境损害赔偿法》中都对"环境损害责任保险"做了专门性的规定，相关内容后来被 1999 年通过的《环境法典》第三十三章"环境损害保险和环境清洁保险"所囊括。此外，1969 年的《环境保护法》第十章也对环境责

任保险做出了一系列规定。

目前，国内环责险采用分散立法的模式，但立法格局尚不健全。具体表现在：①相关的法律和行政法规仅原则性提及"环境污染责任保险"，例如《环境保护法》第五十二条提出的"国家鼓励投保环境污染责任保险"不足以支撑和维持环责险的运行。②《环境污染强制责任保险管理办法（草案）》的效力层级较低，涉及领域较窄。

（2）承保方式的比较

目前主要有三种承保方式：政府出资成立专门的保险机构，美国是采用该方式的典型国家；由市场上单一的财产保险公司承保；联合承保方式，多家保险公司成立"共保体"以分散风险，是最为常见的方式。

- 美国由专门的保险机构来承保。1988年政府出资设立了专门的"环境保护保险公司"，承保被保险人渐发、突发、意外的污染事故及第三人责任，其保险单的责任限额最高额为100万美元。该方式有利于汇集专业人才、集中力量提高风险评估的能力，形成标准化和统一化的投保和理赔流程，提供高公司的风险承担能力。
- 英国的环境侵权责任保险由现有的财产保险公司自愿承保。
- 法国实行的是联合承保模式。法国成立了由英国保险公司和本国保险公司共同组成"污染再保险联营集团"，对重工企业的污染进行承保，可以解决环境风险较大而单个保险公司不能承担的问题。

国内较为推崇联合承保的方式，以期分担环责险的经营风险，保证保险服务质量。例如，环责险"无锡模式"以中国人寿无锡分公司为首席承保人，联合4家保险公司组成共保体；南京环责险由太平洋保险南京分公司作为首席承保人，联合4家保险公司结成共保体；广东环责险由平安财险广东分公司作为首席承保人，联合12家保险公司保险保障支持。

（3）投保模式的比较

环责险投保模式主要可分为三种：强制责任保险制度（美国、瑞典、德国），自愿保险为主、强制保险为辅（英国、法国），以及强制保险和自愿保险相结合（中国）。

- 美国实施的是环境强制责任保险制度，特定企业开展特定业务必须购买环境污染责任保险。20世纪60年代起，针对有毒物质和废弃物的处理、处置可能引发的损害赔偿责任推行强制保险制度，工程的承包商、分包商和咨询设计者需要投保相应的环责险才能取得工程合同。同时，即便政策并未强制要求对企业开展的部分经营活动购买保险，出于美国环境立法的完善以及惩罚的严厉性，企业也会主动购买保险。
- 法国实行的是任意责任保险制度，在法律有特别规定的情况下才实行强制责任保险。1969年法国加入《国际油污损害赔偿民事责任公约》、1971年加入《国际油污损害赔偿基金国际公约》的成员国，因此《法国环境法典》要求在油污损害赔偿方面采用强制责任保险制度。

我国环责险起初在"鼓励自愿投保"的推进方式下，发展十分缓慢。而后各地在试点摸索中，投保方式逐步转向强制保险和自愿保险相结合的模式，即要求高风险企业强制投保。《环境污染强制责任保险管理办法（草案）》中对该领域做出了规定，如船舶油污保险、石油气污染保险、危险化学品内河运输污染保险都属于强制保险的范畴，其余一般企业自愿投保。

（4）产品设计的比较

国外环责险产品设计的特点是：大多国家已将渐进性的污染事故纳入承保范围，且涵盖的风险期较长。

- 美国自 1973 年起将环责险从公众责任保险中独立出来，具体范围包括赔偿责任、清洁费用、因突发性、意外性或渐进性污染事故而被保险公司承担的第三方责任。1989 年，美国保险服务业在综合一般责任保险单中附加"有限污染责任扩展批单"，将污染责任扩展到被保险人的工作场所之中。因此，美国环责险主要分为环境损害责任保险和自有场地治理责任保险。前者，保险公司需在被保险人因其污染行为对他人的人身财产造成损害而承担赔偿责任时支付保险金；而后者，保险公司仅在被保险人因其环境污染行为对自有场地造成损失情况下承担保险责任。此外，美国强制责任保险所涵盖的风险期往往较长，通常将生产、存放有毒、有害物质的设施关闭后若干年的时间也纳入其中。例如美国环保署针对"危险废物"建立了关闭后保险，要求投保人对关闭后 30 年内可能引发的监测与维护费用必须投保。

- 德国承保范围包括水体逐渐污染责任、大气和水污染造成的财产损失赔偿责任等。1965 年前德国的保险公司对渐进的、累积的污染不包含在保单范围内，1965 年后逐步扩大到水体逐渐污染造成的污染损失赔偿责任，1978 年后保障范围进一步将大气污染和水污染纳入其中。但如果责任事故发生在被保险企业域外，由可预见性的经常排放物引起的损失仍列为责任免除。

- 法国承保范围包括偶然、突发环境事故、反复性或持续性事故所引起的环境损害。1970 年后，法国环责险的覆盖范围增加了累进的、渐进的污染事故，但将噪声、臭气、振动、辐射等环境损害造成的损失排除在外。1977 年起，开始对因单独、反复性或持续性事故所引起的环境损害开始予以赔偿。

目前，国内环责险产品尚未包含渐进性污染。保险责任追溯时效方面，受害者在保险合同有效期届满后三年内向环境高风险企业提起的环境损害赔偿请求均在时效内。国内环责险在第三方服务提供和险种创新方面积累了一些可供推广的经验，例如环责险"无锡模式"注重第三方机构对投保企业风险的评估和指导改进；衢州推出的"安环险"包含安全生产、环境污染以及危化品运输三项保险责任；宁波推出的"生态环境绿色保险"在环责险的基础上，增加了第三方服务机构失责造成投保企业直接经济损失的风险保障。

2.4.5 生态损害赔偿制度

生态环境损害赔偿制度叠加环责险，使污染者需要承担更加完整的污染和生态破坏的责任。生态环境损害赔偿制度以生态环境损害赔偿为主体，补充了环责险保障责任中生态环境损害赔偿缺失的状况。两种制度存在明显的互补关系。

生态损害赔偿制度压实了企业污染生态环境应承担的赔偿责任，有利于提高企业投保环责险的积极性，使生态环境破坏、承担责任、修复环境损害的连续责任成为闭环。

政府代表公众介入追究生态破坏损害赔偿，承担起索赔主体的责任。赔偿权利人由省级政府扩大至市地级政府（包括直辖市所辖的区县级政府），改变了污染者和受害者之间原本悬殊的力量关系，有利于强势代表公众利益，对污染者形成震慑力。

当前，生态损害赔偿制度、环境污染责任保险制度和环境公益诉讼形成了相互配合的机制关系。生态环境损害赔偿诉讼、环境民事公益诉讼、环境侵权民事诉讼的生效判决认定的事实以及经司法确定的生态环境损害赔偿磋商协议认定的事实，一些地方依据地方性法规和条例已经明确可以直接作为赔偿保险金的依据，与保险赔偿有关的仲裁或者诉讼、生态环境损害赔偿案件与保险公司联动。

发展的方向是更多元的主体参与到监督、及时制止环境污染和生态破坏，强制要求做出修复。其中行政主体、检察机关和社会环保组织间的责权关系仍有待逐步厘清中，以更好地实现不同机制的互补作用。

2.4.5.1 年度进展

自2018年全国试行以来，生态环境损害赔偿制度改革经过了2年试点和3年全国实行，取得了积极成效。初步搭建了制度框架，在国家和地方立法、相关工作机制、诉讼规则、技术规范体系和资金保障等方面取得了重要进展和阶段性成果。

截至2020年11月，全国共办理生态环境损害赔偿案件2700余件，涉及赔偿金额超过53亿元。江苏、山东、重庆、浙江、贵州5个省（市）办理案件数均超过100件；河北、吉林、广东、安徽、四川、湖北、云南、辽宁8个省份办理案件数均超过50件。全国约83%的市地级已实际开展案例实践，其中山东、江苏、江苏、浙江等11个省份实现市地级实际办案全覆盖。各地共推动有效修复超过2 370万立方米土壤、9 140万平方米林地、620万平方米草地、4 760万立方米地表水体、61万立方米地下水体。

2019年来，生态环境损害赔偿制度不断完善，出台了生态环境损害赔偿的审理办法、资金管理和技术保障等方面的规定（见表2-9）。2019年6月，《关于审理生态环境损害赔偿案件的若干规定（试行）》发布施行，标志着我国生态损害赔偿制度的初步建立。该规定创新了生态环境损害赔偿责任体系，首次将"修复生态环境"作为生态环境损害赔偿责任方式，明确生态环境能够修复时应当承担修复责任并赔偿生态环境服务功能损失，生态环境不能修复时应当赔偿生态环境功能永久性损害造成的损失，并将"修复效果后评估费用"纳入修复费用范围。

表2-9　生态损害赔偿制度进展（2019—2020年）

时间	法律法规政策	主要内容
2020年9月	《关于推进生态环境损害赔偿制度改革若干具体问题的意见》（简称《意见》）	《意见》共十八条，涵盖了具体负责工作的部门或机构、案件线索、索赔启动、损害调查、鉴定评估、赔偿磋商、司法确认、鼓励赔偿义务人积极担责、与公益诉讼的衔接、环境修复、资金管理、修复效果评估、公众参与、责任落实、经费保障、信息共享、奖惩规定以及业务指导等方面，并提出了具体的指导性意见，《意见》为后续立法做出了准备
2020年6月	《生态环境损害鉴定评估技术指南 地表水与沉积物》	完善生态环境损害鉴定评估技术体系，规范涉及地表水与沉积物的生态环境损害鉴定评估工作

续表

时间	法律法规政策	主要内容
2020年5月	《民法典》	《民法典》"侵权责任编"设"第七章 环境污染和生态破坏责任",规定了生态环境损害赔偿责任,赋予了国家规定的机关或者法律规定的组织的实体索赔权,明确了生态环境损害的赔偿范围、惩罚性赔偿等内容,从实体法角度确立了生态环境损害赔偿法律制度
2020年4月	《生态环境损害赔偿资金管理办法(试行)》	规范生态环境损害赔偿资金管理
2020年4月	《关于印发生态环境损害赔偿磋商十大典型案例的通知》	涉及非法倾倒、超标排放、交通事故与安全事故次生环境事件等多种情形,覆盖了大气、地表水、土壤与地下水等环境要素,为探索生态环境损害赔偿体制机制提供了较好的实践借鉴
2019年10月	《中共中央关于坚持和完善中国特色社会主义制度、推进国家治理体系和治理能力现代化若干重大问题的决定》	健全生态环境监测和评价制度,完善生态环境公益诉讼制度,落实生态补偿和生态环境损害赔偿制度,实行生态环境损害责任终身追究制
2019年6月	《关于审理生态环境损害赔偿案件的若干规定(试行)》	对生态环境损害赔偿诉讼案件受理条件、证据规则、责任范围、诉讼衔接等问题予以规定

资料来源:根据公开资料整理。

各省各市积极响应《生态环境损害赔偿制度改革方案》,生态环境损害赔偿制度改革已进入全国范围试行阶段。上海、河北、安徽等14个省(市)在相关地方条例中纳入生态环境损害赔偿责任。武汉市、福州市、黄山市、无锡市、衢州市等地级市出台了地方性的"改革实施方案",积极完善"生态环境损害赔偿磋商办法、生态环境损害调查评估程序规定和生态环境损害修复管理办法"等配套制度。

在中央和地方的共同努力推进下,生态环境损害赔偿制度在全国范围内初步构建,生态环境损害鉴定评估基础研究薄弱(关键问题包括基线确定、因果关系分析和损害量化等)、生态环境损害赔偿立法仍有缺失等问题将在一段时间内存在,需要进一步深入开展改革实践,加强顶层设计,建立长效机制,推动专门立法,逐步建设更加完备的生态环境损害赔偿制度。

2.4.5.2 生态环境损害赔偿磋商十大典型案例

表2-10总结了2017年以来全国范围内达成磋商协议的生态环境损害赔偿典型案例。

表2-10 生态环境损害赔偿磋商典型案例

序号	名称	要点
1	山东济南章丘区6企业非法倾倒危险废物生态环境损害赔偿案	生态环境损害数额巨大,达2.4亿元;涉及环境危害较大、修复难度和费用高、责任界定困难、磋商难度大;索赔部门运用了磋商和诉讼两种途径索赔
2	贵州息烽大鹰田2企业非法倾倒废渣生态环境损害赔偿案	全国首例经磋商达成生态环境损害赔偿协议的案件,也是全国首例生态环境损害赔偿司法确认案件;赔偿义务人自行开展生态环境修复
3	浙江诸暨某企业大气污染生态环境损害赔偿案	多部门协作推进,确保损害赔偿落实;赔偿义务人委托第三方以替代修复方式承担生态环境损害赔偿责任;赔偿权利人委托第三方对修复工程进行评估
4	天津经开区某企业非法倾倒废切削液和废矿物油生态环境损害赔偿案	探索了需要修复和不需要修复两种损害的责任承担方式;赔偿协议申请司法确认;修复费用、评估费用由赔偿义务人自愿与第三方机构签定合同支付

续表

序号	名称	要点
5	江苏苏州高新区某企业渗排电镀废水生态环境损害赔偿案	生态环境部门与公安机关联合调查，鉴定评估依规开展；赔偿协议经法院司法确认；通过本案，苏州市高新区建立了对生态环境损害赔偿案件处置的会商制度
6	湖南郴州屋场坪锡矿"11·16"尾矿库水毁灾害事件生态环境损害赔偿案	在应急处置阶段成立由生态环境、安监等相关部门参加的协调处置工作组，与鉴定评估机构联动，启动生态环境损害调查与鉴定评估工作
7	深圳某企业电镀液渗漏生态环境损害赔偿案	运用溯源技术开展环境监管执法；实施严格的责任追究制度；生态环境部门创新案件筛查工作机制，制定了筛查制度
8	安徽池州月亮湖某企业水污染生态环境损害赔偿案	针对生态环境损害事实清楚、数额小、无争议的实际情况，探索创新了简易评估认定程序
9	上海奉贤区张某等5人非法倾倒垃圾生态环境损害赔偿案	试行履约保证金制度，根据生态环境损害评估情况缴纳履约保证金；探索生态环境损害修复责任与刑事责任的衔接，将赔偿义务人落实生态环境修复责任的情况作为刑事责任追究的考量要素；首探"从业禁止令"，禁止相关赔偿义务人在缓刑考验期内从事与排污或处置危险废物有关的经营活动
10	重庆两江新区某企业非法倾倒混凝土泥浆生态环境损害赔偿案	将生态环境损害调查、鉴定评估、修复效果评估等费用预先纳入同级财政预算安排；实现行政、刑事、民事责任同步追究，构建严密责任追究法网；强化公众参与，生态环境损害修复过程中，组织人民监督员和专家到修复现场查看，主动接受公众监督

2.4.6 中国的气候保险实践

2.4.6.1 气候保险的概念

气候保险是一种承保因气候相关风险而造成的资产、生计和生命损失的保险。它通过用确定的定期支付小额保费取代不确定的损失前景的方法，为个人、社区、国家和区域提供有效且迅速的灾后财政支持。

气候保险主要包括天气保险和巨灾保险。天气保险是因天气异常导致企业或个人遭受经济损失后，由保险公司向投保者提供赔偿的一种保险。购买天气保险的企业或个人向保险公司缴纳一定的保费，约定若实际的天气状况超过一定的范围，给投保者造成经济损失，则保险公司需要向投保者提供一定的赔偿。通过购买天气保险，投保者将不利天气造成经济损失的风险转移给了保险公司，而保险公司则将保费整合起来，作为保险准备金来应对不利天气发生时所需的赔偿。巨灾保险是对如台风、海啸、地震、洪水等的自然灾害或影响严重的人为灾祸所造成的巨大财产损失和严重人员伤亡，给予保障的一种保险。巨灾风险指影响面大、影响程度严重的自然灾害或人为灾祸。与不利天气相比，巨灾发生的概率较小，但其一旦发生就会造成巨大的损失和影响。

2.4.6.2 气候保险的作用

世界银行通过比较不同保险渗透率（保险业的保费收入占GDP的比重）的国家在气候灾害后国内生产总值的变化趋势以及灾后经济的增长模式，发现保险渗透率较高的国家在气候灾害之后经济恢复态势更好，GDP呈现正增长趋势；与之相反，较低保险渗透率的国家往往出现负增长趋势，由此可见气候保险的重要性以及必要性。在应对极端天气事件方面，保险机制可以在损失补偿和风险预防两个方面发挥重要作用。

(1) 分散风险，降低受灾者损失

气候保险作为一种金融工具，转移并分散风险，降低受灾者的损失是其最直接的作用。购买气候保险的投保者通过定期支付小额保费，将风险转移给保险公司，保险公司利用收取的保费建立赔付基金，当气候灾害事件达到保险赔付触发条件时，已购买气候保险的受灾者可以从赔付基金中获得经济补偿，从而降低受灾者的经济损失，实现将气候灾害风险分散给所有被保险人的作用。

(2) 提高效率，减轻财政负担

我国目前的以财政拨款、行政指导为主的防灾减灾、灾后救助工作方式，不仅救灾效率较低，而且加重了各级财政的负担，一旦发生重大气候灾害事件，救灾资金可能冲击政府的财政收支平衡。引入气候保险，利用保险行业的风险评估等市场化的手段，减轻灾后政府的财政压力，同时提高灾后救助工作的效率，弥补当前救灾体系的不足。

(3) 提高防灾减损能力，降低风险

气候保险可以在事前提高投保者防灾减损的能力，降低气候灾害对受灾者的影响，甚至降低气候灾害发生的可能性。例如，保险公司可以通过向投保者提供气象气候信息、宣传防御气候灾害的措施，甚至是要求投保者采取一定的防灾抗灾措施，来提高投保者防灾减损的能力，降低气候灾害对投保者的影响。

(4) 提供信息服务和风险管理教育

保险公司通过信息和数据收集可以对潜在的气候风险进行评估，在此基础上开展气候灾害防御服务，向保险部门和投保人提供气象信息，督促投保人对于不利风险采取防御措施，加强对国民气候保险知识的普及教育和宣传，督促投保人对不利天气采取防御措施，减少因气象灾害造成的损失，从而达到防灾减灾和减少赔偿的目的。

(5) 保障经济发展

利用气候保险，一方面，可以通过分摊灾后救助的压力，提高财政的稳定性，加快灾后重建工作，维持国民经济的正常运行；另一方面，保险公司可以利用暂时闲置的保费，进行投资和融资，支持实体经济的发展，提高金融市场的活力，保障经济的发展。

2.4.6.3 实行气候保险的必要性

随着全球气候的持续变化，全球气候灾害风险呈上升趋势，严重威胁了经济的发展和生态的稳定。在此背景下，我国气候灾害的频率和强度不断增加，损失巨大。作为受气候灾害影响最大的国家之一，我国的气候保险业务却尚处于起步阶段，没有建立起体系化的气候保险制度，气候保险发挥的作用十分有限。气候保险在我国还存在很大的发展空间，加快建立气候保险体系势在必行。

（1）全球气候灾害特征

根据世界气象组织发布的《2020年全球气候状况》报告显示，全球气候系统多个指标的变化对经济社会发展、迁移和流离失所、粮食安全以及陆地和海洋生态系统产生了巨大的影响，主要可以总结为以下三点。一是温室气体浓度持续上升带来的升温效应显著。2019年和2020年，主要温室气体的浓度持续上升，全球二氧化碳浓度已超过410ppm，由此带来的结果是，即使发生了具有降温效应的拉尼娜事件，但2020年仍是有记录以来最暖的三个年份之一，全球平均温度较工业化前水平高出1.2℃左右。二是洪水、干旱以及热带气旋等极端天气气候事件的发生频率和强度增加。从洪水来看，2020年非洲和亚洲大部分地区发生暴雨和大范围洪水，印度次大陆及周边地区、中国、韩国、日本以及东南亚部分地区在这一年不同时期降水量均异常偏高，中国—季风季期间，长江流域持续的强降雨也造成了严重洪灾，已报告的经济损失超过了150亿美元，在此期间至少已报告了279人死亡。从干旱来看，2020年阿根廷北部、巴拉圭和巴西西部边境等南美洲内陆地区受到严重干旱影响，据估计，仅巴西的农业损失就接近30亿美元。从热带气旋来看，2020年北大西洋飓风季共生成30个命名风暴，是有记录以来生成命名风暴数量最多的一年。三是COVID-19大流行病为极端天气气候事件相关的疏散、恢复和救灾作业增加难度。根据FAO和WFP，2020年有5000多万人遭受气候相关的灾害（洪水、干旱和风暴）和COVID-19大流行病的双重打击。

全球气候变化日益显著，给自然生态环境和经济社会发展带来严重影响和损失，全球气候风险不断增加。2021年1月，世界经济论坛发布的《2021年全球风险报告》列出来全球可能性最大及影响最大的10大风险，其中，按照发生概率排名的全球风险前三位均为与环境相关的风险，依次是极端天气、气候应对行动失败以及认为环境破坏，与此同时，生物多样性丧失和生存危机也分列第五位和第十位；按照影响力排名的全球风险中有6大风险与环境相关，分别是气候应对行动失败、生物多样性丧失、自然资源危机、人为环境破坏、生存危机以及极端天气。从未来十年风险的发生概率和影响来看，环境风险仍是首要问题。

联合国发布的《灾害造成的人类损失2000—2019》报告指出，全球自然灾害总数在21世纪前20年大幅攀升，气候相关灾害数量激增是造成灾害总数上升的主要因素。从整体来看，2000—2019年，全球共记录7 348起重大灾害，造成123万人死亡，受灾人口总数高达42亿（许多人不止一次受灾），给全球造成的经济损失高达2.97万亿美元。从灾害发生的类型来看，洪水和风暴仍是最高频发生的灾害事件。在过去的20年里，洪涝灾害发生的次数从1 389次增加到3 254次，平均每年发生163次，洪水灾害共造成104 614人死亡；飓风、旋风和风暴潮等风暴的发生次数从1 457次增加到2 043次，在2000年至2019年导致近20万人死亡，成为第二大致命的灾害；此外，干旱、山火、极端气温等灾害以及地震、海啸等地质相关灾害发生次数也显著增加。这些事件也是造成死亡人数最多的十大灾害。与其他灾害事件相比，这十大灾害导致的死亡人数最多，占死亡总数的76%。从灾害发生的地区层面来看，过去20年亚洲遭受的自然灾害最多，达3 068起，其次是美洲（1 756起）和非洲（1 192起）。

气候变化不仅会造成巨大的经济损失，同时也对保险业会产生较大的冲击。《经济积累和气候变化时期的自然灾害》显示，全球范围内，2019年自然灾难和人为灾害事件造成的经济损失为1 460亿美元，低于2018年（1 760亿美元）的损失及过去十年的平均损失（2 120亿美元）。全球保险业赔付了其中600亿美元的损失，而2018年的赔付额为930亿美元，过去十年的平均水平为750亿美元。

（2）中国气候灾害特征

中国地处亚洲，气候复杂多样，季风气候显著，是全球气候变化的敏感区和影响显著区，也是受气候变化影响最大的国家之一。气候变化离不开温室效应，近年来中国的升温效应显著。根据《中国气候变化蓝皮书（2020）》，1951—2019年，中国年平均气温每10年升高0.24℃，升温速率明显高于同期全球平均水平。2020年，中国平均气温10.25℃，较常年偏高0.7℃，共有256个国家站最高气温达到极端事件检验标准。中国极端气候事件频发，气候灾害发生的频率和强度也在不断增强，2000—2019年全球10个受灾最多的国家有8个位于亚洲，其中中国共发生577起灾害事件，占比高达18.8%，居于全球首位，给我国的经济发展、粮食安全、水资源、生态环境等带来了严峻的挑战。

中国幅员辽阔，气候灾害的种类较多，不同地区气候条件不同，面临的气候灾害也不同。从全国整体情况来看，应急管理部会同有关部门会商核定，2020年，中国气候年景偏差，主汛期遭遇了1998年以来最重汛情，自然灾害以洪涝、地质灾害、风雹、台风灾害为主，地震、干旱、低温冷冻、雪灾、森林草原火灾等灾害也有不同程度发生。具体来看，全国暴雨洪涝受灾面积占气象灾害总受灾面积的36%，干旱占26%，台风占19%，风雹占14%，低温冷冻害和雪灾占5%。全年各种自然灾害共造成1.38亿人次受灾，591人因灾死亡失踪，10万间房屋倒塌，农作物受灾面积19 957.7千公顷，直接经济损失3 701.5亿元人民币。从不同地区受灾情况来看，我国自古就有"南涝北旱"的特点，2020年，中国主汛期南方洪涝灾害较为严重，洪涝受灾人次、紧急转移安置人次和直接经济损失较近5年均值分别上升23%、62%和59%，因灾死亡失踪人数、倒塌房屋数量分别下降53%和47%。由于降雨频率高、强度大、范围广，导致地质灾害发生数量较往年偏多。相对而言，中国旱情较常年明显偏轻，共发生森林火灾1 153起、草原火灾13起，与近年均值相比，森林草原火灾发生起数、受害面积和造成伤亡人数均降幅较大。除了旱涝灾害，我国东南沿海地区的台风、西北华北地区的沙尘暴以及全国大范围内的寒潮等灾害，严重威胁了人民的人身财产安全和中国的经济发展，由此造成的损失也在增加。

从表2-11可以看出2013—2018年中国气象灾害直接经济损失平均值高达3 035.5亿元，每年的旱涝灾害是造成经济损失的主要灾害。以气象灾害损失最高的2010年为例，农作物受灾面积3 742.6万公顷，其中绝收487万公顷，受灾人口高达42 494.2万人，直接经济损失5 097.5亿元。

表 2-11 2013—2018 年中国气象灾害情况

年份	农作物受灾情况		人口受灾情况			直接经济损失
	受灾面积（万公顷）	绝收面积（万公顷）	受灾人口（万人次）	死亡人口（人）	失踪人口（人）	（亿元）
2003	5 479.5	856.7	42 399.7	2 171	33	2 118.6
2004	3 765	433.3	34 049.2	2 457	—	1 565.9
2005	3 875.5	418.8	39 503.2	2 710	—	2 101.3
2006	4 111	494.2	43 332.3	3 485	—	2 516.9
2007	4 961.4	579.8	39 686.3	2 713	—	2 378.5
2008	4 000.4	403.3	43 189	2 018		3 244.5
2009	4 721.4	491.8	47 760.8	1 367	229	2 490.5
2010	3 743	487	42 494.2	4 005	1 033	5 097.5
2011	3 252.5	290.7	43 150.9	1 087	112	3 034.6
2012	2 496.8	182.8	27 428.3	1 445	192	3 358.9
2013	3 132.5	3 838.1	38 288.3	1 963		4 766
2014	2 485.2	308.8	24 042.4	936	119	2 964.7
2015	2 176.9	223.3	18 521.5	1 217	135	2 502.9
2016	2 622.1	290.2	18 860.8	1 396	253	4 961.4
2017	1 847.6	182.7	4 383.2	833	85	2 850.4
2018	2 081.4	258.5	13 517.8	568	46	2 615.6

资料来源：《中国气象灾害年鉴》。

从图 2-15 可以看出，以 2010 年为分界线，2013—2010 年气象灾害导致的直接经济损失呈现上升趋势，2013—2018 年直接经济损失处于波动状态，但是整体损失高于前八年；而与之相反，2003—2018 年受灾面积与受灾人口整体呈现出下降的趋势，下降幅度分别为 62.01% 与 68.12%。

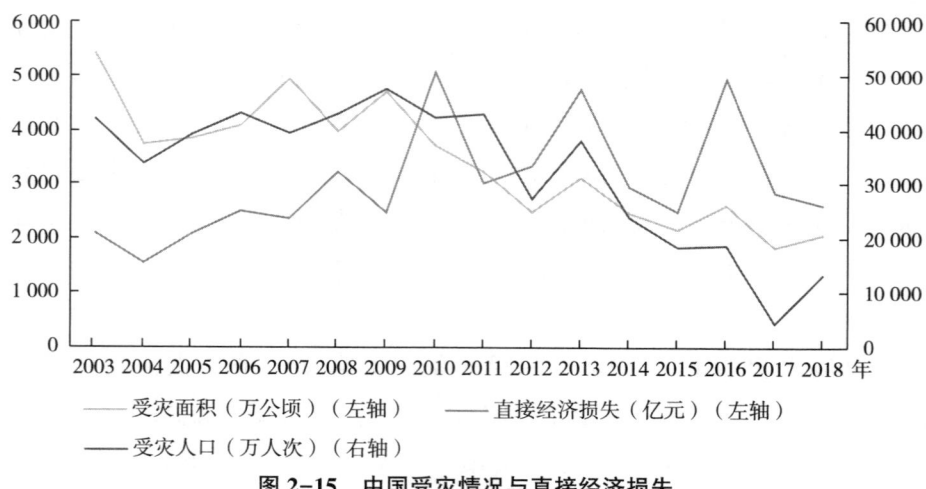

图 2-15 中国受灾情况与直接经济损失

2.4.6.4 中国气候保险的相关政策沿革

我国有关气候保险的相关政策最早开始于 1951 年 4 月，当时中央人民政府政务院财政经济委员会颁布《财产强制保险条例》，宣布把地震纳入财产保险的责任范围，在部分地区推行农业地震巨灾保险。但1958年12月，政府决定停办国内保险业务，包括刚刚萌芽的农业保险业务，且次年1月，地震巨灾保险业务也被停办。我国的气候保险业务初步发展便进入停滞期，随后的二十年里未有任何进展。

直至1979年11月，国务院在全国保险会议上批准恢复国内保险业务，并在1982年2月同意中国人民银行《关于国内保险业务恢复情况和今后发展意见的报告》，农业保险和巨灾保险重新恢复。1996年5月，中国人民银行分别颁布《财产保险基本险》和《财产保险综合险》，将地震保险条款放入责任免除条款。2000年1月，中国保监会下发《关于企业财产保险业务不得扩展承保地震风险的通知》，强调除了特殊情况按"个案审批"原则报批外，未经保监会同意，"任何保险公司不得随意扩大保险责任、承保地震风险""中国再保险公司不得接受地震保险的法定分保业务""任何保险公司不得采取向国际市场全额分保的方式承保地震风险"。2004年，中共中央一号文件做出"加快建立政策性农业保险制度"的决定，中国的气候保险业务逐步发展起来。

2007年，财政部发布了《中央财政农业保险保费补贴试点管理办法》，给予农业天气保险补贴，解决了农民的保费问题。2008年4月，中国农业部合作司、世界粮食计划署和国际农业发展基金共同开办"农村脆弱地区天气指数农业保险"国际合作项目，选取了安徽省长丰县和怀远县作为试验区，开始了我国的农业天气指数保险业务。同年的汶川地震也引起了我国对巨灾保险建设的重视，2013年，党的十八届三中全会明确提出"完善保险补偿机制，建立巨灾保险制度"，2014年，国务院印发《关于加快发展现代保险服务业的若干意见》，再次提出"建立巨灾保险制度"。2016年5月，保监会和财政部联合印发《建立城乡居民住宅地震巨灾保险制度实施方案》，决定成立中国城乡居民住宅地震巨灾保险共同体，系统地落实巨灾保险。我国的气候保险业务得到了突破性的发展。2019年12月，银保监会印发《关于推动银行业和保险业高质量发展的指导意见》，表示要探索碳金融、气候债券、蓝色债券、环境污染责任保险、气候保险等创新型绿色金融产品，支持绿色、低碳、循环经济发展。

2.4.7 中国气候保险市场现状

2.4.7.1 天气保险
（1）定义与分类

所谓"天气保险"，是指因天气导致企业或个人遭受经济损失后，由保险公司向投保者提供赔偿。赔偿天气保险金额的兑现非常迅速，不需要被保险人事后提交损失报单，保险公司也不必核实被保险人的经济损失，一切以天气实况为依据。

天气保险包括一般天气保险和天气指数保险。一般天气保险是针对人们的吃穿住行等日常生活方方面面，参考的标准包括阳光、降雨、浮冰、气温、风速等天气情况。天气指数保险一般被归类于农业保险，因此又称农业指数保险或农业天气指数保险等，天气指数保险是标准化合约，它将天气对农作物的损害程度进行指数化，并以该指数为基础判断投保人是否可获得赔偿。中国目前的天气保险以天气指数保险为主，对于更为个性化的一般天气保险的开发还非常不足。

（2）优缺点

天气指数保险的优点：

1）降低逆向选择和道德风险的发生。天气保险指数不是将个别生产者的产量作为保险赔付的依据，而是根据实际天气指数和约定天气指数之间的偏差进行标准统一的赔付，因此所有的投保人使用相同费率进行保险购买，一旦出现了灾害情况，所有投保人将得到相同的赔付，并由保险人自身承担产生了的额外的损失责任。

2）降低管理成本。第一，天气指数保险合同是标准化合约，可以针对各个保险人的不同情况，不需要因为各特殊情况进行调整。第二，天气指数保险不需要针对个例，进行每项的监督。第三，当保险责任损失发生，保险公司赔付程序更加清晰迅速，将气象部门获得的气象数据进行统计，投保人可根据公布的指数来领取赔偿金。

3）有利于提升二级市场流动性。由于天气指数保险合同的标准化优势，其定价更加透明并符合市场供需，有利于增强二级市场上流动性，从而通过将资本引入市场来对农业的风险进行分散，从而大大降低农业风险。

4）扩大了保险的覆盖面。传统气象灾害保险多限于财产险，而针对气象灾害造成的生物、植物以及人体健康等生命损害很难覆盖。天气指数保险通过指数约定将可以视为气象损害发生而约定向投保人进行理赔，大大增加气象气候风险保险范围。

天气指数保险的缺点：

1）对气象数据的要求高。天气指数保险高度依赖于过去的气象指数数据来设计合同，因此这需要相当的基础设施建设，如气象台、观测站等，保证相关数据的真实性与及时性，而这也往往需要投入大量的资金。

2）对气象专业知识要求较高。目前天气指数保险是由政府与保险公司进行合作的方式，而保险公司对于气象相关的专业领域有所欠缺，这需要政府委派相关领域的专家进行技术支持，才能使得天气指数保险产品落于实地，并真正意义上的惠于民生。

（3）产品设计模式

首先，天气指数保险的应用分为三个层面：微观层面的天气指数保险其投保人主要是单个农户，用于保障某些农产品的天气灾害风险；中观层面的天气指数保险其投保人主要是农产品加工企业等；宏观层面的天气指数保险其投保人主要是政府或银行，用于保障某种天气风险对较大范围地区的影响。

其次，要确定天气保险产品的承保范围和保险责任范围，即明确承保的农产品类别及风险类别。天气指数保险产品的地域特征较明显，不同地区农业生产面临的主要天气风险存在差异，天气风险因素与农业损失之间的相关性存在差异，因此要因地制宜设计天气指数保险产品。在选择保障的风险类别时，应剔除发生频繁且损失较小的风险及罕见但损失幅度巨大的风险。如马拉维在进行天气指数保险试点时,就选取了该国面临的主要天气灾害——干旱作为保障的天气风险。在农产品的选择上,由于马拉维的天气指数保险试点是针对微观层面的,因此其选择指标包括了干旱敏感度、生产投入成本、产品的市场销售体系、产品的经济价值及农作物对小农的适用性等。

再次,要量化天气风险因素对保险标的影响。天气指数保险产品设计的关键就在于通过对历史数据的考察和统计计算出科学的保险合约触发指数,即确定特定农产品针对特定天气指数的损失率,确保农业生产实际损失与所选取的指数之间具有充分的相关性。

最后,要进行天气指数保险合约的构建和合约的定价。天气指数保险产品作为新兴农业保险产品,其合约的构建应遵循简明易懂的原则,便于产品的初期推广。合约的定价要合理,既要考虑产品经营的财务持续性,又要考虑投保人的经济承受力。

(4) 定价方法

假设农民以作物单产投保,保障比例记为 λ,趋势单产记为 μ,那么保障水平即为 $\lambda\mu$。设 R 为纯保费费率,以 $E(loss)$ 表示作物单产受灾损失期望值,则得到保险纯费率定价公式:

$$R = E(loss)/\lambda\mu \qquad \text{式 (2-1)}$$

在天气指数保险中,可以将其表示为:

$$I = \begin{cases} 0, & X \leq X_d \\ X, & X \geq X_d \end{cases} \qquad \text{式 (2-2)}$$

I 表示指定的投保区域的保险指数,X 为减产率,而 X_d 代表免赔额,当减产率大于免赔额时,单位面积的赔付率根据指数来计算,则作物的单位种植面积的赔付金额 W 为:

$$W = \begin{cases} 0, & X \leq X_d \\ XE, & X \geq X_d \end{cases} \qquad \text{式 (2-3)}$$

其中 E 表示保险额,这个通用定价公式只是提出了一个概念性的计算公式,实务中会采取更复杂更精细的计算方法,常用的有指数模型法和燃烧分析法。

(5) 试点情况与主要产品

早在 2007 年,国内首家农业保险公司就推出了全国首个天气指数保险。2014 年 8 月,国务院出台《关于加快发展现代保险服务业的若干意见》,提出"探索天气指数保险等新兴产品和服务"。2016 年,中央一号文件《关于落实发展新理念加快农业现代化实现全面小康目标的若干意见》中,又提出"探索开展天气指数保险试点"。中央的重视与推动,让气象指数保险在国内各地得到推行,随着保险保障种类的增加,大致可以将天气指数保险分为经济作物类、粮食作物类、牲畜水产养殖类,其中经济作物类的天气指数保险无论在产品品种和试点省份上都发展的相对完善。

经济作物类的天气指数保险起步较早,2007 年,上海安信农业保险股份有限公司率先推出天气指数保险产品,主要针对长江中下游地区的西甜瓜梅雨强度进行保险。2008 年,国元农业保险公司与国际农业发展基金(IFAD)、联合国世界粮食计划署(WFP)和中国农业科学院农业环境与可持续发展研究所(IEDA of CAAS)等机构正式合作,共同研究开发天气指数保险产品,并先后在 2009 年、2010 年推出水稻、小麦天气指数保险试点,开始探索粮食作物类的天气指数保险的应用。2010 年,在 2009 年初中德两国政府签署的双边合作备忘录框架下,保监会与德国发展援助机构合作开发天气指数保险,中国人寿财险公司准备在龙岩市推出烟叶种植天气指数保险。2013 年 8 月,人保财险与大连獐子岛集团正式签署战略合作协议,推出獐子岛集团风力指数保险,兼具"渔业保险"和"指数保险"双重属性,也是国内首次尝试使用风力指数保险。2014 年 9 月,国内首家互联网保险公司众安保险宣布,与中国气象局公共气象服务中心、同程旅游达成战略合作,联手推出首款一系列基于旅游场景的天气保障服务。2019 年,常宁市 14 家油茶种植企业与中国人保签订投保协议,为 9.93 万亩油茶林购买天气指数保险,标志着该市油茶种植迈入"全保险时代"。

截至 2021 年 6 月,我国天气指数保险试点产品 60 余种,涉及 20 多个省份。根据目前可获取的资料整理,目前共有 20 个省份推出 41 项经济作物类天气指数保险;7 个省份推出 12 项粮食作物天气指数保险;11 个省份推出 13 项牲畜水产养殖类天气指数保险。除了个别天气指数保险向全国推广,大部分试点地区集中在东南沿海,在表 2-12 列举的部分天气指数保险产品中,多数分布在上海、浙江、山东、福建等省份。

表 2-12 部分天气指数保险产品

试点产品	年份	观测指数	地区	开展公司
经济作物				
西甜瓜梅雨强度指数保险	2007	降雨量	上海	安信农险
南丰蜜橘低温冻害指数保险	2011	低温	江西	人保财险
烟叶气象指数保险	2012	降雨量、低温	福建	中国人寿
露地种植绿叶蔬菜指数保险	2014	高温、降雨量	上海	安信农险
农作物种植霜冻气象指数保险	2014	低温	黑龙江	阳光相互保险
农作物种植积温气象指数保险	2014	平均气温	黑龙江	阳光相互保险
农作物种植洪涝气象指数保险	2014	降雨量	黑龙江	阳光相互保险
农作物种植干旱气象指数保险	2014	降雨量	黑龙江	阳光相互保险
橡胶风灾指数保险	2015	台风	海南	人保财险
杨梅采摘期降水气象保险	2015	降雨量	浙江	人保财险
	2016	降雨量	浙江	太平洋保险
棉花低温气象指数保险	2015	低温	新疆	中华联合财险
柑橘气象指数保险	2016	低温、台风、降雨量	浙江	太平洋保险
蜜橘采摘期连阴雨气象指数保险	2016	降雨量	江西	人保财险
葡萄降水指数保险	2016	降雨量	上海	安信农保
樱桃降水指数保险	2015	降雨量	辽宁	人保财险
	2016	降雨量	山东	太平洋保险
枇杷低温指数保险	2016	低温	浙江	太平洋保险
露地蔬菜综合气象指数保险	2016	降雨、风速、温度	江苏	太平洋保险

续表

试点产品	年份	观测指数	地区	开展公司
茶叶低温指数保险	2015	低温	河南	太平洋保险
	2016	低温	甘肃	人保财险
	2016	低温	浙江	太平洋保险
	2016	低温	浙江	安信农险
	2017	低温	浙江	人保财险
	2017	低温	贵州	太平洋保险
	2019	低温	山东	人保财险
花椒气象指数保险	2016	低温、冰雹	陕西	锦泰财险
柑橘冻害指数保险	2017	低温	四川	中航安盟
西甜瓜梅雨强度指数保险	2017	降雨量	上海	安信保险
猕猴桃高温指数保险	2017	气温	四川	中航安盟
苹果种植降水量指数保险	2017	降雨量	山东	太平洋保险
干旱天气指数	2018	干旱	甘肃	天安财险
葡萄种植天气指数保险	2018	低温、台风、强降水	福建	国寿财险
茶叶种植天气指数保险	2018	低温、台风、强降水	福建	国寿财险
水果气象指数保险	2019	低温、强降雨	广东	阳光相互保险
芦笋降水天气指数	2019	降水	河南	中原农险
油茶天气指数保险	2019	干旱、低温、冻害	湖南	人保财险
金银花气象指数保险	2020	低温、高温、降雨量	河北	人保财险
棉花高温气象指数保险	2020	高温	新疆	太平洋保险
柠檬天气指数保险	2020	降雨、高温	重庆	安诚保险
茶叶综合保险气象指数	2021	低温、高温热害、干旱	浙江	人保财险
粮食作物				
水稻种植天气指数保险	2009	降雨量、高温	安徽	国元农险
小麦种植天气指数保险	2010	降雨量、高温	安徽	国元农险
玉米干旱气象指数保险	2014	降雨量	山西	中煤财险
	2014	降雨量	辽宁	中航安盟
	2015	降雨量	北京	中华联合彩信
玉米种植业气象指数综合保险	2015	降雨、风力、温度	山西	中煤财险
水稻高温热害天气指数保险	2011	高温	安徽	芜湖农险
	2016	高温	湖北	人保财险
杂粮（谷子）天气指数综合保险	2017	降雨量、温度、风速	山西	中煤保险
玉米气象指数大灾保险	2019	降水、气温、风速	吉林	安华农险
谷子天气指数保险	2019	风速、降雨	河南	中原农险
小麦干热风气象指数	2020	干热风	河南	太平洋保险
牲畜水产养殖类				
獐子岛集团风力指数保险	2013	风力	大连	人保财险
	2013	风力	山东	人保财险

续表

试点产品	年份	观测指数	地区	开展公司
蜂业气象指数保险	2014	降水、气温	北京	安信农险
大闸蟹气温指数保险	2014	高温	江苏	太平洋保险
扇贝养殖风灾指数保险	2015	风速	山东	太平财险
海参养殖气温指数保险	2015	气温	山东	太平财险
藏系羊牦牛降雪量气象指数保险	2017	降雪量	青海	太平洋保险、安信农险
水产养殖台风指数保险	2017	台风	福建	国寿财险
小龙虾养殖天气指数保险	2017	低温、强降水	湖北	人保财险
	2019	低温、高温	河南	中原农险
	2019	低温、高温	湖南	中华财险
牛羊天气指数保险	2019	降雪量、干旱	内蒙古	人保财险
鳗鱼气象指数	2020	降雨量、风速、温度	广东	阳光相互保险

资料来源：根据公开资料整理。

相对于传统保险产品来说，天气指数保险费率较高，基本在4%~12%，集中在5%~9%中央和地方政府都对天气指数保险试点产品进行了相应的保费补贴，分种类来说，粮食作物和地方特色经济作物类保险产品的补贴区间在70%~90%；水产养殖类天气指数保险产品的补贴区间在30%~70%，相对来说享受的财政支持力度较小。但是相比于传统保险，天气指数保险出现超额赔付的现象较为频繁，例如人保财险2011年起在江西南丰试点的蜜橘低温冻害指数保险，年均赔付率超过80%；大连开发的獐子岛风力指数保险2013年、2014年的赔付率分别高达161%和116%。

2.4.7.2 巨灾保险

（1）定义与分类

巨灾保险，顾名思义，就是对诸如地震、海啸、火灾、洪水等自然灾害给居民生产生活所带来的损失进行保障的一类保险。

根据承保主体，可分为保险公司主导、政府主导以及二者共同承保三种类型。

按照承保灾害数量，可分为承保某种特定灾害和承保多项灾害。美国洪水保险、日本地震保险等均承保某种特定灾害，我国也建立了承保单一地震灾害的巨灾保险，目前已在多个省市实施试点；承保多项巨灾的类别例如法国自然灾害保险、挪威自然灾害保险、西班牙巨灾保险等，我国的农业保险也属于该种类别，主要对诸如洪水、冰雹、泥石流等自然灾害对农业生产造成的损害进行补偿。目前，全国农险承保的农作物品种270余种，基本覆盖了各个领域。银保监会公布的数据显示，2019年1月至9月，农业保险原保险保费收入实现583亿元，提供风险保障3.6万亿元，农业保险业务规模稳居亚洲第一。

按照费率类型，巨灾保险可分为单一费率和差别费率两种。单一费率在全国或在一定的区域范围内不加区分地实行同一费率。该种巨灾保险类型主要在西班牙、法国、挪威等小国实施。这是由于小国国土面积小、气候类型少，整个国家不同地区发生巨灾的概率较一致。同时，由于小国的技术实力较弱，实施单一费率可以大大减少人力、物力、财力成本。

差别费率则根据不同地区的特殊性因地制宜，在发生巨灾风险高的地区实行高费率，风险低的地区实行低费率。该种费率类型适用于经济技术实力较为雄厚且地跨气候带较复杂的国家，例如日本、美国等国家。目前较为人所知的差别费率巨灾保险主要有美国的洪水保险、日本和新西兰的地震保险等。

（2）优缺点

巨灾保险具有一般保险所具有的高杠杆率、保障财产安全、时效性强等优点，但由于发展处于起步期和保险本身的特性问题，巨灾保险也具有一些不足。

优点：

1）高杠杆率。高杠杆率使得民众投保压力小，一旦发生保险规定内的自然灾害，可以获得大额赔偿，从而把财产损失降到最低，有效地保障了民众的财产安全。巨灾保险相较于其他保险而言，拥有更高的杠杆率。

2）时效性。可以在灾害发生后第一时间从保险公司获得赔偿，避免事态扩大化。

3）保障。巨灾保险可以有效地为受灾民众提供灾后赔偿，最大限度地保障民众利益。

缺点：

1）外部性问题。由于中国的灾害、灾情种类众多，南北方差异显著，不同地区的政府愿意买单的灾害风险类型就大不相同。同时，灾害发生可能出现的跨地区性也会导致政府不愿买单的现象。这就导致了巨灾保险的外部性。如果各地只为自己可能遇到的巨灾或巨灾的损失买单，就会显著降低保险的风险分散功能。

2）技术支持问题。巨灾产品的开发需要大量的数据基础和相关技术模型，需要专业的相关领域人才，而目前我国对于这方面交叉领域技术人才的培养不足，导致巨灾产品开发具有一定难度。

（3）国家政策和发展阶段

自中华人民共和国成立以来，在国家层面提及的与巨灾保险有关的具体政策如下。

1951年4月24日，中华人民共和国政务院财政经济委员会公布《财产强制保险条例》，进而实施了财产强制保险。条例规定："凡国家机关、国有企业及县以上合作社所有的建筑物及其装修；机器设备及其附件；器具、工具；制成品、半制成品、原料；食料及其他农产品；交通运输工具；商品及其他一切物资，均须投保……保险财产由于火灾及燃烧、爆炸、洪水、雷电、地震、地陷、崖崩、匪盗抢劫所致的损失；为防止上述各项灾害蔓延所采取必要措施以及施救抢救所致的损失；……保险责任均自每年1月1日开始，至当年12月31日终止。保险金额一律以投保当时的实际价值为准。"从《财产强制保险条例》中，可以看到这一时期国家对于火灾、爆炸、洪水、地震等巨灾带来的损失提供了保障措施，为我国后续巨灾保险业务的实施提供了基础。但巨灾保险受到历史条件等因素的影响于1958年末停办，直到1979年4月才重新被提及。

1979年4月，国务院批准《中国人民银行分行行长会议纪要》，作出了"逐步恢复国内保险业务"的重大决策，包括地震保险在内的巨灾保险随之恢复。

20世纪90年代，受到保险公司偿付能力的限制，保监会在《关于企业财产保险业务不得扩展承保地震风险的通知》中规定任何保险公司不得随意扩大保险责任承保地震风险，再保险公司也不得接受地震保险的法定分保业务，对地震等巨灾风险采取了停保或严格限制规模、有限制承保的政策，以规避经营风险。

2013年是第一次在国家层面提出将巨灾保险确立为一个制度，在《中共中央关于全面深化改革若干重大问题的决定》中提出"完善保险经济补偿机制，建立巨灾保险制度"。

2014年在《国务院关于加快发展现代保险服务业的若干意见》中首次提出"建立巨灾保险制度，鼓励各地根据风险特点，探索对台风、地震、滑坡、泥石流、洪水、森林火灾等灾害的有效保障模式"。

2017年1月，在各地已经进行巨灾保险试点的情况下，国务院明确巨灾保险的进一步发展方向，在《国务院关于推进防灾减灾救灾体制机制改革的意见》中提出"要充分发挥市场机制作用。坚持政府推动、市场运作原则，强化保险等市场机制在风险防范、损失补偿、恢复重建等方面的积极作用，不断扩大保险覆盖面，完善应对灾害的金融支持体系"，"鼓励各地结合灾害风险特点，探索巨灾风险有效保障模式"。

2020年突发的新冠肺炎疫情再次引发大众对巨灾保险的关注。2020年召开的"两会"中，也有关于巨灾保险的提案。周燕芳代表在建立巨灾保险机制方面提出相关建议，指出要完善政府立法机制，在特大型和大型城市强制建立巨灾保险机制、建立再保险分散机制，提升保险公司承保能力等。张金海代表提出扩大巨灾保险试点，提高群众防御能力。

（4）试点及推广

目前，我国巨灾保险发展处于起步阶段，从国家将巨灾保险确立为一个制度起，因地制宜地推进模式多样、各有侧重的巨灾保险试点探索，大致可分为以深圳市为代表的多灾种巨灾保险试点、以广东省为代表的巨灾指数保险试点、以云南、四川为代表的城乡居民住宅地震巨灾保险试点，具体情况如表2-13所示。

表2-13 我国巨灾保险试点情况一览

时间	地点	模式
2014年6月	深圳市	首个巨灾保险试点，采用"共保体"承保模式，每年由市财政全额出资购买巨灾保险，保障深圳行政区域内所有自然人在巨灾后得到灾害救助保险服务
2014年11月	宁波市	采用公共巨灾保险制度模式，由政府财政买单，是财产和人身伤亡相结合的公共巨灾保险制度
2015年5月	四川省	全国首个以省为单位开展的巨灾保险试点，由四川省居民自主投保、各级财政补贴、赔付到户
2015年8月	云南省大理白族自治州	政策性地震指数保险模式，是我国首款指数型巨灾保险制度，首个农房地震保险试点
2016年6月	张家口市	采用公共巨灾保险制度模式，政府全额出资，是人身伤亡、住房损失和财产损失相结合的公共巨灾保险制度

续表

时间	地点	模式
2016年7月	广东省	首创巨灾指数保险的模式，以政府作为投保人和被保险人，以触发巨灾的参数如连续降雨量、台风等级等作为支付赔偿的依据
2016年8月	黑龙江省	农业财政巨灾指数保险模式，开创了我国政府与商业保险及再保险公司合作以及应对自然灾害事件引发的农业财政风险的新模式，是首个应用卫星遥感技术和气象监测技术开发的创新型农业指数保险方案
2017年5月	厦门市	采用公共巨灾保险制度模式，由政府财政买单，实现人群全覆盖，是人身伤亡及医疗救助、住房倒损、财产损失三项兼具的巨灾保险制度，也是首次建立风险准备金制度的试点
2017年7月	湖南省	采用公共巨灾保险制度模式，保费由财政统筹安排，由省、市、县三级财政全额出资购买
2017年8月	重庆市	采用公共巨灾保险制度模式，由政府全额出资购买，并作为投保人和被保险人，用于分担巨灾发生后政府依法应承担的救助责任的保险
2018年5月	上海市	采取政府主导、商业化运营的模式，政府作为巨灾保险的投保人，由区政府以财政支付方式缴纳巨灾保险保费
2020年1月	宁夏回族自治区	采用公共巨灾保险制度模式，政府全额购买巨灾保险，实现人员全覆盖，保险费盈余部分全额计提到巨灾风险专项准备金账户，由市政府指定相关部门进行资金监督管理
2020年7月	武汉市	采用巨灾指数保险模式，建立"巨灾保险+农业保险"财政政策性保险组合包，由政府财政出资购买，赔款直达财政指定账户，财政依据灾情统筹使用

资料来源：根据公开资料整理。

从各地的试点实践的总体情况来看，我国巨灾保险试点基本达到了预期效果，积累了宝贵的经验，主要可以总结为以下三点。

1）政府引导。各地试点中，基本都是由政府发挥主导作用，在制定巨灾保险政策和方案；营造政策环境、制度环境；提供财政支出，以政府作为巨灾保险投保人或者为巨灾保险投保和承保提供补贴；建立健全的巨灾保险工作机制方面起到统筹兼顾的作用。

2）广泛覆盖。主要可以分为人群全覆盖和多项目结合。一方面，各地的巨灾保险不仅努力保障当地户籍人口、常住人口的人身和财产安全，往往也将流动人口纳入保险受益的范围；另一方面，尽可能将人身伤亡及医疗救助、住房倒损、财产损失等多项损失都纳入保障范围。

3）多方参与。各地在试点巨灾保险时，都积极动员多方主体参与，建立以居民、直保公司、再保险公司、风险准备金、政府财政为主体的多层次、广覆盖的巨灾风险转移分散体系，努力克服巨灾的高损低可保难题。

尽管各地试点基本建立了巨灾保险体系，但是在此过程中也暴露出了诸多问题，继续推进巨灾保险还面临不少挑战。

1）需求不足。由于风险防范和保险意识薄弱，加上对政府、社会救助的依赖，我国公众对巨灾保险的需求非常有限。例如汶川地震后我国采取了卓有成效的直接救助行动，但是对巨灾保险的推进也产生了一定的负面激励，公众倾向认为以后能继续获得公共救助而放弃购买巨灾保险。

2）进展缓慢。目前我国的巨灾保险多在试点中推进，全国性的巨灾保险制度仅有城乡居民住宅地震巨灾保险制度，而涉及台风、洪水、干旱等单一或综合的气候灾害的全国保险制度尚无进展。

3）立法缓慢。目前我国巨灾保险缺乏专项立法，现有的包括《地质灾害防治条例》在内的20多部与应对灾害相关的法律规范中部分条款提及巨灾保险，但是对巨灾保险的具体实施方式、承保范围等没有作出专门和细致的规定。

（5）巨灾保险的成效

根据中国保险业协会数据显示，2020年，巨灾/天气保险总保额达到3 624.99亿元，比2018年增加了803.43亿元，年均增速13.35%；巨灾/天气保险赔款达到5.058亿元，较2018年增加2.627亿元，年均增速44.24%（见图2-16），其中保额分列前两位的是家庭财产保险和企业财产保险（见图2-17）；在赔款方面，农业保险赔款占比提升明显，从27.81%增至56.52%家财险和企财险赔款合计占比有所缩小，从41.72%降至24.3%（见图2-18）。

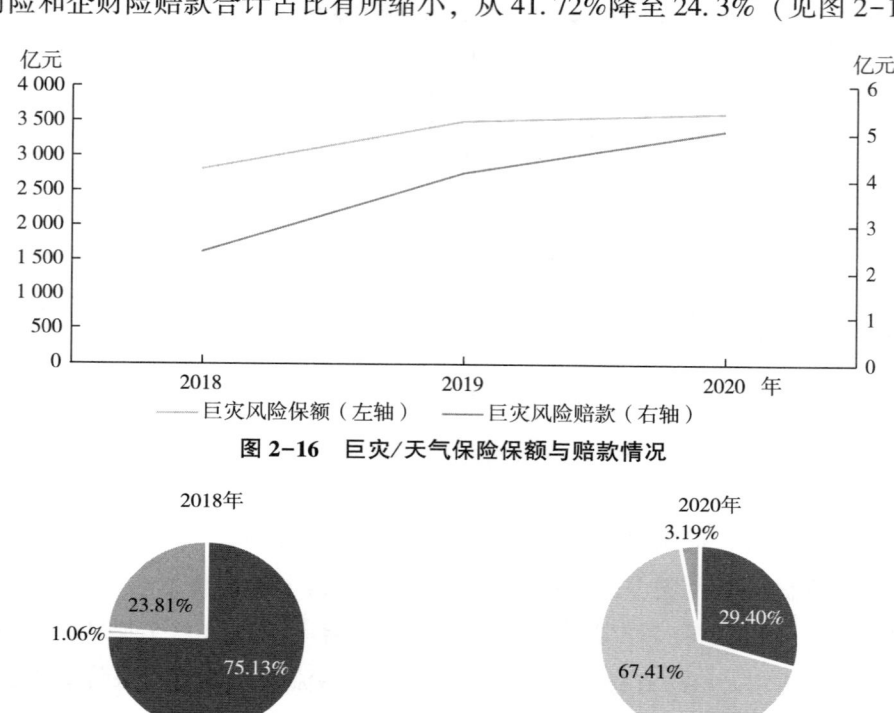

图 2-16 巨灾/天气保险保额与赔款情况

图 2-17 巨灾/天气保险保额分类情况

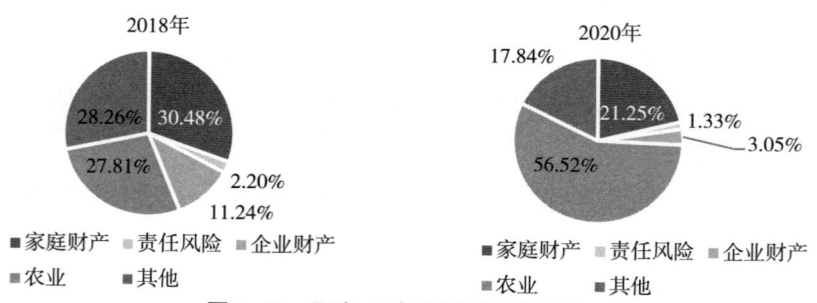

图 2-18 巨灾/天气保险赔款分类情况

2.4.7.3 碳保险

由于碳排放会造成温室效应，进而引发一系列气候问题，因此在探讨气候保险时，有时也可将碳保险纳入讨论范围。碳保险是碳金融的分支，对于碳保险的定义，学界暂未形成广泛且统一的认识，本报告认为其为专门针对清洁技术和减少排放活动，以全球变暖为承保风险的相关保险。

中国关于碳保险的探索还处于启蒙阶段。2016 年，湖北碳排放权交易中心、平安保险湖北分公司和华新水泥集团签署了"碳保险开发合作协议"和"中国首单碳保险服务协议"，这是中国首单碳保险，是平安财险为碳排放交易企业量身打造的系列产品的总称。2021 年 4 月，肇庆银保监分局、平安产险在广东省推出"碳排放保险产品"，约定项目在保险单载明的区域范围内因意外事故导致被保险人碳排放量超标从而应承担的环境污染责任，保险人按照保险合同约定的赔偿科目负责赔偿，通过保险保障打消企业对改造升级项目风险的担忧，同时也增强银行机构为企业发放绿色信贷的信心。

尽管碳保险市场潜力巨大，但其发展面临诸多困境。首先，按照现行《保险法》的原理，可保风险应为纯粹风险，即只有损失机会而无获利可能的风险，但碳保险中的许多风险都为投机风险，在法律层面是不可保风险。其次，我国的碳排放交易市场还不成熟，企业信用数据不足、碳价值难以评估，暂时无法支撑碳保险的长足发展。

2.4.7.4 中国气候保险的现存问题

（1）政府定位不明确

目前我国气候保险的推行需要政府、市场和投保人三者共同努力，各自发挥作用，然而现有的政策体系尚不健全，政府的定位仍不明确，保险业务的开展要受到政策限制、变动或者调整带来的风险。与此同时，合理的、科学的多层次风险分担方式尚未完全建立，可能导致气候保险中各相关主体之间存在责任分担的不确定性。

（2）法律法规不健全

目前我国的巨灾保险机制运行体系逐步健全，确立了"政府主导、分级管理、社会互助、生产自救"的救灾工作方针但没有在顶层上确立法律法规，使得巨灾保险无法可依。而无法可依的情况在天气保险范围内尤甚。相比于巨灾保险，天气保险的试点少、运行机制尚未完全形成，在国家层面上的支持力度小。气候保险目前的发展形式使得发生纠纷后无法高效率地解决，为其推行带来了难度。

（3）保险公司承保能力有限

这一问题也主要体现在巨灾保险。巨灾风险具有"低频高裂"的特性。一方面，"低频"的风险特性导致居民对此类保险的投保意愿较低，在续保时由于上年未出险，往往要求降低保费，对保险公司的运营增加困难；另一方面，"高裂"的风险特性导致巨灾虽然发生次数少，但是一旦发生造成的损失则十分巨大，甚至可能会造成保险公司的破产，最后仍需要政府扮演兜底责任角色，带来沉重的财政消耗。

（4）技术和人才的不足

气候保险相比于普通险种，更需要相关领域的专业人才。天气保险对于天气观测人才的需求和精准的气象观测仪器的要求是非常严格的，而我国目前的技术水平和相关领域人才的缺乏导致了投保人对于天气预报的不信任，进而对于购买天气保险的需求小，目前的技术水平和人才显然没能满足天气保险开发的需求。而巨灾保险同样如此，其开发需要大量的数据基础和相关技术模型，而不同地方政府对于不同数据的统一口径可能不一，技术人员的水平也各不相同，这就使得巨灾保险的开发也有一定难度。

（5）基差风险难以控制

基差风险是指保户遭受的实际损失与采用保险合同指数计算出来的赔款不能完全对应，出现损失严重而未得到对应赔付或未遭受到实际的损失却得到赔付的情形。由于气象站覆盖不足、环境与地理因素差异、指数间关系设置不合理、历史数据真实度不足、模型设计存在缺陷等因素都会导致基差风险的出现。如果无法消除或者将基差风险有效管理，天气指数保险便等同于赌博，违背损失补偿的原则。

（6）气候保险的推广难度

以巨灾保险为例，难以推广的原因有二：一是不同地区发生的巨灾类型不同，例如四川、重庆等地震多发区投保人更愿意购买地震保险而对于雪灾、火灾等类型的巨灾保险购买意愿不强，这就使得某一特定类型的巨灾保险只能在某一特定地区发挥作用，难以推广；二是愿意购买巨灾保险的投保人类型单一，多为承受巨灾的农户，原因在于大部分气候导致的巨灾会给农户带来巨大损失，而对于不从事农业的其他民众而言损失不大。而天气保险的广泛推广主要依赖气象观测仪器的精准覆盖，这对于经济实力相对较弱的省份而言财政压力较大；同时目前天气保险的品种较单一，这就限制了其推广范围和投保人人群，使得推广有一定难度。

（7）气候保险的投保意识薄弱

目前民众对于气候保险的认识不够，参与气候保险的意识不强。这不仅需要民众自愿去了解相关知识，更需要政府的宣传，需要将宣传力度加大，以达到推广气候保险的目的。与此同时，天气指数保险的推行时间较短，群众对保险以及保险公司的信任度还不够，保险公司需要通过更加及时的赔付、与农户已经信任的组织建立合作关系等方式逐步建立农户对公司的信任。

（8）逆向选择与道德风险问题

保险公司在确定保费以后，投保人会根据自己可能承担巨灾的风险决定是否投保，评估自身承担巨灾风险大于总体市场风险概率的投保人为"劣币"，评估自身承担巨灾风险小于总体市场风险概率的投保人为"良币"，初始情况是"劣币"愿意投保，但如此一来保险公司承担的风险增大，可能会出现业绩亏损的现象，因此保险公司提高保费，此时可能会导致开始时投保的"良币"因保费提高而全部不投保，导致"劣币"驱逐"良币"的逆向选择。而这一劣币驱逐良币的现象在气候保险险种内发生可能性尤甚于其他险种，如巨灾保险，一是由于发生巨灾的地区相对稳定，如位于地震多发地区的四川、重庆等地，二是由于愿意购买巨灾保险的投保人类型单一，主要是位于可能发生巨灾地区的农户。

气候保险的道德风险同样可能发生，主要包括事前的道德风险和事后的道德风险两种。以目前有较多试点的地震保险为例，事前的道德风险可能表现为，投保人在灾前购买地震保险，为了获取大额赔偿，修建不符合抗灾要求的房屋，在地震发生后得到赔偿。事后的道德风险可能表现为，地震发生后给投保人带来了部分财产损失，但投保人为了获取大额赔偿，不采取任何减灾措施，甚至故意将灾害形势扩大以获取赔付。

2.4.8 气候保险的国际经验

2.4.8.1 美国的气候保险实践
（1）天气保险

美国的商业性气象服务起步较早，其成功经验在于有专门的天气保险公司进行运作，公司内有专门的技术人才，以及完整的天气数据为天气保险的发展提供基础。

20 世纪 40 年代，大卫·弗莱德伯格创办了全球第一家面向家庭和企业提供天气保险服务的公司——"天气账单"（Weather Bill），主要通过整合电子商务网站及天气预报分析系统，向公司和个人出售天气保险单。客户购买保险的流程为：①通过地图选择一个想支付的地区天气状况，并设定预想的温度、雨雪量等具体指标；②网站在短时间内查询出该地区的天气预报以及国家气象局记载的以往 30 年的天气数据；③网站根据气候变化做出计算并给出保单价格；④客户根据个人意愿选择是否购买。从事农业生产和加工的个人和企业可以选择多种险种（如雨季险或霜冻险），也可以根据需要选择定制的天气保险。

与中国的天气保险主要为天气指数保险不同，美国的保险公司除提供天气指数保险外，在一般天气保险方面也开发出了许多创新型的产品，诸如"旅游遇雨保险""服装销售气候保险""夏威夷观光天气保险"等。

夏威夷观光天气保险：考虑到日本人喜欢去夏威夷旅游观光，每年超过 100 万人次，于是美国的一家保险公司与一家日本旅行社合作，以去夏威夷观光的日本游客为对象，开发了旅游天气保险。其保险责任是：如果当地从上午 10 点到下午 5 点连续下雨、影响到游客旅游观光时，保险公司每天向投保人退还 1.5 万日元；若在夏威夷停留期间全部都是雨天的话，则赔偿全部旅行费用。

旅游遇雨保险：如美国游客 8 月从美国到中国旅游，事先投保 120 美元，在旅游期间，若上午 10 时至下午 4 时下大雨，则保险公司赔偿旅游投保者 6 000 美元。

服装销售气候保险：服装公司在购买这类保险合同时，可以注明想在哪些城市免受什么样的天气影响，比如某服装生产商希望芝加哥和纽约的雪不要下得太少，而旧金山的降雨则不要降得太多，因为这种反常的天气会影响服装的销售。服装销售天气保险的保险金额较高，但不少厂商认为愿意通过投保转移该风险。

（2）巨灾保险

美国的巨灾保险隶属于农业保险体系，经过多年的发展与改革，美国已形成一套完整成熟的巨灾保险制度，拥有世界上最多的巨灾保险项目。

在财政支持模式方面，美国实行的是调控型的模式，该模式是在政府的适度补贴基础上运作，商业保险公司可以选择开展农业保险的地区以及承担风险，并依据地区的情况制定保费水平；政府可要求商业保险公司介入农业巨灾保险范畴，并以财政方式给予商业保险机构适度风险补贴，以规避超过市场正常水平的风险溢价。

国家洪水保险计划是美国巨灾保险中最具代表性的项目。美国是最早提出实施洪水保险的国家，较早地以法律形式建立了洪水保险体系，建立了全国范围内的巨灾基金。1973年，美国推出《洪水灾害防御法》，正式形成了政府强制参与的洪水保险计划，进一步加强了洪水保险计划的实施。国会授权保险管理局管理洪水保险计划，商业保险公司配合并出售洪水保险单，最后将销售保单转给保险管理局，根据保单数量获得佣金并在保费收入的范围内进行赔付。美国的农业巨灾保险机制规定相关条件农民必须购买相应的农业巨灾保险，具有一定的强制参与性，并且财政补贴也大大提高保险公司和农民积极性。

除联邦政府主导的巨灾保险外，美国的州级政府也积极参与了巨灾保险的设立，例如美国加利福尼亚州政府于1996年通过法案，成立加州地震保险局（CEA），作为政府主导下的具有公共部门色彩的公司化组织，其设立了地震保险，分别为CEA地震保险和民营公司提供的地震保险。CEA地震保险是指保险公司本着自愿的原则，根据其市场份额，参股加州地震局（CEA），并承诺在出现极端情况时，按照约定承担一定比例的损失。作为权利，这些公司可以将其承保的地震保险分保给加州地震局（CEA），同时，可以获得保费10%的销售佣金和3.65%的营业费用。反之，民营公司提供的地震保险是指不参加加州地震局（CEA）的保险公司，则需要独立向客户提供地震保险，并承担相应的责任。

2.4.8.2 欧洲的气候保险实践

（1）天气保险

欧洲开展天气指数保险的时间较早，由于欧洲人对户外运动的偏好，大多国家都在旅游业方面进行天气保险的实践。

英国天气保险始于20世纪70年代，最早的险种为降雨保险。英国保险公司与气象部门合作，对英国各地的降雨进行分析，绘制成英国全国年和月平均雨量图，作为制定保险费率的依据，将英国本土划分为2 000个不同等级的保险费率区。降雨保险一般分为两类，一类是"约定保险"，投保人和保险公司双方约定一个雨量值，若实际的雨量达到或超过双方约定的雨量值，则保险公司向投保人支付赔偿金。另一类是"放弃保险"，因大雨等造成户外活动被迫停止或改期，则保险公司要赔偿投保人一定的费用。

西班牙太阳海岸旅游为了满足游客晒日光浴的需求，开发了阳光保险，规定如果游客在度假21天内有4天白天下雨，则保险公司赔偿被保险人三周开销的一半费用；如果遇到7天下雨，则赔偿其全部费用；若无异常，保险公司是不赔钱的。

总体而言，在旅游方面的气候保险规模远远没有巨灾保险规模大，巨灾保险体系完全、机制运行流畅、有法律法规指导、资金来源稳定，而天气保险发展规模小，相关流程和制度也不尽完善。主要是由于天气变化不会给民众带来多少损失，而巨灾带给民众的损失却几乎是毁灭性的，这也是与旅游相关的天气保险推广不利的原因之一。

（2）巨灾保险

欧洲相关国家有两种主要巨灾保险体系。一是强制性巨灾保险体系。该保险体系以立法形式明确保险的强制性,同时严格界定了巨灾保险的责任体系,通过建立巨灾保险基金进行多渠道风险分散。实施强制性巨灾保险体系的国家主要有法国、挪威、西班牙、瑞典、土耳其等国家。二是非强制性巨灾保险体系。投保人自行购买市场上销售的涵盖了巨灾风险的商业保险。巨灾保险作为一种市场化的保障手段,强制性和非强制性主要体现在政府在参与配置上采取的不同态度,强制性巨灾保险体系中政府主导特征明显,而非强制巨灾保险体系中政府和保险业之间的关系更像是建设伙伴关系,政府的职责范围更加清晰。从各国巨灾保险制度建设的成功经验来看,非强制巨灾保险体系成为一种普遍选择,一方面,强制性巨灾保险体系可能会引起风险低发区等居民的抵触情绪,不利于巨灾保险的推广;另一方面,通过市场层面推广具有适应性的个性化产品更符合市场规律,有利于市场创新。但是强制性巨灾保险体系对于缺乏风险观念、保险意识落后的国家地区仍有存在的必要,通过以法律形式强制实施能够有效发挥保险大数定理的作用,避免因投保不足、逆向选择严重等问题使保险公司退出巨灾保险市场。以下以法国、英国为例介绍两种气候保险体系。

法国巨灾保险制度主要根据 1982 年的《自然巨灾补偿制度》确立,属于强制性巨灾保险体系,即以立法明确自然灾害补偿体系,同时强制要求保险公司承保,即自动附加自然灾害保险。其主要运营机构是法国中央再保险公司,属于国有公司,国家对其进行 100% 持股,并对其做无限担保。承保范围包括地震、洪水、火山爆发、海啸、地陷、山体滑坡、风暴、雪灾等造成的直接损失,间接损失不包含在内。承保对象包括法国境内的建筑物及内部的动产、农业用建筑物及其内部的谷物、机械和动物、温室建筑物及其内部的设备(植物除外)、车辆等九项动产及不动产。

在英国的洪水保险中,政府不参与洪水保险的经营管理,也不承担风险,政府的主要职责在于投资防洪工程、建立有效的防洪体系,并向保险公司提供洪灾风险评估、灾害预警、气象研究资料等相关公共品。只有在政府履行了这些职责的地区,保险公司才提供巨灾保险。在此基础上,英国的洪水保险依托发达的保险和再保险体系具有较高的市场化程度,具体流程如图 2-19 所示。

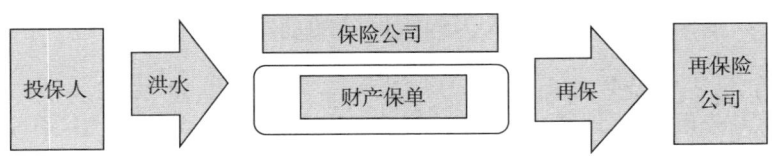

图 2-19 英国洪水保险流程

英国保险业把洪水风险纳入标准住宅及小企业房屋财产险保单的责任范围内,投保人可任意选择保险公司投保,保险公司通过再保险进一步分散风险。可以发现英国的洪水保险有较强的"捆绑性",将包含洪水在内的所有自然灾害风险捆绑到一个保单中,顾客购买住宅保险时必须购买全部险种,不能因为当地洪灾风险低而剔除洪水保险。

2.4.8.3 日本的气候保险实践

日本地处板块交界处,是一个地震、台风、海啸等自然灾害多发的岛国,自 19 世纪就开始尝试通过引入保险的手段来分散灾害风险,经过百年的实践和探索,如今已形成了较为完善的巨灾保险体系。日本的气候保险主要包括巨灾保险和天气保险两类，而巨灾保险又以地震保险为主。

（1）天气保险

1997年东京海上日动火灾保险公司推出天气保险，是日本最早的天气保险。1998年，日本开始开展天气衍生品交易，随后在旅游、餐饮、运输、农业等许多与气象息息相关的行业迅速发展起来，经过20余年的探索，日本的天气保险已初具规模，天气保险类的产品种类繁多，如樱花天气保险、酷暑天气保险、台风保险、降雨天气保险、浮冰保险、足球世界杯天气保险等。

樱花保险的设计对各国花种气候保险的设立有借鉴意义。阳春三月观赏樱花盛开，是日本的一种文化习俗，并吸引了许多外国游客慕名前来观赏，由此带动了相关旅游业的发展。为了保证游客旅游期间可以观赏到樱花开放，日本保险公司推出樱花保险，由气象专家通过历年樱花开放的时间、温度等数据预测出樱花开放的时间，投保的旅游团或游客可以根据保险公司提供的预测时间来安排出游时间，若樱花未在预测的时间范围内开放，则保险公司会对投保者按约定进行赔偿。

酷暑和台风天气保险主要与单一的气象要素相关。日本每年6—10月受台风灾害影响严重，1984年起，在"住宅火灾保险""普通火灾保险"中，增加了台风灾害等保险项目。日本台风灾害保险规定，灾害损失超过20万日元，才支付保险金；酷夏对人的身心都会产生影响，日本三井住友海上保险公司为7、8月可能出现的酷暑，推出酷暑保险，主要投保者是受酷夏影响客流量和销售量的商店以及受气温影响顾客的高尔夫球场。

日本的降雨天气保险和足球世界杯天气保险都与体育团体相关。降雨保险的应用更为广泛，如户外运动比赛主办方事先购买了一份气候保险，要是比赛当天的降雨量达到了10毫米以上，就可得到保险公司的赔偿。足球世界杯天气保险是两家日本保险公司在2002年韩日足球世界杯开赛前有针对性的保险，具体规定是在世界杯期间，如果32强驻地连续降雨超过3天，并且每天的最大降雨量达到10毫米，购买保险的商家可获保险公司500万日元的赔偿。

（2）巨灾保险

日本的巨大灾害一般是指地震、火山、海啸、风灾和雪灾等，但事实上主要是地震灾害。日本巨灾保险制度设计针对各种自然灾害，火灾、雷击、台风、雪灾、洪水等都在火灾保险范围内，但地震、火山喷发以及由此引起的海啸、火灾等导致的损害不属于火险赔付对象。加入地震保险必须与加入火灾保险或综合保险配套，不能单独加入。

地震保险方面。1964年，日本新潟发生大地震，造成了巨大的财产损失，引起日本民众和政府对建立地震保险制度的重视，并推动了日本在1966年颁布《地震保险法》和《地震再保险特别会计法》，由此，日本地震保险制度正式确立。1972年和1975年，对《地震保险法案》进行了修改。1978年，日本宫城县发生大地震，消费者要求扩大赔偿范围，对半损房屋予以补偿，应消费者要求，日本政府于1980年修改了地震保险制度：增加半损赔偿、规定地震保险能附加在所有的火灾险种上以及提高承保比例和承保限额。1987年，千叶县东方冲发生地震，

1989年,伊豆半岛东方冲群也发生地震,促使日本政府于1991年又增加了一部分受损赔偿。1995年,坂神发生大地震后,日本政府再一次对地震保险制度进行了修改,并于1996年开始实行新的地震保险制度。日本规定地震保险是火灾保险的附加险,保险金额相当于火灾保险金额的30%~50%,并把地震保险分为家庭和企业两个部分,企业财产地震保险由财产保险公司直接承保,政府不提供财产支持,属于商业保险;而家庭财产地震保险则由财产保险公司和政府共同提供保险保障。保险的责任范围包括地震以及由地震引发的海啸、火灾等灾害所造成的直接或间接的财产损失。按受灾的损害程度按三档进行赔偿:一部分受损则赔偿地震保险金的5%,半损赔偿地震保险金的50%,全损赔偿地震保险金的100%。赔偿责任采取"二级再保险模式":首先,由财产保险公司进行赔偿;其次,超出其赔偿限额的部分由地震再保险公司赔偿;最后,超出再保险公司赔偿限额的部分由政府进行赔偿。21世纪以来,日本政府对地震保险制度进行了不断完善,如2001年引入了保险费率折扣制度,2002年修改了地震保险金的总给付限额。

2.4.8.4　发展中国家的气候保险实践

(1) 印度天气指数保险

2003年,印度商业保险公司为应对干旱或洪涝导致的农业经济损失,率先开展天气指数保险实践;2005年,印度国有保险公司也逐步开展天气指数保险的工作,但是印度的天气指数保险主要由保险公司运作,没有来自政府方面的补贴。

(2) 秘鲁天气指数保险

秘鲁当地银行和保险监管部门在美国国际开发总署的支持下进行厄尔尼诺南方涛动(EN-SO)指数保险试点,以秘鲁海岸海平面温度指数为基础,为当地金融中介组织(包括小额贷款机构和其他农村信贷机构)提供风险保障。当发生厄尔尼诺现象时,秘鲁北部地区将会有强降雨和洪水,从而导致农作物大量减产以及基础设施和农村经济的损失,最终可能引发农民无力还贷现象的增加。当灾害发生时,保险机构向金融中介组织支付保险金对冲不良贷款的增加。

(3) 蒙古国天气指数保险

在世界银行的支持下,蒙古国针对严冬导致的大规模牲畜损失进行指数保险试点。2006年,商业保险公司向2 400户牧民家庭提供以牲畜为保障对象的指数保险,但是蒙古国的天气指数保险不是以气象变量作为指数,而是依据蒙古国国家统计局统计的牲畜死亡率(以县为单位)进行设计。

(4) 土耳其巨灾保险

2000年,世界银行支持土耳其设立以政府、保险公司和国际组织为主体的土耳其巨灾保险共同体(TCIP),同时,构建了以《强制地震保险法令》为主的相对完善的法律制度体系。土耳其地震保险的最大特点是强制性,属于由政府经营的,独立于普通商业保险之外的专门保险。政府通过法律的方式,要求从2000年9月27日起,所有位于市区的住宅建筑物均必须参加保险,并明确用这一制度取代相关灾害法规中关于政府义务的规定。

2.4.8.5 对中国气候保险实践的启示

（1）有法可依，立法先行

从国际经验上来看，对于气候保险而言，确立一个有效的法律机制是十分必要的。虽然我国已经开展了气候保险的试点工作，但仍没有建立与气候保险相关的法律法规，无法为气候保险的发展提供法律保障。在天气指数保险方面，可以依托于农业保险的相关法律法规进行制定；在巨灾保险方面，应尽快建立相关的法律体系，包括保险双方的权利义务、承保机构的准入标准和政府的监管方式等各方面。

（2）提供政策支持，保障基础设施完备

从国外气候保险的发展经验来看，政府的引导与支持是必不可少的一部分。对于天气指数保险来说，农民的投保意识一般较弱，需要政府给予一定的协助以加快产品的开发与推广；对于巨灾保险来说，只依靠商业性保险公司的独立承保与经营可能会面临较大的资金压力，因此政府可以给予一定的税收优惠，提高保险公司的参与积极性。

此外，气候保险是以气象信息为基础开展的，因此气象数据的准确性、完整性、及时性是气候保险发展的基础，因此政府需要推动建立完善的天气预报体系，加快气象监测设施的配套建设，引进和培养气象专门人才，从而为气候保险发展保驾护航。

（3）成立专门的天气保险公司，提高气候服务的准确性

国外在开展气候保险的初期大多成立了专门的天气保险公司或者气候保险共同体，例如土耳其巨灾保险共同体（TCIP）的成立相对具有独立性，与一般的商业保险区分开，经营的业务比较专一，可以将资源和精力都集中到天气保险的开发和推广，具有产品开发优势。同时，专营天气保险的公司能够培养更多相关的专业人才，提升公司开展天气保险业务的能力，更好地服务大众。

（4）丰富气候保险产品的供给

与国外种类丰富的一般天气保险相比，中国的天气保险仍局限于天气指数保险，为农作物面临的天气风险提供了转移手段，而其他行业还是完全暴露于天气风险之下，产品的创新和开发仍非常不足。保险公司应充分认识哪些行业、哪些领域是天气保险的迫切需求者，加大产品创新力度，推出有针对性的产品。

单一的巨灾保险产品受制于投保人和地区，不利于推广，因此未来应当建立一个综合性的巨灾保险产品体系，不仅应当包括例如地震的单一灾害类型，还应当包括洪水、火灾、冰雹等多种风险，这样的巨灾保险产品有助于在全国推广，而不仅仅局限在发生某一特定灾害的具体地区。

2.4.9 我国气候保险的发展建议

（1）发挥政府的基础性、主导性作用

必须重视保险业在应对气候风险方面的重要作用，将气候风险保险纳入国家适应气候变化战略，加强气候风险保险的研究工作，从主动适应气候变化的国家战略高度明确发展气候风险保险的总体目标、主要应用领域、相关制度和政策，并建立和完善相关政策及监管制度，促进

气候风险保险的发展。此外，还需要加强事前防灾减灾工作，引导包括保险资金在内的社会资本通过公私合营模式支持防灾减灾工程。

（2）推动气候保险多领域应用

尽快完善气候风险分散机制，保证农业保险经营的可持续性，完善对农业保险的财政补贴制度，发展农作物完全成本保险和收入保险，并积极推进"保险+期货"的模式。此外，还需创新有关气候风险农业保险品种，平衡个性化供给与需求间的关系，开发和设计多触发原因保单，加强科技创新支撑，规范理赔管理工作，并积极鼓励保险业开展天气指数保险方面的创新实践，营造良好的市场环境。对保险企业来说，应尽快提升经营天气指数保险的能力。

（3）健全保险机构应对气候变化的管理

银行和保险机构应将应对气候变化作为战略性风险和战略性机遇，加强战略谋划和顶层设计。一是在机构的理念、宗旨、愿景等方面充分反映和体现积极应对气候变化、勇于承担社会责任的价值观。二是在战略规划的制订和战略目标的设定上，充分反映和体现全球应对气候变化对行业和机构的持续影响，明确在减缓和适应气候变化中的贡献方式和贡献目标。三是在机构风险偏好的设计上，充分考虑气候变化风险及其引发的各类风险，明确合理的风险偏好内容和水平。

（4）建立气候风险数据库

通过建立气候指数与巨灾数据库使风险"看得清"，借助遥感技术、降雨建模技术、时空风险模拟技术、长期进程和趋势模拟技术等现代技术，来辅助完善气候数据的检测；通过GIS技术和大数据技术整合多行业多灾种数据。在此基础上，通过对保险业务数据、风险地图数据、风险暴露数据、气象预警与历史灾害数据进行分析，为保险机构承保理赔、大型企业风险管理、政府可视化决策提供有力支撑。

（5）引导新技术运用于气候保险

考虑到拓宽服务领域、加强风险管理、改进服务质量、提升服务水平的需要，保险机构应积极探索运用新科技，如大数据、物联网、人工智能、区块链、云计算；同时，积极主动了解和探索运用新技术装备。2020年7月，银保监会发布《推动财产保险业高质量发展三年行动方案（2020—2022年）》，对支持财产保险公司提升数字科技水平工作细化了工作重点。推动行业向科技化转型发展，将进一步为促进气候保险提升服务能力提供有力支撑。

2.5 碳金融[①]及其他环保市场

2.5.1 中国碳市场发展的政策环境

用市场机制推进节能减排、应对气候变化，一直是我国的政策基调。"十二五"以来，为

---

① 碳金融（Carbon Finance）是指所有服务于减少温室气体排放的各种金融交易和金融制度安排。它的兴起源于《联合国气候变化框架公约》（UNFCCC）和《京都议定书》（Kyoto Protocol）两项国际协议。其中，《京都议定书》规定的三种市场机制催生出一个以二氧化碳排放权为标的资产的碳金融市场。

了应对越来越严峻的环境挑战,开展碳排放权①交易试点、推进全国碳排放权交易体系建设,已经成为生态文明制度建设的重要一环。

(1) 演进中的气候政策

2005年10月12日,国家发展改革委等部门颁布《清洁发展机制项目运行管理办法》,提出清洁发展机制项目的相关安排工作,并于2005年10月12日开始实施。2007年6月,中国政府发布了《中国应对气候变化国家方案》,这是发展中国家第一个应对气候变化的国家级方案;同月成立了由总理领衔的"国家应对气候变化领导小组",作为国家应对气候变化和节能减排工作的议事协调机构。2010年8月、2012年11月,国家发改委先后下发《关于开展低碳省区和低碳城市试点工作的通知》《关于开展第二批低碳省区和低碳城市试点工作的通知》,在全国多个地区开展低碳省区、低碳城市试点,要求试点将应对气候变化工作纳入当地"十二五"规划,明确提出控制温室气体排放的行动目标、重点任务和具体措施,研究运用市场机制推动实现减排目标。2011年12月,国务院发布《"十二五"控制温室气体排放工作方案》,明确了到2015年控排的总体要求和主要目标。2016年10月,国务院发布《"十三五"控制温室气体排放工作方案》,明确到2020年控排的总体要求和主要目标。

(2) 负责任的自主减排承诺

1) 40%~45%目标。2009年11月,为推动哥本哈根气候大会达成协议,中国政府向国际社会郑重承诺:到2020年单位GDP碳排放强度比2005年下降40%~45%,将它作为约束性指标纳入国民经济和社会发展中长期规划,同时建立全国统一的统计、监测和考核体系。

2) 碳排放峰值目标。2014年11月,在历史性的《中美气候变化联合声明》中,中国政府承诺,到2030年左右碳排放达到峰值并将争取早日达峰,2030年同时将非化石能源占一次能源消费的比重提高到20%。

3) 《巴黎协定》。2015年12月,包括中国在内的近200个国家在《巴黎协定》中一致同意,将全球平均气温升幅控制在工业化前的2℃之内并尽量控制在1.5℃以下,且争取在21世纪下半叶实现近零排放。

4) 60%~65%目标。2015年9月,中国政府在《中美元首气候变化联合声明》中承诺,到2030年我国单位GDP碳排放强度将比2005年下降60%~65%。

5) 碳中和目标。2020年9月,在第七十五届联合国大会一般性辩论上,中国提出推动疫情后世界经济"绿色复苏",提高国家自主贡献力度,采取更加有力的政策和措施,二氧化碳排放力争于2030年前达到峰值,努力争取2060年前实现碳中和。

---

① 碳排放权(亦称碳权)通常指权利人在符合法律规定的条件下向环境排放污染物的权利。如果允许这项权利在特定条件下进行交易,便成为可交易的排放权,即"碳排放权交易"。"碳排放权交易"的概念最早出现于1997年12月在日本东京签订的《京都议定书》,《京都议定书》把二氧化碳(CO_2)、甲烷(CH_4)、氧化亚氮(N_2O)、氢氟碳化物(HFCs)、全氟碳化物(PFCs)和六氟化硫(SF_6)六种气体确定为温室气体,碳排放权交易被泛化为各类温室气体(GHG)排放权的交易。由于在所有的温室气体中,二氧化碳占据了绝对主导地位,因此温室气体排放权的交易又被简称为"碳交易",而从事排放权交易的市场被称为"碳交易市场"。

(3) 不断完善的低碳发展战略

1) 中央政策指引

2010年9月，国务院《关于加快培育和发展战略性新兴产业的决定》首次提出，要建立和完善主要污染物和碳排放交易制度；同年10月，中共中央关于"十二五"规划的建议明确提出，把大幅降低能源消耗强度和碳排放强度作为约束性指标，逐步建立碳排放交易市场。2012年11月，具有里程碑意义的党的十八大报告要求，积极开展碳排放权交易试点。2013年11月，党的十八届三中全会的决议进一步明确要求，推行碳排放权交易制度。2015年9月，中共中央、国务院《生态文明体制改革总体方案》提出，要深化碳排放权交易试点，逐步建立全国碳排放权交易市场。2016年3月，国家"十三五"规划提出，建立健全用能权、用水权、碳排放权初始分配制度，创新有偿使用、预算管理、投融资机制，培育和发展交易市场。2017年10月，党的十九大报告要求，构建政府为主导、企业为主体、社会组织和公众共同参与的环境治理体系。积极参与全球环境治理，落实减排承诺。

2020年12月中央经济工作会议强调要抓紧制定2030年前碳排放达峰行动方案，支持有条件的地方率先达峰；要加快调整优化产业结构、能源结构，推动煤炭消费尽早达峰，大力发展新能源，加快建设全国用能权、碳排放权交易市场，完善能源消费双控制度等。

2021年3月5日，国务院政府工作报告中指出，扎实做好碳达峰、碳中和各项工作，制定2030年前碳排放达峰行动方案，优化产业结构和能源结构。

2021年10月，国务院印发的《2030年前碳达峰行动方案》明确建立健全市场化机制，发挥全国碳排放权交易市场作用，逐步扩大交易行业范围。

2021年10月，中共中央、国务院印发《关于完整准确全面贯彻新发展理念做好碳达峰碳中和工作的意见》，提出推进市场化机制建设，加快建设完善全国碳排放权交易市场，逐步扩大市场覆盖范围，丰富交易品种和交易方式，完善配额分配管理，将碳汇交易纳入全国碳排放权交易市场。

2) 中国碳市场的建设进程

我国碳市场工作的主管部委先后为国家发改委、生态环境部。（1）碳排放权交易试点。2011年10月，国家发改委下发《关于开展碳排放权交易试点工作的通知》，批准在北京、天津、上海、重庆、湖北、广东和深圳七个省市开展碳排放权交易试点工作。（2）管理办法。2012年6月，国家发改委颁布《温室气体自愿减排交易管理暂行办法》，从交易产品、交易主体、交易场所与交易规则、登记注册和监管体系等方面，对中国核证自愿减排（CCER）项目交易市场进行了详细的界定和规范；同年10月，国家发改委颁布配套的《温室气体自愿减排项目审定与核证指南》，明确了自愿减排项目审定与核证机构的备案要求、工作程序和报告格式。2014年12月，国家发改委发布《碳排放权交易管理暂行办法》，搭建起来全国统一的碳排放权配额交易市场的基础框架，就其发展方向、思路、组织架构以及相关基础要素设计进行了系统性的规范。（3）全国碳市场启动准备。2016年1月，国家发改委发布《关于切实做好国碳排放权交易市场启动重点工作的通知》，为确保2017年启动全国碳排放权交易和实施碳排放权交易制度进行准备和动员，要求对参与全国碳市场的 8 个行业拟纳入企业的历史碳排放进行核算、报告与核查，同时开展相关的能力建设等工作。2017 年 12 月，国家发改委发布《全国碳排放权交易市场建设方案（发电行业）》，标志着我国碳排放交易体系完成了总体设计，并正式启动。将以发电行业为突破口，分基础建设期、模拟运行期、深化完善期三阶段稳步推进碳市场建设工作。气候司完成部门转隶后，2019 年 4 月，生态环境部发布《碳排放权交易管理暂行条例（征求意见稿）》，全国碳市场进入加速期。2021 年 3 月，生态环境部组织起草了《碳排放权交易管理暂行条例（草案修改稿）》（以下简称《草案修改稿》）。3 月 30 日至 4 月 30 日，《草案修改稿》对外公开征集意见。

3）绿色金融有关政策

碳金融市场[①]**政策**。2016 年 8 月，中国人民银行、财政部、国家发展改革委、环保部、银监会、证监会、保监会七部门联合出台《关于构建绿色金融体系的指导意见》，将碳金融作为绿色金融体系的重要一环进行了部署，涵盖了碳金融产品、环境权益市场及环境权益融资等内容，明确提出有序发展碳远期、碳掉期、碳期权、碳租赁、碳债券、碳资产资产证券化和碳基金等碳金融产品和衍生品工具，探索研究碳排放权期货交易。

2020 年 10 月，《关于促进应对气候变化投融资的指导意见》充分发挥碳排放权交易机制的激励和约束作用。要求稳步推进碳排放权交易市场机制建设，不断完善碳资产的会计确认和计量，建立健全碳排放权交易市场风险管控机制，逐步扩大交易主体范围，适时增加符合交易规则的投资机构和个人参与碳排放权交易。在风险可控的前提下，支持机构及资本积极开发与碳排放权相关的金融产品和服务，有序探索运营碳期货等衍生产品和业务。探索设立以碳减排量为项目效益量化标准的市场化碳金融投资基金。鼓励企业和机构在投资活动中充分考量未来市场碳价格带来的影响。

2021 年 3 月 30 日，生态环境部公布了《碳排放权交易管理暂行条例（草案修改稿）》首次明确提出设立碳排放政府基金，即国家碳排放交易基金，保障有偿分配收入用途。

2021 年 10 月，中共中央、国务院印发《关于完整准确全面贯彻新发展理念做好碳达峰碳中和工作的意见》，提出有序推进绿色低碳金融产品和服务开发，设立碳减排货币政策工具，将绿色信贷纳入宏观审慎评估框架，引导银行等金融机构为绿色低碳项目提供长期限、低成本资金。鼓励开发性政策性金融机构按照市场化法治化原则为实现碳达峰、碳中和提供长期稳定融资支持。支持符合条件的企业上市融资和再融资用于绿色低碳项目建设运营，扩大绿色债券规模。研究设立国家低碳转型基金。鼓励社会资本设立绿色低碳产业投资基金。建立健全

[①] 碳金融市场（Carbon Finance Market）有狭义和广义之分。狭义的碳金融市场专指以碳排放权为标的资产的碳交易市场。广义的碳金融市场则指与温室气体排放权相关的各种金融交易活动和金融制度安排。它不仅包括碳交易，还包括一切与碳投融资相关的经济活动。具体包括：（1）碳信贷市场，如商业银行的碳金融创新、绿色信贷、CDM 项目抵押贷款等；（2）碳现货市场，如基于碳配额和碳项目交易的市场；（3）碳衍生品市场，如碳远期、碳期货、碳互换、碳期权等衍生产品市场；（4）碳资产证券化，如碳债券、碳基金等；（5）机构投资者和风险投资者介入的金融活动，如碳信托、碳保险等；（6）与发展低碳能源项目投融资活动相关的咨询、担保等碳中介服务市场。

目前，国外几乎没有碳金融市场的概念，也未区分碳排放权交易市场和碳金融市场，而是直接使用碳市场（Carbon Market）的概念，其原因可能是因为最原始的碳排放权是免费分配，尚未采用拍卖交易。世界银行和全球著名的碳咨询公司——点碳公司均使用碳市场概念，它涵盖了配额市场和项目市场，包括各气候交易所的碳金融产品及衍生产品，但未涵盖银行和保险业所提供的相关金融产品。从涵盖内容来看，国外使用的碳市场与国内使用的碳金融市场差异较大。

绿色金融标准体系。

2.5.2 中国试点碳市场发展情况

(1) 碳排放权交易试点已见成效

第一，市场机制成功建立并运转顺利。

2013年京津沪渝粤鄂深七省市碳交易试点相继开市，迄今已经顺利完成七年履约。2016年12月，福建省自发启动国内第八个碳交易试点。市场机制成功建立并运转顺利，直接推动了节能减排，不但赢得了国际普遍关注和肯定，而且为建立全国碳市场积累了宝贵经验。

规则体系健全。八个试点省市在机制设计方面大都参考EU ETS的成功经验形成了比较健全规范的体系，北京等地还通过地方人大立法和市政府管理办法等建立起了"1+1+N"的完备规则体系。

数据基础扎实。北京等地通过政府采购第三方核查服务完成重点排放单位的历史排放盘查，并建立起了严格的排放数据报告、第三方核查与抽查体系，良好的数据质量为配额分配及交易奠定了良好基础。

执法透明规范。北京市主管部门事先公布了碳交易执法自由裁量权范围，对没有按时完成报告及履约任务的单位进行了公示曝光，并对没有按时完成整改的进行了行政执法，按市场均价3~5倍进行了罚款，严格规范和透明的执法保障了碳交易机制的稳定运行。

范围稳步扩大。控排主体逐年扩容，京津沪渝粤鄂深七省市试点碳市场纳入控排的企业、机构及政府部门从试点初期的2 000余家已经扩展到近3 000家，其中北京增加近500家，上海增加约165家，北京碳交易试点还成功扩展到了河北、内蒙古等非试点地区，成功实现了跨区交易。

第二，定价机制逐渐完善。

形成市场供求定价机制。通过引入买卖双方竞价机制，七个试点碳市场已经形成由市场供求决定碳价的价格发现机制，为全国碳市场的市场化价格发现奠定了基础。

场内场外定价体系丰富。交易方式上，各个试点碳市场都推出了场内线上公开交易和场外线下协议转让，形成了场内价格与场外价格高度互补的定价体系。

价格调控机制发挥作用。北京等试点碳市场通过坚持配额分配适度从紧原则，同时划定20~150元/吨的碳价调控区间并建立公开市场操作机制，形成了有效的碳价调控组合措施，成功稳定了市场预期。

第三，市场交投日趋活跃。

二级市场成交逐年稳步扩大。2014—2019年，京津沪渝粤鄂深七省市试点碳市场配额成交量分别约为2 000万吨、3 000万吨、6 400万吨、6 740万吨、7 748万吨、10 282万吨二氧化碳，年均复合增长率约32%。以北京碳市场为例，自2014年起，配额市场成交量分别为212万吨、316万吨、727万吨、752万吨、894万吨和704万吨。

场外交易成为重要组成部分。各试点市场均允许可以分为场内、场外市场。以北京为例，场外交易的重要地位日渐突出。2014年、2015年，场内外交易量基本持平，场外交易量略高于场内交易。而2016年以来,成交量逐步向场外倾斜,2018年度场外交易量占总成交量的63.73%,2019年度场外交易量占总成交量的56.16%。

一级市场成功试水。试点期间各地在碳配额分配方面主要以免费发放为主,广东、湖北等地成功组织了多次碳配额拍卖,为一级市场的碳配额有偿分配积累了经验。

参与主体日趋多元。各个试点碳市场启动初期参与主体基本都以控排履约机构为主,近年来有越来越多的自愿减排企业、金融机构、投资机构、自然人及境外投资机构参与交易,央企及其碳资产管理公司、主流金融机构、碳基金等市场主体越来越活跃。

第四,开展多形式的碳金融创新。

在碳现货交易之外,北京、上海、广州、深圳、湖北等试点市场一直在积极探索碳金融产品创新,碳远期、碳掉期、碳期权、碳借贷、碳回购、碳指数等均有涉及。除产品创新外,深圳等地还引入境外投资者参与交易,扩大了碳市场参与主体的范围。在目前推出的碳金融创新工具里,一些碳融资工具的应用相对较为频繁,而碳交易工具的规模化使用尚需时日。

(2) 试点碳市场的基础要素

1) 试点碳市场比较

试点碳市场的政策、覆盖范围对比如表2-14所示。

表2-14 试点碳市场的政策、覆盖范围

	北京	天津	上海	重庆	湖北	广东	深圳
政策法规	人大决定、政府碳交易管理办法	政府碳交易管理办法	政府碳交易管理办法	人大决定草案、政府碳交易管理办法	政府碳交易管理办法	政府碳交易管理办法	人大决定、政府碳交易管理办法
控排数量	800~900余家	114家	191家	240家	138家	242家	635家
管控门槛（排放量）	CO_2排放>5 000吨/年(2016年)	CO_2排放>20 000吨/年	工业CO_2排放>20 000吨/年；非工业CO_2排放>10 000吨/年	2008—2012年任一年度CO_2排放≥20 000吨	2014—2016年任一年度综合能耗≥1万吨tec	CO_2排放≥20 000吨/年或综合能耗≥1万吨tec/年(2017年)	企业CO_2排放≥3 000吨/年；公共建筑面积≥20 000平方米；机关建筑面积≥10 000平方米
覆盖行业	热力生产和供应,火力发电,水泥制造,石化生产,服务业及其他	钢铁、化工、电力、热力、石化、油气开采	钢铁、石化、化工、有色、电力、建材、纺织、造纸、橡胶、化纤、航空、港口、机场、铁路	电解铝、电石、烧碱、水泥、钢铁	电力、钢铁水泥、化工等12个行业	电力、钢铁、石化、水泥等	电力、工业、建筑物等
纳入气体	二氧化碳	二氧化碳	二氧化碳	二氧化碳、甲烷、氧化亚氮、氢氟碳化物、六氟化硫、全氟化硫	二氧化碳	二氧化碳	二氧化碳

试点碳市场的配额总量和成交总量比较如表2-15所示。

表 2-15 试点碳市场的政策、覆盖范围示意

省份	配额总量（亿吨）	成交总量（万吨）	成交总额（亿元）	成交均价（元/吨）
北京	约 0.50	4 149	17.45	42.07
上海	约 1.58	4 038	8.59	21.26
天津	约 1.60	1 422	2.77	19.49
重庆	约 1.00	1 197	0.86	7.18
深圳	约 0.30	5 800	13.76	23.72
广东	约 4.22	1.55	27.67	17.90
湖北	约 2.56	8 170	17.87	21.87
福建	—	1 136	2.33	20.51
四川	—	—	—	—

试点碳市场配额线上交易量比较如图 2-20 所示。

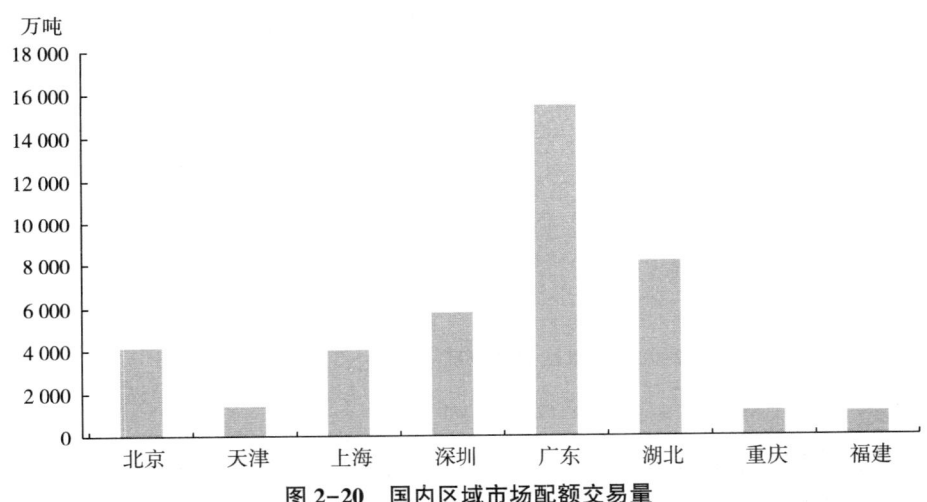

图 2-20 国内区域市场配额交易量

试点碳市场配额线上交易额比较如图 2-21 所示。

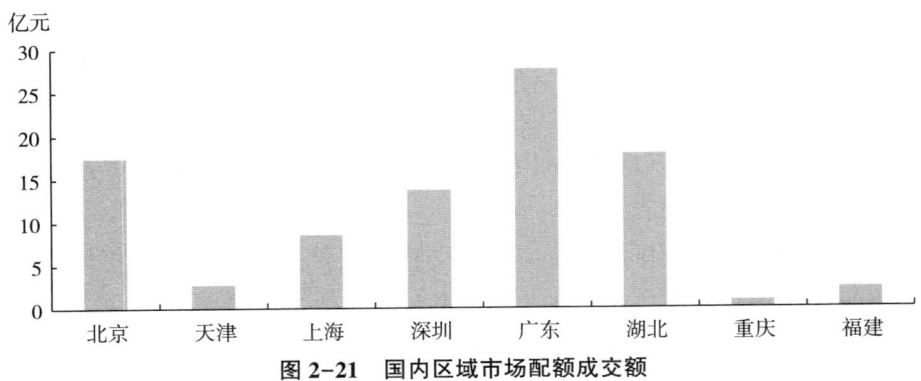

图 2-21 国内区域市场配额成交额

2）以北京试点碳市场为例

"1+1+N" 制度体系（见图 2-22）。北京市人大通过《关于北京市在严格控制碳排放总量前提下开展碳排放权交易试点的决定》，北京市政府颁布了《北京市碳排放权交易管理办法

（试行）》，为了贯彻以上制度，北京市政府相继颁布了配额核定方法、核查机构管理办法、报告报送流程、注册登记系统操作指南、交易所交易规则、场外交易实施细则、抵消管理办法、核算和报告指南、关于规范碳排放权交易行政处罚自由裁量权的规定等一系列管理规定。

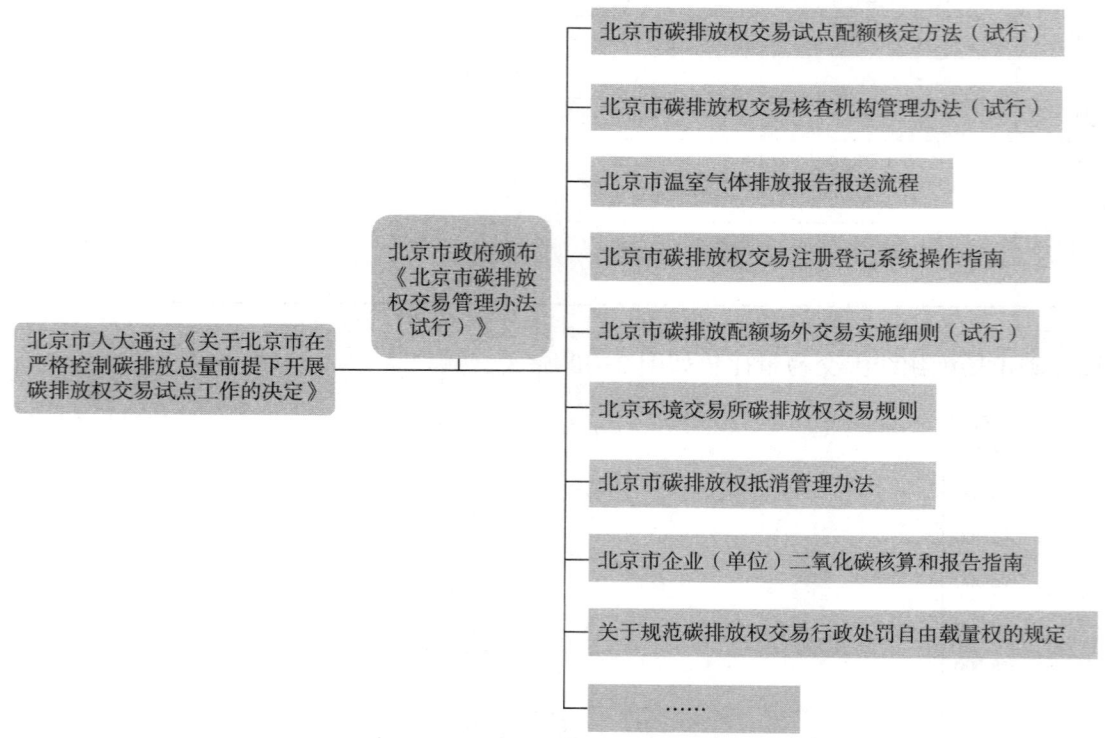

图 2-22 北京试点碳市场 "1+1+N" 制度体系

《决定》确立了5项制度，明确了相应的罚则。

实行碳排放总量控制。科学设立年度碳排放总量控制目标，严格碳排放管理，确保控制目标的实现和碳排放强度逐年下降。

实施碳排放配额[①]管理。对北京行政区域内重点排放单位的二氧化碳排放试行配额管理，重点排放单位在配额许可范围内排放二氧化碳，其现有设施碳排放量应当逐年下降。

实施碳排放权交易制度。碳排放配额可在确定的交易机构进行交易，其他单位可自愿参与交易。

实行碳排放报告制度。北京行政区域内年能源消耗2 000吨标准煤（含）以上的法人单位应当按照规定报送年度碳排放报告。

实行第三方核查制度。重点排放单位应当提交符合条件的第三方核查机构的核查报告。市人民政府应对气候变化主管部门应当对排放报告和核查报告进行检查。

设立了相应罚则。对未按规定履行碳排放权交易责任的行为，给予相应处罚。其中未按规定报送碳排放报告［适用于2 000吨标准煤（含）以上的法人单位］或者未按规定报送第三方

---

① 碳排放配额是指重点排放单位拥有的发电机组产生的碳排放限额，包括直接排放和间接排放。

核查报告（仅适用于重点排放单位），由应对气候变化主管部门责令限期改正，逾期未改正的，可以对排放单位处以 5 万元以下的罚款。对重点排放单位超出配额许可范围进行排放的，由应对气候变化主管部门责令限期履行控制排放责任，并可根据其超出配额许可范围的碳排放量，按照市场均价的 3 倍至 5 倍予以处罚。

覆盖范围。覆盖行业包括电力、热力、水泥、石化等传统耗能产业；服务业、交通行业；高校、医院、政府机关等公共机构。

2013—2015 年门槛为固定设施年二氧化碳直接排放与间接排放总量 10 000 吨（含）以上；2016 年至今的门槛为固定设施和移动设施年二氧化碳直接排放和间接排放总量 5 000 吨（含）以上（见图 2-23）。

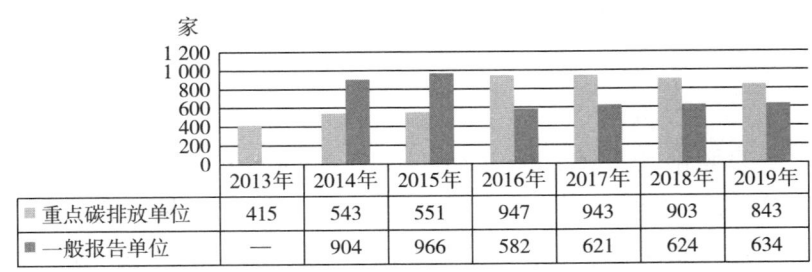

图 2-23 北京市历年重点碳排放单位和一般报告单位统计

交易主体：交易主体包括履约机构、非履约机构和自然人。履约机构 884 家，为在北京市区域内具有履约责任的重点排放单位以及参照重点排放单位管理的报告单位；非履约机构 59 家，要求在中国注册，设立满 2 年，注册资本在 300 万元人民币及以上的法人；自然人 41 人，要求须为北京市户籍人员，年龄 18~60 周岁，个人金融资产不少于 100 万元。

交易场所：北京绿色交易所，每周一至周五 9：30—11：30；13：00—15：00，法定假日除外。

交易品种：碳排放配额（BEA）、核证自愿减排量、（CCER）、林业碳汇、机动车停驶减排量。

交易形式：线上交易和线下交易。

其中单笔配额申报数量<10 000 吨（含）的交易行为须为线上交易；两个（含）以上具有关联关系的交易主体之间的交易行为，大宗交易（单笔配额申报数量≥10 000 吨（含）的交易行为）以及经相关主管部门认定的其他情形须为线下交易。成交方式见表 2-16。

表 2-16 成交方式

	整体交易	部分交易	定价交易
成交价格	最优价格	优于底价	底价成交
成交数量	全部成交	部分成交	部分成交
成交时间	自由报价期+限时报价期	自由报价期	即刻成交
对手方数量	唯一对手方	多个对手方	多个对手方
适用情况	寻找最优价格，固定成交量	寻找最优价格，可以接受部分成交	快速成交，对价格无更高追求

涨跌幅规定：公开交易方式的涨跌幅为当日基准价的±20%，基准价为上一交易日所有通过公开交易方式成交的交易量的加权平均价。上一交易日无成交的，以上一交易日的基准价为当日基准价。

最大持仓量规定：履约机构参与人配额最大持有数量不得超过初始配额量与100万吨之和；非履约机构参与人配额最大持有量不得超过100万吨；自然人参与人配额最大持有量不得超过5万吨。

市场调控规定：

当配额的日加权平均价格连续10个交易日高于150元/吨时，主管部门可组织拍卖，拍卖指主管部门以公开竞价的方式出售碳排放配额。

配额日加权平均价格连续10个交易日低于20元/吨时，主管部门可组织配额回购，回购指主管部门在配额市场价格过低时利用北京市相关财政专项资金购买碳排放配额。

试点经验：

以北京为例，北京碳排放配额（Beijing Emission Allowance，BEA）是北京碳市场的核心交易产品。在七个完整的履约年度中，BEA占各类产品累计成交量、成交额的60%和90%以上，对比各个履约年度，BEA成交量、成交额呈明显上升趋势（见图2-24）。

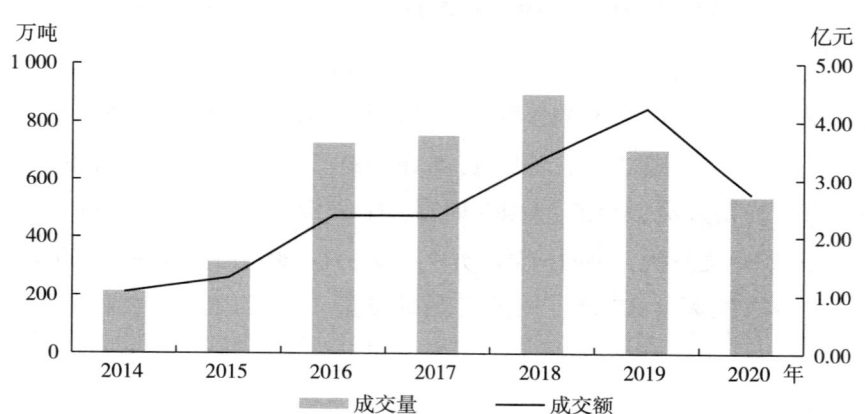

图2-24　2014—2020年北京碳排放交易市场成交量及成交额

截至2021年6月，八年八个试点碳市场配额现货累计成交4.8亿吨，八年累计成交金额114亿元，平均交易价格23.75元，平均每年成交量占配额总量约为5%。

试点碳市场的成功经验主要有几个：

注重顶层设计。"1+1+N"的碳排放权交易政策法规体系，实现碳排放数据报送、第三方核查、排放配额核定与发放、配额交易和清算（履约）5个环节的碳交易流程在一个履约期内闭环运行，使碳交易各方面、各个环节均有法可依、有章可循。

市场主体和产品丰富。一是北京碳市场重点排放单位数量多、范围广、类型杂，纳入了高校、医院、政府机关等众多公共机构。二是北京碳市场产品体系丰富，包括配额市场和众多产品构成的抵消市场。其中，抵消产品既有中国核证自愿减排量（CCER），还纳入了林业碳汇项目、"我自愿每周再少开一天车"活动等多种方式产生的经审定的碳减排量。

碳价调控有力。出台公开市场操作管理办法。实行交易价格预警，超过 20~150 元/吨的价格区间将可能触发配额回购或拍卖等公开市场操作程序。价格稳定且呈上升趋势。

执法严格有效。北京碳市场有明确的罚则，且是七个试点省市中唯一开展过执法的碳市场。

基于此，北京碳市场的价格稳居全国最高，起到了较好的减碳效果。图 2-25 为北京碳市场线上公开交易行情走势。

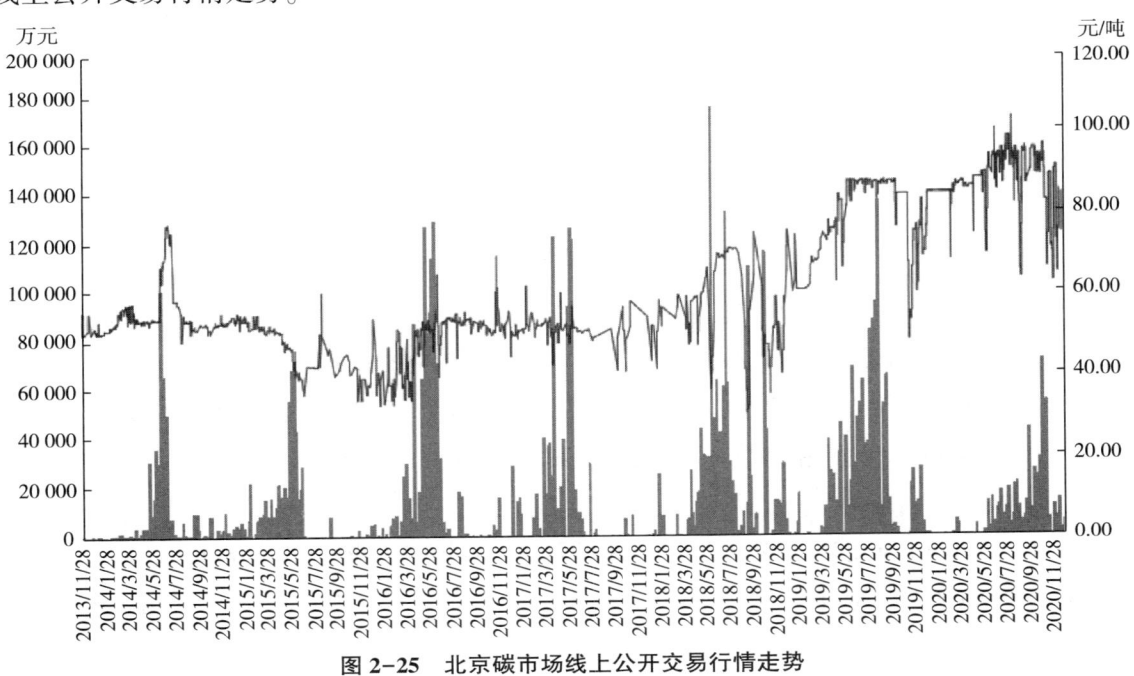

图 2-25　北京碳市场线上公开交易行情走势

(3) 试点碳市场的市场表现

截至 2020 年 12 月 31 日，八个试点碳市场配额现货累计成交 4.45 亿吨，成交额 104.31 亿元。广东、湖北因市场体量大，累计成交量最高，位于第一梯队；北京、深圳、上海位于第二梯队；天津、重庆、福建累计成交量相对较低，位于第三梯队（见图 2-26）。

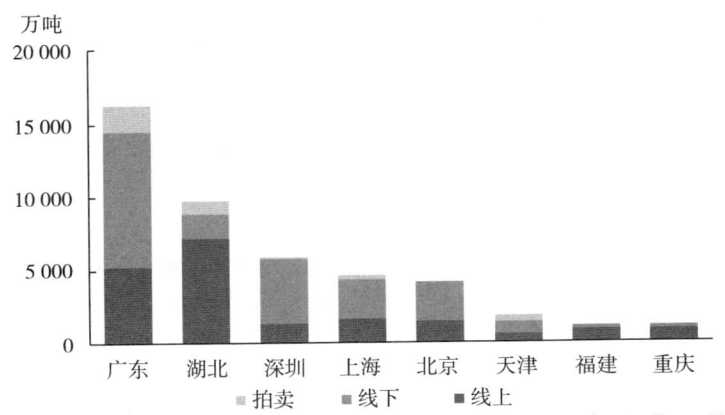

图 2-26　试点碳市场线上公开交易行情走势（截至 2020 年 12 月 31 日）

2020 年，试点碳市场年成交额再创新高，较 2019 年增长 3%，达 21.5 亿元；试点年平均成交价格上涨 25%，至 28.6 元/吨，且各试点碳价趋于集中，各试点间碳价差异呈现出缩小的趋势

（见图2-27）。

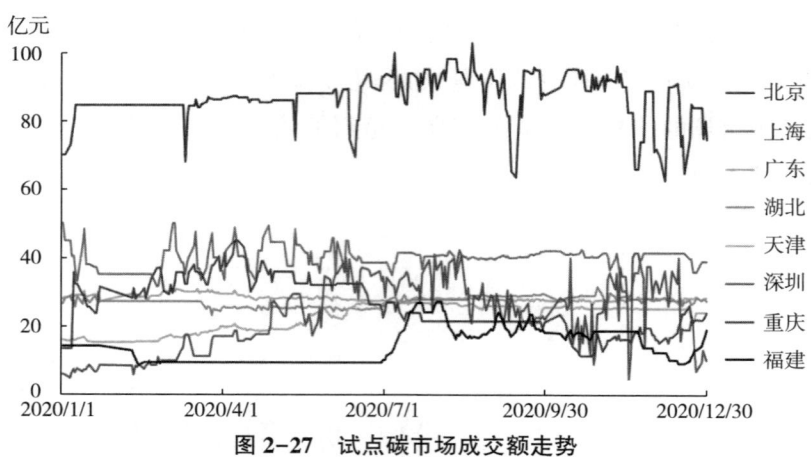

图2-27 试点碳市场成交额走势

自愿减排市场方面，全国CCER的2021年全年成交量为9 100万吨，截至2020年12月31日，全国CCER累计成交2.68亿吨。其中2020年上海CCER累计成交量持续领跑，超过1亿吨，占比41%；广东第二，占比20%；北京、深圳、四川、福建和天津的CCER累计成交量在1 000万~3 000万吨，分别占比在4%~10%；湖北市场交易不足1 000万吨，重庆市场暂无成交。

2020年CCER市场交易活跃，共成交减排量6 170万吨，较上年大幅增长43%。其中上海、广东市场CCER成交继续保持活跃的态势，分别成交了2 100万吨与1 262万吨；天津CCER市场2020年活跃度显著增加，成交1 910万吨。

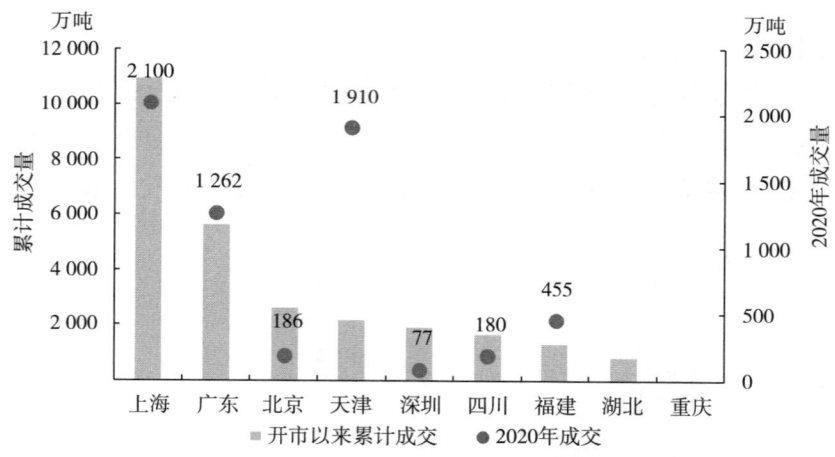

图2-28 试点碳市场CCER 2020年成交量及累计成交量

（4）试点碳市场的创新探索（见图2-29）

试点碳市场开展碳金融创新的现状（根据公开资料整理）：碳资产融资产品有碳配额质押，碳减排量质押，碳债券，碳配额回购交易等；碳金融衍生服务有碳资产管理服务，碳市场信息服务，碳市场咨询服务，碳市场指数和碳信用评级等。

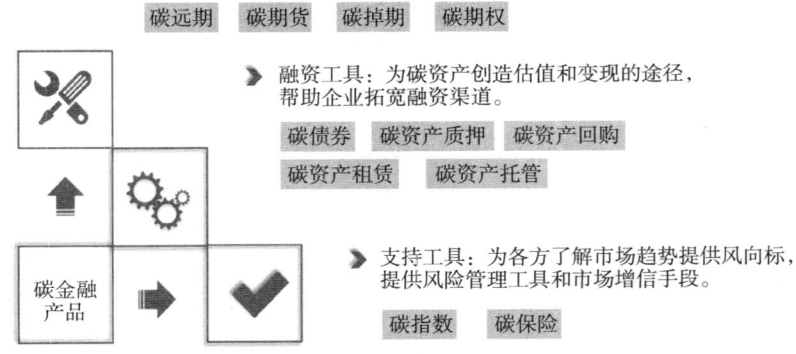

图 2-29 试点碳市场的创新探索

1) 碳债券

2014 年 5 月 8 日，中广核风电有限公司发行 10 亿元人民币 5 年期的中期票据，利率采用"固定+浮动"形式，浮动利率部分与 CCER 收益挂钩，浮动利率的区间设定为 5 个基点~20 个基点，中广核"碳债券"最终发行利率为 5.65%，较同期限 AAA 信用债估值低 46 个基点，成为中国首只碳金融衍生品，对于其他涉及 CCER 或配额的项目有借鉴意义。

2) 碳配额质押融资

2014 年 9 月，湖北宜化集团以 210.9 万吨碳配额作为质押担保，获得兴业银行 4 000 万元质押贷款，用于企业减排改造；评估标准为每吨碳配额价格 23.7 元，湖北碳市场开市以来的二级市场平均价格乘以通用贷款系数 0.8，最终确定贷款额为 4 000 万元。

质押跨履约期的处理模式创新：到履约期，配额解质押用于履约，由企业另外提供物资作为短期抵押和阶段性担保，直到新配额重新发放后，再到交易所重新登记存管。

3) 碳配额回购融资

2014 年 12 月 31 日，中信证券与北京华远意通热力科技股份有限公司正式签署了碳排放配额回购融资协定，华远意通将自身持有的碳排放配额向中信证券出售，并约定在 5 个月后按照约定价格回购所售配额，从而获得 1 330 万元短期资金。充分体现了碳排放配额的商品化和资产化属性，提升社会对碳排放配额资产价值的认可；降低市场短期波动带来的不利影响、充分利用市场周期锁定交易成本，企业开拓融资管道，盘活碳资产的良好示范。

4) 碳配额掉期

2015 年 6 月 15 日，中信证券与北京京能源创碳资产管理有限公司、北京环境交易所正式签署了国内首笔碳排放权场外掉期合约，交易量为 1 万吨。掉期合约交易双方以非标准化场外合同形式开展掉期交易，并委托北京环境交易所负责保证金监管与合约清算工作（见图 3-30）。

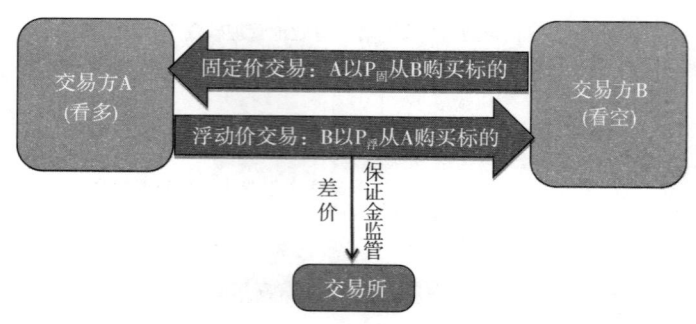

图 2-30 碳配额掉期

（5）碳资产管理产品——碳基金

2015 年 5 月 29 日，深圳嘉碳资本管理有限公司发行国内首只私募碳基金"嘉碳开元投资基金""嘉碳开元平衡基金"发起"CCER 项目投资计划"（见表 2-17）。

表 2-17 碳基金

	嘉碳开元投资基金		嘉碳开元平衡基金
基金规模	4 000 万元	基金规模	1 000 万元
期限	3 年	期限	10 个月
认购起点	50 万元	认购起点	20 万元
投资标的&盈利模式	通过投资于新能源及环保领域中的中国核证减排量（CCER）项目，形成可供交易的标准化碳资产，通过交易获取差额利润	投资标的&盈利模式	基于当下试点省市中的广东、湖北和深圳三个试点市场配额买卖的专项私募基金，通过密切关注各试点市场的行情走势，低买高卖，进而实现盈利

（6）碳普惠产品

1）自愿碳中和规范和案例

2019 年 6 月，生态环境部正式发布《大型活动碳中和实施指南（试行）》，这是中国首部碳中和标准化实施文件。

2019 年第二届全国青年运动会组委会委组织开展了"碳中和"项目，倾力打造全国最大规模、最高规格的大型"零碳"赛事。二青会核算出来的碳排放量将采用打包拍卖形式，在全国范围征集意向出资企业（个人）。拍卖所得主要用于购买山西贫困地区的碳信用和在贫困地区新建林业项目，以大型活动碳中和项目带动贫困地区发展，帮助贫困地区人民脱贫，实现碳中和与扶贫的双重效益。

2）个人碳普惠发展

碳普惠制是指为小微企业、社区、家庭和个人的节能减碳行为进行具体量化和赋予一定价值，并建立以政策鼓励、商业激励和碳减排量交易相结合的正向引导机制。

由全球领先的支付和生活方式平台"支付宝"推出的手机程序蚂蚁森林，利用科技带动 5 亿人种树，获得了联合国最高环保荣誉——2019"地球卫士奖"的认可。联合国环境署授予蚂蚁森林"激励与行动"类别奖项。蚂蚁森林由阿里巴巴关联公司蚂蚁金融服务集团在支付宝上推出，这一应用程序鼓励用户减少日常生活中的碳排放，推动大家拥抱更环保的生活方式。自

2016年8月推出以来，蚂蚁森林与公益合作伙伴在内蒙古、甘肃、青海和山西等中国的一些荒漠化地区种植了约1.22亿棵树，树木总计覆盖11.2万公顷（168万亩）土地。该项目已成为中国私营部门最大规模的植树倡议。

生态环境部环境与经济政策研究中心课题组发布《互联网平台背景下公众低碳生活方式研究报告》。报告显示，光在支付宝蚂蚁森林上，就有5亿中国人坚持"手机种树"实现碳减排792万吨。根据测算，相当于少烧了34亿升汽油，能装满全国一半加油站。报告认为，在绿色低碳成为全球经济发展大趋势的背景下，公众个人碳减排行动的最大意义在于，能够从需求侧推动供给侧的碳减排，间接推动企业减少碳减排，为国家碳减排做出更多贡献。

3）地方政府推动碳普惠平台建设

绿色出行作为绿色生活的重要组成部分，在建设低碳城市的过程中发挥着不可替代的作用。雄安新区将建立绿色出行公约制度，把绿色出行作为绿色生活的重要组成部分。未来新区将探索碳积分激励制度，依托新区企业和个人信用平台，构建总量控制、自由交易的碳积分（碳排放配额）管理机制。新区还将建立新区个人与机构绿色出行积分账户，探索碳积分与出行费用、住房以及税收等公共服务产品和优惠政策挂钩机制，引导居民出行方式转变，以增强坚持绿色低碳生活方式的居民的获得感。建立碳积分制度是未来交通管理的发展方向，目前国内许多城市都展开了探索实践，雄安新区可以利用后发优势，探索研究个人和企业的碳排放核算方法，结合新区信用平台建设进度，逐步建立碳积分激励制度。

成都市人民政府印发《关于构建"碳惠天府"机制的实施意见》。根据意见，成都将围绕"一年出亮点、两年显特色、三年成品牌"，计划2020年，形成"碳惠天府"顶层设计，制定相关制度标准体系，建设软硬件设施，开发公众低碳场景和碳减排项目。2021年，初步建立政府引导、市场运作的运营机制。2022年，基本形成应用场景丰富、系统平台完善、规则流程明晰、商业模式成熟的碳普惠生态圈。实施意提出了五大重点任务，包括构建制度标准体系、开发公众低碳场景、统筹推进项目开发消纳、建立健全运营管理模式和构建碳减排量交易体系。

全国首个城市碳普惠平台在广州上线，市民通过绿色出行、节水节电等低碳行为，就可以获得碳币，兑换商品。部分行为碳减排量经核证后可进入广州碳排放权交易所进行交易变现。广东省碳普惠创新发展中心主任介绍，广州碳普惠平台主要针对公众和中小微企业。目前，平台认证了20多种生活场景减碳量的核算方法，市民可在碳普惠平台上注册并践行公共交通、节水节电、旧物回收等低碳行为，平台通过与公共交通、共享单车等服务提供商进行个人低碳行为轨迹比对，并计算减碳量从而获得碳积分。值得一提的是，符合条件的减排量，还可在碳排放交易所进行交易。目前，购买空气源热泵热水器、节能空调、安装分布式光伏发电系统、骑自行车、植树造林共5种行为的碳减排量经核证后可进入广州碳排放权交易所进行交易。

2.5.3 中国全国碳市场进展

(1) 全国碳市场建设呼之欲出

从"十二五"规划纲要，到党的十八届三中、五中全会决议，以及《生态文明体制改革总体方案》，都对建立我国的碳排放权交易制度做了相应部署。2016年3月发布的"十三五"规划再次明确要求，要推动建设全国统一的碳排放交易市场，实行重点单位碳排放报告、核查、核证和配额管理制度。为贯彻落实党中央、国务院关于建立全国碳排放权交易市场的决策部署，稳步推进全国碳排放权交易市场建设，经国务院同意，国家发展改革委于2017年12月18日印发了《全国碳排放权交易市场建设方案（发电行业）》（以下简称《方案》）。12月19日，全国碳排放交易体系正式启动。

稳步推进全国碳市场建设。2017年12月19日，国家发改委召开电视电话会议，就全面落实《方案》任务要求，推动全国碳排放权交易市场建设作动员部署。《方案》明确全国碳市场将分三个阶段进行稳步推进。第一阶段，基础建设期，用一年左右时间，完成全国统一的数据报送系统、注册登记系统和交易系统建设。第二阶段，模拟运行期，用一年左右时间，开展发电行业配额模拟交易，全面检验市场各要素环节的有效性和可靠性，强化市场风险预警和防控机制。第三阶段，深化完善期，在发电行业交易主体间开展配额现货交易，交易以履约为目的，在发电行业碳交易稳定运行前提下，逐步扩大市场覆盖范围，丰富交易品种和交易方式，尽早纳入核证自愿减排量（CCER）。

机构转隶完成。2018年4月16日，国家按照山水林田湖草是一个生命共同体理念组建生态环境部，整合政府部门生态环境保护职责，并于8月出台生态环境部"三定方案"，应对气候变化的职能由国家发展改革委转隶生态环境部。2018年9月5日，生态环境部就下一步加快碳市场建设，提出四项重点工作：一是加快建立完善全国碳市场制度体系；二是加快推进全国碳市场基础设施建设；三是推动重点单位碳排放报告、核查和配额管理；四是强化基础能力建设。2018年10月31日，生态环境部应对气候变化司司长李高在新闻发布会上表示，"建设全国碳排放权交易市场是一项非常复杂的系统工程，需要扎实工作、逐步推进"，生态环境部应对气候变化司机构和人员转隶调整已经基本到位。部门机构重组延缓了全国碳市场建设，但环境政策、立法将更为协调和统一，为加快全国碳市场建设提供坚实基础和有力保障。2018年陷于停顿状态的全国碳市场建设工作，2019年全面提速。

制度体系逐步完善。继2017年《方案》出台后，亟待《碳排放权交易管理条例》《企业碳排放报告管理办法》《第三方核查机构管理方法》《碳排放权市场交易管理办法》以及相关实施细则，这些构成全国碳排放交易体系的法规框架。

2019年4月3日，生态环境部发布《碳排放权交易管理暂行条例（征求意见稿）》，标志着全国碳市场立法工作和制度建设取得重要进展，将为全国碳市场建设提供政策基础和律法保障。5月28日，发布《关于做好全国碳排放权交易市场发电行业重点排放单位名单和相关材料报送工作的通知》，将登记注册及交易系统开户工作提上日程，为模拟交易启动奠定基础。

2020年12月29日，生态环境部发布《关于印发〈2019—2020年全国碳排放权交易配额总量设定与分配实施方案（发电行业）〉〈纳入2019—2020年全国碳排放权交易配额管理的重点排放单位名单〉并做好发电行业配额预分配工作的通知》（国环规气候〔2020〕3号）。

2020年12月31日,生态环境部部长发布《碳排放权交易管理办法(试行)》(部令19号),自2021年2月1日起施行。

2021年3月30日,生态环境部公布了《碳排放权交易管理暂行条例(草案修改稿)》以下简称"草案修改稿",并公开意见征集至4月30日。这是中国官方第三次对国务院层级的碳交易立法公开征求意见。此前,2019年4月,生态环境部就《碳排放权交易管理暂行条例(征求意见稿)》(以下简称"征求意见稿")公开征求意见。2016年3月,应对气候变化职能从国家发改委转隶至生态环境部前,国家发改委就《碳排放权交易管理条例(送审稿)》公开征求意见。

"草案修改稿"明确,国务院生态环境主管部门商国务院有关部门,根据国家温室气体排放总量控制和阶段性目标要求,提出碳排放配额总量和分配方案。

"草案修改稿"提出,全国碳排放权交易市场的交易产品主要是碳排放配额,经国务院批准可以适时增加其他交易产品。

生态环境部办公厅2021年3月29日印发《关于加强企业温室气体排放报告管理相关工作的通知》((环办气候〔2021〕9号),通知明确发电行业将依据附件的《企业温室气体排放核算方法与报告指南——发电设施》开展数据核算及报告工作。核算边界明确为发电设施,主要包括燃烧装置、汽水装置、电气装置、控制装置和脱硫脱硝等装置的集合,不再核算脱硫过程排放,核算边界与排放源均与碳市场的发电企业配额管控范围一致,报送要求更为聚焦,一定程度上降低了企业数据报告工作量。

(2)全国碳市场基础设施

基础设施建设。2017年12月,国家确定湖北省和上海市分别牵头建设运营全国碳排放权注册登记系统和交易系统,北京市等其他7个省市共同参与系统建设和运营。2018年12月,湖北碳排放权交易中心有限公司对国家碳排放权交易注册登记系统协同办公及数据传输设备采购项目和碳排放权注册登记清结算功能开发项目分别进行了公开招标。2019年7月,上海联合产权交易所有限公司全国碳排放权交易系统建设项目的评标结果公示,恒生电子将于一年完成并交付该系统。2019年9月,生态环境部气候司司长表示,目前全国碳市场建设稳步推进,制度体系、基础设施、人员队伍等方面建设初见成效。图2-31为全国碳市场基础设施。

基础能力建设。为进一步提升全国碳排放权交易市场各类主体参与能力和管理水平,做好全国碳排放权交易市场运行测试相关准备工作,2019年9月25日,生态环境部发布《关于举办碳市场配额分配和管理系列培训班的通知》(环办培训函〔2019〕132号)。根据通知,生态环境部将与年底前在包括成都、新疆、西安、长春、北京、太原、呼和浩特、南京、南昌、郑州、海口、杭州、上海、济南和青岛等省市举办8期碳市场配额分配和管理系列培训班,参训人员分为各省生态环境主管部门碳市场相关工作干部、支撑单位技术骨干,及发电行业重点排放单位的相关人员。2021年7月16日,中国碳排放权交易市场上线交易启动仪式举行,在北京设主会场,在上海和湖北设分会场。中共中央政治局常委、国务院副总理韩正在北京主会场出席仪式,并宣布全国碳市场上线交易正式启动。截至 2021 年 12 月 31 日,中国碳市场碳排放配额(CEA)累计成交量 178 789 350 吨(1.79 亿吨),累计成交额 7 661 230 022.99 元(76.61 亿元),平均价格 42.79 元/吨。

图 2-31 全国碳市场基础设施

(3)全国碳市场基础要素

《碳排放权交易管理办法(试行)》全文共八章四十三条,包括总则、温室气体重点排放单位、分配与登记、排放交易、排放核查与配额清缴、监督管理、罚则和附则。

1)覆盖范围

根据发电行业(含其他行业自备电厂)2013—2019 年任一年排放达到 2.6 万吨碳当量(约 1 万吨标煤)及以上的碳核查结果,确定纳入 2019—2020 年全国碳市场配额管理的重点排放单位,共 2 225 家。

2)配额总量

省级生态环境部门核定各重点排放单位的配额数量,加总形成省域配额总量,各加总最终确定全国配额总量。

3）配额分配

配额全部免费分配，采用基准法核算配额量，重点排放单位的配额量为其所拥有各类机组配额量的总和。

配额核算公式：机组配额总量=供电基准值×实际供电量×修正系数+供热基准值×实际供热量。

2019年9月25日，生态环境部发布了《2019年发电行业重点排放单位（含自备电厂、热电联产）二氧化碳排放配额分配实施方案（试算版）》。本配额分配实施方案提出两套方案，方案一按常规燃煤机组，燃煤矸石、水煤浆等非常规燃煤机组（含燃煤循环流化床机组）和燃气机组分别设定行业基准值；方案二按照300MW等级以上常规燃煤机组、300MW等级及以下常规燃煤机组，燃煤矸石、水煤浆等非常规燃煤机组（含燃煤循环流化床机组）和燃气机组分别设定行业基准值。

省生态环境部门按机组2018年度供电（热）量的70%，通过注册登记系统向重点排放单位预分配2019—2020年的配额。在完成2019年度和2020年度碳核查后，按实际供电（热）量对配额进行最终核定，以最终核定配额量为准多退少补。

4）配额清缴

为降低企业履约负担，配额清缴时设定配额履约缺口上限，配额缺口量占其经核查排放量比例超过20%时，其配额清缴义务最高为其获得的免费配额量加20%的经核查排放量。

为鼓励燃气机组发展，燃气机组经核查排放量不低于核定的免费配额量时，配额清缴义务为已获得的全部免费配额量；核查排放量低于核定的免费配额量时，配额清缴义务为与燃气机组经核查排放量等量的配额量。

5）罚则

重点排放单位虚报、瞒报或拒绝履行排放报告义务的，由主管部门责令限期改正，处一万元以上三万元以下的罚款。逾期未改正的，由省级生态环境部门测算其实际排放量，作为碳配额清缴的依据；对虚报、瞒报部分，等量核减其下一年度碳排放配额。

重点排放单位未按时足额清缴碳配额的，由主管部门责令限期改正，处二万元以上三万元以下的罚款；逾期未改正的，对欠缴部分，由省级生态环境部门等量核减其下一年度碳配额。

（4）全国碳市场数据报告、核算和核查

《生态环境部门关于做好2018年度碳排放报告与核查及排放监测计划制定工作的通知》和《关于做好2019年度碳排放报告与核查及发电行业重点排放单位名单报送相关工作的通知》对全国碳市场的数据报告、核查和监督做了详细规定（见图2-32）。

需要注意的是，《条例》"草案修改稿"强化了碳排放数据的有关要求，细化针对主管部门和不同机构的信息披露要求，保证市场公开透明。"草案修改稿"明确了重点排放单位及时公开其温室气体排放情况，提出省级生态环境主管部门应当及时公开重点排放单位碳排放配额清缴情况，全国碳排放权注册登记机构和全国碳排放权交易机构应当及时公布碳排放权登记、交易、结算等信息，并披露可能影响市场重大变动的相关信息。

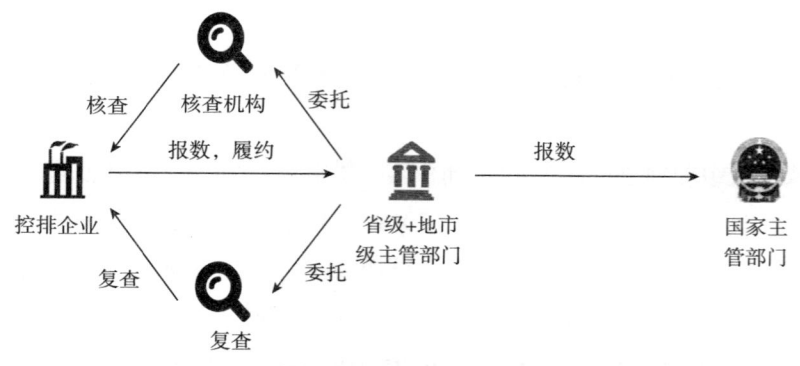

图 2-32 全国碳市场数据报告、核算和核查

"草案修改稿"明确重点排放单位对温室气体排放报告的真实性、完整性和准确性负责,并要求每年 3 月 31 日前报送温室气体排放报告,涉及数据的原始记录和台账应保留至少五年。省级生态环境主管部门应当在接到重点排放单位温室气体排放报告之日起三十个工作日内组织核查,并在核查结束之日起七个工作日内向重点排放单位反馈核查结果,并允许省级生态环境主管部门通过政府购买服务的方式,委托技术服务机构开展核查。核查技术服务机构应当对核查结果的真实性、完整性和准确性负责。

(5) 全国碳市场交易程序

1) 交易产品。全国碳排放权交易市场的交易产品为碳排放配额,生态环境部可以根据国家有关规定适时增加其他交易产品。

2) 交易主体。重点排放单位及符合国家有关交易规则的机构和个人,是全国碳排放权交易市场的交易主体。

3) 交易方式。碳排放权交易应当通过全国碳排放权交易系统进行,可以采取协议转让、单向竞价或者其他符合规定的方式。

全国碳排放权注册登记机构应根据全国碳排放权交易机构提供的成交结果,通过全国碳排放权注册登记系统为交易主体及时更新相关信息。

4) 交易监管。全国碳排放权交易机构应当按照生态环境部有关规定,采取有效措施,发挥全国碳排放权交易市场引导温室气体减排的作用,防止过度投机的交易行为,维护市场健康发展。

(6) 中国核证自愿减排项目恢复启动

2018 年 5 月 9 日,国家自愿减排交易注册登记系统(下称 CCER 注册登记系统)恢复上线运行,受理 CCER 交易注册登记业务。北京、天津、上海、重庆、湖北、广东、深圳、福建、四川 9 省市中国核证自愿减排量交易机构顺利完成与升级后的 CCER 注册登记系统对接调试。自碳交易原主管部门国家发改委暂缓 CCER 项目申请受理后,因 CCER 注册登记系统维护升级,北京、上海等试点碳市场暂停 CCER 交易及开户、变更等有关事项受理工作,同时暂停本所交易账户和国家自愿减排交易注册登记系统中交易账户之间的转入、转出操作。地方与国家注册登记系统对接后,CCER 项目可跨地区流通。目前交易项目仅限于暂停前已获批项目,国家仍未重启 CCER 项目审批,《温室气体自愿减排交易管理暂行办法》的修订办法需在《全国碳排放权管理条例》出台后再公布。

2020年12月31日,《碳排放权交易管理办法(试行)》发布,提出重点排放单位每年可以使用国家核证自愿减排量抵销碳排放配额清缴,抵销比例不得超过应清缴碳排放配额的5%。用于抵销的减排量不得来自纳入全国碳排放权交易市场配额管理的减排项目。

2021年3月,《碳排放权交易管理暂行条例(草案修改稿)》进入征求意见阶段,提出国家鼓励企业事业单位在我国境内实施可再生能源、林业碳汇、甲烷利用等项目,实现温室气体排放的替代、吸附或者减少。

2021年5月,生态环境部发布《碳排放权登记管理规则(试行)》、《碳排放权交易管理规则(试行)》、《碳排放权结算管理规则(试行)》。三个规则作为碳市场交易的指导细则,为市场参与者直接提供了操作指引。

国际民航组织第219届理事会审议通过了其技术咨询小组(TECHNICAL ADVISORY BODY,TAB)出具的关于CORSIA合格减排项目体系的评估报告。其中认可了包括中国温室气体自愿减排项目(CCER)在内的6个减排项目体系在2021年至2023年的CORSIA试点期内为其提供合格碳减排指标,这些减排项目体系包括:(1)美国碳注册登记簿(ACR);(2)中国温室气体自愿减排项目(CCER);(3)清洁发展机制(CDM);(4)美国气候行动储备方案(CAR);(5)黄金标准(GS);(6)核证减排标准(VCS)。CORSIA要求合格碳减排指标必须由2016年1月1日以后投产的减排项目产生,且时间不得晚于2020年12月31日。

CCER获得CORSIA项目的批准对于其项目体系的发展是一重大利好。作为即将启动的全国碳市场的重要组成部分,CCER项目体系正面临着合格减排量供应不足、国际潜在减排量需求增加和项目亟待重启等多重机遇与挑战。

2.5.4 未来中国碳市场发展展望

(1)中国碳市场发展规划

全国碳市场第一个履约周期于2021年1月1日正式启动,将发电行业作为突破口,在"十四五"期间将实现从单一行业突破到多行业纳入,从启动交易到持续平稳运行(见表2-18)。

表2-18 全国碳市场行业类别

行业	行业分类代码	类别名称	行业子类(主营产品统计代码)
石化	2511	原油加工及石油制品制造	原油加工(2501)
化工	261	基础化学原料制造	无机基础化学原料(2601)
			有机化学原料(2602,其中乙烯生产按照石化行业指南执行)
	262	肥料制造	化学肥料(2604)
			有机肥料及微生物肥料(2605)
	263	农药制造	化学农药(2606)
			生物农药及微生物农药(2607)
	265	合成材料制造	合成材料(2613)
建材	3011	水泥制造	水泥熟料(310101)
	3041	平板玻璃制造	平板玻璃(311101)

续表

行业	行业分类代码	类别名称	行业子类（主营产品统计代码）
钢铁	3120	炼钢	粗钢（3206）
	3140	钢压延加工	轧制、锻造钢坯（3207）
			钢材（3208）
有色	3216	铝冶炼	电解铝（3316039900）
	3211	铜冶炼	铜冶炼（3311）
造纸	2211	木竹浆制造	纸浆（2201）
	2212	非木竹浆制造	
	2221	机制纸及纸板制造	机制纸和纸板（2202）
电力	4411	—	纯发电、热电联产、生物质发电（掺烧）
	4420	—	电力供应——电网
民航	5611	—	航空旅客运输
	5612	—	航空货物运输
	5631	—	机场

中国碳市场已经取得重大进步，但是，中国碳市场也还有六个方面有待完善。第一，全国碳市场立法尚未完成。2020年12月31日，生态环境部发布《碳排放权交易管理办法（试行）》（部令19号），该办法自2021年2月1日起施行。针对碳市场和碳交易的立法工作仍未完成。第二，配额总量未限制。与世界上绝大多数国家的碳交易模式不同，中国没有设定碳排放总量上限，而是建设了一个类似"排放绩效系统"。这实际上给发电企业更多时间来采取措施减少碳排放强度。第三，配额分配采取免费分配而非有偿拍卖。第四，参与主体类型单一，金融投资机构参与不足。根据发电行业（含其他行业自备电厂）2013—2019年任一年排放达到2.6万吨碳当量（约1万吨标煤）及以上的碳核查结果，仅2 225家企业纳入2019—2020年全国碳市场配额管理的重点排放单位。第五，交易产品单一。目前，全国碳排放权交易市场的交易产品为碳排放配额，建议根据国家有关规定适时增加其他交易产品。第六，交易规则、交易方式有待完善。碳排放权交易可以采取协议转让、单向竞价或者其他符合规定的更有效率的交易方式，需要采取有效措施，发挥全国碳排放权交易市场引导温室气体减排的作用，当然也要防止过度投机的交易行为，维护市场健康发展。

一般而言，市场最重要的三个要素是主体、产品和监管，碳市场也不例外。我国要形成更加有效性的、流动性的、稳定性的具备广度、深度与弹性的碳市场，需要有三个条件，我们可以简短总结为三个关键词"立法、量化、定价"。首先需要严格立法，包括确定减排总量、允许拍卖配额，即建立严格的政策体系；其次是严谨量化，包括各个排放行业的数据核查，建立更加科学透明的数据技术支撑体系；还需要严肃的定价，需要建立更加多元化、规模化的参与主体，更加市场化、金融化的产品和更加透明化和包容的监管，以促进严肃定价。多元化市场主体是指数量足够多的不同风险偏好、不同预期、不同信息来源的市场主体，这样才能形成公允的均衡价格。除了碳排放企业以外，还需要有更多的碳资产投资者进入市场，他们既可能是机构投资者，也可能是个人投资者。碳市场不仅是排放者的市场，也是投资者的市场，是所有有志于改变气候、珍惜环境的个人与机构共同推动的市场。当然，规模化对于碳市场而言也很重要，目前我国碳交易市场只覆盖了电力一个行业，未来可能需要纳入石化、化工、建材、钢铁、有色、造纸、航空七个行业，市场配额可能会超过 50 亿吨，这样将形成更大的市场规模。碳市场要满足信用转换功能、期限转换功能、流动性转换功能等金融市场的基本功能，这就意味着碳市场能够提供足够丰富的多层次产品，不仅包括碳排放权的现货交易，而且包括更多的其他衍生品交易，提供期权、掉期、远期、期货以及其他与金融产品密切相关的一系列服务，如抵（质）押、资产证券化、担保、再融资等，帮助履约企业以及投资者实现跨期贴现、套期保值、合理套利与风险管理。透明和包容的监管，是发展多元化市场主体和多样化产品的土壤，也是碳市场国际化的前提。

2021 年 4 月 15 日，中国人民银行行长易纲在中国人民银行与国际货币基金组织联合召开的"绿色金融和气候政策"高级别研讨会上，提出"要发挥好碳市场的价格发现作用。预计今年 6 月底，中国全国性碳排放权交易市场将启动运营。相关部门正在就管理条例征求意见，提出要逐步扩大碳排放配额的有偿分配比例，金融管理部门将配合相关部门参与碳市场的管理。构建碳市场应更多体现金融属性，引入碳金融衍生品交易机制，推动碳价格充分反映风险，最大化发挥碳价格的激励约束作用"。这些都是积极的举措，监管部门的高度重视是完善碳市场的信心。

（2）碳交易的会计和税务规定

会计准则目前对碳交易尚无明确规范。控排企业在收到主管部门发放的配额时，通常不确认为资产。在履约时需要购买配额或 CCER 进行清缴履约时通常将发生的费用计入与环保相关的"生产成本"或"管理费用"。

企业在发生碳配额买卖时，可自愿选择是否缴纳增值税，可根据交易所出具的交易凭证入账。因碳资产买卖产生的利润，计入企业所得税应税所得额。

（3）中国碳市场第一阶段市场规模

2020 年 12 月 31 日，中国碳交易试点终于走向全国一统。最初仅覆盖发电行业，纳入门槛为 2013—2018 年任何一年二氧化碳年排放量超过 2.6 万吨当量。目前，共有 2 162 家发电企业为重点排放单位，碳市场主管部门根据电厂的发电量及其对应的基准线为企业分配配额。

根据中电联发布的《中国电力行业年度发展报告 2020》，2019 年全国单位火电发电量二氧化碳排放约 838 克/千瓦时。2020 年全国火电发电量 5.28 万亿千瓦时，对应的是大约 44 亿吨二氧化碳排放量。

火电全行业的碳配额大约为 45 亿吨，如果按照试点区域 5% 配额进入交易平台，那么全国碳市场的单一年份交易规模就可以达到 2.25 亿吨。按照试点交易价格 40 元/吨计算，年交易额可达 90 亿元，未来随着市场规模的扩大，碳价有可能比试点区域的平均价格大幅度提高，最高市场规模甚至有可能达到 450 亿元（以碳价 200 元/吨计算）。

2000—2019 年中国碳排放来源占比如图 2-33 所示。

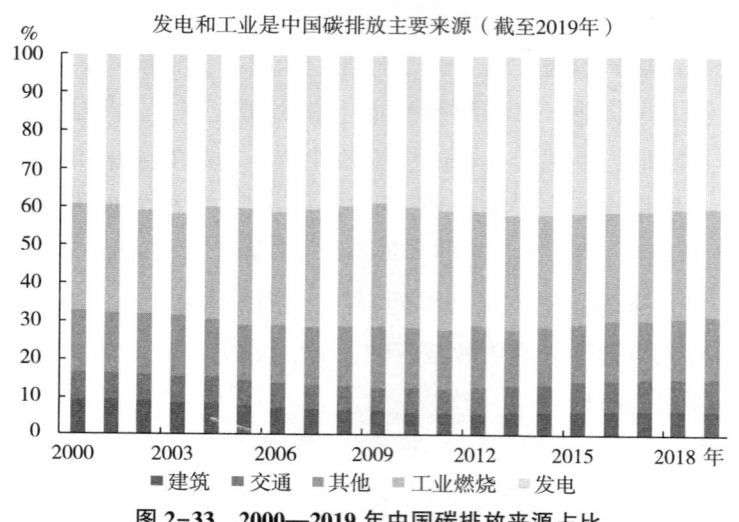

图 2-33　2000—2019 年中国碳排放来源占比

（4）影响中国碳市场价格的主要因素

发展碳市场的一个重要目的是发现碳价，以确定合理的减排成本，让排放企业来承担这部分成本，以真正实现温室气体排放的外部性内部化。影响碳期货和现货价格的因素基本一致，只是碳期货和现货对这些因素的反应程度有所不同。

1）政策因素

市场发展初期，制度因素是影响市场价格的主要因素，且由于市场不成熟，价格很容易受某些单一事件的巨大冲击。具体包括：

第一，配额超发。2006 年，欧盟委员会的第一份碳核查报告发布的总体碳排放显示碳配额严重超发，从而对碳价格产生了巨大的影响。在报告发布后的几天内，市场参与者担心碳配额超发会对市场带来严重冲击，都进行配额抛售，碳价几乎下降了 50%。这次的碳价急剧下降是由碳市场供过于求或者说是"过度分配"造成的。而 RGGI 从 2009 年运行以来，其最主要的问题是由于配额过剩造成市场价格低迷，活跃度较差，未能实现通过碳交易发现价格和传递价格信号的基本功能。

第二，借贷与储备限制政策。碳资产的金融性表现为两个层次，一是碳信用可以利用期货、期权机制进行交易，规避配额供求波动及减排资金运作的风险；二是碳资产可以跨时段储存、结转及借用。以上两种灵活机制使得受管制企业可以在现期和预期减排成本之间做出选择。这种允许跨时间维度进行交易的机制在美国二氧化硫减排计划中起到了关键作用。EU ETS 在 2003 年指令中也引入了储备机制，但第一阶段（2005—2007 年）剩余配额禁止存储到第二阶段（2008—2012 年）使用①。但这一政策，在配额超发事件之后又进一步影响了碳价格，使得碳现货价格几乎趋近于零。

2）能源价格、能源转换及天气因素

第一，能源价格。碳排放主要来源于各种化石能源（煤炭、天然气、原油）消费，这导致能源市场与碳市场之间存在着天然的价格传导机制：能源价格上涨将促使碳市场价格上涨，而能

---

① 法国和波兰曾经允许一定量的配额储备。

源价格下跌也将带动碳市场价格下跌。有学者基于 EU ETS 第一阶段的现货和期货价格数据，确定了 EU ETS 中的碳价格与化石燃料（如石油、天然气、煤炭）的使用量和价格相关[1]。另外，对欧盟碳市场第二阶段和第三阶段的分析也表明，碳市场与各能源市场的动态条件相关系数均为正。这意味着欧盟碳市场的碳价受到煤炭、天然气、石油等这些能源价格的影响。

第二，能源转换。能源价格对碳价的影响还体现在各类能源的相对价格上。这是由于能源需求者对各种化石燃料的需求既取决于它们的绝对价格又取决于它们的相对价格。举例来说，当低碳密集型燃料（如天然气）的价格足够低到使能源企业把来源从高碳密集型燃料（如煤）转换为低碳密集型燃料（如天然气）的时候，这个边际能源转换成本就会构成碳价的另一个重要决定因素。一般的经验是，短期的碳排放量在很大程度上取决于电力和热力运营商的化石能源选择，而他们同时也是欧盟排放交易体系的主要参与者（超过 50% 的排放量受到欧盟减排计划的管制）。当多数企业选择低碳密集型燃料时，二氧化碳排放量会减少，配额需求下降，导致短期碳价下降。

第三，气温和极端天气的影响。传统经济活动中很多部门都是温度敏感性的生产部门，其经济产出和碳排放都会受到气候因素影响；且降雨量、风速和阳光暴晒度也会直接影响水能、风能和太阳能等无碳能源的产量和传统能源的需求量，因此，天气因素对主要的能源部门和供热部门碳排放量的水平有重要的影响[2]。气候变化对能源价格影响的研究表明温度和电力需求的关系是非线性的，即温度的升高和降低只有超过一定的阈值才会影响到能源需求[3]。

3）经济因素

经济活动是明显的二氧化碳价格变化的驱动因素，一般来说，经济不景气会导致碳排放的下降，配额需求减少，碳价会下降。有学者根据 2005—2007 年间欧盟碳交易体系下各个产业部门工业生产总值的变化情况，研究工业生产水平对环境污染和碳资产价格的潜在影响，这种关系可以直观地理解为：工业生产增加，则相关的二氧化碳排放增加，排放企业需要更多的二氧化碳配额以弥补其排放。在这种逻辑下，工业生产总值增加会导致碳价格上涨[4]。Declercq 等人[5]研究了 2008 年和 2009 年欧洲电力部门的衰退对二氧化碳排放及碳价格的影响，他们的模拟结果表明欧洲电力部门在此期间的衰退可以减少约 1.5 亿吨二氧化碳的排放，从而能够显著拉低碳价格。Chevallier[6]的论文通过使用一系列有关宏观经济、金融和大宗商品的数据评估了国际冲击对碳现货和期货价格的传播路径，认为碳价格往往会对全球经济指标中的外生性衰退

---

[1] Mansanet-Bataller, M., Pardo, A., & Valor, E. (2007). CO_2 Prices, Energy and Weather. The Energy Journal 28, 73-92。

[2] Kruger, "Lessons Learned from the EU Emissions Trading Scheme (ETS)", (2008)。

[3] Hintermann B, "Allowance price drivers in the first phase of the EU ETS" Journal of Environmental Economics and Management, Vol. 59, No. 1, 2010。

[4] Alberola, E., Chevallier, J. & Chèze, B. (2008b). The EU Emissions Trading Scheme: the Effects of Industrial Production and CO_2 Emissions on European Carbon Prices, International Economics 116, 93-126。

[5] Declercq, B., Delarue, E. & D'haeseleer, W. (2011). Impact of the economic recession on the European power sector's CO_2 emissions. Energy Policy 39, 1677-1686。

[6] Chevallier, J. (2011b). Macroeconomics, finance, commodities: Interactions with carbon markets in a data-rich model. Economic Modelling 28 (1-2), 557-567。

冲击进行负面反应，也就是价格大幅下跌。

经济活动对碳价的影响也可以从一些突发经济事件中看出。2008年国际金融危机和2011年欧债危机爆发后，欧盟碳市场的碳价都有急剧下跌的反应，这是由于经济危机的发生使欧洲整体经济景气度持续下滑，企业生产意愿减弱，全社会能源消耗降低导致配额需求大幅减少。而2020年在新冠肺炎疫情的影响下，3月中旬欧盟碳价快速下跌至15.23欧元/吨，较年初下跌了37%[①]。之后受益于碳市场稳定储备机制（MSR），价格在第二季度逐渐反弹。2020年，欧盟碳市场碳配额交易量达81亿吨二氧化碳，是配额总量的4倍多，占全球碳交易总量约90%，交易额达到2010亿欧元。2021年，欧盟碳交易市场全年交易量约100.48亿吨，交易额约5589.97亿欧元，交易平均价格大约是55.6欧元/吨，换手率超过500%。截至2021年底，欧盟碳价为80.11欧元/吨。

（5）中国碳市场价格预测

1）一价定律

由于碳排放权的国际属性，对照欧盟、韩国、新西兰等地区的碳价，中国碳市场的价格处于低位。随着中国碳减排工作的深入，碳减排的边际成本逐步提高，碳价也会向国际发达地区逼近（见图2-34）。

2）度电碳成本法

2021年12月31日，欧洲能源交易所（EEX）的EUA（欧盟碳配额）期货价格为80.11欧元/吨。以煤电的碳排放强度为800~1000克二氧化碳/千瓦时来计算，煤电机组的碳成本在0.08欧元/千瓦时左右，约合人民币0.56元/千瓦时。中国多项研究成果显示，在目前乃至未来一段时间，在配额免费发放的方式下，预计碳价很难突破200元/吨。2019年，全国单位火电发电量二氧化碳排放约838克/千瓦时。以200元/吨的碳价计算，度电碳成本大约是0.1676元。但考虑到至少75%的免费碳排放额度，实际上0.1676元/千瓦时的碳成本会被均摊掉很多，实际度电碳成本只有不到0.04元/千瓦时。

因此，欧洲千瓦时电碳价大约是中国千瓦时电碳价的十倍以上。碳市场的目的是通过资源配置、风险管理、价格发现引导稀缺资源获得更好的配置，如果碳交易无法形成公平、合理、有效的价格，碳市场的功能就会大大减弱。因此，有专家认为，如果以平均23.5元1吨的价格水平，中国碳市场很难起到资源配置、风险管理、价格发现的碳中和、碳减排的市场机制作用，碳价格亟须回归。

根据美国环保协会预测，2021年中国的碳价格大约是49元/吨，2030年大约是93元/吨，到实现碳中和的时候，也就是到2060年大约是167元/吨。这是对中国碳交易市场的一个基本的判断。

---

① 中创碳投，《应对疫情冲击，各国碳市表现不一——全球六大碳市场2020年上半年报告》，2020年6月。

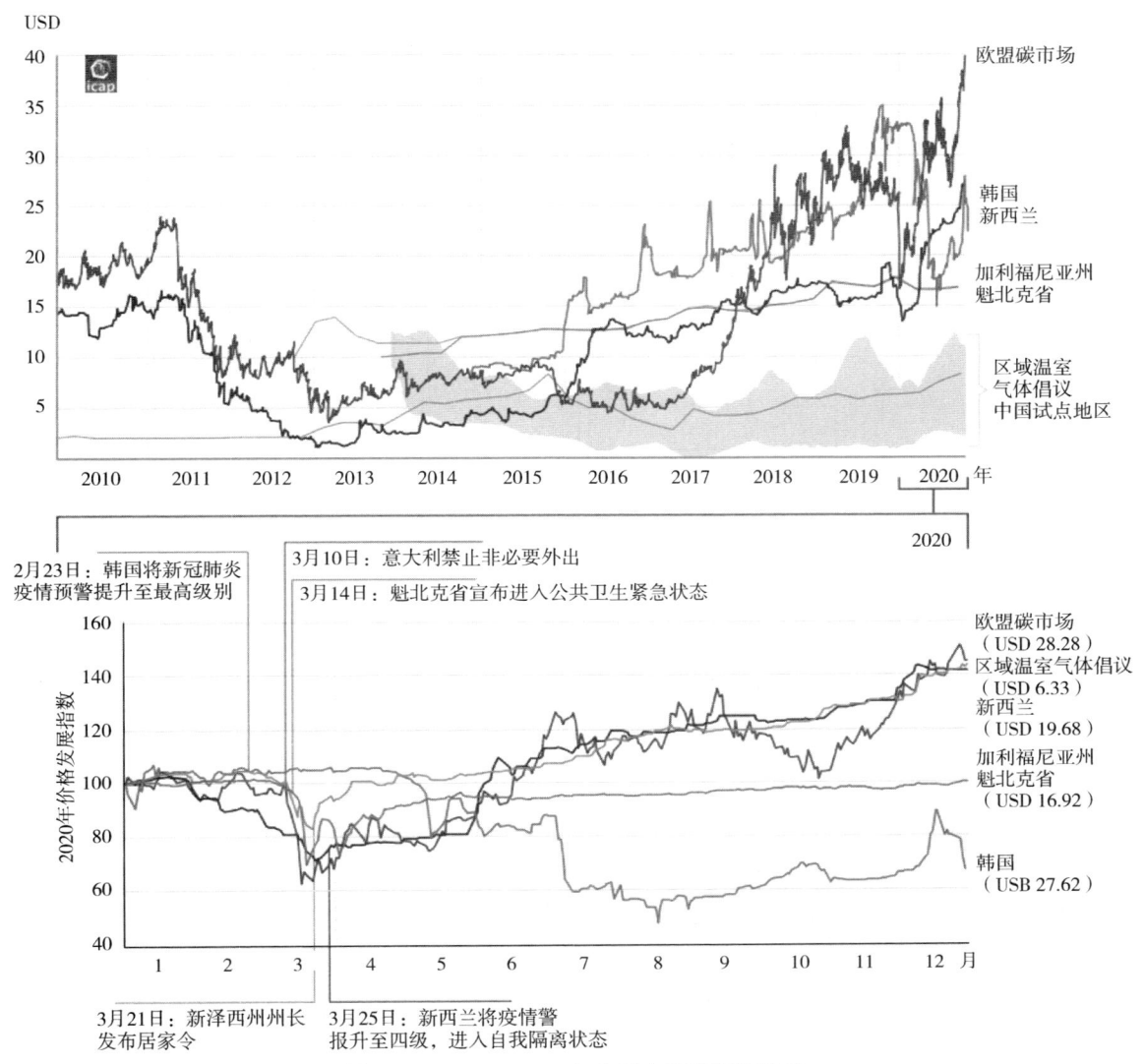

图 2-34　2010—2020 年全球主要碳市场价格

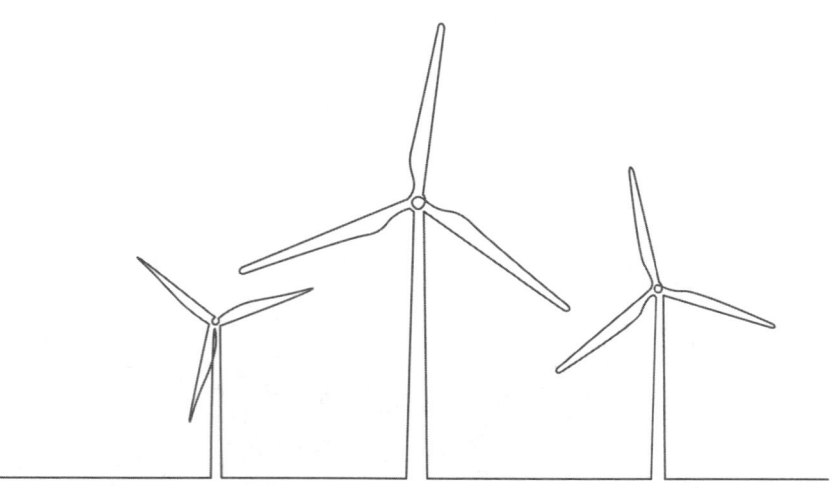

3 绿色金融地方试点

3.1 新疆

2017年6月试点以来，新疆哈密市、昌吉州、克拉玛依市绿色金融改革创新试验区创新绿色金融产品和服务，完善配套支持政策体制机制和工作机制，强化绿色金融宣传培训和政策研究，加大绿色金融服务供给，切实推进试验区建设环境效益、经济效益和社会效益的有机统一。

3.1.1 绿色金融改革创新机制不断完善

（一）完善试验区绿色金融标准试行工作

根据中国人民银行办公厅《关于在绿色金融改革创新试验区试行部分绿色金融标准的通知》（银办发〔2020〕15号），更好地规范和发展试验区绿色金融业务，发挥好试验区在绿色金融标准方面的先行先试作用，新疆三地试验区制定实施方案，确保绿色金融商业化、可持续发展。其中，昌吉州制定了《绿色金融标准试验工作方案》，哈密市制定《哈密市绿色金融改革创新试验区绿色金融标准实施方案（试行）》，克拉玛依市制定《克拉玛依绿色金融改革试验区标准实施方案》。

（二）加大绿色金融改革创新试验区金融机构信息披露

三个试验区从推动跨区域信息披露和共享运用两方面继续推进环境信息披露工作。昌吉州将绿色项目库信息与各金融机构及社会投资主体进行信息共享，并将建设项目公示信息、执行法规条例、行政审批、水环境质量、空气质量等信息均在政府网站公开。哈密市严格按照信用信息公示制度，积极开展行政许可和行政处罚信用信息公示。克拉玛依市生态环境局及时将全市范围内发生环保违法违规记录报送全市诚信系统，搭建了政金企信息共享平台，收录企业环境表现信息。

(三) 强化绿色金融配套支持政策

2020年6月，昌吉州出台《昌吉州绿色金融发展专项资金使用管理办法（试行）》，明确财政每年至少安排2 000万元专项资金，用于绿色金融补贴、风险补偿和奖励，奖补对象涵盖企业、银行、保险、担保公司。克拉玛依市创新政策引导机制，增强绿色金融改革支撑力。明确绿色融资风险补偿、担保以及绿色保险保费补贴等机制，撬动金融资源助力绿色产业发展。2020年，重点对绿色企业复工复产的支持，共为各类绿色企业节省费用3.13亿元，同比增长2.4倍。绿色信贷平均利率4.61%，同比下降0.23个百分点，绿色企业融资纳入政府性融资担保机构支持范围，下调绿色担保费率至0.5%。

(四) 落实绿色金融试点差异化政策

昌吉州出台《自治州绿色金融改革创新试验区建设2年半倒计时工作推进方案》，加快绿色金融改革创新试验区建设步伐。此外，制定印发《昌吉州绿色金融同业自律机制工作组管理办法》，成立绿色金融产品创新、宣传推广和优惠政策三个工作组，利用区州两级绿色金融人才，为量身打造一批可复制、推广的昌吉特色经验模式夯实基础。哈密市依据《哈密银行业金融机构执行人民银行政策情况评价项目与标准》等制度，对辖区银行业金融机构绿色金融业务开展"两管理、两综合"绿色金融考核评价，对排名靠后的银行高管进行约谈。克拉玛依市将地方法人绿色金融试点工作纳入执行中国人民银行政策评价、央行金融机构现场评级工作内容，督导昆仑银行制定绿色信贷专项激励政策，明确对绿色信贷投放增量配置专项工资奖励，对新增绿色信贷业务给予FTP资金成本20个基点的定价优惠，激励分支机构积极营销绿色金融业务。

(五) 出台绿色企业和绿色项目认定标准

昌吉州参照国家《绿色产业指导目录》（2019年版），制定适用于昌吉州绿色能源、绿色交通、绿色建筑、绿色农业和绿色旅游等领域的绿色企业和项目认定标准，出台《昌吉州绿色企业认定办法（试行）》和《昌吉州绿色项目认定办法（试行）》，为科学认定评价绿色企业和绿色项目，打通绿色金融落地的关键瓶颈，也为企业项目的绿色发展与财政、产业政策、环保政策和金融政策挂钩奠定坚实基础。克拉玛依市邀请能源污染治理专家、中央直属石油石化企业以及绿金领导小组成员单位，推动完善地方性绿色项目和绿色企业认定评估标准，修订《石油石化领域绿色金融支持行业清单》。

3.1.2 创新多种绿色金融工具，健全绿色金融工具体系

(一) 引导和培育绿色专营机构，构建试验区多层次绿色金融组织体系

一是银行业绿色专营机构建设稳步推进。以绿色金融单列绿色信贷规模、资金价格、金融

产品、风险管理指标、信贷审批通道和绩效考核的"六单①"管理要求，持续推动绿色专营机构建设。截至2020年底，三地试验区实现银行业金融机构绿色专营机构全覆盖，共有绿色专营机构（绿色支行、绿色金融事业部、绿色柜台）59家。推动国有银行分支机构、政策性银行、地方法人机构绿色专营机构全覆盖，绿色金融资源聚集，服务经济转型的示范效应显现。二是加快非银行业绿色专营机构建设。三地试验区共成立非银行绿色专营机构8家，财务公司绿色金融事业部1家，绿色金融与科技创新管理中心1家，保险业绿色金融事业部2家，证券业绿色金融事业部2家，绿色可转债发行绿色金融事业部1家，绿色担保事业部1家。

（二）加大绿色信贷支持，服务试验区绿色实体经济发展

引导金融资源向绿色产业集聚，加大对绿色领域信贷投放力度，保持资金投放合理增长。截至2020年末，试验区绿色信贷余额455.17亿元，占比17.7%，主要投向可再生能源及清洁能源项目、绿色交通运输项目以及工业节能节水环保项目。其中，哈密市绿色贷款余额246.67亿元，占比34.5%。

（三）充分利用多种融资模式，拓宽绿色融资渠道

一是积极利用证券市场融资。在各试验区鼓励辖内企业和金融机构发行各类绿色债券，融资政策向绿色企业倾斜。2020年，推动昌吉农商行发行5亿元绿色金融债券；特变电工注册发行5亿元绿色债券。稳步推进哈密市商业银行对接新疆广汇公司绿色项目，分批发行3.0亿元绿色金融债券。克拉玛依市地方专项债券优先向污水、暖气、清洁能源环保改造、水资源综合利用领域倾斜，配置9.32亿元专项债券资金支持绿色基础设施建设，已累计配置14.53亿元地方债券支持绿色项目建设。

二是绿色保险产品和服务创新不断深化。积极推动环境污染责任保险试点工作，稳步推进安全生产责任险、农业保险、新能源车辆保险等绿色保险。截至2020年末，昌吉州15家单位投保环境污染责任保险，更新完善365家高危行业重点企业目录清单，安责险实现100%全覆盖；依托"棉花保险+期货"试点，探索开展绿色农业保险改革创新，保费收入2.97亿元。克拉玛依市人保财险克拉玛依分公司、中华联合财产保险克拉玛依分公司创新推出石油石化环境污染责任险和区域性污染防控环境责任险，已累计支持4家企业、2个兵团团场投保环境污染责任险，破解"企业污染、群众受害、政府买单"的困局。

三是绿色基金迅速发展。各试验区积极发挥政府资金引导作用，多渠道壮大绿色基金规模，积极完善绿色基金投资管理模式。昌吉州设立4只绿色产业基金，总规模87.1亿元，实际使用金额73.7亿元，全部属于政府引导基金。哈密市新疆高鼎汇金股权投资管理有限公司在哈密设立"哈密市科创产业股权投资基金"，提供3 000万元科创企业孵化种子资金，用于支持科技型中小企业绿色发展。克拉玛依市设立政府性产业引导基金已2只，新增募集资金1.7亿元。2020年发起设立克拉玛依市油服产业发展基金，通过国有金融资本的引导和市场化资本运作模式，确保为油田提供绿色环保配套服务的企业得到资金上支持。

---

① 六单：单独申请、单独渠道报送，单独配置资金、额度、价格、期限。

四是环境权益交易市场不断壮大。各试验区积极有序推进碳排放权、排污权、水权、和用能权等环境权益交易市场建设，通过市场化手段推动污染外部性的内生化。昌吉州24家电力系统重点企业纳入国家碳排放权交易市场，对102家企业核发了排污许可证，对1 407家企业完成了排污登记工作。颁发14.31万本农业用水初始水权证，发放率达100%，各县市乡镇建立水权交易平台，部分地区交易已成常态，近年来交易额达到8 562万元。哈密市制定印发《哈密市2020年应对气候变化工作要点》，生态环保局积极对接自治区排污权交易中心，开展哈密市排污权二级交易市场探索工作。克拉玛依市2020年发放排污许可证73份，累计发放排污许可证107份。在办理排污许可证的过程中，做好企业复工复业帮扶工作，解决企业困难，确保企业"绿色发展"，为"十四五"全面开展排污权有偿使用和交易奠定工作基础。

3.1.3 防止疫情反弹及保持微观企业主体活力，精准帮扶产业链上绿色中小微企业

（一）支持重点绿色企业复工复产

加大对疫情防控重点企业的金融支持力度，引导辖内各金融机构通过绿色审批通道、专项额度安排、利率优惠、专业服务等措施，积极支持重点绿色企业复工复产。昌吉州出台纺织服装业专项贴息政策，为24家企业贴息765.93万元，解决绿色产业市场主体燃眉之急。活用多种货币政策工具，释放低成本资金，累计发放再贷款9.64亿元支持农户开展春耕备耕生产、小微企业复工复产，解决绿色产业市场主体"融贷难"。昌吉州工行和建行两家金融机构采用"全线上"网络贷款的方式，为中粮屯河糖业股份有限公司投放5亿元专项再贷款，贷款利率2%，支持该企业绿色农业中的蔗糖产业发展。昌吉农商行利用2 000万元再贷款资金支持天山面粉加工生产绿色面粉，助力绿色小麦加工企业发展。哈密市为中小微企业贷款贴息75.37万元，为防疫用口罩服装贴息186.32万元，用于科技创新、高新技术和战略新兴产业、上下游产业延伸、高端装备制造、新材料加工、节能环保、循环利用、废弃物综合利用等项目扶持资金244.86万元。克拉玛依市积极利用复工复产支小再贷款支持地方法人银行扶持油田技术服务行业企业、油污泥处理企业的复工复产信贷需求。创新"应收账款质押+特种设备""收费权质押+光伏设备"等方式，发放绿色信贷11.2亿元，支持天然气的净化、回收及综合利用，光伏发电及绿色基础设施升级。

（二）助力绿色产业链协同复工复产行动

昌吉州通过开展"保函+贴现"产业链融资模式，为特变电工上下游企业开立各类保函12笔0.70亿元，办理工银E贴2.61亿元，帮助中小微企业尽快恢复正常生产秩序。哈密市创新"应收账款"绿色供应链融资模式，通过核心企业广汇集团向其上游中小微企业发放信贷资金5 700万元；创新"应收票据"绿色产业链融资模式，通过核心企业潞安新疆煤化工（集团）为其上游企业哈密华瑞建筑工程办理质押贷款和银行承兑汇票350万元；创新"保兑仓+未来货权融资"绿色产业链融资模式，通过核心企业国投罗布泊钾盐有限责任公司为其下游4家企业办理"保兑仓+未来货权融资"融资4.85亿元，助力解决中小企业融资难题。克拉玛依市安排复工复产专项额度3亿元，摸排绿色中小微企业办理票据贴现需求，承诺见票即贴，能贴尽

贴，给予 30 个基点贴现价格优惠。加大对油田节能环保、污染防治、绿色制造领域的绿色企业票据融资支持，累计办理绿色再贴现 7 378 万元，同比增长 6.8 倍，助力产业链协同复工复产。

3.1.4 以建设绿色项目库为抓手，精准绿色金融服务对象

（一）完善机制，加强绿色项目库动态管理

（1）通过建立专人负责、持续跟踪、动态调整的绿色项目库和绿色化改造项目库常态化管理机制，形成入库一批、推进一批、储备一批的发展模式。截至 2020 年 12 月，绿色项目库共有纯绿项目 546 个，项目总投资 2 885.87 亿元，融资需求 1 986.01 亿元。其中，三地试验区有绿色项目 462 个，伊犁、阿勒泰、乌鲁木齐等 9 地市有绿色项目 84 个。动态管理绿色项目库，与各成员单位和金融机构联合开展项目规范入库工作，持续推进绿色项目库升级扩容工作。

（2）引入绿色金融智库，加强绿色金融与绿色产业高质量对接。自治区绿金办积极推动试验区绿金办与中国金融学会绿色金融专业委员会、中国投资协会绿色发展中心、北京环境交易所等环境权益交易平台以及联合赤道评价有限公司等中介服务机构搭建绿色项目与资本和企业对接合作平台，在农业、绿色制造、新能源、绿色交通、绿色旅游等传统产业和优势产业绿色转型和绿色化方面开展战略对接。2018 年以来，昌吉州签订超过 700 亿元银企合作协议及 2 560 亿元信贷支持计划；银企签约的 66 家企业，已有 50 家获得 45.66 亿元融资。2019 年推荐的 36 个绿色示范项目，已有 34 个获得 92.7 亿元绿色信贷资金支持。

（二）加强绿色金融与绿色产业高质量对接

昌吉州形成了产业投资、市场合作、绿色产业与绿色金融政策融合机制等方面的对接通道，充分利用绿色金融的手段、工具和服务，推动绿色项目实现融资，促进绿色产业发展。2020 年，昌吉州召开 2 次金融机构支持项目建设银企对接会，为 69 个重点项目签订合作协议，金额 166 亿元。

3.1.5 加大绿色金融专题调研和政策研究，总结可复制推广的经验

（一）积极开展绿色经济和绿色金融专题研究

密切关注国际可再生能源署（IRENA）、亚洲开发银行（ADB）等的研究动态，编辑并出版《可再生能源金融——点亮未来》和《气候变化与可再生能源》，完成太阳能光热发电的绿色金融支持、美国太阳能光伏产业现状及融资情况等研究报告，为新疆绿色金融发展提供借鉴经验。同时，从新疆经济和产业结构实际出发，围绕新疆经济绿色发展、可再生能源消纳及金融支持等开展专题研究，完成新疆可再生能源消纳模式与渠道研究分析等研究报告，为新疆绿色发展提供研究支撑。后期将围绕"3060 目标"，在推进碳排放权和碳金融市场发展、金融支持碳达峰和碳中和等方面进行研究探索。

（二）突出特色，大力宣传绿色金融理念

举办"绿色金融热点问题"专项培训班，邀请中国金融学会、兴业银行、中央财经大学、

中国人民大学等专家围绕绿色基金助力绿色发展、绿色金融产品创新、金融助力疫后绿色低碳发展、绿色金融与中国绿色复兴之路等内容进行培训，强化试验区、金融机构等有关人员对绿色金融理论、政策与实践的理解和应用。

3.2 贵州

2017年6月，经国务院常务会议批准同意，在广东、浙江、江西、贵州、新疆等五省（区）选择部分区域建设各有侧重、各具特色的绿色金融改革创新试验区，在体制机制上探索可复制可推广的经验，大力推进我国绿色金融发展。

贵州省是全国生态文明试验区，拥有丰富的资源、凉爽的气候、清新的空气和秀美的山水，生态优势明显，发展绿色金融具有先天优势。贵州省认真贯彻落实习近平总书记视察贵州指导工作重要指示精神，牢牢守住发展和生态两条底线，下大力气治水、治气、治渣，努力打造天蓝、地绿、水清、气净的生态环境，大力实施环境污染治理设施建设和绿色贵州建设三年行动计划，大力发展绿色金融，打造生态文明贵阳国际论坛，并将绿色经济作为经济发展的着力点，培育后发赶超的新优势，积极探索并取得显著成效。围绕建立多层次绿色金融组织机构体系、加快绿色金融产品和服务方式创新、拓宽绿色产业融资渠道、加快发展绿色保险、夯实绿色金融基础设施与构建绿色金融风险防范化解机制6大任务，形成34项试验区具体细化任务指标，截至目前，全部指标均已全面推进。经过近4年的探索实践，贵州贵安新区绿色金融改革创新试验区建设取得了初步成效，为推动全省各行业各领域绿色低碳发展，促进全省经济社会高质量发展做出积极贡献。2020年，作为绿色金融改革创新的国家级试验区，贵安新区绿色金融港管委会荣获国际金融论坛（IFF）第17届全球年会绿色金融创新奖，成为全球唯一获奖的政府机构。在全球经济发展新格局下，在"碳达峰 碳中和"目标的指引下，贵安新区绿色金融改革创新试验区以其先行先试的创新精神，运用绿色金融理论开展绿色金融实践，支持绿色技术、绿色产业发展，推动绿水青山向金山银山转化，深入贯彻落实绿色发展理念，稳步推进贵安新区绿色金融改革创新试验区建设成为绿色金融改革创新示范区。

3.2.1 绿色金融发展概况

3.2.1.1 绿色金融组织机制体制建设

（1）构建了贵安新区绿色金融管理体系

2017年，按照"立足贵安，辐射全省"的原则，贵州在省区两级分别成立了绿色金融改革创新领导小组。在省级层面，成立了省绿色金融创新发展工作领导小组，统筹推动试验区建设和全省绿色金融发展，办公室设在省地方金融监管局，统筹推动试验区建设和全省绿色金融发展。贵安新区管理委员会办公室印发了《关于成立贵安新区绿色金融改革创新工作领导小组的通知》（黔贵安管办函〔2017〕106号），成立了贵安新区绿色金融改革创新工作领导小组和绿色金融管委会，下设领导小组办公室、改革创新部、绿色金融港建设部、招商引资部、宣传部等五个职能部门，统筹协调试验区绿色金融改革创新工作。为抢抓省会城市与国家级新区优势叠加新机遇，进一步统筹协调推进绿色金融改革创新试验区建设，努力做到高起点统筹、高标准谋划、高效率推动，立足贵阳贵安、辐射带动全省，着力打造具有自身特色的绿色金融改革创新试验区品牌，成立了以党委及政府主要领导任双组长的贵阳贵安共建绿色金融改革创新工作领导小组，下设办公室在贵阳市金融办、贵安新区金融办，进一步加强贵阳贵安共同推动绿色金融改革创新试验区建设的工作领导及体制机制。

（2）出台了支持绿色金融发展的政策与实施细则

贵安新区绿色金融管理委员会为作为全国首家专门从事绿色金融工作的政府机构，在成立后下发了《贵安新区支持绿色金融发展政策措施（试行）》（黔贵安管办发〔2018〕19号），《关于印发〈贵安新区绿色金融改革创新试验区建设实施方案〉的通知》，从绿色金融业务开展奖励、绿色金融人才奖励、机构落户奖励等方面提供政策支持，助推贵安新区绿色金融改革创新试验区建设。出台了《贵安新区绿色金融改革创新试验区工作推进绩效考核办法》《贵安新区建设绿色金融改革创新试验区实施方案》《关于支持贵安新区建设绿色金融改革创新试验区的若干政策》等政策文件。2020年2月24日，省委常委会会议审议通过了《中共贵州省委贵州省人民政府关于支持贵安新区高质量发展的意见》。贵安新区党工委、管委会作为省委、省政府派出机构，集中精力抓经济发展，支持贵安新区和贵阳市在产业布局、要素配置、城市规划建设、社会管理等方面统一规划、统一建设、统筹管理。2021年4月12日，贵州省出台了《关于支持实施"强省会"五年行动若干政策措施的意见》，明确贵安新区整体委托贵阳市管理。坚持高端化、绿色化、集约化，赋予贵阳贵安省级管理权限，促进融合发展，加大财税支持，加强用地支持，加强用电支持，支持用人机制创新，强化改革创新支持等方面注入强劲动力、提供有力支撑。

（3）推动出台试点工作的人才、资金等支持保障措施

一是出台人才保障措施。由贵州省人社厅牵头，会同省委组织部、省地方金融监管局、贵安新区共同拟制出台《支持贵安新区加快引进和培育绿色金融专业人才的实施意见》，相关工作正在推进中。试验区制定出台了《贵安新区支持绿色金融发展的政策措施（试行）》（黔贵安管办发〔2018〕19号）和《贵安新区绿色金融改革创新试验区建设实施方案》，对绿色金融高级管理人才，以其缴纳的个人所得税新区留存部分为基数，连续10年给予50%的等额奖励，完善了试验区在绿色业务开展、绿色金融人才培养等方面的制度建设，进一步强化试验区顶层设计。

2020年3月26日，贵州省人力资源与社会保障厅发布《贵州省人力资源和社会保障厅关于支持贵安新区高质量发展的实施意见》（黔人社办发〔2020〕7号）（以下简称《意见》），《意见》指出人才引进平台搭建方面给予支持。充分发挥贵州人才博览会、省校专项招聘活动等平台载体的引才作用，聚焦重点产业、重点项目，广泛收集和发布试验区人才（项目）需求，组织集中揽才，助推试验区不断引进和壮大人才队伍。提供专家智力支持。推动试验区制定人才工作高质量发展的政策措施，结合试验区产业发展对专家人才智力的需求，积极

协调相关领域专家深入项目一线开展科技服务，助力产业发展。《意见》强调对人才引进平台建设及专家支持，对于绿色金融领域发展的人才队伍建设具有推动作用。

2021年4月23日制定发布《贵阳贵安人才"强省会"行动若干政策措施》，为实施"强省会"五年行动，强化国内专业技术人才队伍建设，进一步加大人才对重点产业发展的引领作用，采取更实际、更实惠、更实效的措施，推动贵阳贵安城市综合实力实现大跃升。

二是完善资金保障措施。贵州省财政厅印发实施了《贵州省金融业态发展资金管理办法》（黔财金〔2017〕60号），每年安排3 000万元资金用于奖励省内金融机构在绿色金融等领域的产品服务创新。2020年11月，省财政厅会同省地方金融监督管理局修订《贵州省金融业态发展资金管理办法》，联合印发了《贵州省财政厅贵州省地方金融监督管理局关于印发〈贵州省金融业态发展资金管理办法〉的通知》（黔财金〔2020〕54号）。试验区制定出台《贵安新区支持绿色金融发展的政策措施（试行）》（黔贵安管办发〔2018〕19号），每年安排绿色发展专项资金支持试验区绿色金融发展与绿色产业聚集，在机构落户奖励方面，对落户试验区的银行、证券公司、保险公司、后台服务中心等。在绿色上市奖励方面，试验区每年认定一批主营业务为绿色产业的企业，纳入绿色上市企业库，鼓励其在多层次资本市场进行直接融资。

3.2.1.2 构建了贵安新区绿色金融组织体系

截至2021年第一季度，贵安新区设立绿色金融事业部或专营机构14个，其中，银行业绿色金融事业部或专营机构11家，非银行业绿色金融事业部或专营机构3家，开展绿色金融服务（见表3-1）。

推动设立了中国建设银行贵安绿色金融改革试验区支行、中国银行贵安新区绿色金融支行、中国农业银行贵安绿色金融支行、贵阳银行绿色金融试验区支行；中国工商银行贵安分行、贵州银行贵安新区支行、华夏银行贵阳分行、清镇农商银行、平坝联社、安顺农商银行、兴业银行贵阳分行设立绿色金融事业部；中天国富证券有限公司于2017年12月在贵安新区设立了绿色金融事业部；中国人保财险贵州省分公司在试验区建立了全国首个"绿色金融"保险服务创新实验室。

表3-1 贵安新区绿色金融专营机构设立情况

所属行业	性质	具体名称
银行业	绿色金融支行	中国建设银行贵安绿色金融改革试验区支行
	绿色金融支行	中国银行贵安新区分行
	绿色金融分行	中国农业银行贵安分行
	绿色金融支行	贵阳银行贵安绿色金融试验区支行
	绿色金融事业部	中国工商银行贵安分行绿色金融事业部
	绿色金融事业部	贵州银行贵安新区支行绿色金融部
	绿色金融事业部	华夏银行贵阳分行绿色金融部
	绿色金融事业部	清镇农商银行绿色金融服务部
	绿色金融事业部	平坝联社绿色金融事业部
	绿色金融事业部	安顺农商银行绿色金融事业部
	绿色金融事业部	兴业银行贵阳分行绿色金融事业部

续表

所属行业	性质	具体名称
保险业	创新实验室	中国人民财产保险股份有限公司绿色保险产品创新实验室
证券业	绿色金融事业部	中天国富证券绿色金融事业部
类金融机构	担保公司	贵安新区绿色融资担保有限责任公司

截至 2021 年第一季度，建设具有行业引领性的绿色金融机构 15 家，其中，银行业行业引领性的绿色金融机构 8 家，非银行业行业引领性的绿色金融机构 7 家（见表 3-2）。

表 3-2 具有行业引领性的绿色金融机构

所属行业	具体名称
银行业	中国工商银行贵安分行
	中国农业银行贵安分行
	建行贵安绿色金融改革创新试验区支行
	贵州银行
	贵阳银行
	兴业银行
	贵阳农商行
	贵州省农信社
非银行业	贵州环境能源交易所有限公司
	贵安新区绿色融资担保有限责任公司
	贵阳大数据交易所
	贵安新区鲲鹏私募基金管理有限公司
	华能贵成信托有限公司
	贵阳市创业投资有限公司
	华贵人寿保险股份有限公司

贵州银行于 2020 年 11 月 30 日正式宣布采纳赤道原则，成为国内第六家赤道银行，制订《贵州银行绿色金融战略规划（2021—2025 年）》，公司部为全行绿色金融推动管理部门，内设绿色金融专职团队。

贵阳银行加快绿色金融业务布局，积极打造绿色生态特色银行，明确绿色发展战略，结合贵阳银行实际，出台《贵阳银行关于加快发展绿色金融的实施意见（2018—2020 年）》和《贵阳银行打造绿色生态特色银行总体规划》。2018 年制定了《贵阳银行关于加快发展绿色金融实施意见（2018—2020 年）》，绿色贷款在三年规划期内稳步提升。

贵阳农商行制定印发了《贵阳农商银行股份有限公司贯彻绿色生态金融服务工作方案》《贵阳农商银行股份有限公司乡村振兴特色银行发展规划（2019—2023 年）》规划工作方案，明确了持续做好绿色金融和普惠金融服务，将农商行打造成为乡村振兴特色银行，积极倡导大力发展绿色金融业务，推动绿色经济、循环经济和低碳经济发展。

兴业银行贵阳分行在分行企金部下设集管理与经营为一体的绿色金融事业部，深耕经营管理与绿色金融融资服务。

工商银行贵州省分行从单列绿色金融审查便捷通道、适度降低绿色项目准入门槛、降低绿色贷款融资成本、保障绿色信贷投放规模、加快绿色金融产品及融资渠道创新。

华贵人寿保险股份有限公司于 2016 年注册至贵安新区，成为贵州首家本土保险公司，作为贵州省第一家本土保险法人机构，立足贵州、服务全国，以民生保障类产品创新为突破口，为客户提供全方位的人身保险保障。

2010 年 7 月，贵州环境能源交易所有限公司（简称贵州环交所）经贵阳市人民政府批准于 2010 年生态文明贵阳国际论坛期间挂牌成立。主要业务是碳排放权交易、排污权交易等环境权益交易服务、节能环保技术咨询、绿色技术服务及低碳能力建设培训等，是贵州省唯一从事环境权益交易的交易平台。

此外，围绕金融、准金融等业态，积极引进投资咨询、会计、审计、律师、资产评估、保险代理、信息咨询等中介服务机构入驻。截至 2021 年第一季度，累计培育引进绿色金融专业机构 64 家，其中，会计师事务所 15 家、法律咨询机构 15 家、其他环境类咨询机构 34 家。贵安新区管委会全额出资设立的贵安新区绿色融资担保有限责任公司，推动贵安新区经济和社会发展，做好新区中小微企业、"三农"、创新创业领域融资服务及政策宣传、解决中小微企业融资难问题。

3.2.1.3 构建了贵安新区绿色金融监管、考核办法及评级评价机制

一是建立健全贵安绿色金融监管政策体系。制定出台了《贵安新区绿色信贷评价实施办法（试行）》（黔府金发〔2018〕13 号）、《贵州省绿色企业和绿色项目授信指导意见》（黔府金发〔2018〕14 号），建立绿色金融监管政策体系，加强绿色金融监管。

二是构建贵安新区绿色金融风险监测预警机制。贵安新区制定出台《贵安新区绿色金融风险监测和评估办法》（黔府金发〔2018〕19 号）、《贵安新区绿色金融风险预警工作方案》（黔府金发〔2018〕17 号），贵州银保监局印发《贵州银保监局办公室关于做好贵安新区绿色信贷风险监测评估的通知》（贵银保监办便函〔2019〕129 号）和《关于做好全省及贵安新区绿色保险监测和评估工作的通知》（贵州银保监局筹备组），构建了符合贵安新区实际的绿色金融风险监测预警机制。

三是完善贵安新区绿色金融改革创新工作考核机制。制定出台了《贵安新区绿色金融改革创新试验区工作推进绩效考核办法（试行）》（黔绿金办发〔2018〕1 号），并于 2018 年 5 月开展对省绿色金融创新发展工作领导小组相关成员单位及省内主要金融机构的调研督导工作。

四是开展法人金融机构绿色信贷业绩评价工作。下发《关于印发〈贵州省银行业存款类金融机构（法人）绿色信贷业绩评价实施细则（试行）〉的通知》（贵银发〔2018〕97 号），开展参评法人金融机构的绿色信贷业绩评价工作，并将绿色信贷业绩考核评价结果纳入宏观审慎评估（MPA）框架。

五是银保监局出台了《关于贵州省绿色企业和绿色项目授信的指导意见》，明确绿色支行标准，支持绿色信贷"六单"模式，鼓励银行业金融机构积极支持"四型"产业和"三变"

改革中的绿色项目。

六是出台了《贵安新区绿色信贷评价实施办法（试行）》，将组织机制、绿色信贷和限制性贷款情况纳入评价范围，强化对绿色信贷的激励机制及"两高一剩"领域的信贷约束。

七是出台了《贵安新区绿色保险创新工作实施方案》，从完善绿色保险市场体系、创新绿色保险产品体系、创新绿色保险服务手段、创新保险融资手段四个方面提出加快保险业改革创新工作措施。

八是出台了《贵州省推进知识产权质押融资实施方案》，从加强价值评估、创新服务、优化风险管理、做好保障等方面，支持绿色科技公司和金融资源有效融合，为绿色金融营造良好外部环境。

九是出台了《贵安新区绿色信贷评价实施办法（试行）》，贵州银保监局印发《贵州银保监局办公室关于做好贵安新区绿色信贷风险监测评估的通知》和《关于做好全省及贵安新区绿色保险监测和评估工作的通知》。督促相关银行保险机构切实落实政策要求，加快贵州省绿色金融发展。

3.2.1.4 构建了以碳中和为目标的绿色金融发展路径

一是贵州省全面实施"大生态"战略行动，牢固树立绿水青山就是金山银山理念。省委书记、省人大常委会主任谌贻琴同志指出，科学编制贵州省碳达峰、碳中和行动方案，大力推动产业生态化、生态产业化，推进煤炭资源高效利用技术实现新突破，推进新能源、页岩气等创新发展，努力在碳达峰、碳中和上作出贵州应有的贡献。强力推进国家生态文明试验区和贵安新区绿色金融改革创新试验区建设，全面实施绿水青山工程，开展植树造林、低效林改造、石漠化综合治理、森林城市建设、生物多样性保护、自然保护地整合优化等工作，森林面积和森林覆盖率稳步提升。探索开展低碳村和低碳社区试点，积极申请省级应对气候变化资金，探索推进低碳村、低碳社区、低碳公园试点。

二是积极推动丰富林业资源，进一步增强发展林业碳汇的天然优势。"十三五"期间贵州完成人造林2 988万亩，森林覆盖面积从2010年557万公顷增加到2019年771万公顷，年均增加23.8万公顷。截至2020年，全国首个国家森林城市贵阳5年来森林覆盖率从46.5%提高到55%，提高8.5个百分点，建成区人均绿地面积从10.95平方米提高到13.16平方米。贵阳环境空气质量优良率达到98.9%，连续5年稳定在95%以上，环境空气质量连续4年稳定达到国家二级标准，在中国省会城市名列前茅。

三是贵州环境能源交易所有限公司经贵阳市人民政府批准于2010年生态文明贵阳国际论坛期间挂牌成立。贵州环境能源交易所提供碳交易业务服务和生态环境服务，碳交易业务服务主要为重点企业提供碳排放报告咨询、第三方核查、复核、碳资产管理、碳交易能力建设等技术服务。生态环境服务主要包括低碳能力建设服务、绿色低碳咨询服务和绿色环保技术服务。

四是单株碳汇于2018年被《贵州省生态扶贫实施方案（2017—2020年）》列入十大生态扶贫重点工程之一，2020年，贵州省把实施单株碳汇精准扶贫项目作为参与全省脱贫攻坚的一项重要举措，制定《贵州省生态环境厅2020年度单株碳汇精准扶贫项目实施方案》，明确全面推进"9+3"贫困县（区）单株碳汇精准扶贫项目工程。

五是中国人民银行贵阳中心支行下发了《中国人民银行贵阳中心支行办公室关于开展2021年金融机构环境信息披露试点工作的通知》，要求各金融机构开展环境信息披露试点。2021年5月26日，贵州银行对外发布《2020年环境、社会及管治报告》，成为以ESG理念引领高质量发展的贵州银行样本。

六是贵阳市、贵安新区共同启动《贵阳市"十四五"生态环境保护专项规划》以及《贵阳贵安融合发展生态环境保护规划（2020—2035）》编制工作，从推动结构调整，促进绿色低碳发展；深化系统治理，持续改善环境质量；强化保护修复，提升生态系统质量和稳定性；强化风险防控，牢守环境安全底线；深化改革创新，建设现代环境治理体系等方面，"一盘棋"做好生态环境保护工作顶层设计。

3.2.2 绿色金融市场发展及产品创新

3.2.2.1 绿色金融机构发展情况

截至2021年第一季度，新区共有银行业金融机构15家，已设分支机构数共计32个，拟设立分支机构共计6个，包括中国银行、中国农业银行、中国工商银行、中国建设银行、中国邮政储蓄银行、交通银行6家大型国有控股商业银行，上海浦发银行、中国光大银行、贵州银行和贵阳银行4家普通股份制商业银行，贵安发展村镇银行、平坝信用联社、花溪农村商业银行、花溪建设村镇银行和平坝鼎立村镇银行5家农村信用社（含村镇银行、农村商业银行）。其中总行1个（贵安村镇发展银行）；二级分行2个（中国工商银行贵安分行、贵阳银行贵安分行）；一级及以下支行35个。省内非银行业金融机构成立绿色金融事业部。贵州省中天国富证券有限公司于2017年12月在贵安新区设立了绿色金融事业部；中国人保财险贵州省分公司在试验区建立了全国首个"绿色金融"保险服务创新实验室；保险业金融机构3家，其中总部1个（华贵人寿保险股份有限公司）、分支机构2个（中国人民财产保险贵安新区营业部和中国人寿财产保险贵安新区中心支公司）。此外还有融资担保公司4家、小额贷款公司4家、权益类交易场所2家。

3.2.2.2 绿色金融产品发展和服务创新模式发展状况

绿色金融产品创新多样化。在绿色金融管委会的设计和指导下，金融机构积极开展绿色金融产品和服务方式创新，新产品、新服务不断涌现，2018年以来绿色金融产品和服务方式创新模式达101项，其中：2018年49项、2019年13项、2020年13项、2021年第一季度26项。绿色金融产品和服务创新模式同比增幅分别为：100%（2018年）、26.53%（2019年）、20.97%（2020年）、34.67%（2021年第一季度）。

通过绿色金融产品和服务方式创新模式助力，有力推动贵阳贵安绿色发展取得新成效，比如：贵安新区作为工信部、国管局与国家能源局获批的国家绿色中心试点地区，贵安新区正在打造的12个超大型数据中心，投资超400亿元，均为绿色数据中心；在此基础上，2021

年,成为全国一体化算力网络枢纽节点 8 个区域布局之一,华为全球最大云数据中心落地,目前,已落地 15 个大型数据中心。贵安云谷分布式能源中心项目被省发改委和省住建厅评定为"贵州省分布式能源示范项目",是贵州省乃至国内首座采用"1+3"多种能源互补模式建造的智慧能源中心项目。持续推动国家级海绵城市试点,大力推行绿色建筑取得新成效,截至 2021 年第一季度,城镇绿色建筑面积占新建建筑比重 64.60%。

贵安新区贵安新区围绕"两端五体一库"的基本思路,从组织体系、产品服务、标准体系、政策支撑、清洁供暖等方面开展了创新举措,7 个案例入选人民银行研究局编辑出版的《绿色金融改革创新案例汇编》(见表 3-3)。

表 3-3 绿色金融改革创新案例

序号	案例名称	分类
1	绿色资产证券化解决环保企业融资难题	绿色金融创新支持绿色产业,推动经济绿色低碳发展
2	绿色抵押担保解决绿色建筑融资难题	绿色金融创新支持绿色产业,推动经济绿色低碳发展
3	单株碳汇助力绿色精准扶贫	绿色金融创新支持绿色产业,推动经济绿色低碳发展
4	绿色金融与财政联动共建公益性环保项目	绿色金融支持环境保护,助力垃圾分类
5	绿色贷款支持土地复垦	绿色金融支持环境保护,助力垃圾分类
6	有效盘活绿色信贷资金支持贵州省绿色发展	金融机构业务模式创新和流程改进助力绿色发展
7	大数据支撑"菜篮子助农贷"	金融科技助力绿色金融发展

3.2.2.3 绿色金融发展规模

绿色贷款规模稳步增长。截至 2021 年第一季度,贵州省绿色贷款余额 3 771.2 亿元,同比增长 19.2%,占同期全省各项贷款余额的 11.2%,不良贷款率 0.2%。贵阳绿色贷款余额总体呈增长态势,截至 2021 年第一季度,贵阳绿色贷款余额 1 797.20 亿元,占比 10.93%,加权平均利率 5.29%,绿色信贷不良贷款率 0.22%,2021 年第一季度,新增绿色贷款金额 85.93 亿元。

绿色资产证券化(ABS)发展迅猛。2017 年至 2019 年,贵阳贵安新增发行绿色 ABS 24 单,占比 40%,融资总额 31.84 亿元,发行规模占比 13.77%。截至 2021 年第一季度,发行绿色 ABS 24 单,绿色 ABS 发行单数占比 4.59%,绿色 ABS 融资总额 31.84 亿元,绿色 ABS 发行规模占比 2.04%。

绿色 ABS 发行拓宽了绿色发展融资渠道,2017 年贵阳公交发行的绿色 ABS 是全国首单省会城市公交绿色 ABS 项目,募资 26.5 亿元,是当时发行规模最大的绿色资产支持专项计划。该绿色 ABS 期限 8 年(4+4),资金主要用于贵阳公交绿色产业项目的建设和运营。由贵阳市城市建设投资(集团)有限公司(主体评级 AA+)提供连带责任保证担保,中诚信证券评估有限公司对优先级证券评级 AAA,并获得国际气候债券组织(CBI)认定的国际绿色债券评估机构——北京中财绿融咨询有限公司绿色债券认证。建设银行贵州省分行与贵安电子信息产业投资有限公司以云谷分布式能源中心项目为载体,成功签署了 10 亿元的资产证券化项目合作协议。

绿色保险保费收入稳步提升。截至 2021 年第一季度，贵州省新增绿色保险产品数量 251 个，绿色保险产品总量为 335 个，数量占比 8.02%，累计保费收入 45.95 亿元，保费收入占比 2.99%。2020 年度新增绿色保险产品数量为 39 个，绿色保险产品数量同比增幅达到 15.48%，新增绿色保险保费收入 15.49 亿元同比增幅为 17.49%。

绿色债券发行种类和规模不断上升。截至 2021 年第一季度，贵阳贵安新增发行绿色债券 10 只，融资 224 亿元。其中：绿色公司债券 4 只，融资 64 亿元，绿色公司债券发行单数占比 4.71%；绿色金融债券 4 只，融资 130 亿元，绿色债务融资工具 2 只，融资 30 亿元。2020 年度新增绿色债券发行 4 单，规模为 42 亿元。贵州省水利投资（集团）有限责任公司发行 3 单，规模为 28 亿元，贵安新区开发投资有限公司发行 1 单，规模为 14 亿元。

绿色基金在扶持中发展。截至 2021 年第一季度，累计设立或参股绿色产业投资基金 30 个，总规模（实缴）311.69 亿元，投资项目 112 个。2020 年新增绿色产业投资基金 2 只，规模为 16.78 亿元，新增投资项目 18 个，主要投资医疗健康、新能源、芯片制造、大数据应用等产业，投资了白山云、新致软件、数据宝等企业，为贵安新区绿色产业发展、构建、落地发挥了重大作用。以上资金直接对接实体经济，积极参与创新创业，有效拓宽绿色产业融资渠道，有力支持试验区基础设施建设及工业企业发展。

环境权益交易取得长足进步。截至 2021 年第一季度，碳市场及环境权益交易累计金额 13 232.97 万元，其中：累计碳排放权（林业碳汇）交易金额 1 198.08 万元，累计排污权交易金额 12 000 万元，累计水权交易金额 34.89 万元。新增碳市场及环境权益交易金额分别为：12 022.83 万元（2017 年）、67.74 万元（2018 年）、37.06 万元（2019 年）、1 318.52 万元（2020 年）、0.95 万元（2021 年第一季度）。在贵州环境交易所交易，2018 年启动的单株碳汇精准扶贫项目是全省首次在碳金融、碳衍生品等机制探索与精准扶贫相结合的创新案例。截至 2020 年，贵州省已完成 9 个市（州）32 个县 682 个村 9 356 户的单株碳汇开发工作，年可销售碳汇量 3 737 万千克，年可交易碳汇金额 1 119.9 万元。累计售出并到账购碳金额 173.4 万元，惠及 2 654 户贫困户，户均增收 653 元。每年户均可增加收入 1 198 元。

3.2.3 绿色金融基础设施建设

3.2.3.1 绿色金融项目库

贵安新区按照"两端五体一库"的思路，将绿色项目认证、绿色企业认证、绿色金融产品与服务等信息化，实现"绿色项目认证""绿色金融产品服务""财政支持激励政策""企业环境信息披露"的"四位一体"动态管理，并通过平台不断完善绿色金融标准评估认证体系，形成"绿色金融+大数据"的具有贵州特色的绿色金融综合服务平台。此外，依托绿色金融标准认证体系实时完善绿色项目库建设，做好项目推介、融资对接等服务。

贵阳贵安融合共建，进一步夯实绿色项目库基础。贵安新区绿色金融管委会立足贵安新区的"1+5"绿色产业，项目库主要包括生态利用产业、绿色能源、清洁交通、建筑节能与绿色建筑、生态环境保护及资源循环利用、城镇和园区绿色升级、生物多样性保护等贵州省绿色金融重点支持的七大产业。截至2021年第一季度，贵阳贵安入库项目230个，投资金额2 679.52亿元。

3.2.3.2 绿色金融综合服务平台

贵州省运用金融科技手段助力绿色金融发展，推出了贵州省绿色金融综合服务平台，推动建设绿色技术银行，同时助力支持金融发展的绿色技术。贵州省绿色金融综合服务平台是由贵州省地方金融监督管理局及贵州贵安新区管委会联合筹备搭建，由贵州龙马融合信息技术有限责任公司提供技术支持，主要以绿色项目与绿色金融各阶段信息共享与传递，实现"统一标准、统一数据库、统一多元数据汇集、统一全生命周期管理"的"四位一体"信息化监管与服务。绿色金融综合服务平台围绕生态旅游、绿色康养、绿色数据中心、绿色建筑、生态农业、绿色运输、绿色交通等产业，引导全省绿色金融项目进入绿色金融项目库（见表3-4）。

该平台集成绿色认证和评级、奖补资金审核发放、绿色金融风险补偿、绿色金融产品设计与辅导等服务功能，同时，依托绿色项目库和大数据技术实现绿色项目路演、绿色风险分担、兼并重组、要素交易等核心金融功能，并提供品牌推广、技术交流、专业培训等衍生功能，帮助绿色企业降低项目运营成本，促进金融机构提高投资效率。在此基础上，绿色金融综合服务平台推动绿色金融体系的信息流、资金流充分披露，为政府提供决策信息和智力支持。

表3-4 贵安新区金融服务平台官网主要功能

序号	功能模块	功能描述
1	首页	1. 绿色项目库：优先展示新增的4个绿色项目概况 2. 绿色金融机构：滚动显示已入驻平台的金融机构 3. 截止至当日贵州省绿色金融项目及机构统计 4. 登录模块：根据角色（政府、企业等）不同，可通过账号密码登录平台，进入管理后台
2	绿色金融项目列表	1. 绿色金融项目列表：通过项目类型（绿色金融项目、绿色金融重大项目）、融资状态（已融资、未融资）、项目进度（初期、中期、成熟期）、发布时间、项目名称进行查询 2. 可查看项目详情：项目基础信息、投融资信息、项目绿色认证信息 3. 已获融资项目列表：优先展示最新已获融资项目 4. 最新绿色项目列表：优先展示最新已通过审核的绿色金融项目
3	绿色金融重大项目列表	1. 绿色项目列表：通过项目类型（绿色金融项目、绿色金融重大项目）、融资状态（已融资、未融资）、项目进度（初期、中期、成熟期）、发布时间、项目名称进行查询 2. 可查看项目详情：项目基础信息、投融资信息、项目绿色认证信息 3. 已获融资项目列表：优先展示最新已获融资项目 4. 最新绿色项目列表：优先展示最新已通过审核的绿色金融项目
4	绿色金融机构	1. 绿色金融机构列表：通过企业类型（银行、基金、信托、证券、保险）、发布时间、企业名称进行查询 2. 可查看企业详情：企业基本信息 3. 绿色金融机构列表：优先展示最新入驻的绿色金融机构

续表

序号	功能模块		功能描述
5	绿色金融政策与动态	绿色金融政策法规	1. 绿色金融政策法规列表：通过分类（政策法规、行业动态、通知公告、项目公示、绿色金融标准）、发布时间、标题进行查询 2. 热点信息：后台设置是否将该新闻推送至热点信息列表
		绿色金融标准	1. 绿色金融标准列表：通过分类（政策法规、行业动态、通知公告、项目公示、绿色金融标准）、发布时间、标题进行查询 2. 热点信息：后台设置是否将该新闻推送至热点信息列表
		绿色金融动态	1. 绿色金融动态列表：通过分类（政策法规、行业动态、通知公告、项目公示、绿色金融标准）、发布时间、标题进行查询 2. 热点信息：后台设置是否将该新闻推送至热点信息列表

（1）绿色项目入库流程

①标准自查。项目业主根据《贵州省绿色金融项目标准及评估认证办法（试行）》及《贵州省绿色金融重点支持产业指导性标准（试行）》的相关内容和要求，对拟上报项目进行标准核对及自查，对未达标或未成形项目，可按要求进行项目设计。

②资料填写。项目业主填写《××公司××项目基本情况介绍》，内容包括但不限于：项目业主情况、项目主要内容、项目绿色属性介绍、项目投融资情况描述等；项目业主填写《绿色项目信息表》，内容包括但不限于：项目业主信息、项目基本信息、项目投融资信息、项目合规手续描述、项目联系人信息等。

③材料准备及提交。项目业主按照《贵州省绿色金融项目标准及评估认证办法（试行）》及《绿色项目材料目录》准备认证相关材料并提交。

④项目认证及入库。贵安新区绿色金融管委会绿色项目部、技术创新部按照《贵州省绿色金融项目标准及评估认证办法（试行）》联合对项目业主提交材料进行审核及绿色认证，将通过认证的项目纳入贵州省绿色金融项目库。

（2）绿色金融机构信息数据库

为有效地了解贵安新区、全省、全国乃至境外绿色资金对绿色金融项目的需求，绿色金融综合服务平台建立了金融机构信息数据库，以实现绿色金融项目与绿色资金的自动匹配。绿色金融机构信息数据库的建立流程如下。

①信息收集。通过恰当的方式收集金融机构信息数据，收集方式包括但不限于：人员实地走访、电话调查、邮件调查、金融机构填写相关资料等，收集内容包括但不限于：金融机构基本情况、绿色项目投资情况、绿色项目库情况（如有）、绿色资金情况、绿色风险控制情况等。

②数据整理。将收集到的金融机构信息数据按绿色产业投放偏好或绿色资金规模进行分类整理，使之成为一个完整有用的金融机构信息数据库。

③维护与更新。对绿色金融机构信息数据库中的内容进行定期的核实与更新，确保绿色项目能够匹配到最新、最合适的绿色资金。

（3）绿色金融项目与绿色资金的匹配

绿色金融综合服务平台为绿色金融项目与金融机构搭建了一个资金匹配的桥梁，能够更加快速有效地实现绿色资金的投放和绿色项目的实施。匹配模式如下：

①通过计算机数据处理及传输功能，在绿色金融项目库及绿色金融机构信息数据库之间建立自动匹配系统。

②将搜集的绿色金融项目信息或绿色金融机构信息输入系统，让系统进行信息提取及信息匹配工作。

③对系统输出的成功匹配的信息及数据进行审核，审核内容包括但不限于：绿色项目情况的准确性、绿色资金单笔投放规模及投放偏好的准确性、各项信息的匹配性等。

④将匹配成功的绿色金融项目信息传输至相应的绿色金融机构，进行复核及投资对接。

3.2.3.3　绿色信息披露机制建设

一是建立了涉企信息跨部门跨地区互联共享和集中公示制度。2019年6月5日起，企业环境行政处罚决定书通过市生态环境局官网、区县人民政府官网等途径进行公示。2020年共公示行政处罚决定书127份。2021年第一季度共公示行政处罚决定书58件。国家企业信用信息公示系统（贵州）协同监管平台已为全省三级政府部门开设用户1.34万个，归集市场监管、环保、金融、税务等部门履职中产生的涉企信息3113万条。其中，环保部门开设用户158个，归集行政许可和行政处罚信息3869条。

二是积极建立并推动联合奖惩信息在金融机构应用。中国人民银行与生态环境部于2006年印发《关于共享企业环保信息有关问题的通知》（银发〔2006〕450号），贵州省认真贯彻落实相关工作要求，通过将法院、环保等多个部门的信用信息纳入其中，并体现在信用报告之中，作为金融机构融资授信的重要参考，有效地实现了市场化激励和惩戒作用，促进"守信激励、失信惩戒"机制形成。

三是建立环境保护失信企业"黑名单"制度。运用环境信用信息公示平台、行政处罚行政许可双公示系统，公布了399家环境保护失信企业"黑名单"，督促企业自觉履行环境保护法律义务和社会责任。

四是建立贵州省环境信用信息管理系统。全面规范信息采集、存储统计、综合查询行政管理相对人的环境信用信息。贵州省企业环境信用评价以5年为评价周期，2015年为起始年。2018年完成97家重点排污单位2015—2017年度环境信用试评价，2019年开展673家重点排污单位2015—2018年度环境信用评价。

五是2021年3月中国人民银行办公厅下发《关于推进绿色金融改革创新试验区金融机构环境信息披露工作的通知》，要求绿色金融改革创新试验区充分发挥先行先试作用，推动环境信息依法披露工作。中国人民银行贵阳中心支行下发了《中国人民银行贵阳中心支行办公室关于开展2021年金融机构环境信息披露试点工作的通知》，要求各金融机构开展环境信息披露试点。2021年5月26日，贵州银行对外发布《2020年环境、社会及管治报告》，成为以ESG理念引领高质量发展的贵州银行样本。

3.2.3.4 绿色信用信息体系建设情况

一是企业环境信用体系建设。贵州省生态环境厅制定实施了《贵州省企业环境信用评价工作指南》，从基本原则、单位职责、信用等级评定、评价程序等方面进行明确和规范，修订实施了《贵州省环境保护失信黑名单管理办法（试行）》《贵州省企业环境信用评价指标体系及评价方法（试行）》《企业环保信用评价结果等级描述》，进一步规范企业环境信用评价标准和流程，建立贵州省环境信用信息管理系统，以大数据技术支撑环境信用评价，印发实施了《贵州省生态环境厅生态保护失信行为专项治理工作方案》《贵州省污染源日常环境监管随机抽查制度实施方案》，依据企业环保工作诚信状况实施动态差别化环境监管。

二是下发了《关于印发〈贵州建设社会信用体系与大数据融合发展试点省 2019 年工作要点〉的通知》（黔发改财金〔2019〕355 号），明确生态环保行业失信主体开展修复信用培训，生态环境保护失信行为专项治理，环境保护大数据信用建设等在内的多项建设任务目标，目前各项工作正在持续推进中。在全国率先实现地级市以上政务服务大厅 100% 接入同级信用信息共享平台和信用网站（全国共 10 个省市区完成），并与全国信用信息共享平台及"信用中国"网站互联互通。

三是加快推进"贵州信用云"建设。依托"云上贵州"完善"贵州信用云"，通过对信用主体进行精准画像，实现信用舆情监测、区域信用指标监测、数据可视化。将信用信息查询等服务功能嵌入信用中国（贵州）网站、贵州政务服务网和云上贵州多彩宝 App 等，向社会公众免费提供信用查询，信用云累计查询次数超过 2.57 亿次。建成大数据信用主体库，完成信用主体数据采集入库总计 1 131 万条，建成贵州省个人、企业、机关事业单位法人、社会组织法人四个主体信用信息基础数据库，分别归集 1 004 万条、121 万条、3.9 万条、2.7 万条主体基础数据。

四是"七天双公示"工作扎实推进。印发《省发展改革委 省市场监管局 省政府政务服务中心关于进一步加强行政许可和行政处罚信息公示工作的通知》，及时归集全省 4 000 多个县级以上行政部门在各级政务服务中心集中办理的许可事项数据和行政处罚等信用信息，共归集全省行政许可和行政处罚信息 820 万条，向"信用中国"网站传送信息 223 万条。

五是加快统一社会信用代码制度建设。贵州在全国率先完成法人和其他组织以及个体工商户统一社会信用代码存量技术赋码转换工作。归集统一社会信用代码存量数据 384 万条，法人和其他组织以及个体工商户统一社会信用代码存量主体赋码率均达到 100%，在"信用中国（贵州）网站"集中公示统一信用代码及相关信息，向社会提供查询服务。建立统一社会信用代码数据回传与校核平台，助力推进"多证合一、一照一码"商事制度改革工作的开展。

六是建成贵州信用联合奖惩平台。奖惩平台通过信息化手段，实现"自动推送、自动比对、自动拦截、自动惩戒、自动激励、自动监督、自动反馈"的"奖惩 7 自动"功能。截至 2020 年 11 月底，全省累计实施信用核查 290.1 万次，依法实施惩戒 7 110 次。推进在公共资源交易领域信用联合惩戒工作，将奖惩平台嵌入公共资源交易平台，率先对法院失信被执行人实施信用查询，完成省公共资源交易中心和 9 个市州公共资源交易中心的系统改造。

七是强化金融信用信息数据库的建设和运用。进一步建立健全失信联合惩戒工作机制。省级相关部门联合出台《贵州省加快推进社会信用体系建设构建以信用为基础的新型监管机制的实施方案》（黔发改财金〔2020〕117号）、《贵州省社会信用体系建设2020年工作要点》（黔发改财金〔2020〕295号）等系列文件制度，积极配合省发改委完善失信联合惩戒机制，依法依规推进失信惩戒等社会信用体系建设工作；扩大金融信用信息基础数据库覆盖面，完善企业信用档案。通过与相关政府职能部门合作，将法院、环保等多个部门的非银信息纳入金融信用信息基础数据库，并将各类信息体现在信用报告之中，作为金融领域融资授信的重要参考，推动联合奖惩信息在金融领域的应用，有效激励市场的守信行为，制约失信行为。截至2020年11月末，金融信用信息基础数据库共收录企业和其他组织90.9万户信息，2020年1—11月共为贵州省接入机构提供企业征信信息查询11万余次。

八是持续推进试验区社会信用体系建设。试验区成立了由管委会办公室、经济发展局、各乡镇、大学城、各园区和开发投资有限公司组成的贵安新区社会信用体系建设联席会议办公室，围绕《贵州省社会信用体系建设工作要点》部署，从政府诚信、商务诚信、社会诚信、司法公信四大重点领域诚信建设开展工作。

3.2.4　绿色金融项目库与绿色金融标准体系建设

3.2.4.1　绿色金融项目库建设

按照"区内先行、省内覆盖、辐射西南"的思路，贵安新区建立了贵州省绿色金融项目库，建立了绿色金融项目从筛选、认证到设计、推出直到落地的规范化服务体系。项目库主要包括生态利用产业、绿色能源、清洁交通、建筑节能与绿色建筑、生态环境保护及资源循环利用、城镇和园区绿色升级、生物多样性保护七大贵州省绿色金融重点支持的产业。截至2021年第一季度，贵阳贵安入库项目230个，投资金额2 679.52亿元。

绿色项目入库流程：

①标准自查。项目业主根据《贵州省绿色金融项目标准及评估认证办法（试行）》及《贵州省绿色金融重点支持产业指导性标准（试行）》的相关内容和要求，对拟上报项目进行标准核对及自查，对未达标或未成形项目，可按要求进行项目设计。

②资料填写。项目业主填写《××公司××项目基本情况介绍》，内容包括但不限于：项目业主情况、项目主要内容、项目绿色属性介绍、项目投融资情况描述等；项目业主填写《绿色项目信息表》，内容包括但不限于：项目业主信息、项目基本信息、项目投融资信息、项目合规手续描述、项目联系人信息等。

③材料准备及提交。项目业主按照《贵州省绿色金融项目标准及评估认证办法（试行）》及《绿色项目材料目录》准备认证相关材料并提交。

④项目认证及入库。贵安新区绿色金融管委会绿色项目部、技术创新部按照《贵州省绿色金融项目标准及评估认证办法（试行）》联合对项目业主提交材料进行审核及绿色认证，将通过认证的项目纳入贵州省绿色金融项目库。

绿色项目库入库项目涉及多领域，是支撑绿色金融服务和绿色实体经济的载体，绿色项目库的建设可以有效区分"绿"和"非绿"项目，杜绝"贴绿""洗绿"等情况发生，并可以更加便利地实现绿色金融与绿色企业和绿色产业的对接，明显提高交易效率。贵州省通过建设绿色金融项目库，依托云贵高原大量具有国际绿色属性的原生态绿色项目，吸引成本极低的国际绿色资金和绿色赠款，与国内商业银行绿色信贷相配合，力争建全球最绿最好的绿色项目库，以优质绿色项目特色吸引全球绿色资金，推动贵安新区建设成为西部绿色金融中心。

3.2.4.2 绿色金融标准体系建设

截至 2021 年第一季度，贵安新区绿色金融改革创新试验区制定出台绿色金融标准 13 个：《贵安新区绿色保险创新工作实施方案》（黔保监办发〔2018〕11 号）、《贵安新区绿色金融改革创新试验区工作推进绩效考核办法（试行）》（黔绿金办函〔2018〕4 号）、《贵安新区支持绿色金融发展政策措施（试行）》的通知（贵安新区管办法〔2018〕19 号）、《关于支持贵安新区建设绿色金融改革创新试验区的若干政策》（黔绿金办发〔2018〕3 号）、《关于绿色金融助推林业改革发展的指导意见》（黔府金发〔2018〕20 号）、《贵安新区绿色金融风险预警工作方案（试行）》（黔府金发〔2018〕17 号）、《贵安新区绿色企业上市培育和辅导工作方案》（黔绿金办发〔2018〕15 号）、《贵安新区绿色信贷评价实施办法（试行）》（黔府金发〔2018〕13 号）、《关于印发贵州省绿色金融项目标准及评估办法（试行）》的通知（黔金发〔2019〕8 号）、《关于绿色金融支持清洁供暖试点建设的七条措施》（黔绿金办发〔2019〕2 号）、《关于深入推进绿色金融助推脱贫攻坚和乡村振兴的实施意见》（黔绿金办发〔2019〕1 号）、《贵州省金融业态发展资金管理办法》（黔财金〔2020〕54 号）、《贵安新区直管区绿色建筑管理办法（试行）》。

借助中国人民大学绿色金融团队智囊支持，于 2019 年 6 月 13 日成功发布《贵州省绿色金融项目标准及评估办法（试行）》《贵州省绿色金融重点支持产业指导性标准（试行）》《贵州省绿色金融支持的重大绿色项目评估办法（试行）》等系列政策措施，建立了绿色项目的评估标准及程序，同时强化投后监管，对项目建成后的绿色效应进行跟踪监督管理。将绿色产业分为七个大类（生态利用产业、绿色能源、清洁交通、建筑节能与绿色建筑、生态环境保护及资源循环利用、城镇及园区绿色升级和生物多样性保护），进一步细分为 30 个二级分类和 100 个三级分类。初步构建了绿色项目认证标准和绿色银行认证标准的"双认证"体系。

3.2.5 典型案例

（一）创新生态补偿机制 实现绿色扶贫

单株碳汇精准扶贫试点按科学严格的方法、把贫困户拥有的符合条件的林地资源，以每一棵树吸收的二氧化碳作为产品，通过单株碳汇精准扶贫平台，面向全社会进行销售。购买林木二氧化碳的资金将全部汇入对应贫困户的账户，以帮助贫困户增加收入。这个项目虽然是全省覆盖，但是，技术设计是来自贵安新区绿色金融管委会，结算行是中国邮政储蓄银行贵安分行，并且是贵安新区管理的绿色项目库项目。

目前，包括安顺市平坝区齐伯镇关口村、黔南州福泉市陆坪镇香坪村等8个市州的9个深度贫困村，已经启动贵州单株碳汇扶贫试点项目开发，10个深度贫困村单株碳汇扶贫项目将于近期启动开发，开发合计有1 500户贫困户受益，共计开发单株碳汇11 209户446万株，年可交易碳汇金额1 338万元。自2018年起，购碳资金累计1 204万元，户均增收1 074元。根据规划，该项目将覆盖全省200个深度贫困村，10年开发期内力争筹集扶贫资金1.3亿元左右，帮助1万户贫困家庭脱贫并防止其返贫。

1. 项目概况

采用单株碳汇精准扶贫方法学。作为省内综合性环境权益交易平台，贵州环境能源交易所（以下简称贵州环交所）在"两山理论"和"三大战略行动"的指引下，在贵州省生态环境厅的大力支持和指导下，务实创新、真抓实干，充分发挥自身资源优势和技术优势，创新实施贵州省单株碳汇精准扶贫项目。该项目是落实省委、省政府"大扶贫、大数据、大生态"战略行动，将树林生态价值转化成经济价值助力脱贫攻坚而创新开展。单株碳汇精准扶贫是把贵州省深度贫困村建档立卡贫困户种植的树，编上身份号码，测算出碳汇量，拍好照片，上传到平台，面向整个社会致力于低碳发展的个人、企事业单位和社会团体进行销售；而社会各界购买贫困农民碳汇的资金，将全额进入贫困农民的个人账户，精准助力脱贫攻坚。目前已上传平台通过审核的有739户贫困户39万棵碳汇树，价值117万元。参与碳汇交易的林木必须是贫困户拥有林权证、土地证的林地或者退耕地上的人工造林，贫困户需承诺保护好参与项目的林地，如自然灾害等不可抗力造成森林破坏的，需及时报告并补种树木。图3-1为贵州省单株碳汇林。

图3-1 贵州省单株碳汇林

该项目以增强林业碳汇功能有效应对气候变暖为己任，以贵州省丰富的林业资源生态价值转化为经济价值帮助贫困户脱贫增收为目标，通过大力开发全省贫困县（区）建档立卡贫困户自有林木碳汇量，以此作为生态产品在单株碳汇精准扶贫大数据平台销售，售碳资金全额划转入贫困户账户实现帮扶，最终将林业生态价值转化为经济价值，将"绿水青山"变成"金山银山"。

2018年以来，共完成贵州省9个市（州），32个县682个贫困村的单株碳汇开发，累计

2 000余人的现场培训工作。共计开发单株碳汇 11 209 户 446 万株，年可交易碳汇金额 1 338 万元。截至目前，购碳资金累计 1 204 万元，户均增收 1 074 元。其中：从江县开发 6 616 户 273.8 万株，年可交易碳汇金额 821.4 万元；纳雍县开发 1 625 户 47.5 万株，年可交易碳汇金额 142.5 万元；晴隆县开发 553 户碳汇树木 23.9 万株，年可交易碳汇金额 71.7 万元；威宁县开发 263 户 10.6 万株，年可交易碳汇金额 31.8 万元。项目实施为从江县、纳雍县、晴隆县和威宁县等贫困县脱贫出列发挥了积极作用。

2. 项目绿色属性认证

项目主要对全省拥有林地的建档立卡贫困户的树木按照树种、大小和碳汇功能（吸收二氧化碳、释放氧气）进行筛选、编号、照相，将树木信息和贫困户基本信息一起录入贵州省单株碳汇精准扶贫大数据平台，按每棵树每年碳汇价值 3 元人民币计，建立树木、碳汇价值、贫困户基本信息等数据库，发动社会个人、企事业单位和社会团体通过手机 App 或微信公众号购买碳汇，购碳资金全额进入贫困户个人银行账户。该项目以增强林业碳汇功能有效应对气候变暖为己任，以贵州省丰富的林业资源生态价值转化为经济价值帮助贫困户脱贫增收为目标，通过大力开发全省贫困县（区）建档立卡贫困户自有林木碳汇量，以此作为生态产品在单株碳汇精准扶贫大数据平台销售，售碳资金全额划转入贫困户账户实现帮扶，最终将林业生态价值转化为经济价值，将"绿水青山"变成"金山银山"。

将绿色扶贫和生态补偿相结合。贵州省单株碳汇建立了可监测、可报告、可核查且信息公开的核算方法学（编号 201712-V1），其适用范围为贫困农户退耕还林、自有用地还林等人工造林以及封山育林活动中单株林木所产生的碳汇量核算。通过种植碳汇林，每年将为贫困户带来经济收益，同时提升了农户种植碳汇林的积极性，不仅促进了温室气体减排，还涵养了水源，增加了河流的水量供给和河水水质的提升。

通过上述分析，本项目具有对生态环境增益的性质，符合《绿色产业指导目录（2019 年版）》中 4.1.4 森林资源培育产业以及《贵州省绿色金融项目标准及评估办法（修订）》中 1.2.1 森林资源培育及森林开发产业（苗木培育、森林抚育）的相关标准，同时项目对于生态环境改善、促进产业绿色发展、助力脱贫攻坚都具有明显的特征，因此，将本项目认证为绿色项目。

3. 项目经济可行性分析

2018 年 7 月 8 日，贵州省单株碳汇精准扶贫服务平台在生态文明贵阳国际论坛 2018 年年会——"一带一路"碳中和基础设施发展与融资峰会上正式上线运行，首笔单株碳汇由时任贵州省委常委、贵阳市委书记赵德明与联合国工业发展组织能源司司长安泰瑞购买。活动现场 740 人参与该项目，受益家庭达到 519 户，帮扶金额达到 332 136 元。茅台集团、瓮福集团、水钢集团三家企业积极参与活动，各购买 3 333 株深度贫困村的单株碳汇，中和企业生产生活中排放的二氧化碳。2020 年 4 月 24 日，承办"购碳扶贫，你我同行"企业集中购买碳汇活动，得到社会各界的积极响应和大力支持。现场共 29 家自愿参与的爱心企业集中购买碳汇树木 50 万株，碳汇量 500 万千克，碳汇金额达到 150 万元，惠及贫困户 556 户，户均年增收

1 350元。贵州省森林面积的维护和扩展，是长江经济带水源涵养的重要手段，受益人群为长江经济带中下游所有城市，所以，建议帮助贵州省推广该项目，作为生态补偿的绿色金融创新手段。

4. 项目绿色融资模式

"森林碳汇"是利用森林的储碳功能，与碳交易相结合，其产生的碳汇额度可用于抵消国内减排指标。本项目通过对单株碳汇精准扶贫项目将全省深度贫困村建档立卡贫困户林地中具有一定碳汇功能（吸收二氧化碳、释放氧气）的树林集中起来。根据《贵州省单株碳汇方法学》，明确单株碳汇项目的树种、碳汇量等，利用大数据技术，开发贵州省单株碳汇精准扶贫大数据平台，对拥有林地的贫困户的树种进行筛选、编号、照相，将树木碳汇等信息录入平台，建立林木数量、碳汇价值、贫困户基本信息等数据库。同时，按照每棵树每年碳汇价值3元计算，发动个人、企事业单位和社会团体通过手机App和微信公众号购买，购碳资金直接全额打入贫困户的个人账户。项目开发对象是贫困户合法拥有且产权明晰的人工造林，树木每开发一次可持续售卖6年，到期后还可继续开发。贵州环交所借力贵州省公共资源交易中心组织管理、资源汇集、市场连接的关键力量，充分发挥平台聚合功能、信息发布功能，通过"省中心+平台+农户"的组织方式，积极对贵州省单株碳汇精准扶贫项目宣传推广。碳汇树必须是人工营造林，既可以是退耕还林的树，也可以是贫困户自己种的树，权属要清楚，即产权明晰，具有确定产权的碳汇树才能进行交易。在树上悬挂好身份号码并拍照上传，平台审核通过后成为碳汇树，通过联系需要抵消碳排放的买家，或由买家通过平台搜寻，将碳汇进行交易，形成自愿性减排模式。

5. 可复制可推广的经验

单株碳汇精准扶贫项目属于自愿性减排市场的构建，单株碳汇精准扶贫是把绿色金融与生态建设、应对气候变化、推进脱贫攻坚融为一体的创新尝试，对于相对贫困但生态环境资源富裕的西南地区，具有极大的可复制可推广价值。单株碳汇助力消除扶贫项目将生态价值转化为经济价值，帮助贫困户实现增收，开发的碳汇量每年都可以售卖，贫困户收入的增加具有了可持续性，可以有效地巩固消除贫困的成果，用实际行动证明了绿水青山就是金山银山。为世界探索了一种良好的基于自然的解决方案，同时也是实现"碳达峰 碳中和"目标的重要途径。2020年11月25日，贵州省单株碳汇精准扶贫项目被国家发展和改革委列入《国家生态文明试验区改革举措和经验做法推广清单》。

(二) 绿色信贷支持土地综合整治

息烽县土地综合整治扩建项目对辖区内9个县及1个乡的土地进行土地平整工程、灌溉与排水工程、田间道路工程、农田防护与生态环境保持工程及其他工程等工程项目建设，提升土地标准、新增水田，完善农业基础设施。项目的实施能够改善农业生产条件，改善生态环境，调整农业生产结构和改善土地利用方式，改善农村人居环境，引导产业发展。项目建设期为1年，经营期为2年，向银行贷款3.7亿元，贷款期限总计3年，本项目的贷款利率以7.8%计。项目的贷款利率虽然与普通贷款的利率相比没有明显的降低，但由于项目的收益率较高，同时建设时间短，因此，该项目具有投资少、见效快、回报高的特点。

1. 项目概况

项目区位于贵阳市息烽县，息烽地处黔中腹地，位于贵阳生态保护发展区、贵阳中高端制造业核心配套区和北部高新技术产业实体经济带上，东临开阳，南接修文，西北与遵义市播州区、毕节市金沙县隔江相望。全县总面积1 036.5平方千米，辖9镇1乡1社区，177个村（居委会），总人口27万，有苗族、布依族、彝族等19个少数民族。本项目涉及鹿窝镇、西山镇、九庄镇、永靖镇、小寨坝镇、流长镇、养龙司镇、温泉镇、石硐镇、青山苗族乡共9个镇及1个乡。项目建设规模742.0180公顷（合11 130.27亩）；预计建成高标面积702.0413公顷（合10 530.62亩），预计新增水田面积676.8307公顷（合10 152.46亩），其中旱改水面积676.8307公顷（合10 152.46亩）。项目区主要建设内容有土地平整工程、灌溉与排水工程、田间道路工程、农田防护与生态环境保持工程及其他工程等。

本项目总投资46 321.65万元，其中拟向银行贷款37 000.00万元，占总投资的79.88%；自筹资金9 321.65万元，占总投资的20.12%。项目建设期为1年，经营期为2年，向银行贷款37 000.00万元，贷款期限总计3年，本项目的贷款利率以7.8%计，贷款期满本息和为41 329.00万元。根据流转计划和价格分析情况，在测算收益时，暂未考虑跨省域流转计划获得的收益，主要考虑省内流转及报批自用等指标需要。通过项目整治措施，可通过提质改造水田10 152.46亩，项目评估流转价格按12万元/亩测算，上述指标出让最低收121 829.52万元，项目财务内部收益率达到65.15%。

2. 项目绿色属性认证

息烽县2019年土地综合整治扩建项目土地利用现状为水田、旱地、农村道路、农田水利、裸地等，通过项目的整治，完善了项目的交通条件和农田水利设施，提高项目区的耕作效率，增加当地农民的收益，实现了项目区内农业生产的高效高产。

（1）项目的实施能够改善农业生产条件，项目区农田基础设施建设不完善，灌排渠系统及田间道路匮乏，完善农田基础设施后，可改善土地生态环境和生产条件，进而提高耕地生产能力。

（2）项目的实施能够改善生态环境，项目的实施进行了农田水利设施及道路设施的配套，加强了水土保持工程建设，能有效地治理水土流失，能改善生态环境。

（3）项目的实施能够调整农业生产结构和改善土地利用方式，促进农业增效、农民增收项目的建设，方便农民生产，增加耕地数量，提高了耕地质量，可引导农民进行复种经营，改善土地生产结构，促进农业增效、农民增收。

（4）项目的实施能够促进农村经济发展，改善农村人居环境土地是一切财富的源泉，是建设社会主义新农村，实现农村繁荣、农业发展、农民富裕的物质基础，通过对项目区道路、农田水利的综合治理，改善农村人居环境，从而引导农民进行多元化的产业发展，达到以农业增效，使农民增收的目的。

本项目采用土地流转的方式获得收益，将城乡结合部的土地出让给房地产开发商，由房地产开发商出资补贴农民，由于存在差价，政府获得的资金用于土地整治，同时土地改善后农民种植养殖可以获得经济收益。

通过上述分析，本项目具有对生态环境增益的性质，符合《绿色产业指导目录（2019年版）》中"1.1.6 耕地保养管理与土、肥、水速测技术开发与应用"以及《贵州省绿色金融项目标准及评估办法（修订）》中"5.3.8 农村土地综合整治"的相关标准，同时项目对于生态环境改善、促进产业绿色发展、助力脱贫攻坚都具有明显的特征，因此，将本项目认证为绿色项目。

3. 项目经济可行性分析

本项目采用土地流转的方式获得收益，将城乡结合部的土地出让给房地产开发商，由房地产开发商出资补贴农民，由于存在差价，政府获得的资金用于土地整治，同时土地改善后农民种植养殖可以获得经济收益。项目建设期为1年，经营期为2年，向银行贷款3.7亿元，贷款期限总计3年，本项目的贷款利率以7.8%计，贷款期满本息和为41 329.00万元。通过项目整治措施，可通过提质改造水田10 152.46亩，项目评估流转价格按12万元/亩测算，上述指标出让最低收入121 829.52万元，项目财务内部收益率达到65.15%。

4. 项目绿色融资模式

项目建设期为1年，经营期为2年，向银行贷款3.7亿元，贷款期限总计3年，本项目的贷款利率以7.8%计。项目的贷款利率虽然与普通贷款的利率相比没有明显的降低，但由于项目的收益率较高，同时建设时间短，因此，该项目具有投资少、见效快、回报高的特点。息烽县2019年土地综合整治扩建项目土地利用现状为水田、旱地、农村道路、农田水利、裸地等，通过项目的整治，完善了项目的交通条件和农田水利设施，提高项目区的耕作效率，增加当地农民的收益，实现了项目区内农业生产的高效高产。

5. 可推广可复制的经验

本项目贷款期限短、虽然贷款利率没有明显降低，但整体回报率高，对于农村基础设施改善具有良好的效果，同时，由于收益流稳定，且具有良好的生态环境效益，因此，为此类项目的实施提供了充分的经验，并通过更优化的绿色金融设计来获得经济、环境和社会收益。

通过项目的实施，预计帮助脱贫人口165户，659人。加快全面建设小康社会、助推精准扶贫、促进城乡一体化的发展，按照息烽县《国民经济和社会发展第十三个五年规划纲要》《息烽县土地利用总体规划（2006—2020年）》及《息烽县"十三五"土地整治规划》的具体要求，以保护耕地为目标，科学安排土地整治项目，优化用地结构、提高耕地质量、保障粮食安全、合理利用资源、改善农民居住条件、加强农村基础设施建设、推进土地整治在新农村建设和城乡一体化发展中的重要作用。

通过开展农村土地综合整治，对农民而言，能够实现居民的充分就业、充分安居、充分保障，实现居民持续增收；对土地而言，新增了耕地面积，优化了土地结构，促进土地的流转，适于规模经营，发展现代农业生产；对投资商而言，可以通过参与土地综合整治项目，获得土地投资收益，同时，还可以获得政府在税收、土地资源配置等方面给予的政策扶持，享受土地综合整治优惠政策；对产业而言，通过建新土地的平移使用，使土地后备资源更加丰富，通过科学规划，可为汽车产业、商贸、现代物流、城市地产等提供土地储备，逐步形成三次产业良性互动发展格局，打造复合型产业增长极。

(三)"直租+绿色+扶贫"模式

贵阳贵银金融租赁有限责任公司（以下简称贵银租赁）自2016年7月成立以来，一直紧紧围绕贵州"大扶贫、大数据、大生态"三大战略，以绿色生态为引领，走小型化、分散化、专业化、特色化发展道路，探索"直租+绿色+扶贫"的融资租赁业务模式，助力绿色经济在扶贫领域担当新作为。贵银租赁选择项目建设过程中的设备采购作为切入点，运用融资租赁中特有的"直接租赁"结构来支持该项目。具体为由贵银租赁作为出租人向作为承租人的宏财聚农选定的设备供应商购买设备，然后将设备出租给宏财聚农使用，租赁期满后以名义货价由宏财聚农将设备回购。利用直接租赁结构中租赁物缓释风险的特性解决了承租人缺少租赁物、增信措施弱的困难。

1. 项目概况

（1）项目介绍

2020年2月26日，贵州省盘州市盘州刺梨中国特色农产品优势区被认定为第三批中国特色农产品优势区，盘州生态刺梨循环综合利用建设一期项目由贵州宏财聚农投资有限责任公司（以下简称宏财聚农）投资建设，项目总投资5.64亿元，主要为年产20余万吨刺梨鲜果的35万余亩盘州刺梨种植基地采摘的鲜果进行生产加工，是盘州市刺梨种植、研发、加工、销售一体化格局的重要组成部分。

（2）融资难点

①承租人成立时间短。宏财聚农成立于2016年8月，成立不足三年，历史经营数据缺失，造成企业难以按照传统信贷流程获得金融机构的资金支持。

②缺少合格的租赁物。宏财聚农处于初设建设阶段，资产集中在"在建工程"里面，由于尚未达到预定可使用状态而不能成为融资租赁业务的"租赁物"。

③增信措施弱。宏财聚农成立时间较短，自身缺少可作为增信措施的抵（质）押品，只能提供出其母公司贵州宏财投资集团有限责任公司的担保。

2. 项目绿色属性认证

（1）项目的绿色性

刺梨适应性强，耐寒、抗旱、耐盐碱、耐水湿，在沙土、黄土、重盐碱土上都可生长。生态适应幅度大，垂直分布可高达海拔4 040米，耐寒力强，能忍受-37℃的极端低温，耐贫瘠土地，根系发达，树冠枝叶繁茂，大规模种植能有效缓解盘州水土流失和石漠化进程，同时，由于森林具有储碳功能，通过种植刺梨树、加强经营管理、减少毁林、保护和恢复森林植被等活动，吸收和固定大气中的二氧化碳，能够实现对当地生态环境的改善。

加工上，运用良性循环的生态农业模式。将采摘后的鲜果进行压榨加工，压榨加工形成的刺梨汁和果肉作为刺梨饮料、刺梨酵素、刺梨果脯及含片的原材料，压榨加工后的刺梨残渣用于发酵酿酒，发酵后的残留物作为有机肥返田，达到农业经济高效化、农业生产无害化的效果。

（2）项目的扶贫性

该项目采用"党建+公司+合作社+农户"的营运模式，农户以土地承包经营权入股村级合作社，村级合作社与宏财集团签订入股合作协议，宏财聚农占股 70%，合作社占股 30%，合作社 30% 的部分，其中有 25% 属于农户所有，有 5% 属于村集体经济所有，同时宏财聚农对合作社种植的刺梨产生的鲜果进行保底收购，解除合作社产品销售的后顾之忧，仅种植面积约 5 万亩的盘州刺梨种植项目（四期）就能覆盖贫困人口 846 人，真正打通了"资源变资产、资金变股金、农民变股东"的产业扶贫之路。

通过上述分析，本项目具有对生态环境增益的性质，符合《绿色产业指导目录（2019 年版）》中"4.1.4 森林资源培育产业"以及《贵州省绿色金融项目标准及评估办法（修订）》中"1.2.1 森林资源培育及森林开发产业（苗木培育、森林抚育）"的相关标准，同时项目对于生态环境改善、促进产业绿色发展、助力脱贫攻坚都具有明显的特征，因此，将本项目认证为绿色项目。

3. 项目绿色融资模式

贵银租赁选择项目建设过程中的设备采购作为切入点，运用融资租赁中特有的"直接租赁"结构来支持该项目。具体为由贵银租赁作为出租人向作为承租人的宏财聚农选定的设备供应商购买设备，然后将设备出租给宏财聚农使用，租赁期满后以名义货价由宏财聚农将设备回购。利用直接租赁结构中租赁物缓释风险的特性解决了承租人缺少租赁物、增信措施弱的困难。采用融资租赁，一方面可以降低企业一次性购入重大设备的成本，另一方面能够避免生产企业存货多的问题，有利于加速社会资本的周转，提高经济运行的效率。租赁公司对租赁项目具有选择权，可以挑选一些风险较小、收益较高以及国家产业倾斜的项目给予资金支持，拥有闲散资金、闲散设备的企业可以通过融资租赁使其资产增值，而融资租赁作为一种投资手段，使资金既有专用性，又改善了企业的资产质量，使中小企业实现技术、设备的更新改造。

4. 可复制可推广的经验

运用"直租+绿色+扶贫"方式支持盘州生态刺梨循环综合利用建设项目契合了贵州省"大扶贫、大数据、大生态"三大战略指导方向，也是贵银租赁打造绿色生态金融租赁公司的现实要求。

一是通过直接租赁的结构，租赁期内金融机构拥有设备的所有权，降低业务风险，也减少了对客户增信措施的要求；融资与融物一体，企业只需要付少部分的资金，便可获得新设备使用权，加快了投资速度，实现企业快速扩张；同时租赁期限长（该项目期限为 5 年），租金设计灵活（按半年等额本金还款），顺应了企业发展进程，减轻了承租人财务负担。

二是该模式较适合支持具有良好市场前景及稳定现金流的有设备购置需求的绿色企业（项目），具有一定的样板作用，具有一定的推广和复制价值。

三是支持绿色项目、扶贫项目为贵州的青山绿水，为贵州人民脱贫致富添砖加瓦。目前该项目已正式运营投产，其"刺力王"品牌的饮料、果脯、口服液等产品已登陆全省各大超市及天猫、京东等电商销售，带来良好的经济效益和社会效益。

（四）"林权抵押+深扶贷"

三都县委、县政府提出了大力发展茶叶产业，将名茶和茶叶产业作为三都县区域比较优势和区域特色的农业主导产品和支柱产业来抓，并试图通过以茶叶带动贫困户脱贫的方式助推县域脱贫攻坚工作发展。在此背景下，三都县涌现了一批茶叶生产企业，为了更好地帮助当地茶企做优做强，助力三都县脱贫攻坚工作取得新进展，三都农商银行积极运用"林权抵押+深扶贷"的业务模式，帮助当地绿色茶企解决融资难的问题，不仅有效提高了当地绿色企业融资效率，而且在一定程度上解决了贫困户就业问题。

1. 项目概况

（1）基本情况

三都县泓霖茶业有限公司是三都县内一家集种植、生产、加工及销售于一体的茶叶生产加工型企业，系三都县农业产业化经营龙头企业、县级林业龙头企业、县级扶贫龙头企业。目前公司在三都县大河镇流转土地种植茶叶944亩，以"公司+合作社+农户"的生产模式连接带动农户茶园3 000亩，辐射周边3个社区，带动农户就业123人，其中贫困户有74人，一般贫困户49人。该公司生产的白茶质量高、销量好，远销省内外各大城市，给当地带来了较好的经济效益，并于2017年12月获得产品《有机转换证书》。

（2）存在困难

企业扩建发展时期，出现了一定的资金紧缺，急需信贷支持，其向三都农商银行提交了贷款申请。三都农商银行在收到该企业的信贷申请后，对其进行了详细的调查，发现该企业缺少有效担保机制和合格的固定资产抵押品，造成该企业在融资上存在一定困难。

2. 项目绿色属性认证

茶园生态效益是指森林资源本身具有生态效用性和茶园生态功能被社会利用的效果性的效益综合，包括茶园水源涵养、土壤保持、防风固沙、固碳释氧、净化大气、消除噪声、减轻水旱灾害、保护动植物多样性等多方面。根据测算，贵州省700万亩茶园的生态效益，全省茶园生态系统服务功能每年总价值为1 142.17亿元，各项生态系统服务功能的价值量分别为固碳865.21亿元，涵养水源254.68亿元，土壤保持22.28亿元。

作为茶园主要构成部分的灌木型茶树，对于园区的立体式绿化有一定的促进作用。具体地说，森林当中往往存在着不同高度的树木，它们对光照的要求不一样，因此树叶在空间分布的密度也不一样。这样，不仅可以减低风速，调节寒冬与炎夏的气温，减轻或避免茶树受害，而且，灌木型茶树作为接近地面的树种，还可承担着绿化下层空间的角色。

目前在中国种植的茶树普遍较矮，因而更加接近地面，在保持水分、调节局部小气候方面起到了独特的作用。尤其是灌木型茶树往往能够和底层植物相互作用，使森林中的枯枝落叶及腐殖质能够充分发酵，融入土壤当中，并成为固化土壤的有效成分，提高了土壤的含水能力。在少雨季节能够释放出足够的水分，使其他树种及花草及时补充水分，同时保持土壤的肥力；

在多雨季节能够及时排除多余的水分，减少森林内地表径流量，防止大量的水土流失的情况发生。另外，灌木型茶树的根系往往在土壤中更加宽广，在洪水来临时，能够起到类似于大坝拦截江河的作用，有效减少洪水对森林地面的冲击，能够有效调节森林中总的蓄水量。研究种植茶对土壤环境影响结果表明，在黄壤上连续种植茶树后，在茶树不断生长和茶园不断增加肥料情况下，土壤主要物理特性得到了明显改善。表现在土壤的酸碱值持续下降，土壤的阳离子交换量增加，土壤的有机质以及土壤当中属于有效成分的氮磷钾等营养元素均有大量增加，这就为昆虫等小动物的大量繁殖创造了条件。同时土壤中大群体的微生物明显增加，和自然状态下的土壤相比，微生物的大量繁殖，能够产生大量的有机质，从而不断增加土壤的营养物质。对于死去的动植物遗体，微生物也能够及时加以分解，转化成为土壤所需的有益物质。

茶园的生态效益除了固碳、涵养水源、土壤保持等方面之外，最能带动当地经济发展，体现生态效益的就是发展茶园旅游及康养服务。旅游资源是其提升经济产业价值，优化发展创新，完善发展内涵的基础和关键。结合市场需求，做好茶旅文章，能够更好体现贵州茶产业的生态效益。

通过上述分析，本项目具有对生态环境增益的性质，符合《绿色产业指导目录（2019年版）》中"4.1.4森林资源培育产业"以及《贵州省绿色金融项目标准及评估办法（修订）》中"1.2.1森林资源培育及森林开发产业（苗木培育、森林抚育）"的相关标准，同时项目对于生态环境改善、促进产业绿色发展、助力脱贫攻坚都具有明显的特征，因此，将本项目认证为绿色项目。

3. 项目绿色融资模式

为帮助三都县泓霖茶业有限公司解决融资问题，三都农商银行针对该企业创新运用了"林权抵押+深扶贷"业务合作模式，为其提供绿色信贷支持，发放贷款500万元，贷款期限为5年，执行一年期贷款基准利率4.35%。针对该企业缺少固定资产抵押物和有效担保的情况，充分挖掘其可利用资本，运用其所使用的森林资源进行抵押，解决了其长期以来的资金瓶颈问题。赋予林权抵押、担保功能，既可以拓宽林业融资渠道满足林业扩大再生产对补充资金的需要，也可以增加林权权利人财产性收益，对林业发展更具有重大意义。

"深扶贷"贷款产品是三都农商银行为帮助县域特色产业企业发展，以及帮助当地建档立卡贫困户实现增收的一款贷款产品，要求融资企业所发展的产业必须符合《贵州省发展"一县一业"助推脱贫攻坚三年行动方案（2017—2019年）》中明确的特色优势产业，并且要求能够带动建档立卡贫困户脱贫增收，且达到三都水族自治县最低生活保障水平。"深扶贷"明确贷款金额500万元以下，5年期以内，且在贷款利率上给予双重优惠，一是运用扶贫再贷款资金发放的贷款利率不得超过中国人民银行公布的一年以内（含一年）贷款基准利率；二是扶贫再贷款与自筹信贷资金按照1∶1比例方式匹配，运用自筹信贷资金发放的贷款执行优惠利率，不高于人民银行公布的同期同档次贷款基准利率的1.2倍。贵州农信社给予本项目500万元贷款，贷款期限为5年，执行一年期贷款基准利率4.35%。

该案例能够说明林权抵押贷款和林权交易的模式是不同的，林权交易是指林权所有人将其拥有的林地承包经营权、林地使用权、林木所有权和林木使用权通过林权交易机构全部或部分有偿转让的一种经济活动,目前林权交易价格并不稳定,流转价格一般在十几元到几十元/亩·年,转让价格一般为几千到几万元/亩·年,属于一次性的经济活动,而林权抵押贷款能够发挥金融的杠杆作用,由于农林业项目的投资回报周期长,在项目经营过程中能够发挥已形成林权的担保稳定性,降低融资成本,获得更持久稳定的收益。

4. 可推广可复制的经验

第一,林权抵押能够降低林业投资门槛。林业投资见效时间长,动辄十几二十年,长的上百年,许多投资者对回报周期长的认识不足和准备不足,前期投资变不了现,后续资金缺口又补不上,滚雪球式的投资资金需求量大,往往难以为继,投资失败现象时有发生。林权抵押贷款可以把前期投资形成的资产通过金融手段变为后续投资资金来源,发挥资金池功效,降低资金需求,使更多工商企业有能力投资林业。第二,林权抵押能够提升林业投资竞争力。林权担保,既可以自身抵押贷款减少支付第三方担保成本,也可让渡自身闲置的林权获得担保费,增加财产性收入。例如探索对让渡林权担保功能支付林权所有者1%~1.5%担保费,有效提高林业投资收益率,增强了林业吸引社会投资的竞争力。第三,林权抵押带动了城乡市场生产要素良性互动。一方面,林权抵押贷款不仅缓解林业融资难的问题,更是建立健全林业城乡融合发展体制机制和政策体系的催化剂,使资本、技术、人才、信息、理念等现代市场生产要素加速流向山区林业,也把优质的林产品和生态产品推向城市,加快推进农村林业现代化。另一方面,以"深扶贷"产品利率优惠条件为契机,鼓励其带动当地建档立卡贫困户就业,帮助提高当地贫困户收入,有效降低了其融资成本,促进其绿色产业做优做强。

"林权抵押+深扶贷"业务模式有效解决了农业生产企业融资难的问题。一是运用林权抵押业务模式,充分挖掘了农村可利用资本,绿色企业可凭借款人或第三人拥有的森林资源资产作为抵押物申请贷款,此举有效解决了绿色林业企业长期以来的资金瓶颈问题。让"沉睡"的森林和林地资源变成了可以抵押融资的资产,有效地拓展了绿色农业企业的融资方式和渠道,让客户能够充分利用既有资源的优势促进企业发展,更加适合企业灵活、便捷的金融服务需求,实现了贷款担保方式新的突破。二是运用"深扶贷"贷款条件发放该笔贷款,有效降低了绿色企业融资成本,提高了绿色经济效益;除此之外,还能很好地解决当地贫困户就业问题,有较强的社会效益,真正实现"效益+名誉"双丰收。

3.3 江西

2017年6月,赣江新区绿色金融改革创新试验区正式获批。获批以来,在江西省委、省政府的高位推动下,赣江新区以绿色金融为核心,以创新发展为引领,积极围绕"建体系、聚要素、搭平台、强内涵、树品牌"下功夫,聚焦绿色发展,聚力先行先试,大力推进试验区建设,并取得阶段性成效。推出各类创新成果55项,其中6项为全国"首单首创",绿色市政债、畜禽"洁养贷"列入国家生态文明试验区经验做法推广清单。

3.3.1　赣江新区绿色金融改革创新试验区建设情况

（一）建体系，做优绿色金融顶层设计

一是完善工作机制。省政府先后出台《江西省"十三五"建设绿色金融体系规划》《关于加快绿色金融发展的实施意见》《赣江新区建设绿色金融改革创新试验区实施细则》等纲领性文件，制定绿色金融发展任务，细化责任分工，成立了绿色金融工作领导小组，赣江新区管委会作为推进绿色金融发展的牵头部门，与江西省地方金融监管局、人民银行南昌中心支行加强联动，共同发力，建立联席会议制度，协调解决绿色金融工作中存在的困难和问题。二是打造"赣江"标准。积极与绿色金融领域知名第三方机构联合赤道环境评价有限公司对接，探讨绿色企业、绿色项目认定评价、环境信息披露试点、绿色项目产融等事项，研究制定了具有新区地方特色的绿色金融标准体系，出台了《赣江新区绿色企业评价认定标准》《赣江新区绿色项目评价认定标准》《赣江新区企业环境信息披露指引》和《赣江新区绿色市政债发行规范标准》等文件，为绿色企业、绿色项目"精准画像"。三是完善政策体系。赣江新区出台多个专项政策支持绿色金融发展，对机构入驻、信贷补贴、产品创新、人才引进等方面予以奖励，对于经评估认定的绿色企业、绿色项目给予一次性奖励、信贷补贴等激励政策。

（二）聚要素，做大绿色金融业态规模

新区聚力打造全牌照金融机构体系和金融配套服务共享平台，截至目前，新区设立绿色金融专营机构11家，包括7家全国首批绿色支行，1家绿色金融事业部和3家绿色保险机构，同时设立江西人才服务银行、普惠征信公司等创新型金融机构，逐渐形成了以传统金融为主体，以新金融、类金融等新型金融业态为补充的地方金融体系。特别是打造的共青南湖基金小镇，入驻基金突破6 000家，管理基金规模超10 000亿元。

（三）搭平台，做实支持实体经济发展

一是打造绿色创新发展综合体。充分利用三个国家级"金字招牌"的红利，打造集绿色金融示范街、人力资源服务产业园、双创集市为一体的绿色发展创新综合体，构建"绿色项目可以找到资金，资金可以吸引住人才，人才有发展平台"的良性生态圈，促进资本、技术、人才融合发展。目前，可利用物理空间面积达到13万平方米，总投资近13.4亿元，已入驻和拟入驻企业419家。二是丰富金融支持手段。成立了规模10亿元的绿色产融基金；正在与上海赛领资本联合发起设立20亿元的并购基金，与上海复星创富联合发起设立6亿元的产业基金，与博济共同设立2亿元的天使基金，支持初创期、成长期等不同阶段医药企业的发展；积极推广"财园信贷通""科贷通"产品；探索开发性PPP模式，支持中医药国际生态科技城的建设；探索发行绿色项目收益债，运用"专项债+绿色项目收益债+政策性银行贷款"组合融资模式，解决新区"大国工匠"项目融资需求。三是建立绿色项目库。总计认定四批次228个绿色项目，覆盖工业企业节能技改、绿色建筑、地下综合管廊等节能效益显著项目，污水处理、水环境整治等污染防治项目，以及废旧资源回收、新能源汽车整车、光伏电站等绿色项目，总投资 2 000 多亿元。同时，积极与北京环境权益交易所合作，推动新区绿色项目在交易所挂牌展示。四是创新产融对接机制。积极发挥政府桥梁纽带作用，及时召开政银企对接会，鼓励商业银行加大信贷投放，引导资金向光电信息、新能源、生物医药等新区主导绿色产业。连续多年召开绿色金融政银企对接会，有效促进政府、银行与企业的互动、互信、互赢。

（四）强内涵，做活绿色金融创新举措

一是发行全国首单绿色市政债。2019 年 6 月 18 日，在上交所发行全国首单绿色市政债，填补国内绿色市政专项债空白，探索出项目通过"入廊运营收入+广告收入+政府补贴"模式予以整体收益动态平衡，债券期限长达 30 年，票面利率仅 4.11%。二是首推"禽洁养贷"专属信贷产品。在新区共青组团召开畜禽粪污资源化利用和无害化处理全国现场会，创新推出国内首个以畜禽养殖经营权为核心抵押物的"畜禽洁养贷"专属信贷产品，完成两家畜禽养殖企业共计 980 万元的贷款。积极推动"畜禽洁养贷"产品在抚州等省内多地进行复制推广，取得良好反响。三是开展绿色票据试点。在发布全国首个绿色票据标准研究成果，积极推动全省首单绿色票据在新区落地。人民银行南昌中支出台了《江西省绿色票据认定和管理指引（试行）》和《关于运用再贴现工具支持绿色票据发展的通知》等支持绿色票据发展的政策。此外，新区辖内金融机构还开展了江西省首笔绿色票据再贴现业务，正式打通了人民银行再贴现资金通过绿色票据投放到实体企业的渠道。四是开展绿色保险产品创新试点。创新环境污染责任保险服务模式，与清华大学环境学院合作创新研发环境云服务平台，高效识别、跟踪企业环境风险；将建设工程责任、安全生产责任以及环境污染责任有机结合，创新推出建筑工程绿色综合保险；推动养殖饲料"保险+期货"成本价格保险和柑橘、茶叶"气象+价格"收益综合保险产品在新区落地，并在省内外复制推广。五是发行绿色园区债和绿色支持票据（绿色 ABN）。以"中医药科创城建设项目"为标的，在上交所发行新区首单绿色园区债。以标准厂房为项目标的，建行为主承销商，发行 1 亿元的绿色 ABN，有效拓宽绿色项目融资渠道。

（五）树品牌，做强绿色金融品牌效应

一是在北京召开专家认证会，邀请国内外金融专家就《赣江新区绿色金融改革创新试验区实施细则》建言献策。二是利用赣京、赣粤、赣港经贸会等活动平台，开展绿色金融推介合作。三是举办江西·赣江新区绿色金融发展大会暨高峰论坛、全国绿色金融改革创新试验区第四次联席会，打造江西绿色金融品牌。四是借助金融研究机构和外部专家智库资源，成立赣江绿色金融研究院，形成赣江新区绿色金融品牌效应。五是依托中央财大绿色金融国际研究院、清华大学环境学院、联合赤道环境评价公司，打造绿色金融服务中心、绿色保险产品创新中心和绿色金融评价认定中心，形成推进绿色金融改革的强大合力，提升赣江新区绿色金融的影响力。

3.3.2 存在问题

虽然赣江新区在绿色金融改革方面取得了进展，但对照试验区定位要求和服务发展需要仍存在一些不足。一是金融市场体量不够大，与广州等发达地区相比差距非常明显；二是产品创新品种不够多，创新推出的以信贷类间接融资产品为主，直接融资工具较为缺乏；三是服务实体经济效能不够强，通过绿色金融支持开发建设、产业发展乃至实现经济效益、社会效益和生态效益相统一的成效尚未彰显；四是政银企协同合作不够紧，金融机构和企业主动参与的热情不高，互动共为机制较弱。

3.3.3 下一步工作思路

下一步，赣江新区将持续以绿色金融改革创新试验区建设为中心，充分发挥新区特色优势，打造"四最"营商环境，围绕编制"一个规划"、做好"两篇文章"、做实"四大平台"，推动绿色金融工作不断迈上新台阶。

（一）"一个规划"：绿色金融"十四五"规划

加快编制完善绿色金融"十四五"专题规划，坚持经济效益、社会效益和生态效益相统一，积极创新金融产品，推动省内外复制推广，全力打造全省绿色金融的孵化基地和创新高地。"十四五"时期主要目标任务是：新区绿色信贷年均增速高于各项贷款增速，绿色信贷增量占各项贷款增量的比重逐年提高，形成一批在全国可复制可推广的创新经验，绿色金融发展指数稳居全国"第一梯队"，绿色金融推动绿色发展和生态环境改善取得更大实效，对新区及全省经济社会发展的支撑能力显著增强。

（二）"两篇文章"

一是绿色金融助力实现"双碳目标"文章。完善赣江新区绿色金融标准，强化"碳"认证标准制定，优化更新绿色项目库；深化与江西碳排放权交易中心合作，充分利用江西省林业碳汇资源，引入社会资本参与碳汇投资，打通生态价值转换通道；加快推动与中航信托设立碳中和基金，发行全省首个气候债券、碳中和债券，探索试点"碳汇贷"、碳收益权质押贷等创新产品。

二是绿色金融助力实体经济发展文章。围绕依托新区产业链，在儒乐湖新城着力发展供应链金融业态，打造儒乐湖金融集聚区；试点医药研发保险，推进绿色保险和医疗卫生防疫深度融合，助力新区中医药产业发展；支持发起设立企业征信公司，完善新区信用信息体系；综合利用多元化绿色融资工具，大力推广财园信贷通、科贷通、惠农信贷通等政策性贷款产品，全力拓宽融资渠道，提升金融服务企业覆盖面。

（三）"四大平台"

一是加快专营机构集聚，打造绿色金融创新大平台。通过出台支持政策，推动驻赣金融机构及省属企业在新区设立绿色事业部，构筑全省绿色金融创新大平台，集中开展绿色金融业务，集中发布绿色金融产品，形成规模效应和品牌效应，提升绿色专营机构对全省的辐射带动作用。

二是聚焦"两城"建设，打造绿色金融展示大平台。依托新区中医药科创城的整体规划布局,通过发行绿色园区债、绿色企业债,推进绿色化升级改造,把中医药科创城打造成为生产、生活、生态相融合发展的绿色产业园区;通过出台绿色金融配套政策,推动绿色金融要素在儒乐湖新城集聚,大力发展绿色建筑、集中供能、海绵城市、5G网络,把儒乐湖新城打造成为绿色智慧新城。

三是密切区内外融通,打造绿色金融协同大平台。一方面,积极探索更深层次的改革和更高水平的创新,加强系统集成,充分展示省内市县探索实践,充分吸收国内其他试验区先进经验,借鉴中提炼、复制中提升,增强改革新动能,激发创新新活力;另一方面,发挥新区政策品牌赋能和先行先试优势,推动绿色金融标准为全省共用、创新产品为全省共享、绿色发展理念为全省共识,让绿色金融从"一枝独秀"走向"满园春色"。

四是推动政银企互动,打造绿色金融合作大平台。一方面,健全绿色金融联席会议工作机制,深化与中央财大、清华大学环境学院、联合赤道等专业机构合作,借助研究机构和外部专家及企业智库资源,丰富新区绿色金融高端人才供给;另一方面,利用科技数据手段,打造绿色金融综合服务平台,充分发挥赣江新区绿色金融"三中心"功能作用,搭建常态化的政银企互通机制,形成推进绿色金融改革的强劲合力。

3.4 广东

广州绿色金融改革创新试验区是广州市首个经国务院批准建设的金融专项试验区,也是华南地区唯一一个绿色金融改革创新试验区。广州绿色金改试验区经济体量大、产业种类齐全,营商环境和市场经济体制比较成熟,改革侧重点是探索建立绿色金融改革与经济增长相互兼容的新型发展模式。2021年上半年,尽管5月到6月发生新一轮的疫情,但广州市实现地区生产总值1.31万亿元,同比增长13.7%,高于全国1个百分点、全省0.7个百分点。

以碳达峰碳中和引领绿色转型。推进能源消费双控工作。$PM_{2.5}$平均浓度26微克/立方米,空气优良天数比例86.7%,在全国9个中心城市中水平最优。作为国家低碳试点城市,绿色金融的强力支持有助于广州塑造"花城"美好形象、打造生态文明建设典范城市。

2020年广州以《活力 包容 开放 特大城市的绿色发展之路——联合国可持续发展目标广州地方自愿陈述报告》为题,在联合国官网可持续发展目标专栏全文发布,广州成为中国第一个在联合国网站发布该报告的城市。同时,广州作为粤港澳大湾区的重要城市,将可持续性和抗风险能力融入粤港澳大湾区基础设施和经济高质量发展,将有助于通过绿色金融促进湾区的可持续发展。

3.4.1 广州绿色金改区市场建设分析

3.4.1.1 发展规模

经过三年多的建设,截至2021年第一季度,广州地区银行机构绿色贷款余额超4 300亿元,同比增长39.58%;截至2021年6月底,广州累计发行各类绿色债券816.90亿元。在创新产品和服务方面，积极拓宽绿色金融融资工具，在公交、光伏、造纸、水利等领域落地多项全国首创的绿色金融成果，开发采用保险标的价格直接挂钩农产品期货价格的"保险+期货+信贷"金融产品。2021年2月，南方电网成为全国首批六个碳中和债的发行人之一，3月又成功发行全国首单碳中和绿色资产证券化产品。同时，也开展碳排放权、排污权、水权等环境权益交易，搭建绿色权益评估与投融资平台。

绿色金融产品中具有代表性的是绿色债券，绿色债券相较于绿色信贷而言，具有投资期限长、投资主体广泛的特点，因此在支持企业节能减排和激发资本市场活力方面成为热点。绿色债券融资工具包括企业债、金融债、政府债、债务融资工具等。本文以绿色债券为切入点，重点分析这一主要金融产品的发展情况。

（1）2020年受到疫情影响，绿色债券发行规模稍有减少，但仍然处于一个较高的水平

从绿色债券发行规模来看，如图3-2所示，2017年1月至2021年6月，广州市境内绿色债券发行总额从55亿元增加最高达520.90亿元，截至2021年6月底，广州市境内绿色债券累计发行816.90亿元，共54只绿色债券。2019年增长迅猛，绿色债券发行规模增加9倍多。2020年受到疫情影响，绿色债券发行规模稍有减少，但仍然处于一个较高的水平，境内绿色债券发行量达到123.50亿元，共发行了15只绿色债券。广州市无论是绿色债券发行规模还是发行数量均为广东省第一。

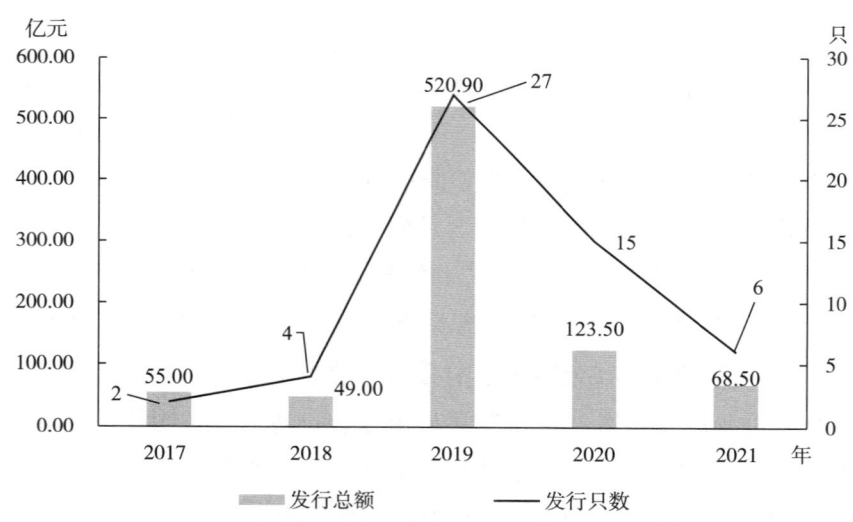

图3-2　2017—2021年广州市境内绿色债券各年度发行情况

（2）发债的种类看较为丰富，涵盖了债券的基本门类，促进财政与金融的结合支持绿色发展

从发债的种类看，累计地方政府债281.90亿元、企业债264亿元、资产支持证券124亿元、中期票据67亿元、金融债50亿元、短期融资券20亿元和公司债10亿元（见图3-3）。目前已发行的124亿元资产支持证券中，100亿元为广州地铁集团有限公司所发行，24亿元为广州市公共交通集团有限公司所发行。2021年1月中债—粤港澳大湾区绿色债券指数发布会中，中央结算公司的信息披露系统使用了湾区"9+2"城市作为数据样本，其中市值权重来自

广州的占 53.66%，在湾区"9+2"城市群中居于首位。其中，2020 年以来发行的绿色债券如表 3-5 所示，其中企业债发行总额最大，为 110 亿元；其次是中期票据，发行总额为 28 亿元；接着是资产支持证券，发行总额为 24 亿元，且均为广州市公共交通集团有限公司所发行。

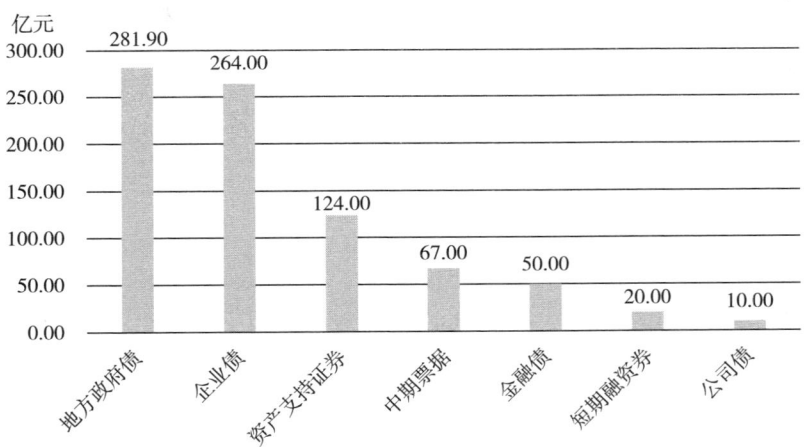

图 3-3　广州市绿色债券发行总额（2017 年至 2021 年 6 月）

表 3-5　广州市绿色债券发行情况（2020 年至 2021 年 6 月）　　　　　　　　单位：亿元

债券类型	代码	证券简称	发行额	发行起始日
企业债	2080003.IB	20 广铁绿色债 01	15.00	2020-01-07
	2080031.IB	20 广铁绿色债 02	15.00	2020-03-05
	2080143.IB	20 广铁绿色债 03	15.00	2020-05-22
	2080195.IB	20 广水投绿色债 01	5.00	2020-08-11
	2080209.IB	20 广业绿色债 01	18.00	2020-08-14
	2080270.IB	20 广州公交绿色债	17.00	2020-09-16
	2080383.IB	20 广铁绿色债 04	15.00	2020-12-04
	2180134.IB	21 广东能源债 01	10.00	2021-04-22
资产支持证券	138959.SZ	20 广交次	0.53	2020-07-30
	138954.SZ	20 广交 01	0.99	2020-07-30
	138957.SZ	20 广交 04	3.35	2020-07-30
	138958.SZ	20 广交 05	3.44	2020-07-30
	138956.SZ	20 广交 03	1.10	2020-07-30
	138955.SZ	20 广交 02	1.09	2020-07-30
	082100225.IB	21 广州公交 ABN001 优先	13.47	2021-03-23
	082100226.IB	21 广州公交 ABN001 次	0.03	2021-03-23
中期票据	132000018.IB	20 粤电开 GN001	3.00	2020-04-29
	132100011.IB	21 南电 GN001	20.00	2021-02-07
	102100673.IB	21 知识城 MTN001（碳中和债）	5.00	2021-04-08
短期融资券	012102407.IB	21 广州地铁 SCP005（绿色）	20.00	2021-06-29
公司债	149187.SZ	20 穗环 G1	10.00	2020-07-29

3.4.1.2 绿色金融产品和服务创新

（1）绿色信贷创新

1）针对特定行业、特定领域创设绿色信贷产品或服务

从整体上来看，广州市绿色信贷产品及服务覆盖范围较广，针对特定绿色行业、绿色领域的信贷产品创新案例较为丰富，根据行业发展需求进行绿色信贷创新。如针对新兴垃圾分类、处理行业，建设银行广州分行创新融资模式，为垃圾分类链条内企业累计提供金额约100亿元；而广州银行以"特许经营权+股东股权质押+股东连带责任保证"的创新联保模式为广州市某垃圾处理项目提供了贷款。

2）从质押、增信方式创新绿色信贷产品

在中小企业申请绿色信贷时，往往因难以提供满足银行要求的担保条件而产生一定程度的融资困难，这也就需要对于绿色信贷产品的质押方式进行创新。广州金融机构在近年来加大了对碳排放权、林权、排污权等权益内容的关注，先后推出了"碳排放权抵押贷款""光伏贷""林链贷""排污权质押融资""生态公益林补偿收益权抵押贷款""绿票通"等信贷产品和信贷模式，有效缓解了绿色企业融资过程中抵押物不足的问题。

3）绿色金融链产品

新能源汽车领域是当前广州绿色供应链金融产品主要支持的内容，如建行广州分行开创的"绿色e销通"产品就为促进新能源汽车行业发展提供了助力，累计为5家民营经销商企业投放近4 000笔购车融资，合计投放金额约4.6亿元。广州碳排放权交易所发布《粤港澳大湾区绿色供应链金融服务指南——汽车制造业》，契合广东省汽车供应链的发展态势。

4）零售型绿色信贷产品

零售型绿色信贷产品在广州有较大发展空间。从个人绿色消费类信贷产品来看，广州已有多家银行等金融机构针对小微企业融资问题推出了相应的零售信贷产品，如助力企业复工复产的系列绿色信贷产品等，加强了对小微企业的信贷扶持力度。中信银行广州分行推出的"信秒贴"产品定位于"发展绿色信贷，助力小微企业"，由客户线上自助发起贴现申请，并由银行系统全自动完成放款的互联网时代的高科技产品，其中增加了系统对中小企业的绿色审查流程，对于满足条件的企业能够提供一定的信贷优惠。

（2）绿色债券

1）绿色ABS

资产证券化以未来的现金流作为基础资产，债券评级与主体评级分离，不依赖于原始权益人的整体资质，对发起人而言是融资成本较低的资源配置方式。广州市大力推进绿色资产证券化项目建设，通过发展绿色资产证券化推动经济绿色发展，降低融资成本，为投资者解决了投资标的难以识别的问题，2019年至2021年6月底，绿色资产证券化发行单数24单，发行规模124亿元，具体项目如表3-6所示。

其中，"广州地铁集团有限公司2019年度第一期绿色资产支持票据"是全国首单轨道交通以客票费收益权作为基础资产的证券化项目，规模30亿元；"广发恒进—广州地铁集团地铁客

运收费收益权 2019 年第一期绿色资产支持专项计划优先级资产支持证券"总规模 31.58 亿元，系全国首单以地铁客运收费收益权为基础资产的 ABS 项目，同时亦是少有的"双绿"ABS 项目（绿色主体+绿色基础资产）。

表 3-6　广州市绿色资产证券化推进情况（截至 2021 年 6 月 30 日）

债券简称	发行规模（亿元）	发行日期	利率（%）	债券类型
19 广州地铁 ABN001 优先 01	6.30	2019-01-21	3.60	交易商协会 ABN
19 广州地铁 ABN001 优先 02	6.50	2019-01-21	3.79	交易商协会 ABN
19 广州地铁 ABN001 优先 03	6.90	2019-01-21	4.00	交易商协会 ABN
19 广州地铁 ABN001 优先 04	4.40	2019-01-21	4.10	交易商协会 ABN
19 广州地铁 ABN001 优先 05	4.40	2019-01-21	4.10	交易商协会 ABN
19 广州地铁 ABN001 次	1.50	2019-01-21	0.00	交易商协会 ABN
19 广州地铁 ABN002 优先	19.98	2019-09-19	3.52	交易商协会 ABN
19 广州地铁 ABN002 次	0.02	2019-09-19	0.00	交易商协会 ABN
广铁 1 优 1	5.14	2019-03-15	3.40	证监会主管 ABS
广铁 1 优 2	5.56	2019-03-15	3.74	证监会主管 ABS
广铁 1 优 3	5.98	2019-03-15	3.94	证监会主管 ABS
广铁 1 优 4	6.23	2019-03-15	4.05	证监会主管 ABS
广铁 1 优 5	7.09	2019-03-15	4.05	证监会主管 ABS
广铁 1 次	1.58	2019-03-15	0.00	证监会主管 ABS
广铁 2 优	17.49	2019-09-24	3.54	证监会主管 ABS
广铁 2 次	0.93	2019-09-24	0.00	证监会主管 ABS
20 广交 05	3.44	2020-07-30	3.56	证监会主管 ABS
20 广交 04	3.35	2020-07-30	3.56	证监会主管 ABS
20 广交 03	1.10	2020-07-30	3.56	证监会主管 ABS
20 广交 02	1.09	2020-07-30	3.30	证监会主管 ABS
20 广交 01	0.99	2020-07-30	2.98	证监会主管 ABS
20 广交次	0.53	2020-07-30	0.00	证监会主管 ABS
21 广州公交 ABN001 优先	13.47	2021-03-23	3.70	交易商协会 ABN
21 广州公交 ABN001 次	0.03	2021-03-23	0.00	交易商协会 ABN

2）碳中和债券

碳中和债是绿色债务融资工具的子品种之一，是在"碳中和"目标指引下，募集资金专项用于清洁能源、清洁交通、绿色建筑、碳汇林业等具有碳减排效益的绿色项目的债务融资工具。如表 3-7 所示，截至 2021 年 6 月 30 日，广州市发行的碳中和债只数为 4 只，其中，中期票据 2 只，资产支持证券 2 只。广州发行的 2 只中期票据中，中国南方电网有限责任公司发行的 2021 年度第一期绿色中期票据发行总额为 20 亿元，募集资金将全部用于广东省阳江和梅州两座水蓄能电站项目的建设或置换项目建设，该只碳中和债是全国首批"碳中和"主题债券，也是粤港澳大湾区首单碳中和债。广州发行的 2 只资产支持证券为广州公交集团 2021 年度第一期大湾区绿色定向资产支持票据（碳中和债），是全国首单碳中和绿色 ABN，也是大湾区首单公交票款绿色资产支持票据。

表 3-7　广州市碳中和债发行情况（截至 2021 年 6 月 30 日）　　　　　　　　　单位：亿元

证券简称	债务主体	发行总额	是否首批
21 南电 GN001	中国南方电网有限责任公司	20	是
21 知识城 MTN001	知识城（广州）投资集团有限公司	5	否
21 广州公交 ABN001 优先	广州市公共交通集团有限公司	13.47	否
21 广州公交 ABN001 次	广州市公共交通集团有限公司	0.03	否

（3）环境权益金融创新

依托广东省环境权益交易所、广州碳排放权交易中心积极开展碳排放权、排污权、林业碳汇等环境权益交易，并积极建设粤港澳环境权益交易市场。目前，广州市环境权益交易市场发展速度较快，2020 年 3 月，广东省首个排污权交易金融项目落地广州，为节能环保企业提供融资总额 200 亿元的排污权质押融资支持。截至 2020 年 6 月，广州市环境权益交易总额达到了 38 亿元，同时，至 2020 年底，广州碳交所碳配额现货交易量累计成交突破 1.69 亿吨，较上一年度增长了近 20%，总量排名全国首位。

（4）金融科技创新

2020 年广州被评为全球第八大金融科技中心，金融科技势必在未来的发展中为绿色金融持续赋能，完善绿色金融基础设施建设，开展更多的绿色创新实践。目前，广州市绿色金融改革创新试验区主要有广州市绿色金融改革创新试验区融资对接系统（简称绿穗通）、广东省中小企业融资平台（简称中小融平台）、绿色融资租赁线上平台（简称绿色银赁通）、民营科技型中小企业创新金融服务超市、基于绿色金融体系的生态补偿平台（简称生态补偿平台）等融资对接及产品交易平台，数据来源广、运用场景丰富，整合政务、征信等信息，着力构建金融科技推动绿色发展的广州模式。

3.4.1.3　绿色金融机构及绿色产业生态

（1）绿色金融事业部或专营机构

银行绿色金融专营机构的设立将有效突出绿色业务的专业化，能够对目标客户群体进行更加精准的定位，提高绿色信贷等金融工具使用效率。值得一提的是，2021 年 7 月，建设银行在南沙区设立全国首个气候特色支行，探索环境要素融资新领域。气候支行通过对目标客户群体进行更加精准的定位，突出气候金融业务的专业性。

（2）业务战略转型

在具体业务战略转型方面，广州市金融机构积极结合绿色金融行业发展态势，向着业务"下沉"与数字化转型道路深化发展，进一步开拓客户市场，紧密连接绿色产业与资本市场，提升服务能力，现已取得了一定的成果。

其一，金融业务下沉意味着金融机构需要通过业务转型，切实增强对于小微企业、个体经营者、个人等主体的融资支持，结合绿色金融发展破解小微企业融资难问题。在 2020 年全年，广州市内各大银行对小微企业的贷款余额达 2.93 万亿元，贷款户数 123 万户；而涉农贷款余额 1.49 万亿元，较年初增长 16.95%。同时，面对新冠肺炎疫情的威胁，各家金融机构制定详细的信贷支持政策和实施计划对于受本次疫情影响的企业、行业、个人经营性贷款审批，实施利率优惠、流程简化等举措。如广州银行积极推出"支小专项贷款""复工复产贷"专项方案，鼓励信用贷款投放，着力提升金融服务"抗疫个人""抗疫企业"的能力。

其二，金融机构加快数字化转型进程，有利于推动广州绿色金融等行业数字化发展，进而辐射带动大湾区数字金融生态圈发展。一方面，建设银行广州分行等机构在数字科技助力绿色金融上着重发展，该行已充分运用科技手段实现对绿色企业的高效识别，依据监管部门绿色企业标准，成功实现了对绿色金融的标识管理；另一方面，诸如太平人寿广东分公司等机构则在积极跳出传统金融服务的"思维定势"，如太平人寿为响应国家"三复"号召，在线上开展支持广州等地企业复工复产的直播活动，助力企业开启高效复工复产。

（3）环境信息披露

环境信息披露是我国绿色金融的五大支柱之一。2021 年初，人民银行广州分行正式启动大湾区的 13 家金融机构环境信息披露的试点工作，首批试点对象涵盖广州市两家银行业金融机构：广州银行、广州农商银行。通过在实践中积极探索适合广州市的环境信息披露体系。绿色金融与产业端的联系是紧密的，产业端的多样化意味着银行客户主体、融资项目的多样化，两家银行关注到了广州市产业结构的复杂性，针对不同项目进行了环境风险评估，同时在指标选用上也注意到了多产业结构数据的可得性问题。

3.4.2 广州绿色金改区政府政策推动分析

3.4.2.1 政府出台政策为绿色金融保驾护航

广州作为国内绿色金融发展的先行城市之一，高度重视顶层设计和政策安排。总体来看，广州绿色金融政策体系有以下几个特点。第一，广州绿色金融相关政策制定的开始时间较早，走在全国前列，政策出台密度逐年增大。第二，广州目前已形成囊括试验区体制机制、绿色金融工具与产品、绿色金融标准、绿色金融扶持激励以及绿色金融湾区合作等内容的较为完备的绿色金融政策体系。第三，国家级、省级、市级、区级绿色金融政策文件一脉相承、逐级细化。

2020 年出台的广州绿色金融相关政策文件如表 3-8 所示。

表 3-8 2020 年以来广州出台的绿色金融的相关政策

序号	时间	颁布机构	政策名称	涉及领域
1	2020 年 1 月	广州市花都区人民政府办公室	《广州市花都区支持绿色金融创新发展实施细则》（花府办规〔2020〕1 号）	绿色金融创新
2	2020 年 4 月	广州市金融工作局	《广州市深化绿色金融改革创新试验区建设工作方案》（穗金融〔2020〕6 号）	试验区建设

续表

序号	时间	颁布机构	政策名称	涉及领域
3	2020年4月	广州市黄埔区人民政府	《广州市黄埔区、广州开发区促进绿色金融发展政策措施的通知》（穗埔府规〔2020〕11号）	绿色金融扶持激励
4	2020年7月	广州开发区金融工作局	《广州市黄埔区、广州开发区促进绿色金融发展政策措施实施细则》（穗开金融规字〔2020〕2号）	绿色金融扶持激励
5	2020年8月	广州开发区金融工作局	《广州市黄埔区、广州开发区绿色项目、绿色企业认定管理办法（试行）》（穗开金融规字〔2020〕4号）	绿色企业与项目库
6	2020年9月	广州市地方金融监督管理局	《关于贯彻落实金融支持粤港澳大湾区建设意见的行动方案》	试验区建设
7	2020年8月	广州市地方金融监管局	《广州市地方金融监督管理局关于印发推动广州绿色金融改革创新试验区建设2020年工作方案的通知》（便函〔2020〕1800号）	试验区建设
8	2020年12月	广州市地方金融监督管理局	《广州市绿色金融改革创新试验区绿色企业与项目库管理实施细则（试行）的通知》（穗金融规〔2020〕5号）	绿色企业与项目库

3.4.2.2 政府政策推动的特点及趋势

（1）政策内容较为完备，政策措施不断细化

广州作为国内绿色金融发展的先行城市之一，高度重视顶层设计和政策安排。从政策的主要内容来看，广州绿色金融相关政策的特点如下：其一，广州目前已形成内容较为完备、层次较为分明的绿色金融政策体系；其二，广州出台的绿色金融政策主要包括试验区体制机制、绿色金融工具与产品、绿色金融标准、绿色金融扶持激励以及绿色金融湾区合作等，覆盖面宽；其三，政策措施随着绿色金融实践活动的深化而不断细化、可操作性逐渐增强。

（2）政策聚焦银行业的量化绿色金融业绩评价

绿色金融业绩评价是激励约束机制中的重要内容。人民银行广州分行从2019年开始，建立起广东银行业存款类金融机构绿色信贷业绩评价机制，每季度对广东省86家法人银行机构开展绿色信贷业绩评价工作，并将评价结果纳入央行评级，以引导银行机构持续加大对广东绿色低碳产业的信贷支持。

（3）逐步构建绿色金融风险防控政策体系

广州市在中央宏观金融调控和监管政策的指引下，根据自身金融业发展情况和风险特征，逐步构建起完善的绿色金融风险防范政策体系。广州市人民政府办公厅《关于促进广州绿色金融改革创新发展的实施意见》中将加强金融风险防控作为绿色金融发展的一项重要工作进行部署，发挥广州金融风险监测防控中心作用，综合运用金融科技手段加强绿色金融风险防控，防止非绿企业和项目通过漂绿、洗绿等行为套取绿色金融政策支持。

（4）绿色金融助企纾困破解融资难题

2021年6月在广州出现了新一轮新冠肺炎疫情，广州市金融局引导金融资源向受疫情影响的企业，尤其是中小企业集聚。绿色金融助企纾困作用主要表现在：政策叠加降低融资成

本，政府引导便捷融资通道，有针对性地帮扶批发零售、住宿餐饮、物流运输、文化旅游等重点行业企业。截至2020年11月底，广州市充分利用央行多轮专项优惠利率贷款，协助共计1.3万多家抗疫企业和受疫情影响较大的小微企业，获得优惠利率贷款380多亿元；广州市共有141家重点保障企业获得优惠利率贷款122亿元，加权平均利率2.29%，广州市获得的贷款企业户数和金额分别占全省的23%和38%，总金额居全省第一。

3.4.3 广州绿色金改区建设的特点和成效

（1）产融对接是绿色金融工作的重点

广州绿色金融的产业化体现在构建了完备的体系促进资源高效对接产业需求，有针对性地支持本地具有优势的绿色产业的发展。其一，传统环保行业与资本市场对接比较充分。试验区与广东股权交易中心合作共建广东绿色环保板运营中心，支持绿色环保企业利用多层次资本市场转型升级，帮助环保企业借助资本市场力量做大做强。其二，新能源产业得到绿色金融的大力支持。绿色金融支持广州市新能源公交车置换、分布式光伏发电项目、海上风电项目等，成为新能源产业发展的重要推动力。其三，绿色服务业快速发展。资本市场对绿色服务业的关注逐渐增强，广州通过将绿色认证、检测、咨询等方面的服务力量结合起来，拓展绿色服务业的广度与深度。

（2）市场培育是绿色金融工作的落脚点

广州绿色金改区背靠千年商都，面向粤港澳大湾区，具备发展绿色金融的良好市场环境，在政策的扶持下逐步培育起市场导向和资本推动的发展模式。金融机构与企业积极参与发展绿色金融，各类市场参与者各司其职。广州目前已形成了较为完善的绿色金融产品与服务体系。

（3）背靠湾区、面向国际，突出城市的国际化

广州作为粤港澳大湾区的重要城市在经济和文化上有助于推动湾区绿色金融的发展。粤港澳大湾区作为广州绿色金融改革试验区与国际绿色金融的桥梁，一方面，将国际绿色金融先进的经验以及完善的金融体系引入试验区，为中国绿色金融国际化先试先行；另一方面，将具有广州特色的绿色金融推广到世界，加深国际投资者对广州特色绿色金融的认识。广州作为湾区核心城市之一以及首批国家绿色金融改革创新的一线城市，为大湾区乃至中国的绿色发展持续赋能。2020年11月和12月在广州举办的国际金融论坛（IFF）第17届全球年会和亚洲金融高峰论坛暨亚洲金融智库2020年会，均以全球绿色金融和疫情后绿色复苏为主题，体现了广州绿色金融改革具有的国际化彰显力以及影响力。

（4）多元创新推动体制机制创新

试验区成立以来，广州市以体制机制创新为动力，在平台建设、融资模式、信息披露等方面不断创新，形成了一系列全国首创的绿色金融成果。体制机制创新上，积极运用再贷款、再贴现等货币政策工具；建立科学的绿色金融风险管理机制和预警机制；设立全国首家绿色金融创新中心。区域特色创新上，将绿色金融改革创新对接粤港澳大湾区建设；建立绿色项目融资

对接系统；依托广州碳排放权交易所开展碳金融业务创新；落地全省首个排污权交易金融项目和全国水资源领域首只绿色政府专项债券。

3.4.4 广州绿色金融推动可持续、高质量发展的方向

（1）结合"双碳"目标对绿色金融标准进行修订

目前广州市及市内花都区、黄埔区、广州开发区出台了适用于本区域的绿色金融相关标准，但内容聚焦的主要是污染防治和资源节约等领域。未来绿色金融标准修订应该以碳中和作为重要目标及约束条件，加强向低碳项目的倾斜并逐步实现绿色金融标准与碳排放标准的对接。在这个过程中，一方面，绿色金融支持目录中的项目在支持其他环境目标的同时，不损害应对气候变化的目标；另一方面，对于对绿色企业和绿色项目的规范中应加入量化的碳排放相关指标，形成刚性约束。

（2）完善环境信息披露制度，强化碳信息披露

环境信息披露是提高绿色金融市场透明度和公信力的重要措施，企业与金融机构的环境信息披露应是相辅相成的关系。其一，在披露主体上，应从高污染、高排放企业逐步夸大到上市企业、其他大中型企业，再逐步覆盖到金融机构；其二，在披露内容上，必须披露实质性的环境信息，尤其是加强有关气候变化风险和管理情况的信息披露，使碳排放相关数据透明化；其三，在披露方式上，将强制性与自主性披露相结合，对于重点指标进行强制性披露，对于一些个性化指标倡导自主披露，通过环境报告、企业年报、官方网站等方式进行公开。

（3）完善绿色产融对接平台，赋能绿色产业发展

依托广州市绿色金融改革创新试验区融资对接系统，逐步将广州市及广东省具有融资需求的绿色企业和项目信息以及金融机构的绿色金融产品信息纳入对接平台管理，并积极与港澳机构对接，形成绿色产融对接的枢纽，实现绿色项目融资的精准、有效对接。接下来可以通过绿色金融科技以及科技金融手段更好地服务产业与金融的对接，使绿色产业更好地适应金融领域的差异化政策工具，同时使金融产品更好地服务绿色产业的特殊性及需求。结合广州市出台实施构建"链长制"推进产业高质量发展的思路，绿色金融可以结合实施智能与新能源汽车、生物医药与健康等产业"链长制"行动计划。

（4）释放大湾区绿色基础设施投资机会，推动湾区金融合作

广东计划在"十四五"期间投资673亿美元建设新基建项目。目前新型基础设施项目库已初步汇总了700多个项目，总投资超过1万亿元人民币（1 530亿美元），政府预计2020年至2022年至少将投资1 012.3亿美元。应对新基建与绿色发展，创新推进绿色金融债券、绿色金融股权、绿色经济渠道，大力支持能效提升、污染防治、土地水域资源治理、生态环境和绿色建筑等领域新基建的建设。绿色转型可能使高碳排放的资产价值下跌，影响企业和金融机构的资产质量，期货交易可以从风险管理的角度支持绿色金融的发展。2021年4月成立的广州期货交易所，是我国第一家混合所有制的交易所，包括证监会管理的4家期货交易所、广东国资企业、民营企业和境外企业。广期所可以从风险管理市场的角度支持绿色金融的发展，例如设计

与绿色债相关的信用衍生品。ESG 相关的基金目前已是海外投资者重点关注的品种，未来也或将成为我国投资者关注的重点。

（5）统筹抓好疫情防控与金融业发展，继续落实金融纾困政策直达实体经济

针对 2021 年 5 月至 6 月的疫情，广州市人民政府在 2021 年 6 月 23 日及时印发了《积极应对新冠肺炎疫情影响着力为企业纾困减负若干措施》，通过加大对中小微企业财税、金融、社保等政策支持力度，有针对性地帮扶，批发零售、住宿餐饮、物流运输、文化旅游等重点行业企业，共推出纾困、减负、帮扶三大类 9 项具体措施。随后，6 月 30 日，广州市地方金融监管局联合金融、工信和财政等部门又细化出台了《关于强化金融服务支持疫情防控促进经济平稳发展的意见》，针对曾列为中高风险区域、曾实施封控封闭管理区域及其邻近区域，积极采取金融帮扶措施，支持受疫情影响较大的区域加快恢复正常经济活动。可以根据这次疫情对广州市各区的隔离措施影响，结合疫情防控和复工复产不同阶段面临的主要问题，分阶段、有梯度地出台再贷款再贴现政策，对名单实施动态调整。为着力纾解隔离酒店、酒店用品洗涤企业困难，2021 年 6 月，建设银行花都分行从客户在线申请到实际放款用 15 分钟为酒店用品洗涤企业放款 200 万元。

（6）推进支持城市改造和现代产业，不断优化国际营商环境

2020 年在疫情冲击下广州市持续深化"放管服"改革，不断优化营商环境，中国营商环境评价结果连续两年全部 18 个指标获评标杆。全国 15 条优化营商环境创新举措中广州市 4 条入选，成为入选条数最多城市。广州作为国家绿色金融试点，包括花都、天河和南沙等多样性的绿色产业支持绿色金融实践，可以丰富湾区特色金融支持绿色产业的发展。第一，打造绿色产业的国际标准，提升高质量发展水平。标准化是高质量发展的重要基础，标准国际化是对标国际一流城市的重要手段。围绕能代表广州国际化城市和产业种类齐全的特点，构建与广州本地产业相匹配的绿色标准、披露、检测、认证、评估系统构架，提升高质量发展水平并创新绿色金融的产业生态。第二，将广州市绿色经济与城市形象结合。广州市 2021 年 7 月成功成为国家培育的 5 个国际消费中心城市之一。"岭南文化的底蕴、千年商贸的根基和国际交通枢纽的城市定位，绿色经济是一种国际性的产业金融形式，因此也是国际性大都市建设所需要的金融形态。2020 年广州举办的国际金融论坛包括世界银行、亚洲开发银行等国际机构都围绕"绿色金融和经济复苏"这一主题，在加强湾区内交流的同时向世界展示广州在大湾区绿色金融的国际化及其影响力。

3.5 浙江

3.5.1 湖州市

湖州市始终以"走在前列"的担当和"干在实处"的坚守，着眼绿色金融改革创新全

局，聚焦破解阻碍绿色金融发展的体制机制问题，努力打通绿水青山就是金山银山理念转化的金融通道，走出了一条以绿色金融改革赋能经济增长和生态改善的新路子。

3.5.1.1 工作开展情况

1. 突出标准先行，构建绿色金融标准体系

标准是引导金融资源优化配置的基础，湖州坚持标准先行，从绿色融资主体认定、绿色金融机构评价、绿色金融发展指标构建等方面着手，先后制定区域绿色金融发展指数评价规范、美丽乡村建设绿色贷款实施规范、环境污染责任保险风险评估技术规范等12项绿色金融地方标准，在全国率先建立了地方统一、有公信力、可操作性强的绿色金融标准体系。出台绿色融资企业和绿色融资项目认定评价办法，从环境影响、能源消耗、亩均效益等方面，按照"深绿、中绿、浅绿、非绿"四个等级，对融资企业和项目开展绿色评定，累计认定绿色企业763家、绿色项目125个，并配套差异化信贷服务，对绿色融资主体给予优惠服务，对"非绿"融资主体提高准入门槛，倒逼企业绿色转型。出台绿色银行评价规范和绿色金融专营机构建设规范，按照"六单"模式（单列信贷政策、资金价格、风险管理指标、信贷审批、绩效考核和绿色金融产品），提升绿色金融专营机构服务能力。截至2020年末，全市共成立绿色专营支行16家、绿色金融事业部23家、绿色保险创新实验室2个，其中南浔农商行成立全国首家绿色专营支行，安吉农商行设立全国首个小法人银行绿色金融事业部。编制全国首个区域绿色金融发展综合评价指数，建立统一的绿色金融发展指数评价体系和指标量化监测方法，并开展跟踪评估。2017—2020年，湖州绿色金融发展综合评价指数分别为115、139、157、198，充分反映出湖州绿色金融发展基础日渐扎实，市场活力正在充分激活并释放，绿色金融对生态文明建设的贡献不断提高。

2. 突出激励引导，完善绿色金融政策体系

打出财政、金融等绿色金融政策"组合拳"，合力推进绿色金融改革创新。建立绿色金融支持和激励机制，制定"绿色金融25条""金融10条"等配套政策，安排10亿元财政专项资金和1亿元绿色贴息资金，对绿色金融产品创新、绿色企业上市、绿色金融高端人才、绿色金融组织机构、绿色信用贷款等给予奖励补助。如绿色企业（项目）最高可享受LPR利率12%的贴息补助、75%的担保费率补贴，部分银行还给予利率下浮优惠。每年围绕重点领域持续深化改革创新，开展绿色贷款、绿色保险等重点绿色金融创新案例评选，对入选案例每个给予50万元的奖励。2020年以来，以获批全国唯一绿色建筑和绿色金融协同发展试点城市为契机，构建政策引领、标准先行、产品创新、科技支撑、示范带动的工作体系，出台《关于加快绿色建筑提质发展的意见》，引导金融机构创新推出全国首单绿色建筑性能责任保险以及"绿地贷""绿色购建贷""绿色建筑企业按揭贷"等20余款金融产品，有力助推了湖州绿色建筑高质量发展。如安吉农商行创新"农房绿色建筑贷"，专项支持新建或改建的绿色农房建设，根据建筑星级贷款期限最长可达15年，额度最高可达建房总额70%，有效解决了农村住房贷款担保难、期限短、周转烦等问题。

3. 突出服务创新，提供绿色金融多样化产品

坚持需求导向，设立总规模达486亿元的绿色产业基金，深化绿色金融产品和服务创新，满足绿色企业多样化和多维度的融资需求。累计创新绿色金融产品130余个，发行绿色债券29单171.5亿元，绿色股权融资780亿元。比如，农行湖州分行建立绿色EVA定价机制，创新开发"绿色企业（项目）系列贷"，对达到一定绿色等级和亩均效益的融资主体给予利率优惠，并配备一定比例的信用贷款，该产品已由浙江省经信厅和农行浙江省分行联合在全省农行系统内进行推广。打造了"环境污染责任险""船舶油污责任险""绿色农产品价格指数保险""特色农产品气温指数险"等绿色保险系列产品。其中，人保财险湖州分公司落地全国首单绿色建筑性能责任保险，为企业提供全流程的绿色设计、绿色用材、绿色施工、绿色运行管理服务，并在发生绿色星级评级风险后进行经济补偿。由于绿色建筑性能保险全流程参与绿色星级建筑的施工、管理工作，可有效确保标的建筑满足绿色建筑运行评价星级要求。安吉县还创新开展"两山银行"试点改革，规模化收储山、水、林、田、湖、草等生态资源，引入市场化资金和专业运营商，探索生态产品价值实现新路径，有效推动资源变资产、变资本。

4. 坚持科技赋能，全力打造绿色金融数字高地

迭代升级绿色金融综合服务平台，升级绿色主体认定系统（绿信通），实现按业务对融资主体动态评价，鼓励金融机构将ESG评分纳入绿色EVA定价。目前，应用ESG评分定价已在湖州银行率先落地。加强部门间系统互联互通，创新"绿色金融综合服务平台+"模式，通过绿贷通+政采云、绿贷通+政务达等方式创新，实现政府采购"云上采"、金融政策"线上兑"，为企业提供"一站式"金融服务。截至2020年末，已累计帮助2万余家企业获得银行授信超2 100亿元。2020年新冠肺炎疫情期间，在全国率先开启央行再贷款"网上贷"模式，依托"绿贷通"平台推出"央行惠农政策支持贷""央行惠小政策支持贷""央行防疫政策支持贷""央行惠企政策支持贷"等产品，打通人民银行、地方法人机构和企业三级直连通道，累计为3 000多家小微企业提供再贷款超百亿元，有力助推了央行低成本资金高效直达绿色企业和实体经济。迭代升级绿色金融信息管理系统，逐步完善了绿色信贷环境效益测算、绿色信贷业绩评价等功能。目前已在浙江省推广，下阶段将在长三角地区部署应用。

5. 突出稳健运行，建立绿色金融风险防控机制

完善绿色金融司法保障和纠纷调解机制，落实司法服务保障绿色金融改革创新试验区建设的18条意见，与湖州市中院开展金融司法协作签署框架协议，与湖州市中院、华东政法大学签署绿色金融法治保障与风险治理合作协议。设立全国首个绿色金融纠纷调解中心，成立以"法润绿金"为品牌的湖州绿色金融纠纷调处法官工作室。注重企业恶意逃废债行为的防控，对绿色金融领域恶意逃废债行为联防联控，截至2020年末，已成功调解银企纠纷案件46件，涉及标的金额2 500万元，为银企节省诉讼费律师费约500万元。积极探索绿色金融课题联合研究机制，推进绿色金融风险前瞻性研究，探索气候风险影响下央行应对与政策工具选择等课题研究。比如，针对在建绿色建筑星级达标不确定性的潜在风险，研究并制定符合本地实际的绿色建筑贷款统计规则，明确"承保绿色建筑性能保险"等5项附加条件，规避了"绿建不绿"等风险。

3.5.1.2 重点创新工作

1. 发布全国首个区域性环境信息披露报告

全国率先制定《金融机构环境信息披露三年规划（2019—2021）》，制定环境信息披露框架，2020年率先应用金标委绿色金融标准工作组制订的《金融机构环境信息披露指南》，在《中国银行保险报》等主流媒体等发布"1+19"区域性环境信息披露报告，覆盖辖内19家100亿元资产规模以上的银行机构，主要银行向公众披露了包括绿色信贷余额、银行管理信息等内容，2021年将推广到全市所有银行机构，以进一步强化金融机构环境风险约束。2020年，湖州正式成为中英环境信息披露工作小组"13+1"体系中的唯一城市成员单位。

2. 推动绿色建筑和绿色金融协同发展

成功获批全国首个绿色建筑和绿色金融协同发展试点城市，构建了政策引领、标准先行、产品创新、科技支撑、示范带动"五步法"工作体系。制定《关于加快绿色建筑提质发展的意见》，从规划、财政、金融、政府投资等方面出台16项政策措施；编制《湖州市绿色建筑评价导则》《湖州市绿色建筑设计评价导则》等地方标准，构建绿色建筑贷款统计科学方法；围绕绿色建筑项目、绿色建材企业的绿色金融需求，开发绿色金融产品，推出"农房绿色建筑贷""绿色建筑性能保险"等专属产品；打造余不谷国际度假小镇、浙江大东吴装配式产业基地等示范项目和示范基地。2020年，全市绿色建筑占建筑行业总规模达到21.2%，同比提升9.6个百分点；新增绿色建筑面积1896万平方米，减少碳排放46.44万吨；绿色建筑贷款余额同比增长53.6%，增幅高于绿色贷款5.3个百分点。

3. 建设试验区首个绿色金融中心

在浙江省规划建设新兴金融中心的目标引领下，湖州结合南太湖新区建设，谋划打造区域性、特色化绿色金融中心，推进建设南太湖金融街、绿色金融小镇和绿色金融大厦三大平台（一街一镇一大厦），培育集聚持牌金融、绿色金融等市内外金融机构入驻。目前，已有市宁波银行等6家银行机构实质性入驻，市工商银行等3家国有银行得到了总行同意入驻，另有浙商财险长三角保险实验室等10余家金融业态达成入驻意向。

3.5.1.3 下一步工作展望

2021年是全面实施"十四五"规划开局之年，也是绿色金融改革创新试验区建设攻坚突破年，湖州将充分发挥绿色金融支持绿色转型的重要作用，在更深层、更高水平、更广维度，以更大的决心和力度，深入开展绿色金融改革创新基层实践。以"实体化、市场化、法制化、科技化"为导向，在平台打造、产品创新、标准制定、政策完善等方面持续加大探索力度，努力把湖州打造成绿色金融改革示范地、创新策源地和推广主阵地，为建设"重要窗口"的示范样本提供更强的金融支撑，为全国绿色金融改革发展创造更多的"湖州经验"。

1. 推动绿色金融改革"市场化"

坚持"市场化理念、市场化运作"思路，科学编制湖州市绿色金融"十四五"发展规划,努力激发银行、保险、证券等市场主体积极性,着力以更高水平建设绿色金融改革创新试验区。特别围绕"碳达峰""碳中和"目标任务,积极探索直接投融资、碳排放权交易和银行信贷等碳金融模式创新,助力经济社会全面绿色低碳转型。

2. 推动绿色金融改革"法治化"

发挥法治在绿色金融改革创新工作的引领和推动作用,系统集成并优化完善绿色金融规则和制度体系,为绿色金融可持续发展奠定基础。加快推进地级市首部绿色金融促进条例出台,将绿色金融制度标准、政策保障、基础设施等内容以法律法规的形式固化下来,在更深层次上推动区域绿色金融改革创新。

3. 推动绿色金融改革"数字化"

以数字化赋能绿色金融发展,进一步运用大数据、区块链等金融科技手段,迭代升级绿色金融综合服务平台,加快推进人民银行绿色金融信息管理系统、绿色银行评价体系升级的升级和完善,着力推动 ESG 评价模型在银行利率定价、绿色银行监管、央行再贷款中的充分应用,为企业提供"一站式"绿色金融服务。注重金融科技"湖州经验"的复制推广,争取以市场化方式将各类绿色金融服务平台推广到试验区、长三角乃至全国。

4. 推动绿色金融改革"实体化"

加快南太湖绿色金融中心建设,围绕"入驻金融企业超百家、注册金融企业超千家、管理金融资产规模超万亿元"的目标,高标准建设好南太湖金融街、绿色金融小镇和绿色金融大厦建设三大平台,全力引进持牌金融、新兴金融、金融生态等市内外金融机构,着力打造绿色金融发展生态圈,形成湖州绿色金融改革的实体化平台阵地。

3.5.2 衢州市

绿色金融又称生态金融或可持续金融,它是综合运用金融工具,以支持绿色发展为目的的创新型金融发展模式,在服务"3060"目标、助推绿色发展、建设生态文明上,具有至关重要的作用,已经上升为国家战略。衢州市是浙江重要的生态屏障,近年来市委市政府努力践行习近平同志对衢州"依靠'绿水青山'求得'金山银山'"的重要嘱托,以国家级绿色金融改革创新试验区建设为契机,充分发挥绿色金融配置金融资源、控制环境风险、引导绿色投资的功能,通过金融"血液"把"绿色基因"植入经济社会发展的方方面面,成功打造全国绿色金融改革创新试验之"衢州样本",走出了一条金融业助力供给侧结构性改革、服务高质量发展、推动生态文明建设的新路子。

3.5.2.1 衢州绿色金融改革工作实践

衢州列入全国绿色金融改革创新试验区以来,市委市政府高度重视,始终将绿色金融改革创新试验区建设作为全市实现高质量发展的重大历史机遇和"1433"发展战略体系重要支撑,将绿色金融改革创新试验区建设与"大花园"建设、"两山"理论实践示范区有机结合,探索出一条"标准+产品+流程+政策"的实践路径,取得了显著成效。

(一) 概况

1. 绿色信贷总量持续快速增长

2019年末，全市绿色贷款余额（衢州标准）786.86亿元，占全部贷款30.80%，较上年末提高4.26个百分点。绿色贷款平均利率5.79%，低于各项贷款利率0.79个百分点；绿色贷款的不良率0.15%，远低于全部贷款不良率0.75%，绿色金融改革成效明显。

2. 绿色直接融资逐渐发展壮大

2019年末，建立100亿元规模的绿色产业引导基金，并采用母子基金架构方式运行，首期规模50亿元，已到位4亿元，设立了7只子基金，完成项目投资13.67亿元，直接融资新增91.1亿元，创历史新高，有力推动全市产业结构转型升级。

3. 绿色金融助力创新社会治理模式

全国首创"监管+保险+服务+标准"模式下的安全生产与环境污染综合责任险是对综合社会管理模式的创新，完善安环云"监管+保险+服务+科技"的安全生产全过程管控模式，做到市县一体全覆盖、七大行业（危化、矿山、金属冶炼、电镀、木制品加工、造纸、环境治理）全覆盖。开创政银保企模式下的生猪保险与无害化处理联动机制、开启模式和集美模式是对传统产业风险管理模式的创新。另外还创新开展优化用电营商环境责任险试点，得到高兴夫副省长批示要求在全省推广。创新推出建设工程绿色综合保险，为建筑企业系上"安全带"。

4. 绿色金融标准体系建设稳步推进

2019年，启动衢州绿色企业评价、绿色项目评价标准申报工作，力争将上述两项标准升级为省级标准。

5. 绿色金融信用体系逐步完善

建立具有衢州特色的"金融服务信用信息共享平台"。截至2019年底，累计注册企业数111家，入驻金融机构114家，上架金融产品95个，累计实现贷款85笔、贷款总额3.68亿元，有力推动了银行信贷供给与企业融资需求的高效对接。

6. 绿色金融改革成效凸显

衢州连续5年夺得浙江省治水最高荣誉——"大禹鼎"，荣获"全国十佳生态文明城市"、联合国"国际花园城市"称号，连续入选中国十佳宜居城市，是中国幸福城市排行榜中的最幸福城市之一。与此同时，通过用"一江清水"引来旺旺、娃哈哈、伊利、康师傅等知名企业入驻，衢州已成为长三角地区重要的饮品生产基地。

7. 绿色金融"衢州模式"逐渐成型

2019年3月4日，全国两会期间，《人民政协报》16版整版刊登绿色金融改革成果——《浙江衢州：为国家绿色金融改革提供方案》。2019年8月30日在衢州学院召开"我爱你，中国"衢州市金融系统庆祝新中国70周年华诞朗读盛典，网络直播点击量10万+次，得到了社会各界一致好评。2019年，复旦大学绿色金融研究中心发布了长三角41个城市的绿色金融发展竞争力评级结果，衢州市排名第一，评级A+。2019年以来，上海、江苏、广东、四川、河南、深圳等13个省市先后组织近60批学习考察团来衢专题调研学习绿色金融改革经验。

这些成绩的取得，是衢州高举绿色发展大旗，加快绿色崛起的必然结果，也是衢州大力创新探索绿色金融改革的必然结果。

(二) 主要做法

1. 经济效益

截至2020年，全市绿色贷款余额1 067.2亿元，同比增长35.6%，占全部贷款比重达到35%，较上年末提高4.2个百分点；绿色贷款不良率0.24%，远低于0.72%的全部贷款不良率。绿色普惠指数53.94%，较试点前的2016年增长了174.64%。通过改革先行先试，既为金融业找到了新的增长点，又引导金融资源和社会资源正向流动，助推了绿色发展。

2. 生态效益

衢州连续5年夺得浙江省治水最高荣誉——"大禹鼎"，连续多年被评为"全国十大宜居城市"。2020年衢州市区空气质量（AQI）优良天数为353天，占全年总有效监测天数96.4%，$PM_{2.5}$浓度均值26微克/立方米，较2019年同期下降21.2%，日达标率为100%，相对变化率下降1.8%，在全省11个设区市中列第二位，市、县城市空气质量首次全面优于国家二级标准。19个市控以上地表水监测断面均满足水环境功能区目标水质要求，达标率为100%。社会公众生态环境满意度持续多年提升，2020年排名全省第一。

3. 社会效益

绿色金融把生态优势转化成了绿色社会优势，带动乡村旅游、体育休闲、养生养老、放心农业等新型产业的快速发展，近年衢州旅游收入都保持25%以上的增长速度。2018年荣获联合国"国际花园城市"称号，是中国幸福城市排行榜中的最幸福城市之一。所辖江山市荣获全球绿色城市大奖、开化县被国务院确定为国家公园试点。用"一江清水"引来了旺旺、娃哈哈、伊利、康师傅、马迭尔等知名企业，衢州已成为长三角地区最大的饮品生产基地。

3.5.2.2 绿色金融改革发展创新

2017年6月，衢州成为国家级绿色金融改革试验区。自改革以来，衢州坚持以"两山"理论为根本遵循，紧扣"金融支持传统产业绿色改造转型"目标，秉持"绿色+特色"理念，紧抓"标准、产品、政策、流程"四大核心要素，大胆改革创新，在全国率先开展了40多项首创性工作，相关做法经验多次获得国家部委和浙江省领导的批示肯定，2018年、2019年连续两年在复旦大学绿色金融研究中心发布的长三角41个城市绿色金融发展竞争力评级中排名第一。

(一) 创新体系

1. 创新打造精准化绿色金融保障体系

系统设计绿色金融顶层架构体系，以《衢州市"十三五"绿色金融发展规划》引领绿色金融改革，出台50条实施意见，明确75项重点改革任务清单，制定"绿金改16条"政策意见，充分运用奖励、补助、补偿、风险分担等手段，调动各方建设试验区的内生动力。在全国率先制定《绿色金融纳入"双支柱"政策框架暂行办法》，构建13项绿色金融综合评价指标体系，5个量化指标获央行采纳并在全国推广。全国首创金融支持实体经济发展月度评价机制

（MFI），将绿色金融和融资畅通指标纳入财政资金竞争性存放评价体系，引导银行争先创优，进一步加大对绿色项目和实体经济的支持力度。

2. 创新制定科学化绿色金融标准体系

按照"让每个传统行业都有绿色改造机会"思路，科学制定具有衢州特色的绿色金融标准体系，发布《绿色企业评价规范》《绿色项目评价规范》，评选出 88 家绿色企业、23 个绿色目，给予绿色贷款贴息 502 万元。在全国 8 个试验区中率先建成绿色贷款专项统计系统，率先创建地方法人银行绿色金融体系，获得央行副行长陈雨露批示肯定，并在八个试验区复制推广。积极培育绿色专营机构，实现各机构类型、行政区划、支行层级全覆盖，全市设立绿色金融专营支行 28 个、保险机构绿色金融事业部 10 个。

3. 创新开发系列化绿色金融产品体系

综合运用绿色信贷、绿色保险、绿色金融债、绿色债务融资工具、境内外资金池等一揽子金融服务方案，解决传统企业污染防治、技术改造、产业升级的资金需求，并逐步构建起"资源—产品—再生资源"的循环经济圈，衢州也成为全国唯一一个国家级循环经济试点示范大满贯的地级市。全市金融机构先后推出绿色信贷创新产品 167 个、绿色保险产品 19 个、绿色债券 5 只、绿色基金 28 只、融资新模式 137 项。2019 年，在全国认定的 39 个绿色金融改革典型案例中，"衢州案例"占 15 个，占比四成，在绿色金融改革试验区中占比最高。例如，泰隆银行成功发行全国首单小微绿色金融债，发行总额 15 亿元，募集资金全部用于污染防治、资源节约、清洁能源、生态保护四大类绿色项目，可实现 41 万吨/年的工业固废处置量、100 万吨/年的工业废气处置量、390 万吨的资源回收量。

4. 创新升级立体化绿色金融服务体系

深化金融领域"最多跑一次"改革，创新构建"线上有平台、线下有顾问、空中有桥梁"的绿色金融立体服务体系。特别在新冠肺炎疫情期间，创新组建 34 支金融服务小分队，开通 12345 市长热线绿色金融专线，打破部门信息壁垒，为企业提供精准及时的金融服务。2020 年，通过立体化金融服务体系，排查并解决企业资金问题 290 个，帮助申请贷款共计 26 亿元，承接 12345 市长热线及各部门交办化解企业困难 122 件，有力支持企业复工复产，相关工作得到市场主体的高度肯定。

5. 创新推进绿色金融数字化应用体系

深入运用大数据、云计算、人工智能等科技手段，充分发挥其在绿色企业（项目）识别、信用评价、产品创新、风险防控、金融服务数字化转型中的"加速器"作用。创新打造集市场主体信用信息收集、绿色标识、银企融资对接、担保融资、"一证办"、政府扶持、网格化数据分析系统、预警系统等功能于一体的"金融服务信用信息共享平台"。该平台嵌入绿色标准，引入第三方入口，实现绿色企业（项目）全流程线上评价，绿色企业奖补资金全流程线上办理，累计注册企业数 83 203 家，入驻金融机构 325 家，上架金融产品 332 个，贷款 10 193 次，线上贷款额逾 1 000 亿元。创新开发全市银行业金融机构碳账户管理系统，线上自动取数，实时生成个人碳积分。在全国率先开发绿色贷款统计信息管理系统，有效解决绿色信贷统计难的问题。率先建成农信系统绿色银行服务平台，从客户绿色风险等级、绿色金融资产、绿色生态效益三个层面实现与信贷资源的自动映射和计算，优化信贷风险监测手段和资产结构。

(二) 区域特色创新案例

1. 金融支持传统产业改造升级走在前列

以让"每个传统行业都有绿色改造机会"为思路，创新构建衢州特色的绿色企业评价规范、绿色项目评价规范，提升企业绿色化发展的信心和决心。例如，传统国有化工企业巨化集团通过发行绿色债券等途径获得直接融资241亿元、间接融资500多亿元，加快动能转换、污染治理、技术改造，成功构建起"资源—产品—再生资源—产品"的循环经济圈，节能减排效益提升200%以上，每年减少碳排放约1 900吨，成为国家循环经济教育示范基地、浙江省特色产业发展综合配套改革试验区、循环经济示范区，实现了从低端到高端的产业转型，从污染治理者到环保产业引领者的转型，是传统国企华丽转身凤凰涅槃的典范。华夏银行衢州分行成功发放衢州市首笔、浙江省第二笔世界银行绿色贷款900万欧元，助力衢州元立金属制品有限公司实施余热发电能效提升技改项目，项目建成实施后年发电量达到10.9万千瓦时，可节约10.55万吨标煤，使元立成为国内循环利用效能最高的钢铁企业。龙游特种纸产业是县域百亿元产业中的典型传统产业，近年争取"一行一策"差异化绿色信贷政策，通过改造升级，培育了2家国家绿色工厂、29家节水型工厂、一批国家绿色设计产品，纸吸管、家具饰面纸等环保替代产品份额约占全国的20%，龙游开发区因此获评国家级绿色园区。

2. 创立生猪保险和病死猪无害化处理联动机制

针对衢州作为生猪养殖大市的实际，从前端、中端、后端入手，创新全链条金融支持生猪养殖绿色转型。在前端，创新绿色资金风险池、供应链融资、活体畜禽抵押贷等产品，支持畜禽粪污资源化利用，形成"生猪畜养—沼气发电—沼质施肥"生态循环农业的"开启模式"，衢州被中财办和央行授予"金融支持畜禽养殖废弃物处理和资源化利用试点"（全国仅2个）。在中端，创新政策性贷款、应收账款质押贷款等产品，率先试点生猪保险与病死猪无害化处理联动机制，形成"统一收集、集中处理、保险联动、财政扶持"病死猪处理的"集美模式"，获时任国务院副总理汪洋的充分肯定，在全国各大生猪重点养殖区复制推广。在后端，通过"股权质押+政策性担保"等模式创新，支持有机肥企业技改及产品升级。农业部两次在衢州召开现场推进会，在全国推广衢州经验。

3. 创立"监管+保险+服务+科技"风险减量管理模式

通过创新安全生产和环境污染综合责任保险的险种整合、差异化费率、政保合作、引入第三方监管等方式，成功实现安全生产和环境污染监督从"末端治理"向"前端防控"转型，有效发挥绿色保险社会治理"稳定器"和经济发展"助推器"作用。目前，全市安环险已实现市域全覆盖、七大高危行业全覆盖，投保企业数706家，参保数5.4万人，为投保企业提供超350亿元风险保障，第三方服务机构累计提供风险巡查1.3万次，发现并整改风险隐患2.7万条，安全生产事故和环境污染事件发生率降低了82%。相关做法经验获生态环境部、应急管理部、银保监会肯定并在全国推广。

4. 创立"一村万树"绿色期权模式

衢州市柯城区结合"千企结千村、消灭薄弱村"专项行动，探索创新"一村万树"绿色期权模式，投资主体向村集体认购资产包，享受约定时限期满后的资产处置权，形成社会力量买林木未来收益、村集体赢得绿色资本金，有效打通"一村万树"资源、资产、资金通道。截至2020年11月末，省内175家企业、700多位个人认购绿色期权资产包256个，绿色期权单位1 678个，村集体实现增收1 070万元。绿色金融使"消薄"从单纯"输血"变"造血"，让农村群众共享绿色金融改革成果。以一个浙江楠期权资产包为例，5年后100株浙江楠平均胸径可达6~7cm，市场价值预计在4.8万~6.8万元；10年后100株浙江楠平均胸径可达12~15cm，市场价值预计在30万~40万元，绿色期权复利效益显著。

5. 创立"个人碳账户"

通过发掘银行账户系统蕴含的绿色支付、绿色出行、绿色生活等"大数据"，在全国首创建立融合金融属性、公益属性、共享属性于一体的银行"个人碳账户"体系，生成个人碳积分。各银行业金融机构以优质服务、优惠价格等多种方式兑现个人碳积分，同时将个人碳积分纳入衢州市地方信用体系"信安分"之中，用于政府招投标、医疗、出行、住房公积金贷款等多种场景，引导广大居民自觉践行绿色生活理念。截至2020年12月末，全市银行机构累计配置个人碳账户529万个，当年累计减少碳排放2 699吨，上线以来累计减少碳排放5 230吨，有效弥补了绿色金改在个人领域的空白，获朱从玖副省长"理念新、做法好、意义大"的高度评价。例如，衢州市人行开展"绿梦森林"公益植树活动，将个人碳账户兑换成实体树苗，2019年以来共吸引了7.6万人参与公益植树，共节约碳排放量296.42千克。

6. 全市域建设"两山银行"

衢州市在全市推广建设"两山银行"，借鉴商业银行运营模式，"存入绿水青山、取出金山银山"，打造绿色产业与分散零碎的生态资源、资产之间的中介平台和服务体系。对具备集中保护开发条件的耕地、林地、村落、闲置农村宅基地及闲置农房等碎片化资源资产，经摸底、确权、评估后纳入"两山银行"体系，整合提升并引入社会资本合作开发，实现生态资源向资产、资本的高水平转化。目前已为187户主体授信10 964万元，发放生态贷款10 816万元。

3.5.2.3 衢州绿色金融改革创新工作展望

2021年是"十四五"开局之年，也是绿色金融改革深化之年。市金融办将坚持以习近平新时代中国特色社会主义思想为指引，坚决贯彻落实市委、市政府各项决策部署，充分发挥国家绿色金融改革创新试验区的示范、辐射、带动作用，打通绿水青山转变为金山银山的通道，全力打造绿色金融"桥头堡"，为全市加快建设四省边际中心城市、推动经济社会高质量发展、实现生态文明、体现"重要窗口"的衢州担当提供强有力的金融支撑。

(一) 工作目标

为实现习近平主席2020年12月12日在气候雄心峰会上为达成应对气候变化《巴黎协定》的庄重承诺，围绕打造四省边际中心城市和构筑绿色金融"桥头堡"目标，坚持绿色与特色并举，充分发挥金融的要素保障、引导和杠杆作用，深入推进国家绿色金融改革创新试验区建设，大力实施融资畅通工程，积极引导企业对接多层次资本市场，有效破解民营小微企业融资难、融资贵、融资慢问题。2021年，全市实现金融产业增加值同比增长7%，占GDP比重达到7%；绿色融资规模达到1 000亿元；新增上市企业2~3家以上，新增直接融资120亿元；全市银行机构不良贷款率保持在1%以下。

（二）重点任务

1. 绿色金改再深化

围绕"金融供给侧结构性改革"主线，以绿色金融改革创新试验区建设为统领，以绿色金融支持传统产业转型升级为核心，统筹兼顾美丽经济幸福产业、数字经济智慧产业，打造四省边际绿色金融桥头堡，形成"大花园"统领、大平台集聚、大数据支撑、大联动服务的衢州特色的绿色金融发展模式。

2. 融资畅通再破题

按照"总量只增不减""成本只降不升""期限只长不短""审批只简不繁"的要求，以银行业金融机构MFI评价为抓手，扎实做好增量、降价、提质、扩面工作，引导银行业加大对民营、小微企业和"三农"的支持力度，全力、精准支持实体经济发展。

3. "凤凰行动"再加速

按照"培育一批、股改一批、辅导一批、申报一批"的思路，高质量推进"凤凰行动"计划。积极推动首发融资、股权融资、债券融资和企业开展并购重组，帮助企业对接多层次资本市场。

4. 金融风险严防控

聚焦上市公司股权质押平仓、私募基金、互联网金融、非法集资等重点风险隐患，依托天罗地网金融风险监控系统，推进金融风险网格化管理，完善金融安全防线和风险应急处置机制，全力打好金融风险防控攻坚战。

（三）工作举措

1. 努力打造绿色金融桥头堡

坚持"让绿色更普惠、普惠更绿色"理念，继续推动绿色金融向纵深推进，为衢州经济社会的绿色转型提供持久动能。一是深化绿色金融标准化建设。大力推进生猪保险与无害化处理联动机制等绿色金融体制机制和金融产品标准制定，完善市级绿色金融标准体系；努力争取安环险服务规范、个人碳账户等省级地方标准制定；强化绿色金融标准应用，实现绿色项目、绿色企业评价市县一体、贴息一体，建立动态库；兑现绿色贷款贴息政策，鼓励更多企业建设绿色项目。二是加大绿色金融产品创新力度。围绕"传统产业绿色改造转型"主线，进一步创新并复制推广现有的绿色信贷、绿色保险、绿色基金、绿色担保、绿色直融等绿色金融模式；深化政银保担合作，探索在"绿色、低碳、安全"三方面的资源整合、平台整合和金融创新，让绿色转化为信用，让信用为绿色助力，为产业发展和企业绿色改造转型提供强有力资金保障。

三是加快绿色金融改革成果转化。加强与知名高校合作和培训，加快推动绿色金改实践经验上升为理论，大力培育适应新形势的应用型、复合型、创新型绿色金融人才；广泛宣传绿色金融改革成果，提高绿色金改衢州模式在四省边际、长三角乃至全国的辐射力、影响力。四是强化绿色金融考核激励。进一步强化对绿色专营机构、绿色贷款的投放等绿色金融考核激励制度，推动银行支持实体经济发展的指标特别是降低贷款利率成本费用指标与财政、国资、公积金、社保资金竞争性存放密切挂钩；吸引私募股权机构与政府产业基金合作支持新兴产业发展。扩大对外金融合作，以国资平台为载体，加大金融招商引资力度，积极引进市外金融机构、新型金融业态甚至国际资金。

2. 深化实施融资畅通工程

以问题为导向，畅通国际国内双循环的金融支持路径。一是保总量。积极开展政银企对接，为大小三城、大花园建设、义甬舟开放大通道等重点项目提供充足的资金保障；积极争取政策性金融机构和在衢上级金融机构政策、资金和试点的支持，全力做大金融总量。二是调结构。持续提高民营经济贷款、小微企业贷款、企业中长期贷款、信用贷款占比，精准支持小微民营经济主体发展。三是降成本。完善银企续贷沟通机制，深化还款方式创新、无还本续贷，多渠道推进减息降费，减轻企业负担。四是强担保。完善政策性融资担保体系，做大做强信保基金；健全银行与担保机构风险分担机制、财政对担保机构的风险补偿机制，扩大融资担保覆盖面；优化金融服务体系，充分发挥保险增信、保障作用，提升金融服务实体经济能力。五是优服务。大力推进金融领域"最多跑一次"改革，优化"线上有平台、线下有队伍、空中有桥梁"的立体金融服务体系，完善银行业"敢贷、愿贷、能贷"的工作机制，提升金融服务水平，提高小微、民营企业融资获得感、便捷度、覆盖面。

3. 全力对接多层次资本市场

一是大力推进企业上市。牢固树立上市是企业提质增效最好的路径、上市是有效的招商引资手段的理念，抢抓市场注册制新机遇，制订凤凰行动计划2.0版，在资金、政策、服务等方面全方位支持企业上市；有效利用省地方金融监管局、省证监局以及沪深交易所、有关中介机构等渠道资源，针对性开展培训、辅导、服务、帮扶，及时协调解决企业股改、挂牌上市和并购工作中遇到的具体困难和问题，为企业上市创造良好条件。2021年，争取A股上市企业达到2~3家以上。二是全力引导企业直接融资。抓住金融供给侧改革直接融资产品、工具更加丰富的新机遇，培育企业争取AA以上信用等级，大力推进民营企业、上市公司发债，鼓励符合条件的国有公司发行绿色债券。2021年争取新增直接融资120亿元。

4. 积极营造良好金融生态环境

一是严密防范化解金融风险。进一步建立健全金融风险防范化解工作机制，深入开展非法集资、私募基金等重点领域专项整治工作，强化上市公司股权质押平仓、互联网金融等重点领域金融风险防控，积极探索涉众型投融资活动风险监测防控，确保不发生区域性系统性金融风险。二是强化地方金融监管职责。贯彻宣传《浙江地方金融条例》，认真履行地方金融监管职责，主动作为，持续做好地方金融组织现场监管、非现场监管、互联网监管，将强化监管和培育服务有机结合,做大做强地方金融产业。

(四) 完善有关政策

1. 继续推行银行支持实体经济发展的月度评价(MFI)

衢州市首创的 MFI 办法有效激励了银行争先创优的意识和活力,下一步将根据市委市政府中心工作和要求,作及时调整和完善,以有效破解融资难、融资贵、融资慢、担保难等问题,更精准支持小微民营企业发展。

2. 建立政府性资金资源整合的联席会议制度

推动银行支持实体经济发展的月度评价(MFI)指标特别是降低贷款利率成本费用、绿色贷款增量等指标,与财政、国资、公积金、社保资金竞争性存放密切挂钩,形成联动合力,以加大政府对政府性资金的统筹和调控能力。

3. 完善绿色金融考核激励制度

针对衢州市绿色金融专营机构虽然类型齐全,但绿色贷款占比不高的问题,建议在绿色金融考核办法中加大对绿色专营机构、绿色贷款的投放等指标的权重,如参照湖州市对绿色专营机构示范单位每家奖励 50 万元的做法,衢州市也专门对绿色专营机构示范单位给予表彰、资金奖励或定向存款支持,以树立典型榜样,激发全市金融机构积极性,争当绿色金融标兵。

4. 推进绿色项目、绿色企业的标准评定和贴息市县一体化

针对市县推进绿色金融改革创新试验区工作不均衡,财政奖补贴政策只执行到市本级,未能激发县级开展绿色金改的积极性,建议加强绿色项目、绿色企业的标准的运用、评定,并且建立市县一体化的奖补贴工作机制。

3.5.2.4 衢州助力"3060"目标

(一) 碳账户体系建设

2021 年以来,衢州市在深化银行个人碳账户的基础上再建工业企业碳账户、农业碳账户,系统推进工业、农业、居民生活三大重点领域绿色低碳转型。这是衢州市在全国首创工业、农业、个人领域三大碳账户体系。

衢州市作为全国绿色金融改革的试验区,三大碳账户体系的建设对于深化绿色金融的低碳导向,助推传统产业升级,推动全社会绿色生产方式和绿色生活方式转变,践行"3060"目标,有着重要的现实意义。截至目前,三大碳账户体系共计覆盖全市 600 余家工业企业,180余家种养殖大户,137 多万社会群众,建立贯穿生产端到消费端的碳排放可计量体系,配套政策支持,倒逼产业升级,推动绿色生产,倡导绿色生活,率先走出一条能计量可核算的生态优先、绿色低碳发展"衢州路径"。

1. 工业企业碳账户体系

在衢州市双碳数字化产品"绿能码"的基础上,通过市能源大数据中心精准采集企业能源消耗和生产工艺中碳排放值,核算出企业的碳排放总量和碳排放强度指标,形成企业的碳账户。对标行业基准值,为企业贴上"红、黄、浅绿、深绿"四色贴标用以区分碳排放等级,根

据不同碳排放等级配套差别化产业政策和金融政策。通过公开企业碳排放等级、监测企业减碳数值、政策引导或限制等手段推动传统产业绿色低碳转型，加快节能减碳技术改造。目前，工业企业碳账户的建设覆盖占规上工业产值比重超过70%，碳排比重90%的化工、机械、建材、造纸、黑色金属冶压、能源等600余家衢州市传统行业企业。

2. 农业碳中和账户体系

以传统种养殖生产、畜牧业循环利用、肥料使用等环节作为减排关键点，确定农作物秸秆综合利用、土壤固碳机制、畜禽粪污资源化利用三条碳中和路径，折算碳中和值形成农业碳中和账户。根据减排中和程度，为企业贴上浅绿、中绿、深绿三个等级的标签，采取名单制管理，建立动态调整和信息共享机制，统筹推动农业减排增汇，充分挖掘农业减排潜力。目前，农业碳账户的首批建设覆盖全市约10.7%的生猪养殖场、20%粮食种植大户和所有有机肥生产企业180家。

3. 银行个人碳账户体系

运用金融科技手段，通过挖掘银行个人账户系统中蕴含的个人低碳金融行为"大数据"，从节约纸张、用电用水、交通碳排等方面折算个人绿色行为节省的碳排放量。银行个人碳账户积分与银行贷款评级、个人信用评价（信安分）、绿色乡村建设评价相结合，助力打造区域绿色信用体系，数字化构建乡村振兴"绿力图"。自2018年开始，银行个人碳账户的建设先后进行了标准、系统、平台"三统一"，实现不同银行碳账户数据互联互通。截至目前，全市26家银行业金融机构共开设银行个人碳账户137万户，占全市常住人口的60.35%，累计减少碳排放量3 129吨。

（二）碳账户体系的完善、创新与探索

1. 升级工业碳账户建设

加大绿色标准运用，提升绿色制造水平。全面推进绿色企业项目标准在园区运用，不断提高园区绿色企业（项目）达标率；建立企业碳账户信贷约束机制，提高资源利用率。

引导金融机构优化信贷投放；创新绿色金融服务，为核心企业提供支持。重点开发基于节能减排、资源综合利用、碳排放权、排污权、用能权的绿色信贷产品。

加大金融支持推动节能技术改造、推广使用清洁能源和再生能源。

2. 促进农业碳中和账户建设

加快农业绿色发展体制机制建设，建立金融支持畜禽粪污资源化利用机制、农作物秸秆综合利用机制和肥药减量机制。

坚持"种养结合、区域消纳、生态循环"多样化的循环农业模式为抓手，促进种植业养殖业平衡协调发展，形成全域生态循环农业格局。

通过建立农业主体的农业碳中和账户，配套绿色金融信贷政策，以绿色金融精准支持现代农业绿色高质量发展，实现农业领域碳减排和碳中和目标。

3. 健全个人碳账户建设

积极运用个人碳账户大数据开发绿色消费贷、绿色公益贷等绿色信贷产品。完善个人碳账户计量标准，积极探索推动将个人碳账户地方规范升级到省级团体标准。

发挥金融机构对推动形成绿色发展和绿色生活理念培养的引领作用，全力释放个人碳账户新动能，向社会公众传递绿色低碳循环的生产观念和生活理念。

4. 探索交通领域碳账户建设

把绿色发展理念融入交通运输发展的各方面和全过程，着力提升交通运输生态环境保护品质，突出理念创新、科技创新、管理创新和体制机制创新。

健全绿色交通制度和标准体系，强化行业节能环保管理，加强节能环保统计监测。采集区域碳排放总量、新能源车数据、车辆淘汰率数据，形成交通领域碳账户核算评价地方标准。

5. 构建建筑领域碳账户建设

构建涉及绿色建筑设计、施工、监理、交付、运维等全环节的信息披露体系，发展培养第三方认证机构，编制绿色建筑和建材产品目录、汇总全市绿色建筑项目清单、建立绿色中介服务机构清单目录等，形成参与绿色建筑的市场机制。

确定衢州绿色建筑、装配式建筑、可再生能源建筑和既有建筑提质增效的项目信息，形成建筑领域碳账户核算评价地方标准，并定期向全市金融机构推送、强化银企对接，进一步推动金融机构将信贷资源高效配置到绿色建筑领域中。

6. 推动能源领域碳账户建设

采集规上能源企业使用电、原煤、蒸汽、天然气、水五大能源的数据，形成企业用能端碳排数据采集制度，形成能源企业碳账户核算评价地方标准。

建立健全用能权初始分配制度，创新有偿使用、预算管理、投融资机制，培育和发展交易市场。

下一步，衢州将继续出台金融支持绿色低碳发展指导意见，引导金融机构创新基于碳排放信息的金融产品和服务，加大对低碳、减碳、脱碳等领域的金融支持。强化基于碳排放信息的配套金融支持政策，通过货币政策、信贷政策、监管政策等推动金融机构优先支持绿色低碳项目，进一步完善和补充碳账户体系建设，助力碳达峰碳中和目标。

3.6 兰州

兰州新区自2019年11月28日获批建设绿色金融改革创新试验区以来，重点围绕政策支持体系、绿色金融体系、绿色项目库、绿色评级认定管理、绿色金融综合服务平台等方面持续探索创新，全力打造绿色金融发展制度创新区、绿色金融产品创新试点区、绿色金融科技服务先行区、绿色金融防范风险示范区，实现绿色金融普惠化、信息化、标准化、实体化发展，取得了阶段性成效。现将兰州新区绿色金融改革创新试验区建设有关情况报告如下。

近年来，兰州新区认真践行新发展理念，坚持生态优先、绿色发展，统筹生产、生活、生态三大空间，紧扣试验区功能定位和产业发展方向，积极研究把握"双碳"目标政策红利，在省委、省政府坚强领导下，在省级有关部门的大力支持下，紧紧依托国家级绿色金融改革创新试验区"金字招牌",加快建立健全绿色金融体系,制定绿色金融标准,打造金融服务平台,创新绿色金融产品,增强绿色金融供给,以绿色金融与绿色产业融合发展为主线,促进经济绿色转型、推动地区环境信息披露,实现碳达峰碳中和目标,持续引导金融资源向绿色产业加速聚集,于2019年荣获"绿色发展优秀城市",并连续两年入选"最具投资营商价值新区(区域)"榜单,在绿色金融创新和发展等方面取得了一定进展和成效,得到了中国人民银行陈雨露副行长的肯定性批示。在2021年6月国家发改委官方平台刊文,肯定兰州新区以绿色金融为抓手、支持民营企业高质量发展的做法。同时,在2021年4月省委省政府开展的全面深化改革《甘肃省关于构建绿色金融体系的意见第三方评估报告》中,兰州新区以92.76分位居全省第一。人民网、新华网、中国新闻网等主流媒体均在平台刊登兰州新区绿色金融改革创新试验区实时动态。兰州新区绿色金融改革创新试验区建设影响力持续提升,绿色发展的内生动力显著增强。

3.6.1 重点工作进展

(一)建立绿色金融体制机制

统筹谋划、协同推进兰州新区绿色金融改革创新试验区建设工作,积极构建多层级的绿色金融试点工作领导小组体系。在省级层面:2019年12月成立了由省长任组长、主管副省长任副组长,兰州新区、省金融监管局、人民银行、银保监局、证监局、财政、发改、生态环境等相关部门组成的甘肃省兰州新区绿色金融改革创新试验区工作领导小组,领导小组办公室设在省地方金融监管局。在人民银行兰州中心支行层面:2020年5月成立了由办公室、金融研究、货币信贷、调查统计、征信管理、外汇管理等部门组成的绿色金融工作领导小组,建立绿色金融工作协调机制,加强对全省绿色金融工作的协调和调度,重点推进兰州新区绿色金融改革创新试验区建设。在兰州新区层面:2020年6月成立了由兰州新区党工委书记、管委会主任为组长,管委会分管副主任为副组长,经发、财政、生态环境等相关部门组成的兰州新区绿色金融改革创新试验区工作小组,办公室设在新区财政局(国资局)。每月召开一次专题推进会,进一步推动落实兰州新区绿色金融改革创新试验区各项工作。

(二)明确目标制定工作方案

在省级层面:2020年7月,省政府办公厅印发《兰州新区建设绿色金融改革创新试验区实施方案》(甘政办发〔2020〕66号),进一步明确目标任务、工作进度和责任考核,更好确保绿色金融改革创新试验区建设。在新区层面:2020年11月,新区管理委员会制定印发《兰州新区绿色金融五年发展规划(2020—2024年)》(新政发〔2020〕25号),明确短期和中期目标规划。2020年10月,新区党工委办公室、管委会办公室联合印发《2020年兰州新区建设绿色金融改革创新试验区工作方案的通知》(新办发〔2020〕65号)。2021年5月,新区绿色金融改革创新试验区工作小组办公室印发《2021年兰州新区建设绿色金融改革创新试验区工作方案的通知》(兰新绿金办发〔2021〕1号),明确目标任务、工作进度、实施路径和具体举措,加快构建多层次绿色金融组织架构体系,增强多元化绿色金融产品创新力度,完善多层级增信保障体系和高效灵活市场运作机制,保障试验区建设的主要任务落地实施和取得试点成效。

(三) 完善绿色金融政策体系

2020年10月,新区管理委员会办公室印发《兰州新区绿色金融发展奖励政策(试行)》(新政办发〔2020〕52号),试点期间安排10亿元财政专项资金,通过贷款贴息、风险补偿、费用补贴、创新奖励等措施,引导金融资源向新区绿色产业、绿色项目集聚,鼓励和支持绿色金融改革创新。目前,已兑现奖励资金350万元,正在推进2020年度绿色金融奖励政策落实工作,现已核定完毕,待兑付资金约1 731万元。

2021年5月,兰州新区财政局制定印发《兰州新区金融机构统计报表制度(试行)》(兰新财发〔2021〕103号),旨在全面精准掌握兰州新区金融机构及地方金融组织绿色金融发展与绿色信贷投放力度情况。

配套制定《兰州新区绿色金融改革创新试验区发展基金管理办法》以及《兰州新区绿色金融改革创新试验区发展基金绩效评价管理暂行办法》。

制定《兰州新区化工园区开展安全生产责任保险、环境污染责任保险试点工作的实施方案》,通过保费补贴以及合作保险机构降低保险费率等方式,加快探索绿色保险产品创新和服务工作。

(四) 制定绿色金融地方标准

兰州新区积极探索建立符合地方实际的绿色金融标准,基于兰州新区产业结构、企业技术基础等实际,结合国家《绿色产业指导目录(2019年版)》和《绿色债券支持目录(2020年版)》。2021年2月,兰州新区管理委员会制定印发《兰州新区绿色企业认证及评级办法(试行)》《兰州新区绿色项目认证及评级办法(试行)》(新政发〔2021〕3号)。联合中节能衡准科技于2021年5月底挂牌设立西部绿色认证中心,持续开展绿色企业及项目的遴选、认证和评级工作。截至目前,兰州新区已筛选入库绿色项目174个,将新区化工园区污水处理厂项目(一期)、新区建筑垃圾资源化综合利用项目等4个项目评级为深绿,兰州广通新能源搬迁改造扩能项目1个项目评级为浅绿,共计开展认证评级项目5个,绿色金融发展基础进一步夯实。

(五) 持续引入绿色专营机构

兰州新区加快建立涵盖市场主体和专业服务机构的绿色金融组织体系,累计设立绿色专营机构5家。其中,兴业银行、甘肃银行、交通银行、建设银行在新区挂牌设立绿色支行,人保财险在新区挂牌设立绿色保险专营机构。工商银行、农业银行、中国银行、兰州银行、浦发银行、人寿财险、新区担保公司、甘肃股权交易中心等绿色专营机构筹建工作也在有序推进,绿色金融体系日趋完善。同时,定期组织召开兰州新区政银企绿色金融及项目对接会,积极引导银行机构加大对新区绿色项目的信贷支持力度,全力推动各银行金融机构加大绿色贷款投放力度。

（六）加强绿色金融基础设施数字化建设

搭建了甘肃省首家绿色金融综合服务平台"绿金通",自 2020 年 8 月该平台上线运行以来,累计注册企业 716 家,上架金融产品 108 种,融资需求 191.60 亿元,实现融资总额 89.5 亿元。目前,已完成一期和二期项目升级改造和"兰州新区绿色金融展厅"建设工作,累计投入资金近 400 万元。实现银企对接线上化、绿色企业及项目线上化评级认定、企业贷款风险预警以及金融机构贷款环境效益测算等功能,有力地支持了一批绿色企业、绿色项目发展壮大,降低了企业融资成本。

（七）创新绿色金融产品

一是在绿色信贷方面。引导金融机构加大对兰州新区绿色产业、绿色企业、绿色项目的支持力度,推动金融服务实体经济发展,绿色贷款实现较大突破,主要投向生态环境、基础设施绿色升级、节能环保、清洁能源等产业,切实提高绿色金融服务覆盖率、可得性和便利度。截至第二季度末,兰州新区实现绿色贷款余额 133.11 亿元,占各项贷款余额比重为 22.30%。二是在绿色基金产品方面。新区已设立总规模不少于 30 亿元、首期规模 10 亿元的兰州新区绿色金融改革创新试验区发展基金,现已完成以绿色化工、现代农业及生物医药等产业为主的投资项目储备及子基金筹建等工作。三是在绿色保险产品方面。兰州新区管委会与中国人保财险甘肃省分公司签订《化工行业绿色保险合作协议》,研究制定兰州新区化工行业一揽子绿色保险服务方案。以兰州新区绿色化工园区为试点,通过保费补贴以及合作保险机构降低保险费率等方式,加快探索绿色保险产品创新和服务工作。四是在绿色债券方面。推动发行总规模 11 亿元的绿色债券。截至目前,新区城投集团 5 亿元绿色企业债券已经省发改委批准,并上报国家发改委由中央国债登记结算有限责任公司进行审核。五是其他产品创新方面。绿色租赁、绿色担保产品创新等工作均在同步推进。

（八）健全环境信息披露机制

对照人民银行《金融机构环境信息披露指南（试行）》组织新区工商银行、中国银行、交通银行、兴业银行、甘肃银行 5 家金融机构试点开展环境信息披露工作,披露银行业金融机构自身经营活动和投融资活动对环境影响的相关信息,气候和环境因素对银行业金融机构机遇和风险影响。通过促进金融机构自身环境信息披露和穿透管理,积极推进碳达峰、碳中和目标实现。

（九）建立绿色金融行业自律机制

2021 年 4 月,兰州新区财政局制定印发《甘肃省兰州新区绿色金融行业自律机制工作指引》,签署《甘肃省兰州新区绿色金融行业自律公约》,选举出首届秘书长单位由甘肃银行新区支行担任。进一步加强兰州新区绿色金融业务自律管理,促进绿色金融持续健康发展。

（十）积极筹建新区法人银行和生态银行

成立新区银行筹备组,通过改制皋兰县农信社,成立新区农商行、投资入股安宁神舟村镇银行、设立兰州新区生态银行等方式,筹建新区法人银行和生态银行。一是成立新区农商行方面,与甘肃省联社就改制永登县农信社方案进行了多轮沟通磋商,鉴于全国和全省深化农信社改革方案尚未明确，新区银行筹备组正在积极争取会同省联社提前启动皋兰农信社改制工作，并以此为基础启动兰州新区农商行筹建工作。二是投资入股安宁神舟村镇银行方面，银保监会甘肃监管局已通过对新区城投集团、农投集团、商投集团的资格审核。新区银行筹备组已完成对安宁神舟村镇银行的财务尽职调查、法律尽职调查及资产评估等相关工作，并于6月28日完成股权转让协议等签约工作，现已提交省银保监局进行审核。三是设立兰州新区生态银行方面，借助新区生态修复、土地占补平衡优势，主要通过股份合作、委托运营、租赁、转让等模式将不同的资源权属进行管理和运营，实现生态资源的价值增值和效益变现，已制定《兰州新区绿色生态银行筹建方案》推动新区生态优势有效转化为经济优势。

（十一）加大创新经验借鉴与交流

已先后举办兰州新区建设绿色金融改革创新试验区新闻发布会、2019绿色金融兰州高峰论坛、2020双绿智库（兰州）圆桌会、2021年兰州新区绿色金融改革创新试验区绿色金融标准发布暨研讨会等系列活动。在召开的全国绿色金融改革创新试验区第三次、第四次联席会议上，兰州新区分别汇报了《绿色金融改革创新经验和复制推广方案》以及《"绿金通"与绿色认证融合发展》为主题的典型经验及做法，有效促进了试验区创新经验和案例的共享和交流。其中，《绿色金融改革创新案例汇编》已由中国金融出版社出版发行。试验区建设影响力持续提升，为全省乃至西部地区金融发展树立绿色、可持续发展典范。

3.6.2 下一步工作计划

（一）对标对表，查漏补缺补短板

充分学习借鉴各地发展绿色金融的好经验好做法，根据中国人民银行研究局制定的《绿色金融改革创新试验区评估指标体系》和绿色金融改革创新试验区第四次联席会议发布的《绿色金融改革创新试验区自评价报告》逐项查找兰州新区试验区建设中存在的不足和短板，有针对性地加强与兰州大学、中诚信绿金科技（北京）有限公司的合作力度，通过编制《兰州新区绿色金融监管、考评办法及评级评价机制》、开展居民对本地区生态环境改善满意程度问卷调查、成立绿色金融改革创新团队、制定《2020年兰州新区环境信息披露报告》《兰州新区化工园区碳达峰实施路径规划》等工作力争兰州新区绿色金融改革创新出亮点、树标杆。督促新区相关部门加强与省领导小组各成员单位的对接和沟通，积极争取支持试验区建设的差别化配套政策，及时协调解决试验区建设中的重点难点堵点问题，加快推进绿色金融试验区建设不断。

（二）夯实绿色金融发展基础

深入与中节能衡准科技服务（北京）有限公司合作，进一步优化完善地方标准体系。积极推进绿色认证评级工作，加大绿色项目入库储备力度，打造新区绿色示范项目或绿色产业示范园。加快落实绿色金融兑现奖励政策，引导各类金融机构加大绿色信贷投放积极性，加快推进绿色金融产品与服务创新，建立从绿色信贷、担保、保险、债券、基金到股权等多层次产品服务体系，推动金融机构完善绿色信贷经营机制，探索制定绿色保险标准，完善绿色金融标准体系，支持新区绿色产业发展。

（三）实现绿色产融精准对接

与北京寰宇普惠科技有限公司合作，加快推进新区绿色企业、绿色项目认证及评级标准与"绿金通"平台二期建设相结合，优化绿色企业、绿色项目线上化认定评级及企业贷款预警功能。引导各金融机构加大绿色专营机构设立进度，通过探索生态补偿抵（质）押、绿色收益权等新型融资模式，不断创新绿色金融产品，引导金融资源向新区绿色项目集聚。

（四）稳妥有序开展环境权益交易

加快推进适应碳达峰碳中和要求的体制机制改革，与兰州环境能源交易中心有限公司合作，研究制定《兰州新区环境权益交易实施方案》及交易办法、排污权、水权、用能权及碳减排量/碳汇等的价格测算模型。同时，以新区商务中心1号楼为试点，探索开展碳中和、碳普惠机制建设，加快推动"兰州新区碳中和运营服务中心"挂牌。对兰州新区碳排放及相关绿色指标进行可量化、可追溯、可公开的统计监测评价，积极承担绿色低碳发展的社会责任。

（五）持续推动兰州新区生态银行建设

以兰州新区大数据中心为依托，搭建兰州新区生态银行（生态资产运营管理平台）。通过开展资源调查、合理评估生态资源资产价值等方式，形成自然资源资产清单、重点资源资产管控清单以及生态产品价值转化项目清单。利用GEP（生态系统生产总值）、生态信用积分、自然资源资产权证等创新金融产品，进一步完善兰州新区生态银行体制机制，推进生态资产流转并实现市场化运作。

（六）加大对外宣传推广力度

梳理总结前期新区绿色金融改革创新试验区建设过程中取得亮点、特色工作，重点谋划举办碳核算启动仪式，碳达峰、碳中和行动宣言以及碳交易服务中心挂牌仪式等活动，系统性开展案例总结与资料收集并上报国家绿金委进行刊登报道，并同步加大"绿金通"平台推广使用及宣传力度。

4 "一带一路"投融资绿色化

4.1 "一带一路"绿色金融（投资）指数

4.1.1 "一带一路"绿色金融（投资）指数价值持续提升

发展绿色经济，应对环境与气候问题已成为当今世界共识。2020年9月，习近平总书记在第75届联合国大会一般性辩论上提出中国将力争在2030年前实现"碳达峰"、2060年前实现"碳中和"，向全世界做出庄严的"中国承诺"。绿色发展是"一带一路"倡议坚持的重要原则，亟须各参与方积极思考、共同行动，以有效应对资源、环境的约束与挑战，助力沿线国家和项目有序低碳转变，实现发展理念、政策标准、资金技术的合作共享，切实推进绿色丝绸之路建设。

近年来，全球顶尖金融机构和研究智库纷纷关注"一带一路"绿色金融发展，围绕其中的基础理论和业务实践开展研究并形成了诸多具有前瞻性、指导性的研究成果。中国工商银行于2017年倡导成立"一带一路"银行间常态化合作机制（BRBR），携手中外金融机构成员，共同助力绿色"一带一路"建设。2018年，中国工商银行在该机制下与牛津经济研究院成立绿色金融课题组，研发并于2019年发布了"一带一路"绿色金融（投资）指数。

作为首个以"一带一路"国家绿色金融发展为研究对象的指数产品，"一带一路"绿色金融（投资）指数旨在科学系统地测度"一带一路"沿线国家的经济金融绿色水平，为各国政策制定者和投资人发掘"一带一路"沿线绿色投资机会，规避环境风险，协助识别潜在合作伙伴，提高投资意愿和效率，引导资金流向绿色领域，从而助力"一带一路"国家实现经济与社会的绿色、低碳、可持续发展。

"一带一路"绿色金融（投资）指数，获得社会各界广泛关注与赞誉。指数得到欧洲复兴开发银行、日本瑞穗银行、法国东方汇理银行和意大利裕信银行4家BRBR机制相关成员支持，并被列入第二届"一带一路"国际合作高峰论坛的成果清单。2021年，课题组在已有工作基础上，对指数测算方法学进行修订和完善，并充分结合"一带一路"各国绿色发展最新态势，形成最新版本研究报告。

4.1.2 样本选择、指标体系和主要创新点

（一）样本选择

综合考虑指数覆盖的全面性和数据的可得性，课题组选取"一带一路"沿线79个国家作为测算对象。按照世界银行以人均国民生产总值为标准的划分，其中19个为高收入国家，29个为中高收入国家，31个为中低收入或低收入国家。以上样本基本涵盖"一带一路"沿线的主要国家，具有较强的代表性。同时，课题组在"一带一路"沿线国家样本之外，选取丹麦、德国、法国、冰岛、挪威、瑞典、瑞士、英国和美国9个发达经济体作为对照组，并将"一带一路"国家的指数得分与发达国家进行国际比较[①]。

（二）指标体系

"一带一路"绿色金融（投资）指数从"绿色经济表现"与"绿色发展能力"两个维度出发，构建全面和深度的指标体系，刻画各国当前的绿色发展水平。

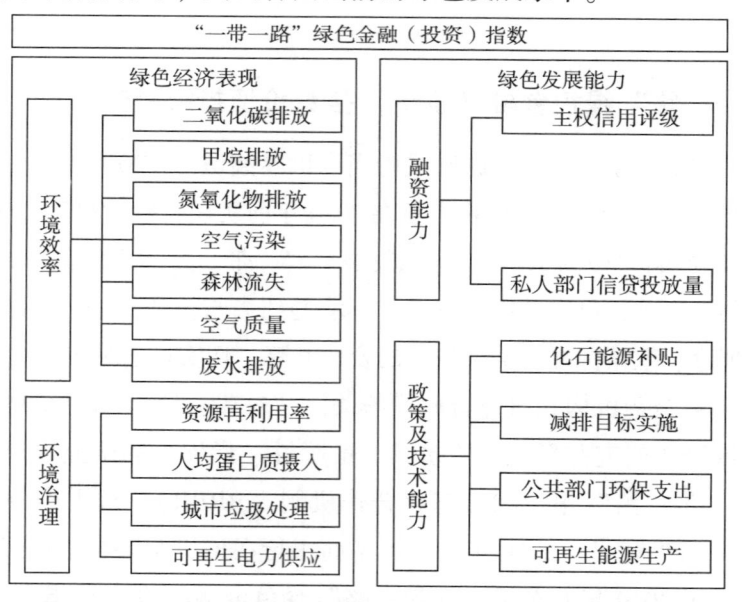

图4-1 "一带一路"绿色金融（投资）指数的指标构成体系

---

① "一带一路"沿线国家中包含了发达国家和发展中国家，从报告选择的79个样本国家来看，19个为高收入国家，29个为中高收入国家，31个为中低收入或低收入国家。为进一步对比"一带一路"绿色发展整体水平与世界领先水平的差距，我们在"一带一路"沿线国家样本之外选择了9个发达经济体作为对照组，与"一带一路"沿线各国平均得分进行对照，反映"一带一路"国家整体的追赶趋势。

(三) 2021年版研究报告主要创新点

与2019年版报告相比，本报告主要有以下创新：

第一，构建基础数据库，指标设置更具区分度。课题组对数据和指标进一步梳理，从搜集的全球多个数据库百余个相关指标中，基于数据可靠性、敏感性和实效性原则，筛选出近20个关键指标，搭建了完整的指数基础数据库，为开展"一带一路"相关的指数研究奠定坚实的基础。为更好适应"双碳"目标下绿色发展理念，课题组在指数测算中增加温室气体排放强度对指数得分的权重贡献；并从供需两方面入手，将可再生电力供应和人均蛋白消费量等因素加入指数体系，有效增强指数对各国"绿色经济表现"的区分能力。

第二，多角度切入，数据分析更加立体。课题组纵向比较"一带一路"国家不同年份的指数得分变动，横向与发达国家对比发展差距，并从具体指标出发，剖析不同地区绿色发展的差异。结果显示，同2018年相比，2020年"一带一路"沿线绿色金融总体发展水平稳步提高，多地区"绿色经济表现"得分上升，但由于新冠肺炎疫情冲击经济增长，"一带一路"各国"绿色发展能力"平均得分有所下降。

第三，紧贴最新趋势，政策建议更前瞻。当前，结合国情尽快制定并完善"碳中和"的顶层设计已经成为全球绿色发展重点。本报告虑及"一带一路"沿线国家"双碳"政策相关情况，从"绿色经济表现"和"绿色发展能力"两个维度对"一带一路"国家进行分类，并结合指数结果提出相关建议。报告认为，"一带一路"各国应当从战略共识、转型路径、绿色金融、成果交流四个方面入手制定符合国情的低碳发展路线图，在"一带一路"框架下积极加强合作。

4.1.3 "一带一路"绿色发展主要特点

(一) "一带一路"沿线绿色发展水平呈持续上升趋势

纵向比较，指数平均得分增加。2020年"一带一路"各国指数平均得分为47.8，相比2018年提高0.4分。其中，子指数"绿色经济表现"平均得分为47.3，较2018年上升0.9分，是推动指数总得分上涨的主要动力。从其构成来看，"环境效率"及"环境治理"方面均有良好表现，分别提高0.8和1.0分。就具体指标而言，温室气体排放强度下降、可再生能源供应比例上升等因素对得分增加有较大贡献。

横向比较，与发达国家差距有所减小。2020年，"一带一路"国家的指数平均得分比发达国家低19.2分，显示出"一带一路"国家绿色发展水平与世界先进层次相比仍存在一定差距，但分差较2018年缩小1.0分。这同样受益于"一带一路"国家在"绿色经济表现"上的得分提升较大，相比于2018年，"一带一路"国家与发达国家"绿色经济表现"平均得分的差距减少1.8分。可以预见，随着绿色、低碳、循环的可持续发展理念逐渐成为全球共识，"一带一路"国家整体的绿色发展水平有望进一步向世界先进水准靠拢。

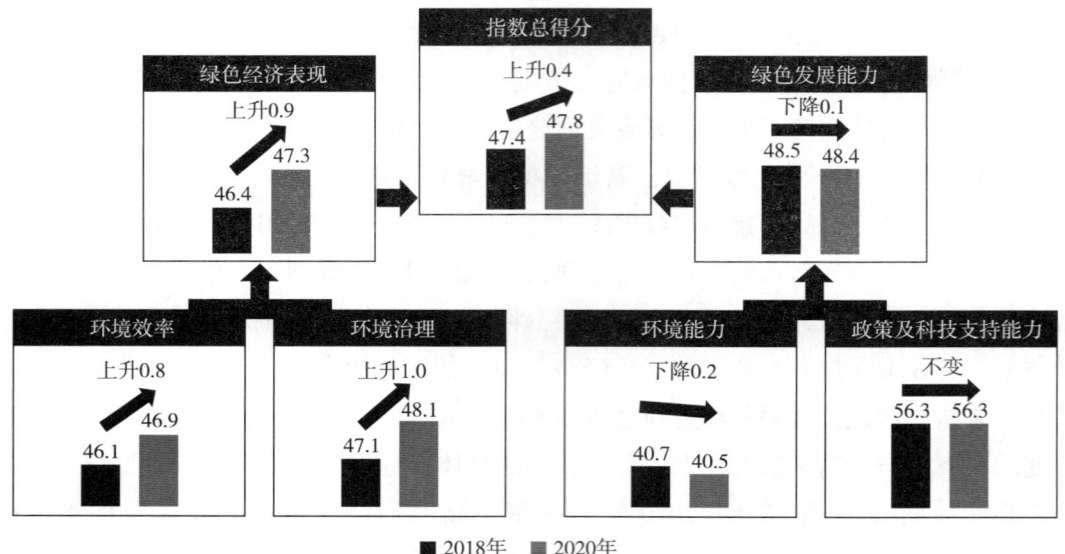

图4-2 2020年"一带一路"国家指数平均得分变化情况

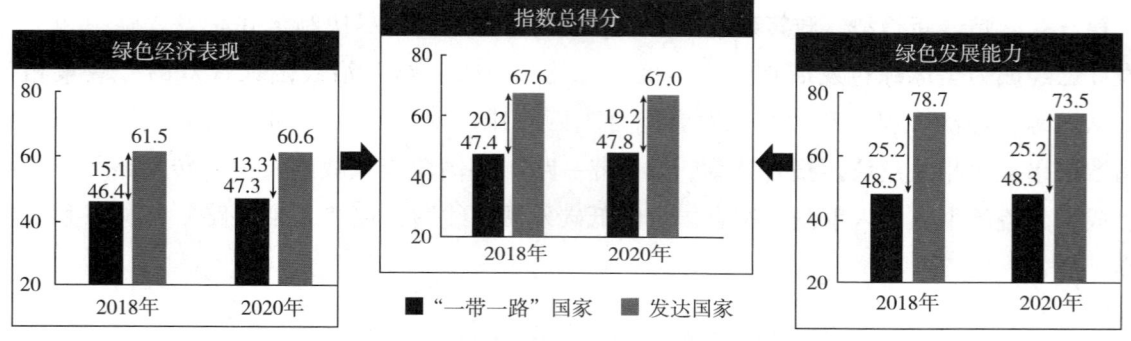

图4-3 "一带一路"国家与发达国家指数得分比较

（二）"一带一路"不同区域绿色发展阶段各异

整体看，指数得分与各国人均收入呈现正相关关系。一国人均收入越高，绿色经济发展往往越好。人均收入较高的中东欧国家、亚太地区、中东和北非地区的整体绿色发展水平位于"一带一路"国家前列。

具体区域来看，中东欧国家"绿色经济表现"和"绿色发展能力"得分在各地区中均为最高，这主要源于其相对较高的清洁能源消费比例以及较为先进的环境治理模式。中东和北非地区在"环境效率"指标表现突出，主要与其以资源出口为主体的经济结构有关，由于资源开采行业温室气体排放远低于资源利用与加工行业，在一定程度上拉高这类经济体在该分项的得分。亚太地区"融资能力"得分最高，这主要得益于域内新加坡、中国、阿联酋等国家较高的主权信用评级，又建设有知名的国际金融中心，带动"绿色发展能力"得分整体走高；此外，亚太地区环保机制严格，"环境治理"得分较高。撒哈拉以南非洲地区指数得分较2018年提高，但受制于经济发展水平落后，以及缺乏政策、技术的支持，"绿色经济表现"和"绿色发展能力"评分在各地区中排名相对靠后。

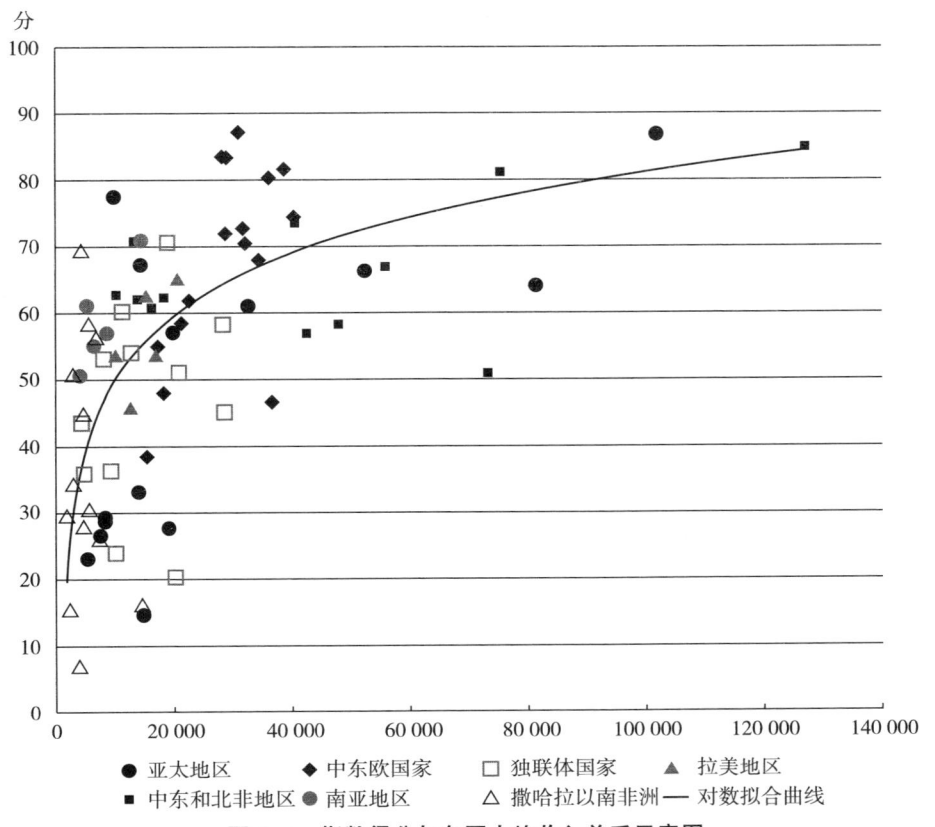

图 4-4 指数得分与各国人均收入关系示意图

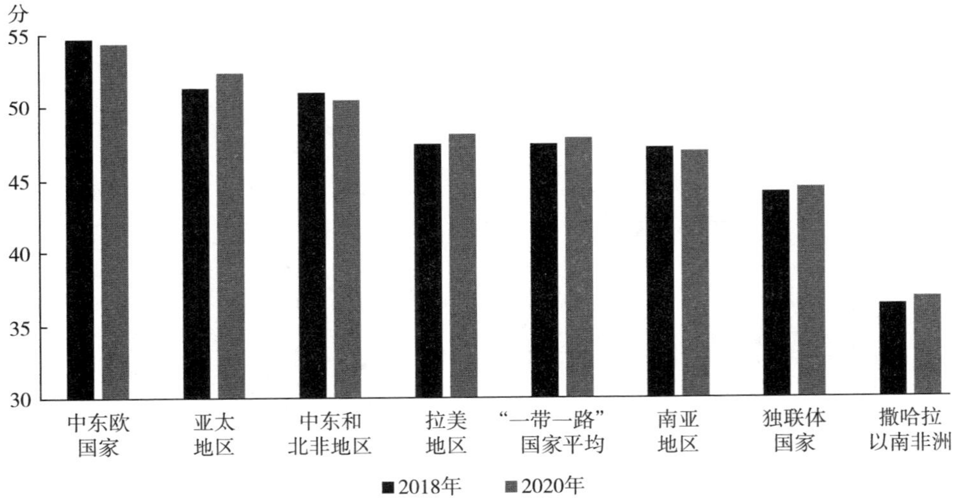

图 4-5 "一带一路"沿线不同地区指数得分比较

（三）融资能力仍制约"一带一路"国家未来绿色发展

受疫情冲击，部分"一带一路"国家主权信用评级下滑，导致"绿色发展能力"中的"融资能力"分项小幅下滑，与发达国家"融资能力"指标评分差距小幅扩大，体现出"一带一路"国家在资金支持绿色发展能力上的不足。需要注意的是，新冠肺炎疫情或将给"一带一路"各国的经济和财政造成持续性冲击，未来"一带一路"国家"融资能力"建设值得高度关注。

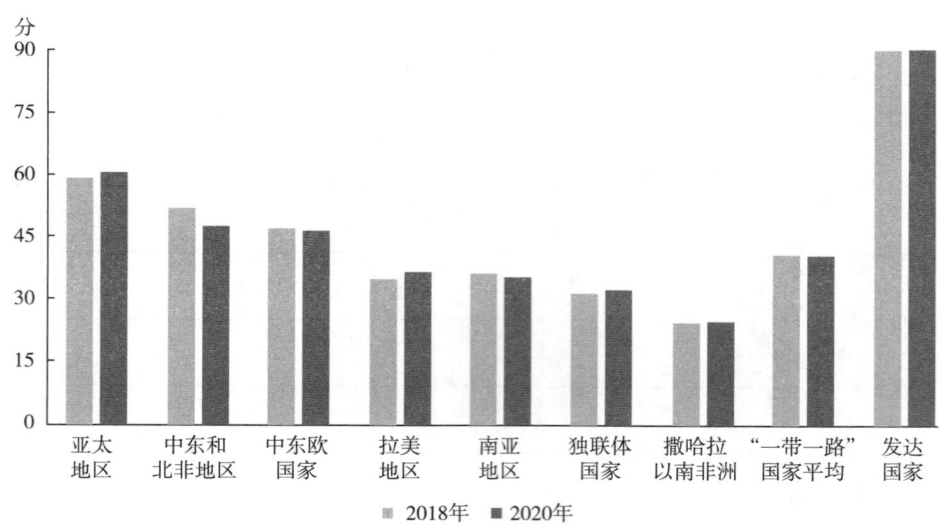

图4-6 "一带一路"国家与发达国家"融资能力"得分比较

(四)"一带一路"国家和地区间绿色发展互补性强

根据"绿色经济表现"和"绿色发展能力"两个维度得分,可将"一带一路"各国划分为四种类别。不同类别国家间具有很好的互补性,为各国充分利用"一带一路"机遇,在节能减排、绿色投资等议题上开展合作交流奠定基础。

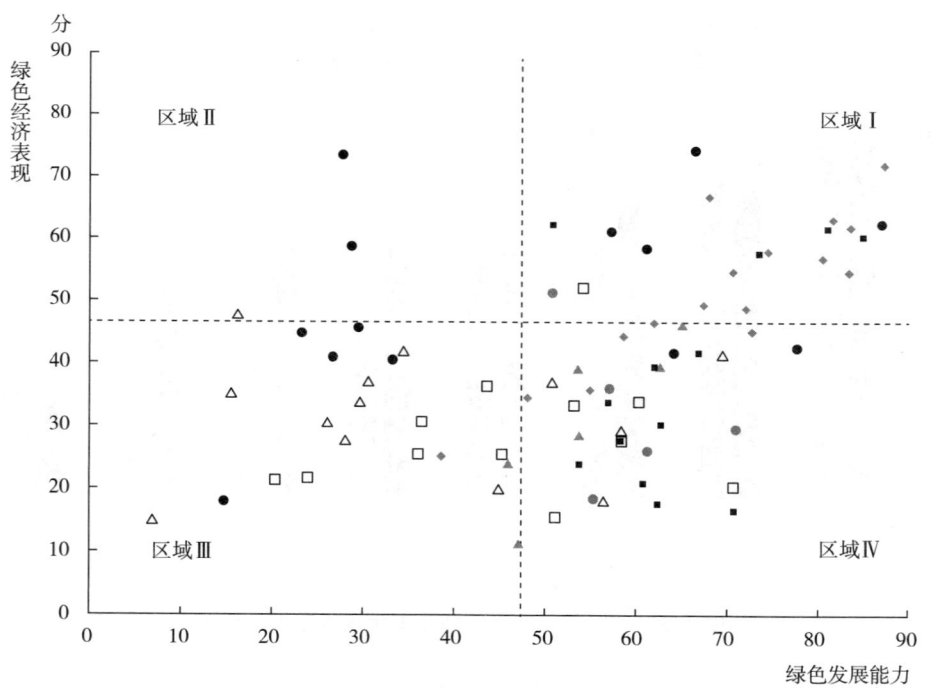

图4-7 "一带一路"国家按照"绿色经济表现"与"绿色发展能力"得分的分类

位于区域 I 的国家:该类国家"绿色经济表现"和"绿色发展能力"均位于前列。其特点是经济结构以服务业出口为主,在绿色环保领域的政策、技术均处于领先地位。这类国家可通过资金和技术输出为其他"一带一路"国家绿色发展提供有力支持。

位于区域Ⅱ的国家：该类国家"绿色经济表现"较为突出，但"绿色发展能力"不尽如人意。这些国家普遍处于工业化早期，农业、资源类行业在经济结构中占比较大，虽然当前环境压力较小，但绿色经济发展势头受到财政收入波动与外部融资不足等因素制约。此类国家需提早预防工业化、城市化对资源环境造成的压力，积极寻求政府和机构间的合作，依托技术引进和产业升级，实现绿色低碳发展的目标。

位于区域Ⅲ的国家：该类国家"绿色经济表现"和"绿色发展能力"均低于平均水平。这类国家多为低收入或中低收入国家，自身经济发展动力不足，而且环境因素对经济增长的拖累较大，追求绿色可持续发展最需要外部援助。

位于区域Ⅳ的国家：该类国家"绿色发展能力"处于均值之上，但"绿色经济表现"相对偏低。这类国家大都有一定工业基础，财政收入来源稳定，在环保领域也具备一定的技术优势，然而在前期发展的过程中积累一些环境问题。未来，该类国家需进一步加大环保领域的资金投入，凭借自身的技术优势，寻求绿色项目和绿色投资方面的合作机遇。

4.1.4 建议和展望

(一) 政策建议

第一，提升绿色发展共识。 处理好经济发展与环境保护的关系是"一带一路"国家实现可持续发展的必然要求。近年来"一带一路"沿线绿色发展水平持续上升，与发达国家绿色发展水平差距持续缩小。未来"一带一路"沿线各国应进一步坚定绿色低碳发展战略共识，大力加强生态保护与治理，谋求绿色发展新路，共同营造良好环境，构建"一带一路"生态共同体，以绿色"一带一路"建设作为推进全球生态文明的重要实践平台。

第二，明晰绿色转型路径。 "一带一路"国家在绿色表现及绿色潜力上均有很大进步空间。未来各国可统筹考虑环境禀赋、经济发展、社会民生、能源安全等因素，制定符合实际的绿色低碳转型行动方案，高度关注能源、工业、建筑、交通等高排放行业的节能减排规划，通过加大对产业转型、低碳技术的投入力度，提升产业绿色发展能力。

第三，加速绿色金融转型。 资金支持不足是制约"一带一路"沿线国家改善绿色发展能力的关键因素，各国需加快建立统一的绿色金融标准，构建ESG信息披露体系，鼓励金融机构开展产品和服务创新，尤其要大力发展转型金融，推动建立层次多元、产品丰富、市场高效的绿色金融服务体系。

第四，加强绿色成果交流。 "一带一路"国家绿色发展的互补性强，需加强各国政策对接、信息协同和行动协调，充分发挥BRBR机制、"一带一路"绿色投资原则（GIP）等对务实推动国际绿色交流与合作的促进作用，深化国家间在绿色领域的协作。同时，国际智库和研究团体应在工具开发、数据积累、金融科技运用等方面先行一步，为绿色低碳发展不断创新方法和工具。

(二) 研究展望

随着"一带一路"建设沿着高质量发展方向不断前进，如何全面、准确和及时反映沿线国家绿色经济金融发展水平成为"一带一路"绿色金融（投资）指数始终追求的目标和任务。未来，课题组将在2021年版报告的基础上，持续紧跟"一带一路"沿线国家最新发展趋势，进一步完善基础数据库，丰富衡量指标，提高评价体系的有效性和全面性，并将指数研究成果与BRBR机制更加有效地结合，进一步扩大"一带一路"绿色金融（投资）指数的应用场景和实践价值。

4.2 碳中和目标下"一带一路"投资项目气候风险的系统化管理

应对气候变化，防范气候风险，欧美等发达国家走在世界前列。在新冠肺炎疫情给金融业带来严峻冲击的背景下，2020年末，欧洲央行与欧盟成员国国家主管部门共同起草了全球金融体系应对气候环境风险的首个重要正式文件——《气候环境风险指南》。2021年5月，拜登政府签署行政令，要求美国国内银行与企业披露气候风险数据，同时进行审慎的财政管理。各国政府和央行官员关于新气候风险披露规则的谈判进展快于预期，在第26届联合国气候变化大会（COP26）上可能达成一项全球协议，要求所有上市公司以标准化的方式披露它们因气候变化而面临的风险①。

在碳中和背景下，具有气候韧性、低碳的"一带一路"建设项目是"一带一路"绿色底色的重要组成。根据联合国政府间气候变化工作委员会（IPCC）的定义，气候风险不仅包括气候相关危害产生不利后果的可能性，也包括为了应对气候相关危害所采取的适应或缓解措施对生活、生计、健康和福祉、生态系统和物种、经济、社会和文化资产、服务（包括生态系统服务）以及基础设施产生不利影响的可能性。气候相关风险可以分为两类：一类是气候物理风险，包括气候变化导致的海平面上升和各种极端气候事件；另一类是气候转型风险，包括适应低碳转型的过程中，由于政策变化、法律变化、技术限制或突破等不确定影响引发的损失。

"一带一路"建设项目面临着气候风险挑战，既有气候物理风险，例如高温热浪、极端降水、极端干旱和风暴潮事件在"一带一路"沿线大部分区域均呈增强趋势，也存在气候转型风险，目前大多数"一带一路"国家尚未作出碳中和承诺，而以菲律宾、越南、孟加拉国为代表的部分东南亚、南亚国家已开始进行清洁能源转型，应引起参与"一带一路"建设的中国企业和金融机构的清醒认识和准确判断，警惕高碳投资可能带来的资产风险。

目前我国各级政府和相关部门发布的对外投资相关政策框架内尚无针对"一带一路"投资项目环境和气候风险管理的专门性文件。2013年商务部和原环境保护部共同印发了《对外投资合作环境保护指南》，旨在指导我国企业在对外投资合作中进一步规范环境保护行为，但该文件未涉及气候变化和相关风险。因此，借鉴国际良好实践，系统推动"一带一路"项目气候风险管理，是一项具有重要战略意义和前瞻性的议题，也是关系到"一带一路"建设绿色化的关键。为支持国家相关政策落地实施，有必要研究建立起"一带一路"项目气候风险管理体系。

---

① https://www.ft.com/content/9496a30e-a202-4e9c-932d-f9c52f25c77e。

本节对项目气候风险管理国际良好实践进行梳理，提出系统推动"一带一路"项目气候风险管理建议：一是通过开展气候风险评估管理项目气候物理风险；二是通过限制对高碳行业投资规避气候转型风险。

4.2.1 "一带一路"投资项目面临的气候风险与挑战

4.2.1.1 气候物理风险

"一带一路"区域横跨亚洲、欧洲和非洲东部、北部，沿线区域气候、地理与地质条件复杂，基础设施建设水平不高，社会经济发展不均衡，普遍对气候变化的敏感程度与脆弱性高。国内学者针对"一带一路"区域气候变化的事实、未来变化预估、气候变化的可能影响以及带来的潜在风险等问题开展分析研究[1]，结果显示：（1）随着全球气候变暖和城市热岛效应的加剧，"一带一路"区域国家和地区高温热浪事件可能会频繁发生；（2）多数地区水资源处于紧张状态，大部分国家或地区处于旱灾高风险区，尤其是东亚、中亚、西亚和中欧；（3）洪水、滑坡和泥石流灾害将高发；（4）未来冰冻圈变化带来的灾害频率和风险有可能进一步增大；（5）对农业生产的影响利弊共存，不确定性增大；（6）气温上升和降水波动对草地生产力、牧草质量、畜牧业系统将产生深刻影响；（7）区域气候变化对陆地生态系统的影响将逐步显现；（8）海平面升高，海岸侵蚀凸显；（9）台风和风暴潮危害增加；（10）变暖背景下的海洋环境压力巨大，气候变化将加深影响、增加风险。

在上述趋势下，在"一带一路"区域开展的投资项目可能面临较高的气候物理风险。例如，"一带一路"沿线的海岸带国家可能受到海平面上升、海水入侵、台风和风暴潮等气候变化相关灾害影响，而这些地区往往是"一带一路"港口、产业园区、自由贸易区等合作项目的选址地。南亚、北亚、拉丁美洲一些国家可能受高山冰川融化、洪水等影响，导致基础设施建设和维护成本成倍上升。此外，随着全球温度升高加剧，热量、降水和大气环流将发生显著改变，水电、太阳能、风能、生物质能的资源丰度和分布都会随之受到影响，给清洁能源投资带来较大的不确定性，伊朗、巴基斯坦、菲律宾等近30个"一带一路"国家可再生能源资源面临的气候风险较高[2]。因此，在"一带一路"投资项目设计和开发过程中应加强对气候物理风险的评估和管理，从而有效规避建设和运营期间的风险，保障项目顺利实施。

4.2.1.2 气候转型风险

虽然目前大多数"一带一路"国家没有作出碳中和承诺，在低碳政策和清洁能源目标方面存在空缺，但在全世界共同经历史上最大规模绿色低碳转型的背景下，若项目所在国为履行应对气候变化承诺而搁置部分化石能源开发，这部分能源就会成为"搁浅资产"，用于开采、加工这些搁浅资产的基础设施就会失去效用。

---

[1] 王会军，唐国利，陈海山，等．"一带一路"区域气候变化事实、影响及可能风险［J］．大气科学学报，2020，43（1）：1-9。

[2] 柴麒敏，祁悦，傅莎．2017．推动"一带一路"沿线国家共建低碳共同体［J］．中国发展观察，9-10：35-40。

事实上，在中国企业和金融机构广泛参与的南亚和东南亚国家的电力市场正在进行着清洁能源转型。2020年6月，菲律宾国会气候变化委员会通过了不再新建煤电的决议，越南和孟加拉国政府也在计划出台相关政策放缓煤电建设，并重审部分已规划项目。参与"一带一路"建设的中国企业和银行需要对气候转型风险有清醒认识和准确判断，警惕高碳投资可能带来的资产风险。

4.2.2 投资项目气候风险管理国际经验

4.2.2.1 通过气候风险评估管理项目气候物理风险

近年来，气候风险评估已成为多边投资银行项目尽职调查的重要组成部分。2014年起，世界银行要求国际开发协会（IDA）资助的所有项目将短期和长期气候与灾难风险的筛查作为投资尽职调查的一部分，2017年该要求已扩展到国际复兴发展银行（IBRD）资助的所有业务。2014年亚洲开发银行要求对所有项目进行气候风险筛查，并对高风险项目进行更详细的评估。

以全球环境基金为代表的多边信托基金也将气候风险筛查作为项目开发评审过程中重点关注的内容。全球环境基金作为《联合国气候变化框架公约》（UNFCCC）的多边资金机制，响应公约缔约方大会要求在其2018年更新的环境与社会保障标准中明确提出"在环境与社会保障筛查、评价和管理计划制订的过程中要依据已建立的方法学系统地考虑气候变化和其他自然灾害带来的短期和长期风险，在项目设计和执行的全过程中解决重大风险和潜在影响"[1]，并于2019年底发布气候风险筛查指南，用于指导项目的气候风险筛查[2]。

（一）气候风险评估流程

多边投资银行和多边信托基金对项目气候风险评估的要求大致相同，气候风险评估主要包括危害识别、脆弱性和暴露程度评估、风险分级以及风险管理四个步骤。

危害识别。气候相关危害包括短期、剧烈的冲击（如风暴、火灾或洪水等极端事件），也包括长时期内发生的慢性事件（如干旱）。根据IPCC对风险的定义，气候风险评估不仅需要考虑危害本身的后果（例如，干旱导致作物减产而产生粮食不安全），还应考虑危害应对措施产生的后果（例如，为减缓气候变化推广使用生物燃料导致粮食不安全，或由项目推动的水稻种植增加所产生的甲烷排放）。

脆弱性和暴露程度评估。脆弱性描述的是遭受不利影响的倾向，涉及一系列概念和要素，包括对危害的敏感性以及缺乏应对和适应能力。物理、社会、经济和环境因素都有可能导致脆弱性。暴露是指人、生计、物种或生态系统、环境功能、服务和资源、基础设施以及经济、社会或文化资产处于可能受到不利影响的地点和环境。当某些事物既具有脆弱性又暴露于

---

[1] Scientific and Technical Advisory Panel, STAP guidance on climate risk screening. https://www.stapgef.org/stap-guidance-climate-risk-screening.
[2] Global Environment Facility, Policy on Environmental and Social Safeguards, https://www.thegef.org/sites/default/files/documents/gef_environmental_social_safeguards_policy.pdf.

危害中时，就会产生负面影响。

气候风险分级。综合考虑气候风险对项目影响的严重性和规模，减缓或适应气候相关危害的可能性和能力，项目可分为极高风险、高风险、中等风险和低风险四种等级。极高风险指气候变化可能对项目成果造成严重的不可逆转的影响，导致项目财务、环境和社会表现不佳或失败，适应措施很可能没有效果、成本高昂、不被社会接受或者可能导致风险增加而韧性降低。高风险指气候变化可能会造成广泛影响，破坏项目成果，难以找到有效的适应措施，但可以通过风险管理活动增强家庭、基础设施、社区和生态系统的韧性和适应能力。中等风险指气候变化可能造成有限的、短暂的或可控制的影响，因气候风险导致项目财务、环境和社会表现不佳或失败的可能性不大。低风险指根据现有的科学研究，预计项目不会受到气候变化的影响（包括积极影响），因气候风险导致项目财务、环境和社会表现不佳或失败的可能性极小。

气候风险管理。风险管理是风险评估的最终目标，是通过各种途径或技术手段，最大程度降低气候变化可能导致的损失，保障项目成果的实现和可持续性。对于极高风险项目，应重新考虑项目活动或项目地点。对于中高风险项目，需要对气候风险和风险管理方案进行详细评估，制订全面的、有操作性的风险管理计划，通过行动、策略或政策减少风险发生的可能性、减轻或者应对气候风险可能造成的后果。需要注意的是，所采取的适应或减缓措施本身不会导致额外的风险。此外，气候风险管理计划还应包括对该计划的监测和评估安排。气候风险管理计划应与环境与社会管理计划同期完成，以保证相关措施能够及时纳入项目。

（二）气候风险评估数据和工具

开展项目的气候风险评估，首先应保证获得充分可靠的数据，具体而言，主要包括：（1）项目所在国家或地区的气候预测信息，尽可能获得项目所在地具体位置的气候预测的信息；（2）潜在的气候危害（例如，大雨导致洪水，少雨导致干旱，温度变化可能导致热浪，海平面上升或飓风等其他极端情况）；（3）当前的和预计的暴露程度、脆弱性和适应能力。目前国际上有许多组织和机构提供气候变化相关数据，包括世界银行、IPCC、世界气象组织（WMO）、美国国家航空航天局（NASA）、世界资源研究所等。以世界银行气候变化知识门户网站（Climate Change Knowledge Portal，CCKP）为例，该网站提供历史的和预测未来的全球气候、脆弱性和影响数据，并且可以按国家、地区、流域等进行数据搜索。

气候风险评估可以采用文献综述的方式，也可以使用在线工具进行分析。世界银行、亚洲开发银行、世界气象组织（WMO），世界自然保护联盟（IUCN），斯德哥尔摩环境研究所（SEI）、美国国际开发署（USAID）、英国国际发展署（DFID），德国国际合作机构（GIZ）以及少数私营部门公司（如 Mott Macdonald）都针对不同区域和部门开发了气候风险筛查工具（见表4-1）。以世界银行发布的气候和灾害风险筛查系列工具为例，该工具以气候变化知识门户网站的气候预测、国家适应概况和灾害风险数据源为依托，通过结构化、系统化的方法协助项目开发人员开展项目尽职调查并标记潜在风险，目前已涵盖一般项目、农业、能源、道路、水、健康、沿海防洪7个关键领域。

表4-1 气候风险筛查工具

名称	开发者	范围	是否为建模工具	是否公开	主要产出
Assessment and Design for Adaptation to Climate Change (ADAPT)	世界银行	全球	是	否	对气候敏感性的定性和定量评级； 说明敏感性分级的原因； 简短的适应选项； 先前气候变化风险筛查项目的相关文献和工具
Think Hazard!	世界银行	全球	是	是	关于气候敏感性的定性数据； 简短的适应选项； 气候变化危害等级
Climate Finance Impact Tool	日本国际合作机构（Japan International Cooperation Agency, JICA）	全球	是	是	基于Excel的与能源、运输和水资源短缺有关的气候变化风险的定量评估
Community-based Risk Screening Tool - Adaptation and Livelihoods (CRiSTAL)	国际自然保护联盟（IUCN），斯德哥尔摩环境机构（Stockholm Environment Institute, SEI），国际可持续发展研究所（IISD）以及瑞士国际合作协会（HELVETAS）	非洲、东亚和拉丁美洲	是	是	受气候危害影响最大，对应对气候变化影响最重要的社区生计资源清单； 对现有项目的调整建议； 建议的新活动以支持气候适应； 修订后的项目或新项目执行的主要机会和障碍清单
Aqueduct Water Risk Atlas	世界资源研究所（WRI）	全球	是	是	水风险定位； 风险定性分析； 风险和影响定量分析
Statistical Down Scaling Model (SDSM)	英国环境署（Environment Agency, UK）	全球	是	是	适应部门使用的方法的定量信息； 开展影响评估所需的气候风险信息； 协助进行影响和适应性分析的快速评估
Flood management in a changing climate	世界气象组织（World Meteorology Organization）和全球水伙伴关系（Global Water Partnership）	沿海地区	否	是	气候变化及其对洪水风险的影响； 成功管理洪水风险的可能性
Climate change adaptation through integrated risk assessment (CCAIRR)	亚洲开发银行	全球	否	是	用于评估适应性的成本效益分析； 可持续发展的内在问题，例如，能力建设、伙伴关系、加强机构的作用等

4 "一带一路"投融资绿色化

续表

名称	开发者	范围	是否为建模工具	是否公开	主要产出
Water Evaluation and Planning (WEAP) System	斯德哥尔摩环境研究所（Stockholm Environment Institute, SEI）	全球	是	是	综合水资源规划评估； 计算不同水文和政策情景下的需水量，供应量，径流量，入渗量，作物需求量，流量和存储量以及污染的产生，处理，排放和入流水质； 评估全方位的水开发和管理方案，并考虑水系统的多种用途和相互竞争的用途； 基于GIS的图形化拖放式界面，可灵活地将模型输出为地图、图表和表格
Making Transport Climate Resilient	世界银行	埃塞俄比亚	否	是	关于气候对道路影响的国家特定报告； 确定适应措施； 进行经济评估，并制定短期和长期战略
Addressing Climate Change Impacts on infrastructure: Transportation	美国国际开发署（USAID）	全球	否	是	强调气候变化对基础设施的影响； 协助制定与运输有关的决策
Managing forests for Climate Change	联合国粮农组织	全球	否	是	强调了森林管理如何通过缓解和适应来帮助应对气候变化的重要性； 关于保护生物多样性的建议

项目应选择使用可靠的气候数据和工具来进行气候风险评估，此外，项目团队还可以通过与项目所在地合作伙伴召开研讨会、开展访谈或实地访问等形式，进一步收集和确认相关信息，以更好的理解项目可能面临的气候挑战和机遇。

4.2.2.2 金融机构限制对高碳行业投资规避气候转型风险

气候转型风险的控制基于对外部环境的整体判断，与机构整体战略相联系，通过业务规划、投资战略等文件进行体现。目前全球已有上百家主要金融机构制定了正式的煤炭开采及燃煤电厂限制政策，这些金融机构包括公共开发银行、国家发展金融机构、出口信贷机构、私人银行和保险公司。2013年，世界银行在其能源行业投资战略中注明，停止向新建燃煤电厂和煤矿开采提供融资，除非是缺少煤炭融资来源并且能源需求只能由燃煤发电满足的国家。此后，欧洲复兴开发银行、亚洲开发银行、欧洲投资银行等多家多边开发银行也先后在限制煤电和采煤行业项目融资上作出承诺。2017年，世界银行进一步宣布将在2019年后停止为石油和天然气项目提供融资。2019年，欧洲投资银行决定自2021年起，不再为包括天然气项目在内的化石能源项目提供贷款。2021年，亚洲开发银行发布修订后的能源政策征求意见稿，拟提出将不再向煤炭开采、石油和天然气生产和勘探提供融资①。

从煤炭撤资的趋势也正在商业金融机构中发生，例如，2018年汇丰银行（HSBC）宣布将停止对全球多个国家的煤炭发电项目进行投融资，2019年法国巴黎银行资产管理公司（BNPP AM）宣布计划停止投资从事动力煤开采的公司，2020年初摩根大通（JPMorgan Chase）宣布将限制全球煤炭开采和燃煤发电的融资。根据雨林行动网络（Rainforest Action Network）、银行监察组织（BankTrack）等非政府组织共同发布的《2021银行业气候变化化石燃料融资报告》②，全球60家最大的商业和投资银行中有超过75%的银行有限制煤炭融资的相关政策，越来越多的银行也开始限制对部分石油和天然气行业的融资，特别是针对油砂和北极地区的石油和天然气。

4.2.3 投资项目气候风险管理案例分析

1. 国际金融公司尼泊尔Khimti 1水电计划气候风险案例研究

国际金融公司（International Finance Corporation，IFC）意识到气候变化可能在财务、环境和社会方面影响私营部门投资绩效，尤其是在投资依赖于长期固定资产或具有复杂的供应链的情况下。已开展的气候变化相关评估大多侧重于分析气候变化和对自然和社会系统的大规模影响，对私营部门和商业的关注不足。2008年，IFC选择尼泊尔Khimti 1水电计划、加纳油棕开发有限公司和巴基斯坦Bulleh Shah造纸厂三个客户开展试点研究，主要目的是测试和开发评估私营部门气候风险并确定适当适应方案的方法学。本节以尼泊尔Khimti 1水电计划为例，介绍IFC开展的此项案例研究。

（1）项目简介

Khimti 1水电计划由Himal电力有限公司（HPL）建造和运营，所有权归该公司所有，作为公私合作项目，未来将移交给尼泊尔政府。该电站装机容量60MW，年发电量350GWh，位于加德满都以东约100千米的多拉卡区，利用塔玛科希河支流Khimti河海拔1 270米至586米的落差发电。

（2）风险评估和管理方法学

IFC在此项案例研究中使用的风险评估和管理框架借鉴了英国气候影响计划（UKCIP）推荐的最佳实践流程③，采用文献综述和影响定性分析，实地考察，项目所在国公共部门、研究机构、大学和非政府组织的部门专家和气候变化专家访谈，客户访谈讨论气候敏感性和脆弱性以获取数据和报告，在可能的情况下对影响进行定量建模等方式。具体包括六个阶段：①确定项目目标；②建立项目决策标准；③评估项目气候变化风险；④确定适应方案以应对已确定的

---

① Asian Development Bank. Draft Energy Policy: Supporting Low Carbon Transition in Asia and the Pacific. 2021. https://www.adb.org/documents/draft-energy-policy-supporting-low-carbon-transition-asia-and-pacific.

② Rainforest Action Network (RAN), BankTrack, Indigenous Environmental Network (IEN), Oil Change International (OCI), Reclaim Finance, and the Sierra Club. Banking on Climate Chaos: Fossil Fuel Finance Report 2021 [R].

③ Willows R. I. and Connell R. K. (Eds) (2003) Climate adaptation: Risk, uncertainty and decision-making. UKCIP Technical Report. UKCIP: Oxford.

气候变化风险；⑤根据项目决策标准评估适应选项；⑥制定适应决策的建议。

(3) 气候分析

该研究通过15个全球气候模型对Khimti Khola周围地区季节性平均气温进行预测，结果显示，该地区冬季平均气温到21世纪30年代将升高0.8℃~3.4℃，到2060年代将升高2.0℃~5.0℃。该地区夏季平均气温到21世纪30年代将升高0.5℃~2.0℃，到2060年代将升高1.1℃~3.5℃。由于一般环流模型难以充分代表不同地形的局部气候效应，因而山区降雨变化预测难度较大。目前的气候模型在预测季风行为方面表现不佳，使得情况更加复杂。集合平均预测Khimti Khola周围地区冬季降水量到21世纪30年代将减少7%，到2060年代将减少12%；夏季降水量到21世纪30年代将增加2%，到2060年代将增加8%。不同大气环流模型对该地区未来的温度趋势的预测较为一致，然而对未来降水的预测差异很大。在该地区难以对旱季季风行为和降水变化进行准确预测，凸显了制定极端情况下应急计划的必要性。

(4) 项目相关风险、机会和脆弱性分析

通过开展风险分析，评估了当前气候条件的可变性以及未来的气候变化如何影响HPL运营以及对当地社区的影响，识别了最重要的敏感因素。缺乏基线信息限制了开展气候因素对HPL运营直接和间接影响的进一步分析，因此需要对尼泊尔等国家的基线条件进行进一步监测和研究，以便在面临进一步的气候变化时做出明智的决策。

风险分析确定了一系列直接的项目风险、机会和脆弱性，例如冰川湖溃决洪水以及主要发电站建筑物的风险和损坏等。此外，该研究还识别了间接风险，例如气候变化将增加当地社区的社会、经济和环境压力，可能会对HPL及其运营产生不利影响。此外，极端事件（急性）和增量变化（慢性）所带来的额外压力可能形成累积效应，超出当地社区已建立的现有应对机制的阈值。项目直接或间接对当地社区进行社会投资将提高对气候影响的抵御能力。

如果在融资、可行性、设计、建设和运营中不考虑气候变化带来的风险，项目可能出现重大问题。水文变化（降水、雪和冰川融化）、沉积、冰川湖溃决洪水风险、洪水事件以及更广泛的环境变化（如地被植物和土地利用的变化）和对当地社区的影响（旱季更严重的水权冲突）都可能对项目产生重大影响。水文变化可能会直接破坏项目可行性和设计的基础，严重影响发电量和回报率。

(5) 适应方案

研究提出的适应方案重点关注河流流量变化带来的风险或机遇的管理以及对发电收入的潜在影响。主要包括以下要点：①在天气干燥的月份，应保持对流量的观察简报。应在KK入口处进行定期（每日）流量监测；②从加强的流量监测计划和未来气候变化评估中所获得的信息应当应用于指导资产重置和操作程序的相关决策；③未来上游水电项目的流量监测和水文评估应当应用于Khimti 1水电计划潜在气候变化影响分析；④上游水电项目的开发可能会对Khimti 1水电计划的运行产生影响，HPL应要求上述项目产权人评估气候变化对流量的影响以及对Khimti 1水电计划生产输出的影响；⑤尽管对Khimti Khola未来流量的预测因气候模型而异，但HPL有机会利用其现有涡轮机的备用容量在干燥天气月份最大限度地提高产量；⑥HPL

利用干旱天气期间进行例行年度维护和重大运营改进。如果正如某些模型预测的结果，干旱天气期间流量增加，HPL将需要审查其维护和运营改进计划；⑦为避免农民需要更大旱季流量所带来的压力（保护目前有利的干旱天气超额能源收入），HPL可以考虑出资支持当地农民建设从 Khimti Khola 支流取水的灌溉系统或者积极支持替代农业实践和作物的发展，通过鼓励种植抗旱作物，减少农民对灌溉的需求。

2. 荷兰 APG 资产管理公司撤资韩国电力公司

荷兰 APG 资产管理公司（APG）是欧洲最大的养老金管理公司之一，也是世界最大的信托管理公司之一，为环卫、教育、公务、建筑、医疗、能源和房地产等不同行业提供养老金服务。APG 最大客户——荷兰国家公务员养老基金（Stichting Pensioenfonds ABP）制定了与巴黎协定相一致的目标，即到 2050 年实现投资组合的气候中和，这意味着与投资相关的二氧化碳排放将减少到净零。为实现这一目标，ABP 负责任投资政策包括以下指标：到 2025 年逐步淘汰煤矿和焦油砂，到 2030 年在经合组织国家内不直接投资没有碳捕获的煤电项目以及投资 150 亿欧元用于支持可持续发展目标 7 "经济适用的清洁能源"。APG 的其他资产管理客户（bpf-BOUW、SPW 和 PPF APG）也设定了气候目标，包括到 2025 年将投资组合的碳足迹减少至 2015 年的 40%。

2020 年 6 月，韩国电力公司（KEPCO）决定参投印度尼西亚 Jawa9&10 2x1000MW 燃煤电站项目。2020 年 10 月，KEPCO 董事会通过越南 Vung Ang 2 2x600MW 燃煤电站的投资决策。在 KEPCO 批准收购越南 Vung Ang 2 煤电项目十天后，KEPCO 首席执行官金正侠在韩国国民议会组织的年度政府审计听证会上宣布，计划取消正在跟踪开发的两个海外煤电项目（菲律宾 Sual 2 电站项目和南非 Thabametsi 电站项目），同时表示"未来不再开发海外煤电项目"，但 KEPCO 仍然保留投资越南 Vung Ang 2 号电站和印度尼西亚 Jawa9&10 电站的计划。KEPCO 此举受到环保和气候组织的质疑，同时遭到国际上的广泛批评，尤其是考虑到文在寅政府 2020 年 7 月提出的以"绿色零排放社会"为目标的"韩国绿色新政"（Green New Deal）的政策背景下①。此外，根据韩国发展研究所进行的预可行性研究，如果推进 Vung Ang 2 项目，KEPCO 预计将遭受 8 400 万美元的损失。2021 年 1 月，APG 宣布不再持有韩国电力公司（KEPCO）的股份，原因是 KEPCO 继续参与新建煤电项目，与 APG 的投资目标和策略不符②。APG 在撤资 KEPCO 前，曾通过积极的股东参与成功引导多家韩国金融机构落实《巴黎协定》目标，停止支持新煤电项目。尽管 APG 通过致信管理层等多种方式尝试影响 KEPCO，但由于 KEPCO 51% 的股权归韩国政府所有，APG 努力未果，最终选择撤资。

事实上，2020 年 APG 出售了其持有的包括 KEPCO 在内 8 家公司股份，因为这些公司有新建或扩建燃煤电站的计划，这些公司年二氧化碳排放总量可达到 6.24 亿吨。

---

① http：//www.koreaherald.com/view.php? ud = 20201005000779。
② https：//apg.nl/en/publication/apg-sells-korean-energy-giant-due-to-coal-expansion/。

4.2.4 系统推动"一带一路"投资项目气候风险管理的建议

1. 建立"一带一路"项目气候风险评估机制

2021年6月23日,在"一带一路"亚太区域国际合作高级别会议期间,与会各方共同发起"一带一路"绿色发展伙伴关系倡议,其中包括倡导"建设环境友好和抗风险的基础设施,包括加强项目的气候和环境风险评估"。目前中国企业在对外投资活动中坚持"属地原则",遵循项目所在国的相关法律法规和政策,然而"一带一路"沿线国家在环境和气候治理方面能力参差不齐,因此,绿色"一带一路"建设需要配套相关的环境保障政策框架,以指导项目实施或管理主体识别、控制、规避可能产生的重大环境风险。建议借鉴多边投资银行和信托基金的经验,在上述框架中纳入气候风险筛查和管理要求,并配套出台具体的、有操作性的指南,以指导项目最大限度地规避"一带一路"推进过程中的气候风险。

此外,"一带一路"项目,尤其是基础设施建设项目的实施方多有向金融机构借款、担保的需求。建议依托绿色金融体系,引导和支持参与"一带一路"建设的金融机构接纳气候风险管理理念,积极探索气候风险货币化计量和评估工具,同时完善自身的环境风险管理体系。

2. 开发并发布针对"一带一路"地区投资建设的气候风险筛查工具

选择和使用可靠的气候数据和工具是气候风险评估的关键,然而目前还没有针对"一带一路"区域的气候风险筛查工具,可考虑通过国内科研机构自行开发或与世界银行等机构和组织合作等方式,结合"一带一路"建设项目的特点,有针对性地开发覆盖"一带一路"地区所有国家的国别筛查工具。为参与"一带一路"建设的中方机构和企业以及共建国家提供数据支持和分析服务,提高绿色"一带一路"建设的科学决策水平。

3. 制定低碳投资战略以削弱转型风险对"一带一路"项目的影响

2020年9月,亚投行行长金立群宣布亚投行不会为任何火电厂或涉煤项目提供资金,同时表示亚投行计划明年调整《能源部门战略》。这一承诺体现了亚投行促进低碳发展、实践绿色战略的决心,也为其他支持"一带一路"建设的国内金融机构识别气候转型风险,在对外能源投资方面向低碳转型开启良好的先河。建议国内金融机构借鉴国际良好实践,适时考虑调整海外能源融资政策,警惕高碳资产的投资风险,严控煤电等高碳投资,增加对可再生能源及其他低碳基础设施的政策和金融支持。

4.3 推动区域经贸合作绿色低碳发展的新契机

4.3.1 全球经济复苏呈现绿色化、区域化、数字化的新特征

1. 绿色化成为全球疫后经济复苏的主流

当今世界正经历百年未有之大变局,面对新冠肺炎疫情、气候变化等重大危机,人类越发

认识到人与自然是命运共同体，实现经济绿色和包容性复苏正在成为全球主要政策方向。世界多国提出将绿色作为产业变革的重要方向，着力推动制定国家中长期绿色低碳发展战略。2021年4月，世界银行发布《东亚与太平洋地区经济半年报》，呼吁各国采取行动遏制疫情，支持经济发展和推进绿色复苏。世界银行东亚与太平洋地区副行长克瓦表示："新冠肺炎疫情造成的经济冲击，导致减贫停滞和不平等加剧。随着各国在2021年开始复苏，需要采取紧急措施保护脆弱人群，并确保复苏具有包容性、绿色和韧性。"国际金融论坛在2021年春季会议上发布《国际金融论坛2021中国报告》指出，在抗击新冠肺炎疫情（以下简称疫情）的同时，世界各国必须加快行动，履行对保护地球环境的承诺，投资低碳社会和健康自然系统是保证金融行业长期盈利的唯一途径。

疫情也转化为许多国家和地区加速绿色发展低碳转型的动力。例如欧盟于2019年12月发布新时期欧盟气候政策的纲领性文件——《欧洲绿色协议》，旨在到2050年欧洲在全球范围内率先实现"碳中和"，即二氧化碳净排放量降为零，将欧洲打造成为全球对抗气候变化的领导者，从而促进欧洲经济稳定可持续发展、改善民众健康和生活质量、保护自然环境。2020年1月欧盟正式启动《欧洲绿色协议投资计划》和公正过渡机制（见表4-2）。

表4-2 欧盟《欧洲绿色协议投资计划》和公正过渡机制的主要内容

	主要内容	主要目标/筹资计划
《欧洲绿色协议投资计划》	在未来十年内，动员至少1万亿欧元的可持续投资进入碳中和绿色经济领域，促进和刺激向气候中立、绿色、竞争性和包容性经济过渡所需的公共和私人投资	主要目标： (1) 增加过渡资金，并通过欧盟预算和相关工具，特别是InvestEU，动员至少1万亿欧元支持未来十年的可持续投资； (2) 为私人投资者和公共部门创造有利的框架，以促进可持续投资； (3) 组织和执行可持续项目方面向公共行政部门和项目发起人提供支持
《公正过渡机制》	设立经济转型基金，优先考虑惠及煤炭开采、页岩油气开采等行业的工人，协助相关国家完成能源转型。提供有针对性的支持，帮助严重依赖化石燃料的地区	筹资计划： 公正过渡机制将在2021—2027年动员至少1 000亿欧元的投资，其中的资金来自欧盟预算，成员国共同出资以及InvestEU和欧洲投资银行的捐款（EIB）。根据十年推算，公正过渡机制将筹集约1 430亿欧元

欧洲理事会发布"下一代欧盟"经济复苏方案，将应对疫情危机与之前的可持续增长战略相连接，将7 500亿欧元中的30%用于"绿色"支出，包括减少对化石燃料的依赖、提高能源利用效率、加大对生态环境的保护等。欧盟刺激计划预计在未来10年增长1%的GDP，同时通过投资循环经济，增加70万个就业岗位。另外，进入后疫情时代，全球绿色发展低碳转型也面临一定的挑战。2020年7月，联合国经济社会事务部发布《2020年可持续发展目标报告》（The Sustainable Development Goals Report 2020），认为新冠肺炎疫情所带来的空前危机让2030年可持续发展目标的实现遭遇更加严峻的挑战。在后疫情时代落实《巴黎协定》和《2030年可持续发展议程》，以及全球经济要实现低碳转型，面临比之前更大的困难。

2. 全球经贸合作呈现明显的区域化特征

在疫情常态化的背景下，全球产业链的不确定性大大增加，世界经济发展开始从全球化模式转为以地方性贸易为主的本土化、区域化模式。全球市场萎缩，原有产业链、价值链和供应链因疫情造成阻隔断裂，各国开始重构区域产业链、价值链和供应链以保障本国的有效供应。在更大范围内优化资源配置，进一步拓展经济成长空间，已经成为世界各国扩大对外贸易、确保区域经济安全可控、加快全球战略布局的重要手段。据麦肯锡公司测算，2013年以来区域内贸易占全球贸易的比重提高了2.7个百分点，目前欧盟28国和亚太地区超过半数的商品贸易在区域内进行。

商品生产价值链，尤其是汽车制造以及计算机和电子行业的区域集中度越来越高，其中以亚欧地区最为明显。企业越来越倾向于在邻近消费市场的地方开展生产。在各种区域经贸协定推动下，北美、欧洲、亚洲等"区域内"的循环和联系不断增强，全球供应链由原来的美国等发达国家从事研发、高端与中高端产品制造，中国等发展中国家从事中低端产品制造和组装加工，中东和俄罗斯等提供能源的格局向由美国、加拿大、墨西哥组成的北美供应链网络，由德国、法国等国家主导的欧盟供应链网络和以日本、韩国、中国等东亚经济体为核心的亚洲供应链网络转变。

3. 数字化经贸为绿色复苏带来新的机遇

当前全球正在开启新一轮以数字经济为核心的科技革命和产业变革，在未来贸易数字化的时代，数字化将渗透到跨境商品贸易和生产流动等传统贸易投资的各个环节，区域之间借助通信产业以及电子商务的快速发展，区域贸易和投资的边界趋于模糊化，通过数字资源共享，有望显著减少经贸领域的碳足迹与碳排放。此外，数字经济也有望提高能源和资源的使用效率，从而促进经济绿色复苏，一方面，数字经济可以提升传统化石能源行业的生产效率，降低对环境的破坏程度；另一方面，数字经济对可再生能源的发展具有重要意义，将有助于可再生能源智能网络的建设。

4.3.2 《区域全面经济伙伴关系协定》（RCEP）为区域投资贸易绿色化带来新契机

1. RCEP 的背景及特点

《区域全面经济伙伴关系协定》（Regional Comprehensive Economic Partnership，RCEP）构想最初由东盟十国（新加坡、印度尼西亚、马来西亚、泰国、文莱、柬埔寨、老挝、缅甸、菲律宾、越南）于2011年提出，并于2012年邀请中国、日本、韩国、印度、澳大利亚、新西兰六个国家参与并启动谈判，历时8年31轮正式谈判（期间，印度于2019年11月决定退出谈判），最终于2020年11月15日正式签署。目前，我国已经完成了国内的核准，待15个成员国中有9个以上国家批准之后，RCEP有望在2022年1月1日正式生效。

RCEP的15个成员国总人口22.7亿，国内生产总值合计26.2万亿美元，总出口额5.2万亿美元，均占全球总量的约30%，标志着世界上人口最多、经贸规模最大、最具发展潜力的全球最大自贸区即将起航。RCEP 的 15 个成员国中既有发达国家，也有发展中国家和最不发达国家（如老挝、柬埔寨、缅甸），协定最大限度兼顾了各方诉求，给予最不发达国家差别待遇，帮助发展中成员加强能力建设，促进地区开放、包容、普惠、平衡、共赢发展。RCEP 是多边贸易体系的重要补充，符合全球化和区域经济一体化发展大势，顺应和平、发展、合作、共赢的时代潮流，为构建开放型世界经济注入了强劲动力。

RCEP 协定的体量庞大，条款总共有 1.4 万页，包含 20 个章节，涵盖了货物贸易、服务贸易、投资、知识产权、电子商务、经济技术合作等多个方面。在协定内容方面，主要呈现三个方面特点。

一是在货物贸易方面，超过 90% 的货物最终将达到零关税（采取"渐进式"零关税政策，即部分立即实施零关税，其他在十年内逐步实施零关税），服务贸易和投资开放水平显著超过原有的"10+1"自贸协定。

二是在投资方面，15 个成员国均采用负面清单对制造业、农林渔业、采矿业等领域投资作出较高水平开放承诺，政策透明度明显提升。

三是由于 RCEP 的 15 个成员国之中，只有日本之前没有和中国签署自贸协定，因而此次中日以及日韩之间，通过 RCEP 等同于间接地达成了自贸协定。

此外，RCEP 还就中小企业、经济技术合作等作出规定，纳入了知识产权、电子商务、政府采购等议题，适应数字经济发展的需要。在环境保护方面，RCEP 协定并未设置单独的环境章节，但在第六章标准、技术法规和合格评定程序、第十章投资、第十一章知识产权、第十七章一般条款和例外，都将环境保护作为具体规则项下的例外予以处理（见表4-3）。

表 4-3 《区域全面经济伙伴关系协定》各章内容概要

章节	主要内容
第一章 初始条款和一般定义	本章主要阐明 RCEP 缔约方的目标是共同建立一个现代、全面、高质量以及互惠共赢的经济伙伴关系合作框架，以促进区域贸易和投资增长，并为全球经济发展作出贡献。该章节还对协定中的通用术语进行定义
第二章 货物贸易	本章旨在推动实现区域内高水平的贸易自由化，并对与货物贸易相关的承诺作出规定。规定包括：承诺根据《关税与贸易总协定》第三条给予其他缔约方的货物国民待遇；通过逐步实施关税自由化给予优惠的市场人；特定货物的临时免税入境；取消农业出口补贴；以及全面取消数量限制、进口许可程序管理，以及与进出口相关的费用和手续等非关税措施方面的约束
第三章 原产地规则	包括附件一产品特定原产地规则和附件二最低信息要求。本章确定了 RCEP 项下有资格享受优惠关税待遇的原产货物的认定规则。在确保适用实质性改变原则的同时，突出了技术可行性、贸易便利性和商业友好性，以使企业、尤其是中小企业易于理解和使用 RCEP。在本章第一节中，第二条（原产货物）和第三条（完全获得或者完全生产的货物）以及附件一产品特定原产地规则（PSR）列明了授予货物"原产地位"的标准。协定还允许在确定货物是否适用 RCEP 关税优惠时，将来自 RCEP 任何缔约方的价值成分都考虑在内，实行原产成分累积规则。在第二节中，规定了相关操作认证程序，包括申请 RCEP 原产地证明、申请优惠关税待遇以及核实货物"原产地位"的详细程序。本章有两个附件：（1）产品特定原产地规则，涵盖约 5 205 条 6 位税目产品；（2）最低信息要求，列明了原产地证书或原产地声明所要求的信息

续表

章节	主要内容
第四章 海关程序和贸易便利化	包括附件一执行承诺的期限。本章通过确保海关法律和法规具有可预测性、一致性和透明性的条款，以及促进海关程序的有效管理和货物快速通关的条款，目标创造一个促进区域供应链的环境。本章包含高于WTO《贸易便利化协定》水平的增强条款，包括：对税则归类、原产地以及海关估价的预裁定；为符合特定条件的经营者（授权经营者）提供与进出口、过境手续和程序有关的便利措施；用于海关监管和通关后审核的风险管理方法等
第五章 卫生与植物卫生措施	本章制定了为保护人类、动物或植物的生命或健康而制定、采取和实施卫生与植物卫生措施的基本框架，同时确保上述措施尽可能不对贸易造成限制，以及在相似条件下缔约方实施的卫生与植物卫生措施不存在不合理的歧视。虽然缔约方已在WTO《卫生与植物卫生措施协定》中声明了其权利和义务，但是协定加强了在病虫害非疫区和低度流行区、风险分析、审核、认证、进口检查以及紧急措施等执行的条款
第六章 标准、技术法规和合格评定程序	本章加强了缔约方对WTO《技术性贸易壁垒协定》的履行，并认可缔约方就标准、技术法规和合格评定程序达成的谅解。同时，推动缔约方在承认标准、技术法规和合格评定程序中减少不必要的技术性贸易壁垒，确保标准、技术法规以及合格评定程序符合WTO《技术性贸易壁垒协定》规定等方面的信息交流与合作
第七章 贸易救济	本章包括"保障措施"和"反倾销和反补贴税"两部分内容。关于保障措施，协定重申缔约方在WTO《保障措施协定》下的权利义务，并设立过渡性保障措施制度，对各方因履行协议降税而遭受损害的情况提供救济。关于反倾销和反补贴税，协定重申缔约方在WTO相关协定中的权利和义务，并制订了"与反倾销和反补贴调查相关的做法"附件，规范了书面信息、磋商机会、裁定公告和说明等实践做法，促进提升贸易救济调查的透明度和正当程序
第八章 服务贸易	本章消减了各成员影响跨境服务贸易的限制性、歧视性措施，为缔约方间进一步扩大服务贸易创造了条件。包括市场准入承诺表、国民待遇、最惠国待遇、当地存在、国内法规等规则。部分缔约方采用负面清单方式进行市场准入承诺，要求现在采用正面清单的缔约方在协定生效后6年内转化为负面清单模式对其服务承诺做出安排
第九章 自然人移动	本章列明了缔约方为促进从事货物贸易、提供服务或进行投资的自然人临时入境和临时停留所做的承诺，制定了缔约方批准此类临时入境和临时停留许可的规则，提高人员流动政策透明度。所附承诺表列明了涵盖商务访问者、公司内部流动人员等类别的承诺以及承诺所要求的条件和限制
第十章 投资	本章涵盖了投资保护、自由化、促进和便利化四个方面，是对原"东盟'10+1'自由贸易协定"投资规则的整合和升级，包括承诺最惠国待遇、禁止业绩要求、采用负面清单模式做出非服务业领域市场准入承诺并适用棘轮机制（即未来自由化水平不可倒退）。投资便利化部分还包括争端预防和外商投诉的协调解决。本章附有各方投资及不符措施承诺表
第十一章 知识产权	本章为本区域知识产权的保护和促进提供了平衡、包容的方案。内容涵盖著作权、商标、地理标志、专利、外观设计、遗传资源、传统知识和民间文艺、反不正当竞争、知识产权执法、合作、透明度、技术援助等广泛领域，其整体保护水平较《与贸易有关的知识产权协定》有所加强
第十二章 电子商务	本章旨在促进缔约方之间电子商务的使用与合作，列出了鼓励缔约方通过电子方式改善贸易管理与程序的条款；要求缔约方为电子商务创造有利环境，保护电子商务用户的个人信息，为在线消费者提供保护，并针对非应邀商业电子信息加强监管和合作；对计算机设施位置、通过电子方式跨境传输信息提出相关措施方向，并设立了监管政策空间。缔约方还同意根据WTO部长级会议的决定，维持当前不对电子商务征收关税的做法

续表

章节	主要内容
第十三章 竞争	本章为缔约方制定了在竞争政策和法律方面进行合作的框架,以提升经济效率、增进消费者福利。规定缔约方有义务建立或维持法律或机构,以禁止限制竞争的活动,同时承认缔约方拥有制定和执行本国竞争法的主权权利,并允许基于公共政策或公共利益的排除或豁免。本章还涉及消费者权益保护,缔约方有义务采取或维持国内法律和法规,以制止误导行为、或在贸易中作虚假或误导性描述;促进对消费者救济机制的理解和使用;就有关保障消费者的共同利益进行合作
第十四章 中小企业	缔约方同意在协定上提供中小企业会谈平台,以开展旨在提高中小企业利用协定、并在该协定所创造的机会中受益的经济合作项目和活动,将中小企业纳入区域供应链的主流之中。协定强调充分共享 RCEP 中涉及中小企业的信息包括协定内容、与中小企业相关的贸易和投资领域的法律法规,以及其他与中小企业参与协定并受从中受益的其他商务相关信息
第十五章 经济与技术合作	本章为实现 RCEP 各国的共同发展提供了框架,为各方从协定的实施和利用中充分受益、缩小缔约方发展差距方面作出贡献。根据本章,缔约方将实施技术援助和能力建设项目,促进包容、有效与高效的实施和利用协定所有领域,包括货物贸易、服务贸易、投资、知识产权、竞争、中小企业和电子商务等。同时将优先考虑最不发达国家的需求
第十六章 政府采购	协定认识到政府采购在推进区域经济一体化以促进经济发展中的作用,将着力提高法律、法规和程序的透明度,促进缔约方在政府采购方面的合作。本章包含审议条款,旨在未来对本章节进行完善,以促进政府采购
第十七章 一般条款与例外	本章规定了适用于整个 RCEP 协定的总则,包括缔约方法律、法规、程序和普遍适用的行政裁定的透明度、就每一缔约方行政程序建立适当的审查与上诉机制、保护保密信息、协定的地理适用范围等。同时,本章将 GATT1994 第二十条和 GATS 第十四条所列一般例外作必要修改后纳入本协定。缔约方可以采取其认为保护其基本安全利益所必需的行动或措施。本章还允许缔约方在面临严重的收支平衡失衡,外部财政困难或受到威胁的情况下采取某些措施
第十八章 机构条款	本章节规定了 RCEP 的机构安排,以及部长会议、联合委员会和其他委员会或分委员会的结构。联合委员会将监督和指导协定的实施,包括根据协定监督和协调新设或未来设立的附属机构的工作
第十九章 争端解决	本章旨在为解决协定项下产生的争端提供有效、高效和透明的程序。在争端解决有关场所的选择、争端双方的磋商、关于斡旋、调解或调停、设立专家组、第三方权利等方面作了明确规定。本章节还详细规定了专家组职能、专家组程序、专家组最终报告的执行、执行审查程序、赔偿以及中止减让或其他义务等
第二十章 最终条款	本章节主要包括关于附件、附录和脚注的处理;协定与其他国际协定之间的关系;一般性审查机制;协定的生效、保管、修订、加入及退出条款等。指定东盟秘书长作为协定的保管方,负责向所有缔约方接收和分发文件,包括所有通知、加入请求、批准书、接受书或核准书。条约的生效条款规定,协定至少需要 6 个东盟成员国和 3 个东盟自由贸易协定伙伴交存批准书、接受书或核准书后正式生效

2. RCEP 区域投资领域绿色化面临新机遇

RCEP 的生效实施,最先并将长期受益的是区域贸易、投资、金融等领域。海关总署数据显示,2021 年第一季度,我国对其余 14 个 RCEP 成员国合计进出口 2.67 万亿元,同比增长 22.9%,占我国外贸进出口总值的 31.5%。其中,出口 1.25 万亿元,增长 27.5%;进口 1.42 万亿元,增长 19%。主要成员国中,对东盟、日本、韩国进出口分别增长了 26.1%、20.8% 和 19.5%。据预测,到 2030 年,RCEP 将为本地区 GDP 增长贡献约 0.2 个百分点,使 RCEP 成员的实际收入增加1 740亿美元。RCEP合作框架中涵盖了简化经贸合作程序的多种方式，鼓励成员国各方对标准、技术法规和合格评定程序的相互理解，将带动绿色标准在区域内的流动与扩散，不仅减少了技术壁垒，还将扩大区域低碳合作的范围。

RCEP建立了全球最大的自贸区和开放的区域市场，成为推动亚太区域经济一体化的标志性事件。RCEP在原有东盟自由贸易协定的基础上，扩大了关税降低范围，统一了不同自贸协定间的不同关税安排。例如，根据世界贸易组织（WTO）报告，RCEP各成员原先在税率上存在较大差距，2019年缅甸的平均约束税率最高为82.8%，其次是印度尼西亚的37.1%。在适用关税税率方面，泰国税率最高为29.0%，紧随其后的是越南的17.2%。RCEP基于对现有贸易规则的综合与升级，将有效减少贸易壁垒，显著提振各国对经济增长的信心。

RCEP的生效实施，将进一步促进本地区产业链和价值链的融合，为区域经济一体化注入强劲动力，对推动区域经济绿色复苏、稳定我国经贸格局、促进构建新发展格局和低碳转型产生重要影响。RCEP 15个成员国产业结构迥异，互补性较强，通过RCEP所形成的周边区域大市场，将进一步激发各领域合作潜能，形成互利互惠、资源要素优化配置的引力场。例如，澳大利亚是全球第二大液化天然气的出口国与第二大动力煤出口国。印度尼西亚和马来西亚拥有丰富的石油、天然气和煤炭储量。而日本、韩国具有先进的技术优势，大部分东盟国家则具有相对低的人力成本优势，在关税壁垒大幅降低的情形下，RCEP将促进区域内技术和资源的流动和更有效配置，推动区域全面可持续发展进程，也将推动我国产业结构优化升级，助力全面实现低碳转型和绿色发展。

4.3.3 协同推进RCEP及"一带一路"相关国家绿色低碳发展

1. RCEP区域内主要经济体绿色发展战略

目前，RCEP的15个成员国中已有9个提出了碳中和的目标（见表4-4）。我国承诺力争于2030年前达到二氧化碳排放峰值，努力争取2060年前实现碳中和，并出台了一系列措施，包括提升新能源汽车的比重、启动绿色发展基金、促进绿色金融发展、加强上市公司和发债企业环境信息强制披露等。日本、韩国与新西兰也继中国之后宣布要在2050年前实现"碳中和"的目标，新加坡将实现"碳中和"作为其长期战略的最终目标，老挝、柬埔寨、缅甸的碳中和战略也在积极探讨中。在此背景下，RCEP的签署和实施将为促进区域经济绿色复苏、低碳发展提供新的动力和合作基础，也对区域内现有环境资源平台整合与升级发展带来新的契机。

表4-4 RCEP 15个成员国碳中和目标的提出情况

国家/地区	碳中和目标	
	达成时间	目前状态
中国	2060	纳入政策议程
日本	2050	纳入政策议程
韩国	2050	纳入政策议程
澳大利亚	2050	纳入政策议程

续表

国家/地区	碳中和目标	
	达成时间	目前状态
新西兰	2050	已立法
新加坡	21世纪后半叶	提交联合国
老挝	2050	尚在讨论中
柬埔寨	2050	尚在讨论中
缅甸	2050	尚在讨论中
越南、泰国、马来西亚、印度尼西亚、菲律宾、文莱	暂无	

日本致力于加强太阳能、氢能和碳循环等重点技术领域的研发与投资。2020年12月25日，日本政府发布了"绿色增长战略"，将在海上风力发电、氨燃料产业、氢能产业、核能产业、汽车和蓄电池产业、半导体和通信产业、船舶产业、交通物流和建筑产业、食品、农林和水产产业、航空产业、碳循环产业、下一代住宅商业建筑和太阳能产业、资源循环产业14个重点领域推进温室气体减排。该战略提出，最迟到21世纪30年代中期，乘用车新车销售用电动车取代燃油车；预计2050年日本电力需求将增长30%~50%。目前日本对火力发电依赖度高，未来将加快发展氢能、风能等清洁能源，同时有限度重启核能发电。日本将应对全球变暖、实现绿色转型视为拉动经济持续复苏的新增长点。日本政府预计，到2030年该战略每年带来的经济效益将达到90万亿日元。日本政府还计划引入碳价机制来助力减排，将在2021年制定一项根据二氧化碳排放量收费的制度。图4-8为日本绿色发展重大战略政策发展历程。

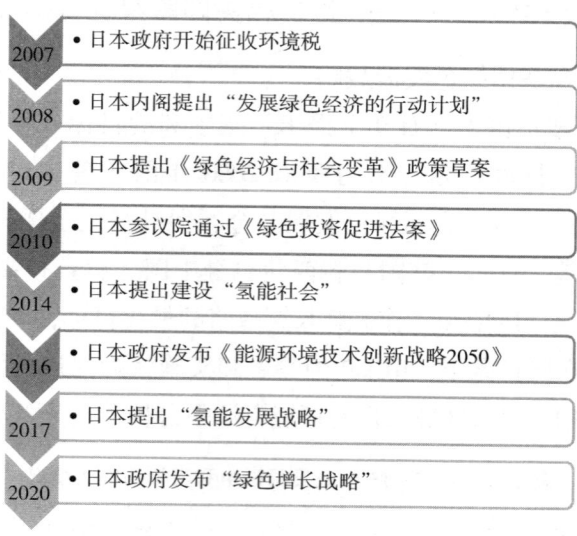

图4-8 日本绿色发展重大战略政策发展历程

为促进实现碳中和，日本政府从经济方面提出的产业政策有财政扶持政策，如大幅增加财政投入，创设"绿色创新基金"；税收支持政策，如创新相关税制；金融支持政策，如提供低碳融资与技术创新融资。2021年7月16日，为应对气候变化，日本央行宣布将推出绿色融资制度，拟于年内开始实施，计划实施至2030财年底。为应对新冠肺炎疫情，达成2%的通胀目标，日本央行将继续坚持超宽松货币政策，保持目前的宽松力度，继续将短期利率维持在负0.1%的水平，并通过购买长期国债，使长期利率维持在零左右，通过购买资产维护金融市场稳定。

韩国致力于支持节能住宅和公共建筑、电动汽车和可再生能源发电。2020年7月，韩国政府发布"新政"，制定了实现碳中和、经济增长、提升生活质量三大目标。"新政"由两大核心支柱构成，一项是"数字新政"，另一项是大力推进绿色产业、加快向低碳经济转型的"绿色新政"。"绿色新政"设定了到2025年在韩国发展113万辆电动汽车和20万辆氢动力燃料电池电动汽车的目标，并计划将资金用于建设电动汽车充电站，包括15 000个快速充电站和30 000个标准充电站，以及建造约450个氢燃料补给装置。"绿色新政"还提及实施循环经济计划，以及捕获和存储工业过程中排放的二氧化碳以及重复使用工业材料等。

2021年6月，韩国贸易、工业和能源部宣布"绿色船舶－K战略（Green Ship－K Strategy）"，在2022年至2031年期间投资2 540亿韩元（约合2.21亿美元），开发氢和氨动力的环保船舶。6月24日，韩国总统直属的碳中和委员会披露了《韩国2050年碳中和预案》。其中提及要大幅改变能源结构，减少化石燃料的使用，2050年前废除全部煤发电站，同时继续推进"去核电化"政策，快速增加太阳能和风力发电等措施。

澳大利亚致力于加强温室气体减排和提高能源使用效率。2019年2月25日，澳大利亚政府宣布了《气候解决方案》，旨在启动35亿澳元的投资帮助澳大利亚兑现2030年的温室气体减排承诺。主要内容包括：① 为减少整个经济领域的温室气体排放，提供一个20亿澳元的气候解决方案基金，政府措施主要有：支持偏远的土著社区减少失控野火排放；支持小企业更换照明、空调和制冷系统；支持农民重新开垦退化土地；支持当地社区减少废物排放。② 为确保子孙后代的能源未来，政府投资扩大"雪山计划"项目以及维多利亚州和塔斯马尼亚州之间的第二个互联互通项目"马里努斯环线"。③ 为提高能源使用效率，降低使用成本，政府措施有：加强与行业、州政府和地方政府合作；提供资源、培训和工具；与工业、州和领地政府合作；帮助企业和社区组织节约能源。④ 为确保有计划地向新能源汽车技术和基础设施过渡，政府制定《国家电动汽车战略》。⑤ 为实现减排，改善政策运行，政府其他的措施有：制订信息计划，向制冷和空调设备的所有者告知定期维护的好处；提高澳大利亚的燃料质量标准，以获得最新的汽车技术；通过进一步技术变革、提升经济效率和其他减排措施以确保澳大利亚实现2030年的减排目标。

2. 积极探索以RCEP绿色发展为引擎，助力"一带一路"国家实现绿色发展低碳转型

日本、韩国、澳大利亚等国的碳中和承诺和绿色刺激方案不仅有利于促进疫情后的经济复苏，还将推动RCEP区域内"一带一路"相关国家（如东盟10国）迈向更具可持续性、包容性、韧性的新阶段。尤其是在全球应对气候变化的大背景下，经济与社会融合不断加深，绿色低碳将成为引领RCEP地区未来合作的主要发展方向，有望掀起区域内经贸结构从传统的经贸产业结构向以绿色低碳产业为核心的国际新型经贸结构变革的新热潮。随着RCEP的临近生

效，如何在经济发展水平参差不齐的15个成员国间平衡环境与贸易政策，主动对接更高水平的贸易投资绿色规则，我作为发展中大国和贸易大国，如何引导、促进RCEP区域绿色低碳发展合作将成为重要研究课题。

结合RCEP合作机制，建议研究搭建RCEP框架下的绿色低碳发展交流与合作平台，推动成员国政府、企业以及国际组织就绿色贸易、绿色投资、低碳技术、新能源领域等开展广泛对话、深入交流与务实合作。比如在低碳技术和新能源方面，日本、韩国等发达国家目前在着力发展氢能产业，而我国在2019年发布的《绿色产业指导目录》中仅涉及加氢设施制造和资源循环相关内容，尚未涉及氨燃料、核能、半导体和通信、航空和碳循环等高新技术产业。通过构建RCEP框架下的绿色低碳发展交流与合作平台，将有望推动区域内发达国家和发展中国家在能源政策对接、低碳技术共享等方面的交流合作，着力从节约资源转向兼顾碳捕获和碳循环技术的研发，推动区域碳中和背景下绿色产业的发展。

结合RCEP合作机制，建议在依托、整合现有绿色"一带一路"国际合作平台资源的基础上，为我国及"一带一路"沿线国家的高质量发展提供所需要的合作伙伴平台、信息共享平台、技术交流平台与高端智库平台。为落实领导人倡议，2019年4月25日，我国与中外合作伙伴共同在京发起成立"一带一路"绿色发展国际联盟。目前，已有来自中外40多个"一带一路"沿线国家的150多家机构成为联盟的合作伙伴。"一带一路"生态环保大数据服务平台是联盟搭建的国际生态环保信息汇总平台，目前已集成30余个国家的国别基础数据、法规政策标准、技术产业与案例分析等内容，汇集30余个国际权威公开平台的200余项指标数据，涉及全球190余个国家和地区。依托"一带一路"绿色发展国际联盟和"一带一路"生态环保大数据服务平台，将为RCEP绿色低碳发展交流与合作平台构建提供硬件基础和合作基础，并有望为推动"一带一路"沿线国家的绿色低碳发展合作、探索环境与贸易相互支持的新发展模式、提升环境对贸易的促进和改善作用提供崭新的舞台。

5 碳中和背景下金融机构的低碳转型

习近平主席在 2020 年 9 月 22 日联合国代表大会一般性辩论上宣布了中国力争 2030 年二氧化碳排放达峰、2060 年实现"碳中和"的雄心目标。2020 年 12 月 12 日，习近平主席又在气候雄心峰会上宣布了中国低碳转型的一系列目标值，包括：到 2030 年，中国单位国内生产总值二氧化碳排放比 2005 年下降 65% 以上，非化石能源占一次能源消费比重达到 25%，森林蓄积量比 2005 年增加 60 亿立方米，风电、太阳能发电总装机容量达到 12 亿千瓦以上。我国从碳达峰到"碳中和"仅用 30 年时间，远低于发达国家 70~80 年的平均水平，这体现了中国在应对气候变化问题上的大国担当。金融是现代经济的核心，有能力、也有责任在助力碳达峰、"碳中和"目标实现中走在前、做表率。

5.1 全球碳中和进展

据不完全统计，全球已经有超过 130 个国家和地区宣布了"碳中和"目标，欧盟、日本、韩国计划 2050 年实现"碳中和"，瑞典、英国、法国、新西兰等已将"碳中和"目标写入法律，不丹、苏里南已实现负排放。部分国家发展低碳金融的经验值得借鉴。

1. 推动低碳/可持续金融立法

欧盟委员会于 2018 年 3 月发布《可持续发展融资行动计划》，欧洲银行业管理局于 2019 年 12 月发布《可持续金融行动计划》，释放了监管部门大力推动可持续金融发展的政策信号。2019 年底，欧盟委员会发布《绿色新政》并启动《欧洲气候法》提案，强调了可持续金融和投资对促进欧盟 2050 年实现"碳中和"的作用，重点内容包括：一是要求金融机构将可持续性纳入治理框架、强化气候和环境信息披露；二是支持欧洲投资银行成为欧洲的气候银行；三是将气候风险整合进欧盟审慎框架，并对绿色资产现有资本要求的适用性进行评估；四是对零售投资产品进行绿色贴标等。

2. 制定和实施低碳/可持续标准

目前，发达国家的绿色标准主要有两类：国际组织或第三方机构发布的绿色标准和由国家或地区监管机构发布的绿色标准。前者主要包括世界银行的《关于环境、健康和安全的标准》、IFC[①]绩效标准、SDGs[②]、赤道原则、PRB[③]和ICMA[④]、CBI[⑤]、GBP[⑥]的绿色债券标准等；后者主要指欧盟近年来正在制定的官方可持续金融标准。2019年6月，欧盟委员会技术专家组连续发布《欧盟可持续金融分类方案》《欧盟绿色债券标准》和《基准：气候基准及基准ESG披露》三份报告，在"无重大损害原则[⑦]"下，设定了细化和可执行的技术指标和阈值。

3. 金融机构陆续发布碳中和路线图

近期，多家银行宣布了碳中和目标或路线图，如渣打、汇丰（见表5-1）。银行业碳中和路线图要素主要包括：一是目标描述。一般分两步走，2030年左右实现自身运营碳中和，2050年实现投融资碳中和。二是路线图设计。主要措施包括绿色运营、购买碳汇、低碳采购、投融资转型等。三是信息披露。几乎所有银行都提到了加强环境信息披露，汇丰还披露了过去10年，全集团每年的碳排放总量和人均碳足迹数据。

表5-1 部分银行、企业碳中和目标及路线图

	目标描述	实现路径
渣打银行	2030年自身运营净零排放，2050年投融资净零排放	1. 运营：购买碳汇； 2. 供应商：采购低碳商品和服务； 3. 客户：利用专业团队、面向行业的工作框架、专业知识帮助客户降碳； 4. 披露：按气候相关财务信息披露信息
桑坦德银行	2020年自身运营净零排放，2050年投融资净零排放	1. 投融资组合与巴黎协定目标保持一致； 2. 帮助经济绿色转型； 3. 降低自身碳足迹
汇丰银行	2030年自身运营的净零排放，2050年投融资净零排放	1. 中和自身碳足迹； 2. 帮助高排放客户向低碳转型； 3. 支持低碳新技术、新模式
美国银行	2019年已实现自身碳中和，2050年前，实现净零排放	1. 2030年前保持自身碳中和，并加速供应链碳中和； 2. 支持低碳减排技术和项目

---

① IFC：国际金融公司。
② SDGs：联合国可持续发展目标。
③ PRB：负责任银行原则。
④ ICMA：国际资本市场协会。
⑤ CBI：气候债券倡议。
⑥ GBP：绿色债券原则。
⑦ No harm priciple：保证在符合其他目标的同时不损害应对气候变化的目标。

续表

	目标描述	实现路径
海通国际	2025年实现业务运营碳中和	1. 降低自身碳排放； 2. 购买可再生能源电力； 3. 购买碳信用； 4. 做好环境信息披露

5.2 碳中和对重点产业的影响

5.2.1 碳中和路径分析

综合多份市场研究报告，基于2030年碳达峰目标、2030年碳强度国家自主目标、我国经济增长目标等国家目标与我国碳排放总量及强度数据①，我们估算了碳达峰、碳中和进程中我国碳排放总量及碳排放强度（即单位GDP二氧化碳排放量）变化路径。

第一阶段——碳达峰阶段，2030年前后我国碳排放量达到峰值，年排放量110亿吨左右②，2021—2030年碳排放强度年均下降率约3.9%，2030年前后碳排放强度每年下降5%左右。

第二阶段——碳中和阶段，到2060年碳排放量降至10亿~20亿吨，可全部被森林碳汇抵消，即2060年实现净排放量清零，2030—2060年碳排放量每年下降3亿吨左右，年均降幅5%~6%。

1. 八大重点排放行业为减排路径关键。从碳排放行业结构来看，我国八大重点排放行业碳排放量占比达88%，是碳减排关键领域，分别为电力（主要是火电，44%）、钢铁（18%）、建材（13%）、交通运输（8%）、化工（3%）、石化（2%）、有色（1%）、造纸（0.3%）③。

2. 碳中和路径为"能源生产清洁化+能源消费电气化+碳捕捉"。

在能源生产领域实现电力清洁化。在发电环节不断提升风电、光伏、水电、核电等清洁能源占比，逐步压降煤电等化石能源发电占比，使得电能清洁化、低碳化，并在清洁电力基础上探索发展氢能技术。同时在电网环节推进储能技术发展应用，以解决风电、光伏发电发展对电网稳定性的挑战，并逐步代替火电调峰作用。

在能源消费领域形成以电能为主的格局。一是电能替代，在工业、交通、建筑等终端能源消费领域广泛推行电气化改造，以电能替代传统化石燃料，如钢铁行业以电炉替代高炉、交通

---

① （1）2030年碳强度国家自主目标，即2020年12月12日习近平总书记在气候雄心峰会上提出的国家自主目标："到2030年，中国单位国内生产总值二氧化碳排放将比2005年下降65%以上"，（2）我国经济增长目标，《"十四五"规划和2035年远景目标纲要》："我国人均GDP达到中等发达国家水平"，（3）国家已公布的碳排放总量及强度数据等信息，生态环境部公开信息：我国2019年碳强度较2005年降低约48.1%，我国2017年碳强度较2005年降低约46%，中国碳核算数据库数据：我国2017年碳排放量93.4亿吨。
② 计入森林碳汇后的净排放量。
③ 钢铁等用能行业基于生产环节的净排放，不计入耗电产生的间接排放。数据来源为中国碳核算数据库。

领域电动汽车代替燃油汽车。二是节能减排改造，通过技术改造、工艺流程优化、设备更新等多种手段降低能耗及碳排放量，长期来看大量新技术进步对节能减排有重要意义，如冶金领域的氢冶金技术、电解铝惰性阳极技术等。三是探索氢能利用，对直接实行电气化改造难度较大的领域，以氢能替代燃煤、燃油等传统化石燃料，如钢铁高炉无法改电炉的，探索使用氢冶金技术，航空、远洋航运等无法使用电能的，探索使用氢能。由于氢能主要由电能转化而来，因此氢能利用可视为电气化改造的一种特殊形式。四是产业结构转型升级，逐渐扭转目前产业结构偏"重"、高能耗重化工业占比较高的局面，不断提升低能耗、高附加值产业在国民经济中的比重。

发展碳捕捉技术以提高碳吸收能力。长期来看，部分碳排放无法避免或减排成本极高，如制造水泥熟料的化学反应过程中必然释放大量二氧化碳（每吨水泥熟料排放 0.86 吨二氧化碳），又如畜牧业养殖动物排放温室气体。在森林碳汇十分有限的情况下（目前 8 亿~9 亿吨左右，仅占碳排放量的不到 10%，且未来发展空间有限），对无法避免的碳排放，未来将主要通过碳捕捉、利用及封存（CCUS）技术进行吸收。

5.2.2　能源行业影响分析

能源领域是全国"3060"目标实现的关键，必须如期实现自身"3060"目标。能源生产和消费产生了我国近 90% 的碳排放（含工业、交通等各能源消费领域所使用的能源），其中电力（主要是火电）行业占全国碳排放的 40% 以上。因此，能源领域自身实现 2030 年碳达峰、2060 年碳中和是实现全国"3060"目标的前提条件和必然要求。判断未来我国能源消费总量仍将持续扩大，但伴随产业结构调整、单位 GDP 能耗下降、经济增速下滑等多重因素，能源消费总量增速将逐步下降，多家机构预测 2060 年我国能源消费总量在 60 亿~70 亿吨标准煤区间，较目前增长 20%~40% 左右。能源领域碳达峰、碳中和将主要通过能源结构清洁化转型来完成。

碳中和背景下，能源结构将发生深刻变革，清洁能源占比将不断增加、化石能源占比逐渐减少。

其中：根据已公布的国家目标，能源领域确定性的调整方向一是非化石能源（清洁能源）占比快速提高，到 2030 年非化石能源占一次能源消费比重达到 25% 左右[①]（2020 年为 16% 左右），按一次能源消费弹性 0.4、GDP 增长率 5% 计算，到 2030 年非化石能源消费量将达到目前的 1.9 倍。二是风电、太阳能发电装机持续增长，到 2030 年风光总装机容量达到 12 亿千瓦以上[②]，是 2020 年的 2.2 倍以上，2021—2030 年平均每年装机容量新增 0.67 亿千瓦。三是 2030 年前煤炭消费量达峰，习近平主席 4 月 22 日在"领导人气候峰会"上向国际社会承诺"中国将严控煤电项目，'十四五'时期严控煤炭消费增长、'十五五'时期逐步减少"。

---

① 习近平总书记 2020 年 12 月在气候雄心峰会上向国际社会承诺的目标。
② 同上。

综合外部研究成果，能源领域可能的发展方向一是 2021—2030 年能源结构调整速度可能超额完成习近平主席向国际承诺的目标，全球能源互联网发展合作组织等多家机构预测"2030 年非化石能源消费占一次能源消费比重"数值在 27.5%~32%[1]，均高于 25% 的国家目标，此外多家机构预测煤炭消费将在"十四五"时期实现达峰，早于"'十五五'时期逐步减少"的国家目标。二是到 2060 年能源结构实现深度转型，但具体比例尚难以确定，各机构预测数据差异较大，预测数值区间为到 2060 年非化石能源发电量占比大于 83%，非化石能源消费占一次能源消费比重 78%~89%，终端能源消费电气化水平 70%~74%。

能源板块中长期风险主要在于化石能源特别是煤炭、煤电两大领域。2025—2030 年煤炭消费量、煤电发电量即有可能进入下降通道，长期看煤炭、煤电行业面临系统性风险。能源板块的市场机遇主要在清洁能源领域。一是光伏、风电领域存在确定性大规模市场机遇，作为新能源发电代表性领域，两行业技术成熟、成本快速下降，在碳中和背景下将迎来大发展，有望成为主力能源，同时拉动上游光伏制造、风电设备制造等产业发展。二是氢能、储能等新兴能源技术领域市场前景广阔但不确定性较高，目前技术还不成熟、成本较高，产业规模十分有限，伴随未来技术进步，可能迎来突破性发展。

5.2.3 交通领域行业影响分析

交通领域碳排放上行压力较大，碳达峰、碳中和时间点尚不清晰。交通领域是主要能源消费领域之一，碳排放量约占我国碳排放总量的 8%~10%[2]，其中各细分领域碳排放量占比分别为：公路 83.4%、航空 9.8%、航运 5.4%、铁路 1.3%。根据 IEA 数据，中国交通碳排放 1990—2018 年复合增速高达 8.3%，明显高于世界交通碳排放增速（2.1%）及中国碳排放整体增速（5.6%）。伴随人均 GDP 增长，未来我国交通运输需求仍将快速增长，欧美经验也表明在国家整体碳达峰后交通领域碳排放量仍有可能继续上行，因此我国交通领域碳排放可能将在相当长时间内持续上行，特别是长期来看交通运输领域深度脱碳所需的氢能、生物质燃油等技术发展路线图不确定性较大，因此目前仍难以判断达峰、中和具体时间点。

结合国家规划、交通运输部公开信息，交通领域实现碳达峰、碳中和的主要路径一是实现交通领域大规模以电代油，最重要的任务是以新能源汽车替代传统燃油汽车，假设 2060 年公路运输实现零碳排放目标，则 2060 年燃油汽车需全部报废完毕，按汽车使用寿命 10~15 年计算，至迟到 2050 年前后我国新车销售 100% 均需为新能源汽车（见表 5-2）。二是优化调整交通运输结构，主要是推进大宗货物和中长距离运输的"公转铁""公转水"。三是建设绿色交通基础设施，交通基础设施规划、建设、运营和维护过程全面贯彻生态环保理念。

---

[1] 如全球能源互联网发展合作组织以及中石化经济技术研究院预测值为 31%，中金公司预测值为 28%，国网能源研究院预测值为 27.5%~32%。

[2] 如 IEA 数据，2018 年中国交通碳排放占中国整体碳排放的 9.7%，CEADs（中国碳核算数据库）数据，2017 年交通领域碳排放占比 8%。

表 5-2 汽车替代时间表

领域	时间	汽车行业结构调整预测	依据/假设
新能源汽车	2025 年	新能源汽车在新车销售中占比达到 20%（是目前的 10 倍以上）	《新能源汽车产业发展规划（2021—2035 年）》（国办发〔2020〕39 号）
	2050 年	新能源汽车在新车销售中的占比达到 100%	按 2060 年汽车运输业实现行业零碳排放目标倒推
其中：纯电动汽车	2035 年	纯电动汽车成为新销售车辆主流，公共领域实现全面电动化	《新能源汽车产业发展规划（2021—2035 年）》（国办发〔2020〕39 号）
燃料电池汽车	2035 年	2035 年实现商业化应用	
混合动力汽车	2035 年	到 2035 年混合动力汽车新车销售占比达到 50%	《节能与新能源汽车技术路线图 2.0》

"碳中和"背景下交通领域主要风险一是煤、石油等传统化石能源运输量下降，对相关交通建设项目及运输公司带来一定经营风险，特别是运煤专线铁路项目、主营动力煤或石油运输的航运企业、公路货运公司等面临较大风险。二是国家持续推进"公转铁""公转水"，对部分公路建设项目、公路货运公司经营造成不利影响。三是运输企业交通运输工具结构转型需要投入大量资金，资本开支上升增加经营成本和债务负担，航运业、公路货运公司等可能面临较大压力。四是航空业减排难度较高，可能需要通过购买碳排放权、碳汇、投资碳捕捉项目等方式抵消自身碳排放，带来的成本上升将削弱航空业竞争力，预计未来中短途旅客出行有可能被铁路等更低碳的方式替代，同时运营成本的提高将进一步加剧航空业市场竞争。

交通领域的电气化变革将对上游制造行业（汽车、造船、航空航天装备、轨道交通装备等）带来较大影响。以汽车行业为例，在新能源汽车替代传统燃油汽车过程中，电动汽车、燃料电池汽车产业的蓬勃发展将带来较大市场机遇，主要集中在整车、专用零部件及相关基础设施建设领域。长期看燃油汽车专用零部件子行业可能面临较大风险，主要由于油车专用零部件（发动机、变速箱、油箱、传动系统等）无法应用于电车。整车制造行业、油电共用性汽车零部件子行业风险较小，主要由于碳中和对汽车行业整体长期需求影响有限，油车与电车制造的共通性较强、转换成本相对较低。

5.2.4 冶金行业影响分析

冶金行业预计 2025 年左右实现达峰目标。冶金行业是典型的高碳行业，碳排放量占全国排放总量的 20% 以上。其中，钢铁行业排放量最高，约可达 15%～18%。有色行业直接碳排放量占比约 1%，加上耗电的间接排放量后，行业总排放量占全国排放量的约 4%，其中铝行业是有色行业的主要排放来源（占有色行业的 80% 以上）。目前，钢铁、有色行业均在制定碳达峰方案，初步提出 2025 年行业碳达峰的目标。

冶金行业实现碳中和的主要路径包括产量下降、使用清洁能源、进行技术改造、提高原料中回收金属的比例、应用先进减碳冶金技术及碳捕捉技术等。

碳中和背景下，冶金板块主要风险在于减排降碳相关投资支出上升、生产成本提高，企业经营压力及债务负担压力增大，特别是劣势企业风险显著加大，落后产能将加速出清。同时，再生铝、电炉钢、循环利用产业等新兴技术及产业发展将带来较大市场机遇。

分行业来看，钢铁行业将从三方面变革实现碳中和：一是钢铁产量下降，到2060年可贡献碳减排量35%～40%。近期国家已经开始实施限产减排，中长期看，伴随后工业化时期建设需求下降，钢产量将明显下降，有机构预测到2030年、2060年我国粗钢产量较目前将分别下降15%、35%～40%。二是电炉替代高炉，按电炉占比达到60%且发电端中和计算，可减碳35%～40%。目前我国电炉钢占比仅10%，主要受废钢总量不足及成本较高的制约，根据工信部目标到2025年电炉钢占比有望提升至15%～20%，参考欧美国家当前水平，到2060年比例有望提升至60%。三是长流程低碳化，可减碳约20%～30%。短期内主要依靠推进钢铁行业超低排放改、优化原料结构等方式，长期看氢冶金、非氢直接还原铁、碳捕捉等先进减碳技术有望在2030年后实现大规模商业化应用。

铝行业实现碳中和的主要路径一是产量大幅下降，业内专家预测2035年铝产量将达峰，更长期来看，随着我国进入后工业化时代、铝材效能提升，铝需求量将会明显下降。二是原铝生产低碳化，实现路径主要包括电力端碳中和、低碳电解技术（惰性阳极技术，更新改造阴极、氟化铝等工艺）、碳捕捉封存技术等。三是发展再生铝，再生铝的碳排放量仅为电解铝的2.1%，参考欧美国家现状，预测到2060年再生铝产量将占铝总产量的60%～80%。

5.2.5 水泥行业影响分析

水泥行业有望2023年实现碳达峰，长期看碳中和难度较大，必须发展碳捕捉以抵消自身排放。水泥行业碳排放量较大，占全国碳排放总量的12%～14%左右。近期行业协会已提出行业2023年碳达峰的目标[①]，主要通过管控产能产量使水泥产量达峰来实现。与钢铁、电解铝等其他高碳行业不同，水泥行业碳排放主要来自生产工艺本身而非燃料燃烧，导致减排难度极大。水泥行业因燃料燃烧形成的碳排放量仅占40%，行业60%的碳排放来自石灰石煅烧环节发生的化学反应（石灰石主要成分碳酸钙受热分解为氧化钙及二氧化碳），由于石灰石仍是水泥不可替代的主要原材料，因此碳排放难以避免，若要实现行业碳中和必须大力发展碳捕捉以抵消自身碳排放。

水泥行业碳中和具体路径一是减少水泥产量和用量；二是改进工艺，包括提高燃烧效率、减少原料中石灰石比例、优化生产流程等；三是增加碳汇，主要是通过碳捕捉技术实现二氧化碳的固化、封存、再利用，此外还将通过植树造林、建设绿色矿山等方式增加碳汇，抵消生产过程中产生的二氧化碳。

碳中和背景下，生产成本高、区域需求不旺的水泥生产企业风险较大。水泥产品同质化程度较高，成本是企业的核心市场竞争力。碳中和背景下，减排成本的提高对企业成本控制能力

---

① 2021年1月，中国建筑材料联合会发布《推进建筑材料行业碳达峰、碳中和行动倡议书》。

带来严峻考验,龙头企业具有更强的规模效应和成本消化能力,竞争优势将进一步巩固,生产成本高、区域需求不旺的企业面临淘汰风险。

5.2.6 石化、化工行业影响分析

行业尚无明确的达峰、中和时间点。石化、化工行业直接排放的碳排放量占全国碳排放量的约5%~6%,加上消耗电力导致的间接排放,行业总碳排放量约11亿吨,占全国碳排放量的10%以上。行业碳排放量集中在部分重要子行业,甲醇、合成氨、原油加工、煤制烯烃、电石、乙烯六个子行业合计碳排放占比60%。目前行业尚未明确达峰、中和时间点,仅个别龙头企业提出了达峰、中和时间目标(中国石化2030年前碳达峰、2050年碳中和,中国石油2025年碳达峰、2050年碳中和)。

石化、化工行业碳排放来源中工艺排放占比较高、减排难度大。由于行业以煤、石油、天然气作为原料生产化学品的特性,其生产工艺中由化学反应导致的碳排放量较大且难以避免。以甲醇、合成氨两大子行业为例,工艺排放均为主要碳排放来源,占比分别达到60%、80%,能耗(燃料燃烧及消耗电力产生的间接排放)为次要排放来源,排放占比分别为40%、20%。

石化、化工行业碳中和路径主要为"清洁能源+碳捕捉及利用技术"。结合《中国石油和化学工业碳达峰与碳中和宣言》[①],行业碳中和路径主要包括使用清洁能源、发展碳捕捉及利用技术(碳捕捉驱油和封存、二氧化碳用作原料生产化工产品、二氧化碳循环利用等)、提升能源利用效率、提高低碳化原料占比等。其中,由于该行业工艺排放占比较高的特点,碳捕捉及利用技术的应用对行业碳中和具有不可替代的重要作用。

碳中和背景下,石化、化工行业"优胜劣汰"进程加速。碳达峰、碳中和背景下,碳排放限制成为行业发展的重要约束条件,倒逼行业不断优化结构、提升技术水平,落后产能减排成本相对更高,在减排压力下将被加速淘汰,同时利好具有技术优势以及拥有全产业链、产品附加值较高的企业。

5.2.7 造纸行业影响分析

造纸行业实现碳达峰任务目标依然艰巨。造纸行业年碳排放量占全国碳排放量的0.3%左右。经过多年的节能环保技术进步及改造提升,造纸行业单位产品碳排放量持续显著下降,单位产品能源消耗量已较2008年下降24.5%。但是考虑到纸张需求量与经济总量高度正相关、我国经济总量目标仍有较大提升潜力等因素,估计到2030年,国内纸产量较目前仍有30%~40%左右的增长空间,行业碳达峰难度较大,目前仍难以确定达峰时间点。

造纸行业具备减排降碳有利条件,碳中和将推动行业作出积极改变。造纸行业实现碳中和路径一是提升资源循环利用水平,更多地利用废纸作为造纸原料,废纸造纸具有节水、节电、

---

① 2021年1月15日,中国石油和化学工业联合会与17家石油和化工企业、园区联合发布。

节约木材的优点,能够显著降低碳排放量。二是充分利用生物质能源,据行业协会估计,环保领先企业在生产环节产生的木纤维废渣等生物质能源可提供所需能源的80%(生物质能源一般被认为是一种全生命周期零碳排放的清洁能源),目前造纸企业在利用生物质能源方面仍有较大提升空间。此外,造纸业可带动上游植树造林,有助于形成森林碳汇,对全社会"碳中和"具有积极意义。

全面禁止废纸进口给企业带来一定经营压力。我国造纸原材料相对短缺,全面禁止废纸进口的政策给企业带来较大经营压力,主要体现在:一是纸浆价格波动加剧,企业成本控制难度较大;二是原材料变化导致环保投入加大。行业的主要风险在于大量中小企业在环保成本提高、原材料价格剧烈波动的影响下,企业持续经营压力加大。

5.3 碳中和对金融业的影响

我国金融业大力发展绿色金融,在顶层设计、标准制定、市场规模、全球倡议、前瞻研究等方面取得了显著成绩,部分领域已经全球领先。截至2020年末,我国本外币绿色贷款余额11.91万亿元,比年初增长20.3%;绿色债券累计发行规模超过1.4万亿元;国内有接近三分之一的公募基金管理人关注及参与权益类ESG公募基金投资,国家绿色发展基金正式成立,首期募资规模885亿元。为助力"3060目标"的实现,金融还有大量工作要做。预计"十四五"时期,推动经济低碳可持续发展的相关政策、产业、市场转型步伐将全面加速,对金融业低碳化、可持续经营提出更高要求。

1. 政策:"低碳"因素将纳入绿色金融政策体系

2016年七部委《构建绿色金融体系指导意见》中已经将应对气候变化纳入绿色金融定义[①]。2020年10月,生态环境部、发改委、人民银行、银保监会、证监会联合发布《关于促进应对气候变化投融资的指导意见》,预计未来"低碳"因素标准和要求将纳入相关绿色金融政策文件。一是在目前绿色信贷、绿色债券和绿色产业分类方法学基础上纳入碳排放指标;《绿色债券支持项目目录(2020年版)》中已经删除了清洁煤等不符合"碳中和"要求的部分,未来包括绿色信贷标准、绿色产业目录等标准中也将逐步体现碳的筛选标准。二是以"碳中和"为约束条件,监管机构将创新激励和约束政策。在评价金融业机构应对气候变化能力、努力和贡献基础上,一方面,鼓励金融机构将更多资产投向低碳领域,例如对绿色信贷和绿色债券等产品进行贴息、将银行的碳减排表现纳入MPA考核等。另一方面,引导金融机构压降高排放行业投融资风险敞口,例如可增加棕色资产风险权重等。三是实施上市金融机构环境与气候相关信息强制披露,倒逼金融业开展碳足迹测算和环境风险分析与管理工作。

2. 产业:低碳转型带来市场机遇与挑战

一是高碳产品需求下降。例如苹果公司宣布"碳中和"目标后,其供应链上下游的高碳电

---

① 指导意见中定义绿色金融:是指为支持环境改善、应对气候变化和资源节约高效利用的经济活动。

力、元器件等全部需要进行低碳化替代。高排放行业市场空间收窄、收益下降、融资成本上升，给与之相关的金融资产带来损失，包括企业亏损或倒闭引发银行信用风险，企业债券违约率上升导致投资者损失等。

二是低碳技术日益成熟。低碳行业成本正在快速下降，如光伏成本在过去10年中下降了80%~90%，行业投资价值显著上升；碳捕捉、碳封存等低碳技术在弥补高污染高能耗产业对经济负面影响方面也具有独特优势。

三是低碳转型的过程伴随着基础设施更新和升级，本来就需要大量投资。清华大学气候变化与可持续发展研究院的研究显示，今后30年，"碳中和"将为中国带来138万亿元的投资机遇。

3. 市场：利益相关者的低碳诉求

疫情发生以来，ESG理念被更多全球投资者认可和关注，2020年底，美国责任投资规模接近17.1万亿美元，同比增长42%，可持续投资占资产管理总规模的33%；第三季度亚洲可持续基金规模季度增长率高达75%，其中日本暴增了160%；2020年底我国可持续投资基金总规模已经超过1 172亿美元、数量达到124只，分别较2019年底增长58%、12%。

机构投资者对上市银行环境与气候相关情况披露关注度也持续上升，主要趋势包括：一是各类相关调研、交流、咨询量较往年成倍增加；二是投资者关注的焦点集中在是否公开提出减碳目标或作出相关承诺、是否发布单独的环境信息披露报告、是否公开资产碳排放数据等；三是投资者对企业和金融机构"低碳"的强烈诉求，正在推动上市和发债企业加速转型。

5.4　金融机构碳中和的国际经验

金融是现代经济的核心，金融机构既是碳排放的主体之一，又能在发挥资金杠杆作用带动经济低碳转型方面发挥主要作用，因此全社会"碳中和"目标的实现，离不开金融机构"碳中和"。根据气候相关财务信息①的定义，金融机构碳排放可分为三类（见表5-3）：一是企业拥有或控制的机构直接产生的碳排放（范围1），主要包括自有交通工具消耗的燃油、自有采暖或制冷设备所消耗的燃料产生的碳排放等；二是企业拥有或控制的机构产生的间接碳排放（范围2），主要包括采购的电力和热力等；三是企业拥有或控制的机构供应链的碳排放，例如雇员因公乘坐公共交通该工具所产生的排放、购买的办公用品产生的碳排放等。此外银行的信贷等投资支持的企业或项目产生的碳排放虽然不在范围1~3中，也通常被视为与银行有关的碳排放。

表5-3　金融机构主要碳排放来源

范围1	直接碳排放：自有或实际控制的采暖/制冷设备使用自然资源、自有交通工具燃油
范围2	间接碳排放：外购电力
范围3	供应链碳排放：员工差旅

---

① 气候相关财务信息：气候相关财务信息披露工作组。

根据这一定义，金融机构在"碳中和"中可发挥的作用主要有两类：一是金融机构实现自身经营过程的"碳中和"（范围1+范围2+范围3）；二是金融机构通过投融资支持企业和项目碳减排和"碳中和"，助力社会实现"碳中和"。

（一）金融机构自身经营的"碳中和"

目前全球宣布"碳中和"目标的银行数量不多，且大部分为自身实现"碳中和"。例如，汇丰银行提出2030年实现自身及供应链碳中和，2050年实现投融资碳中和；美国银行宣布于2019年实现了"碳中和"，目前正在等待第三方验证结果；海通国际宣布将于2025年实现"碳中和"。这些机构的实践为全球金融业提供了宝贵经验：

1. 确定"碳中和"覆盖范围

汇丰银行在按年度发布的"二氧化碳排放报告"中明确定义了其"碳中和"目标所涵盖的领域：一是建筑物和交通工具使用的能源所产生的碳排放；二是公务出差中乘坐交通工具和租用交通工具带来的碳排放。汇丰银行明确提出与第三方相关的间接碳排放不纳入其测算和衡量范围，其海外机构和控股公司在上述领域的碳排放纳入"碳中和"覆盖范围。

2. 测算碳足迹

汇丰银行分三步测算碳足迹。第一步是做好数据准备，在全集团内收集建筑物用电、用能数据，员工因公乘坐飞机与铁路出行数据，员工公路出行方式和交通工具类型等，保证数据全面、真实、准确和有据可查；第二步是将上述数据转化为每单位能量消耗排放的二氧化碳数量，转化因子参考能源提供商、环保部门、IEA等公开的指标；第三步是根据前一年的测算情况进行校验和调整。

3. 中和碳足迹

汇丰银行、美国银行、海通国际采取的中和碳足迹手段主要包括：一是减少和管理直接排放，例如减少能源、水的使用和废物的产生、进行大楼的绿色改造、倡导电子化办公等；二是通过购买"绿色电力"，减少因用电带来的碳排放；三是购买碳抵免额来抵消剩余的二氧化碳排放量。

4. 进行第三方独立审验

国际银行及投资者重视第三方审验，并将其作为判定"碳中和"机构是否名副其实的关键。第三方审验的要点包括：金融机构的碳排放是否使用了正确的方法论进行了全面细致的核算，在碳市场中购买哪些产业中的碳排放指标确保实现"碳中和"，金融机构是否在机构内部采取了"碳中和"措施或更长远的应对碳减排的策略等。

（二）金融机构支持全社会实现"碳中和"

一是把"碳中和"纳入战略目标。二是建立了可持续组织架构。汇丰、花旗、渣打等银行都建立了"专设可持续发展委员会—可持续发展专责部门—环境与社会风险专家团队"的组织架构，并将环境和社会业绩贡献纳入员工考核。三是制定低碳政策和流程。法国外贸银行在内评法基础上宣布自主降低绿色资产风险权重、提高棕色资产风险权重，引导全集团资产结构向绿色低碳转型；巴克莱银行、花旗银行参考赤道原则和IFC绩效原则对高风险项目制定环境与社会风险审查标准，对重大项目还聘请独立第三方提供意见。四是开展绿色金融产品创新。发达国家金融机构主要 ESG 和低碳金融产品包括可持续信贷、可持续 ETF、绿色债券、绿色供应链金融产品、绿色 ABS，绿色基础设施 REITs 等，巴克莱银行推出了英国首张"碳中和"借记卡和全球第一只碳指数基金。五是逐步退出煤电融资。公开信息显示，巴克莱银行、德意志银行、渣打银行、三井住友信托银行等已经开始停止为新增煤电项目提供贷款，并逐步退出存量煤电项目。意大利联合信贷银行表示将在 2023 年之前停止为煤电融资提供所有贷款；法国巴黎银行表示将在 2030 年前停止为欧盟的煤电融资，并在 2040 年前将这一举措推广到全球；瑞穗银行宣布将在 2050 年前将碳排放减少到零。

5.5 对我国金融机构的建议

（一）将"碳中和"纳入战略目标并完善组织架构

一是设定"碳中和"目标和路线图。将"碳中和"纳入战略体系，在政策、制度、流程、产品、考核中体现"碳中和"理念。在测算自身碳排放的基础上，制订减排计划；应设定投融资组合的低碳结构调整方向和目标，即制定高排放行业敞口压降和低碳行业支持目标、政策和措施，明确 2030 年和 2060 年投资组合中绿色资产比例。

二是按照"董事会—管理层—专责部门/专责团队"构建绿色金融战略体系，支持"碳中和"目标实现。董事会层面负责绿色金融发展战略目标的提出，审定高级管理层制定的绿色金融战略规划，审议规划的实施情况。管理层负责根据董事会提出的战略目标，制定和提出战略规划、实施步骤，审定相关政策制度、产品及管理制度，以及监督和指导专职部门的执行。专责部门或团队主要负责绿色金融方面的具体管理及协调推进事务。还可在董事会或高管层下设单独的绿色金融专业委员会或职责纳入相关委员会，建立常态化工作机制，推动全集团绿色金融战略的实施和落地。

三是完善境内外绿色金融政策体系和管理制度，建立和优化境内外绿色金融政策制度体系，指导全集团积极、稳健地拓展境内外绿色信贷市场和有效防范环境与社会风险。境外政策要兼顾东道国法律法规、当地民族和宗教特征和国际最佳实践，因地制宜。

（二）实现自身"碳中和"

一是测算自身碳排放，明确"碳中和"目标。金融机构应尽快开展自身碳足迹测算。对范围1，应着重统计总部、境内外分支机构、分子公司自有车辆排放情况；对范围2，应测算建筑物、办公、IT 系统用电产生的碳排放数据；对范围3，重点员工因公出差乘坐飞机、火车、汽车的碳排放。可考虑委托专业第三方建立方法学和开发工具。在综合考虑业务增长空间及减排、中和速度的基础上，确定并宣布"碳中和"目标。

二是采取碳减排和"碳中和"措施，实现"碳中和"。按各类排放从大到小列出清单，确定减排重点；推进全集团节能、节水、节电、节约用纸、电子办公、绿色出行，集团各单位需制订节能减排计划并定期跟踪上报执行情况；启动办公用房节能改造，争取新建建筑物均为绿色建筑；使用可再生能源电力，或购买绿色电力证书；仍无法抵消的碳排放可在碳交易市场中购买碳抵免额和植树造林。

三是聘请专业第三方机构进行审核验证，宣布成为"碳中和"机构。加强宣传和引导，推动更多金融机构相互学习和借鉴，最终实现行业"碳中和"。

(三) 支持全社会实现"碳中和"

一是将"碳"因素纳入绿色金融政策体系和管理制度。认真分析"碳中和"背景下的产业结构调整趋势，针对可能带来的机遇与风险，调整境内外绿色金融政策制度体系，指导全集团积极、稳健拓展境内外低碳绿色市场；有序压降煤电、石油化工、无机化工、钢铁、黑色金属冶炼、有色金属冶炼等高碳行业风险敞口，有效防范环境、气候与社会风险。充分发挥金融杠杆作用，引导社会资本从灰色行业流入绿色行业，实现全社会的绿色低碳转型。

二是建立和优化内部的绿色分类方法学。在充分借鉴吸收赤道原则、IFC 等国际通用的环境与社会风险分类标准的基础上，结合自身业务特征和风险偏好，根据环境和气候风险对项目和客户主体进行绿色分类，以在科学识别绿色、非绿项目和客户的基础上，制定针对性的绿色信贷等业务政策，做到有保有压。此方法学应当具备较好的区分度和识别度，能够将绿与非绿、深绿与浅绿、高碳与低碳区分开来。

三是开发"碳"挂钩的系列金融产品。资产业务方面，积极探索碳排放权质押贷款、国际碳保理融资、碳收益支持票据等；发行低碳主题信用卡，为个人客户提供新能源汽车贷款、绿色住房信贷。负债业务方面，发行碳中和主题投资债券、碳项目收益债，发行碳中和借记卡等。中间业务方面，创新"二氧化碳挂钩型"的绿色理财产品，开展碳交易财务顾问等新型投行类产品创新；同时，发挥银行在耗能行业和项目融资中的传统优势，拓展环境信息与环境风险管理咨询业务。

四是健全环境与气候信息披露常态化工作机制，逐步推动金融机构以独立报告的形式对外发布环境信息。金融机构要在战略和治理环节统筹考虑气候相关风险和机遇，并进一步明确环境与气候风险治理结构和细化风险管理流程，通过环境与气候信息披露工作的开展，推动金融机构自身加强环境与气候风险管理数据积累、系统建设、模型开发、量化方法、成果运用等方面的探索与研究，形成常态化工作机制，提升金融机构识别与管理环境与气候相关风险的能力。信息披露应与国际标准相衔接，例如可积极参与中国绿金委和伦敦金融城共同推动的中英环境信息披露试点项目。

五是开展环境与气候风险管理。一方面，根据国家"碳中和"目标推进及政策落地情况，预判未来产业机构调整对高碳行业的影响，及时调整和收紧高碳行业信贷政策，有效防范低碳转型风险；另一方面，通过环境与气候风险情景分析和压力测试，重点选择高碳行业风险进行量化分析，将环境与气候因素纳入客户评级体系等。在量化环境风险的基础上，对绿色和棕色资产与项目实施差异化定价和限额管理。例如工商银行开展了前瞻性的环境风险压力测试和 ESG 研究。

6 绿色金融与能源结构低碳转型

6.1 中国能源投融资现状

6.1.1 中国能源投融资发展现状

国际能源署（International Energy Agency，IEA）于2021年发布的《2021世界能源投资》报告中显示，截至2020年，中国仍然是最大的能源投资市场，并且是决定全球能源投资市场趋势的主要市场。彭博新能源财经（BNEF）指出，2020年中国再次蝉联可再生能源的最大投资国，总额为836亿美元，相较2019年上升了0.24%。欧洲是可再生能源产能的第二大投资区域，为818亿美元，较2019年增长52%，是2012年以来的最高水平。美国在2020年落后于欧洲，在可再生能源方面投资为493亿美元，下降了20%。此外，2020年可再生能源新产能投资超过100亿美元的国家还包括：日本增长10%至193亿美元，英国增长177%至162亿美元，荷兰增长221%至143亿美元，西班牙增长16%至100亿美元。[①]

根据中电联公布的统计数据，2020年，全国主要电力企业合计完成投资10 189亿元，比上年增长22.8%[②]。全国电源工程建设完成投资5 292亿元，比上年增长29.5%。其中，水电

---

① 人民网.2020年全球可再生能源投资同比增2%至3 035亿美元[EB/OD].https：//baijiahao.baidu.com/s？id=1 689 480 418 890 115 233&wfr=spider&for=pc。

② 全国能源信息平台.中电联：2020年太阳能发电完成投资625亿元，比上年增长62.2%[EB/OD].https：//baijiahao.baidu.com/s？id=17047021361481 66428&wfr=spider&for=pc。

完成投资 1 067 亿元，比上年增长 17.9%；火电完成投资 568 亿元，比上年下降 27.3%；核电完成投资 379 亿元，比上年下降 18.0%；风电完成投资 2 653 亿元，比上年增长 71.0%；太阳能发电完成投资 625 亿元，比上年增长 62.2%。

图 6-1　按国家/地区划分的煤炭投资情况

预计 2021 年煤炭供应投资将小幅增长，2020 年将大幅减少近 9%（见图 6-1）。全球投资动态在很大程度上取决于亚洲（尤其是中国和印度）的情况。只有 17% 的全球消费涉及国际贸易。世界上绝大多数的煤炭是在亚洲生产的，供生产国消费。因此，煤炭供应的投资趋势在很大程度上取决于这些国家的国有公司[①]。2020 年，中国和印度的煤炭投资与 2019 年持平，而世界其他地区的煤炭投资则大幅下降，降幅约为四分之一。国际煤炭企业在争夺全球 17% 的消费份额时，面临着许多大宗商品生产商所熟悉的与繁荣和萧条周期相关挑战。此外，它们也是投资者和其他利益相关者施加气候相关压力重点。进入 2020 年，突如其来的新冠肺炎疫情对投资行业形成了较大冲击，全国煤炭采选业固定资产投资大幅下降。2020 年，煤炭开采和洗选业固定资产投资同比下降 0.7%，其中民间投资同比下降 15.4%。

石油和天然气公司正面临越来越大的压力，需要它们调整投资策略，以适应清洁能源转型的需要。这些公司采取了不同形式，包括承诺减少石油和天然气供应造成的排放，或投资于清洁电力或可持续燃料等新领域。2020 年，油气行业清洁能源投资仅占总资本支出的 1% 左右。然而，由大型欧洲公司主导的投资多元化承诺已经开始产生影响。如果 2021 年迄今为止的业绩全年保持不变，2021 年石油和天然气行业用于清洁能源投资的资本投资份额可能上升至 4% 以上。与行业实力密切相关的海上风电项目融资在 2021 年第一季度远远高于 2020 年全年。

尽管非水可再生能源发电目前仅占中国发电量一小部分，中国已成为可再生能源开发和投资领域的全球引领者。过去四年中，中国风电装机容量显著增长，从 2015 年的 1.3 亿千瓦增至 2019 年的 2.1 亿千瓦，同期，中国的光伏发电装机容量增加了近 4 倍，从 2015 年的 0.42 亿千瓦增长到 2019 年的 2.1 亿千瓦。目前，中国风电装机容量占全球风电总装机容量的三分之

---

① International Energy Agency. World Energy Investment 2021 [R]. 2021.

一，光伏发电装机容量占全球光伏总装机容量的四分之一。2013年以来，中国已成为全球最大可再生能源投资国，占全球可再生能源总投资的三分之一。

截至2020年底，中国风电累计装机超过2.8亿千瓦，其中，仅2020年一年，风电新增装机容量7 167万千瓦，是过去三年的总和。2020年前三季度，全国风电发电量3 317亿千瓦时，同比增长13.8%；平均利用小时数1 546小时，风电平均利用小时数较高的省区中，云南为2 193小时、广西为1 896小时、四川为1 887小时。水电、风电、光伏、在建核电装机规模等多项指标保持世界第一[1]。风电、光伏发电和水能利用率均提高到95%以上。2020年，尽管亚洲其他地区的装机水平均为2013年以来最低水平，中国仍凭一己之力将该地区的装机规模拉升至破纪录的水平。2021年，亚洲的风电建设将大幅降低，而中国将随后实现增长，这将给2030年前的亚洲风电建设预测带来影响。

2020年我国光伏行业投融资金额为682亿元，同比增长279%；融资事件数为33起，同比增长230%[2]。根据清洁能源市场研究机构Mercom Capital发布的数据，2020年全球太阳能企业融资总额（包括风险资本、私募股权、债务融资和公开市场融资）达到145亿美元，较2019年的117亿美元增长24%。2020年上半年，由于突如其来的新冠疫情席卷全球，全球太阳能企业融资同比下降25%，但下半年复苏迅速且广泛，全年实现增长24%。其中，公开上市的太阳能公司度过了前所未有的一年。太阳能ETF上涨了225%，到2020年有15只太阳能股票上涨了100%以上。

2020年，全国首要电力企业算计完成投资10 189亿元，比上年增长22.8%。全国电源工程建造完成投资5 292亿元，比上年增长29.5%[3]。其间，水电完成投资1 067亿元，比上年增长17.9%；火电完成投资568亿元，比上年下降27.3%；核电完成投资379亿元，比上年下降18.0%；风电完成投资2 653亿元，比上年增长71.0%；太阳能发电完成投资625亿元，比上年增长62.2%。全国电网工程建造完成投资4 896亿元，比上年下降2.3%。其间，直流工程532亿元，比上年增长113.4%；沟通工程4 188亿元，比上年下降7.5%，占电网总投资的85.5%。

2020年，全国新增发电装机容量19 144万千瓦，比上年多投产8 643万千瓦。其间，新增水电1 313万千瓦（新增抽水蓄能120万千瓦），新增火电5 660万千瓦（新增煤电4 030万千瓦，燃气824万千瓦），新增核电112万千瓦，新增并网风电装机容量7 211万千瓦，新增并网太阳能发电装机容量4 820万千瓦[4]。

2020年，全年新增沟通110千伏及以上输电线路长度和变电设备容量57 237千米和31 292

---

[1] 国际能源网. 71.67GW！国家能源局发布2020年风电新增装机规模，大于前三年之和！[EB/OD]. https://www.sohu.com/a/445 885 258_257 552。

[2] 东方财富网. 2020年中国光伏产业发展特点分析——行业供需矛盾突出[EB/OD]. https://baijiahao.baidu.com/s?id=1692370364511481587&wfr=spider&for=pc。

[3] 电缆网. 2020全国主要电力企业投资10 189亿元——同比增22.8%[EB/OD]. https://mp.ofweek.com/power/a656714207187。

[4] 英大传媒网. 中电联发布《中国电力行业年度发展报告2021》[EB/OD]. http://www.indaa.com.cn/xwzx/ycgj/202107/t20210712_479200.html。

万千伏安,别离比上年下降1.2%和2.0%。全年新投产直流输电线路4 444千米,新投产换流容量5 200万千瓦。2021年1—6月,全国主要发电企业电源工程完成投资1 893亿元,同比增长8.9%。其中,核电226亿元,同比增长44.3%;水电475亿元,同比增长19.1%;太阳能发电165亿元,同比增长12.2%(见图6-2)。

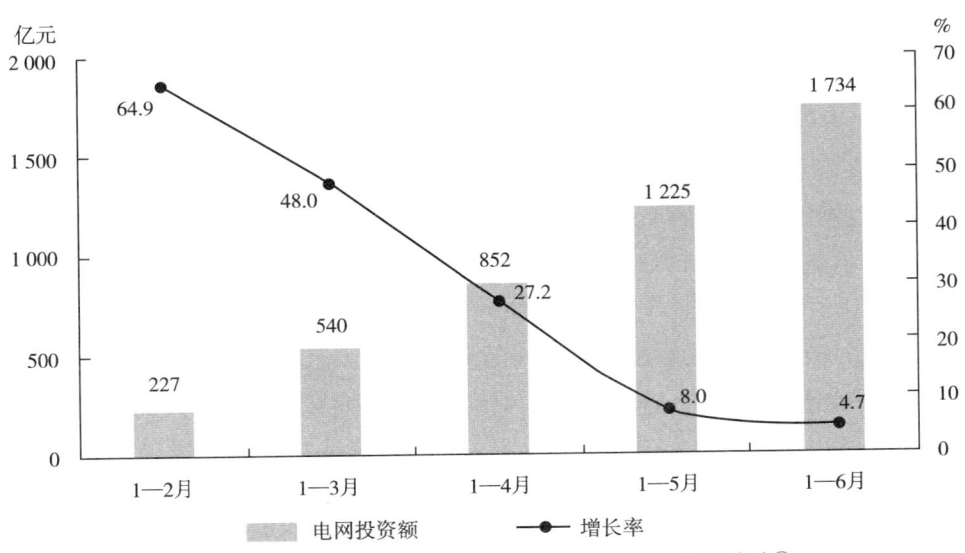

图6-2　2021年1—6月中国电网工程投资完成情况统计①

6.1.2　碳达峰及碳中和目标下中国能源投融资的新特征

中国从"碳达峰"到"碳中和"的时间只有30年左右,与发达国家相比时间大大缩短,且中国当前仍处于工业化和城镇化进程中,实现"碳达峰、碳中和"目标是一项非常艰巨的任务,需要比发达国家付出更大的努力。在此背景下,中国提出"碳达峰、碳中和"目标,既顺应了绿色低碳发展国际潮流,为全面有效落实《巴黎协定》注入了强大动力,也彰显了中国积极推动构建人类命运共同体的大国担当,为各国携手应对全球性挑战贡献了中国智慧提供了中国方案。能源融资方式与趋势关系着能源投融资的成败,通过分析不同行业能源投融资的方式、机制和趋势,能够更好地判断未来相关能源的投融资发展走向,并结合发展需求,丰富相关能源投融资渠道,完善能源投融资机制,使得能源投资结构能朝着低碳、可持续的方向发展。具体来看,国内能源融资与融资趋势受碳达峰及碳中和目标影响程度较大,有以下几点特征。

(1) 实现碳中和目标资金缺口大。力争于2030年前实现碳达峰,努力争取2060年前实现碳中和,对于二氧化碳排放大国来说,这将深深影响到能源、化工、交通、建筑等多个行业。传统产业转型和新兴产业发展都需要大量资金,碳交易在多省市已试点数年,如今更是启动了全国碳市场,交易规模和交易额将不断扩大。但中国要实现碳中和目标,大概需要新增138万亿元,而碳交易从试点启动到2020年末,交易额才100多亿元,筹措的资金大概是2.15亿美

---

①　东方财富网. 2021年1—6月中国电力投资情况:电网工程完成投资同比增长4.7%[EB/OD]. http://finance.eastmoney.com/a/202107192003797583.html。

元（约合人民币 13.6 亿元）。

（2）2020 年清洁电源和需求侧成为电力投资重点。国家能源局在 2021 年 1 月发布的《2020 年全国电力工业统计数据》显示，2020 年，全国主要发电企业电源工程完成投资 5 244 亿元，同比增长 29.2%。其中，水电同比增长 19.0%；火电、核电分别同比下降 27.3%、22.6%；全国电网工程完成投资 4 699 亿元，同比下降 6.2%[①]。

（3）光伏发电、水电投资是电源建设投资关注点。我国新增光伏装机量占全球比重呈波动下降态势，2020 年比重为 37%。我国组件出口量在国内产量中的占比依然保持高位，2020 年比重为 63.2%。2020 年我国光伏行业投融资金额为 682 亿元，同比增长 279%[②]。从太阳能行业的投资规模来看，2016—2020 年我国新增光伏装机量占全球比重呈波动下降态势。2020 年虽受疫情影响，但全球光伏市场仍保持了增长势头，主要得益于中国光伏市场表现出的恢复性增长。2020 年我国新增光伏装机量占全球比重为 37%，较 2019 年增长了 11%。可以看出，光伏发电投资增速较好且投资总量大，水电投资持续上涨反映出水电投资开始复苏。

（4）清洁能源成本下降，产业收益水平有望提升。随着风电、光伏等清洁能源电力技术的不断成熟，2010 年至 2019 年，太阳能光伏发电（PV）、聚光太阳能热发电（CSP）、陆上风电和海上风电的成本分别下降了 82%、47%、39% 和 29%；清洁能源电力逐渐步入由市场机制调节的"平价时代"，大规模用电需求与低 LCOE 将进一步提升产业收益；同时，相较火电，清洁能源电力具有较低的环境成本，火电的收益将进一步被压缩[③]。

（5）中国需要加速扩大能源基础设施的投资规模，不断改进能源投资结构。Zhou 等人（2019 年）[④] 预计，在现有国家政策和 NDC 情景下，中国每年能源投资规模为 3 400 亿美元。如要实现 1.5℃温控目标，该投资额将增加到 5 400 亿美元（2℃温控目标情景下，投资额为 4 200 亿美元）。同时，为实现 1.5℃/2℃温控目标，必须大幅提高低碳能源投资在能源总投资中的比例。以中国 2015 年低碳能源投资额（1 600 亿美元）为基准线，若要实现 2℃温控目标，到 2035 年中国低碳能源投资需增长 40%，达到 2 200 亿美元；若实现 1.5℃温控目标，投资额需增长 110%，达到 3 300 亿美元；到 2050 年，上述两个投资金额将分别达到 2 800 亿美元（2℃温控目标）和 4 200 亿美元（1.5℃温控目标）。加速电气化和低碳转型，要增加向可再生能源发电、CCUS、输配电网络和大规模储能等电力系统的投资。同时，也要加大在能源效率方面的投资，推广建筑节能和工业能效提升等低成本的减排方式。

（6）在"碳中和"目标下的可持续经济发展中为绿色金融增添支持低碳减排的重要属性，并推动政府经费开支与市场资金流向发生转变。与此同时，国际范围内新的绿色金融中心

[①] 国家能源局. 国家能源局发布 2020 年全国电力工业统计数据 [EB/OD]. http://www.nea.gov.cn/2021-01/20/c_139683739.htm。

[②] 前瞻产业研究院. 2020 年中国光伏产业发展特点分析行业供需矛盾突出 [EB/OD]. http://www.elecfans.com/d/1509532.html。

[③] 全国能源信息平台. 2010—2019：10 年来各类可再生能源发电技术成本到底下降了多少？[EB/OD]. https://baijiahao.baidu.com/s?id=1673435588060299693&wfr=spider&for=pc。

[④] Zhou W, McCollum D, Fricko O, et al. A comparison of low carbon investment needs between China and Europe in stringent climate policy scenarios [J]. Environmental Research Letters, 2019.

应运产生,以英国明确要建立的伦敦和利兹两个全球绿色金融与投资中心为例,未来其他各国也将逐步建立绿色金融信息资讯中心、碳金融交易中心、绿色衍生品中心等。

6.1.3 中国能源投融资存在的问题

近年来,中国绿色能源投融资取得了很大进展,无论是在投资总量还是投资结构上都在稳健转向绿色能源,但是仍存在一些亟待解决问题,主要有以下几点。

(1) 相关监管机制不成熟。以发电厂行政调度为例,与之相关的监管因素仍然是一项挑战,即便是在扩大输电网的情况下,也很难将这种产出整合起来,尽管目前正在进行的改革试图创造一种更高效的输电网。

(2) 煤电行业信贷风险偏高,现金流紧张、融资困难。华北电力大学课题组《煤电供给侧改革金融政策研究》报告指出,通过收集各类工业上市企业资产负债表发现,煤电行业的资产负债率普遍偏高,信贷风险偏大。

(3) 核电发展正面临融资挑战,融资成本较高。作为资金、技术密集型项目,核电项目投入大、周期长、风险高,投资方普遍持谨慎态度。中国核能行业协会2021年4月发布的《中国核能发展报告2021》显示,"十四五"及中长期我国核电将在确保安全的前提下向积极有序发展的新阶段转变。在碳达峰、碳中和的背景下,我国能源电力系统清洁化、低碳化转型进程将进一步加快,核能作为近零排放的清洁能源,将具有更加广阔的发展空间,预计保持较快的发展态势,我国自主三代核电会按照每年6~8台的核准节奏,实现规模化批量化发展。预计到2025年,我国核电在运装机7 000万千瓦左右,在建约5 000万千瓦;到2030年,核电在运装机容量达到1.2亿千瓦,核电发电量约占全国发电量的8%[①]。

(4) 新能源企业融资效率不高,融资前景严峻。从新能源行业的投资事件数量来看,2005—2017年整体呈现增长趋势,2018年新能源行业融资事件由2017年的121件,下降至68件。2019年新能源行业的融资事件有70件,2020年1—3月中旬新能源行业融资事件数量有9件。从新能源行业的投资规模来看,2005—2019年新能源行业投资金额呈现倒U形,2017年达到峰值254.25亿元,2019年全年新能源行业的投资金额为176.27亿元,同比下降14.78%,2020年1—3月中旬新能源行业的投资金额达到34.34亿元[②]。

(5) 中国能源产业融资利用外资水平较低。当前中国投资能源产业的资金来源主要是政府的财政投资以及国内的银行信贷,基本上无外资的融入,这主要是因为中国能源领域的对外开放程度不高,导致对外资的利用率较低,造成资源的浪费[③]。

(6) 中国可再生能源发展呈现明显的"内热外冷"局面,海外融资困难。根据《"一带一路"国家可再生能源项目投融资模式、问题和建议》报告,中国海外可再生能源融资需克服东

---

① 全国能源信息平台.《中国核能发展报告2021》蓝皮书发布 [EB/OD]. https://baijiahao.baidu.com/s?id=1697107867934535412&wfr=spider&for=pc.
② 前瞻产业研究院. 2020年中国新能源行业融资发展现状分析:融资前景严峻 [EB/OD]. http://www.hbzhan.com/news/detail/134244.html. 2020.03.30.
③ 秦领. 世界能源金融的发展趋势与我国的能源金融策略 [J]. 财会研究, 2016 (4): 65-67.

道国电力市场障碍、项目融资难和融资成本高等问题。目前中国的银行在对海外可再生能源进行风险认定时，普遍过于强调国别风险，而对可再生能源的绿色低碳属性评估不足。从监管考核角度，目前人民银行对银行类金融机构开展宏观审慎评估（MPA）时，尚未覆盖银行对海外可再生能源等绿色项目的贷款①。

（7）风险投资受制于清洁能源进入和退出机制障碍以及中后期偏好等问题。首先，清洁能源产业的不确定性既是风险投资资本进入的依据也是风险投资资本进入的阻碍。其次，由于能源部门开放程度较低、特殊性较高，包括风险投资在内的清洁能源投资受到遏制。最后，清洁能源领域的风险投资还存在体制机制的障碍与不确定性。总结而言，行业的不确定性、部门的封闭性以及体制机制存在的问题增加了风险投资进入障碍。上述问题主要反映了国家资本占比高、国家干预过多、行政成本高、市场由政策驱动等特性，这些特性使得风险投资等资本难以进入清洁能源领域，尤其是其中的高新技术研发环节②。

（8）光伏企业融资成本高、融资渠道单一。目前中国多数光伏企业融资成本在8%左右，部分企业甚至高达10%以上，而境外融资成本多在3%~5%左右。高额的融资成本使得中国光伏企业成本高企，大幅侵蚀企业利润，严重制约光伏制造业的技术改革和新技术产业化③。国内光伏市场融资渠道非常单一，主要依赖政府补贴和银行贷款，一旦补贴不到位或贷款未获批往往步履维艰。

（9）碳中和承诺和可持续融资的势头尚未转化为清洁能源项目实际支出的大幅增长。即使2021年清洁能源支出将增长7%左右，资金流动的增长速度也要快于实际资本支出。优质清洁能源项目短缺。更为严重的是，没有足够的渠道将现有资金引导到正确的方向，而且缺乏能够将剩余资本与公司和消费者的可持续性需求相匹配的中介机构。

6.2 中国能源投融资未来趋势

6.2.1 中国能源投融资存在的风险

（1）中国能源绿色转型需要大量资金涌入，投融资需求受制度、市场等因素影响存在风险。一是融资需求难以通过内部融资解决，必须要借助外部融资才能满足绿色能源产业发展的要求。二是绿色能源企业经营理念、管理制度不合理导致企业融资风险④。三是绿色能源融资成本过高、外部融资手段单一。四是没有实现规模化导致绿色能源产业的市场化运作不高，进而导致融资过程存在较大的风险。五是长期需求短期内得不到满足，固定资产投资会增加债务

---

① 中国财富网. 智库建言：创新投融资模式，助力可再生能源"走出去". [EB/OD]. https://kuaibao.qq.com/s/20200328A08PCL00? refer=spider. 2020.03.28。
② 钱颖, 孙竹. 中国清洁能源产业中风险投资现状及发展对策研究[J]. 中国能源, 2019, 41（7）：41-46+24。
③ 前瞻. 我国光伏产业融资难和弃光两大难题解析[EB/OD]. https://www.sohu.com/a/62274248_114835。
④ 曹小林. 新能源产业项目融资风险控制研究[J]. 产业与科技论坛. 2018（17）。

率，补贴难以为继，局部产能过剩，外部投资环境有变化，这些因素均会导致相关风险加大。

（2）中国进行海外能源投资存在地缘风险。一是在北美欧洲等发达地区，中国面临着东道国政府许可风险。二是在非洲地区，中国面临着东道国政治动荡、社会不安定、法制不健全风险。三是在拉丁美洲地区，中国面临着这些地域历史上就存在的对跨国公司的抵触情绪等风险[①]。四是在"一带一路"沿线国家，由于煤电项目为东道国带来气候减排压力，中国面临着"东道国"对煤电投资越来越多的争议和关注。

（3）煤电行业面临搁浅风险。煤电企业面临着能源转型、市场化竞争加剧、产能过剩、环境约束等多重压力，特别是装机容量小、服役年限久、污染物排放较高、所在地区污染严重的机组面临很高的搁浅风险，而新增机组会进一步推高搁浅风险[②]。金融智库碳追踪计划（Carbon Tracker）2020年3月发布报告指出，在全球绝大多数国家，新建可再生能源项目的发电成本已经低于新建煤电项目。全球目前在建或在计划阶段的煤电项目达到499吉瓦，正令6 380亿美元的投资面临风险。有学者认为，若不加以控制，我国"十四五"期间煤电可达到14亿千瓦，不仅造成产能进一步过剩，搁浅资产规模进一步扩大，而且会推迟我国电力行业碳排放达峰。

（4）国家光伏和风电补贴退坡风险。近年来随着光伏和风电技术的逐渐成熟，我国光伏和风电的发电成本也日益下降。过去光伏用电和风电用电由于成本高，所以行业以来国家补贴情况严重。随着成本下降，国家光伏和风电用电补贴也开始持续滑坡。根据《国家发展改革委关于完善风电上网电价政策的通知》和《国家发展改革委关于完善光伏发电上网电价机制有关问题的通知》，2021年起我国除户用光伏以外，其余光伏项目和风电项目全部将进入无补贴时代，且目前我国各省份光伏、风电指导价格普遍还比煤电价格便宜一分钱左右。这意味着光伏和风电企业需自负盈亏，收益下降，企业未来是否还能够且有意愿继续发展下去存在巨大的疑问，这对想要在碳中和碳达峰背景下实现光伏、风电目标而言将是个不小的挑战。

（5）国有企业融资疲软增加了投资风险，并且不确定国家行为者的角色。尽管自2015年以来有所下降，但国有企业继续在能源投资中发挥重要作用，特别是在以化石燃料为基础的行业和电网中，由国家支持的所有权在发展中经济体中扮演着更大的角色，在这些经济体中，市场结构受到更严格的管制，资本成本更高，大量借入外币的国有企业现在可能面临债务"成熟期墙"。在短期内，政府可能会发现自己介入以加强国有企业的融资，特别是通过提供流动性，再融资和外汇储备来应对日益严峻的债务挑战。但是，财政能力下降和危机中较高的借贷成本也可能会阻碍其应对能力。

6.2.2 碳达峰及碳中和目标对能源结构转型的新要求

为实现碳达峰和碳中和目标，我国在光伏和风电发电机装机规模和全国风电、光伏发电发

[①] 贺艳.国际能源投资的环境法律规制——以《能源宪章条约》及相关案例为研究对象［J］.西安交通大学学报（社会科学版），2010，30（4）：75-81。

[②] 电缆网.火电资产搁浅风险与日俱增.［EB/OD］. http://www.chinacaj.net/i,16,992,0.html.2019.07.19.

电量占全社会用电量比重提出了发展目标，2020年我国光伏和风电发电机装机规模仅为5.02千瓦，相比国家提出的2030年达到12亿千瓦的目标仍有近7亿千瓦的差距，年复合增长仍需要达到9.1%以上，转换为市场规模，相当于2020年到2030年的11年时间，我国光伏和风电行业市场规模将至少翻一倍，行业发展有着广阔的投资前景。

在2021年国家能源局就2021年风电、光伏发电开发建设事项征求意见中，明确提出了落实2030年前碳达峰、2060年前碳中和，2030年非化石能源占一次能源消费比重达到25%左右，风电、太阳能发电总装机容量达到12亿千瓦以上等目标任务，坚持目标导向，完善发展机制，释放消纳空间，优化发展环境，充分发挥地方主导作用，调动投资主体积极性，坚持存量增量并举、集中式分布式并举，持续加快推动风电、光伏发电项目开发建设[①]。

能源活动占二氧化碳排放总量的比重高达86.9%，实现2060年碳中和目标，能源领域是重中之重，未来需要逐步建立起以可再生能源和新能源为主体的安全可靠（Reliable）、成本可承受（Affordable）、可持续（Sustainable）的现代能源体系。这意味着未来三四十年间，如果届时碳捕集封存利用（CCUS）没有重大技术突破，绝大部分煤炭、石油、天然气等传统化石能源将逐步退出历史舞台。

中国能源消费结构转型，风电、光伏占比增长显著。伴随工业电气化进程深入，电能消耗需求将持续上涨；预计至2050年，化石能源消费占比将降至40%，可再生能源占比将超50%，其中，风电、光伏凭借项目建设周期短、设备组件价格下行等优势，有望成为占比最大的两种能源；清洁能源电力对化石能源的大幅替代将显著减少碳排放。

终端能源电气化水平将大幅提高，电力将成为支撑经济发展和民生改善的主体终端能源。同时，电源结构去碳化特征将日益显著，水电、风电、光伏等非化石能源占发电总量的比重将不断提升，成为未来的发电主体。为推动具有间歇性、波动性特点的可再生能源发电技术大规模应用，以及信息技术与能源技术的融合发展，分布式能源、储能、调峰、直流、柔性、新型电网、智能控制等新技术、新业态、新模式将蓬勃兴起。节能增效持续化、终端能源电气化、电源结构去碳化、能源系统分散化、能源供需智慧化将成为未来能源转型的核心方向。

2021年3月，国家发改委等五部门联合下发关于引导加大金融支持力度促进风电和光伏发电等行业健康有序发展的通知，指出各地政府主管部门、有关金融机构要充分认识发展可再生能源的重要意义，合力帮助企业渡过难关，支持风电、光伏发电、生物质发电等行业健康有序发展[②]。

---

① 全国能源信息平台.国家能源局就2021年风电、光伏发电开发建设事项征求意见［EB/OD］. https：// baijiahao. baidu. com/s？id＝1693166905327912776&wfr＝spider&for＝pc.

② 中国财富网.五部门联合下发《关于引导加大金融支持力度 促进风电和光伏发电等行业健康有序发展的通知》［EB/OD］. https：// baijiahao. baidu. com/s？id＝1693987595816689130&wfr＝spider&for＝pc.

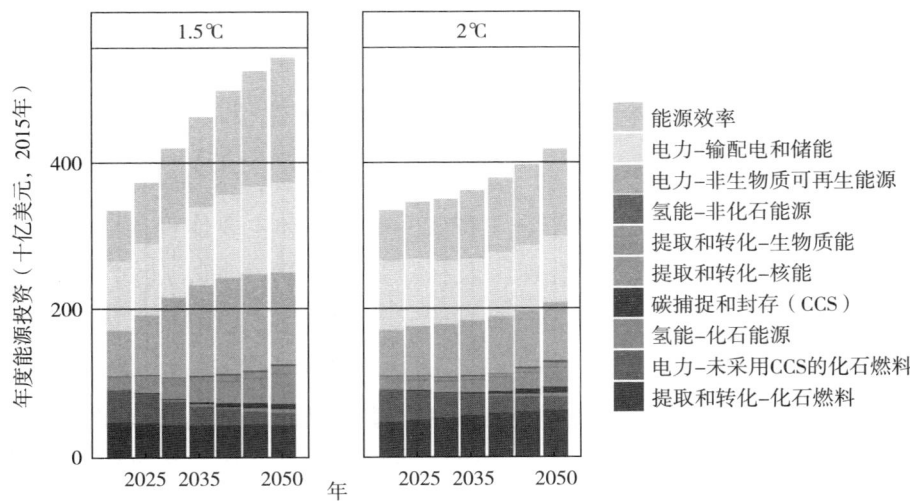

图 6-3 1.5℃和 2℃目标下年度能源投资变化①

6.2.3 碳达峰及碳中和目标下中国能源投融资需求

鉴于中国宣布到 2060 年实现碳中和的目标以及印度可再生能源投资的快速增长，以及许多发达经济体日益雄心勃勃的气候承诺，需求轨迹是投资者面临的主要不确定性，尤其是任何新的矿业项目。煤炭项目的融资和承销正变得越来越具有挑战性，与炼焦煤相比，动力煤面临更多的困难。就国际多元化矿业公司而言，股东压力、环境、社会和治理（ESG）要求以及欧盟分类法（EU taxonomy）等法规加大了对每个利益相关者碳足迹的审查力度，从而强化了需求前景的疲软。

中国的低碳转型需要大幅增加低碳技术投资，并从化石能源转向清洁能源投资，这需要协调能源和金融政策，以增强投资决策确定性。还需要财政政策，以使公共投资与更雄心勃勃的气候目标保持一致。同时，也需要不断改革金融系统，对气候变化造成的潜在金融风险采取战略性应对措施，增加金融系统韧性。

2060 年实现碳中和意味着尽早行动至关重要。接下来五年是进一步明确行动路线非常关键五年，中国可以在"十四五"规划期间（2021—2025 年），为 2060 年实现碳中和打下扎实基础，碳排放尽早达峰可以避免能源基础设施的高碳锁定，并减少搁浅资产风险，进而有效降低未来行动的挑战和成本。目前，中国的燃煤发电装机仍在不断增长，共有 9 800 万千瓦的煤电项目正在建设当中，另有 5 300 万千瓦尚未开工但已获得核准。在 2060 年碳中和目标下，继续建设新的、大规模、高投资、寿命长的燃煤电厂，不仅会造成新的投资快速搁浅，还会迫使现有电厂以更新速度退役。因此，早布局、早制定、早推行"不新增燃煤电厂"策略，对于实现

---

① 能源基金会（2020）. "中国碳中和综合报告 2020——中国现代化的新征程："十四五"到碳中和的新增长故事". 能源基金会，北京，中国 . https：//www.efchina.org/Attachments/Report/report－lceg－20201210/Full－Report_Synthesis－Report2020－on－Chinas－Carbon－Neutrality_ZH.pdf。

逐步淘汰煤电,并减少其经济和社会影响至关重要[①]。

6.2.4 碳达峰及碳中和目标下中国能源投融资政策建议

(1) 鼓励各级政府设立碳达峰碳中和专项资金或引导基金,综合采用补贴、奖补、担保等方式,吸引社会资金投入。当前,财政资金支持碳达峰碳中和主要体现在清洁能源与可再生能源开发利用、新能源汽车推广、散煤治理、森林草原碳汇等方面。通过设立碳达峰专项资金,加强碳达峰碳中和管理体制建设以及低碳技术示范和应用,以解决上述两个领域财政投入不足问题。同时,鼓励各级政府设立政府引导型碳达峰碳中和基金,主要支持清洁能源开发、工业低碳化改造、节能建筑、绿色交通等项目,基金使用以低息贷款和股权投资为主,财政资金作为劣后级,基金收益让利于社会资本,促进资金循环滚动使用。各级财政资金还可以采取贴息、奖补、担保等方式,降低节能低碳项目和低碳化改造项目成本。财政资金使用应突出地区和行业差异,强化绩效导向[②]。

(2) 鼓励金融产品和服务创新,强化金融助力碳达峰碳中和。目前,我国绿色金融工具主要包括绿色信贷、绿色债券、绿色股票、绿色发展基金、绿色保险、碳金融等,其中碳金融产品和衍生工具主要包括碳远期、碳掉期、碳期权、碳租赁、碳债券、碳资产证券化和碳基金等。一方面,金融机构可以通过对贷款或投资项目的碳核算,对绿色低碳项目或降碳项目加强支持,对高碳项目提高融资利率或融资门槛,倒逼企业或项目低碳发展。另一方面,金融机构可以通过金融产品创新加大对降碳项目的融资支持,推广新能源贷款未来收益、合同能源管理服务收益权、环境权益抵质押融资,促进环境收益权切实成为合格融资抵押物。此外,金融机构可以通过加强金融服务模式创新促进降碳。

(3) 完善碳排放权交易制度,推动企业加大低碳投入。相对于行政手段,碳排放权交易具有全社会减排成本较低、能够为企业减排提供灵活选择等优势。我国已初步建立了碳排放交易市场,全国碳市场第一个履约周期已经启动。排放权交易制度应在下述几个方面进一步完善:一是加强碳排放初始配额分配管理,体现总量控制思路,对低碳技术水平较高地区和产能过剩重点行业,碳排放配额要更加从紧。二是完善碳排放定价。当前碳排放初始配额以免费使用为主,随着碳市场发展与成熟,应逐步转向初始配额有偿获取,超限额部分需通过市场交易有偿取得。三是以发电行业为试点,逐步将石化、化工、建材、钢铁、有色金属、造纸、民航等重点行业纳入全国碳市场交易体系。四是做好碳排放权交易宣传引导,及时总结碳排放交易市场发展情况,向公众发布碳排放交易市场建设发展公报,引导企业自觉落实减碳行动。

(4) 研究征收碳税,与碳排放权交易形成互补,引导社会资金投入低碳领域。要实现碳达峰碳中和目标,通过征收碳税促进能源结构和产业结构调整非常有效,欧盟具有成功经验。开征碳税可以与碳排放权交易相互补充。碳排放权交易主要对有实力的大中型企业降碳起作

---

① 中国能源网.姜希猛代表:建议停止新建煤电并制订中国 30/60 愿景下退煤路线图 [EB/OD]. http://www.coalchina.org.cn/index.php?m=content&c=index&a=show&catid=10&id=127002.
② 高军,程亮,陈鹏.促进中国碳达峰碳中和投融资的五个建议 [N]. 中国环境报,2021-04-12 (003).

用，小微企业由于购买碳排放权对其生产成本影响大而难以参与到碳排放交易市场中，开征碳税可以覆盖小微企业群体，促进降碳成本内部化。

（5）鼓励模式创新，引导社会资本以多种方式参与碳达峰碳中和。一是完善生态补偿制度，激励社会资本投资保护良好生态环境，促进碳汇增加。完善重点生态功能区等生态补偿机制，按照"谁受益、谁补偿，谁保护、谁受偿"的原则，由各级政府或生态受益地区向生态保护地区购买生态产品，强化正向激励作用；完善林业生态补偿制度，建立以"降碳""贮碳"生态服务功能为导向的生态补偿机制，促进碳汇增加。二是完善森林资源、草原资源等自然资源有偿使用机制，辅之以财政补贴、税收优惠等财税政策，引导生态产品价值转化，激励社会资本投资生态环境保护项目。三是创新投融资模式，鼓励具有资金实力、专业能力的社会资本以政府和社会资本合作（PPP）模式、股权投资等模式参与新能源基础设施建设等低碳项目。

7 金融机构环境信息披露

7.1 金融机构环境信息披露框架准则比较及国际实践

7.1.1 国际气候相关准则概述

目前主要的全球性气候报告框架（表X），包括金融稳定理事会气候相关财务信息披露工作组（TCFD）、CDP（原为碳披露项目）、气候披露标准委员会（CDSB）、全球报告倡议组织（GRI）、可持续会计准则（SASB）、国际综合报告委员会（IIRC）等。上述框架的内容目前相互借鉴和融合，如 TCFD 框架中有对其他框架一致性的对标。这些框架现阶段均采用自愿披露的原则，目标受众主要针对投资者及利益相关者，披露信息类型大多涵盖温室气体排放量、能源、水资源、废弃物等，年度报告及可持续发展报告为现阶段较多采用的披露形式。总体而言，有如下特点：

一是披露内容趋同但各有侧重。相关准则均关注对于重大财务信息的披露，但披露重点不同，如 CDSB 关注披露对企业价值创造具有重要影响的可持续性主题；CDP 和 GRI 的披露框架侧重反映披露主体对经济、环境和人产生重大影响的事项。

二是根据框架性质，披露要求各不相同。例如，应用范围广泛的 TCFD 注重框架性和可扩展性，围绕治理、战略、风险管理、指标和目标四项主题构成企业气候相关信息披露总体框架，各披露项目及内容以原则性表述为主，企业可以此为基础进行细化扩展；专业性较强的 SASB、CDSB、GRI、IIRC 等原则披露内容更加细化，如 SASB 分 77 个行业明确量化披露指标。

三是强调温室气体信息披露。SASB 将温室气体排放分为三类，TCFD 建议企业尽可能披露相关排放信息；SASB 针对不同行业划分了披露范围，分为范围一、范围二及范围三。TCFD 建议任何行业的公司以范围一的形式披露直接的实质性的排放信息，范围二和范围三的形式披露间接排放信息。

四是披露渠道灵活多样。当前全球主要气候相关信息披露准则对企业披露渠道要求较为灵活，年度报告及企业社会责任报告（ESG 报告）为现阶段较多采用的披露形式。

表 7-1　非政府层面全球性气候相关信息披露框架

组织：框架	目标报告人	目标受众	披露信息类型
气候相关财务信息披露工作组（TCFD）《气候相关财务信息披露工作组建议报告》	金融和非金融类公司	投资者	机构运营过程中气候相关治理、战略、风险管理以及指标和目标信息
资产所有者披露项目《2016 年全球气候风险调查》	资产管理规模高于 20 亿美元的养老基金、保险公司、主权财富基金	资产管理人、投资行业、政府	温室气体排放量、煤炭
碳信息披露项目（CDP）《年度问卷调查》（2016 年）	金融和非金融类公司	投资者	能源利用、温室气体排放量（范围 1-3）、水资源（单独问卷调查）、森林（单独问卷调查）
可持续会计准则委员会（SASB）	金融和非金融类公司	所有利益相关者	77 个行业标准及应用指引，其中包括金融行业
气候披露标准委员会（CDSB）《气候变化报告框架》（1.1 版）（2012 年）	金融和非金融类公司	投资者	温室气体排放量
全球报告倡议组织（GRI）《第四次可持续发展报告指南》（2013）	任何上市公司或私人公司	所有利益相关者	资源、能源、水源、生物多样性、排放量、废弃物
国际综合报告委员会（IIRC）《国际综合报告框架》	在国际交易所交易的任何上市公司	投资者	有关气候变化、生态系统损失及资源短缺的一般挑战
负责任投资原则（PRI）《2016 报告框架》	投资者	投资者	投资者惯例

7.1.2　气候相关财务信息框架全球实践

2020 年 12 月，金融稳定委员会发布了《2020 年进展报告》，与三年前对比发现，气候相关财务信息建议被越来越多的企业采纳，全球最大的 100 家上市企业中，有近 60% 支持气候相关财务信息且按气候相关财务信息建议进行披露，越来越多的企业开始采纳气候相关财务信息框架的同时，已采纳的企业也在继续完善与气候相关财务信息披露。同时，气候相关财务信息建议已得到来自全球 1 500 个组织和机构的支持，其中包括总市值为 12.6 万亿美元的 1 340 家企业，其中金融机构所管理资产达150万亿美元①。全球超过110家监管和政府机构声明支持气候相关财务信息建议，包括比利时、加拿大、智利、法国、日本、新西兰、瑞典以及英国等政府。央行和监管机构绿色金融网络（Central Banks and Supervision Network for Greening Financial System）鼓励企业发行的公共债券按照气候相关财务信息建议进行披露。支持机构表示他们致力于通过采纳气候相关财务信息建议，积极落实本机构气候相关信息披露工作，从而建立一个更具适应性的金融市场体系。

据2020年气候相关财务信息报告显示，企业气候相关信息披露呈现以下特点。在披露程度方面，2017—2019年，企业对于气候相关财务信息框架提及的11项披露内容披露程度平均增加6个百分点，其中改进最多的是对于气候相关风险识别和评估信息的披露。另外，虽然治理和风险管理项当前披露百分比低于战略、指标目标项，但披露程度增幅高于战略、指标目标两项。在披露形式方面，企业选择在年度报告、可持续发展报告、独立报告、财务文件等形式对气候相关信息进行披露。但可持续发展报告仍是企业最多采用的披露形式。在披露有效性方面，企业气候相关的财务信息在投资者资产配置决策过程以及监管机构在监督管理、政策制定过程中的重要性日益增加，气候相关信息披露日益得到重视，但所披露的信息尚不能满足投资者进行资产配置决策需求，如企业较少披露气候变化对财务影响、企业在不同气候情景下的战略适应情况等。

7.1.3 金融机构环境信息披露全球实践趋势

当前，全球金融机构气候信息披露标准与实践逐渐与气候相关财务信息接轨，呈现以下趋势。

一是披露标准将以气候相关财务信息框架为基础进行统一。根据2020年气候相关财务信息进展报告，仅2019年到2020年，支持气候相关财务信息的机构就增长了700家，增幅达85%，体现了披露主体、投资人、政府机构对气候相关财务信息建议的认可和采纳。为了确保披露内容具有可比性与一致性，当前部分全球性气候报告框架指南逐步向气候相关财务信息框架进行对标。2018年3月8日，欧盟委员会发布《可持续发展融资行动计划》制定《非财务报告指南》（NFRD）提出将根据金融稳定理事会发布的气候变化相关金融信息披露框架（气候相关财务信息）和欧盟可持续活动新分类体系中环境相关测算标准，就如何披露气候相关信息为企业提供进一步指导。NFRD适用于上市公司、银行、保险公司等雇员在500人以上的大型实体企业，当前，约7 400家企业应遵守NFRD要求对环境相关信息进行披露。NFRD将气候相关财务信息框架标准作为欧盟政策框架的法律基础和起点，NFRD法规中对针对不同规模和行业的企业环境信息披露工作都提出具体要求，并参考气候相关财务信息气候变化披露框架建议设定五大可持续性披露基本要素（见表7-2）。此外，气候相关财务信息框架建议中所要求披露的环境相关信息指标，在NFRD法规不同要素下均要求披露。

---

① 数据来源：2020年气候相关财务信息进展报告。

表 7-2 NFDR 法规基本要素和气候相关财务信息框架建议

NFDR（可持续性披露基本要素）	气候相关财务信息（气候变化披露框架）
1）商业模式 2）政策和尽职调查流程 3）结果 4）主要风险及管理 5）关键绩效指标（KPI）	1）治理 2）战略 3）风险管理 4）指标和目标

资料来源：EU Commission：Report on Climate-related Disclosure。

2019 年港交所修订后的《ESG 指引》也充分体现了与气候相关财务信息的接轨趋势，在环境信息披露方面增加气候变化披露要求，要求企业对气候变化风险管理情况进行披露，披露内容从企业识别和披露可能会对自身产生影响的气候风险和机遇入手，循序渐进引导企业将气候风险纳入企业战略和风险管理流程。

可持续会计准则委员会（SASB）和气候披露标准委员会（CDSB）在其联合发布的《气候相关财务信息实施指南》中也提出将与气候相关财务信息框架保持一致，并将持续向气候相关财务信息框架进行对标。

联合国环境署金融倡议（UNEP FI）组建了包括澳新银行、巴克莱银行、法巴银行、花旗银行、渣打银行、瑞银集团、荷兰央行等全球 16 家银行组成的工作组，按照气候相关财务信息建议研究开发情景分析方法，评估气候变化对公司贷款组合潜在影响，并于 2018 年分别针对实体风险和转型风险实验成果发布研究报告，这项实践为气候相关财务信息框架的推广与应用起到了至关重要的作用。

二是部分国家出台政策和相关指引来推进按照气候相关财务信息建议开展强制性环境与气候信息披露。鉴于气候相关财务信息在全球具有广泛影响力与适用性，部分国家从政策层面加快推进以气候相关财务信息框架为基准的强制性环境与气候信息披露。如 2020 年 12 月 21 日，英国金融行为监管局（FCA）发布政策声明以及最终规则和指南，英国部分大型企业被要求在其年度财务报告中新增一份声明，阐明其披露是否与气候相关财务信息框架相符，如不符，需要作出解释说明，此外，英国自 2021 年开始将逐步开展大型上市公司和金融机构的强制性气候相关财务信息报告，首批为 PRA 加注释监管的保险公司、银行、建房互助协会和超过 50 亿英镑的职业养老金计划。2022 年将逐步在中小型金融机构内推广，并将于 2025 年实现全经济体的强制气候相关财务信息报告，这表明英国遵照气候相关财务信息进行强制性气候与环境信息披露正在按行动路线稳步推进；新西兰环境部宣布政府计划要求特定的上市公司和大型金融机构按照气候相关财务信息框架开展环境信息披露；欧盟将金融稳定理事会气候相关财务信息披露工作组提出的 TCFD 建议融合到《气候相关信息披露指引》中，以支持企业披露符合欧盟报告要求。

三是强制性政策分阶段实施。英国在 2020 年制定金融机构强制性气候与环境披露四阶段行动路线图，到 2025 年实现对英国非金融和金融行业遵照气候相关财务信息框架进行强制性气候与环境信息披露。第一阶段（2021 年），规模超过 50 亿欧元的大型职业养老金计划、所有商业银行、建筑协会、保险公司以及英国金融行为监管局（FCA）重要上市企业率先遵照气候相关财务信息进行披露；第二阶段（2022年），规模超过10亿欧元的养老金计划、英国注册的大型资产管理公司、寿险公司和FCA监管的保险基金、英国注册的公司以及其他FCA上市的公司遵照气候相关财务信息进行披露；第三阶段（2023年），其他在英注册的资产管理机构、寿险公司以及FCA监管的保险基金遵照气候相关财务信息进行披露；第四阶段（2024—2025年），其他适用气候相关财务信息进行披露的机构。

7.2 我国金融机构环境信息披露政策环境及趋势

自1997年以来，我国连续颁布了与企业环境信息披露相关的系列制度和法规，行业标准的逐步出台也使得环境信息披露工作更具有针对性，环境信息披露从自愿性逐渐到强制性过渡，制度日趋完善，规定更加细化，标准逐步提高。中国环境信息披露相关政策总体呈现以下趋势（见表7-3）。

表7-3 我国环境信息披露相关政策

颁布时间	部门	文件名称	环境信息披露内容
1997年	证监会	《招股说明书的内容与格式（试行）》	明确要求上市公司在招股说明书中应披露环境相关信息
2002年	证监会	《上市公司治理准则》	上市公司应关注所在社区的福利、环境保护、公益事业等问题。要求企业主动、及时披露环境保护等社会责任相关信息
2003年	国家环保总局	《关于企业环境信息公开的公告》	决定以《中华人民共和国清洁生产促进法》为依据，在全国开展企业环境信息披露工作。地方环保部门在当地媒体上公布污染严重的企业名单，未列入污染名单的企业可以自愿进行环境信息披露，是最早有关信息披露的法律
2005年	国务院	《国务院关于落实科学发展观加强环境保护的决定》	要求企业公开环境信息，公司在业务过程中需要承担社会责任
2006年	国家环保总局	《环境影响评价公众参与暂行办法》	企业在进行生产或经营活动前的某些新、改、扩建设阶段，应由建设单位或企业委托的咨询机构，采用便于公众知悉的方式，向公众公开其有关环境信息
2006年	深圳证券交易所	《上市公司社会责任指引》	要求上市公司应当根据其对环境影响的程度制定整体环境保护政策
2007年	国家环保总局	《环境信息公开办法（试行）》	要求环保部门应当遵循公正、公平、便民、客观的原则，及时、准确地公开政府环境信息。要求企业应当按照自愿公开与强制性公开相结合的原则，及时、准确地公开企业环境信息
2008年	国家环保总局	《关于加强上市公司环境保护监督管理工作的指导意见》	要求积极探索建立上市公司环境信息披露机制，当发生可能对上市公司证券及衍生品种交易价格产生较大影响且与环境保护相关的重大事件，投资者尚未得知时，上市公司应当立即披露

续表

颁布时间	部门	文件名称	环境信息披露内容
2008 年	上交所	《上市公司环境信息披露指引》	上市公司可根据自身需要披露国家环境保护总局令第 35 号提及的 9 类自愿公开的环境信息，强制要求被列入污染企业名单的公司进行披露
2010 年	环保部	《上市公司环境信息披露指南（征求意见稿）》	要求煤炭、钢铁、冶金、石化等 16 类重污染行业发布年度环境报告，定期公开环境信息，首次将突发环境事件纳入上市公司环境披露的范围；附录中有关于如何编写年度环境报告的参考提纲
2014 年	全国人大常委会	《中华人民共和国环境保护法》2015 年 1 月 1 日起施行	要求重点排污企业应当如实向社会公开其主要污染物的排放情况以及防止污染设施的建设和运行情况等，接受社会监督
2015 年	环保部	新《环境保护法》施行	提出了企业环境信息披露的要求，强调了污染企业要公开主要污染物、排放方式、排放浓度及排放总量、超标排放情况等信息；环保法为要求污染性的上市公司和发债企业披露环境信息提供了法律依据
2015 年	香港联合交易所	《环境、社会及管治报告指引》（ESG 指引）	要求所有在港上市公司于 2016 年财政年度开始参照指引发布 ESG 报告，执行"不遵守就解释"原则
2016 年	中国人民银行、财政部、国家发改委、环保部、银监会、证监会、保监会等七部委	《关于构建绿色金融体系的指导意见》	明确要逐步建立和完善上市公司和发债企业强制性环境信息披露制度
2016 年	国务院	《"十三五"生态环境保护规划》	要求全面推进大气、水、土壤等生态环境信息公开，推进监管部门生态环境信息，排污单位环境信息以及建设项目环境影响评价信息公开
2017 年	环保部、证监会	签订《关于共同开展上市公司环境信息披露工作的合作协议》	两部门共同研究完善环境信息披露的内容、渠道等要求，旨在共同推动建立和完善上市公司强制性环境信息披露制度，督促上市公司履行环境保护社会责任
2017 年	证监会	《公开发行证券的公司信息披露内容与格式准则第 2 号——年度报告的内容与格式》（2017 年修订）和《公开发行证券的公司信息披露内容与格式准则第 3 号——半年度报告的内容与格式》（2017 年修订）	明确提出分层次的上市公司环境信息披露制度，即要求重点排污公司强制披露、其他公司执行"遵守或解释"原则，同时，鼓励公司自愿披露有利于保护生态、防止污染的信息，进一步强化公司承担环境与社会责任
2019 年	国家发展与改革委员会、中国人民银行等七部委	《绿色产业指导目录（2019 年版）》	对绿色产业的范畴做出统一界定标准，为各方制定相关政策措施提供了"绿色"判断标准
2019 年	香港联交所	修订《环境、社会及管治报告指引》（ESG 指引）	增加强制披露要求，包括披露已经及可能会对发行人产生影响的重大气候相关事宜，修订"环境"的关键绩效指标并须披露相关目标，将所有"社会"关键绩效指标的披露责任升至"不遵守就解释"等实质性披露要求

续表

颁布时间	部门	文件名称	环境信息披露内容
2020年	深圳市人民代表大会	《深圳经济特区绿色金融发展条例》	深圳经济特区内注册的金融行业上市公司、绿色金融债券发行人、已经享受绿色金融优惠政策的金融机构需要从2022年1月1日起进行环境信息披露；总部或者分支机构在深资产规模500亿元以上的银行、资产管理规模100亿元以上的公募基金管理人、50亿元以上的私募基金管理人和资产管理规模100亿元以上的机构投资者需从2023年1月1日起进行环境信息披露

一是环境信息披露政策覆盖面逐渐广泛。总体而言，我国环境信息披露政策覆盖面从重点排污企业到上市公司再至金融机构，根据企业对环境、市场等影响程度逐步推进。2015年1月1日正式实施的《中华人民共和国环境保护法》中，从法律角度明确要求重污染企业公开详细环境信息，大大提高了对企业披露环境信息的要求。环保部、证监会2017年6月签署《关于共同开展上市公司环境信息披露工作的合作协议》。同年12月26日，中国证监会发布公告明确要求上市公司应在公司年度报告和半年度报告中披露其主要环境信息，对上市公司环境信息披露进行了统一的规范。2020年10月29日，《深圳经济特区绿色金融发展条例》获得通过，自2021年3月1日起施行，这一条例是国内首个关于绿色金融的地方立法。2020年底，中央全面深化改革委员会第十七次会议审议通过了《关于加快建立健全绿色低碳循环发展经济体系的指导意见》《环境信息依法披露制度改革方案》。

二是环境信息披露由自愿向强制性过渡。政策规定中对于金融机构环境信息强制性披露的推进呈现分阶段逐步推进的特点，推进的过程具有一定的时间跨度，给披露主体充分的时间熟悉披露政策流程、建立环境信息披露相关系统，以保证环境信息披露质量。2012年香港联交所首次发布的《环境、社会及管治报告指引》所有指标均为"自愿披露"，2015年首次修订时披露要求上升为"不披露就解释"，2019年的最新修订新增了强制性披露要求，也将过去一些建议披露事项升级为"不遵守就解释"内容。《深圳经济特区绿色金融发展条例》规定，深圳经济特区内注册的金融行业上市公司、绿色金融债券发行人、已经享受绿色金融优惠政策的金融机构需要从2022年1月1日起进行环境信息披露；总部或者分支机构在深资产规模500亿元以上的银行、资产管理规模100亿元以上的公募基金管理人、50亿元以上的私募基金管理人和资产管理规模100亿元以上的机构投资者需从2023年1月1日起进行环境信息披露。

三是披露渠道灵活性较高。如《深圳经济特区绿色金融发展条例》规定，环境信息披露责任主体应当在每年6月30日前，以财务报告、环境信息披露报告、企业社会责任报告、环境报告或者环境、社会和管治报告等形式，合并或者单独披露上一年度的环境信息。《中英气候与环境信息披露试点机构披露框架（中方）》也建议试点机构可以在年报、社会责任报告或单独的环境信息报告上披露环境信息。

四是指标设置逐步与气候相关财务信息等国际框架接轨，兼顾定性与定量信息。相关政策中对于金融机构环境信息披露指标设置提高了对定量指标的关注，在指标设置上逐步与国际框架接轨，未来对金融机构环境量化管理提出更高的要求，也意味着金融机构需建立更加高效的信息科技系统，提高对数据的收集治理分析能力。香港证监会发布的《绿色金融策略框架》中提到继续关注内地2020年推行强制性环境信息披露的政策方向，并以达成与气候相关财务信息披露建议接轨为目标。《环境、社会及管治报告指引》最新版新增了"环境"的关键绩效指标并设为强制披露要求，多次引述气候相关财务信息披露工作小组（气候相关财务信息）的政策建议，除了规定披露一般环境应对措施外，还规定了对温室气体排放量的披露，如排放量、能源使用、用水效益等具体数据的披露。在一般披露方面，披露责任主体识别及应对已经及可能会对发行人产生影响的重大气候相关事宜的相关减缓措施的政策；在关键绩效指标方面，规定披露责任主体说明已经及可能会对其产生影响的重大气候相关事宜以及应对的行动；披露范围1和范围2的温室气体排放。

7.3 我国金融机构环境信息披露实践

2017年12月15日，第九次中英经济财金对话活动鼓励两国金融机构参照气候相关财务信息披露工作组（气候相关财务信息）的建议开展环境信息披露工作试点。试点项目开展以来，在绿色金融专业委员会与伦敦金融城共同领导下，试点影响逐步扩大，截至2021年5月底，中英试点机构由最初的10家增至（包括金融机构和城市代表、观察员）20家[①]，试点工作已经覆盖银行、资管、保险、证券等多个行业。中英试点机构举办多次工作及研讨会议，对披露内容与指标、风险量化测算、数据收集整理等问题进行深入研究与探讨，并自2019年以来，连年发布《中英金融机构环境信息披露进展报告》，以展示试点项目开展以来中英双方阶段性工作成果。

中方试点机构在借鉴国际经验、结合我国实际情况的基础上，研究制定了《中英金融机构环境信息披露试点工作方案》，发布了三阶段行动计划，构建了《中方金融机构环境信息披露目标框架》，明确了披露的定性信息和定量指标，充分发挥了示范带动作用，总体呈现以下特点。

一是制定标准。2019年初，人民银行指定由工商银行牵头，兴业银行、广碳所等机构联合开展《金融机构环境信息披露指南》编制工作。当前，该指南已经人民银行审定并正式发布。

二是发布报告。大部分银行业金融机构发布了环境信息独立报告，如工商银行、平安集团、湖州银行等，部分银行业金融机构通过社会责任报告或网站新闻等多种途径对相关信息进行披露；资管机构环境相关信息可在PRI责任投资年报或网站新闻等进行查询；保险、信托机构通过社会责任报告或年度报告中开辟专栏对环境信息进行披露。

三是创新披露。基于中方信息披露框架，各试点机构结合自身的情况尝试开展特色领域的

---

① 中英金融机构环境信息披露试点机构（包括金融机构和城市代表、观察员）：工商银行、兴业银行、江苏银行、湖州银行、易方达基金、华夏基金、平安集团、人保财险、中航信托、中国银行、江西银行、重庆农商行、九江银行、海通国际、建设银行、湖州市绿色金融改革创新试验区领导小组（中方16家），汇丰银行、Aviva、Hermes投资管理公司、Brunel养老金管理公司（英方4家）。

更细化，更有深度的环境信息披露，包括部分银行（如兴业银行）披露的棕色资产信息。此外，一些银行披露了创新产品的情况，如兴业银行发行的蓝色金融债券。人保财险依托与相关机构的合作研究成果，开展专项信息披露，发布《化工园区绿色保险与安环风险白皮书》和《中国风电叶片质量与保险研究白皮书》。

四是对标国际。商业银行环境信息披露工作相较于其他类型金融机构处于相对领先的地位，既包含定性内容，如机构的战略与目标、治理结构、政策制度、风险管控、绿色金融产品创新及实践案例、研究成果、绿色金融国际交流等，又包含定量信息，如机构经营活动对环境影响、投融资活动所产生的环境绩效等数据信息，并与气候相关财务信息等全球性原则进行的对照和衔接，如工商银行在每年发布的《绿色金融专题报告》中以附录的形式将报告与气候相关财务信息框架、PRB原则进行索引；平安银行根据气候相关财务信息框架发布年度《气候变化报告》。

在试点项目实践中，试点机构开展了卓有成效的探索努力，取得了丰硕的实践成果。

第一，增强量化研究能力。工商银行自2015年起，在绿金委指导下开展环境风险压力测试研究，2016年向G20绿色金融研究小组提交首个报告。目前，工商银行压力测试已成体系，覆盖了政策、价格、气候等多重风险要素，先后开展了火电、水泥、钢铁、电解铝等行业的压力测试。2020年，工商银行与华北电力大学合作，开展了环境风险对商业银行煤电行业信用风险的压力测试研究。该研究在工商银行环境与气候风险分析统一框架下，综合考虑政策、碳交易、能源结构转型等因素影响，量化了煤电行业未来10年内面临的环境风险。湖州银行开展的环境压力测试，从节能降耗、水污染排放、大气污染排放、环境保护税、土壤环境修复这五个方面进行施压。江苏银行、兴业银行等都已经开展了某些领域的环境和气候压力测试，压力测试范围已经覆盖了电力、钢铁、水泥、化工、医药等行业。

第二，完善科技系统建设。部分试点机构已创新建立相关科技系统，提升数据质量、降低披露成本，夯实信息披露基础能力建设。如工商银行与瑞典斯德哥尔摩数字团队合作，探索利用区块链技术降低绿债发行和信息披露成本，第三方数据系统。江苏银行开发绿色信贷智能认定的系统，在数据录入的时候，将企业所在的股票行业与人民银行、银保监会和发改委的绿色目录进行映射，很大程度上减少了主观因素导致的误差。易方达基金通过组建金融科技团队建立研发AI和大数据技术，自动抓取收集和分析相关标的。中国平安研发了针对中国市场的责任投资工具，CNGSG人工智能驱动评价体系，为ESG分控、模型构建，投资组合管理的整合应用提供了智慧化的工具和数据支持。重庆农商行建立绿色信贷系统，该系统囊括赤道原则线上管理、绿色分类管理、环境效益测算等功能，借助金融科技，实现绿色项目的自动管理。

第三，制定碳中和方案。海通国际发布《ESG声明》，承诺在2025年年底之前实现自身运营的碳中和，并针对该目标制定具体行动方案，主要包括在集团范围内提倡循环利用和回收的环保理念来降低自身碳排放、使用可再生能源和购买碳信用三种途径，实现节能减碳。

第四，创新碳金融研究。中航信托发布业内首套ESG研究与实践系列丛书——《碳金融：国际发展与中国创新》，较为创新地提出了碳信托的概念，从碳信托账户管理、碳资产交易、信托投融资支持等多个方面对碳信托的业务模式和发展机遇进行了研究和探讨。

7.4 我国金融机构环境信息披露建议

7.4.1 政策层面

一是从政策层面做好顶层设计。建议监管机构通过分析金融机构环境信息披露过程中所面临的重点和难点，制定包括指导性框架、监督制度、标准和技术等一系列政策和技术文件，鼓励金融机构引入第三方机构进行专业支持等保障政策，引导和鼓励金融机构完善绿色金融体系、创新绿色金融产品和服务，夯实环境信息披露基础能力建设。

二是加强环境风险量化能力建设，明确金融机构棕色资产碳排放测算方法等。在碳中和目标下，对高碳资产或称棕色资产敞口及其碳排放的披露日益成为环境信息披露重要组成部分。建议监管机构研究出台棕色资产统计口径和管理指引，要求金融机构开展棕色资产风险管理措施及成效相关信息的披露，如棕色资产敞口及占比，棕色资产碳排放减少情况等。同时，研究统一的测算方法，指引金融机构相关指标信息披露的可比性、一致性、准确性。

三是把环境信息披露纳入监管激励与约束机制（MPA）。2021年5月，人民银行印发《银行业金融机构绿色金融评价方案》，将对银行业金融机构绿色金融业务开展情况进行综合评价，并依据评价结果对银行业金融机构实行激励约束，绿色金融评价结果将纳入央行金融机构评级。建议参照银行业绿色金融考评指标，金融行业根据子行业经营特点，分别建立绿色金融考评体系，将环境信息披露情况纳入考评体系，提高金融机构对环境信息披露重要性的认识，切实推动环境信息披露工作的贯彻落实。

7.4.2 机构层面

一是推动金融机构建立常态化信息披露机制。金融机构要在战略和治理环节统筹考虑气候相关风险和机遇，并进一步明确环境风险治理结构和细化风险管理流程，形成常态化工作机制，提升金融机构识别与管理环境相关风险的能力。

二是进一步加强金融机构量化能力建设。推动金融机构自身加强环境风险管理数据积累、系统建设、模型开发、量化方法、成果运用等方面的探索与研究。深入开展环境信息披露创新性研究，如压力测试、情景分析、ESG指数等，并通过举办同业交流会议等方式分享交流研究成果，扩大研究影响力。

三是披露鼓励金融机构建立环境事件风险应急披露机制，有效识别管理风险。鼓励金融机构建立环境相关风险突发事件应急披露机制，及时披露本机构对爆发重大环境风险的企业和项目的授信情况、风险管控情况、危机应急措施等。在有效识别和管理环境相关风险的同时，满足社会公众的知情权，赢得公众的认可与信任，塑造负责任的品牌形象。

8 绿色金融与节能减排产业

8.1 节能环保产业发展概况

8.1.1 中国节能环保产业整体发展趋势

2020年是打好污染防治攻坚战、决胜全面建成小康社会和"十三五"规划的收官之年，我国生态环境质量持续改善，生产和生活方式绿色、低碳水平上升，主要污染物排放总量大幅减少，环境风险得到有效控制，生态环境领域国家治理体系和治理能力现代化取得重大进展，生态文明建设与全面建成小康社会目标相适应，这些成绩不仅得益于生态环保铁军攻坚克难、积极作为，更离不开节能环保产业的强力支撑。2020年初的新冠肺炎疫情发生后，广大环保企事业单位和环保产业工作者积极投身抗疫阻击战，在疫情中，大量环保企业坚持不裁员、不降薪，为国分忧。疫情后期，广大环保企业响应政府号召，积极复工复产，为经济复苏做出了显著贡献。2020年，我国已形成了规模较大的节能环保服务产业，产业链日趋完善，产品配套能力较强，可以针对地域特征、节能需求和投资预算提供差异化的节能产品和服务。同时，随着我国生态文明建设不断深入，低碳环保产业市场需求进一步释放，营商环境持续改善，产业规模继续保持较快增长，全行业工艺与技术装备水平逐步提升，创新模式进一步推进，产业结构不断完善，产业格局逐步优化。

2020年同样是为"十四五"良好开局打下坚实基础的关键之年，是推进低碳环保产业提质增效、加快发展的重要战略机遇期。节能环保产业作为兼具带动经济增长和应对环境问题双重属性的战略性新兴产业，将成为"十四五"时期支撑我国供给侧结构性改革的重要动能，产业规模将进一步扩大，也将进入高质量发展的快车道。2020年，生态环境产业集中度不断提高，企业规模持续扩大，产业韧性逐步加强，产业进入深度转型期，面临剧烈的变局与重构。竞争主体日趋多元，竞争态势持续加剧，产业呈现出大市场、大项目、大需求的趋势。与此同时，"双碳"目标的提出对我国产业结构、能源结构、生产方式、生活方式都提出新的更高的要求，也增加了工业等生产性企业转型的压力。以紧迫的碳达峰、碳中和为目标，我国将全面加速构建绿色低碳循环发展经济体系，大力发展绿色低碳新技术、新产业和新业态，构建绿色低碳技术产业支撑体系，向高质量、可持续发展迈进。在此背景下，新一轮投资发展空间得以释放，传统行业的绿色转型升级也将创造巨大的市场需求，节能环保产业转型发展机遇与挑战并存。

2020年，我国节能环保产业的总产值增至7.5万亿元，相较于2015年的4.5万亿元增长了66.67%；2020年我国节能环保产业总产值占GDP比重为7.38%，比2019年降低了1.6个百分点，但比2015年提高了0.78个百分点，见图8-1。2015—2020年，我国节能环保产业的年均增长率超过15%，远高于同期经济增速。与此同时，我国环境企业50强2020年平均营收总额同比增长2.75%，上榜"门槛"增长6.4%[①]，节能环保产业已经成为我国经济发展的新亮点、新动力。随着政策红利的逐步显现与环保产业发展新路径的探索创新，我国节能环保产业市场规模还将持续扩大，据预测，2022年我国节能环保产业产值有望突破10万亿元，至2023年有望达到12.3万亿元[②]。

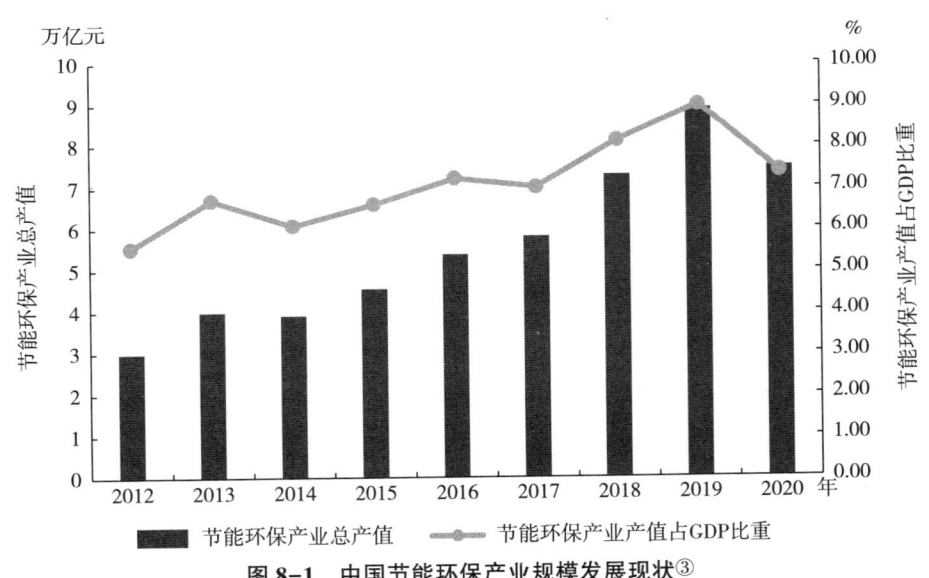

图 8-1 中国节能环保产业规模发展现状[③]

国家在财政支出方面，把生态环保、绿色发展作为重要的领域，"十三五"期间，全国节

---

① 数据来源：2021中国生态环境产业高峰论坛。
② 数据来源：《2021年中国节能环保产业发展分析报告》。
③ 数据来源：《节能环保行业研究报告》《2018—2022年中国节能环保产业产值预测分析》。

能环保财政支出 3.04 万亿元，这些财政投入引导和撬动大量的社会资本，参与到各地生态环境保护工作中。2020 年，随着节能减排技术的升级和督查执法工作的不断深入，同时在一定程度上受到新冠肺炎疫情的影响，国家节能环保有关财政收入呈现不同程度的下降，其中，资源税 1 755 亿元，同比下降 3.7%；环境保护税 207 亿元，同比下降 6.4%。与此同时，节能环保财政支出也呈现下降态势，2020 年国家财政在节能环保领域的总财政支出为 6 317 亿元，同比下降 14.1%。如图 8-2 所示，从中央财政角度来看，自 2014 年起，中央财政在节能环保领域的财政支出明显增加，在 2015—2016 年有所下降，"十三五"规划时期的前三年，财政支出呈现量和比例逐步攀升的态势，至 2018—2020 年逐渐下降。从地方财政角度来看，自 2010 年以来地方财政在节能环保领域的投入力度明显增大，"十三五"以来财政支出的量和比例均呈现出逐步攀升的态势，2019—2020 年有所下滑，2019 年为"十三五"期间地方财政在节能环保领域支出最多的年份（6 969.01 亿元），占地方财政总支出的 3.42%。

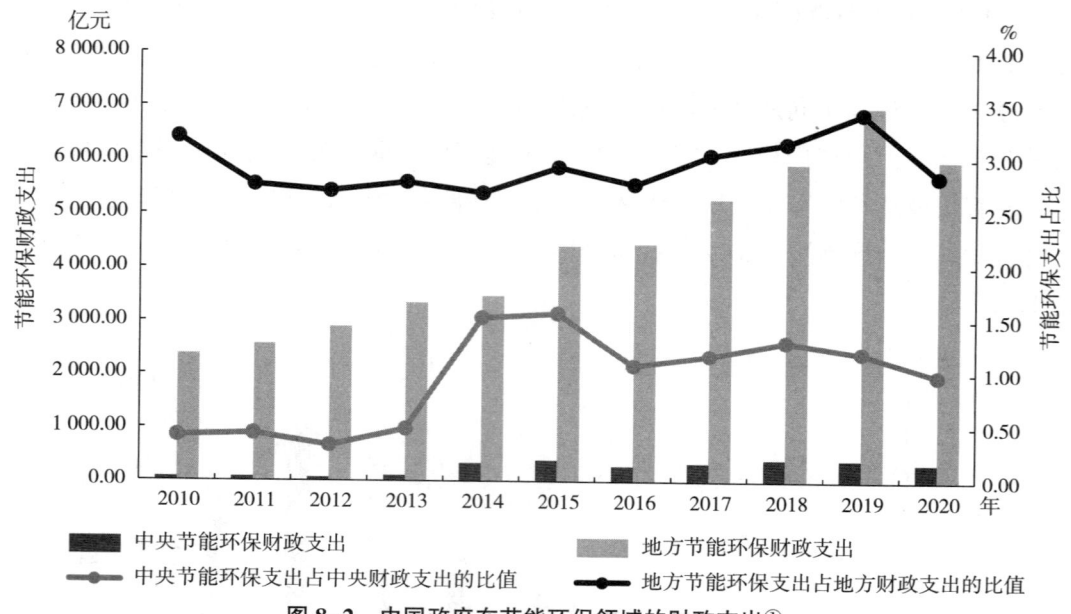

图 8-2　中国政府在节能环保领域的财政支出①

　　就中央和地方节能环保财政投入的配比来看，我国对节能环保的财政投入主要来自地方政府。"十三五"以来，地方政府的节能环保支出占比呈现先降后升的态势，2018 年达到最低点（93.27%），后地方政府的节能环保支出占比逐渐上升，至 2020 年，地方政府支出占比已高达 94.55%，相较于 2018 年上升 1.28 个百分点，相较于 2016 年上升 0.79 个百分点。相对应的，2018 年中央财政对节能环保支出占节能环保财政总支出的 6.73%，相较于 2010 年提高了 3.88 个百分点，这一比例为"十三五"期间最高；但仍低于 2014 年（9.03%）和 2015 年（8.34%），见图 8-3。

---

①　数据来源：2011—2020《中国统计年鉴》，中华人民共和国财政部。

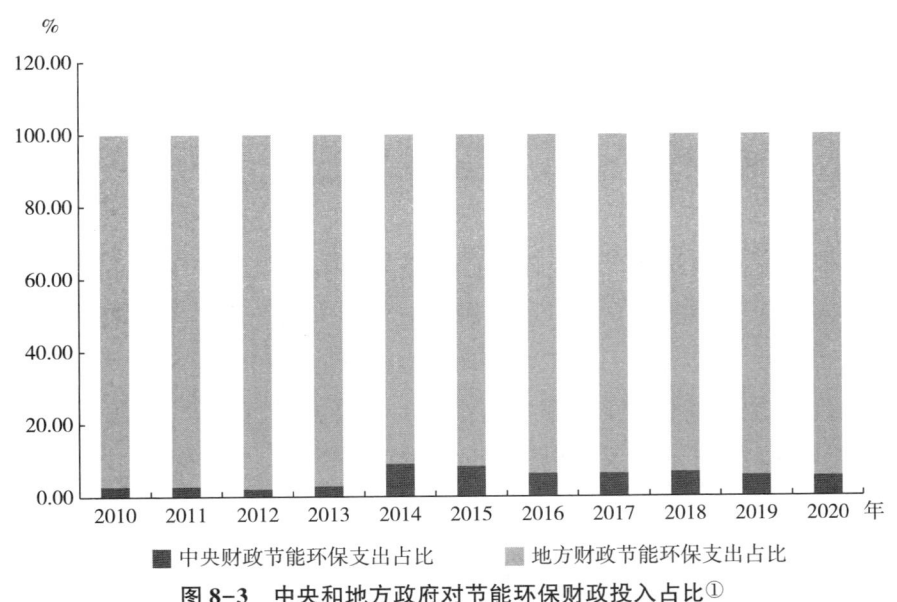

图 8-3 中央和地方政府对节能环保财政投入占比①

在地方政府对节能环保的投入中，2010 年至 2015 年排名前两位的分别是广东省和江苏省。2016 年至 2017 年，北京市超越广东省并保持在第一，广东省则一直处于第二。2018 年，广东省和河北省超越北京市，分别排名第一和第二；2019 年，广东省与河北省排位保持稳定，而江苏省再次位列前三。可见，仅有广东省始终保持在节能环保投入的前三名，为地方节能环保投入领军省份，见表 8-1。

表 8-1 地方政府对节能环保财政投入排名②

年份	2010	2011	2012	2013	2014	2015	2016	2017	2018	2019
第一	广东	广东	广东	广东	广东	广东	北京	北京	广东	广东
第二	江苏	江苏	江苏	江苏	江苏	江苏	广东	广东	河北	河北
第三	河北	内蒙古	山东	山东	北京	北京	江苏	河北	北京	江苏

地方政府对节能环保的财政投入对当地节能环保产业的发展具有显著影响，数据显示，节能环保具备一定规模和实力的企业分布，在地域上有明显差异性③。"长三角"地带具备较强集中趋势，长三角地区产业高新企业占比达 35%。其次是华南地区（主要由广东省拉动）、华北地区（主要由北京市拉动）。

综观 2020 年我国节能环保产业发展趋势，虽然明确的政策导向为节能环保产业的发展注入了新的动力，但仍应清醒认识到，我国节能环保行业的规模较欧美等发达国家还有一定差距，同时随着节能环保企业数量越来越多，市场正面临着供给与需求不对称、区域发展差异明显等问题，如何稳中求进，形成顺应历史潮流、市场规律的发展战略，成为节能环保产业新的目标和挑战。

---

① 数据来源：2011—2020《中国统计年鉴》，中华人民共和国财政部。
② 数据来源：2011—2020《中国统计年鉴》。
③ 数据来源：《2021 年中国节能环保产业发展分析报告》。

8.1.2 中国节能环保产业分行业发展现状

2020年,我国各地区、部门认真贯彻落实资源节约和环境保护基本国策,节能环保产业得到快速发展,依据国家发展改革委的统计数据,2020年,我国节能环保产业产值已由2015年的4.5万亿元上升到7.5万亿元左右,2015年至2020年年均增长率超过15%;中国环境企业50强2020年平均营收总额同比增长2.75%①。节能环保产业是指为节约能源资源,保护环境,发展循环经济,提供技术与装备、产品和服务的产业。从源头减量和末端处理的角度来看,主要包括节能和环保两个子行业。其中,节能行业是从工业活动前端提升能源和资源的有效利用率,从源头减少能源的投入;环保行业更多的是对工业和生活产生的污染物进行处理,从后端减少污染的排放。从对象来看,节能环保两个子行业又可以进一步细分为若干个二级子行业。

8.1.2.1 节能行业

近年来,节能服务产业已成为利用社会资本开展节能减排的主要生力军,是拉动国民经济增长的积极因素,为我国稳增长、保就业发挥了重要的促进作用,并已成为推动全国节能减排的重要市场力量,发挥着战略性新兴产业支柱作用。

近年来,我国节能服务产业发展迅速,继2017年首次突破4 000亿元大关后,2020年节能服务产业总产值再创新高,达到5 917亿元,同比增长13.3%;从2005年节能服务产业总产值47亿元,到2020年的5 917亿元,16年间我国的节能服务产业总产值增加了124.9倍,年均增长率超过41%,显示出节能服务产业总体运行平稳、总产值稳步增长的发展态势,见图8-4。

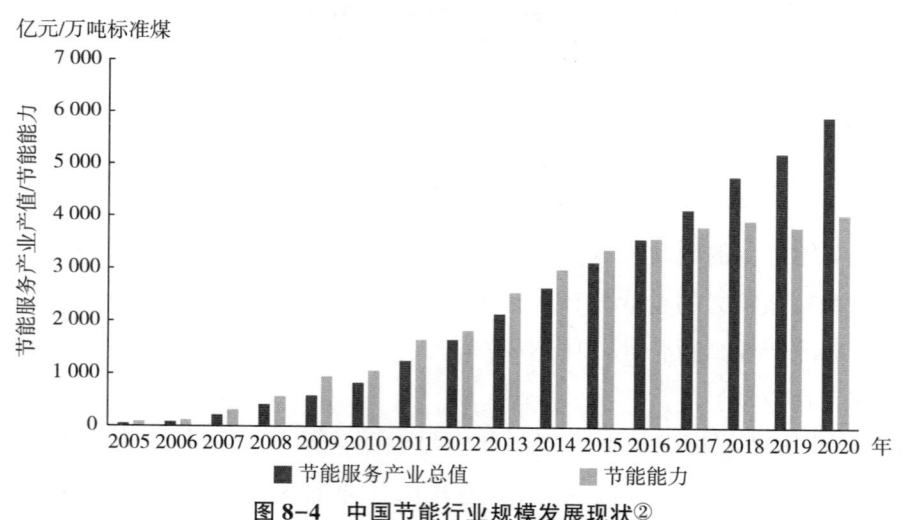

图8-4 中国节能行业规模发展现状②

为适应能源发展新形势,传统能源企业加快向合同能源管理服务转型的步伐,但近年呈现

---

① 数据来源:https://www.thepaper.cn/newsDetail_forward_11125695。http://www.ce.cn/cysc/stwm/gd/202107/22/t20210722_36740116.shtml。
② 数据来源:中国节能协会节能服务产业委员会,《〈"十三五"节能服务产业发展报告〉正式发布》:https://mp.weixin.qq.com/s/WcM_DG1y9JSX42d-R-QXNQ。

出投资日趋理性、项目投资额下降的态势。2020 年我国合同能源管理投资达到 1 246 亿元，较 2019 年增长了 9.2%[①]；节能稍有提升但降碳效果有所下降，2020 年我国合同能源管理服务形成年节能能力 4 050 万吨标准煤，同比增长 6.6%，但年减排二氧化碳 10 172 万吨，同比下降 1.2%，分别高于和低于 2019 年的 3 801 万吨标准煤和 10 300 万吨二氧化碳。

在节能行业规模逐步扩大的同时，中国节能行业队伍的规模也呈稳步增长的态势，2005—2020 年，我国从事节能服务的企业和行业从业人数年均增长率分别为 33.5% 和 50.8%。中国节能协会节能服务产业委员会（EMCA）公布的统计数据显示，截至 2020 年，全国从事节能服务的企业达到 7 046 家，同比增长 7.2%；行业从业人数 76.6 万人，同比增长 0.7%，如图 8-5 所示。节能公司的壮大，能够有效带动节能技术研发创新、节能产品制造、节能工程设计、节能咨询评估等的发展，加快行业形成以节能为核心的配套产业链，使节能环保产业成为最具市场化和成长性的朝阳产业，从而提升节能服务的供给数量和服务质量。但总体而言，节能服务公司仍以中小企业为主，产业集中度低，呈现"多而弱""小而散"的格局，市场竞争激烈仍是目前我国节能环保产业发展面临的较大挑战。

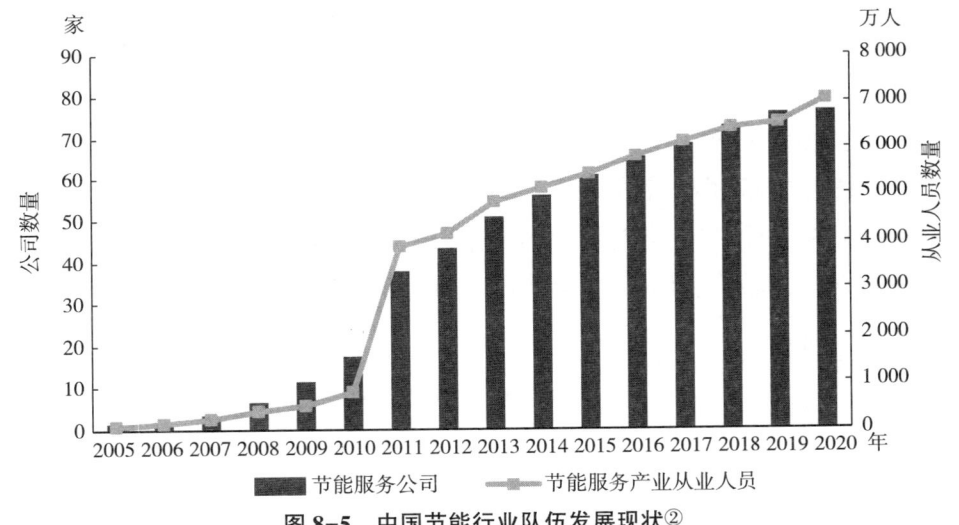

图 8-5　中国节能行业队伍发展现状[②]

目前，建筑能耗已与工业能耗、交通能耗并列，成为中国三大"耗能大户"之一。2019 年，建筑耗能占全国总能耗的 21.81%[③]。随着政策引导、合同能源管理模式的推进，建筑节能产值规模正在不断扩大，从 2011 年的 413 亿元，上升至 2019 年的 1 922 亿元，年均增长率为 21.2%。2014 年至 2018 年，建筑节能总产值占节能服务产业总产值比重稳定在 33.0%～35.1%，见图 8-6。其中，国内建筑节能产品主要包括建筑节能材料、建筑新能源以及其他建筑节能，2018 年分别占比 63.38%、3.26%、32.91%。

---

① 数据来源：前瞻产业研究院，《2021 年中国合同能源管理行业市场现状及发展前景分析　未来产值规模有望达 5 873 亿元》：https://www.qianzhan.com/analyst/detail/220/210425-9ff2a1b7.html。

② 数据来源：中国节能协会节能服务产业委员会，《〈"十三五"节能服务产业发展报告〉正式发布》：https://mp.weixin.qq.com/s/WcM_DG1y9JSX42d-R-QXNQ。

③ 数据来源：观研报告网，《2020 年中国建筑节能行业分析报告——市场竞争现状与投资战略研究》：http://baogao.chinabaogao.com/jiajujiancai/523051523051.html。

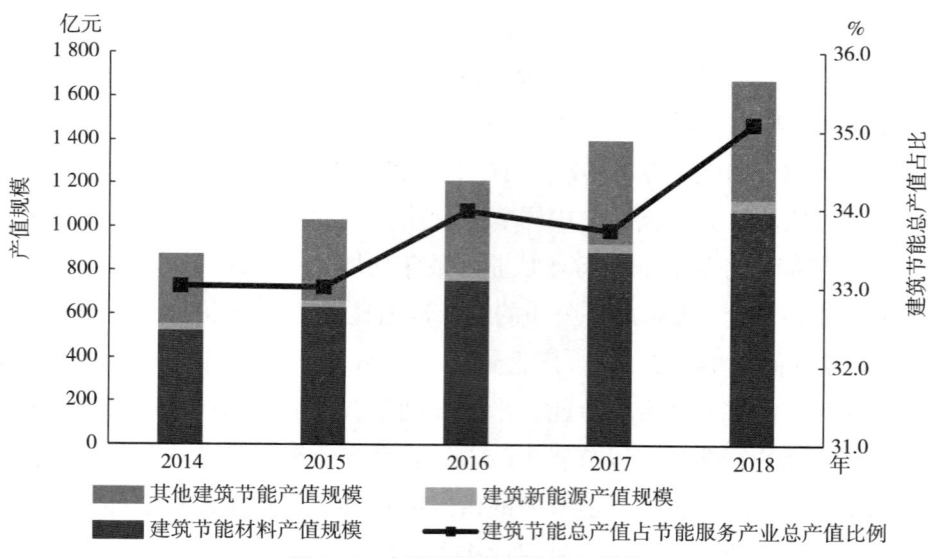

图 8-6　中国建筑节能产值规模①

建筑节能主要包括新建建筑的节能设计和既有建筑的节能改造，新建建筑的节能设计主要指绿色建筑的新建，既有建筑的节能改造分为居住建筑改造和公共建筑改造。2016 年底全国城镇新建建筑全面执行节能强制性标准，累计新建节能建筑面积超过 150 亿平方米，占总新建建筑面积的 47.2%；2018 年全国城镇新增节能建筑面积约 19.7 亿平方米，累计建成约 188.5 亿平方米。在节能改造领域，2016 年底全国城镇累计完成既有建筑节能改造面积超过 13 亿平方米；2018 年我国完成节能建筑改造面积约 1.59 亿平方米，累计约 15.96 亿平方米。整体来看，2011 年至 2018 年，每年新增节能建筑面积约 15 亿~30 亿平方米，自 2016 年起呈现稳步上升的态势，见图 8-7。

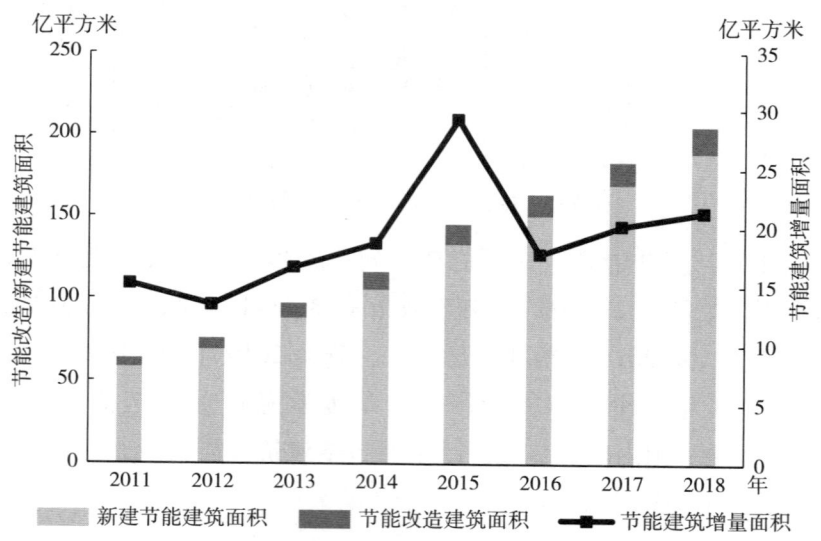

图 8-7　中国节能建筑新建与节能改造面积②

---

① 数据来源：中国产业信息网，《2018 年中国建筑节能行业发展现状及趋势分析》：http：//www.chyxx.com/industry/201910/799534.html。

② 数据来源：中国产业信息网，《2018 年中国建筑节能行业发展现状及趋势分析》：http：//www.chyxx.com/industry/201910/799534.html。

8.1.2.2 环保行业

狭义上,环保行业指的是在环境污染控制、污染物减排与清理以及废弃物处理方面提供设备和服务的行业,是相对于治理生产过程中排放的"三废"(废水、废气、固体废弃物)的"末端处理"而言的产业。广义上,环保行业不仅涵盖了狭义的内容,还包括产品生产过程的清洁生产技术和清洁产品。按照产品内容分类,环保产业可以分为市政活动、环境分析和监测、环保技术与工程、环境研究与开发四类。

8.1.2.2.1 城镇污水处理、生活垃圾处理和危险废弃物处置等市政活动

2020 年,我国城镇污水处理行业、生活垃圾处理行业和危险废弃物处置行业预计保持稳步增长的态势。根据《2019 年中国城乡建设统计年鉴》,2019 年,全国城市共有污水处理厂 2 471 座,比上年增长 6.46%,城市污水处理能力达 1.79 亿立方米/日,比上年提高 5.82%,依据 2015—2019 年近五年城市污水处理数据,预计 2020 年全国城市污水处理厂及城市污水处理能力的增长率分别为 6.17% 和 6.16%,城市污水处理厂达到 2 623 座,污水处理能力进一步提升至 1.9 亿立方米/日,依据生态环境部《2020 年中国生态环境状况公报》公布的数据,2020 年城市污水处理能力达到 1.9 亿立方米/日,与本报告估计基本一致;2019 年,全国县城共有污水处理厂 1 669 座,比 2018 年增长 4.44%,污水处理厂处理能力达 3 587 万立方米/日,比 2018 年增长 6.52%,依据近五年县城污水处理数据,预计 2020 年全国县城污水处理厂及城市污水处理能力的增长率分别为 5.51% 和 6.57%,城市污水处理厂达到 1 761 座,污水处理能力进一步提升至 3 823 万立方米/日;但城乡对比来看,县城污水处理厂数量及处理能力仍显薄弱,见图 8-8。

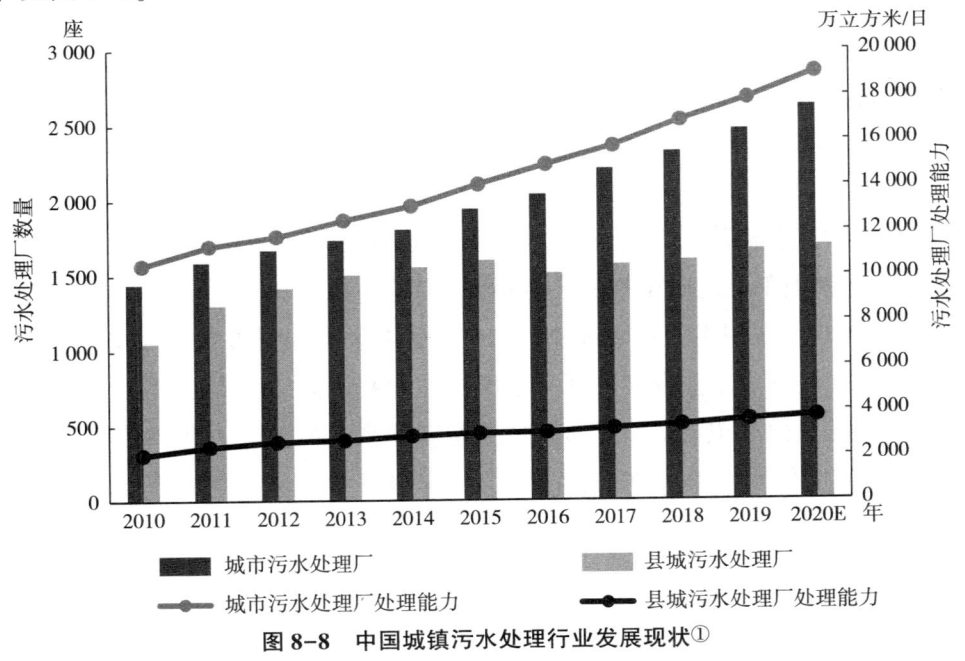

图 8-8 中国城镇污水处理行业发展现状[①]

---

① 数据来源:《城乡建设统计年鉴》(2010—2019)、《2020 中国生态环境状况公报》。

生活垃圾处理能力和城市生活垃圾清运量方面,依据《2019年中国城市统计年鉴》,截至2019年底,我国城市、县城生活垃圾清运量进一步提升至24 206万吨和6 871万吨,增幅分别为13.53%和11.80%。无害化处理需求也随着生活垃圾清运量的增长得到了释放,2019年,我国城市、县城生活垃圾无害化处理率分别达到了99.2%和96.2%,生活垃圾无害化处理厂数量规模进一步扩大,具体表现为:城市、县城生活垃圾无害化处理厂数量分别增长为1 183座和1 378座,同比增长率为8.43%和4.08%,无害化处理能力为86.99万吨/日和24.67万吨/日,同比增长率为13.53%和11.80%。依据《2020中国生态环境状况公报》对我国城市生活垃圾的初步核算,截至2020年底,全国城市生活垃圾无害化能力达到89.77万吨/日,无害化处理率达到99.32%;县城方面,依据近五年生活垃圾处理数据,预计2020年我国县城生活垃圾无害化处理能力为26.65万吨/日,无害化处理率为98.91%。见图8-9。

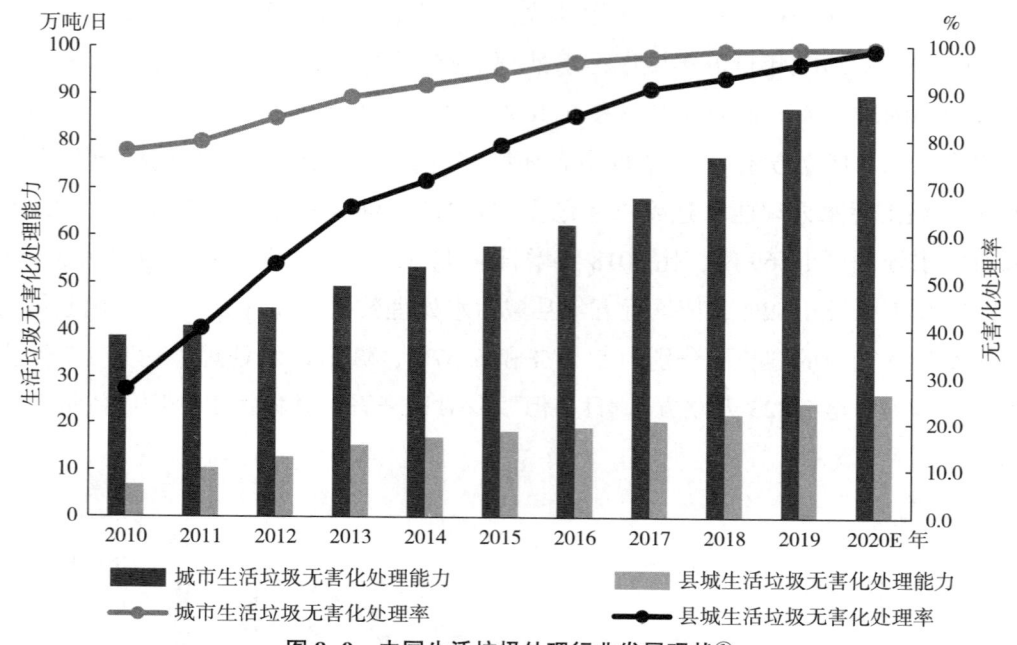

图8-9 中国生活垃圾处理行业发展现状①

近年来,我国对工业固废特别是危险废物处置的重视程度日益加大。从目前变化趋势来看,截至2019年,我国工业危险废物的产生量及处置量仍然呈现上升趋势,依据近五年工业废物的数据,预计2020年我国工业危险废物的产生量及处置量已达9 574万吨和8 882万吨(见图8-10)。基于我国经济和工业发展的现实情况,随着我国固废污染治理工作的日益推进和强化,危废处理的市场规模有望进一步扩大。依据学者预测,2019年,我国工业固体废物处理利用产业规模已达7 038亿元,随着2022年我国工业固体废物产生量达到拐点,我国工业固体废物产生量将进入高位波动期,工业固体废物处理利用产业规模预计在未来十年持续上升,并在2030年达到8 117亿元②。

---

① 数据来源:2010—2019《中国城乡建设统计年鉴》、《2020中国生态环境状况公报》。
② 资料来源:李金惠,张上,孙乾予. 我国工业固体废物处理利用产业状况分析与展望[J]. 环境保护,2021,49(2):14-18。

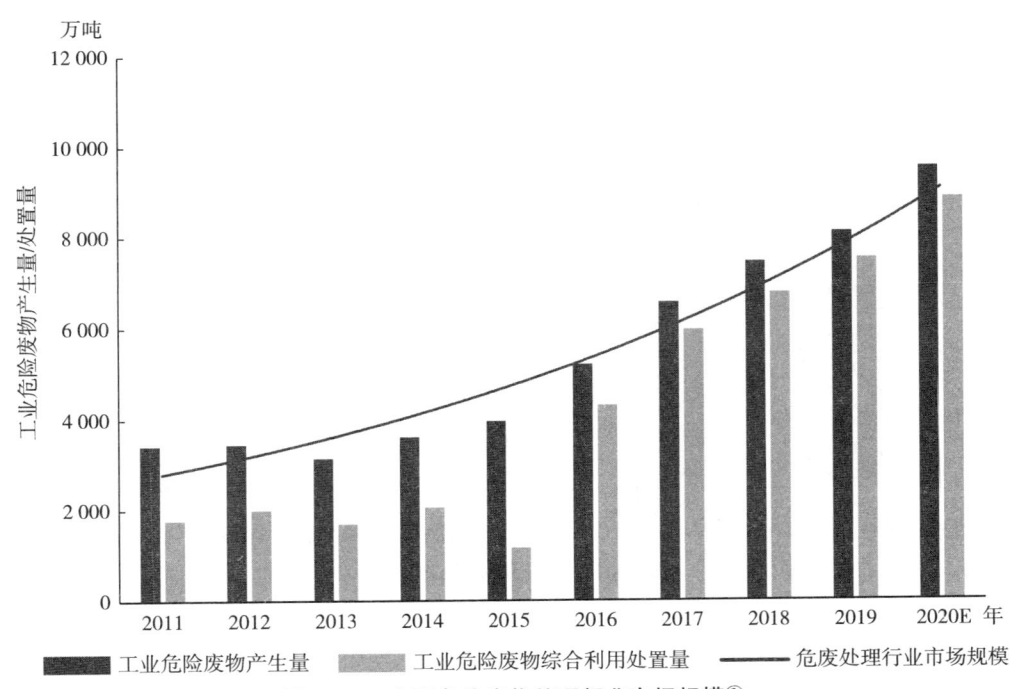

图 8-10　中国危险废物处理行业市场规模①

8.1.2.2.2　环境分析和监测

环境分析和监测是环境管理、环境决策、环境考核得以有效推进的重要基础。近年来，我国环境监测执法力度不断加强，环境监测网建设取得不断完善，环境分析和监测设备的市场需求稳定提升。依据生态环境部《2016—2019 年全国生态环境统计公报》，2019 年，我国已实施自动监控的重点排污单位数为 23 818 万家，尽管与 2016 年同期数据相比略有降低，但规模依然可观，监测设备的市场需求依旧广阔；同年，纳入随机抽查的污染源数量及单次随机抽查污染源数量同 2016 年相比有了显著提升，增幅分别为 19.38% 和 62.35%，依据近三年上述数据统计，预计 2020 年我国已实施自动监控的重点排污单位数、纳入随机抽查的污染源数量及单次随机抽查污染源数量分别为：23 681 个、87.67 万家和 79.84 万家/每次（见图 8-11）。

依据中国环保产业协会发布的《2020 年环境监测行业发展评述和 2021 年发展展望》，2020 年，生态环境部相继发布了包括《生态环境监测条例（草案）》《环境空气质量数值预报技术规范》等生态环境监测类标准在内的多个政策标准，为我国环境监测设备行业取得了进一步发展，比如市场对废气监测设备（特别是针对 O_3 前体物的 VOCs 监测）的需求大幅提升，小型水质监测站应用逐渐丰富等。2021 年 4 月，生态环境部召开"十四五"生态环境监测规划编制领导小组会，提出要提升生态环境监测的整体性、系统性及协调性②，对于环境分析和监测行业来说，可谓迎来了新一轮的发展机遇。

---

① 资料来源：2011—2020《中国统计年鉴》、《中国生态环境统计公报》（2011—2019）。
② 资料来源：生态环境部，http://www.mee.gov.cn/ywdt/hjywnews/202104/t20210416_829065.shtml。

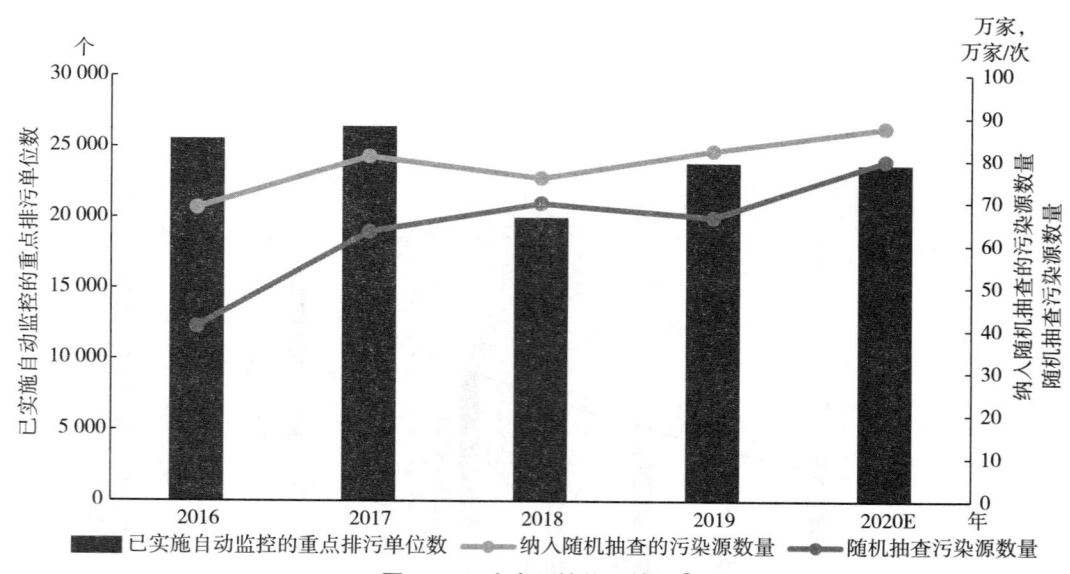

图 8-11　生态环境执法情况①

8.1.2.2.3　环保技术与工程

在环保技术与工程领域,本报告重点从工业污染治理领域加以分析研讨,并以工业污染治理投资作为用于表征环保技术与工程行业的发展情况的指标。从整体上来看,截至 2019 年,我国工业污染治理仍主要以废气、废水治理为主,二者投资的比重占到整个工业污染治理投资总额的 70% 以上。值得注意的是,废气治理的投入占比自 2014 年达到峰值 79.13% 后一直呈现稳定的下降趋势,2019 年,这一指标的数值下降到了 59.77%,反观其他治理投资的占比则同 2010 年相比有了显著的提升。依据近五年统计数据,2020 年,预计我国治理废水、治理废气、治理固体废物、治理噪声、治理其他占全国总节能环保投资的比例分别为 11.39%、56.90%、4.02%、0.35%、33.39%,未来,我国污染治理预计将趋向于综合化,除可在废水、废气等主流领域"大施身手"外,环保技术与工程行业有望在治理噪声及其他环境治理领域获得更大的发展空间,见图 8-12。

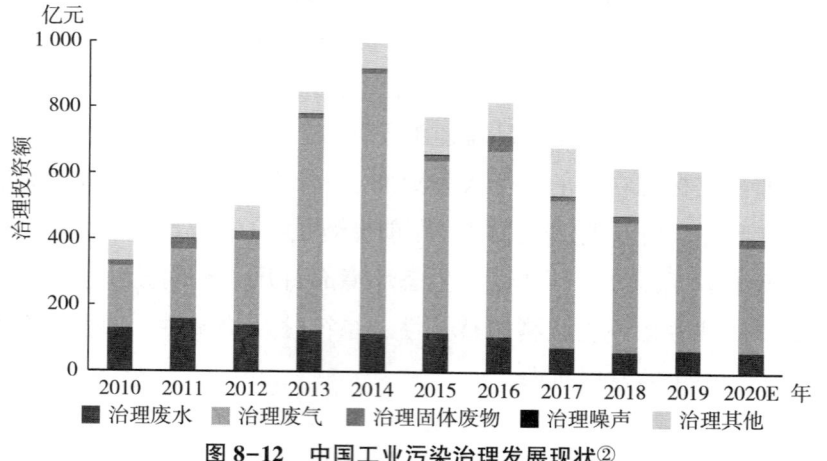

图 8-12　中国工业污染治理发展现状②

---

① 数据来源:《2016—2019 年全国生态环境统计公报》。
② 数据来源:《中国统计年鉴》。

8.1.2.2.4 环境研究与开发

随着中国对生态文明建设重视程度不断提高以及对环境问题精准治理的呼声日益凸显,研究机构与高等学校对环境科学技术课题的投入逐渐加强。

2010 年,研究机构环境科学技术及资源科学技术课题数量为 2 313 项,投入人员数 4 709 人次,投入经费 11.12 亿元。随后课题数量与投入经费逐年增长,投入人员出现小幅度下降、再回弹的态势,截至 2019 年底,研究机构环境科学技术及资源科学技术课题数量已达到 4 662 项,科研人员数量为 7 526 人次,投入经费稳定增加并超过 30 亿元,结合近五年数据,预计 2020 年我国研究机构环境科学技术及资源科学技术课题课题数量将扩大到 4 917 项,科研人员数量为 7 610 人次,投入经费达到 34 亿元。未来,随着我国对环境领域科研重视程度的稳定加深,环境研究与开发行业将拥有更多的发展机遇,见图 8-13。

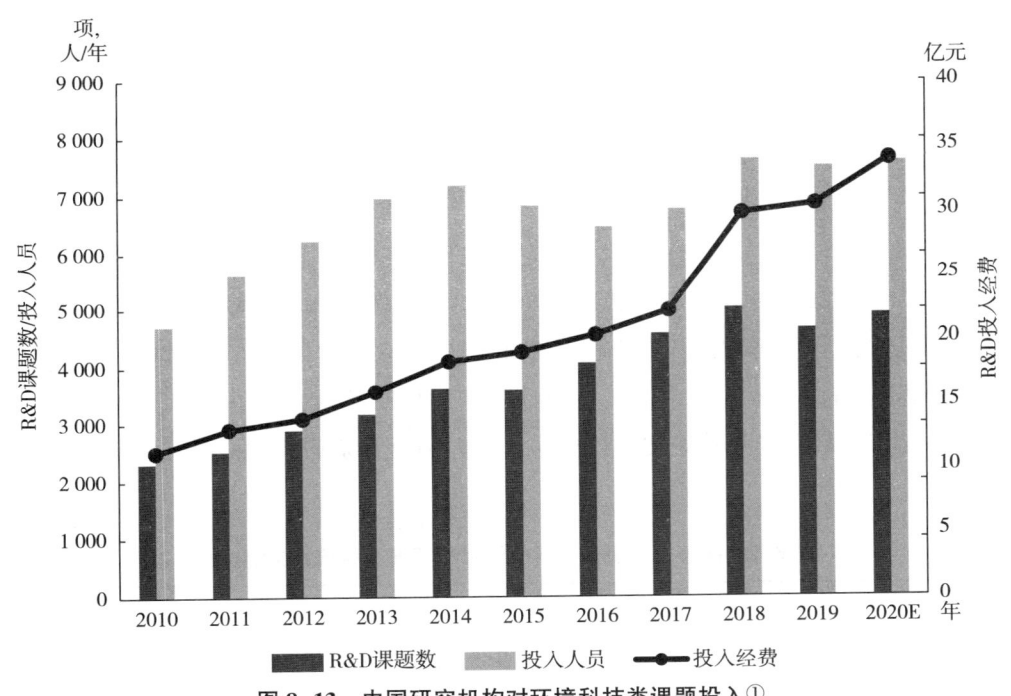

图 8-13 中国研究机构对环境科技类课题投入[①]

高等院校是我国生态环境类人才培养和科学技术研发的重要基地之一。依据统计,2010 年,我国高等学校环境科学技术及资源科学技术课题数量为 11 194 项,投入人员 6 451 人/年,投入经费 17.37 亿元;到 2019 年时,高校中环境科学技术及资源科学技术领域的课题数量、投入人员和投入经费已有了成倍增长,分别达到 20 202 项、13 157 人/年和 35.52 亿元,结合近五年的统计数据,预计 2020 年我国高校中环境科学技术及资源科学技术领域的课题数量、投入人员和投入经费将进一步增长至 21 490 项、15 155 人/年和 39 亿元,反映出了环保产业快速发展的态势以及对人才和适用科学技术的强烈需求,见图 8-14。

---

① 数据来源:《中国科技统计年鉴(2011—2020 年)》。

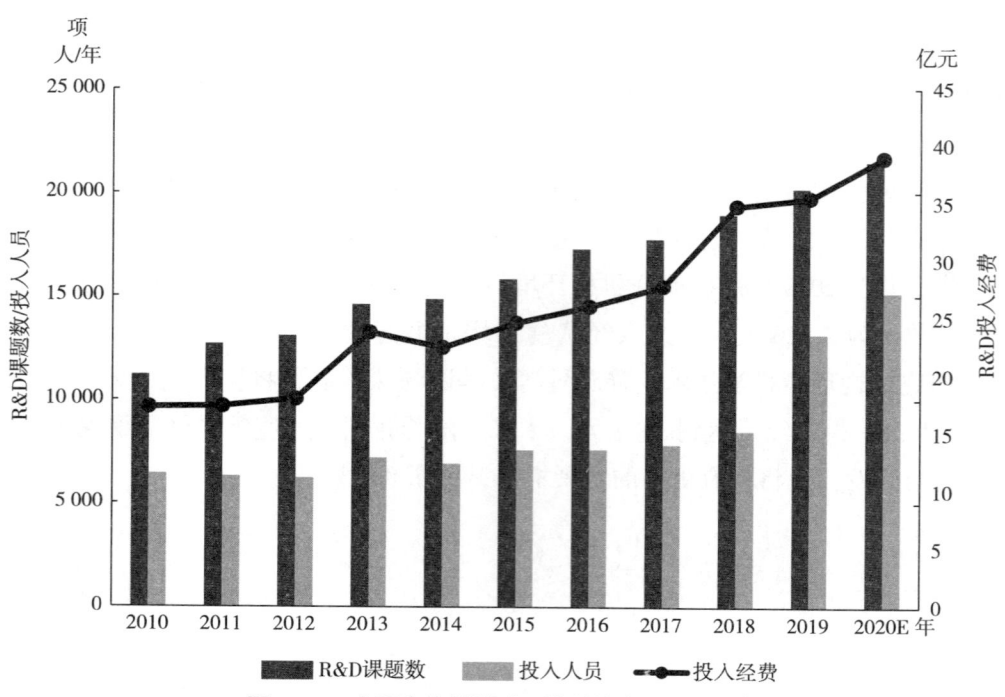

图 8-14　中国高等学校对环境科技类课题投入①

随着研究机构与高等学校对环境科学技术课题投入的逐年加强，环境研究与研发成果也逐年增加。依据对中国知网文章收录情况②的统计，2010 年，研究人员在学术期刊上发表环境保护类学术论文 4 982 篇，到 2020 年，研究人员当年在学术期刊上发表论文数量则多达 10 290 篇，增幅超过 106%；国际期刊发表方面，依据《中国科技统计年鉴》提供的数据，2010 年至 2018 年，我国被国外主要检索工具收录的环境类科技论文篇数总体呈现大幅上升态势，学科影响力正在不断扩大（见表 8-2）。

表 8-2　国外主要检索工具收录我国环境类科技论文情况③

学科	年份	篇数（篇）			位次		
		SCI	EI	CPCI-S	SCI	EI	CPCI-S
环境	2010	3 729	709	1 637	10	22	14
环境	2011	4 178	1 326	193	8	20	20
环境	2012	3 842	1 523	1 207	11	19	9
环境	2013	22	310	—	38	28	40
环境	2014	5 235	5 262	370	12	13	16
环境	2015	7 143	31 481	239	12	2	16
环境	2016	8 667	37 948	1 614	12	1	11
环境	2017	10 475	50 653	867	10	1	16
环境	2018	13 571	18 212	2 431	10	5	6

---

① 数据来源：《中国科技统计年鉴》（2011—2020 年）。
② 数据来源：中国知网（CNKI）。
③ 数据来源：《中国科技统计年鉴》（2011—2020 年）。

2020年，由生态环境部组织和指导，生态环境部环境发展中心开发、建设和运行的国家级技术服务平台——国家生态环境科技成果转化综合服务平台得到进一步完善发展，为各级地方政府及其生态环境保护相关工作部门、污染治理和生态修复企业提供了更为高效的交流平台，极大促进了生态环境科技成果的转化。依据对平台已有技术成果统计，截至2021年8月，国家生态环境科技成果转化综合服务平台收录了经过规范评估，由政府、大专院校、科研机构、企业和社会团体研发的生态环境治理技术和管理研究成果共4 651项，同上年相比增长了22.2%，内容涉及水污染防治技术、大气污染防治技术、固体废物处理处置技术、土壤治理与修复技术、噪声污染控制技术、资源化与综合利用技术、清洁生产技术等，具体类别占比情况如图8-15所示。

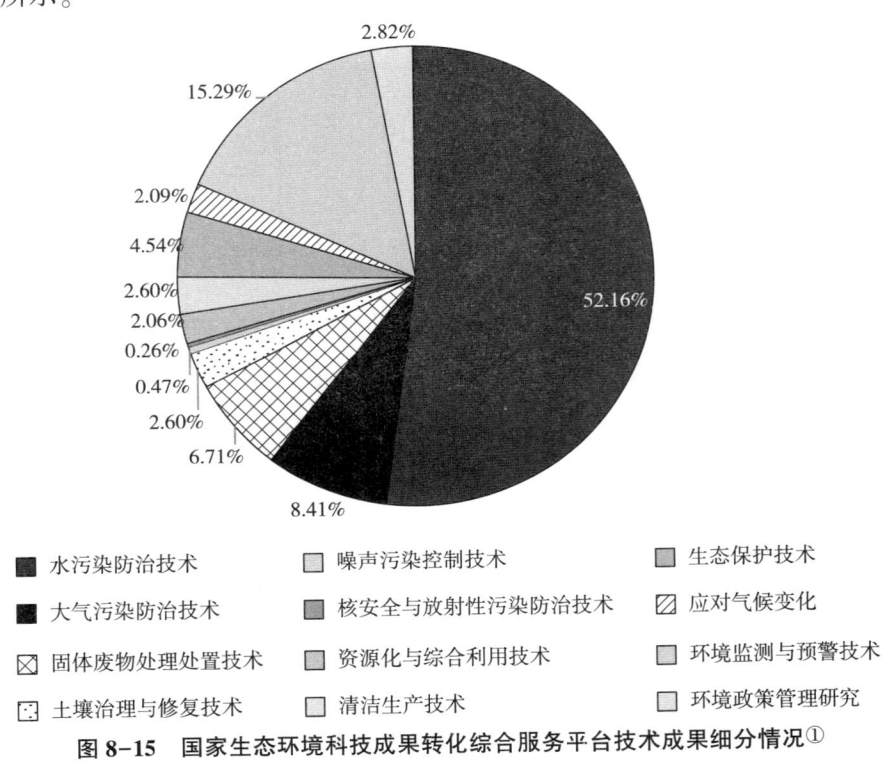

图8-15 国家生态环境科技成果转化综合服务平台技术成果细分情况[①]

8.1.3 中国节能环保产业上市公司发展

2020年，受国内新冠疫情影响，我国节能环保产业在经历较为低迷的发展阶段后，自2020下半年起出现上升态势，并自此趋于平稳。截至2021年5月，沪深A股中主营业务涉及节能环保的上市公司（含主板、中小板、创业板、科创板）数量已有300家，总市值较上年增长了20.93%[②]。就增速而言，节能环保企业的总体业绩增速基本与上年同期持平，但净利润增速则有所放缓，依据2020年12月31日前节能环保上市企业已发布的年度业绩报告，净利润为负数

---

① 数据来源：国家生态环境科技成果转化综合服务平台，http://www.ceett.org.cn/huanbao/techno/index.html。
② 数据来源：Wind数据库。

的企业占比超过40%。就行业走势而言，本报告对比整理了2020年至今沪深300指数以及节能环保行业的累计收益率数据进行分析，发现2020年节能环保行业企业基本跑赢沪深300指数（见图8-16），表明节能环保行业2020年的经营情况略优于大盘走势。

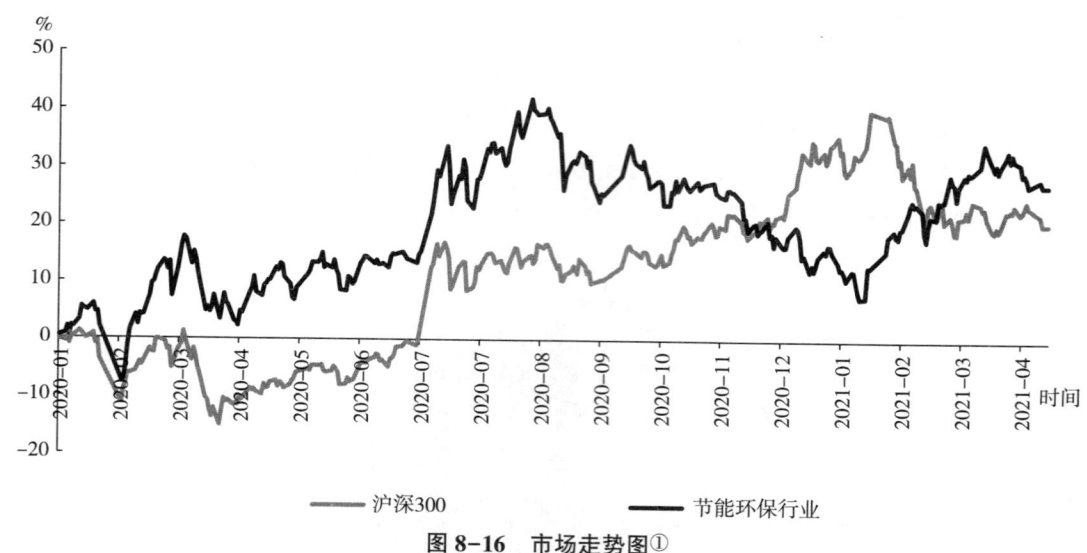

图8-16 市场走势图①

节能环保产业涉及污染治理、生态保护与修复、节能、环境监测与检测和环境公共设施管理服务等，是当前我国加快培育和发展的重要战略性新兴产业。本报告将以沪深A股中主营业务涉及节能环保的上市公司为主要研究对象，并对上述企业的营运能力、偿债能力、盈利能力和成长能力情况进行统计分析，以对我国节能环保产业企业的业务开展情况和发展态势加以研判。

8.1.3.1 节能环保产业营运能力分析

总资产周转率是企业营业收入与平均资产总额的比率，是反映企业的整体经营能力的主要指标之一，本报告亦采用该指标进行分析。

总体来看，2020年，节能环保行业上市企业的总资产周转率出现了进一步下降，从上年的0.54下降至0.50，表明目前行业的整体营运能力仍处于较低水平。就各个板块的降幅差异而言，科创板上市公司的总资产周转率下降幅度最大，从上年的0.71下降到0.56；其次是创业板和主板，同上年相比分别下降了13.0%和5.4%；中小板上市公司的总资产周转率降幅最小，与上年相比，2020年中小板上市公司的总资产周转率仅下降了2.6%，为0.56，详见图8-17。

从各细分领域来看，节能环保上市公司中，各领域的营运水平基本相当，但与上年相比，其总资产周转率都出现了小幅下降，其中，环境监测与检测和环卫分别为行业中降幅最大和最小的行业，降幅分别为19.1%和3.1%。在众领域中，大气污染治理领域的营运能力最强，总资产周转率接近0.6，而水污染治理的总资产周转率则最低，为0.4；生态保护与修复和节能领域营运能力分居第二、第三位，总资产周转率分别为0.482和0.481，详见图8-18。

---

① 数据来源：Wind数据库。

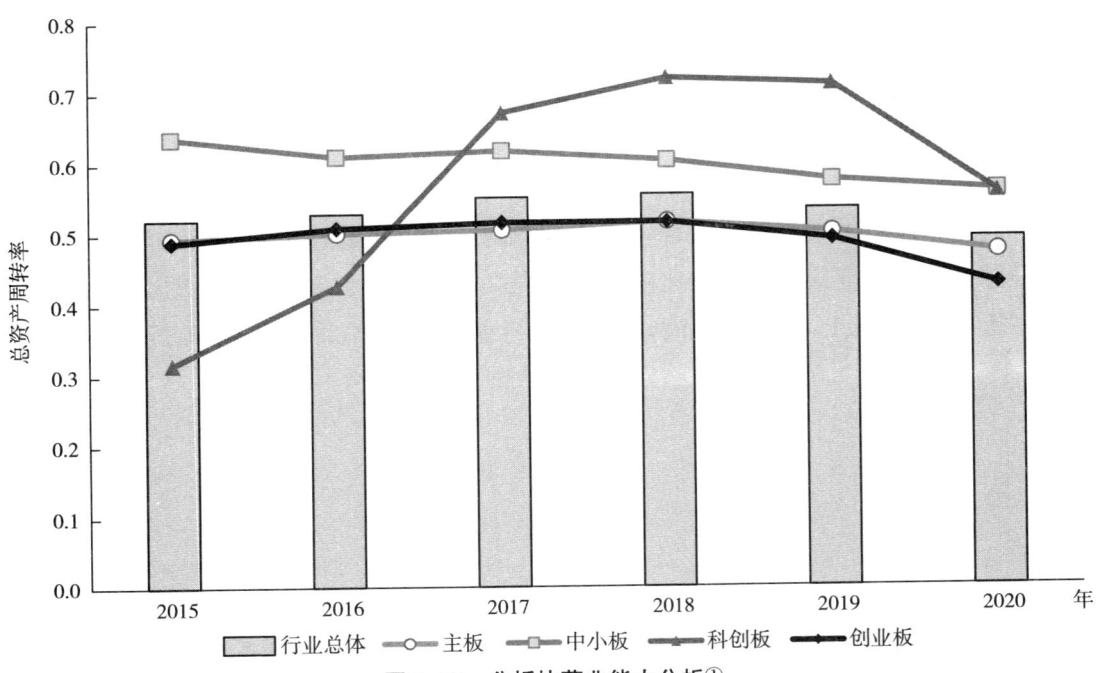

图 8-17 分板块营业能力分析①

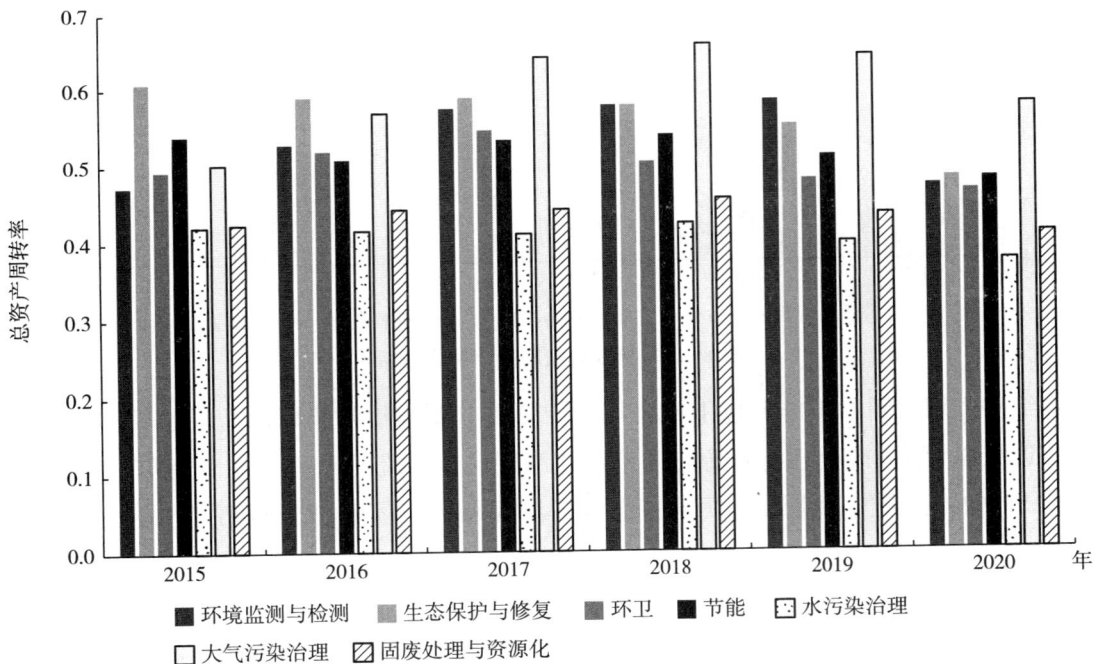

图 8-18 分行业营运能力分析②

---

① 数据来源：Wind 数据库。
② 数据来源：Wind 数据库。

8.1.3.2 节能环保产业偿债能力分析

8.1.3.2.1 短期偿债能力

流动比率是评价企业短期偿债能力的主要指标之一，本报告亦采用该指标衡量节能环保行业上市公司的短期偿债能力。2020年，节能环保行业上市企业的总体流动比率与上年同期水平基本持平。就各个板块的增幅差异而言，科创板和创业板上市公司的流动比率较上年相比有所提升，且科创板上升幅度最大，流动比率比上年提高1.31，企业间平均流动比率接近4.0；相比之下，主板和中小板上市公司的流动比率则与上年同期相比下降了0.17和0.09，详见图8-19。

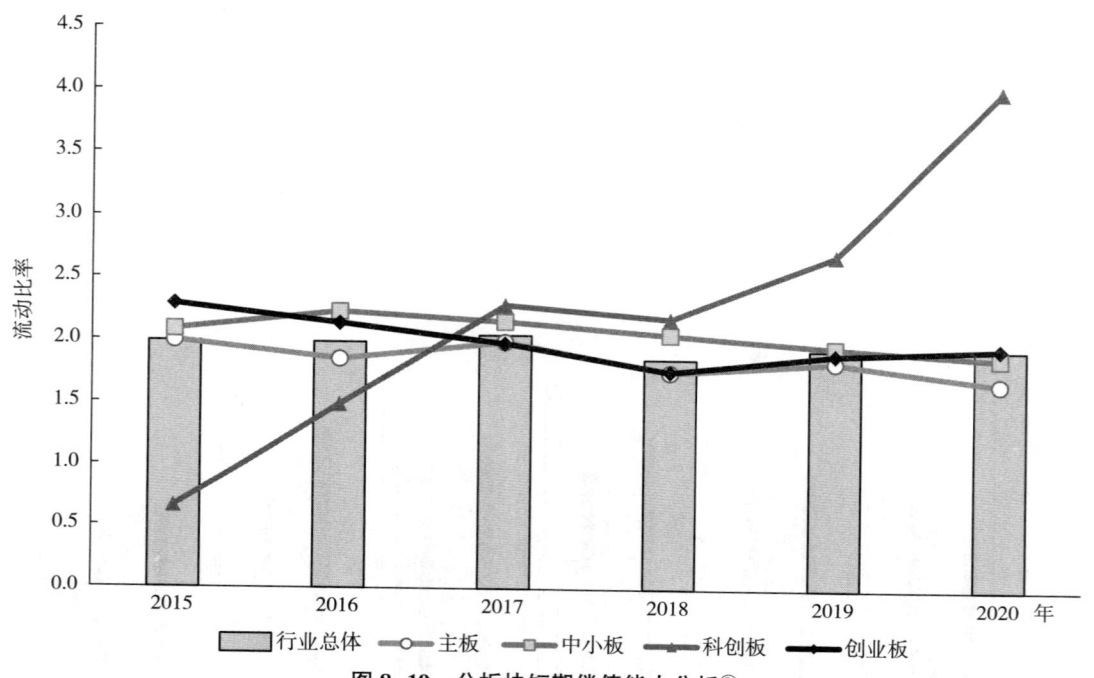

图8-19 分板块短期偿债能力分析①

从各细分领域来看，节能环保上市公司中，环境监测与检测领域的短期偿债能力最强，流动比率接近3.5，而固废处理与资源化的流动比率则最低，流动比率为1.5，但与上年同期相比仍增长了11.62%；大气污染治理领域和水污染治理领域偿债能力分居第二、第三位，分别为2.4和1.9。各行业中，增幅最大的是大气污染治理领域，为14.6%；其次是环卫领域，同比上升了13.8%，环境监测与检测领域的增幅为11.8%，固废处理与资源化领域增幅则为11.6%。在众领域中，节能领域、水污染治理领域和生态保护与修复领域的流动比率同比出现下降，降幅分别为-12.3%、-7.9%、-2.1%，详见图8-20。

---

① 数据来源：Wind数据库。

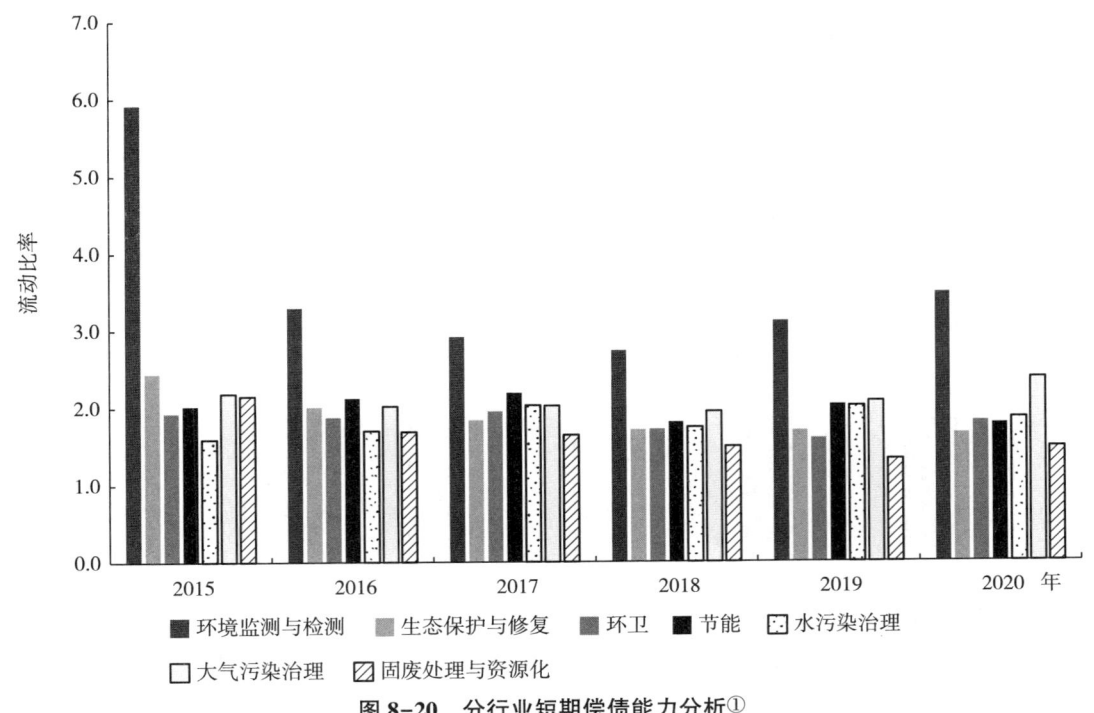

图 8-20 分行业短期偿债能力分析①

8.1.3.2.2 长期偿债能力

资产负债率通常被用来反映企业长期偿债能力，本报告亦采用衡量节能环保上市公司的长期偿债能力。2020 年，节能环保上市企业的资产负债率水平与上年相比略有上升，但基本与上年持平，表明从短期、长期来看，节能环保行业的偿债能力在本年度尚未出现显著改善。按照板块来说，除科创板与上年同期相比下降了近 7% 外，主板、中小板和创业板上市公司的资产负债率变动差异不大，较上年相比略有提升，详见图 8-21。

从各细分领域来看，节能环保上市公司中，生态保护与修复领域的长期偿债能力最强，资产负债率为 54.7%，而环境监测与检测领域的资产负债率则最低，为 38.0%；固废处理与资源化和水污染治理领域偿债能力分居第二、第三位，分别为 53.9% 和 49.8%。从同比增幅来说，增幅最大的是节能领域，为 4.3%；其次是水污染治理领域，同比上升了 2.3%。本年度，环境监测与检测、环卫、大气污染治理领域的偿债能力没有出现显著改善，与上年同期相比降幅分别为 -8.5%、-2.5% 和 -2.6%，详见图 8-22。

---

① 数据来源：Wind 数据库。

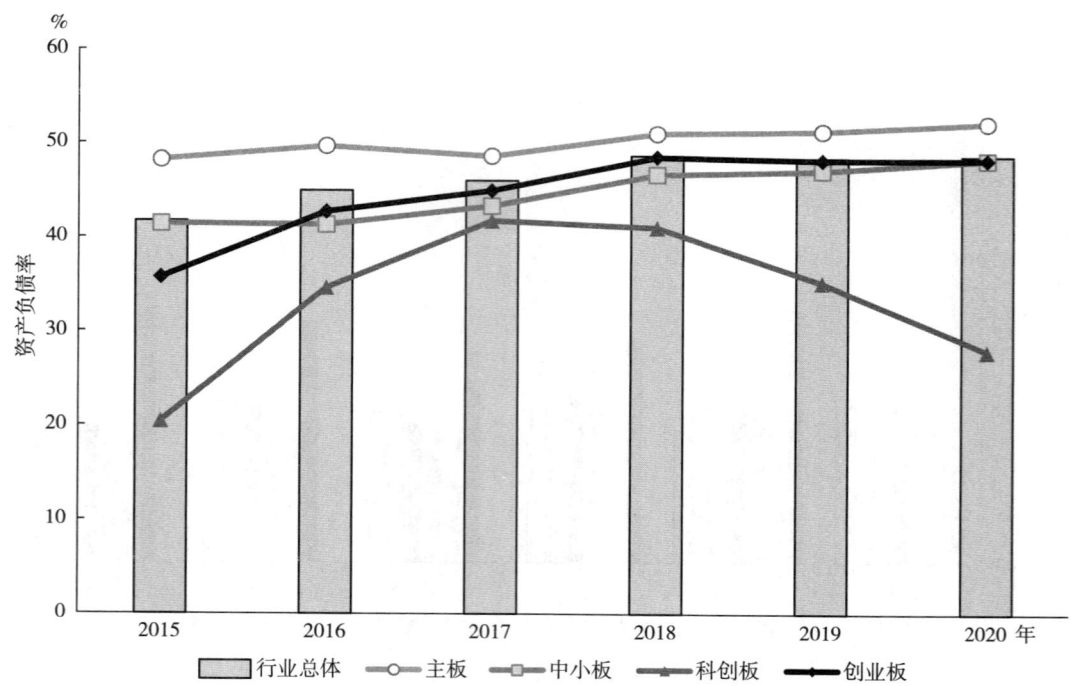

图 8-21 分板块长期偿债能力分析①

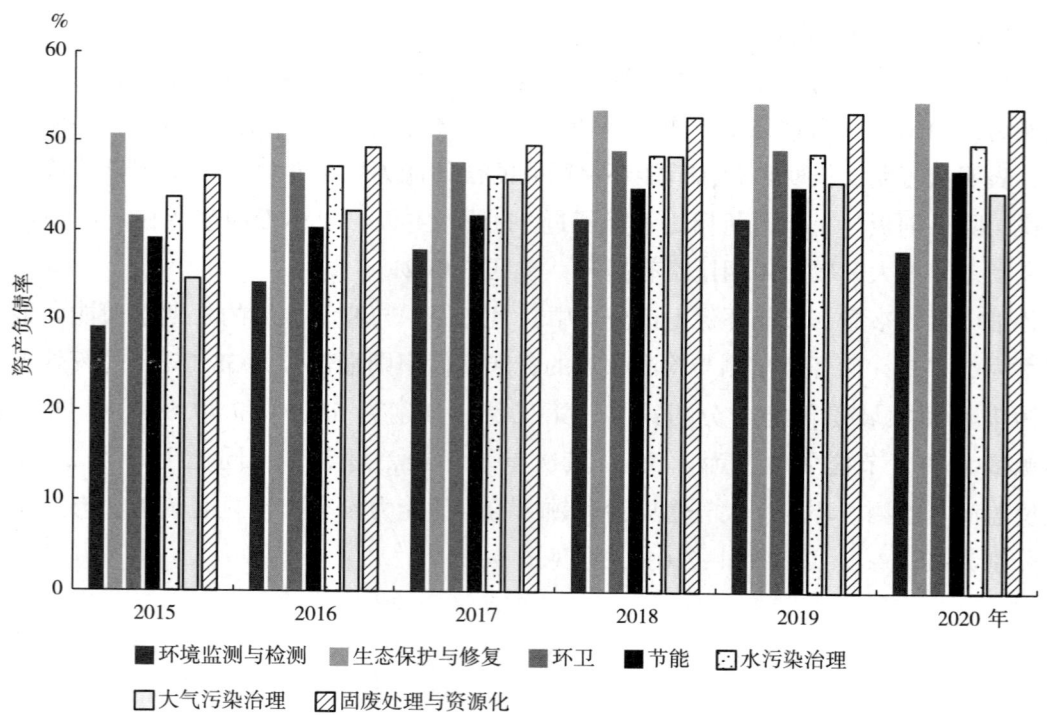

图 8-22 分行业长期偿债能力分析②

---

① 数据来源：Wind 数据库。
② 数据来源：Wind 数据库。

8.1.3.3 节能环保产业盈利能力分析

总资产报酬率是企业投资报酬与投资总额之间的比率,通常被用于分析企业获利能力,故本报告选取该指标对节能环保行业上市公司盈利能力进行分析。

2020年,节能环保上市公司的总资产报酬率同上年相比略有下降,行业总资产报酬率仅为4.9%,表明2020年节能环保上市公司的盈利能力仍有待提升。就各个板块差异而言,主板的总资产报酬率最高,为12.1%,且下降幅度最小,为-13.3%;科创板和创业板上市公司的总资产报酬率同样出现下降,降幅分别为-21.2%和-44.4%;中小板上市公司的盈利能力则在2020年得到了进一步改善,其总资产报酬率与上年相比增长了50.0%,为4.6%,详见图8-23。

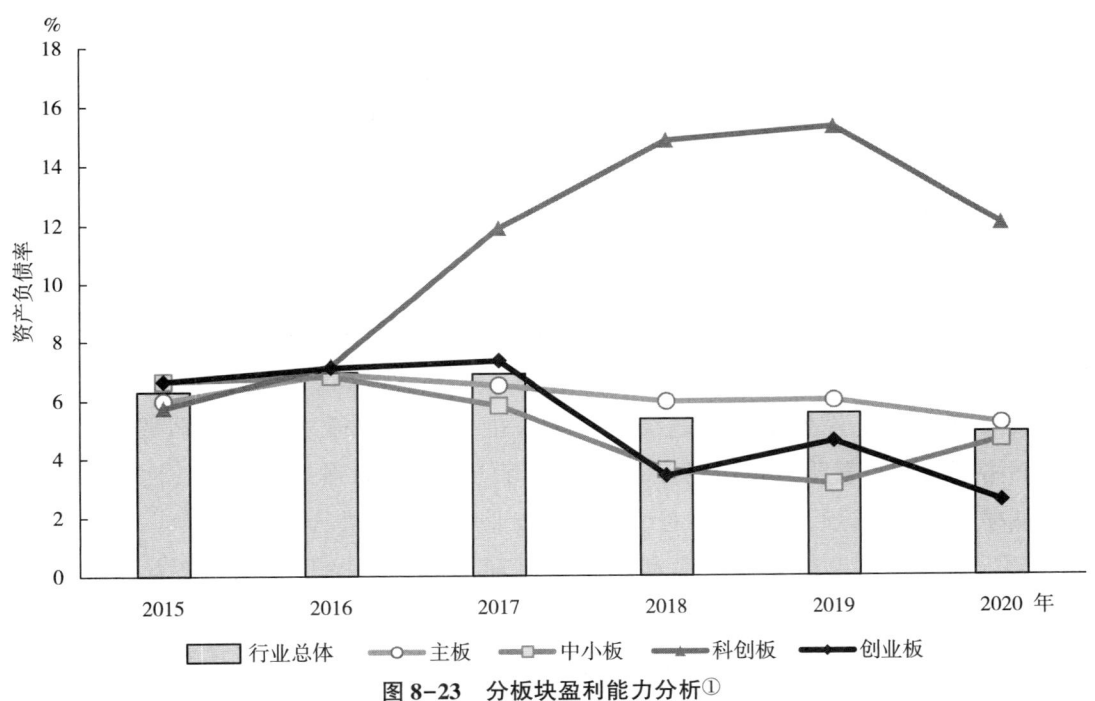

图 8-23 分板块盈利能力分析①

从各细分领域来看,节能环保上市公司中,环境监测与检测领域的资产报酬率最高,为7.7%,表明该领域企业的资产运营在众领域众最为有效,而节能领域的目前资产报酬率水平则最低,仅为3.1%;环卫领域和大气污染治理领域的盈利能力则分居第二、第三位,分别为6.9%和5.1%。从同比增幅来说,环卫领域和节能领域的资产报酬率则实现了增长,增幅分别为7.9%和16.7%,详见图8-24。

---

① 数据来源:Wind 数据库。

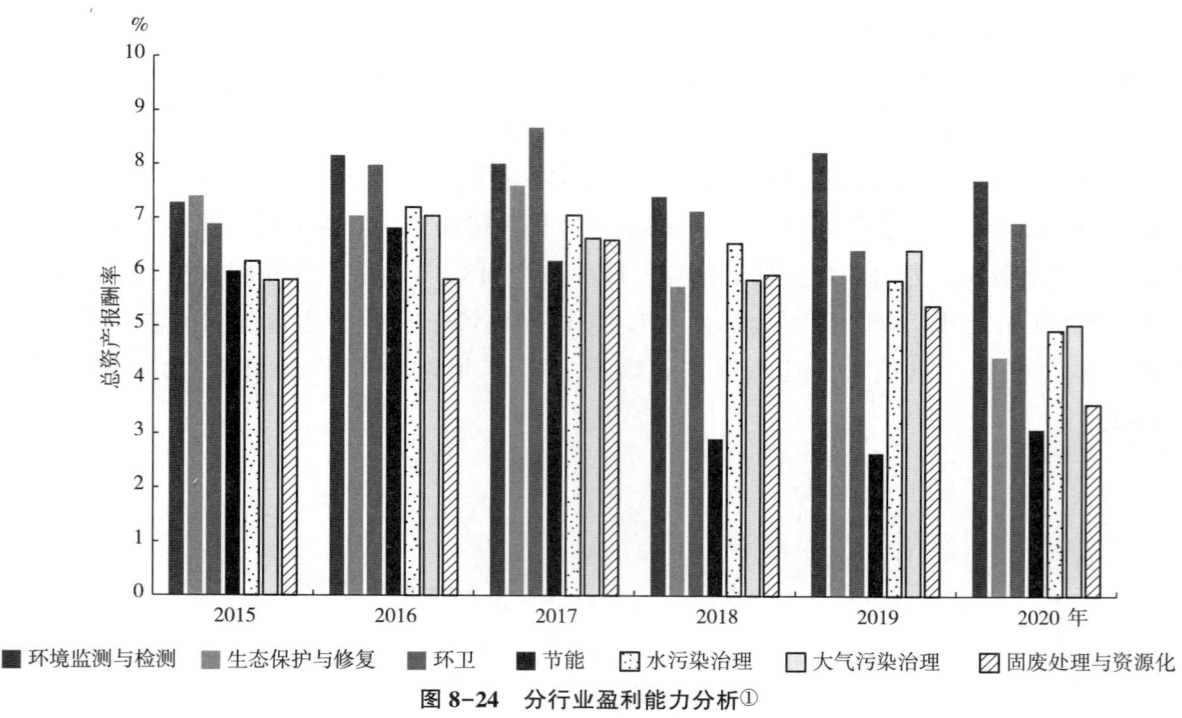

图 8-24 分行业盈利能力分析①

8.1.3.4 节能环保产业成长能力分析

8.1.3.4.1 净利润总额

净利润反映公司经营业绩的最终结果，这一指标的增长被视为是公司成长性的基本特征，净利润增幅较大，表明公司经营业绩突出，市场竞争能力强，具有成长性，反之则相反。本报告拟就净利润情况进行分析，以对节能环保产业成长能力进行评价。

2020 年，节能环保上市企业的净利润总额得到了进一步提升，总体来看，截至 2020 年底，沪深两市节能环保产业企业的净利润总额为 1 069.2 亿元，同比增长幅度较小，为 2.8%。按板块来说，2020 年节能环保产业主板市场的净利润总额为 865.8 亿元，对整个行业净利润总额贡献率超过 80%，但与上年同期相比，其净利润总额则下降了 11.1%；中小板市场净利润同去年相比出现了显著提升，为 185.5 亿元；创业板与上年同期相比同样出现了小幅提升，为 23.7 亿元；科创板净利润总额则出现了大幅下降，且在本年度出现了亏损；依据统计，2020 年净利润在 10 亿元以上的企业有 33 家，其中，主营业务涉及固废处理与资源化与环卫的葛洲坝、上海电气和冀东水泥净利润最高，分别为 52.2 亿元、52.7 亿元和 51.8 亿元；全行业亏损最严重的三家企业分别为 *ST 新光、京蓝科技和中金环境，亏损额分别为 32.6 亿元、25.3 亿元和 19.4 亿元，详见图 8-25。

---

① 数据来源：Wind 数据库。

8 绿色金融与节能减排产业

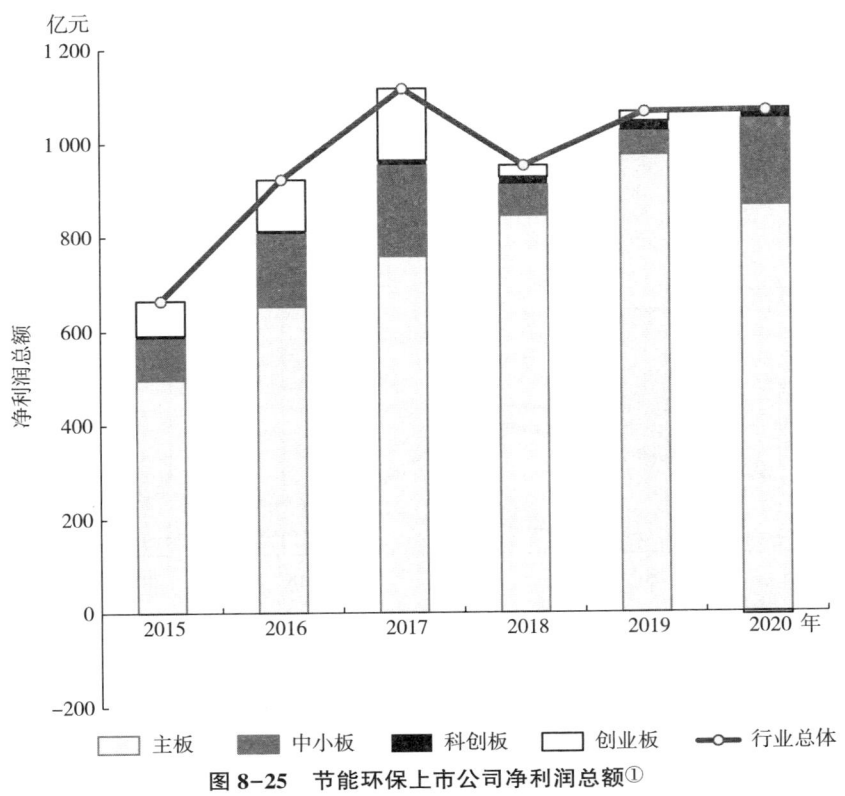

图 8-25 节能环保上市公司净利润总额①

8.1.3.4.2 平均净利润

截至 2020 年底，主板、中小板和创业板上市公司的平均净利润为 4.9 亿元，同比增幅为 2.1%（如图 8-26 所示）。就各个板块差异而言，主板企业实现的平均净利润最高，为 6.6 亿元，但与上年相比则有所下降，下降幅度为 -11.1%；中小板和科创板上市公司的净利润在本年度实现了增长，同期增长率分别为 258.9% 和 18.7%；创业板上市公司的平均净利润则在本年度出现了下降，亏损额为 0.08 亿元，详见图 8-26。

从各细分领域来看，2020 年固废处理与资源化领域平均净利润总额最高，为 5.4 亿元，环境公共设施管理服务和水污染治理领域分居第二、第三位，分别为 4.9 亿元和 4.7 亿元，如图 8-27 所示。从同比变化幅度来看，节能领域和环卫领域实现了增长，增幅分别为 70.3% 和 20.6%；环境监测与检测、生态保护与修复、固废处理与资源化、水污染防治和大气污染防治领域的净利润与上年同期相比都出现了下降，降幅分别为 -34.9%、-28.7%、-14.1%、3.2% 和 -2.9%。

---

① 数据来源：Wind 数据库。

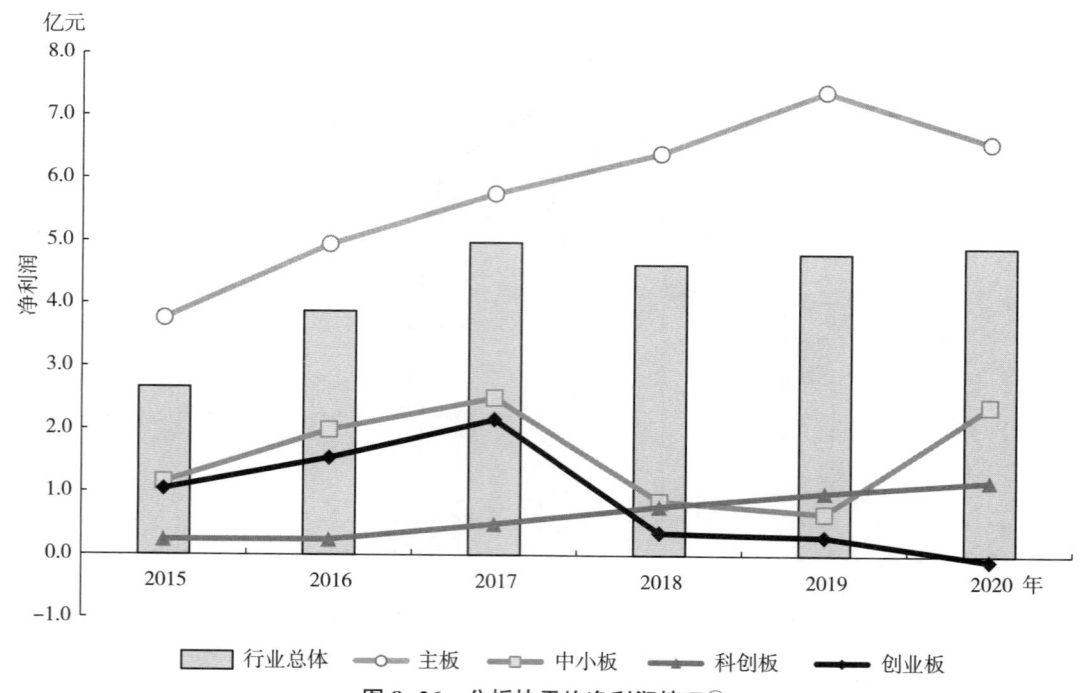

图 8-26 分板块平均净利润情况①

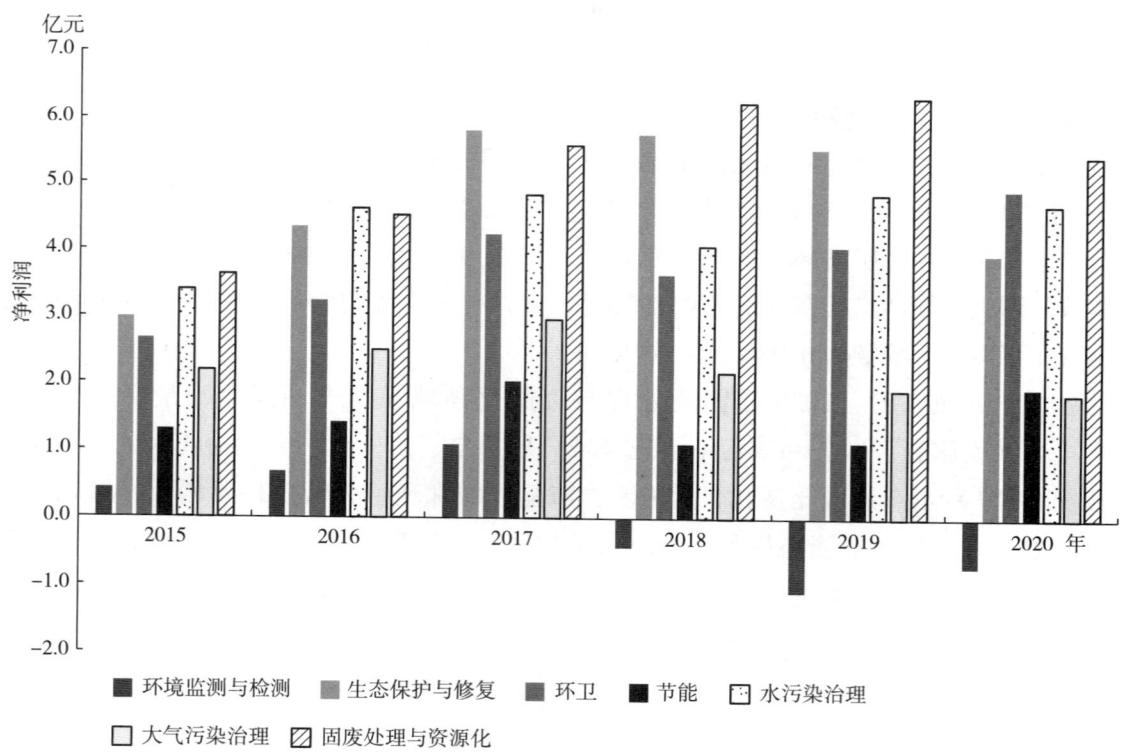

图 8-27 分行业平均净利润情况②

---

① 数据来源：Wind 数据库。
② 数据来源：Wind 数据库。

专栏 8-1：碳中和为节能环保产业带来新机遇

2020年9月22日，国家主席习近平在第75届联合国大会上提出："中国将提高国家自主贡献力度，采取更加有力的政策和措施，二氧化碳排放力争于2030年前达到峰值，努力争取2060年前实现碳中和。"依据我国的碳排放时间表，我国二氧化碳排放将力争于2030年前达到峰值（即碳达峰），随着"降低碳排放强度""碳排放达峰后稳中有降"写入"十四五"规划建议的重点工作、"做好碳达峰和碳中和"在中央经济工作会议上被列为8大重点任务之一，业界普遍认为"碳中和"宏大目标的实现将会为节能环保产业带来全新机遇，并带来政策利好。

碳中和涉及多个方面，从实现碳中和的途径来看，节能提效和生态保护分别是实现碳减量和碳抵消的关键，而考虑我国温室气体排放与污染物排放同根同源，包括垃圾焚烧、固废危废、农村面源污染等细分行业同样值得关注；此外，随着我国碳市场的启动，二氧化碳排放核查工作将带来监测方面的需求，因此节能环保企业有望得到进一步发展。

8.1.3.4.3 增长情况

2020年，节能环保上市企业中净利润同比增长企业占比同上年相比有所下降，从2019年的57.3%下降至54.3%，表明节能环保上市公司的成长能力有待进一步加强。样本企业中，2020年度净利润同比出现增长的企业超过135个，详见图8-28。

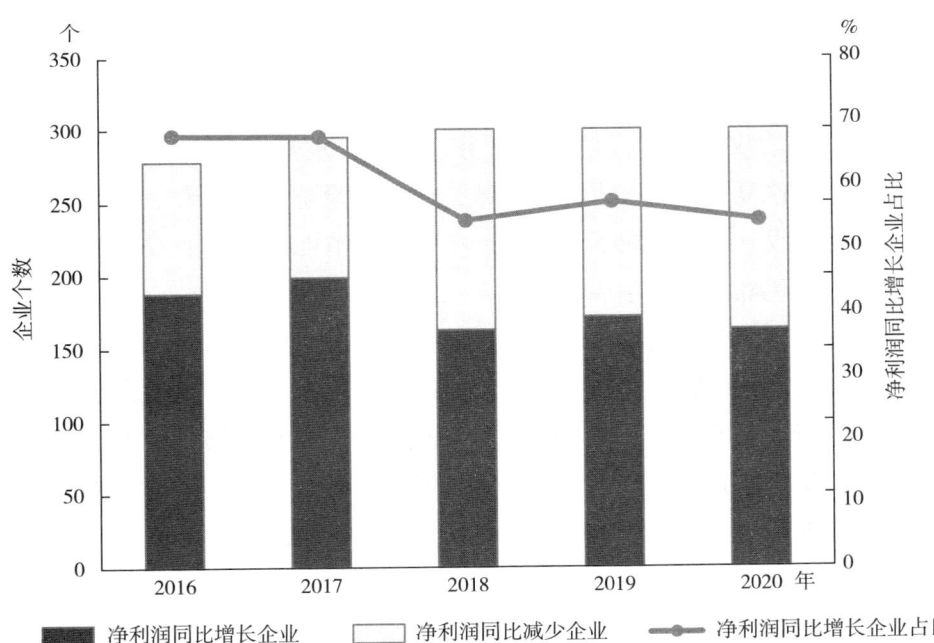

图 8-28　节能环保概念股净利润同比增长企业占比情况①

2020年，各板块中，主板中净利润同比增长的企业占比最大，其次是中小板、创业板，科

---
① 数据来源：Wind数据库。

创板上市企业净利润同比增长占比则最小。各细分领域中，水污染治理和大气污染治理领域净利润同比增长的企业占比最大，分别为 22.97% 和 22.49%，详见图 8-29。

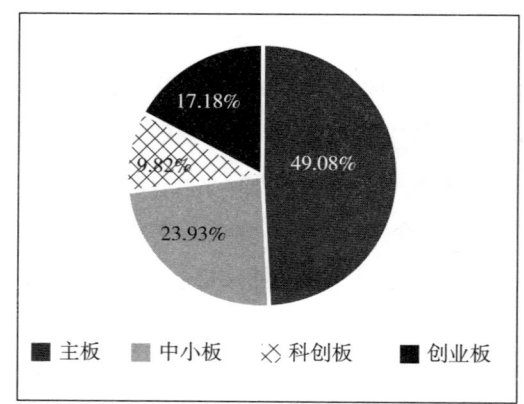
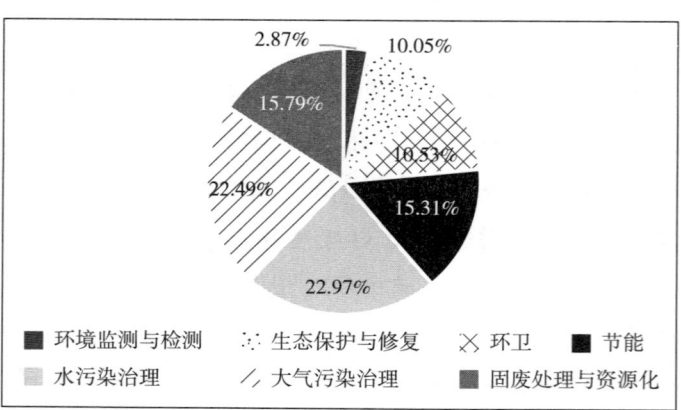

图 8-29　节能环保上市公司分板块、行业净利润增长企业占比情况①

8.2　2020 年节能环保产业的制度环境

8.2.1　2020 年节能环保产业发展的驱动背景

2020 年是"十三五"生态环境保护规划的收官之年，是打赢污染防治攻坚战的决胜之年，也是"十四五"规划安排部署的奠基之年。在以习近平同志为核心的党中央坚强领导下，全国生态环境系统深入学习贯彻习近平生态文明思想，认真落实党中央、国务院决策部署，超额完成了污染防治攻坚战阶段性目标任务，生态环境质量持续改善，积极应对气候变化，大力加强生态保护修复，持续推进深化改革，加强风险防控，随着生态文明建设进一步融入社会、经济、文化建设，我国形成了全方位、多领域的节能减排产业发展驱动背景，厚植了全面建成小康社会的绿色底色和质量成色。

强化理论研习发展，指导节能减排产业前进方向。党的十八大以来，以习近平同志为核心的党中央推动生态文明理论创新、实践创新、制度创新，提出一系列新理念新思想新战略新要求，形成了习近平生态文明思想，开辟了生态文明建设理论和实践的新境界，标志着我们党对生态文明建设规律的认识达到了新高度。2020 年 7 月 18 日至 19 日，生态环境部宣教司、中宣部理论局、生态环境部环境与经济政策研究中心联合举办了"2020 年深入学习贯彻习近平生态文明思想研讨会"，围绕"全面贯彻落实习近平生态文明思想，决胜全面建成小康社会""以习近平生态文明思想为指导，打赢打好污染防治攻坚战，开创美丽中国建设新局面""习近平生态文明思想与社会主义生态文明观"三个议题展开了深入的研讨交流。研讨会提出了一系列有深度、有价值的思想观点，包括"破除只要发展不要生态、GDP 是唯一政绩的旧思想，克服要

---

① 数据来源：Wind 数据库。

发展就挖矿找地、要增长就加大开发力度的旧习惯,'创'出一条资源节约、环境保护、高质量发展的新路子""在发展理念上,促进'绿水青山就是金山银山'的理念进一步落地,形成包括绿色消费、绿色生产、绿色流通、绿色金融等在内的完整绿色经济体系""抓住疫后经济恢复的机遇,在坚持绿色发展上表现出远见和定力,争取实现绿色复苏""强化新型基础设施建设的绿色内涵,优先发展可再生能源、低碳和韧性基础设施、建筑能效提升、绿色城区、绿色技术等,避免采用化石能源驱动恢复经济""支持绿色就业,实施劳动密集型生态公共工程""在刺激消费中重点鼓励绿色消费"等,着力于生态环境保护与经济社会发展的协同并进,为节能减排产业的发展提供了坚实的理论基础、指明了正确的方向。

积极应对气候变化,激发节能减排产业发展活力。2020 年是中国应对气候变化工作极不平凡的一年。2020 年 9 月 22 日,习近平主席在第 75 届联大一般性辩论上的讲话中宣示,"将提高国家自主贡献力度,采取更加有力的政策和措施,二氧化碳排放力争于 2030 年前达到峰值,努力争取 2060 年前实现碳中和"。2020 年 12 月 12 日,习近平主席在气候雄心峰会上进一步宣布:到 2030 年,中国单位国内生产总值二氧化碳排放将比 2005 年下降 65% 以上,非化石能源占一次能源消费比重将达到 25% 左右,森林蓄积量将比 2005 年增加 60 亿立方米,风电、太阳能发电总装机容量将达到 12 亿千瓦以上。2020 年中央经济工作会议将"做好碳达峰、碳中和工作"作为 2021 年要抓好的重点任务,提出"要抓紧制定 2030 年前碳排放达峰行动方案,支持有条件的地方率先达峰"。新的达峰目标和碳中和愿景,彰显了中国积极应对气候变化、走绿色低碳发展道路的坚定决心,为节能减排产业的发展提供了新的契机。

专栏 8-2:应对气候变化对节能技术与产品的推广[①]

2019 年 2 月 1 日,财政部、发展改革委、生态环境部、市场监管总局发布《关于调整优化节能产品、环境标志产品政府采购执行机制的通知》。发展改革委联合市场监管总局发布第 15 批实行能源效率标识的产品目录及相关实施细则。

2019 年 1 月 23 日,中央全面深化改革委员会第六次会议审议通过了《关于构建市场导向的绿色技术创新体系的指导意见》,根据意见,到 2022 年,基本建成市场导向的绿色技术创新体系。企业绿色技术创新主体地位得到强化,出现一批龙头骨干企业,"产学研金介"深度融合、协同高效;绿色技术创新引导机制更加完善,绿色技术市场繁荣,人才、资金、知识等各类要素资源向绿色技术创新领域有效集聚,高效利用,要素价值得到充分体现;绿色技术创新综合示范区、绿色技术工程研究中心、创新中心等形成系统布局,高效运行,创新成果不断涌现并充分转化应用;绿色技术创新的法治、政策、融资环境充分优化,国际合作务实深入,创新基础能力显著增强。

2019 年以来,工业和信息化部会同税务总局,累计发布《享受车船税减免优惠的节约能源使用新能源汽车车型目录》18 批次、5 318 个车型,发布《免征车辆购置税的新能源汽车车型

---

① 资料来源:生态环境部《中国应对气候变化的政策与行动 2020 年度报告》。

目录》18 批次、5 077 个车型，发布《新能源汽车推广应用车型目录》29 批次、5 318 个车型。目前全国已有近百所高校建成数字化能源监管系统，为新能源汽车配套安装充电桩，在运营校车中增加新能源车辆比例。

加大环保督查力度，巩固节能减排产业有利环境。党中央、国务院"自上而下"推行的中央生态环境保护督察工作，有效地提升了地方落实新发展理念的自觉性，有效地倒逼了产业结构调整和产业布局优化，且在一定程度上解决了"劣币驱逐良币"的问题，使合法合规企业的生产效益逐步提升，有力促进了一批绿色产业加快发展，对节能环保产业的发展起到了很大的推动作用。2019 年 6 月，中共中央办公厅、国务院办公厅印发实施《中央生态环境保护督察工作规定》（以下简称《规定》），对中央环保督察工作的组织机构和人员、督察对象和内容、督察程序和权限、督察纪律和责任均进行了详细规定，是生态环境保护领域的第一部党内法规，充分体现了党中央、国务院推进生态文明建设、加强生态环境保护工作的坚强意志和坚定决心。《规定》中明确指出，"以解决突出生态环境问题、改善生态环境质量、推动高质量发展为重点"，且将"从事的生产经营活动对生态环境影响较大的有关中央企业"纳入督察对象，体现了党和国家对绿色发展的高度重视，为节能减排产业的发展提供了"自上而下"的有力支撑。2020 年 1 月 12 日至 13 日，时任生态环境部部长李干杰在全国生态环境保护工作会议上指出，2020 年继续组织开展第二轮中央生态环境保护例行督察和专项督察，突出精准治污、科学治污、依法治污，严格禁止"一刀切"，避免处置措施简单粗暴。2020 年确保实现污染防治攻坚战阶段性目标，坚持方向不变、力度不减，打好打胜污染防治攻坚战。除坚决打赢蓝天保卫战、着力打好碧水保卫战、扎实推进净土保卫战外，生态环境部还积极配合做好土壤污染防治法执法检查，推动长江保护等领域法律法规制修订。2020 年 8 月底 9 月初，第二轮第二批中央生态环境保护督察全面启动，至 10 月 1 日全面完成督察进驻工作。此批督查在对地方和中央企业开展督察的同时，同步启动了对国务院有关部门（国家能源局、国家林业和草原局）的督察试点。重点关注部门工作立足点、制修订政策文件是否符合贯彻落实习近平生态文明思想和新发展理念要求，重点检查部门职能范围内生态文明建设重点任务部署推动、监督指导情况，以及发生的突出生态环境问题处理处置情况。通过督察，着力于加强规划计划、强化行业管理、推动建立健全绿色发展政策体系等方面，不断夯实生态环境保护一岗双责。在督察过程中，督察组坚决服务国家经济社会发展大局，更加关注新发展理念落实情况，力争以生态环境高水平保护推动经济社会高质量发展，节能减排产业发展的驱动环境得到了"自上而下"的进一步巩固。

结合乡村振兴攻坚，加快节能减排产业创新速度。2018 年 9 月，中共中央、国务院印发了《乡村振兴战略规划（2018—2022 年）》（以下简称《规划》），明确到 2020 年，乡村振兴的制度框架和政策体系基本形成。《规划》强调，牢固树立和践行绿水青山就是金山银山的理念，坚持尊重自然、顺应自然、保护自然，统筹山水林田湖草系统治理，强化资源保护与节约利用，加快转变生产生活方式，推动乡村生态振兴；推动市场化多元化生态补偿，建立健全用水权、排污权、碳排放权交易制度，形成森林、草原、湿地等生态修复工程参与碳汇交易的有效途径，探索实物补偿、服务补偿、设施补偿、对口支援、干部支持、共建园区、飞地经济等方式，提高补偿的针对性；发挥自然资源多重效益，大力发展生态旅游、生态种养等产业，打造乡村生态产业链，进一步盘活森林、草原、湿地等自然资源，允许集体经济组织灵活利用现有生产服务设施用地开展相关经营活动。乡村新型服务业中涉及多种节能环保产业，目前还处于初级发展阶段，具有巨大的创新前景、市场潜力和持续高速增长的机会。2020年5月，农业农村部办公厅印发《社会资本投资农业农村指引》的通知，鼓励发展乡村特色文化产业，推动农商文旅体融合发展，挖掘和利用农耕文化遗产资源，打造特色优秀农耕文化产业集群，如承包山林地的林果业及观光农业，可以申请25万~300万元不等的造林补贴、退耕还林补贴、水利和道路建设补贴；科技示范园等观光与科普一体的休闲农业既可以申报技术方面的扶持，也能申请农业方面的扶持等。政策的支撑与资金的支持，为服务于乡村振兴的节能减排产业发展提供了新的契机。

专栏8-3：江西黄岗山垦殖场打造生态品牌，助力乡村振兴①

江西黄岗山垦殖场是1957年12月组建的原省属12家农垦企业之一。近年来，先后获得"全国绿化模范单位、国家级生态乡镇、国家级生态村、中国美丽休闲乡村、省级生态乡镇、江西文明村镇、省级生态文明示范基地、江西省4A乡村旅游点"等多张国家、省级名片，形成了"以省级4A乡村旅游点炎岭美丽乡村和国家4A景区九天旅游国际度假区"为"两核"的高质量生态经济板块。主要做法有：

一、创优生态品牌，让黄岗山更强。打造炎岭省级4A乡村旅游点的旅游品牌，乘势乡村振兴战略，以"七彩炎岭"为主题，依托原汁原味的田园之美和独特的人文底蕴，建成了"宜居、宜业、宜游"的精致美丽乡村。2020年4月建成综合型乡村文化旅游产业的炎岭"九趣乐园"一期项目，开园营运以来，2个月共接待游客3万余人次，日接待游客最高达4 000余人次，创旅游产值150余万元，领跑了全县旅游业态发展；利用生态资源优势，围绕生态建设和旅游发展，加强招商引资，开发生态旅游等项目，全面激活资产资源，建成了全县第一个国家级4A旅游景区；依托生态医疗健康工业的财富效应，工业企业实现了粗放耗能污染型向生态健康环保型的转型升级。

二、建设生态宜居，让黄岗山更美。绿水青山是最大资源，也是经济发展最优资本。该场致力于"天蓝、地绿、水清"生态品牌的创建，全力推进"生活区域园林化、庭院小区花园化、交通道路林荫化"三化建设，彰显出美丽黄岗山魅力。强力推进环境整治。突出以"公路沿线"为核心，以分场、村部为主轴，全面开展环境综合整治行动，重点开展拆"三违"、杆线整理、修建公路沿线排水沟、清理垃圾杂质等污染源、统一整治改造店面招牌，实行门前"三包"等。增加环卫设备，建设垃圾清运系统，设立垃圾分类中心，建立垃圾兑换银行；推进"厕所革命"，改灶、改水、改厕率达90%以上。实行涉污企业搬迁关停，整改畜禽养殖企

---
① 资料来源：国家发展和改革委员会网站。

业，发展低碳、节能、环保项目，减少对环境的污染。

三、发展休闲农业，让黄岗山更富。始终把培植发展特色富民产业作为魅力乡镇建设的灵魂，引导各类民间资金注入产业发展，促进发展新业态，通过发展采摘园、休闲农庄等生态产业，推动乡村、农业与旅游融合发展。打造精品景观节点，发展节会经济，利用桃园景观和独特的农村田园风光吸引游客前来参观旅游，开园三年来接待游客10万余人次，创收480万余元，解决当地群众就业50余人，集"采摘观光、休闲娱乐"于一体的一条龙服务式的生态休闲产业链逐步形成。

8.2.2 2020年节能减排领域相关政策

党的十九大以来，中国不断加强对生态文明建设的总体设计和组织领导，特别是强调持续推进绿色发展，完善绿色生产和消费的法律制度，建立健全绿色低碳循环发展的经济体系，构建市场导向的绿色技术创新体系，各类环保法规、政策相继颁布实施，为节能环保产业迎来了里程碑式的良好机遇。自2020年1月1日起，多项环保政策法规标准等文件生效，更加细化的节能环保产业政策文件也陆续出台，为节能减排产业更快、更好发展奠定了政策基础，如表8-3所示。

表8-3 2020年节能环保产业相关政策梳理

发布日期	实施日期	政策名称	发布单位
2019.08.26	2020.09.01	中华人民共和国资源税法	人大常委会
2019.10.30	2020.01.01	产业结构调整指导目录（2019年本）	国家发改委
2020.03.03	2020.03.03	关于构建现代环境治理体系的指导意见	中共中央办公厅、国务院办公厅
2020.03.12	2020.03.12	关于印发生态环境保护综合行政执法事项指导目录（2020年版）的通知	生态环境部
2020.06.03	2020.06.03	全国重要生态系统保护和修复重大工程总体规划（2021—2035年）	国家发改委、自然资源部
2020.06.12	2020.01.01	关于印发《生态环境领域中央与地方财政事权和支出责任划分改革方案》的通知	国务院办公厅
2020.11.02	2020.11.02	关于印发《新能源汽车产业发展规划（2021—2035年）》的通知	国务院办公厅

2019年8月26日，中华人民共和国第十三届全国人民代表大会常务委员会第十二次会议于2019年8月26日通过了《中华人民共和国资源税法》（以下简称《资源税法》），自2020年9月1日起施行。此次《资源税法》在资源税暂行条例的基础上，上升至资源税法，体现了税收法定原则，是绿色税制建设的重要组成部分。资源税法中特别提到，"根据国民经济和社会发展需要，国务院对有利于促进资源节约集约利用、保护环境等情形可以规定免征或者减征资源税"。节能环保产业是为节约能源资源、发展循环经济、保护生态环境提供物质基础和技术保障的产业，天然具备节约集约利用、保护环境的特点。《资源税法》正式实施后，节能环保产业获得的征税优惠，将会给其带来独特的竞争优势，推动节能环保产业的迅速发展。

2019年10月30日，国家发展改革委修订发布了《产业结构调整指导目录（2019年本）》（以下简称《目录》），作为引导投资方向、政府管理投资项目，制定实施财税、信贷、土地、进出口等政策的重要依据。《目录》自2020年1月1日起施行，《产业结构调整指导目录（2011年本）（修正）》同时废止。《目录》涉及燃煤发电超低排放技术、焦炉烟气脱硫脱硝技术、垃圾焚烧发电设备等环保项目，其中农林业、水利、煤炭、电力、新能源、核能、石油天然气、钢铁、有色金属、黄金、石化化工、建材、医药等多领域的多种节能环保产业被纳入"鼓励类"，包括生态种（养）技术开发与应用，农、林作物、畜禽和渔业种质资源保护地、保护区建设，农作物秸秆综合利用（秸秆肥料化利用，秸秆饲料化利用，秸秆能源化利用，秸秆基料化利用，秸秆原料化利用等），农村可再生资源综合利用开发工程（沼气工程、生物天然气工程、"三沼"综合利用、沼气发电，生物质能清洁供热，秸秆气化清洁能源利用工程，废弃菌棒利用，太阳能利用），退耕还林还草、退牧还草及天然草原植被恢复工程，水土流失综合治理工程，荒漠化、石漠化防治及防沙治沙工程，水生态系统及地下水保护与修复工程，煤炭清洁高效洗选技术开发与应用，提高资源回收率的采煤方法、工艺开发与应用等等。除此之外，环境保护与资源节约综合利用被单独作为一个大类，划入《目录》的"鼓励类"，矿山生态环境恢复工程，工业难降解有机废水处理技术，碳捕集、利用与封存技术装备等45个条目被明确列出，标志着国家在产业结构调整工作中，对节能环保产业的高度重视与大力支持。节能环保产业作为未来产业发展的重要扶植对象，将迎来持续发展的新的阶段。

2020年3月，中共中央办公厅、国务院办公厅印发了《关于构建现代环境治理体系的指导意见》（以下简称《指导意见》），并发出通知，要求各地区各部门结合实际认真贯彻落实。《指导意见》是我国现代环境治理体系建设的纲领性文件，明确指出要牢固树立绿色发展理念，以深化企业主体作用为根本，实现政府治理和社会调节、企业自治良性互动，完善体制机制，强化源头治理，形成工作合力，为推动生态环境根本好转、建设生态文明和美丽中国提供有力制度保障。《指导意见》提出，到2025年，建立健全环境治理的领导责任体系、企业责任体系、全民行动体系、监管体系、市场体系、信用体系、法律法规政策体系，落实各类主体责任，提高市场主体和公众参与的积极性，形成导向清晰、决策科学、执行有力、激励有效、多元参与、良性互动的环境治理体系。《指导意见》进一步体现了党和国家对于节能环保产业发展的重视，指出"强化环保产业支撑。加强关键环保技术产品自主创新，推动环保首台（套）重大技术装备示范应用，加快提高环保产业技术装备水平。做大做强龙头企业，培育一批专业化骨干企业，扶持一批专特优精中小企业。鼓励企业参与绿色'一带一路'建设，带动先进的环保技术、装备、产能走出去"。《指导意见》为节能减排产业指明了更加具体的发展方向，并着力于建设有利于节能减排产业发展的制度和文化，在推动节能减排产业发展中起到了不可忽视的作用。

2020年2月28日，《国务院办公厅关于生态环境保护综合行政执法有关事项的通知》发布。根据该通知精神，生态环境部3月12日发布了关于印发《生态环境保护综合行政执法事项指导目录（2020年版）》（以下简称《指导目录》）的通知。《指导目录》是落实统一实行生态环境保护执法要求、明确生态环境保护综合行政执法职能的重要文件，主要梳理规范了生态环境保护领域依据法律、行政法规设定的行政处罚和行政强制事项，以及部门规章设定的警告、罚款的行政处罚事项。此次列入目录的执法事项共计248项，包括对拒不改正违法排放污染物行为的行政处罚、对超标或超总量排放大气污染物的行政处罚、对重点排污单位等不公开或者不如实公开环境信息的行政处罚、对不实施强制性清洁生产审核或者在清洁生产审核中弄虚作假等行为的行政处罚等等，对于高耗能、高污染产业起到了强烈的震慑作用，为节能减排产业的发展扫清了障碍。

2020年6月，国家发展改革委、自然资源部印发《全国重要生态系统保护和修复重大工程总体规划（2021—2035年）》（以下简称《总体规划》），成为当时与之后一段时期推进全国重要生态系统保护和修复重大工程的指导性规划，是编制和实施有关重大工程建设规划的主要依据。《总体规划》制定的目标为——到2035年，通过大力实施重要生态系统保护和修复重大工程，全面加强生态保护和修复工作，全国森林、草原、荒漠、河湖、湿地、海洋等自然生态系统状况实现根本好转，生态系统质量明显改善，生态服务功能显著提高，生态稳定性明显增强，自然生态系统基本实现良性循环，国家生态安全屏障体系基本建成，优质生态产品供给能力基本满足人民群众需求，人与自然和谐共生的美丽画卷基本绘就。森林覆盖率达到26%，森林蓄积量达到210亿立方米，天然林面积保有量稳定在2亿公顷左右，草原综合植被盖度达到60%；确保湿地面积不减少，湿地保护率提高到60%；新增水土流失综合治理面积5 640万公顷，75%以上的可治理沙化土地得到治理；海洋生态恶化的状况得到全面扭转，自然海岸线保有率不低于35%；以国家公园为主体的自然保护地占陆域国土面积18%以上，濒危野生动植物及其栖息地得到全面保护。《总体规划》的制定，为服务于生态系统保护和修复的节能环保企业提供了新的机遇和挑战，为实现2035年的规划目标，节能环保企业有望在国家政策扶持下，实现规模、技术、理念等层面新的突破。

2020年6月12日，国务院办公厅关于印发《生态环境领域中央与地方财政事权和支出责任划分改革方案》（以下简称《改革方案》）的通知发布，健全充分发挥中央和地方两个积极性体制机制，适当加强中央在跨区域生态环境保护等方面事权，优化政府间事权和财权划分，建立权责清晰、财力协调、区域均衡的中央和地方财政关系，形成稳定的各级政府事权、支出责任和财力相适应的制度，坚决打好污染防治攻坚战，加快构建生态文明体系，推进生态文明体制改革，为推进美丽中国建设、实现人与自然和谐共生的现代化提供有力支撑。《改革方案》将放射性污染防治，影响较大的重点区域大气污染防治，长江、黄河等重点流域以及重点海域、影响较大的重点区域水污染防治等事项，确认为中央与地方共同财政事权，由中央与地方共同承担支出责任，并强调各级政府要始终坚持把生态环境作为财政支出的重点领域。《改革方案》更加具体、明确地划分了中央与地方的财政事权和支出责任，有利于中央与地方做好预算安排，切实履行支出责任，同时有利于调整优化资金使用方向，提高资金使用绩效，为节能减排产业的发展提供了更加稳定、可靠的资金来源。

2020年是我国节能环保产业相关政策更加具体化的一年。作为我国生态文明建设的重要推动力之一，党中央高度重视节能环保产业发展，为节能环保产业创造了良好的制度保障和竞争环境。2020年以来，环境保护相关政策在覆盖面、时间范围上均有所拓展，着眼于长远发展，政策实施对象不断细化，环境保护工作的决心和措施力度持续加大。在2020年度出台的法律与各部门规章，为节能环保产业的广阔前景提供了有力支撑，也为实现绿色发展和生态文明建设提供了政策保障。

专栏8-4：节能减排政策推动新能源汽车产业高质量发展

2019年12月，财政部发布了《提前下达2020年节能减排补助资金预算对地方分配结果》（以下简称《分配结果》），在共计313亿元的补助资金池里，有160亿元左右用于2017年度新能源汽车推广应用，而2018年度节能与新能源公交车运营补贴资金约为153亿元。结合此前的《关于支持新能源公交车推广应用的通知》，其中明确，有关部门将研究完善新能源公交车运营补贴政策，从2020年开始，采取"以奖代补"方式重点支持新能源公交车运营。国家节能减排补助成为新能源汽车推广和普及的重要推动力。

发展新能源汽车是我国应对气候变化、推动绿色发展的战略举措。2012年国务院发布《节能与新能源汽车产业发展规划（2012—2020年）》以来，我国坚持纯电驱动战略取向，新能源汽车产业发展取得了巨大成就，成为世界汽车产业发展转型的重要力量之一。与此同时，我国新能源汽车发展也面临核心技术创新能力不强、质量保障体系有待完善、基础设施建设仍显滞后、产业生态尚不健全、市场竞争日益加剧等问题。为推动新能源汽车产业高质量发展，加快建设汽车强国，2020年11月2日，国务院办公厅发布《新能源汽车产业发展规划（2021—2035年）》。提出了"到2025年，我国新能源汽车市场竞争力明显增强，动力电池、驱动电机、车用操作系统等关键技术取得重大突破，安全水平全面提升。纯电动乘用车新车平均电耗降至12.0千瓦时/百千米，新能源汽车新车销售量达到汽车新车销售总量的20%左右，高度自动驾驶汽车实现限定区域和特定场景商业化应用，充换电服务便利性显著提高"以及"力争经过15年的持续努力，我国新能源汽车核心技术达到国际先进水平，质量品牌具备较强国际竞争力。纯电动汽车成为新销售车辆的主流，公共领域用车全面电动化，燃料电池汽车实现商业化应用，高度自动驾驶汽车实现规模化应用，充换电服务网络便捷高效，氢燃料供给体系建设稳步推进，有效促进节能减排水平和社会运行效率的提升"的发展愿景，为新能源汽车的未来发展指明了方向。

8.2.3 绿色金融制度助力节能减排产业发展的路径实践

节能减排产业是为节约资源能源、保护生态环境提供物质基础、技术保障和服务的综合性新兴产业。党的十九大报告中明确指出，要"构建市场导向的绿色技术创新体系，发展绿色金融、壮大节能环保产业、清洁生产产业、清洁能源产业，推进资源全面节约和资源循环利用"。积极发展绿色金融，不仅能够补足环保产业发展阶段的投融资短板，为节能环保产业和技术带去资金支持，同时也通过促进经济资源在各个部门之间重新整合配置，加速了高污染、高能耗企业淘汰升级。因此，绿色金融是节能环保产业发展的启动器和催化剂。

2020年是绿色金融制度继续落到实处的一年，绿色金融对节能环保产业发展的助力得到了进一步稳固与强化。2020年1月，中国银保监会发布《中国银保监会关于推动银行业和保险业高质量发展的指导意见》，鼓励银行业金融机构通过设立绿色金融事业部、绿色分（支）行等方式，提升绿色金融专业服务能力和风险防控能力，提高了绿色金融服务节能减排产业的质量和效率。2020年5月，国家发展改革委、工业和信息化部发布《营造更好发展环境支持民营节能环保企业健康发展的实施意见》，鼓励金融机构将环境、社会、治理要求纳入业务流程，提升对民营节能环保企业的绿色金融专业服务水平，大力发展绿色融资，为民营节能环保企业的发展提供了切实的保障。2020年7月，国家发改委发布《关于组织开展绿色产业示范基地建设的通知》，要求加大绿色信贷、绿色债券的支持力度，支持绿色产业示范基地开展绿色金融创新，为节能环保产业发展注入创新活力。2020年11月，中共中央在《国民经济和社会发展第十四个五年规划和二〇三五年远景目标的建议》中明确指出，强化绿色发展的法律和政策保障，发展绿色金融，支持绿色技术创新，推进清洁生产，发展环保产业，推进重点行业和重要领域绿色化改造，为未来绿色金融进一步助力节能环保产业发展指明了方向。

在绿色信贷方面，2020年以来，人民银行多次强调加快构建绿色金融标准体系，并将其列为"五大支柱"之一，四大行不断丰富和完善绿色金融政策制度。工商银行全面实施投融资绿色分类管理，修订了《境内法人客户投融资绿色分类管理办法（2021年版）》，将绿色信贷分类管理逐步延伸到债券、理财、租赁、保险等各项投融资业务。建设银行将提高绿色信贷占比纳入年度信贷政策，将绿色金融业务目标纳入年度综合经营计划，将绿色信贷指标纳入年度KPI考核体系，加大对绿色信贷的支持力度。农业银行在新制定或修订的行业信贷政策中纳入效率、效益、环保、资源消耗和社会管理五大类绿色信贷指标，绿色信贷指标已纳入50余个行业信贷政策。中国银行印发《中国银行绿色信贷工作指引（2020年版）》，在业务发起、授信审批、合同管理、资金拨付、贷后管理等各个环节融入绿色金融管理最新要求。2020年中国绿色贷款余额已超过11万亿元，规模位居世界第一。

专栏8-5：绿色信贷助力节能减排产业发展[①]

雅安是全国唯一的国家级绿色有机农业示范区，特色农副产品种类繁多。目前，全市已建成雅茶、雅竹、雅果、雅药、雅鱼等"五雅"产业基地487万亩。不断壮大的"五雅"优势产业背后，同样离不开绿色信贷的大力支持。雅安市2020年绿色金融创新试点工作推进会指出，绿色金融创新试点工作要取得实效，需要完善绿色信贷机制，创新绿色信贷产品和服务，带动绿色金融更好地支持促进雅安经济绿色发展、高质量发展。

雅安农信系统在符合该行行业信贷政策的基础上，不断优化信贷资源配置，加大对"5+1"

[①] 资料来源：雅安市人民政府网站。

绿色产业的信贷支持力度，并创新推出茶家乐贷、农家乐贷、茶旅融合贷等农旅融合绿色发展信贷产品，积极支持"五雅"产业发展。截至 2020 年 3 月末，雅安农商银行生态农业贷款余额达 2 040 万元。

工行雅安分行推出具有地方特色的"茶叶贷"产品，对《雅安市名山区茶叶加工企业验收合格名单》内的民营企业予以信用方式融资支持，单户融资额度最高可达 200 万元，并为茶农、茶商、茶叶加工企业提供经营快贷、网贷通等融资产品，助力雅茶产业做大做强。

为促进芦山纺织产业做大做强，雅安市出台了《金融支持芦山纺织产业发展六条措施》，从创新金融服务产品、加大信贷投放力度、提高信贷审批效率、完善金融服务体系、着力降低融资成本等方面支持芦山纺织产业发展。有政策保障，绿色信贷支持不断"加码"。截至 2020 年 5 月，金融机构已为芦山县纺织企业提供贷款 3.23 亿元。与此同时，该县不断加大政银企合作，引导金融机构逐步拓展绿色信贷服务范围，为县域内锦烨茶业、云朋茶业、钱记鲜蛋等发放绿色信贷 4 742 万元。

近年来，雅安市各金融机构坚持绿色发展理念，结合雅安市绿色产业发展特征，不断加大对川大数据产业园、汽车及机械装备制造、先进材料、清洁能源、生态农业、文旅康养、现代服务业等绿色产业发展的信贷支持力度，有效促进雅安经济转型升级和绿色发展、高质量发展。

在绿色债券方面，2020 年中国发行持续走热，同时绿色债券标准建设取得重大进展。截至 2020 年末，我国境内外绿色债券发行规模累计超过 1.4 万亿元人民币，四大行是发行绿债的主力，绿色债券发行规模约为 1 700 亿元人民币，占我国境内外绿债发行规模的 12%以上。2020 年四大行承销绿色债券超过 1 100 亿元人民币，承销的绿色债券品种已涵盖绿色金融债券、超短期融资券、中期票据、资产支持票据、企业债等多个品种，积极引导社会资金流向绿色产业。2020 年 7 月 8 日，人民银行、发改委、证监会共同发布了《绿色债券支持项目目录（2020 年版）》（征求意见稿）。新版目录实现了国内绿色债券市场在支持项目和领域上的统一，删除了化石能源清洁利用相关的类别，对部分项目的界定标准更加严格。新版目录将现有政策文件的适用范围衔接起来，并结合中国经济社会发展阶段、产业状况和生态环境特点等因素，细化了绿色项目的范畴和类型，建立了绿色项目的分类标准体系，实现了国内绿色债券市场在支持项目和领域上的统一，是绿色金融标准工作的一项重大突破。相较于普通债券，绿色债券具有更加严格的信息披露要求，这降低了投资者的投资风险，克服了传统金融工具面对节能环保项目技术复杂、投资周期长导致的难以满足其巨大融资需求的客观缺陷，能够为节能环保产业的发展提供坚实的助力。

专栏 8-6：绿色债券助力节能减排产业发展[①]

苏州银行在助力全国首单绿色创新创业疫情防控债成功发行落地中起到了关键作用。2020

---

① 资料来源：中国银行业协会网站。

年3月11日,全国首单绿色创新创业疫情防控债——江苏凯伦建材股份有限公司疫情防控债在深交所成功发行落地,债券规模5 000万元,募集资金30%用于疫情重灾区湖北黄冈市凯伦新材料公司复工复产,70%用于企业转型升级,打造国际领先的防水新材料生产线。苏州银行在得知企业受到疫情影响,有紧急的发债融资需求后,联合东吴证券第一时间组成专项服务小组共同商议设计企业发债融资方案,并上报深交所。同时,苏州银行启动应急响应机制,统筹协调搭建专属绿色通道。在总行风险条线、吴江支行、投行事业部的通力配合下,仅用4个工作日完成项目从申报到审批的全部流程,并且在3月11日成功认购5 000万元江苏凯伦建材股份有限公司疫情防控债。本次债券发行人江苏凯伦股份有限公司是一家民营防水建材行业高新技术企业,深交所创业板上市公司。公司生产的新材料防水建材适用于医院、人防、机场、高铁地铁等防水高要求领域。作为重要的生产基地,位于疫区中心的黄冈凯伦受疫情影响尚未复工复产,本单债券的成功发行为企业即将开始的复工复产提供了资金保障。

另外,为解决绿色企业及绿色项目融资难、融资贵的问题,苏州银行持续积极探索并大力支持企业发行绿色公司债券。2020年,苏州银行助力苏州当地三家民营企业发行绿色公司债共计1.6亿元,专项用于污水废水处理、清洁交通项目建设及防控疫情所需的绿色环保材料生产。通过创新服务模式,为企业扩展融资渠道,降低企业融资成本,加大绿色金融供给,助力企业绿色健康发展。

在绿色基金方面,2020年3月,中共中央、国务院发布的《关于构建现代环境治理体系的指导意见》中指出"设立国家绿色发展基金",这一意见很快得到了落实。2020年7月14日,首只国家级绿色投资基金——国家绿色发展基金在沪成立,注册资本885亿元,将实行公司化运作,标志着我国第一只生态环境领域的国家级基金正式成立。国家绿色发展基金是由财政部、生态环境部、上海市人民政府三方发起成立,基金主要投向长江经济带11省市,涉及环境保护与污染防治、生态修复和国土空间绿化、能源资源节约利用、绿色交通以及清洁能源五大领域,旨在采取市场化方式,发挥财政资金的带动作用,引导社会资本支持环保产业。社科院金融研究所副研究员、绿金委副秘书长评价:国家绿色发展基金推出正当其时,通过充分运用政府与市场的双轮驱动,有效激励更多金融机构和社会资本开展绿色投融资,解决绿色环保产业的资金瓶颈问题,一定会成为中国金融支持实体经济发展的有效路径。

专栏8-7:绿色基金助力节能减排产业发展[①]

政府绿色引导基金的成立,有利于弥补绿色领域投融资的市场失灵问题,通过政府出资保障和向社会资本让利,增加社会资本盈利,降低社会资本风险,发挥财政资金的乘数效应,促进区域绿色产业成熟发展和区域经济绿色转型,2020年多个省市成立绿色政府引导基金。

2020年11月,广西绿色新兴产业基金在南宁成立,基金总目标规模为人民币50亿元,首期认缴规模10.01亿元,将重点服务绿色新兴产业发展,构建高端绿色家居全产业链发展格

---

① 资料来源:中央财经大学绿色金融国际研究院,链接https://www.hbzhan.com/news/detail/141663.html。

局，扶持高端制造业、电子信息及大健康产业等转型升级。

2020年11月，辽宁省低碳绿色产业投资基金成立，基金整体规模设定为30亿元，首期5亿元，将通过政府引导，社会资本参与，金融机构放大，投资环保产业领域的优秀企业股权、环保领域重点工程项目、先进环保装备制造、智慧环保、碳汇交易等领域，以促进环保产业实现高质量发展。

2020年11月，浙江省丽水市成立高质量绿色发展产业基金，总规模60亿元，基金将按照"聚焦战略取向、突出政策引导、坚持市场运作、合理防范风险"的原则，采取定向基金、非定向基金、直接投资的模式进行运作，以股权投资方式重点投向精密制造、健康医药、半导体全链条、时尚产业、数字经济五大产业集群，以及环保、旅游、金融、文化、乡村振兴等重点产业。

2020年12月，甘肃兰州新区成立第一只绿色基金，总规模30亿元，首期规模10亿元，按照"服务企业、风险可控、滚动投资"的原则，主要投向新区绿色化工、现代农业、生物医药等绿色发展重点领域，对新区优质绿色企业提供资金支持，为绿色企业注入发展新动能。

在绿色保险方面，2018年至2020年，保险业累计为全社会提供了45.03万亿元保额的绿色保险保障，支付533.77亿元赔款，在服务能源结构调整、护航绿色交通发展、赋能建筑行业绿色转型、支持绿色低碳技术推广、推动巨灾应对能力、提升助力生态碳汇能力提升、参与环境风险多元共治、助推绿色发展等方面取得了显著成效[1]。2020年，绿色保险发展取得了新的突破，2020年11月5日，深圳市正式发布《深圳经济特区绿色金融条例》，自2021年3月1日起施行。这是全国首部绿色金融领域的地方性法规，进一步明确了金融机构和绿色企业的主体责任，规定了政府部门和中央驻深金融监管机构的监督管理措施。法规要求建立环境污染强制责任保险制度，将从事涉及重金属、危险废物、有毒有害物质等高环境风险的企业纳入应当投保环境污染强制责任保险的范围。截至2020年12月，全国31个省（区、市）均已开展环境污染强制责任保险试点。低风险往往意味着企业对于创新行为的高容错率，从而激励企业不断进行绿色科技创新，而激励企业科技创新可以为产业结构升级、绿色产业构建提供内在动力。

专栏8-8：绿色保险助力节能减排产业发展[2]

2020年5月27日，宁波召开全市生态环境绿色保险工作推进会，向全市推广实施生态环境绿色保险。这是宁波在环境污染责任保险的基础上，在全国创新推出的"保险 服务 补偿"模式。具体而言，就是引入第三方环保服务机构，为投保企业提供全流程、全方位专业环保服务，指导企业开展环境风险防控。同时，第三方环保服务机构向保险机构投保职业责任保险，如因其服务缺失造成投保企业直接经济损失的，由保险机构和第三方服务机构按照风险共

---

[1] 资料来源：《保险业聚焦碳达峰碳中和目标 助推绿色发展蓝皮书》。
[2] 资料来源：金台资讯。

担机制和保险合同约定负责补偿。

事实上，生态环境绿色保险从2019年5月开始就在北仑进行了试点，宁波埃斯科光电有限公司是首批投保的企业之一，该企业的主营业务为生产半导体集成电路引线框架和接插件。企业负责人孙亚斐表示，绿色保险对企业的帮助很大，保费一年不到5万元，北仑区政府还给了他们公司25%的补贴。在"保险 服务 补偿"模式的指引下，投保了生态环境绿色保险的埃斯科将接受来自第三方环保服务机构——仁欣公司的环保服务，并不断整改仁欣公司在对其进行的环保体检中发现的问题。这一模式不仅有助于埃斯科的绿色转型，而且有助于仁欣公司的业务范围扩大、业务水平提升。根据北仑生态环境部门的统计，目前已经有110余家企业投保了生态环境绿色保险。在2020年3月，人保财险宁波市北仑支公司赔付新民电镀公司10万元生态环境绿色保险赔款，完成了宁波市首笔生态环境绿色保险赔款。

2020年7月1日，宁波市生态环境局、宁波市人民政府金融工作办公室、宁波银保监局联合下发《宁波市生态环境绿色保险实施意见（试行）》，在全市推进实施生态环境绿色保险。具体表现为，由市场提供、政府引导、企业自愿购买。一旦企业发出投保申请后，保险机构在承保前委托第三方环保服务机构专家团队，对企业进行环保"体检"和环境风险评估，确定投保企业环境风险等级，作为费率厘定的基础和依据。

8.3 绿色金融助力节能环保产业趋势和展望

2021年是"十四五"开局之年，是中国共产党成立100周年，习近平总书记在庆祝大会上的重要讲话指出要坚持人与自然和谐共生，协同推进人民富裕、国家强盛、中国美丽。"十四五"时期，我国生态文明建设进入了以降碳为重点战略方向、协同推进减污降碳、促进经济社会发展全面绿色转型的新阶段，生态环境保护部门将进一步加大对高污染、高排放行业的管控力度，深入落实减污降碳总要求，科学治污、精准治污、依法治污，持续推进生态环境治理体系和治理能力现代化，深入推进全社会绿色转型，以引导绿色消费倒逼绿色产品供给，以绿色技术促进绿色低碳生产，以绿色产品和生产促进绿色产业行业发展。

节能环保产业是落实习近平总书记重要讲话精神、发挥生态环境保护对高质量发展支撑保障作用的重要着力点，"十四五"迎来了新发展机遇。全社会绿色低碳转型，能够促进新的绿色生产和消费新技术新模式、新产业、新业态涌现，传统行业绿色转型升级也将带来广阔的市场需求，节能环保服务业将有望实现跨越式发展。同时，大力发展绿色低碳产业和各种生态产业，主动服务我国供给侧结构性改革与产业升级转型，成为我国经济发展新亮点、新动力。

以生态环境保护需求为牵引，节能环保产业发展从"规模扩张"向"效益提升"转变。节能环保产业要深入落实中央重大战略部署，围绕深入打好污染防治攻坚战和"碳达峰、碳中和"目标，牢牢把握"实现减污降碳协同效应"这个总要求，坚持系统提质增效与结构调整优化并重。"十四五"节能环保产业发展要更加注重统筹协同，更加注重制度落地，关键在于设计、规划、建设、生产、评估各个环节，畅通环保产业发展全环节、全链条，以环保产业高质量发展支撑经济社会高质量发展。

以绿色科技创新驱动为引擎,节能环保产业进入提质增效快车道。习近平主席在2021年4月22日"领导人气候峰会"上指出"要顺应当代科技革命和产业变革大方向,抓住绿色转型带来的巨大发展机遇,以创新为驱动,大力推进经济、能源、产业结构转型升级,让良好生态环境成为全球经济社会可持续发展的支撑"。发展节能环保产业,大力加强技术创新和标准建设,以技术创新赋智赋能,以标准建设提质提效,重点在于提高生态环境治理、监测、修复等关键核心技术的自主研发能力,提升技术装备水平和精准治污能力,全面提升绿色产品和服务质量。

以绿色金融支持为保障,引导资金流入节能环保产业。节能环保产业转型发展迎来重要战略机遇期,节能环保产业质效的提升离不开资金的保障,产业发展带来的市场前景也正在释放新一轮的投资空间。一是绿色金融可以撬动更多社会资本,支撑节能环保产业快速发展需求,加大对节能环保产业的资金保障作用。二是绿色金融将发挥引导作用,通过标准体系和管理制度不断完善,主动引导投资结构转型升级,降低经济发展对高碳行业和"两高"项目的路径依赖,引导金融资源流向绿色低碳产业。三是通过多种绿色金融产品和服务的创新与组合,设立碳减排支持工具,不断降低节能环保产业融资成本,从而降低全社会减排成本,促进节能环保产业蓬勃发展。

9 绿色金融与生物多样性保护

9.1 生物多样性价值主流化

生物多样性是"各种来源的活生物体之间的差异,其中包括陆地、海洋和其他水生生态系统及其所组成的生态系统;包括物种内部、物种之间和生态系统的多样性"(《生物多样性公约》第2条,1992年)。本质上,生物多样性揭示了生命多样性,被认为是自然界的生命组成部分。它包含三个层次:遗传变异的水平,存在的物种的多样性,物种种群或生态系统多样性。生物多样性影响生态系统提供服务的水平,包括数量、质量和复原力。较少生物多样性的自然系统仍然可以产生生态系统产品和服务,但通常数量较少,质量较低且更易受到人类活动或气候变化的影响。生物多样性诠释了人与自然是生命共同体,以及更为复杂的内在关系。一方面,人类依赖自然——自然界为社会带来多种效益回报,环境方面如生态韧性,社会方面如公共卫生、福祉和生计支持,经济方面如包容性增长、经济收益和创新(《生物多样性公约》目标8,2020年)。全球一半以上的GDP(相当于44万亿美元的经济价值)中度或高度依赖自然界及其提供的产品和服务①,因此也容易蒙受生物多样性丧失导致的商业风险。其中,三个主要的经济部门(农业食品、基础建设和能源采掘业)对自然界的依赖尤其为重(WEF,2020b,p.8)。"人类过度使用了自然界提供的产品和服务,超出了自然界在可持续基础上提供这些产品和服务的能力"(Dasgupta Review,2021),"这将阻碍实现联合国2030年可持续发展

---

① http://www.biodiversityfinance.org/index.php/about-biofin/what-biodiversity-finance。

目标等国际议程"（Markandya，2020）。另一方面，人类对自然产生极大影响。"世界主要生产和加工部门的环境外部性每年高达 7.3 万亿美元"（《TEEB 商业联盟报告》，2013）。导致生物多样性下降的直接驱动力包括使用生物资源，改变土地（和海洋）用途，生产生活污染环境和加剧气候变化，以及外来物种入侵等生物安全事故；造成"近百万种物种可能在几十年内灭绝，并且灭绝速度正在加快"（IPBES[①]《生物多样性和生态系统服务全球评估报告》，2019）。报告指出"其实生产和消费格局、人口动态、贸易、技术创新和环境治理等背后的深层次因素其实才是自然丧失的实质性推手"；"若要遏制这一趋势加剧，需要对已有的解决方案采取根本性变革。'变革'指的是跨技术、经济和社会因素的整个系统范围内重组，包括范式、目标和价值观"。

  变革的要求已明确。"生物多样性的价值在决策中被低估。运用 GDP 传统方法衡量经济增长，间接增强了生物多样性丧失的驱动因素"。《生物多样性公约》呼吁"除了在经济指标中纳入自然资本的多元价值外，还需要计量与核算自然带来的其他福利"。《生态系统与生物多样性经济学》（TEEB）研究发现，地球上所有自然生态系统服务每年提供社会效益总值约为 125 万亿~140 万亿美元，是 2019 年全球 GDP 的 1.5 倍；现代药物中约有三分之一源于自然成分；珊瑚礁带给旅游、渔业和沿海保护；中草药的市场价值上千亿美元；如果授粉昆虫大量消亡，每年农业或将遭受高达 2 170 亿美元的损失。以湿地为例，其主要价值一是生态惠益——有效蓄水、净化污水、调节区域小气候；通过湖泊、河流、沼泽地及沿海潮滩、红树林、盐沼和珊瑚礁，为野生动物提供栖息地；二是经济效益——每公顷湿地生态系统每年创造的效益高达百千甚至上万美元，是热带雨林或农田生态系统的很多倍。例如，德国梅克伦堡州政府通过修复 3 万公顷退化的泥炭地，避免了每年约 30 万吨二氧化碳当量的排放。按照每吨 70 欧元的边际价格，仅固碳价值就高达 2 170 万欧元，平均每公顷 728 欧元。还不算防止洪水侵蚀、缓解干旱等应对极端气候的其他生态效益。斯里兰卡科伦坡郊区一片 3 000 公顷的沼泽地，每年减少洪灾和处理污水的效益分别为 500 万美元和 1 600 万美元，然而如果将沼泽变为农田，则只能实现约 30 万美元的年产值。英国亨伯河口湾的经验表明，用湿地替代造价和维护成本高昂的人工海堤对恢复沿海生境尤为有利。湿地作为"基于自然的气候变化解决方案"与传统的人造基础设施相比，不但成本较低，而且经核算生物多样性缓解与应对气候变化的价值，50 年累计可达 1 150 万英镑。

  变革的方向已确立。2021 年 9 月《生物多样性公约》秘书处在发布《2020 年后全球生物多样性框架初稿》（Zero Draft of the Post-2020 Global Biodiversity Framework）中指出："急需转型变革来扭转生物多样性丧失，并确保自然界的健康及复原力，以支持我们的经济、福祉和生计"。该框架确定了在未来 10 年"逆转生物多样性的下降曲线"（bend the curve），在其后 20 年恢复自然生态系统，到 2050 年实现"与自然和谐相处"的愿景，并建立在"转型变革"（Transformative Change）理论基础上（见图 9-1），强调在全球、区域和国家层面采取紧急政策

[①] 联合国"生物多样性和生态系统政府间科学—政策平台"（IPBES）www.ipbes.org。

行动，转变经济、社会和金融模式；敦促各国政府需要确定优先事项，分配财政和其他资源，识别、计量与核算自然的价值，并融入所有的决策程序。世界经济论坛发布《全球风险报告》也指出："急需在三个社会经济体系中进行系统性转型：粮食、土地和海洋利用，基础设施和建筑环境，能源和采掘业"（WEF，2020c）。

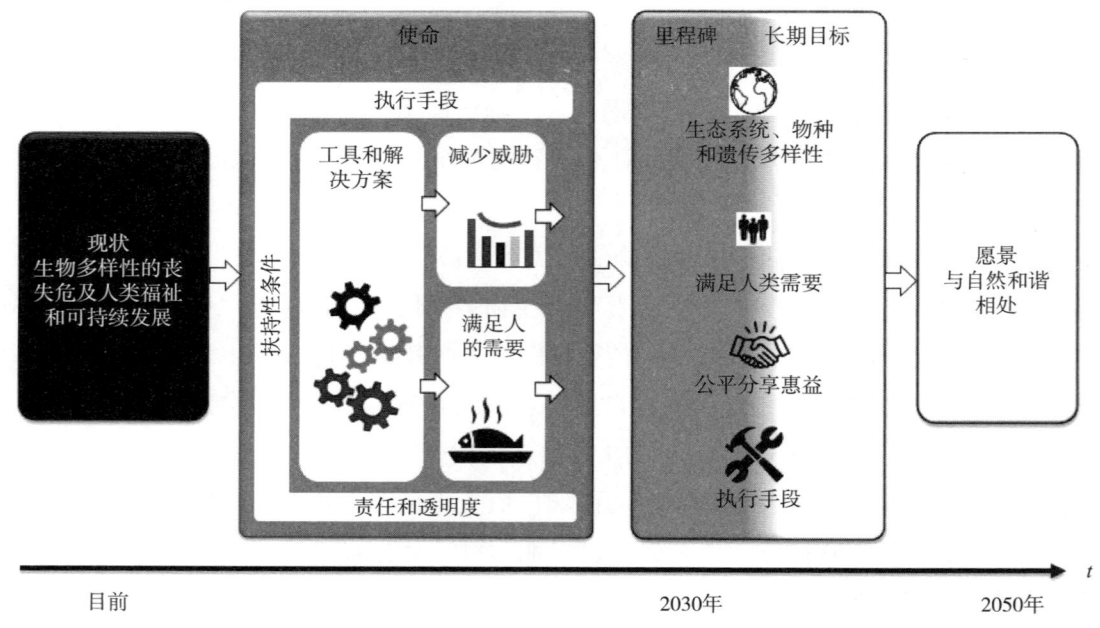

图 9-1 《2020 年后全球生物多样性框架初稿》提出变革理论

变革的行动已提出。具体包括：扩大对 UN-SEEA 作为"综合环境经济核算"国际统一标准的国家应用，改革对生物多样性有害的行业补贴，多元化、市场化和企业参与交易的生物多样性融资机制（Biofin），识别、计量与估算对自然界影响和依赖的成本效益，并融入所有决策程序，赋能使全社会行动起来。所有行动的核心在于生物多样性价值（定性定量和货币化）的赋值能够在金融部门主流化。这将对经济转型和社会变革的世界走向带来深刻影响，预计将呈现以下渐进阶段和发展动向：一是将自然构筑为储存并向人们提供价值的一种资产形式；二是将生物多样性根植为使自然资产更具生产力和恢复力的基本属性；三是将生态系统视为自然资产的分解形式，使其价值在政策中清晰可见；四是将自然资本方法作为识别、计量和估算经济对生态系统依赖和影响的权衡方法；五是将"2020 年后全球生物多样性框架"纳入自然资本方法应用作为实施路径，实现生物多样性价值主流化与转型变革协同增效。

9.2 联合国"综合环境经济核算体系"

为深入理解人与自然的关系，生产生活对自然界的影响及依赖，首先需要更科学、精准的统计数据。联合国"综合环境经济核算体系"（UN-SEEA）为各国政府提供了统一的标准化流程①。它是一个使用与国民核算体系相适应的会计原理和结构，用来组织有关经济和环境信息的统计框架。国民核算体系（System of National Accounts）则是推导 GDP 和包括生产性资本（Produced Capital）在内的其他宏观经济指标的框架。SEEA 分两部分：一是作为国际统计标准的中央框架，侧重自然资源存量和流量；二是实验性生态系统核算（EEA），研究生态系统及其服务提供的范围和状况。使各国能够更好地了解自然环境如何为国家财富和经济活动提供支撑，并监测生态退化及其成本。以摩洛哥为例，在根据 SEEA 确定了"蓝色经济可持续发展"的国家战略后，政府建立了国家自然资本账户，计算了海洋与海岸带生态系统的供给服务（捕鱼量），调节服务（防止岸线被海水侵蚀）和文化服务（旅游/休闲）所具有的"实物量"和"价值量"。通过建模分析投资人工堤坝的成本和效益，与对红树林和滩涂的保育投入相比，发现自然基础设施的造价和运维成本更低，产生的综合社会环境和经济效益更多。考虑到生产性资本的折旧与贴现，时间越长，自然资本的综合效益就越显著。因此"基于自然的解决方案"（Nature-based Solutions，NbS）将更多地运用于该国政府权衡沿海开发与保护的投资决策制定当中。

9.2.1 SEEA 起源

国际社会多年来一直呼吁建立一套与 GDP 相对应和协调，能够衡量自然价值和生态资产的统计与综合核算体系，用来反映可持续发展的"多重效益"。世界银行副行长蕾切尔·凯特说："自然资本是世界各国财富的基础，如果没有数据表明经济增长在多大程度上依靠自然资源，就无法在实现绿色发展与包容性增长之间做出抉择。自然资本核算能够为政府做出该抉择提供所需数据。"2010 年联合国发布 SEEA，加之环境经济学的发展，极大地触动了《生态系统和生物多样性经济学》（TEEB）②和《自然资本议定书》（Natural Capital Protocol）③ 等方法学制定。2010 年在《生物多样性公约》COP10 大会上，世界银行启动了"财富核算与生态系统服务估值"（Wealth Accounting and Valuation of Ecosystem Services，WAVES）项目④，目标是通过在国民经济核算和发展规划中纳入自然资本价值的范例和方法，推动绿色经济转型和可持续发展。加拿大、日本、韩国、英国、法国、澳大利亚和挪威及一些国际非政府组织为该项目提供了资金和技术支持。墨西哥、印度、菲律宾、博茨瓦纳、哥伦比亚、马达加斯加、哥斯达黎加、乌干达等国实施了自然资本核算试点项目。"自然资本核算"（Natural capital accounting，NCA）指的是针对某区域或生态系统总的自然资源存量和服务流量的计算过程。涉及实物量和货币价值量的计量与估值。纳米比亚在将自然价值纳入国家财富综合核算体系后，撤销了将土地用途转为农业生产的决定，设立野生动物保护区开展旅游业。博茨瓦纳根据农业占全国用水总量 45%，但对国内生产总值（GDP）贡献仅为 2% 的水资源核算结果，重新

---

① 2019 SEEA Conference-2019 SEEA Conference on Energy Efficiency。
② www.teebweb.org。
③ 自然资本联盟. 自然资本议定书［M］. 赵阳，译. 北京：中国环境出版集团，2019。
④ https://www.wavespartnership.org。

布局产业，规划了多样化的经济增长结构。卢旺达将自然资本核算作为国家减贫战略的重要组成部分。肯尼亚为弄清森林生态系统对 GDP 的贡献，设立了森林核算账户。加拿大、荷兰和挪威每年开展能源核算，为降低温室气体（GHG）排放的同时实现经济增长的规划提供决策数据和依据。最新数据显示，"七个工业化发达国家的 GDP 和 GHG 关系已经呈现强脱钩特征"（表现为 GDP 上升，但是 GHG 平稳甚至向下的两条不并行曲线）。

9.2.2 SEEA 发展

《联合国"综合环境经济核算体系"全球评估和支持统计数据》（UN-CEEA）2020 年报告[①]显示，从 2010 年到 2020 年，实施 SEEA 实验性环境经济核算框架的国家已达 89 个（UN-CEEA，2017）。

（1）瑞典。以 SEEA 实施为基础，通过了一项政策目标，旨在减少归因于本国消费的排放。这使消费导致温室气体排放成为国家环境质量管理的组成部分[②]。该举措通过估算"综合"温室气体排放量的消费足迹指标，将国内排放量与瑞典制造但在国外消费的商品所含排放量整合在一起。以这种方式，瑞典向世界表明了致力于减少本国领土以外排放的承诺（Vardon et al., 2019, Box 2.4; Statistics Sweden, 2015）。

（2）澳大利亚。制定《综合环境和经济核算的国家战略》，包括建立国家级和企业级的自然资本台账。针对农业部门进行专门研究和投资，促进自然资本理念的主流化。部门行动包括制定生物多样性认证和管理计划[③]，资助自然资本应用研究和土地所有者能力建设，激励采用自然资本核算以更好地管理支撑农业生产的自然资本组合。

（3）荷兰。应用 SEEA 实验性生态系统核算，建立北海自然资本账户（Natural Capital Account for the North Sea）[④]，将北海生态系统的范围和状况信息与这些生态系统提供服务的数据（以实物量形式）联系起来。

（4）法国。"生态系统和生态系统服务评估项目"（French assessment of ecosystems and ecosystem services，Efese）[⑤]汇集了针对不同规模生态系统及其服务的一系列评估活动。项目于 2012 年启动，通过开发稳健并具有连贯性的工具，提高利益攸关方的意识和决策水平。作为连接科学界、政府和社会的平台，Efese 加强了公共政策和企业决策对项目成果的应用。

（5）欧盟。作为《欧洲绿色协议》（EU Green Deal）的组成部分，欧盟正在与来自私营部门的伙伴机构，合作开发《环境核算通则》（environmental General Accepted Accounting Principles，eGAAP）[⑥]，旨在推动制定标准化的计量和估值方法学，帮助决策者为企业、社会和自然界创造并保护长期价值。

---

① http://share.scb.se/OV9993/Data/Publikationer/statistik/_publikationer/MI1301_1995I09_BR_MI71BR1501.pdf.
② https://www.wavespartnership.org/sites/waves/files/kc/3rd%20Policy%20Forum%20Publication%20_final.pdf.
③ https://ecos.csiro.au/prawn-fishery-counts-its-natural-capital/.
④ https://www.cbs.nl/en-gb/background/2019/51/natural-capital-accounts-for-the-dutch-north-sea-2019.
⑤ https://www.ecologie.gouv.fr/levaluation-francaise-des-ecosystemes-et-des-services-ecosystemiques#e0.
⑥ https://capitalscoalition.org/project/transparent/.

（6）WAVES 项目。"国家财富和生态系统服务估值"（Wealth Accounting and the Valuation of Ecosystem Services）[1] 是在联合国 SEEA 框架下开展的项目，支持应用自然资本核算的系列实践。例如，澳大利亚使用自然资本账户应对干旱影响和有效管理大堡礁；另一个是来自危地马拉森林账户促进经济发展的例子。

9.2.3 SEEA 催生 Biofin

UN-SEEA 体系涵盖自然资源"实物量账户"和"价值量账户"，以及"生态系统服务拓展账户"，包括每年产生的生态系统服务的实物量、效益分布和货币价值，生态系统退化的成本，成本在不同利益相关方之间的分担，以及生态系统服务纳入国家财富综合核算体系等。起初主要作为政府部门应用，后来相关理念、方法和流程逐渐被金融部门和工商企业所认同，为发起"生物多样性金融倡议"（Biofin）奠定了理论与实施基础。UNSEEA 与 Biofin 共同推动对自然赋值并融入金融和私营部门的决策流程。

9.3 联合国"生物多样性金融倡议"

目前全球生物多样性保护资金绝大部分源于各国公共财政预算，每年总支出为 1 210 亿美元，以及 220 亿美元的私营资本（如有机食品认证、绿色债券），共 1 430 亿美元，但每年所需资金缺口达 6 000 亿美元。与之相对的是各国对生物多样性有害的行业（如农业食品、能源）补贴总量每年高达 5 000 亿美元。在国家层面，生物多样性投资和多元化的资源调动进展不足[2]，作为《生物多样性公约》谈判焦点而亟待国际社会协力解决[3]。国际机构长期以来由于缺乏关于目标、需求、支出和优先事项等具体信息，不愿意为受援国的生物多样性管理计划提供资金支持[4]。为解决这个问题，《生物多样性公约》成立了"执行《生物多样性战略计划（2011—2020）》全球资源评估高级别小组"，研究为实现 2020 年战略计划所需的融资需求，报告结果显示："经过对国家及国际层面的公共资金预算和成本核算进行的'自上而下'评估后，预计到 2020 年每年需要 1 500 亿美元至 4 400 亿美元的资金总量，占世界 GDP 的 0.08%至 0.25%。"[5] 然而，仍需对不同国家"自下而上"的生物多样性资金市场化和多元化的筹措机制及有效性进行更准确的评估，这是"生物多样性金融倡议"[6]（Biodiversity Finance Imitative，Boifin）发起的背景和目的之一。Biofin 网站推出一个在线"目录"，在数据库中汇总了

---

[1] https：//www.wavespartnership.org。

[2] 推动中国企业参与《生物多样性公约》全球伙伴关系的机制建设. 赵阳, 温源远, 杨礼荣, 李宏涛（2018）生物多样性，26，1249-1254。

[3] 从《生物多样性公约》资金机制战略目标变迁解析生物多样性热点问题，刘海鸥、赵富伟、薛达元、生物多样性。

[4] Analysis of biodiversity hotspot issues from the changes of strategic objectives of the financial mechanism of the Convention on Biological Diversity。

[5] https：//www.cbd.int/financial/hlp/doc/communications/HLP%20on%20Resourcing%20the%20CBD%20Strategic%20Plan%202011-2020%20（summary）.pdf。

[6] http：//www.biodiversityfinance.org/。

全球生物多样性金融领域的所有工具、方法和策略，并创建了用于分类和搜索的实用工具。生物多样性金融不仅涉及筹集新资金，同时注重更有效地利用一切可用资源，将资源从有害的领域重新分配到真正发挥作用的方面，提倡立即展开行动以减少对未来投资的需求。Biofin 支持各国政府制定和实施基于事实证据的《生物多样性金融计划》（BFP），通过推动搭建国家平台、区域和全球对话，更好地分配现有或调动新的资源以减少资金需求，实现该国战略，使生物多样性目标不再受到系统性投资不足的阻碍。在制定过程中，BFP 通过公共与私人融资、新增资金与调整预算、传统与创新，高低风险等组合模式，从包括 5~15 个金融方案的长名单中，根据生物多样性影响力、融资潜质、可行性和有效性，筛选出定制的短名单。

9.3.1 双重目标

1）减少融资给生物多样性带来的负面影响，即"金融绿色化"（greening finance），旨在强化投资风险管理。

2）增加有利于生物多样性保护的项目投资，即"为绿色项目融资"（financing green），包括开发绿色金融产品、投资自然基础设施、推动自然气候解决方案、支持可持续农业大宗商品供应链、探索"债务置换自然保护"（Debt Swap for Nature）等解决方案的可行性等。

9.3.2 三个步骤

1）生物多样性金融政策和机构调查。研究该国生物多样性金融的政策和体制背景，确定需要哪些利益相关方参与，包括：

- 分析导致生物多样性丧失或增益的驱动力及根源；
- 调研相关政策和机构；
- 制定有害于自然保护的行业激励措施的目录清单；
- 开发生物多样性金融解决方案的数据库。

2）生物多样性保护成本审查。分析该国过去、现在和预计未来有利于生物多样性的公共与私人支付，包括：

- 计算各项主要生物多样性保护措施的费用支出；
- 确定金融报告框架制定所需数据源；
- 评估生物多样性保护的首次国家支出。

3）财务需求评估。预估为实现该国生物多样性目标和规划所需的资金，通常参考《国家生物多样性战略与行动计划》（NBSAP），包括：

- 为国家金融需求做历史首次全面评估；
- 制定高优先级并以结果为导向的国家预算，以强化 NBSAP 的地位和作用；
- 核算资金需求总量与差距。

9.3.3 四个领域

1) 调整当前支出

调整流向生物多样性保护的现有资金或重新定位的措施。例如降低有害于生物多样性的农业补贴，或调整化石能源相关补贴，用于投资绿色基础设施或可再生能源（如生物质）。例如，瑞典政府使用土地账户来确定哪些土地所有者负责特定地块上的生物多样性管理，并发布了有利于恢复和提高生态系统服务的土地账户。可用于分析农业投资，了解环境和生态系统对于广义经济的重要性，将农业实践和优先事项调整为更具可持续性和可再生性的生产生活方式，遏制生物多样性丧失而不是使之加剧（WAVES Policy Forum，2018）。

2) 产生新增收入

通过创新机制或工具，产生或扩大用于生物多样性的额外财务资源，如湿地银行、生物银行、生态系统服务付费和配额交易。例如，印度尼西亚政府于2018年初发行了第一只伊斯兰"绿色"主权债券（Green Sukuk）[1]。在新加坡证券交易所和纳斯达克迪拜上市，吸引了大约12.5亿美元的投资。

3) 避免未来开支

通过采取修改或取消现有适得其反的政策和预算等措施，防止或减少未来的生物多样性投资需求。例如，法国通过一项消除进口导致国外森林砍伐的国家战略，包含非强制性目标[2]，要求企业加强对供应链中毁林活动的监测与报告。欧盟制定了类似规定。目前正在重新考虑将非财务信息的披露政策，作为"欧盟绿色协议"（EU Green Deal）的组成部分。预计未来的监管将更严格，监管范围将包括更多企业。

4) 改进管理和服务

通过法律法规或使用市场激励措施强加某种行为，或提高资源分配的公正性和预算执行的成本及效率。措施包括例如建立生态保护基金、实施可持续公共采购、推动在环境影响评价（EIA）和绿色金融政策中纳入生物多样性指标等。以印度为例，从历史上看，由于价格高昂的化学肥料和杀虫剂投入而往往导致粮食不安全和农民债务。Andhra Pradesh 邦政府在联合国 "TEEB AgriFood Initiative"[3] 计划的支持下，组织 58 000 名农民实施"零预算自然耕种项目"（ZBNF）[4]，在保护环境的同时，致力于提高民生福祉。该项目由一系列可再生的农业实践组成，有利于恢复自然资本存量并降低农场成本。ZBNF 是满足消费者对安全食品需求的一种替代模式，采取间作措施不但使农民收入多样化，而且增强了生态系统服务质量。得益于当地政府推动，ZBNF 项目占地 26 万公顷，土壤肥力和保水性得到改善。

---

[1] https://www.biodiversityfinance.net/sites/default/files/content/knowledge_products/GreenSukuk.pdf。
[2] https://www.ecologie.gouv.fr/dossier-presse-strategie-nationale-lutte-contre-deforestation-importee。
[3] http://teebweb.org/our-work/agrifood/。
[4] http://apzbnf.in/。

9.3.4 六种解决方案

Biofin 厘清了生物多样性金融与融资的定义内涵、外延和差别。前者指的是"筹集和经营资本，并利用金融激励措施促进可持续生物多样性管理的做法。包括用于保护生物多样性的私人和公共财政资源，以及对产生积极生物多样性效益的商业活动（如生态系统服务付费），或者对相关市场的交易价值（如致力于栖息地保护的绿色债券）所进行的投资"[①]。"生物多样性融资"则是生物多样性金融的子集，是指除了用于保护的财政转移支付（税收、补贴），通过对生态效益和价值进行商业交易与投资，而产生新增资金的其他方式，包括市场交易、债务和债券、监管、风险管理和赠款。Biofin 将生物多样性金融分为财政（Fiscal）、市场（Market）、监管（Regulatory）、债务和债权（Debt/ Equity）、风险管理（Risk Management）和赠款（Grant）6 种类别共 20 多个解决方案[②]，以撬动来自公共或私营部门的多元化资金。这些方案既可单独使用，又可组合实施，相互融合交叉，在不同具体情况下互为主辅。例如，绿色债券既是债权也是市场手段，监管则包含了基本所有财政和市场方案，以及行政手段，例如生产、销售和排放配额，许可证和特许经营（权）。融资前提是通过基于生态系统的自然资本核算，使生物多样性的价值清晰地显现出来，融资主体是产生直接或间接影响力和依赖性的工商企业界及银行等金融机构，融资方式包括付费（Payment）、抵偿（Offset）、交易（Trade）和投资（Invest）等。多元化、市场化融资将有助于改进资源优化配置，在供需双方无法通过市场进行交易时，需要政府营造"赋能"的政策环境，并实施金融激励措施，或采取配额、许可证和特许经营等行政干预手段。

9.3.4.1 财政方案（Fiscal）

1）生态转移支付（eco-compensation）。一般指政府公共财政拨款，我国的生态补偿政策，如退耕还林、退牧还草、退田还湖、天然林保护和矿区修复等均属此类。例如，沈阳大伙房水库周边小农户生计和企业搬迁赔偿每年财政补贴 2.3 亿元；苏州市政府对水稻田作为人工湿地给予财政补偿，对连片 1 000~10 000 亩的水稻田，按 200 元每亩；连片 10 000 亩以上 400 元每亩。

2）政府购买（government buying）。公共财政购买生态保护、排污和垃圾处理和建筑物清扫服务等。例如，芬兰为购买芬兰南部国有和私有林主提供的森林和栖息地生态系统服务，由农林部邀请专家根据 18 项生态指标，分级评估森林的生物多样性价值，以此确定差别化的购买价格。1999 年以来，瑞典政府通过土地赎买、补贴和自愿捐赠相结合的方式，购买瑞典中部和南部地区具有重大自然保护价值的林地所有权，以建立自然保护区和重要生境。非生产性林地面积由 2014 年的 115.74 万公顷增至 2017 年的 116.89 万公顷。

3）生物多样性有害补贴调整（subsidy removal）。根据 Biofin 统计，每年全球各国用于支持

---

① http://www.biodiversityfinance.org/index.php/about-biofin/what-biodiversity-finance。
② http://www.biodiversityfinance.org/index.php/finance-solutions。

有害于生物多样性的各种行业优惠和补贴高达 5 000 亿美元，主要集中在农林渔和能源、基础设施等行业。菲律宾政府在世界银行牵头实施的联合国 WAVES 项目的支持下，为首都马尼拉附近的 Laguna de Bay Basin 湖湾盆地编制了生态系统账户。该账户凸显出在利用湖泊生产鱼类（水产养殖和开放水域捕捞）的背景下，水供给和排放之间的紧张关系，并提供了关于修订、调整水产养殖许可证收费制度[①]和实施流域绿色化所需渔业资源租金的账目核算。

4）国家公园特许经营（National Park Concession）。政府在国家公园内推行特许经营制度（如美国和法国）。各国根据不同行业的特点，制定了差别化的特许经营市场准入清单，对申请人资质和经营管理行为均有明确要求，并以国家公园产品的品牌价值增值体系为依托，引导社区企业和个人自愿参与，实现区域生态产品价值。

5）税费、罚款、赔偿、配额管制（taxation and quota）。增加有利于生物多样性的补贴，如生态旅游、有机农业、非木材林下经济产品、可持续渔业认证和税费减免等。改革对生物多样性有害的补贴，如不符合可持续标准的农、林、牧、渔和建筑、能源运输、基础设施等造成土地用途变化的行业。在特定生产部门运用特许经营和许可证，为减少对栖息地不利影响而征收农药和化肥税等。例如，瑞典税收政策"绿色化"（Greening tax policies），利用各个部门能源使用和二氧化碳排放核算的经验，并结合标准经济账户的实践。

9.3.4.2 风险管理方案（Risk Management）

6）金融担保、绿色保险、绿色小额信贷（Credit guarantee fund）。针对生物多样性保护措施给予降低自然灾害保险保费的措施，以及公共或私人金融担保、影响债券等。政府管理部门的政策调研、能力建设、预算执行效率提高和人力资源优化等也属于此范围。绿色小额信贷是在信贷、担保和贷款政策中纳入绿色或环境原则、标准和指标，例如开展有机农业及相关经济活动的生态效益评估，符合条件给予优惠或优先。

9.2.4.3 监管方案（Regulatory）

1）环境（和社会）影响评估（EIA）。大型开发项目（如采掘采矿、酒店或基础设施）在经过纳入了生物多样性保护指标的 EIA 评估之后，可要求开发商采用不同的金融措施，如缴纳履约保证金，投保，发行绿色债券、应用生物银行和抵偿达到实施条件。

2）公共绿色采购（green procurement）。采取有利于对社会和环境负责的产品采购规则，如森林认证纸制品，可持续棕榈油、大豆、牛肉和棉花等农业大宗商品，对市场和消费产生重大影响。同样适用于政府和公共部门以及私营部门企业采购产品或分包服务。例如，欧盟于 2014 年通过了《公共采购指令》《水、能源、交通和邮政服务领域的公用设施采购指令》和《特许经营合同采购指令》等采购立法，明确将生态系统服务纳入政府采购计划。哥斯达黎加多次修订《森林法》，明确了森林的四项核心生态功能，即碳汇、水文、生物多样性和景观等，并对生态补偿制度的对象、资金来源、合同、保护激励措施等均作了完整规定。美国的《清洁水法》，规定并逐步细化了开发者损害湿地的补偿义务，成为湿地交易制

---

① https：//www.wavespartnership.org/en/knowledge-center/pilot-ecosystem-account-laguna-de-bay-basin。

度建立的前提条件。

3）保护地役权（conservation easement）。为保护生态环境和自然资源，对某些类型的土地用途和开发规模进行限制的措施。地役权是自愿捐赠给公共或私人托管机构，用于抵免该土地应缴税费，但允许土地所有者保留某些私有财产所有权或处置权（如在土地上建立住房或用于放牧）。地役权具有永久性的法律效力，即使该土地被继承或出售仍然维持限制条件不变。保护地役权具有以下性质：土地所有权人自愿捐赠或出让保护地役权给信托机构或政府部门，根据协议放弃一些与土地开发相关的权利，作为换取税收减免的条件，但是可以保留土地和对其使用权，如建房、种树、耕作或放牧。保护地役权具有永久性的法律效力，即使该土地被继承或出售仍然维持限制条件不变，而且具有很大灵活性——根据实际情况设定限制哪些权利，例如如果本身是稀有野生动物栖息地，那么该土地的保护地役权能够禁止任何形式的开发利用。保护地役权的捐赠并没有经济补偿，但会有关于收入、财产和地产的税收减免优惠。

4）保护区土地信托（land trust）。通过签署委托协议，政府授权专业的环保组织或企业基金会对自然保护区进行管理。致力于保护关键栖息地的同时，兼顾开发绿色产品惠益当地社区生计和为公众提供自然体验等多元化目标，通过可持续的商业模式使保护区不再依赖国家财政转移支付。因此，通常协议需要明确环保组织作为托管机构拥有的具体权利和时间期限。在有些协议中还规定了要使用的管理方法和评估指标，例如保护区分区，建立"自然资本账户"，监测保护区生态系统服务的质量/数量（账户中的"实物量"），自然资本增值（账户中的"价值量"）和居民收入增长等。土地信托的特点是公益心态、科学方法和市场手段三者结合，为私营部门参与生物多样性提供机会，为保护区带来资金和设备，为周边社区提供有机农业生产、销售渠道和小型生态旅游等多元化的替代生计支持。土地信托在保护重要土地和水域方面尤为有效。信托机构往往通过建立"水基金"吸收企业投资，对农民减少化肥和农药使用等措施额外付费，支持当地传统耕作向有机农业过度，产品通过绿色或有机认证获得更高市场回报。土地信托具有很大灵活性，允许开展基于环境监测的生态友好型经济活动，兼顾生物多样性保护、可持续利用和惠益社区生计三个目标的权衡，同时可具体规定托管时间期限和权利范围（委托管理权不等于完全管理权），由于能够撬动企业直接投入资金和技术的积极性，实现综合的社会经济效益，因此往往应用于重要的土地和水域管理。

9.3.4.4　赠款方案（Grant）

官方或私人捐赠、海外发展援助（ODA）、保护区信托基金、企业捐献、彩票和众筹等。

9.3.4.5　债权方案

1）环境影响力债券（impact bond）。主要分为：

· 野生动物债券：致力于产生野生动物保护有关具体影响效果、价值和可监测指标所采取的债务融资形式。

· 保护地影响债券：致力产生栖息地和保护区有关具体影响效果、价值和可监测指标所采取的债务融资形式。

通常具有如下特征：第一，债券目标以影响力为先，多涉及公共服务领域。影响力不是品牌知名度之意，是社会效益、环境效益之意。影响力债券首先追求的是达成公共服务的有效供给，能缓解一些社会问题。第二，基于绩效给付机制。项目效果好，投资者可以获得一定奖励，项目效果不好，投资者则要分担损失。这既可以看作一种奖赏，也在考验投资者对项目的信心。绩效评估的实施和认定，由独立第三方来负责。第三，投资者具有一定公共色彩，往往以基金会为主，纯粹财务投资者很少进入。例如，2016年美国华盛顿特区水务局发行了2 500万美元，有效期30年、利率3.43%的影响力债券，提供政府免税优惠，并基于"地表径流减少41.3%"核心指标，给予绩效支付300万美元的额外奖励。影响力债券主要分为：

• 野生动物债券：致力于产生野生动物保护有关具体影响效果、价值和可监测指标所采取的债务融资形式。

• 保护地影响债券：致力产生栖息地和保护区有关具体影响效果、价值和可监测指标所采取的债务融资形式。

2）绿色债券（green bond）。政府或企业发售，在一段时间内偿还本金和利息，用于调动国内外资本市场资源，一般用于为应对气候变化、可再生能源和环境友好型项目债权融资，包括绿色债券：生态系统服务提供，如森林管理或保护；蓝色债券：可持续渔业和海洋资源保护；气候债券：可再生能源减缓气变。例如，瑞典政府发布《主权绿色债券框架》（Sweden's Sovereign Green Bond Framework，2020）[①]，以提高绿色债券投资所需透明度。该框架根据国际资本市场协会（ICMA）2018年发布的《绿色债券原则》（Green Bond Principles，GBP）制定。

3）债务交换自然保护（debt swap for nature）。债权方与债务国之间达成协议，在自愿前提下通过部分免除、降低利率、延长偿债期限等金融手段，优化、减免债务国的债务（或利率）。协议使债务国的债务得以重组缓解，而作为交换条件，债务国需要承诺保护其自然环境，将部分债务等值置换，投入到生态保护项目上。例如，为签署更低利率、更长还款期限以及更优惠的汇率组成的债务自然交换协议，塞舌尔政府承诺于2020年之前，成立40万平方千米的海洋保护区，承诺将发展蓝色经济，保护海洋生物多样性和开展气候变化适应工作[②]。

9.3.4.6 市场方案（Market）

1）生态系统服务付费（PES）。受益方或使用者向生态系统服务的提供方直接或间接付费，以换取该服务的供应和维护。主要集中在水、森林、农业和能源部门，也称为"环境服务付费"。既可签订私人合同直接支付，也可通过国家收税、收费的方式间接地"转移"支付，例如退耕还林、退牧还草、退田还湖、天然林保护和矿区修复等我国实践。哥斯达黎加的

[①] https://www.government.se/49bcc9/contentassets/ed959d7b700e429a98cc85bdb64ef1af/swedens-sovereign-green-bond-framework.pdf。

[②] https://www.nature.org/en-us/about-us/where-we-work/africa/stories-in-africa/seychelles-conservation-commitment-comes-to-life/。

"生态系统服务付费"（Payment for Ecosystem Services，PES）① 方案在世界范围内被公认为是通过对"综合生态系统管理"（Integrated Ecosystem Management，IEM）进行投资，提高经济、环境和社会效益的重要范例。它为那些通常在传统市场价值无法被货币化或支付的生态系统服务，提供了金融激励的创新措施。该 PES 计划被认为是使该国森林覆盖率翻一番，从 20 世纪 80 年代不到 30% 增长到 2015 年 54% 的头号功臣。

2）企业生态赔偿（corporate eco-compensation）。以企业生产影响周围湖泊的渔业生产力导致生态补偿为例，首先定性估量影响的相对规模或程度——附近村落的渔民家庭生计受到影响，通过签订《补偿协议》化解对企业的风险，因此定性为"中等"；其次量化企业影响导致生态系统服务数量发生的变化——经统计，4 个村庄共 40 位渔民每年的渔获总量将下降 25%；最后将定量结果转化为货币——25% 意味着 50 000 美元的经济收入损失。

3）湿地缓解银行（Wetlands Mitigation Banking）。作为生态银行的一种主要类型，通过核算新增的"湿地信用"与企业进行旨在中和生态影响的付费交易。湿地缓解银行是指在一块或者几块地域空间上，恢复受损湿地、新建湿地、加强现有湿地的某些功能，或保存湿地及其他水生资源，并将这些湿地以"信用"的方式通过合理的市场价格出售给湿地开发（占用、破坏等）者，从而达到补偿湿地损害的目的。在美国，该机制的政府审批和监管部门主要包括美国陆军工程兵团和环境保护署；购买方是对湿地造成损害的开发者，包括个人、企业或各级政府部门（含军事部门）；销售方一般是湿地缓解银行的建设者和生态修复公司，包括建立和管理缓解银行的私营企业、地方政府机构、个人土地所有者，以及将湿地缓解银行业务作为投资组合的投资基金或投资公司等。

4）生物多样性影响抵偿（Offsetting）。采取了适当预防和缓解措施后，旨在补偿项目开发导致生物多样性丧失显著残余（residual loss）的行动，例如造林的村集体向开发商出售"抵偿信用"额度。国外在农业、森林、建筑、制造业和采矿业已开展了抵偿实践，以期实现生物多样性"零净损失"②（No Net Loss，NNL）的目标。例如美国针对森林部门进行的"企业与生物多样性抵偿项目③"（Business and Biodiversity Offset Program，BBOP）多年来实现了"净增长"（net gain）。

5）生物银行（Bio banking）。作为生态银行的一种主要类型，可细分为栖息地（habitat）银行和物种（species）银行，关注保护濒危物种和高价值栖息地。通过管理可累计并用于向企业出售的"抵偿信用额"（offset credit），以缓解、中和开发行为对物种或栖息地的影响。政府通常鼓励抵偿额度交易，用来增加生态系统连通性，防止栖息地破碎，建立大型连续保护地优化生物多样性的效益。澳大利亚生物银行机制的核心是生态积分和生态积分市场。土地私有者在其拥有的土地上设立生态银行保留区域，与政府管理部门签订生态银行协议，同意通过加强

---

① https://gggi.org/site/assets/uploads/2016/12/2016-10-Bridging-the-Policy-and-Investment-Gap-for-Payment-for-Ecosystem-Services-Learning-from-the-Costa-Rican-Experience-and-Roads-Ahead.pdf。
② https://www.cbd.int/financial/doc/wb-offsetguide2016.pdf。
③ https://www.forest-trends.org/wp-content/uploads/imported/bbop_resource_paper_nnl_21_march-2012_final-pdf.pdf。

管理和保护来增加该区域的生态价值，便可获得生态积分。土地所有者可出售积分，获取管理生态银行保留区域的资金。而开发者可购买积分，用来弥补开发项目造成的生态影响，其他组织出于生态保护的需要，也可购买生态积分。通常政府部门鼓励抵偿额度交易，用来增加生态系统连通性，防止栖息地破碎，建立大型连续保护地提高效益。

6）生物勘探（Bio Prospecting）。生物勘探是系统地寻找生物化学和遗传信息，用于开发具有商业价值的产品，例如医药、食品饮料、保健品、化妆品、洗涤剂、个人护理和其他应用。遗传资源指的是具有实际或潜在价值的动植物和微生物种及种以下的分类单位及其含有生物遗传功能的材料、衍生物及其产生的信息资料（不包括人类遗传资源）。近半个世纪以来，生物勘探对象已从源植物转变为源植物的功能基因、提取物、传统知识或者相关数据及信息[1]，极大地促进了现代生物技术和产业发展[2]。遗传信息具有巨大实际应用与潜在应用价值，已经成为各国研究机构和商业公司争夺的重要资源。发达国家往往以低价或无偿获得发展中国家的遗传资源，进行生物产品研发与转化，获得巨额商业利润，并通过专利进行垄断。然而跨国公司却并未向提供遗传资源的国家给予适当回报。因此为打破这种不公平，联合国已做了制度安排——通过《生物多样性公约关于获取遗传资源和公正和公平分享其利用所产生惠益的名古屋议定书》建立了获取与惠益分享机制，即遗传资源及相关传统知识的使用者应提前通知资源提供国及原住民和地方社区并取得"事先知情同意"（Prior Informed Consent，PIC）的前提下，通过订立基于"共同商定条件"（Mutually Agreed Terms，MAT）的协议，公平、公正地与生物遗传资源及相关传统知识持有者分享使用和研发带来的各种利益，有利于发展中国家为生物多样性保护及持续使用筹集更多资金。

7）降低自然灾害保险费（Green Insurance）。针对生物多样性保护措施给予绿色保险保费优惠，以及公共金融担保、影响债券等。欧盟根据不同类型、不同区位和不同等级标准的生态服务，实施差别化的补助标准。各成员国普遍形成中央财政（60%~70%）和地方财政（30%~40%）按比例分担的财政支出结构。对于国有林投入和管护部分采用财政补贴，对于私有林管护和限制经营部分采用生态税、环境税、生态基金、受益者付费以及社会捐赠等方式，由政府通过纵向转移支付向私人土地所有者提供补偿。

8）生态旅游（Eco-tourism）。通过法律框架和直接或间接的激励措施促进可持续旅游业，包括基于自然资本核算的生态基础设施投资和地方社区获益的旅游活动收益分享计划，有利于保证在生态弹性恢复（韧性）的阈值内开展环境友好型的经济活动。LIRU、乌干达与世界银行牵头的"全球可持续发展项目"合作，为土地、森林和湿地生态系统编制账户[3]，为合理开发湿地的经济规划提供决策所需依据，确保生态系统健康和复原，能够继续为居民生计和福祉提供食品生产、淡水供给和生态旅游等服务。

---

[1] https://absch.cbd.int/api/v2013/documents/3A6B76BD-000B-AA4D-8825-7A437789A2DE/attachments/Guidelines%20for%20BIO%20Members%20Engaging%20in%20Bioprospecting_0.pdf。

[2] https://www.cbd.int/doc/articles/2002-/a-00018.pdf。

[3] https://www.ubos.org/wp-content/uploads/publications/09_2020Report_2020_Uganda_Wood_&_Forest_Resources_Accounts.pdf。

9）生态产品认证和标签（Certification & labelling）。采用生态标签认证制度，鼓励企业按照可持续的方式，生产出生态友好型产品或绿色产品。这些含有生态标签的产品，不仅有利于节约能源与降低资源消耗，减少污染排放，提升生态系统服务功能，而且可以向消费者提供绿色生态价值而产生溢价。例如，欧盟于1992年建立了生态标签体系，目前已有7万多个产品和服务得到认证。国际性公益组织——森林管理委员会（FSC），目前已对85个国家的30亿亩森林及其产品进行了认证。目前具有生态认证的产品涉及林产品、农产品及生态旅游等领域。1978年联合国首次提出了"蓝色天使"生态标签，随后多国相继推出本国和地区性的生态标签。美国"能源之星"是目前世界范围内非常具有影响力的生态标签。

10）企业环境损益账户（Environmental Profit & Loss，E P&L）。是企业按照财务会计学方法，将直接运营及供应链对生态系统服务的依赖和影响进行计量和货币化估值后，核算相关成本与收益，并纳入公司财务分析和商业决策的具体应用。账户中的数值并不是商品价格，而是企业从自然中获得收益所等同的价值或相对重要性。货币化有助于提高生物多样性保护和可持续利用的意识，激励通过技术创新或增加投入降低生态影响和自然物料的消耗。E P&L通常从定性开始，然后定量，最后估算企业对自然依赖和对社会影响的货币价值，循序渐进，下一步以前一步作为基础。可灵活应用于从单一原材料投入或产品到整个业务部门或集团公司，通常通过识别、计量和估值3个连续步骤实施：①识别并计量企业从自然界获取的生产资料（依赖），以及各种排放（影响）的数量；②计量企业对自然资本的依赖和影响（步骤1）导致生态系统服务数量（如"渔获量"）和质量（如"一类水"）的变化；③估算生态系统服务变化（步骤2）造成环境成本（如生态修复投入）和社会成本（如健康和收入损失）的货币价值。

a. 企业信托基金（Environmental Trust）。2019年，万向集团成立的万向信托机构作为千岛湖水源地受托方发起"千岛湖水基金"①，吸引阿里巴巴公益基金会、民生人寿保险公益基金会首期注资1 000万元，旨在通过绿色产品生产和溢价，实现流域免受农业面源污染、农民有机种植增收和股东投资回报等多重效益。

b. 蚂蚁森林（Ant Forest）。2018年黄山区政府与桃花源基金会签订了为期50年的《九龙峰省级自然保护区信托协议》。基金会引入"蚂蚁森林"公益项目，开展数以百万计的支付宝用户"森林认捐"活动，保护地免于砍伐的树木产生碳封存价值由阿里巴巴集团代为"买单"，资金提供用于当地村民生态补偿、生计支持和巡护设备装配。

综上所述，Biofin提供的金融解决方案如果按照"政府—市场"关系可分为三种类型。一是政府为形成市场"赋能"，例如支持部门规划与行业指引纳入生物多样性并提出要求，为企业提供工具方法和能力建设，鼓励采取措施缓解和抵偿生态影响。二是政府直接创建市场，例如保护区土地信托、湿地银行、碳市场、水基金、生物银行和绿色债券等具有机制性的复杂体系，需要政府在法律或政策上明确规定交易双方的权利义务和信用核算标准，提供报批、

---

① http://www.qdh.gov.cn/art/2018/2/8/art_1289592_15485326.html。

审核和监管等综合服务。三是政府培育市场，例如生态农业、可持续森林（渔业）管理、生物勘探和生态旅游等产业供应链所采用的认证认可和生态标签等，促进生态系统服务的价值转化为商品价格。三种类型的共同点都是政府主导，为市场供需双方提供关于"可付费实物量"与"可交易价值量"所需登记确权、评估验证和平台搭建等服务，保障过程透明、公平。

9.3.5 Boifin 案例研究

【企业生物多样性影响抵偿交易】

《生物多样性公约》呼吁私营部门"外部性内部化"。COP13 发布《商业与生物多样性承诺书》[①]，要求"计量和定性、定量及货币化估算对生态系统服务的影响和依赖，并定期报告"。2011 年澳大利亚政府出台《碳信用额（碳汇农业方案）法案》[②]，基于农业生物多样性价值转化为碳汇的科学核算，为增加植被碳储藏量的农户提供补偿，资金来源于扰动土地造成碳排放的企业。2015 年澳洲环境部制定《生态银行认证评估方法学》[③] 为已颁布的《环境抵偿政策》[④] 提供信用核算标准。2018 年 COP14 提出核算并交易"生物多样性净增益"（net gain），推动企业实施类似于"碳中和"的"生物多样性抵偿"[⑤]（biodiversity offset）。2019 年英国生态学会（CIEEM）发布了阐释十项原则的《生物多样性净增益认证指南》[⑥]。美国《清洁水法》修订后针对湿地挤占增加了"404 条款"[⑦]，强制企业预先从湿地银行认购足额信用，作为商业项目获得开工许可证的前提条件。生态银行是由拥有保护地资源的地方政府、公共机构或企业投入资金、技术，采取科学的生态重建和修复措施，旨在实现生物多样性净增益，销售给采矿、水电和能源等行业的企业，抵消、偿付开发项目造成的生态环境影响和经济社会成本。该机制的特点是：第一，环境部门负责核算、认定生态产品生产所实现的实物量（增量）和价值量（增值），将之换算为"信用"积分，地方政府在保护区和重大生态修复项目中，增加积分储值，评估合格后成为生态银行。第二，与传统银行吸储类似，企业和机构通过土地信托、特许经营和保护地役权等方式参与保护区投资管理所生产的生态产品，在生态银行开设"贷方"信用账户，扩大银行信用储备和存贷规模。第三，生态银行生产和吸储的信用，既向企业出售抵偿额度，又利用信用增值预期向社会融资，如生态碳汇、绿色债券、影响力债券、绿色保险和信托基金等环境类金融衍生品。

（一）湿地银行

湿地在美国是政府管制下的限额交易。监管部门一般基于《清洁水法》（"Clean Water

---

① https://www.cbd.int/business/pledges.shtml。
② https://www.researchgate.net/publication/333078867_jiyushengwujingjixuedeaodaliyanongyewenshiqitijianpaiqiannengfenxi。
③ https://www.cbd.int/financial/offsets/australia-offsetbanking.pdf。
④ https://offsetsregister.wa.gov.au/public/home/。
⑤ https://www.britishecologicalsociety.org/spg-biodiversity-net-gain-event/。
⑥ https://cieem.net/resource/biodiversity-net-gain-good-practice-principles-for-development-a-practical-guide/。
⑦ https://www.aswm.org/wetlands-law/cwa。

Act")规定的"404条款",对将造成湿地损失的不合理开发申请予以否定,但如果商业开发和损害不可避免,则强制通过"湿地缓解银行"的市场交易方式进行。用地单位(开发商)在预期对湿地破坏前,预先从湿地银行认购相应数量的"信用"。湿地银行是投入资源和采取措施新建湿地,或者恢复、提高及维护现有湿地的机构,满足政府公共部门制定的湿地标准,包括生物多样性指标、水文和土壤条件、物种引进数量和生态功能价值核算等。信用主要以面积(公顷)为衡量标准的,用于抵偿、中和开发项目所造成的生物多样性损失,缓解当地的生态风险,满足"湿地面积不减少"的法律要求,从而获得土地开发所必需的"404许可证"。通常情况下监管部门要求抵偿信用的交易符合"就近原则"——尽量从被侵占地附近的湿地银行认购补偿信用额度,按照1∶1,占多少补多少。但如果开发项目侵占的湿地经评估属于"较高价值",则要求企业购买的信用比例有时会达到1∶2甚至1∶3。2016年美国湿地信用销售额达到36亿美元①,截至2018年底,美国共登记了3 365个湿地信用"贷方"账户。该机制的实施成功使美国国内湿地和溪流面积和质量多年来一直处于上升趋势。虽然湿地银行是有效的市场手段,但从生态功能的角度来看,仍有"就近原则"无法解决的缺陷②。即企业项目开发地与湿地恢复的地点不同,有时相距很远,本地失去的湿地生物价值和水文功能无法被异地生态重建所取代或缓解,本地人口的福祉受到影响。只有建立更多的银行,监管机构才具备更大能力确保企业认购的湿地信用与受影响湿地的类型、功能和价值更准确地匹配,提高缓解的生态效益。

(二)生物银行

1999年,澳大利亚制定了《环境保护和生物多样性保护法案》,首次提出"环境抵偿"的概念。2007年发布该法案修正案,明确环境抵偿将作为政策应用目标和范围,将涵盖房地产开发、采矿工程到海洋天然气项目和道路港口等基础设施建设项目,涉及世界遗产、国家遗产地、国际重要湿地、濒危种群和保护地、受国际协定保护的迁徙物种、英联邦海洋领域和大堡礁海洋公园等多种土地类型,甚至核电站所在区域。2012年,为落实《环境保护和生物多样性保护法案》实施,提高执法效力,政府进一步出台了《环境抵偿政策》,并纳入了关于"生物多样性抵偿"(Biodiversity Offset)的强制要求,规定项目开发过程中,企业在采取了适当预防和缓解措施后,为补偿开发活动导致生物多样性丧失的重大残余,所采取的进一步行动。2015年,澳大利亚环境部制定了《生物银行认证评估方法学》(Bio-Banking Certification Assessment Methodology,BCAM)为实施《环境抵偿政策》提供技术标准,主要适用于采掘项目导致的显著且不可逆转的生物多样性影响。同时也可作为监管部门用于生态环境监测与评估的理论参考。该方法学主要流程为:首先,计量植被群落(包括土壤)、生态系统和动物物种的"实物量"。其中,植被群落须在矿区作业面土地破坏之前就连同土壤一起整体处理,用于后期移植

---

① 吴健,袁甜. 生态保护补偿市场机制的国际实践与启示[J/OL]. 中国国土资源经济. https://doi.org/10.19676/j.cnki.1672-6995.0000265.

② 刘耕源,颜宁聿,杨青,赵勇. 生态银行运行机制与本土化改造研究:案例实证[J/OL]. 中国国土资源经济:1-14 [2020-12-21]. https://doi.org/10.19676/j.cnki.1672-6995.000550。

到政府指定的"生物多样性区域"。其次，根据矿区所造成的物种和生态系统损失的信用（credit），通常以"公顷"计算，在生物多样性区域中相应地重建、增加，使之大于等于在矿区所造成的信用损失，并接受监管部门的监测与评估，定期发布报告。最后，作为补充，矿区还必须为某个特定物种或生态系统的保护项目或保护地出资，从而为实施《国家生物多样性战略与行动计划》（NBSAP）做出贡献。

2016年世界三大铁矿石企业之一的力拓集团（Rio Tinto Group）向澳大利亚环境部提交了关于Warkworth矿区的矿权开发申请。为获得采矿许可证。签署《生物银行协议》[①]，承诺采取以下5个连续的行动。

1. 制订《公司生物多样性管理计划》

2016年，力拓发布了《生物多样性管理计划》，提出：为提高应对法律合规要求，履行《澳大利亚环境保护和生物多样性保护法案》和《环境抵偿政策》关于"生物多样性抵偿"有关规定所需的意识、知识和技能，规避项目运营风险，改进与内外部利益相关方的沟通成效，公司计划实施生物多样性抵偿战略和对矿区及生物多样性区域的管理行动。

2. 采取"梯度式风险规避"策略

"梯度式风险规避法"（Hierarchical Risk Mitigation）是目前采掘业部门通用的国际标准化流程，包括致力于缓解和消减生态影响的四个连续步骤。（1）尽量避免采掘作业。（2）尽量最小化采掘作业面。（3）在矿区实施生态修复。（4）对生物多样性丧失的"残余"价值进行抵偿。步骤1~3是常规的"预防和缓解"措施，当实施这些措施后仍然存在显著且不可逆转的生态系统服务退化的情况下，公司必须按照《环境保护和生物多样性保护法案》和《环境抵偿政策》的强制要求，采取进一步行动，将残余的生态影响抵偿中和，实现生物多样性"零净损失"的目标。

3. 实施生物多样性抵偿

首先识别、评估受项目运营影响的生物多样性，包括受威胁的生态群落、动物物种和植物物种，以及重要的本土动植物、生态系统和栖息地。然后根据环境部制定的《生物银行认证评估方法学》关于信用概念和信用量的核算方法，计算遭受扰动或威胁的物种栖息地（如繁育与觅食）及生态群落的面积（公顷），将之分别换算为物种的信用和生态系统的信用（见表9-1），用来代表受采矿影响生物多样性丧失导致的价值损失。例如，Warkworth矿区内72.12公顷沙地林地与0.67公顷沙地草地所换算的信用量分别为3 043和16，基本按照比例核算——信用量与生境面积成正比；而物种信用量则需要考虑野生动物数量和其他因素，例如大食蜜鸟觅食栖息地（709.5公顷）是鼠耳蝙蝠繁殖栖息地（237公顷）面积的三倍大，而二者信用量却相差无几（18 932与18 223），这主要是因为在相同面积的区域内，鼠耳蝙蝠的数量远远超过大食蜜鸟。

---

① 赵阳．力拓集团："生物多样性银行"的创意［J］．WTO经济导刊，2018（3）：45-46.

表 9-1 受影响的生态系统和物种栖息地面积（公顷）与"信用量"之间的换算

Impacted Biodiversity Values 受影响的生物多样性价值	Warkworth矿区	
Ecosystem 生态系统（各种类型的林木、草地）	Area（ha）面积	Credit信用量
Warkworth Sands Woodland（EEC）沙地林地	72.12	3 043
Warkworth Sands Grassland 沙地林地	0.67	16
Central Hunter Grey Box-Ironbark Woodland（EEC）澳洲灰铁树林	614.64	23 384
Regenerating Central Hunter Grey Box-Ironbark Woodland（EEC）修复的澳洲灰铁树	6.43	108
Central Hunter Ironbark-Spotted Gum-Grey Box Forest（EEC）灰色框胶林	16.61	633
Central Hunter Grey Box-Ironbark Derived Grassland 澳洲灰铁树林衍生草地	378.6	4 516
Dam 水坝	0	0
Total Ecosystem 生态系统（总计）	1 089.1	31 700
Species 物种栖息地	Area（ha）	Credit信用量
Regent Honeyeater（Foraging Habital）（CE）大食蚁兽（觅食栖息地）	709.5	18 932
Large-eared Pied Bat（Breeding Habital）大耳蝙蝠（繁殖栖息地）	10.5	139
Southern Myotis（Breeding Habital）鼠耳蝠（繁殖栖息地）	237	18 223
Total Species 物种（总计）	957	37 294

4. 土地管理

对项目涉及的不同类型土地进行管理，识别要解决的生物多样性议题，采取相应方式满足动土和开工条件。

1）矿区土地。从政府获得土地扰动许可证，将土地破坏控制到最低程度和现场直接修复。

2）采掘作业面。从政府获得土地扰动许可证和采取一系列最小化措施，包括作业面地面整理，采掘前植被和土壤的调查数据记录，植被、土壤和覆盖物资源的移植（表层土、覆盖层、木材和植物），杂草和害虫防治，与野火防控相关的灌木管理，对地下水侵蚀、土地沉降等预防措施等。

3）生物多样性区域（BA）。BA通常位于不同于矿区的其他区域，其主要作用是政府指定，为矿区提供异地移植土壤、植物群落和土地覆盖物等采掘作业面抢救资源的"生态安置和重建现场"。企业在BA通常开展以下活动，包括：保留原生植被，基线调查和关键指标监测，害虫防治、侵蚀和杂草控制，管理人为干扰，如火灾、放牧和采集等，修复和重建植被群落，实施侵蚀与沉淀控制措施，管理旱地盐度，向相关部门报告进展、披露信息等。

5. 资助公益项目

力拓公司计划，通过Warkworth矿区项目向国家重大生态保护项目直接捐赠资金100万澳元，主要用于保护食蜜鸟、大鹦鹉和大耳蝙蝠三个土著物种。通过计量与核算，《生物银行协议》预计Warkworth Mine采矿项目将对矿区内生态系统和物种分别造成31 700个和37 293个信用的影响。同时，通过在四个生物多样性区域（BA）所开展的异地生态重建工作，预期产出将为这些区域在生态系统和物种方面，分别增加共计37 463个和56 630个信用（见表9-2）。因此，能够完成抵偿目标。力拓集团获得了政府颁发的采矿许可证。

表 9-2　矿区物种和生态系统遭受的信用损失与在 BA 中生态重建的数量对比

Table 19 Summary of Ecosystem and Species Credits Warkworth 矿区	Credits 信用量	Southern 南区	Northern 北区	Goulburn 流域	Bowditch 地区
Ecosystem Credits Required（by disturbance） 被扰动生态系统的信用量	31 700	被扰动的信用量（生态系统）			
Ecosystem Credits Generated（by offsets） 在BA重建区恢复生态系统的信用量	37 463	11 231	4 214	16 717	4 985
Ecosystem Credits Net Difference 净差额	5 763				
Species Credits Required（by disturbance） 被扰动物种的信用量	37 293	被扰动的信用量（物种）			
Species Credits Generated（by offsets） 在BA重建区恢复种群的信用量	56 630	3 845	895	30 001	20 498
Species Credits Net Difference 净差额	19 337				

国际经验表明：拥有保护地资源的地方政府、公共机构或企业投入资金、技术从事生态重建和修复。经评估合格后成为生态银行（Eco-Banking），将生产出来的生态产品销售给需要满足"生物多样性零净损失"监管要求的采矿、水电和能源等行业的企业，抵消、偿付商业开发项目造成的环境影响和社会成本。它并不是金融机构或融资平台，而是采用银行信贷交易模式，将企业环境责任转移给生态银行的价值交换机制。

对我国启示：一是环境部门负责认定生态产品生产所实现的实物量（增量）和价值量（盈余），将之换算为"信用"积分，地方政府在保护区和生态修复工作中，增加积分储值，评估合格后成为生态银行。二是与传统银行吸收散户存款类似，企业基金会和环保机构通过土地信托、特许经营和保护地役权等方式参与保护区管理所创造的"净增益"（如蚂蚁森林），由生态银行吸纳并开设"贷方"信用账户，增加银行信用储备和存贷规模。三是生态银行生产和经营"信用"，既向企业出售抵偿额度，又利用信用增值预期向社会融资，如绿色债券、环境影响力债券、绿色保险和水基金等。四是企业在生态银行设立"借方"账户，认购抵偿信用额的动机主要由配额和许可证制度推动，辅以信息披露或履行社会责任等需求拉动。环境部门率先制定自愿性或推荐型的行业标准，通过试点实施"自下而上"地促进具有强制性的法律政策完善。五是企业投资保护地的需求主要由参与生态银行实现的经济利益驱动，包括出售生物多样性抵偿信用额、碳信用额、绿色产品市场溢价、免税发行债券和绿色保险费率优惠等。

9.4　各国转型变革的举措

UN-SEEA 推动各国政府采取"综合环境经济核算"理念与方法，并为 Boifin 进一步提供多元化和市场化的"生物多样性金融"解决方案奠定了国际共识和理论基础。目前，Biofin 已在 40 多个国家付诸实施，产生了一批生物多样性价值主流化促进部门行业转型变革的实践案例。经过系统梳理，将这些实践总结、归纳为 5 种举措：（1）为自然赋值；（2）建立环境经济账户；（3）改革激励机制；（4）融入决策程序；（5）赋能社会行动。在实施这些举措的过程中，主要使用自然资本方法，帮助将生物多样性的复杂性转化为便于政府、金融和商业部门理解的一种经济语言，使社会对生物多样性的影响、威胁和依赖变得更加明显。

9.4.1 举措一：核算对自然影响和依赖的成本效益

"生物多样性价值在决策中被低估。运用传统的 GDP 方法衡量经济增长，间接增强了生物多样性丧失的驱动因素"；"除了在经济指标中纳入自然资本的多元价值外，还需要计量与核算自然带来的其他福利"——《IPBES 政策简报》。

1）荷兰。中央银行（DNB）开展研究可持续性问题如何影响本国金融机构和整个金融系统。在《人类对自然界的负债：探索荷兰金融部门的生物多样性风险》（Indebted to nature: Exploring biodiversity risks for the Dutch financial sector）[①] 报告中（DNB & PBL，2020），中央银行调查了金融部门对生物多样性丧失导致的不同风险敞口。生物多样性丧失被认为是潜在的财务风险来源，威胁着经济活动所依赖的生态系统服务，例如木材、授粉和土壤肥力。遍布世界各地的荷兰金融机构正在为高度或重度依赖一种或多种生态系统服务的企业提供金融服务。据估算，这些企业的生物多样性风险敞口总量可达 5 100 亿欧元，占荷兰金融机构全部投资组合的 36%。以商业依存度较高的昆虫与动物授粉为例，全球金融部门投资于依赖授粉的产品的风险敞口为 280 亿欧元。

2）瑞典。2019 年政府发布《瑞典主权绿色债券框架》（Sweden's Sovereign Green Bond Framework，2020）[②]，提高绿色债券投资所需透明度。该框架根据国际资本市场协会（ICMA）2018 年发布的《绿色债券原则》（Green Bond Principles，GBP）制定。

3）乌干达。"木材资产和森林账户"（Ugandan Wood Assets and Forest Accounts）[③]，2020 年向政策制定者提示，如果不做任何改变，到 2025 年来自森林的可持续木材供应将完全耗尽。木炭生产作为重要的驱动因素，市场供应量居大涨的主因是其利润率奇高——相当于零售价的 80%，然而木炭生产商的回报通常只占零售价的 12.5% 至 20%。账户数据表明，当前的财政政策无法触动木材生产商采取将外部性内部化（internalize the externalities）的行动，因此需要一种新的市场结构，通过价值链中木材的开采成本和资源租金调整，激励生产过程中使用改良的窑炉技术，采用液化石油气和电力等替代能源。

4）美洲开发银行（Inter-American Development Bank）。在拉丁美洲和加勒比地区，支持私营部门投资可抵御气候变化的基础设施建设[④]。为实现这一目标，正在编制能够反映所有成本效益的投资商业案例，包括生物多样性相关成本效益。

[①] https://www.pbl.nl/sites/default/files/downloads/4 215-indebted_to_nature_-_exploring_biodiversity_risks_for_the_dutch_financial_sector_0.pdf。

[②] https://www.government.se/49bcc9/contentassets/ed959d7b700e429a98cc85bdb64ef1af/swedens-sovereign-green-bond-framework.pdf。

[③] https://www.ubos.org/wp-content/uploads/publications/09_2020Report_2020_Uganda_Wood_&_Forest_Resources_Accounts.pdf。

[④] https://publications.iadb.org/publications/english/document/Nature-based_Solutions_Scaling_Private_Sector_Uptake_for_Climate_Resilient_Infrastructure_in_Latin_America_and_the_Caribbean.pdf。

9.4.2 举措二：基于生态系统建立自然资本账户

"自然资本账户使用政府、金融机构和商业都能理解的语言提供有关自然资产健康状况的信息，以及用于政策权衡、投资目标评估和金融风险管理的实用数据"——《自然资本在生物多样性政策中的应用》[①]。

5）印度尼西亚。建立"土地、生态系统和碳的自然资本账户"（Natural Capital Accounts for land, ecosystems and carbon）[②]，为政府对泥炭保存和恢复采取更强有力行动提供依据。账户显示，本国拥有的泥炭地面积比预期要大得多。政府对将泥炭地用途改变为棕榈油种植的禁令，直接影响了油棕种植产业扩张计划。

6）菲律宾。为 Laguna de Bay Basin 湖湾盆地编制了生态系统账户[③]。该账户为《湖湾盆地总体规划》提供数据。数据被用来模拟森林砍伐后果，探索对生态系统保护和再生具有最大潜在正面影响的流域管理措施。

7）澳大利亚。编制"海洋和沿海生态系统（Port Phillip Bay 港湾）自然资本账户"[④]，包括生态系统价值估算，以评估该地区环境状况与大堡礁区域的经济及其他效益之间的关系。[ABS, 2015, 2017｜WAVES Policy Forum, 2018]。编制"维多利亚公园（Victoria's Parks）自然资本账户"。包括维多利亚中部高地的生态系统价值估算，比较、评估保护与开发对当地经济和生态的影响（Keith et al., 2017）。

8）印度。2018年，中央统计局发布了首个"环境经济账户"（Environmental Economic Accounts）[⑤]，包含四种自然资源资产：森林、土地、矿产和水资源，并于2019年对账户报告进行更新。报告揭示了国内自然资本存量和流量状态的细微差异：如在一些地区，碳储量和森林容积率实现净增长，而另一些地区的地下水开采不可持续。

9.4.3 举措三：改革金融激励以推动产业转型升级

"急需转型变革来扭转生物多样性丧失，并确保自然界的健康及复原力，以支持经济、福祉和生计。"（《2020年后全球生物多样性框架报告预稿》）

"若要扭转生物多样性丧失加剧的趋势，需要对不利生物多样性的行业补贴（如农业食品、基础建设和能源采掘业）进行改革。"（《IPBES-7 报告》）

9）英国、荷兰。作为生物多样性国际战略的一部分，英国与荷兰政府支持金融机构和 UNDP

[①] 资本联盟著，赵阳译，20.21. https://capitalscoalition.org/wp-content/uploads/2021/07/Leap-Capitals-Coalition-%E2%80%94-Natural-capital-for-biodiversity-policy-%E2%80%94-MANDARIN-Final_Web.pdf。

[②] https://www.wavespartnership.org/sites/waves/files/documents/01_Land%20and%20%20Extent%20Account%20%20Sumatra%20%26%20Kalimantan%20dev%208_CMYK_low.pdf。

[③] https://www.wavespartnership.org/sites/waves/files/kc/Philippines%20offer%20doc_FINAL.pdf。

[④] https://capitalscoalition.org/casestudy/government-dialogue-best-practice-australia-on-marine-coastal-ecosystem-accounting-port-phillip-bay/。

[⑤] https://mospi.gov.in/sites/default/files/reports_and_publication/statistical_publication/EnviStats/EnviStats2019_Vol2.pdf。

探索建立"与自然有关的信息披露工作组"（Taskforce on Nature-Related Disclosures，TNFD）[①]。新成立的工作组将负责制定遏制生物多样性丧失的行动指南，并以"气候相关财务信息披露工作组"（Taskforce on Climate-Related Financial Disclosure，TCFD）和《关于自愿披露与气候相关金融风险的指导意见》[②]为例，作为"金融稳定委员会"（Financial Stability Board）为监管企业和金融部门的新举措。

10）斯里兰卡。中央银行于2019年发布了《可持续金融路线图》（Roadmap for Sustainable Finance）[③]。为监管机构和金融组织提供了广泛的指导意见，以有效管理与其融资项目相关的环境、社会和治理（ESG）风险，有助于强化对绿色发展、气候友好和包容性增长企业的扶持。

11）法国。在防止进口毁林的国家战略中，增加了企业对森林砍伐监测和（非强制性）信息披露的强化措施[④]。许多国家（包括欧盟）也都制定了类似规定。欧盟目前正在重新考虑将非财务信息的披露政策，作为"欧盟绿色协议"（EU Green Deal）的组成部分。预计未来的监管将驱严，将涵盖更多企业。

9.4.4　举措四：将自然的价值融入决策程序

"承诺将促进生物多样性、生态系统及其提供的服务价值纳入政府、商业和经济部门的主流决策中。"（G7《梅斯宪章》）

12）南非。根据自然资本账户的经验，使税收政策变得更加"绿色"[⑤]。

13）新西兰。2018年12月，财政部发布了《生活水平框架》管理报告（Living Standards Framework Dashboard）[⑥]，提供了建议民生优先事项的指标和分析。该报告以《经合组织福祉框架》（OECDs Wellbeing Framework）为基础，应用五种形式的资本组合（自然资本、人力资本、社会资本、金融资本和制造资本），展示了这些资本如何为人类产生当前和未来所需的生计资源和福祉。

14）英国。建立"国家绩效框架"（National Performance Framework）[⑦]。该框架包含该国政府致力于创造和追求的"国家成果"，其中包括：人民珍视、享受、保护和改善生态环境；将自然资本资产增值作为成功标准等指标。

15）苏格兰。政府制定部门性的《可持续增长协议》（Sustainable Growth Agreements），通过直接合作，推动企业参与实施"一个星球繁荣监管战略"[⑧]。苏格兰环保总局采用新机制如《可持续增长协议》和行业计划等，激励企业、地方政府和行业协会与环保总局深化合作，降

[①] https://tnfd.info/。
[②] https://assets.bbhub.io/company/sites/60/2020/10/TCFD_Booklet_FNL_Digital_March-2020.pdf。
[③] https://www.biodiversityfinance.net/index.php/news-and-media/biofin-supports-sri-lankas-roadmap-sustainable-finance。
[④] https://www.ecologie.gouv.fr/dossier-presse-strategie-nationale-lutte-contre-deforestation-importee。
[⑤] https://www.wavespartnership.org/sites/waves/files/kc/NCA%20in%20action_SouthAfrica%20Final_0.pdf。
[⑥] https://lsfdashboard.treasury.govt.nz/wellbeing/。
[⑦] https://nationalperformance.gov.scot/。
[⑧] https://capitalscoalition.org/casestudy/government-dialogue-best-practice-scotland-on-one-planet-prosperity-regulatory-strategy/。

低能源消耗并提高使用效率。同时，政府支持企业和公共部门共同开展关于自然资本投资贡献包容性增长的案例研究[①]。

16）乌干达。应用自然资本核算，包括编制水账户（Water Accounts）[②]和定期更新，作为自然价值在水资源和生计政策中主流化的基础[③]。为恢复 Rwizi 流域的生态环境，政府成立了管理委员会，与企业建立合作关系，支持流域可持续管理。

9.4.5 举措五：赋能使全社会行动起来

"通过监测与评估，将各种价值考虑在内，推动不同行为者的有效参与，弥补知识差距。"（《IPBES 政策简报》）

"优先领域十：建立生物多样性保护公众参与机制与伙伴关系。保障措施：加强组织领导，落实配套政策，提高实施能，加大资金投入和加强国际交流与合作。"（《中国生物多样性战略与行动计划》）

17）欧盟。制定"可持续活动分类准则"（Taxonomy for sustainable activities）[④]，为经济活动提供技术筛选标准。这些经济活动可对减缓或适应气候变化做出重大贡献，同时避免对以下四个环境目标造成重大损害：可持续利用和淡水、海洋资源保护，循环经济过渡，污染防控，生物多样性和生态系统保护与恢复。

18）日本政府在发布的《私营部门参与生物多样性指引》[⑤]中纳入生物多样性融资，推动建立自然资本核算在线学习平台。

19）巴西。"PainelBio 倡议"（PainelBio Initiative）[⑥]在支持《生物多样性保护战略与行动计划》（NBSAP）的过程中产生了重要文件和知识经验，并为部门和政府之间协同增效创造了大量机会。超过 200 个机构和项目通过该倡议成功参与了该战略编制，并为实施作出应有贡献。通过这种方式，生物多样性的国家战略地位被夯实，许多具体措施得以落地施行。

20）西班牙。"企业与生物多样性倡议"（Spanish Business and Biodiversity Initiative，IEEB）是一个公共—私营合作平台，致力于推动在商业决策中纳入生物多样性。目前，IEEB 与 Spanish Green Growth Group 合作成立了一个工作小组，使用自然资本方法对生物多样性进行估值[⑦]。目前已有 70 多家公司加入了这两个平台，包括一些大型企业。IEEB 通过与当前主流方法保持一致和分享经验，传播企业应用的最佳实践。

---

① https://capitalscoalition.org/casestudy/government-dialogue-best-practice-scotland-on-one-planet-prosperity-regulatory-strategy/。

② https://www.ubos.org/wp-content/uploads/publications/12_2019Report-for-SEEA-water-acs-2019-1821.pdf。

③ https://www.greeneconomycoalition.org/news-analysis/restoring-ugandan-rivers-using-natural-capital。

④ https://ec.europa.eu/info/business-economy-euro/banking-and-finance/sustainable-finance/eu-taxonomy-sustainable-activities_en。

⑤ https://capitalscoalition.org/casestudy/government-dialogue-best-practice-japanese-community-of-learning-for-natural-capital-valuation-in-the-private-sector/。

⑥ https://capitalscoalition.org/casestudy/government-dialogue-best-practice-brazilian-painelbio-initiative-its-role-in-national-strategy-plan-of-action-for-biodiversity/。

⑦ https://ieeb.fundacion-biodiversidad.es/sites/default/files/ieeb_at_ncc_document.pdf。

9.4.6 案例研究

【绿色基础设施投资】

《生物多样性公约》提出,"邀请各多边开发银行、保险公司、工商部门、金融机构和其他金融投资方更多采用和酌情改进保护和可持续利用生物多样性的最佳做法以及有关这些部门投资决策的社会和环境保障措施,使其了解最好的科学知识和实践"[①],以及"制定和改进标准、指标、基线和其他工具,以衡量这些部门的企业对生物多样性的依赖性和对生物多样性的影响,以便向企业管理者和投资者提供可靠、可信和可操作的信息,以改进决策,促进环境、社会和治理投资"[②]。国际可持续发展研究所(IISD)进一步阐释了绿色基础设施应满足行业可持续发展的标准及条件:(1)具有吸引外部投资财务上可行性;(2)在资产的整个生命周期内对纳税人和投资者物有所值;(3)减少碳和环境足迹;(4)加强生物多样性保护和自然生态系统管理;(5)遵守劳工标准和人权;(6)增值自然资本以强化社会资本,促进社区融合;(7)增加就业和创造绿色工作岗位;(8)吸引投资机构、外国直接投资(FDI)和企业资金;(9)引发绿色技术和价值链创新。

从绿色屋顶和具有生物适应性的微藻建筑立面,到恢复红树林栖息地以防范暴风雨、洪水及海平面上升,绿色基础设施的概念近年来正迅速兴起。2010年,英国成为首个发布绿色基础设施国家战略的国家,欧盟则于2013年制定相关战略,通过加强应用自然方案和投资自然设施,恢复生态系统与栖息地,维护保护区和生态廊道连通性,实现生物多样性保护的目标。绿色基础设施广义上是指为提供基础设施服务而对自然生态系统和栖息地所进行的利用,有时需要结合生物工程的技术手段。《欧盟绿色基础设施战略》[③]给出的定义更为详细:"具有其他环境特征的自然和半自然区域的战略规划网络,通过人工设计与管理,旨在提供广泛的生态系统服务,例如降温降噪、净化水源、清新空气,降低火灾隐患和水土流失、提供休闲空间和自然教育以及缓解和适应气候变化等。该网络由绿色(陆地)和蓝色(水)的自然区域构成,能够改善环境条件,提高人们健康福祉和生活质量。它还支持绿色经济、创造就业、提高生物多样性和生态韧性";该战略强调:"绿色基础设施规划通过自然的解决方案提供环境、经济和社会综合效益,有助于减少人们对'灰色'(人工)基础设施的依赖,其建造和维护通常更为昂贵"。研究表明,欧洲实施《绿色基础设施战略》是《欧盟生物多样性战略2020》目标2:"到2020年,通过绿色基础设施恢复15%的退化生态系统"是取得成功的关键,同时对"鸟类栖息地""农村和海洋生物多样性"等全部6个战略目标均有较大贡献。

除了作为一种"基于自然的解决方案",绿色基础设施的另一个特点是有利于吸引外部金融资本,与设施所具有天然的自然资本相结合产生更大的经济社会效益。例如将城市家庭支付的水费纳入统一管理的"水基金",投资于保护上游流域的淡水生态系统和河岸农田可持续耕

---

① https://www.cbd.int/doc/decisions/cop-12/cop-12-dec-10-zh.doc。
② https://www.cbd.int/decision/cop/default.shtml?id=13183。
③ https://ec.europa.eu/environment/nature/ecosystems/strategy/index_en.htm。

作实施，避免工商业活动过量采水或农业过度使用化肥或杀虫剂污染水源。该基金一般由经营国有资产的城市公共管理机构发起，通过市场机制吸引私营部门投资和社会资金。据统计，全世界每年在水利基础设施上花费约 5 万亿美元。在很多情况下，与人工建造传统的"灰色设施"（如水过滤厂）相比，自然通过生态系统提供的调节服务，如污染物吸收同化、水源净化和防止土壤侵蚀等，同样可以实现同等功效，为城市提供清洁的饮用水，而且维护成本更低，因此对绿色基础设施的投资具有更高的成本效益比，时间跨度越长，相比于建造资本的不断贬值和贴现，自然资本的效益越明显[①]。以欧盟为例，洪水是欧洲最常见且破坏力巨大的自然灾害，平均每年导致 3.6 亿欧元的经济损失。传统防洪方案包括建造或加固人工堤坝和水坝，但最新的自然资本核算研究表明，系统地考虑河流集水区或沿海沿岸水文过程的保水能力，利用"自然洪水管理"的方法更加具有投入产出比，措施包括：调整沿海地区恢复自然流量，重新连接河流与洪泛区，修复湿地或在农业地区修建水库以存储洪水并减缓洪水速度，使用生态景观、可渗透路面和绿色屋顶等手段增强城市排水。

9.5 我国进展

党的十八大报告提出"增强生态产品生产能力"。生态产品是自然生态系统为人类生存与发展提供的物质资源和生态环境服务供给，不仅包括粮食、肉、鱼等食物，药物、水资源、木材、生态能源等物质产品，更提供了水源涵养、昆虫授粉、土壤形成、气候调节、洪水调蓄、污染物净化等重要生态支持和调节服务产品，以及景观美学价值、生态旅游、身心健康和生态文化产品（欧阳志云，2018）。它一方面具有公共属性，需要政府主导以彰显普惠共享的社会公正原则；另一方面又具有商品属性和经济价值，需要企业参与以符合"受益者付费，损害者赔偿、占用者抵偿"的市场公平竞争理念。党的十九届五中全会提出，"建立生态产品价值实现机制"。

当前我国面临实施国土空间管控、生态保护红线和长江经济带等国家发展战略，涉及一系列重大生态保护修复工程。同时生态补偿财政转移支付不可持续也将使很多地方保护区管理面临公共资金投入不足的挑战。2018 年习近平总书记在深入推动长江经济带发展座谈会上指出，"选择具备条件的地区开展生态产品价值实现机制试点"。2019 年习近平总书记发表文章《推动我国生态文明建设迈上新台阶》："保护生态环境就是保护自然价值和增值自然资本"。2020 年，党的十九届五中全会通过的《中共中央关于制定国民经济和社会发展第十四个五年规划和 2035 年远景目标的建议》提出"建立生态产品价值实现机制"。"就是把被保护的，现有的和潜在的生态产品，通过财政购买、区域间生态价值交换、市场化运作、生态产品溢价等路径和方式，将其生态价值转化为经济价值和社会价值的一种制度形式"[②]。

---

① 周伟，江宏飞."一带一路"对外直接投资的风险识别及规避［J/OL］. 统计与决策，2020（16）：123-125［2020-08-28］. https://doi.org/10.13546/j.cnki.tjyjc.2020.16.027.

② 《党的十九届五中全会〈建议〉学习辅导百问》162 页。

2021年1月《党的十九届五中全会〈建议〉学习辅导百问》①阐释，"在'十四五'和今后更长时期，建立生态产品价值实现机制，需要重点从以下4个方面加以推进。一是增强生态产品供给能力。实施一批重大生态保护修复工程，发展生态友好型绿色产业，努力增加生态系统服务'盈余''增量'和'溢价'。二是建立生态产品价值核算和交换机制。三是完善价值实现路径。四是推进生态补偿"。

目前，我国在生物多样性保护的工作仍然主要围绕上述四方面开展，但已通过借鉴UN-SEEA和Boifin在各国推动实施的举措，结合我国实际情况，因地制宜地进行了有益的深入探索，包括：（1）生态补偿（转移支付、政府购买）；（2）市场交易（生态系统服务付费、绿色产品溢价、绿色发展基金、蓝色债券）；（3）生态产品价值核算（生态系统生产总值、自然资源资产负债表）；（4）保护区融资（土地信托、保护地役权）。

9.5.1 生态补偿

9.5.1.1 转移支付

生态补偿财政转移支付包括中央向地方"纵向"财政购买，例如退耕还林、退牧还草、退田还湖、天然林保护、荒漠化防止、矿区修复和设立保护地，以及区域间生态价值"横向"交换。例如，2019年《重庆市实施横向生态补偿提高森林覆盖率工作方案》②施行，对完成森林覆盖率目标有困难的地区，允许向其他区县购买森林面积指标，用于本地区森林覆盖率达标，让保护生态的地区切实获益：2020年重庆市南岸区与石柱县达成协议，购买石柱县9.2万亩森林面积指标③，不涉及林地、林木所有权和经济收益，总额2.3亿元。石柱县超额完成了上级下达的指标，将"盈余"的额度卖给了完不成任务的南岸区。该举措对于传统的生态补偿制度是一种创新，但仍然属于行政"配额管理"。

9.5.1.2 政府购买

政府向集体或个人支付生态效益补偿。例如，沈阳大伙房水库周边小农户生计和企业搬迁赔偿每年财政补贴2.3亿元。苏州市政府对水稻田作为人工湿地给予财政补偿，对连片1 000~10 000亩的水稻田，按200元每亩；连片10 000亩以上400元每亩。2018年福建省南平市顺昌县、光泽县和武夷山五夫镇分别建立"森林生态银行""水生态银行"和"文旅生态银行试点"。据报道，村民夏六妹存入了一片面积9亩的杉木幼林，拿到一本"森林生态银行存折"。根据与政府的协议条款，今后20年她每月可从该"银行账户"领到310元的预期利润。托管期满后扣除林木管护成本，还能拿到木材销售总额的60%④。

---

① 《党的十九届五中全会〈建议〉学习辅导百问》163页"问：75.如何理解建立生态产品价值实现机制？"。
② 国家林草局官网 http://www.forestry.gov.cn/main/5383/20200120/164842334340395.html。
③ 重庆市政府官网 http://www.cq.gov.cn/zqfz/sthj/202010/t20201015_7999100_wap.html。
④ http://www.forestry.gov.cn/main/5384/20200522/144230022147874.html。

9.5.2 市场交易

9.5.2.1 生态系统服务付费（PES）

PES 一般分为商业合同和公共代理。前者指的是生态系统服务的用户或受益方通过签订商业协议，以合同支付方式直接向服务供方付款。这通常意味着政府部门为解决"市场调节机制失灵"，通过政策创新或激励举措，将生态系统服务"公共产品属性"促进转化为"使用者付费、破坏者补偿"的市场手段。公共代理是生态系统服务的用户或受益方通过国家机构向该服务的提供方进行间接支付。例如政府监管部门对旅游、水、电、交通和采掘业行业征收带有特殊目的的税费或罚款，或动用生态保护的国家或地方财政，用于对提供、维护重大生态效益的企事业单位进行赔偿、奖励或激励[1]。在我国，PES 一般指的就是这种依赖财政转移支付的"生态补偿"，但是也包括水市场、碳交易和可核证减排量等配额交易和少量市场行为，例如我国 GEF 赤水河项目推动下游酒厂与上游农户签订协议，为生态友好型的农作或养殖方式进行补偿。

9.5.2.2 绿色产品溢价

2008 年林业部门开始提供"特许经营许可证"，允许民营企业通过市场竞争可获得林地使用权，发展林下经济。例如，2015 年四川老河沟保护区引入企业基金会作为管理方，将平武县几个现有保护区联通起来，解决了栖息地破碎化和生态廊道连通性问题。同时建立社区基金，支持村民经营农家乐旅游、家庭旅馆和有机种植，为城市提供蜂蜜、鸡蛋和水果等食品而增加收入。这些举措减少了对保护区内森林资源的破坏，大熊猫、金丝猴、羚牛、黑熊和金猫等野生生物开始返回老河沟，包括以前未发现的物种。保护地核心区杜绝盗猎和非法采集，人为经营活动转移到外围扩展区，周边社区收入增长，保护区实现 100%资金自给自足。2017 年"丽水山耕"注册为全国首个含有地级市名的集体商标，这是当地政府与企业共同营建适应互联网销售渠道的生态产品品牌[2]。农林牧副渔和文旅行业将生态价值转化为绿色产品溢价所进行的市场认证已成为践行"两山"理论的新模式。

9.5.2.3 绿色发展基金

绿色发展基金是在我国"双碳目标"的背景下，吸引国际金融机构、多边开发银行和私营金融资本投资节能减排、生物多样性保护、环境治理、清洁能源、循环经济和绿色制造等领域，旨在实现区域绿色发展的投融资机制。例如，2020 年 8 月"山东绿色发展基金"总规模达 100 亿元人民币，分期运作。项目一期规模 17 亿元人民币，其中利用亚洲开发银行贷款 1 亿美元。项目二期规模 33 亿元人民币，其中，利用德国促进贷款 1 亿欧元，贷款期限为 15 年（含 5 年宽限期）；利用法国开发署（AFD）贷款 0.7 亿欧元，贷款期限为 20 年（含 6 年宽限期）。生物多样性具有减缓和应对气候变化的巨大效益，因此"生态友好型"碳汇的开发对于协调和

---

[1] https：//www.sdfinance.undp.org/content/sdfinance/en/home/solutions/payments-for-ecosystem-services.html。
[2] 欧阳志云：生态产品价值实现机制促进人与自然和谐发展。

扩大两个领域的资金规模具有重要意义。

9.5.2.4 蓝色债券

蓝色债券指的是可持续渔业和海洋资源保护。例如，2020年青岛银行基于蓝色资产分类学制定了《蓝色债券框架》，重点关注七大行业：可持续航运和港口物流，海水养殖、捕捞和海产品加工，海洋友好型化学品和塑料，海洋和水友好产品，供水和水处理，海洋生态系统恢复和可持续旅游服务，离岸可再生能源。例如某沿海修复项目是多种鱼虾产卵索饵，越冬洄游的优良场所，水产资源十分丰富，由于过度养殖等人为破坏，以及沿岸工业、生活等造成的海岸带污染，严重破坏了沿海生态。在蓝债项目设计中，增加有助于保护生物多样性的措施，例如为某些鱼种的幼鱼提供渔业保护区，在风电场投放大量人工鱼礁等。2020年末，青岛银行蓝色产业授信总计达100.6亿元。

9.5.3 生态产品价值核算

9.5.3.1 自然资源资产负债表

《中共中央关于全面深化改革若干重大问题的决定》提出，"探索编制自然资源资产负债表，对领导干部实行自然资源资产离任审计；建立生态环境损害责任终身追究制"。该决定扩大了自然资源范畴，不仅涵盖传统意义上投入经济活动的自然资源部分，而且也包括作为生态系统和聚居环境的环境资源，如空气、水体、湿地等[①]。

"自然资源资产负债表"借鉴UN-SEEA关于自然资源实物量账户、价值量账户和生态系统服务拓展账户的技术方法，采用企业"资产负债表"管理模式进行创新，主要反映矿产、石油天然气、森林、土地、水、海洋、旅游等资源的形成、开发、配置、运用、储存、保护、综合利用和再生等各个环节的情况，揭示特定地区特定时期的资产负债存量及其变动情况。例如，河北省承德市作为国家生态文明先行示范区，于2015年开展了自然资源资产负债表编制工作，共形成1张总表、4张分类表（土地资源资产负债表、水资源资产负债表、森林资源资产负债表、矿产资源资产负债表）、2张扩展表（环境综合核算、生态综合核算）和47张辅助表。结果表明，2010年承德市自然资源资产价值量为18.71万亿元，2013年承德市自然资源资产价值量为19.44万亿元，分别是当年GDP总量的213倍和150倍，反映出承德市可持续发展的自然资源基础较好。

由于缺少相关概念内涵外延的国外参考和国内规定，自然资源实物量统计和分类标准、价值量核算方法、自然资源资产账户范围、资产权属和负债标准等技术性问题一直是实施难点。例如，根据"资产=负债+所有者权益"会计学公式，核算自然资源开发后成为资产能给哪些人群带来多少利益，或者评估在何种条件下，自然资源资产将沦为负值（不值得投资开发）——扣除生产所消耗的资源、土地退化成本、生态修复资金投入和其他社会成本后，经过

[①] 高敏雪.《环境经济核算体系（2012）》发布对实施环境经济核算的意义[J].中国人民大学学报，2015（6）。

综合核算发现不具备经济型。有些生态脆弱地区的农业生产创造的价值，比造成生境破坏和生物多样性丧失的估值，以及生态修复资金投入之和还要低，换句话说，农田是该地方政府的"负资产"。当前我国试点主要统计森林、土地、水和矿产这四类较为简单自然资源的存量（实物量），并核算它们的货币价值量。并不包含对相对复杂的生物多样性所具有价值的考量，即除了"供给服务"之外的其他生态系统服务为生产生活产生的成本（如发展的机会成本）和效益（如应对极端气候的调节服务、昆虫授粉的支持服务和休闲旅游的文化服务等）并不包括在负债表中。而在印度尼西亚对将泥炭地转变为油棕种植园的决策评估中，既要计算投资回报，如作为劳动密集型产业，油棕种植园创造就业岗位，出口增长和减少化石能源使用的碳排放等，又要考量生物多样性丧失、放火清地对健康影响和土地开垦碳释放等，对两方面的成本和效益在 10 年或 20 年的社会和企业贴现率基础上核算后，做出权衡与取舍的决策。

9.5.3.2 生态系统生产总值（GEP）

为对传统的 GDP 指标和人类发展指数（HDI）进行有益补充，旨在创造更加完整的幸福愿景，我国正在试行一项创新的指标体系"生态系统生产总值"（Gross Ecosystem Product，GEP）。目前已在中国几个省、县得以测试实施。在青海省的试点表明，该方法利用现有数据即可满足需要。青海省是湄公河、长江和黄河的发源地，与水有关的生态系统服务价值占青海 GEP 的近三分之二，而且大多数效益都集中在流域下游，因此有利于政府施行流域上下游生态补偿政策。2000 年，青海 GEP 大于 GDP，但随着市场经济发展，2015 年则下降为本省 GDP 的四分之三。GEP 通过计算作为"生态资产"的自然生态系统（如森林、海洋和湿地）、自然为基础的人工生态系统（如农田、牧场、水产养殖场）和物种资源在供给、调节和文化服务 3 个维度上的生产总值，同时纳入资源消耗、环境损耗和生态效益等指标，以货币化方式展示生态系统的价值。因此，GEP 表示一定区域在一定时间内（通常以 1 年为期）生态系统提供的最终产品和服务价值的总和，即生态系统为人类福祉提供的产品和服务及其经济价值总量。

GEP 支持的综合环境账户编制有利于向地方政府直观地展示生态资产的性质、分布和价值规模，支持规划与决策。2016 年贵阳生态论坛发布了当年贵州省生态系统生产总值（GEP）约为 17 578.96 亿元。贵州习水县 GEP 约为 253.47 亿元。2018 年厦门市政府组织编制《厦门市生态系统生产价值统计核算技术导则》，对本市陆地生态系统和海洋生态系统价值进行了核算。经计算，2018 年厦门市 GEP 为 1 827.02 亿元，与 2015 年相比，增加了 624.01 亿元。其中，休憩服务价值最高，占比 83.08%。2019 年丽水市获批全国首个生态产品价值实现机制试点城市，制定并实施了价值核算试行办法，包括 3 大类（生态物质产品、调节服务产品、文化服务产品）共 40 小类的指标体系。结果显示，2017 年丽水市级 GEP 为 4 672.89 亿元，与同年 1 298.2 亿元的市 GDP 比较，GEP 向 GDP 的转化率只有 27.78%，表明仍有大量生态产品的价值未实现转化。2018 年丽水试点项目发布了大田村村级 GEP 为 1.6 亿元，其中生态系统调节服务总价值最高，为 1.27 亿元，占 79.61%；其次是生态系统物质产品，总价值为 0.25 亿元，占 15.32%；生态系统文化服务总价值为 0.08 亿元，占 5.07%。

习近平总书记在文章《推动我国生态文明建设迈上新台阶》中提出："绿水青山既是自然

财富、生态财富，又是社会财富、经济财富。保护生态环境就是保护自然价值和增值自然资本，就是保护经济社会发展潜力和后劲，使绿水青山持续发挥生态效益和经济社会效益。"GEP 与负债表既可作为衡量"绿水青山就是金山银山"经济价值的指标，纳入生态文明核算体系，展示可持续发展的国家总体进展，又可在地方层面为重点生态功能区县政府生态绩效考核、领导干部离任审计和生态补偿机制提供量化依据。

9.5.4 保护区融资

生态产品生产吸引企业投资可通过政府让渡保护区管理权来实现。国内外经验包括土地信托和保护地役权。建立自然保护区可以有效保护生物多样性的生态系统、动植物物种和生物遗传信息。目前，世界上已建立了约 22 万个自然保护区。建立方式也从过去由政府完全主导，向吸纳专业的环保组织和具有社会责任意识的企业参与贡献的"社会公益"模式转变，有利于保护区实现财务平衡和可持续发展。我国已确定"建立以国家公园为主体、自然保护区为基础、各类自然公园（如森林公园、湿地公园和地质公园等）为补充的自然保护地管理体系"的目标。目前已建立的 3 300 多处各级自然保护区，很多资金不足或管理不善。保护区内人为活动频繁，盗猎盗伐时有发生，保护区周边天然林破碎化严重，当地居民生活很大程度上依赖对自然资源的获取（砍伐薪柴、乱挖草药、非法捕猎等）。虽然政府采取了很多措施，但盗采盗伐和偷猎贩运事件仍时有发生[1]。为使公益机构和私营部门有机会进入生态保护领域，参与自然保护区投资、管理和运行，在国际、国内已有一些有益探索和创新实践。

9.5.4.1 土地信托

通过签署委托协议，政府授权专业的环保组织对自然保护区进行管理。致力于保护关键栖息地的同时，兼顾开发绿色产品惠益当地社区生计和为公众提供自然体验等多元化目标，通过可持续的商业模式使保护区不再依赖国家财政转移支付[2]。因此，通常协议需要明确环保组织作为托管机构拥有的具体权利和时间期限。在有些协议中还规定了要使用的管理方法和评估指标，例如保护区分区，建立"自然资本账户"，监测保护区生态系统服务的质量/数量（账户中的"实物量"），自然资本增值（账户中的"价值量"）和居民收入增长等。土地信托的特点是公益心态、科学方法和市场手段三者结合，为私营部门参与生物多样性提供机会，为保护区带来资金和设备，为周边社区提供有机农业生产、销售渠道和小型生态旅游等多元化的替代生计支持。国外经验表明，土地信托在保护重要土地和水域方面尤为有效。信托机构往往通过建立水基金吸收企业投资，对农民减少化肥和农药使用等措施额外付费，支持当地传统耕作向有机农业过度，产品通过绿色或有机认证获得更高市场回报。

2007 年深圳市政府与华侨城集团签署了有效期 40 年的《深圳湾内湖区委托管理协议

---

[1] 颜宁聿，刘耕源，范振林. 生态银行运行机制与本土化改造研究：文献综述 [J]. 中国国土资源经济，2020，33（12）：10-24。
[2] 赵晓宇，李超. "生态银行"的国际经验与启示 [J]. 国土资源情报，2020（4）：24-28。

书》，后者成为我国首个受托管理城市生态湿地的企业①。华侨城集团投资逾2亿元邀请生态科研团队进行综合治理，按照"保护、修复、提升"的原则，对华侨城湿地进行历时5年的综合治理。2018年，华侨城湿地发现生态系统中的顶级捕猎者——豹猫，体现该区域稳定生态系统最终形成。截至2019年，华侨城湿地共记录到逾600种动植物。

9.5.4.2 保护地役权

2017年，钱江源国家公园管理委员会与保护地周边拥有集体土地的村委会和土地流转的承包经营权人，通过签订合同提供生态补偿，限制和杜绝改变土地用途、开发自然资源和破坏生境的生产生活利用方式，以保护生物多样性和关键栖息地。这是我国对美国保护地役权制度的变通应用。与美国不同之处在于，村委会和土地承包人没有继续占有、利用土地，而是由国家公园管委会统一管理。美国"统一保护地役权法案"于1981年立法，旨在保护自然和历史文化遗迹，保护环境水质和空气质量。一般的买卖合同要求公平，追求等价交换，但在该法案下，允许出现低于市场的价格转让或无偿捐赠。政府、公益机构、非政府机构甚至私营土地信托机构等主体依法有权拥有保护地役权。保护地役权是为保护生物多样性和自然资源等公共利益，政府部门或公益组织与土地权利人之间签订协议，"永久"限制某些类型的土地用途和经济开发权利，但是允许土地权利人继续拥有和使用土地，享有转让或让子女继承等权利。与土地信托相比，保护地役权具有以下性质：土地所有权人自愿捐赠或出让保护地役权给政府部门，或公共/私营信托机构/企业基金会，根据协议放弃一些与土地开发相关的权利，作为换取税收减免的条件，但可保留土地和对其使用权，如建房、种树、耕作或放牧等特许经营权。保护地役权具有永久性的法律效力，即使该土地被继承或出售仍然维持限制条件不变，而且具有很大灵活性。根据实际情况设定限制哪些权利。保护地役权的捐赠并没有经济补偿，但会有关于收入、财产和地产的税收减免优惠。

2018年黄山区政府为解决资金紧张、管理落后和工作人员年龄老化，以及保护与社区发展的矛盾，与桃花源生态保护基金会签订了对黄山九龙峰省级自然保护区为期50年的托管协议。后者是由多位知名企业家联合发起的非盈利环境保护机构。为实施委托管理，成立绿满江淮自然保护中心执行机构，负责保护区范围内野生动植物资源保护工作，包括对保护区进行科学划分，分为核心区、缓冲区、试验区和社区保护地，实施社区共管、蚂蚁森林和商业经营多元化。例如，在保护区外围由宏村、郭村、贤村和焦村集体产权土地所构成的社区保护地上，经多年培植，现在已长满了郁郁葱葱的大树，对保护地的核心区具有重要的缓冲和隔离作用，但有村民主张砍伐卖木材赚钱。保护中心与村委会达成《社区共管协议》，成功引入阿里巴巴集团和其旗下的公益项目"蚂蚁森林"。为了解决保护和社区发展的关系，保护中心引进了一家具有企业社会责任意识的农业公司，发展生态农业，开展自然教育，增加就业岗位。

---

① https://xw.qq.com/cmsid/20210204A0CGM400。

9.5.5 案例研究

【基于自然的解决方案】

2019年联合国气候峰会确定"基于自然的解决方案"（NBS）作为9个主题之一，由中国和新西兰联合负责在全球层面推动倡议。行动包括搜集各国可用于NBS示范的最佳实践，组建NBS国际联盟等。目前"保护生物多样性，建立建设美丽中国""生态保护红线划定"和"社会参与保护地管理"等国内成功实践已经气候司汇总后提交联合国。解振华代表在阿布扎比的会上提出，"希望各方在联合国气候峰会上能够在以下几个方面取得突破性和变革性进展：一是将NBS纳入国家自主贡献、国家适应计划和总体发展战略与规划中；二是动员政府金融机构、慈善基金工商界等对NBS加大投入，包括资金，人力政策等；三是提高关键领域的行动力度，特别是加强自然在发展进程中的系统性作用，包括绿色基础设施，森林和陆地生态系统保护及可持续管理，土地和海洋生态系统恢复可持续农业和粮食系统等"。

从基础设施行业发展态势来看，我国已经从单一的承包工程向"投资、规划、设计、建设、运营"为一体的"建营一体化"模式转变，必然伴随资金投入的扩大和海外经营风险的增长。为指导"走出去"企业，商务部下属中国对外承包工程商会（CHINCA）相继开发了《中国对外承包工程行业社会责任指引》[①]《中国可持续基础设施项目案例集》《促进亚太地区环境可持续基础设施投资研究报告》和《中国境外企业可持续基础设施项目指引》[②]，包括经济、环境、社会和治理等方面内容，其中在最新的项目指引中的"环境"章节里纳入了温室气体减排、污染防治、物种保护、生态系统管理、海洋环境保护、资源可持续利用和保护等相关重要议题、缓解措施建议和核心评估指标。建议进一步加强：（1）研究自然在基础设施等人工资本中的系统性作用，例如生态韧性的阈值范围、边际效应和减缓气候变化的效益；（2）侧重项目对自然资本综合影响的定性、定量和货币化估值，以支持碳、水和生物多样性足迹中和，实现"净正面影响"；（3）为海外工程实施提供增加理解和评估项目潜在风险（如遭到社区抗议）与机会（如获得国外投资），以及相关成本（如生态修复）和效益（如发行绿色债券）的工具或资源；（4）提供东道国和国内可支持减缓、修复和抵偿的具体措施，支持"零净损失"目标实现；（5）提供项目披露生态环境信息的标准化流程、步骤和方法。

---

① http：//www.gov.cn/zhuanti/2012-09/28/content_2596972.htm。
② https：//www.chinca.org/hdhm/news_detail_3962.html。

10 气候风险管理[①]

气候变化带来的风险是 21 世纪人类面对的最严重挑战之一，也是当前国际国内社会关注的焦点议题。在全球范围内，各国政府正向低碳和更具韧性的绿色经济转型。2020 年 9 月，我国宣布碳达峰、碳中和目标，"十四五"规划提出"加快推动绿色低碳发展"。2020 年 12 月，中央经济工作会议部署 2021 年八大重点任务，其中第八项是做好碳达峰、碳中和工作。这些对商业银行管理好气候风险提出了新要求。

10.1 气候风险概述

10.1.1 气候风险的相关定义

气候风险相关的定义较多，具有代表性和全球影响力的是金融稳定理事会气候相关财务信息披露工作组（TCFD）提出的定义，TCFD 将气候相关风险划分为两大类：一是与低碳经济转型相关的风险，即转型风险；二是与气候变化的物理影响相关的风险，即物理风险。其中，转型风险是指在向低碳经济转型的过程中，政策、法律、技术和市场可能出现重大变化，从而导致机构承担不同程度和类型的风险。物理风险是指事件驱动型（急性）或长期型（慢性）气候模式转变可能对机构产生财务影响。

[①] 刘瑞霞，金融稳定理事会气候相关财务信息披露工作组（TCFD）成员、中国银行业支持实现碳达峰碳中和目标专家工作组首席专家、中国工商银行支持碳达峰碳中和暨气候风险工作组首席专家；冯乾，中国工商银行风险管理部风险经理，高级经济师、副研究员。

对我国而言，气候风险是一个舶来品。目前气候风险定义来自中国人民银行《中国金融稳定报告2020》，该报告提出，气候风险是指极端天气、自然灾害、全球变暖等气候因素及社会向可持续发展转型对经济金融活动带来的潜在不确定性。报告中同样将气候风险分成转型风险和物理风险。

表10-1列举了与气候风险相关的术语及释义。TCFD、巴塞尔委员会、欧洲中央银行以及我国央行，关于气候风险的定义和风险划分是比较接近的。从具体表现来看，物理风险主要表现为洪涝、干旱、飓风等气候相关事件的频率和严重程度的上升，以及海平面上升、降水变化等长期效应产生的经济损失。这种风险是应对气候变化失败的成本。

表10-1 气候风险相关术语和定义

机构	术语	释义	来源
金融稳定理事会气候相关财务信息披露工作组	气候相关风险	工作组将气候相关风险划分为两大类：与低碳经济转型相关的风险；与气候变化的物理影响相关的风险 转型风险是指在向低碳经济转型的过程中，政策、法律、技术和市场可能出现重大变化，从而导致机构承担不同程度和类型的风险。转型风险包括政策与法律风险、技术风险、市场风险和声誉风险 物理风险是指事件驱动型（急性）或长期型（慢性）气候模式转变物理风险可能对机构产生财务影响，例如直接资产损害以及供应链中断产生的间接影响。可能影响机构财务业绩的因素包括对组织机构场所、运营、供应链、运输需求和员工安全产生影响的水资源供应、来源和质量，食品安全以及极端温度变化	2017年《气候相关财务信息披露工作组建议报告》
巴塞尔委员会	气候相关金融风险	气候相关金融风险指因气候变化而可能产生的一系列潜在风险，其可能对单个金融机构的安全与稳健造成影响，也可能在银行体系内对金融稳定性造成更大范围的影响。此类风险一般分为物理风险和转型风险 物理影响包括随着极端气候变化相关事件的日趋严重和日趋频繁，以及气候出现长期渐进式变化，而可能带来的经济成本和经济损失。转型影响与低碳经济的调整过程有关	2020年《气候相关金融风险：对现有方案的调查》
欧洲中央银行	气候和环境风险	气候和环境风险包括两个主要风险驱动因素：物理风险是指更频繁的极端天气事件和渐变的气候等气候变化，以及空气、水和土地污染、水资源紧张、生物多样性消失和滥伐森林等环境恶化带来的财务影响。因此，如果极端事件（如干旱、洪水和风暴）导致产生了物理风险，则分类为"紧急严重"风险；如果渐进变化（如气温升高、海平面上升、水资源紧张、生物多样性消失和资源匮乏）导致产生了物理风险，则分类为"长期"风险。例如，这可能直接导致财产损失或生产率下降，或间接导致供应链中断等后续事件 转型风险是指机构的财务损失，这种损失可能是由向低碳和更具环境可持续性的经济转型而直接或间接造成的损失。例如，这可能由于比较突然地采用气候和环境政策、技术进步或市场情绪和偏好发生变化而引发	2020年《气候和环境风险指南》

续表

机构	术语	释义	来源
中国银监会	环境和社会风险	环境和社会风险是指银行业金融机构的客户及其重要关联方在建设、生产、经营活动中可能给环境和社会带来的危害及相关风险，包括与耗能、污染、土地、健康、安全、移民安置、生态保护、气候变化等有关的环境与社会问题	2012年《绿色信贷指引》
中国人民银行	气候风险	气候风险是指极端天气、自然灾害、全球变暖等气候因素及社会向可持续发展转型对经济金融活动带来的潜在不确定性。根据气候变化影响金融体系的渠道，可将气候风险大致划分为物理风险和转型风险两类 物理风险是指由极端天气、自然灾害及相关事件导致财产损失的风险。转型风险是指社会向可持续发展转型的过程中，气候政策转向、技术革新和市场情绪变化等因素导致金融机构发生损失的风险	2021年《中国金融稳定报告2020》

资料来源：根据国际组织、央行和监管机构相关资料整理。

转型风险主要表现为，气候政策转向、法律法规更新、技术变革、市场偏好变化等因素导致机构发生损失的风险。这种风险是成功应对气候变化的代价。物理风险和转型风险相互关联，可进一步通过金融体系给商业银行带来风险。

10.1.2 气候风险的特征分析

相对于传统金融风险，气候风险具有以下显著特征：

一是异质性，不同行业、市场、企业受到全球性或区域性的气候变化相关风险的影响不同。

二是长期性，气候风险的影响往往是由数十年的气候变化引起的，超出了一般企业的业务规划和投资周期。

三是高度不确定性，气候变化是一个动态的、高度不确定的过程，且无法基于历史数据和经验进行统计和趋势分析。未来社会发展、技术更新和适应性措施等都难以准确预测气候变化。

四是非线性，全球气候变化可能会在达到临界点后产生长期严重、突发和不可逆的变化，引发气候风险的突然爆发。

五是复杂性和系统性，气候变化带来的风险与社会、经济和金融体系相互作用，以系统性效应和连锁效应为特征，需要从多维度视角审视气候变化对企业的影响。

由于上述因素，商业银行传统的风险评估方法无法适应和满足气候风险的评估需求。同时，对于气候风险的认知程度，通常会影响商业银行推出气候风险管理措施的力度以及采取绿色低碳投资策略的积极性。

10.1.3 气候风险影响机制分析

气候风险是一种多维度的风险，能够通过金融体系给影响到商业银行的信用风险、市场风险、流动性风险、操作风险、声誉风险和系统性金融风险等多类风险，具体表现为：

一是影响信用风险。气候变化可以直接或间接弱化借款人的还款能力，使得抵质押品损毁或贬值，违约概率（PD）和违约损失率（LGD）双升，导致商业银行信用风险上升。

二是影响市场风险。社会向低碳转型意味着很大一部分已勘测出的矿石原料不能开采出来，成为搁浅资产，这些资产骤然丧失价值，可能导致市场不稳定；银行持有的一些资产价值还可能受气候影响而出现波动，尤其是碳密集型资产的预期收益减少，引起银行市场风险上升。

三是影响流动性风险。极端的天气或自然灾害可能降低经济活动的频率，导致借款人违约，银行可获取的资金少于预期，银行同业拆借市场也可能出现资金紧张，使得流动性风险上升。

四是影响操作风险。极端的天气或自然灾害可能摧毁房屋建筑和公共基础设施，数据中心和网点都可能受到影响，导致银行业务中断，使得操作风险上升。

五是影响声誉风险。社会向低碳转型过程中，气候相关政策发生变化，若银行依然为"三高"企业提供融资或大量持有碳密集型资产，面临的声誉风险可能上升。

六是影响系统性金融风险。气候变化带来的影响是全局性的，能够通过社会环境和经济金融体系产生系统性效应。具体体现为，极端的气候事件可能弱化企业和居民的资产负债表，导致银行信贷紧缩，进一步影响 GDP 增速。在金融加速器效应下，市场信号和金融体系的复杂网络可能加深气候风险的严重性，导致金融状况的持久收紧，甚至可能出现"明斯基时刻"，最终演变为系统性金融风险。

目前，商业银行传统的风险评估方法已经无法适应气候风险的评估需求。为助力我国双碳目标，商业银行应该提高对气候风险的认知程度，采取策略积极应对气候风险。

10.1.4 气候风险监管政策进展情况

10.1.4.1 国际监管

为了对气候风险进行有效识别和评估，2015 年 12 月，金融稳定理事会成立气候相关财务信息披露工作组（TCFD）。2017 年 6 月，TCFD 发布《气候相关财务信息披露工作组建议报告》，确立了全球气候相关财务信息披露的行业标准。

2020 年，TCFD 发布《风险管理整合指南》《情景分析指南》，指导企业将气候风险融入全面风险管理框架，加强气候风险的前瞻性影响评估。2021 年，TCFD 发布适用于不同行业的《气候相关指标、目标和转型计划》，促使各企业的披露指标更加量化和更具可比性。投资组合调整团队（PAT）于 2021 年发布《投资组合调整技术指南》，通过构建量化指标衡量金融投资组合与《巴黎协定》气候目标的一致性。

巴塞尔委员会对气候风险的监管处于起步阶段。2020 年初，巴塞尔委员会成立气候相关金融风险高级别工作组（TFCR），负责推进气候风险的监管工作。TFCR 计划编制气候风险量化方法、气候风险向银行体系的转移渠道等系列报告、并制定有效的气候风险监管措施。2021 年 4 月,巴塞尔委员会发布《气候风险测量方法》、《气候风险驱动因素和传导机制》两份文件,引导各国监管机构将气候风险视为一类主要的金融风险。

10.1.4.2 国内政策

2012 年 2 月,中国银监会发布《绿色信贷指引》,要求银行业金融机构应当有效识别、计量、监测、控制信贷业务活动中的环境和社会风险,建立环境和社会风险管理体系,其中环境和社会风险包含了耗能、污染、气候变化等有关的环境与社会问题。2016 年 8 月,中国人民银行等七部门联合发布《关于构建绿色金融体系的指导意见》,第一次系统性地提出了绿色金融的定义(是指为支持环境改善、应对气候变化和资源节约高效利用的经济活动)、激励机制、披露要求,以及绿色金融产品发展规划和风险监控措施等,成为我国绿色金融发展的纲领性文件。

2020 年 10 月,生态环境部、国家发改委等联合发布《关于促进应对气候变化投融资的指导意见》,引导资金、人才、技术等各类要素资源投入应对气候变化领域。2021 年 1 月,生态环境部发布《关于统筹和加强应对气候变化与生态环境保护相关工作的指导意见》。主要目标是,到 2030 年前,应对气候变化与生态环境保护相关工作整体合力充分发挥,生态环境治理体系和治理能力稳步提升,为实现二氧化碳排放达峰目标与碳中和愿景提供支撑,助力美丽中国建设。

2021 年 2 月,国务院发布《关于加快建立健全绿色低碳循环发展经济体系的指导意见》,从生产、流通、消费、基础设施、绿色技术、法律法规政策 6 方面对绿色低碳循环发展做出了部署安排。针对气候风险的举措包括:推动能源体系绿色低碳转型、推动完善应对气候变化等方面法律法规制度、推动气候投融资工作、健全碳排放交易机制、积极参与和引领全球气候治理等。

10.2 加强气候风险管理

10.2.1 双碳目标下银行业的机遇和挑战

双碳目标将会对全社会各个行业的发展产生深远的影响,传统高碳行业将面临着增长空间受限、技术升级和成本上升等问题,而二氧化碳负排放等新兴技术将迎来广阔的市场空间,这些对商业银行既是机遇,又是风险和挑战。

10.2.1.1 主要行业低碳化发展给商业银行带来机遇

为降低我国净碳排放总量,实现碳达峰、碳中和目标,一方面要通过节能减排和提高能源资源利用效率减少二氧化碳的排放量,另一方面针对社会经济活动中无法消除的碳排放,要通过负排放等技术手段实现净零排放。随着我国碳中和目标的规划和落实,各个行业向低碳经济的转型也将加速，要求金融作为绿色低碳转型的重要支撑力量，从而为商业银行带来新机遇。

1. 主要高碳行业的低碳化路径

当前，我国二氧化碳的排放主要来源于能源、钢铁、水泥及交通运输等行业，通过产业结构调整、技术升级和产品替代等手段降低上述行业的碳排放将成为实现碳达峰和碳中和目标的必要条件。

煤炭、石油和天然气等化石能源行业是二氧化碳排放的直接来源。未来能源行业的低碳化转型路径包括：一是加快可再生能源和氢能等清洁能源的发展，实现对高碳排放的化石能源的逐步替代；二是针对当前可再生能源利用中存在的电力浪费、供应波动、传输损耗等问题，通过分布式发电、储能技术和梯级供电等手段的发展和应用提高利用效率。

钢铁和水泥等工业部门的低碳化发展一方面依赖于提高工业能效和创新低碳工艺，加快工业集约化改造进程，减少单位产出的碳排放比例，另一方面应大力发展循环经济，提高回收利用效率，降低对新生产的高碳产品的需求。

交通运输行业的低碳化发展主要通过三方面的措施来实现：一是大力支持新能源汽车、燃料电池与基础设施的发展，实现新能源汽车对传统燃油车的大范围替代；二是依托信息通讯技术提升整体的运输效率，实现交通运输行业的节能减排；三是统筹规划，推动运输方式结构变革，打造绿色出行服务体系。

2. 二氧化碳负排放

实现碳中和的目标不仅要对高碳排放行业进行改造升级，也依赖于新的技术手段抵消生产活动中产生的二氧化碳净排放。二氧化碳负排放的实现方式主要包括：自然碳汇和二氧化碳负排放技术。自然碳汇是指利用植物的光合作用吸收和固定空气中的二氧化碳，包括森林、草地、耕地、海洋等。二氧化碳负排放技术主要包括生物质能—碳捕获和封存（BECCS）、直接空气碳捕获和封存（DACCS）技术等。自然碳汇是目前二氧化碳负排放的主要方式，新型技术仍处于探索阶段，由于成本、效率等制约因素，距离大规模应用还存在距离。

目前，高碳行业的升级改造和负排放产业的发展仍处于起步阶段，未来仍需要大量的资金投入和金融服务支持。为低碳转型提供创新性的金融产品和服务，不仅是银行应承担的社会责任，也是银行应对全球气候变化的重要措施。

10.2.1.2 气候转型风险将成为银行面临的重大挑战

1. 高碳排放行业转型风险凸显

在碳达峰和碳中和的目标下，化石能源、水泥、钢铁、垃圾处理、交通运输等传统高碳排放行业面临严峻的转型风险。一是为降低碳排放，高碳行业产能将会被压降；二是随着碳排放权交易制度的完善，其生产成本将受到负面影响；三是政策层面将逐步加强对高碳行业的融资限制。这些行业信贷规模存量较大，转型需要的过渡期较长，给银行信贷质量带来较大压力。

2. 产业结构转型要求银行对其业务重点做出调整

为实现碳达峰和碳中和目标，未来我国整个经济社会朝着绿色低碳的方向产生深刻转变。可再生能源、新能源汽车、碳捕获与封存等绿色产业发展潜力巨大，银行信贷的投放结构将面临重要调整。一方面，绿色金融产品和服务需求不断上升，对银行现有的业务模式、产品设计和经营思路提出了挑战；另一方面，绿色低碳技术的效率和收益仍存在较多不确定性，要求商业银行合理调整业务布局，加强低碳行业的跟踪研究和风险评估。

10.2.2　银行业气候风险管理的国际经验

随着全球对气候风险关注度的不断提高，国际银行业也开始将气候风险作为其面临的重要风险予以管理，并按照 TCFD 指南对气候风险管理情况进行披露。

10.2.2.1　澳大利亚和新西兰银行集团

澳新银行集团将气候变化视为面临的主要风险和不确定因素。澳新银行集团在年报中披露了其面临的气候相关风险和机遇，认为客户的信用风险可能受到气候变化、法律法规或其他政策（如碳定价和气候变化适应或缓解政策）的影响，从而对银行的资产质量带来潜在的问题。在风险管理方面，澳新银行集团将气候风险纳入集团组织文化和风险偏好，并制定了气候风险识别和评估的流程和框架，帮助推进高碳排放客户实现低碳转型，并采取定期讨论方式，评估新出现的气候风险。

10.2.2.2　花旗集团

2017—2018 年，花旗集团参与了联合国倡议的银行 TCFD 项目，通过情景分析判断在不同情景下面临的气候风险。目前，花旗已经将气候风险评估纳入其环境和社会风险管理政策，主要措施包括两个方面：一是在信贷业务中充分考虑债务人的业务和资产所面临的气候风险，关注降低温室气体排放对债务人财务状况的影响；二是为了避免气候变化对自身业务造成的直接影响，花旗将气候风险因素纳入业务连续性等管理政策中。此外，花旗银行还通过提供环境融资服务支持客户的低碳转型，并随时跟踪客户的气候风险情况。

10.2.2.3　加拿大皇家银行

加拿大皇家银行将气候变化带来的影响划分为监管合规要求、业务连续性以及产品服务的变化三个方面，并制定了相应的应对策略和风险缓释措施：第一，对高碳排放行业客户，制定了一系列政策来评估监管政策和气候变化的潜在影响；第二，加强基础设施应对极端天气等突发气候风险的能力，保障业务连续性；第三，提供产品、服务和建议帮助客户应对气候相关风险和机遇（例如，碳交易服务、绿色债券承销、清洁技术贷款和咨询服务，以及负责任投资）；第四，要求业务部门负责识别重大气候相关风险和机遇，必要时将其整合到风险管理流程中。

10.2.3　银行业气候风险管理的国内经验

2021 年，我国监管提出的重要议题之一是应对气候风险。中国人民银行在 2021 年工作会议上指出，要落实碳达峰、碳中和的重大决策部署，需增强金融体系管理气候变化相关风险的能力。中国人民银行行长易纲出席二十国集团财长和央行行长视频会议时指出，要关注气候变化可能导致的经济金融风险。

从银行业实践来看，工商银行、农业银行、中国银行、建设银行、交通银行和邮储银行均在其2020年《企业社会责任报告》中披露了自身公司治理、环境绩效和社会绩效相关信息。部分银行还披露了应对气候变化方面所做的工作。

10.2.3.1 工商银行

在全面加强环境（气候）管理方面，工商银行实施投融资绿色分类管理，修订了《境内法人客户投融资绿色分类管理办法（2021年版）》，将绿色信贷分类管理逐步延伸到贷款、债券、理财、租赁、保险等各项投融资业务；加强环境敏感行业风险管理，严控产能过剩融资投放。加强绿色金融全流程管理，在尽职调查、审查审批、合同签署、资金拨付、贷投后管理等各环节审慎把控风险；推进投融资环境与社会风险管控，严格遵守生态保护红线。

10.2.3.2 农业银行

农业银行在绿色信贷举措中，提出加强环境和社会风险管理，主要包括：环境和社会风险管理的要求嵌入信贷业务各环节；根据客户潜在环境和社会风险程度，落实差异化管理措施；持续加强产能过剩和高污染行业用信管理；加大环境和社会风险排查，防范相关风险。

10.2.3.3 中国银行

中国银行单列"推进绿色金融 应对气候变化"议题，该行综合发展绿色信贷、绿色债券、气候投融资、绿色存款、绿色保险、绿色租赁等绿色金融业务体系，并建立了绿色运营相关制度，在无纸化运营、能源和水资源节约、垃圾分类和减量方面开展行动。

10.2.3.4 建设银行

2020年，建设银行将环境与气候风险纳入全面风险管理体系，推进环境和社会风险管理。针对气候风险影响相对突出的火电行业客户，建设银行开展了压力测试，结果表明该行业财务状况受碳交易因素影响最为明显，其信用评级和风险加权资产受气候风险影响较小，风险整体可控。

此外，建设银行还选择了环境风险高且该行业务量相对较大的化工业客户开展了专项压力测试。测试结果表明，由于该行对高污染企业执行严格准入标准，现有客户均为优质客户，客户评级下迁较少且幅度较小。

10.2.3.5 交通银行

交通银行根据气候变化对业务的影响，对相关议题采用与ESG治理架构相融合的方式进行统一管理。交通银行认为气候变化短期将对金融机构贷后资产质量和自身运营产生直接影响，例如极端天气事件等实体风险将可能导致借贷人无法偿还贷款，为不良率上升埋下隐患。长此以往，技术创新与消费者行为转变等转型风险将为现行业务带来机遇与挑战。

在风险管理方面，完善了《交通银行2020年授信与风险政策纲要》等系列政策文件，谋划绿色金融债券募集资金，支持绿色产业，涉及环保节能、污染防治、资源节约与循环利用、清洁交通、清洁能源相关领域。

10.2.3.6 邮储银行

邮储银行单列了"ESG 披露"议题，并表示要加强 ESG 和气候风险管理。应用"金睛"信用风险监控系统，借助金融科技手段，将 ESG 风险管控纳入授信业务全流程，减少环境和气候信息不对称，持续提升风险管理能力。

10.2.4 提升气候风险管理能力的建议

10.2.4.1 明确战略目标，制定双碳工作方案

一是将应对气候风险纳入公司战略。应高度关注气候变化，将应对气候风险和支持绿色低碳发展提升至战略高度。董事会和高管层应提高对气候风险的认知，引导全行员工关注气候风险的概念和潜在影响，逐步培养具备气候风险、绿色金融、碳排放等专业知识的人才队伍。

二是尽快制定整体规划和路线图。根据国家战略和长期愿景，确立"碳中和"愿景下的战略目标，制定短期、中期和长期的双碳工作时间表和行动方案。明确各方责任，按照"自上而下"的组织结构层层压实双碳工作任务。

10.2.4.2 加强气候风险管理，完善信息披露机制

一是将气候风险纳入全面风险管理。借鉴 TCFD 建议及国际大行先进实践，将气候风险纳入全面风险管理，强化董事会和高管层的履职要求，完善风险文化、风险偏好和策略。逐步建立气候风险相关政策、制度和流程，明确前台部门和风险管理部门职责，持续提升气候风险的管理能力。

二是完善气候风险信息披露机制。商业银行可采纳 TCFD 等国际主流气候风险信息披露框架，加强对气候风险的识别、评估、管理及重点领域的披露。统筹绿色金融与气候风险披露要求，细化披露内容，提高披露的准确性和完整性。

三是完善碳减排压力测试。优化压力测试模型，完善情景假设，探索构建动态压力测试模型。碳减排对信用风险影响的行业压力测试范围，充分评估高碳排放重点行业的风险变化。

10.2.4.3 优化信贷结构，降低高碳资产配置

一是完善绿色信贷政策和行业准入标准。"碳中和"意味着我国经济产业结构转型将进一步深化，商业银行业务发展的重点领域也将面临调整。商业银行可加大对能源新技术、先进环保、高效储能低碳产业的支持，准确把握绿色发展重点区域，助力我国经济高质量发展。

二是严控高碳排放的敏感行业信贷投放。将高碳排放行业纳入银行的环境和社会风险管理框架，严格遵守国家在生态环境保护等领域的相关规定。制定具有前瞻性的"两高"行业的融资退出方案，加强存量信贷的资产质量监控，从严控制增量贷款的审批和发放。

10.2.4.4 加强绿色金融产品创新和风险管控

一是完善绿色金融产品体系。商业银行自身碳排放不高，但可以通过完善绿色信贷、绿色债券、碳交易产品设计，创新排污权、用能权、用水权、碳排放等投融资机制，建立多元化产

品体系，推动全社会的碳达峰、碳中和行动。

二是加强新产品（业务）风险管控。各产品主管部门作为绿色金融新产品（业务）风险管理的一道防线，承担直接责任，负责落实风险识别、评估、监测、控制和报告等风险管理要求。风险管理部门作为二道防线，应做好风险管理"关口"前移，参与新产品风险评估流程，明确风险管理要求。

10.3 助力实现双碳目标

商业银行要树立和传播绿色低碳发展理念，学习和借鉴国际国内先进银行助力碳达峰、碳中和的实践，不断推进可持续发展；要发挥自身优势，通过资金投向、金融服务，引导社会资源投向改善能源结构、降低能源能耗的领域，助力绿色低碳转型；要支持技术升级改造，减少温室气体排放，致力于建设气候友好型银行，为我国实现碳达峰碳中和目标贡献一份力量。

10.3.1 银行业是助力实现双碳目标的重要力量

全球气候变化是21世纪人类社会共同面临的巨大挑战，气候风险对经济金融的影响与日俱增。从国际看，应对气候变化的《巴黎协定》代表了世界各国携手应对危机的多边合作模式，反映了全球向绿色低碳经济转型的大方向。近年来，巴塞尔委员会、欧洲中央银行和英格兰银行等相继发布气候风险相关指引和研究报告，全球金融监管机构对气候风险和金融机构在低碳转型中的作用越来越重视。

从国内看，习近平总书记指出，2030年前实现碳达峰、2060年前实现碳中和，这是我国实现可持续、高质量发展的内在要求，也是推动构建人类命运共同体的责任担当。党的十九大全面阐述了加快生态文明体制改革、推进绿色发展、建设美丽中国的战略部署。发达经济体从碳达峰到碳中和需要40~60年的过渡期，而我国承诺的时间远低于发达经济体，尤其是城市化和工业化还有很大的发展空间，未来对钢铁、水泥、汽车等碳排放较大的工业产品需求仍然较高，实现碳达峰、碳中和将面临巨大的挑战。

金融是现代国民经济体系的重要组成部分，银行业在我国金融业中占有主体地位。碳达峰、碳中和目标将对人们生产生活方式带来深刻变革，也将重塑我国的经济结构、能源结构及产业结构。银行肩负着支持产业结构绿色低碳转型、防范客户和交易对手转型风险等重要任务，能够通过贷款投放直接支持企业的低碳转型，在支持实现"双碳"目标过程中发挥示范和引领作用。银行不仅能够通过债券、交易、定价等方式引导社会资金投向和生产要素的有效流动，促使资源合理配置和产业结构调整，还能以金融手段促使企业主动披露碳排放相关信息，切实履行绿色和生态责任。

因此，商业银行要充分利用金融手段、调动金融资源，积极支持能源结构转型，支持绿色低碳产业发展及碳捕捉等技术研发，加大碳金融产品及服务创新，支持经济社会发展全面低碳转型，助力我国碳达峰碳中和目标的如期实现。

10.3.2 银行业支持双碳目标的国际实践

为了实现《巴黎协定》中限制温室气体排放、控制气温上升的相关要求，近年来，国际大型商业银行在降低碳排放、促进可持续发展和经济社会低碳转型等领域进行了广泛的探索和实践。本文梳理了全球大型商业银行在多个领域的实践成果，为我国商业银行促进碳达峰、碳中和提供参考。

10.3.2.1 明确并披露碳中和目标及时间表

银行的碳中和目标包括自身运营碳中和以及投资组合碳中和两个方面。由于银行并非生产型行业，自身运营碳中和的实现相对难度较小，目前摩根大通、美国银行、巴克莱银行等机构已经实现自身运营碳中和，汇丰、花旗等银行承诺2030年实现自身运营碳中和。

投资组合碳中和要求银行对信贷投放、投融资客户的碳排放进行全面的评估和监测，实现难度较大。从国际银行业的实践来看，目前汇丰银行、花旗银行、摩根大通、巴克莱银行、美国银行等机构承诺2050年实现投资组合碳中和，时间上与发达经济体实现碳中和一致，如表10-2所示。

10.3.2.2 制定碳中和投融资战略

碳中和投融资战略是商业银行支持碳达峰碳中和的方向性、路径性和时序性规划。银行在金融系统和资金配置中的重要地位决定了经济社会要实现向绿色低碳转型，必须发挥商业银行投融资的引导作用。国际大型商业银行普遍制订了低碳投融资计划，主要是加大绿色低碳行业领域的资金投放，限制高碳行业的信贷敞口。

花旗银行计划到2025年完成2 500亿美元低碳融资，资金的主要投向包括循环经济、清洁能源、能源效率、绿色建筑、可再生资源、可持续农业、低碳交通和节水保护。花旗银行还对部分夕阳高碳行业进行限制，包括强化动力煤开采、燃煤发电、石油和天然气行业审查标准；对动力煤开采公司的信贷敞口实施分级减少，到2025年减少50%，到2030年减少100%；2030年对能源和电力投资实现减排目标。

摩根大通承诺在未来十年（至2030年）完成2.5万亿美元投融资，用于解决气候变化和可持续发展问题。2021年5月，摩根大通还针对油气行业、电力行业以及汽车行业三个减排重点行业，公布了"2030年碳减排目标"，计划到2030年，全球投资组合中油气行业的碳排放较2019年基准值下降35%，电力行业碳排放较2019年基准值下降69%，汽车行业碳排放较2019年基准值下降41%。

巴克莱银行提出动态衡量投资组合碳排放的Blue Track计划，对银行投融资客户组合碳排放情况进行跟踪和量化，以此为基础制定投融资"碳限额"，模拟"2050净零排放"目标的实现路径，将企业碳排放情况纳入银行投融资决策和资金布局的考量。提出了一系列服务低碳经济和可持续发展的信贷支持计划，主要包括，2018—2025年计划完成1 500亿英镑社会和环境保障融资，目前已实现 1 242 亿英镑；2018—2030 年计划完成 1 000 亿英镑绿色融资用于支持能源再生、能源利用和环境改善，目前已实现 324 亿英镑；2020—2025 年计划对创新能源效率和低碳经济技术的初创公司提供 1.75 亿英镑股权投资；以及为购买环保达标住房的个人提供绿色住房贷款等。

表 10-2　国际部分大型银行实现碳中和时间

银行	自身运营碳中和	投资组合碳中和	碳中和投融资	转型计划
摩根大通	已达成	2050 年	2030 年完成 2.5 万亿美元投融资	2030 年，全球投资组合中油气行业的碳排放较 2019 年基准值下降 35%，电力行业碳排放较 2019 年基准值下降 69%，汽车行业碳排放较 2019 年基准值下降 4%
美国银行	已达成	2050 年	2030 年向低碳经济、可持续发展提供 1 万亿美元资金支持	—
花旗银行	2030 年	2050 年	2025 年实现 2 500 亿美元融资；2030 年实现 5 000 亿美元融资	动力煤开采信贷敞口 2025 年减少 50%；2030 年对能源和电力投资实现减排目标
汇丰银行	2030 年	2050 年	2030 年前实现 7 500 亿~10 000 亿美元的投融资	—
巴克莱银行	—	2050 年	2018—2030 年计划完成 1 000 亿英镑绿色低碳融资；2020—2025 年对创新能源效率和低碳经济技术提供 1.75 亿英镑股权投资	制定投融资"碳限额"，模拟"2050 净零排放"目标的实现路径

10.3.3　完善气候风险治理机制

气候风险的治理机制是银行推进低碳转型的重要组成部分，体现了银行对低碳转型和气候相关风险的重视程度和管理能力。

汇丰银行在董事评价激励机制中纳入气候策略相关的考核指标，在汇丰执行董事的长期奖励评分记录中，与汇丰气候目标一致的项目所占权重达到 25%。

花旗集团成立了气候风险工作组和全球可持续发展指导委员会，设立气候风险主管；加强跨部门气候风险问题的合作与培训，建立跨职能的净零工作组，研究制订净零计划。

摩根大通提出 Carbon Compass 计划，动态测量投融资客户碳排放情况，评估投资组合低碳转型进展，并将相关情况考虑纳入投融资业务决策。

10.3.4　提供低碳转型定制化金融服务

汇丰银行和花旗银行组建 ESG 专业团队，评估客户在低碳转型中的需求，为客户量身打造融资方案，在信贷业务、资本市场业务和咨询业务等主要业务板块，为客户提供定制化的低碳转型金融服务。

摩根大通成立碳过渡中心（CCT），为客户提供可持续发展和低碳经济转型相关的融资、研究和咨询服务。此外，还在商业银行业务板块下成立了绿色经济专业团队，主要负责为可再生能源、效率技术、可持续金融以及农业和食品技术领域的公司提供发展支持和金融服务。

巴克莱银行成立 SIB（Sustainable and Impact Banking）团队和能源银行团队，提供低碳经济发展和转型的咨询、融资服务。SIB 团队主要服务于促进低碳经济、创新技术和商业模式的新兴增长型公司以及面临低碳经济转型的传统行业客户，以咨询服务为主。目前重点关注的行业为食品农业、清洁能源技术、循环经济和水资源。能源银行团队与电力和公共设施、自然资源、可持续发展等团队进行联动合作，主要为能源行业客户量身提供投融资服务。

10.3.5 银行业支持双碳目标的国内实践

为支持绿色低碳发展，前期我国银行业进行了积极探索。国有大型银行认真贯彻落实党中央决策部署，充分认识实现"双碳"目标的重大意义，不断完善绿色低碳金融体系，加强气候风险管理，优化资源配置，全力支持我国经济社会绿色低碳转型，在助力实现"双碳"目标、防范气候风险等方面发挥了引领作用。

10.3.5.1 确立支持绿色低碳的战略方向

确立了绿色低碳发展的总基调，以建设国际领先的绿色银行、成为具有良好国际声誉的绿色银行为战略目标，明确绿色低碳经营管理偏好与落地政策，推动体制机制建设，加强顶层设计和统筹规划，持续优化金融资源配置，致力于成为绿色金融的先行者和引领者；将支持碳达峰、碳中和目标融入政策标准、产品开发、业绩评价全流程，通过实施差异化信贷政策，前瞻引导全行投融资结构绿色低碳调整。

10.3.5.2 完善公司治理和顶层设计

持续完善绿色低碳为导向的可持续治理体制，将绿色金融作为重要发展方向。如部分银行董事会将绿色金融战略决策和执行情况纳入社会责任与消费者权益保护委员会职责范围。高级管理层成立绿色金融委员会，制定加强绿色金融建设的整体规划。目前已经形成各部门协同分工，境内外分支机构积极创新，全员参与，深化交流与合作的绿色金融推进体系。

10.3.5.3 推动绿色金融创新

国内领先银行已经搭建了包含绿色信贷、绿色债券、绿色产业基金、信托、租赁、资产证券化等在内的全产品、多渠道、综合化的绿色金融服务体系，推动绿色金融产品创新，积极支持绿色金融改革创新试验区建设，引导更多社会资金流向绿色产业。国内领先银行与相关机构联合发布了中证180ESG指数，引导市场资金支持ESG表现良好的低碳节能企业；推出首支以该指数为标的的ETF基金。

10.3.5.4 持续加强气候风险管控

一是将气候风险纳入全面风险管理体系，作为单独的风险类别进行管理，使得风控体系更加全面、立体、前瞻。

二是建立气候风险治理架构和管理体系，明确"三道防线"的职责分工，明确偏好与限额、制度流程、监测与报告、考核评价、数据与系统等管理要求。

三是探索建立气候风险数据库，加快智能系统建设，提高气候风险识别、计量、监控、报告能力。

四是将气候风险和碳因素纳入内部评级和评估体系，严控气候不友好客户信用等级和准入。

五是建立气候风险压力测试体系，参考国际经验改进关键技术，前瞻性地识别气候风险影响领域；根据监管设置的压力情景，顺利开展气候风险敏感性压力测试。

10.3.5.5 加强信息披露，深化沟通合作

一是完善气候和环境信息披露，不断提升披露的准确性和完整性。形成以社会责任报告（ESG报告）、绿色债券年度报告、绿色金融专题报告为主体的信息披露体系。其中，绿色金融专题报告对标参考了气候相关财务信息披露工作组（TCFD）制定的建议框架。

二是积极参与行业统一行动，与中国银行业协会共同发起设立"中国银行业支持实现碳达峰、碳中和目标专家工作组"，推动银行业以绿色低碳为目标，完善政策引导，为支持绿色低碳转型提供更多融资、融智金融服务。

三是积极参与可持续发展国际治理。主动参与巴塞尔委员会、气候相关财务信息等国际准则的讨论和制定，与很多国家的金融机构一起探索，借助低碳发展的平台和倡议发挥重要作用，在国际舞台上讲好中国故事，展示中国银行业在碳达峰、碳中和领域的决心、举措、成效。

10.3.6 应对气候变化和助力双碳目标的建议

10.3.6.1 健全完善绿色低碳相关标准

目前，关于绿色、低碳和、环境保护、应对气候变化，都各有相关标准，彼此之间尚未协调统一。建议明确界定投融资的绿色与棕色、高碳与低碳的标准，既要考虑到与国际接轨，又要考虑到我国碳达峰、碳中和的现实情况，根据我国绿色低碳转型的路径和节奏稳妥有序推进，为金融机构有效获取和使用绿色低碳信息创造有利条件。

10.3.6.2 推进建立银行业碳数据库

目前，企业的碳数据披露尚不充分，主动披露较少，银行难以有效识别评价企业"碳表现"，难以准确把握信贷资金投向的企业和行业。建议在统一信息披露标准的基础上，通过科学的碳排放核算方法，动态开展碳排放核算工作，推进建立银行业碳数据库。

10.3.6.3 完善绿色低碳为导向的治理机制和业务结构

围绕国家碳达峰、碳中和目标和绿色低碳产业金融服务需求，加强组织领导，制订行动计划，前瞻调整投融资布局，积极配置资源，切实服务实体经济低碳转型和高质量发展。通过明确绿色低碳经营管理偏好，优化业务结构，支持绿色技术创新，助推绿色低碳生产生活方

式，支持"一带一路"绿色低碳建设，满足国际准则标准。

10.3.6.4 加强气候风险管理和系统化智能化建设

持续完善全面风险管理体系，健全气候风险治理机制，做好气候风险的研究、识别、评估、监测、控制或缓释、报告等工作，开展前瞻性分析和压力测试。加强碳排放数据的收集、整理和标识，覆盖区域、行业、客户、产品等维度，提升碳排放数据的全面性与准确性，提高信息系统的自动化、智能化水平。积极发展金融科技，推进以绿色低碳为特征的数字化转型。

10.3.6.5 加强信息披露和国际合作

通过官网、社会责任报告、ESG报告等多种渠道，主动加强气候风险和双碳工作信息披露。进一步细化披露内容，从治理、战略、风险管理以及指标和目标四个方面，提升披露真实性、准确性和完整性，支持开展绿色银行评价。深化双碳领域国际合作，主动参与可持续发展国际治理，积极参加国际准则的讨论和制定，讲好中国故事，展示中国银行业的良好形象。

10.4　完善气候风险信息披露

随着应对气候变化成为全球可持续发展的核心议题，越来越多投资者希望将更多的资金用于低碳和气候相关的投资，需要获得有助于决策的气候相关信息，但原有披露框架存在一些缺陷：一是披露中缺乏对财务影响的关注；二是披露的信息缺少标准化和一致性；三是企业在实践中披露的气候相关信息呈现碎片化，不同企业之间的信息难以比较。上述不足进一步阻碍了市场参与者基于气候风险的决策。

10.4.1　金融稳定理事会气候风险信息披露框架

10.4.1.1　TCFD信息披露目标

为了帮助投资者、贷款人和保险公司对气候风险进行识别和评估，金融稳定理事会于2015年12月成立气候相关财务信息披露工作组（TCFD），这是首个从金融稳定角度审视气候变化的国际组织。其32家成员来自不同国家和行业，包括大型银行、保险公司、资产管理公司、养老基金、大型非金融公司、会计师事务所和咨询机构以及信用评级机构。

2017年6月，气候相关财务信息工作组发布了《气候相关财务信息披露工作组建议报告》，工作组基于原有气候相关信息披露机制、利益相关者诉求以及气候风险特征等因素，为气候相关财务信息披露制定了统一框架，目标是深化市场参与者对气候风险的理解，建立一致、可比、清晰和可靠的气候相关信息披露框架，最终为全球经济进行更适当的风险定价和资本配置提供支持。

10.4.1.2　TCFD信息披露建议框架

气候相关财务信息工作组基于企业运营过程中的核心要素，从治理、战略、风险管理、指标和目标四个领域提出了披露建议，每个领域中都包括若干维度的披露建议（见表10-3）。

1. 治理。围绕气候风险和机遇的企业治理，主要是指董事会和管理层在气候风险管理中的责任和作用，包括董事会监督和管理层职责两个方面的披露建议。

2. 战略。气候风险和机遇对企业经营、策略及财务规划方面的实际影响与潜在影响，包括风险和机遇、对组织机构的影响和战略弹性三个披露建议。

3. 风险管理。企业如何识别、评估和管理气候风险，以及这些流程是否被纳入现有风险管理框架，包括风险识别与评估流程、风险管理流程、与整体风险管理相融合三个方面的披露建议。

4. 指标和目标。评估及管理有关气候风险与机遇的指标和目标，包括气候相关指标、温室气体排放（披露范围1、范围2、范围3）和气候相关目标三个方面的披露建议。

表10-3 气候相关财务信息披露工作组建议

治理	战略	风险管理	指标和目标
披露组织机构有关气候风险和机遇的治理情况	如果此类信息为重要信息，则披露气候风险和机遇对组织机构的业务、战略和财务规划的实际和潜在影响	披露组织机构如何识别、评估和管理气候风险	如果此类信息为重要信息，则披露用于评估和管理相关气候风险和机遇的指标和目标
a）说明董事会对气候风险和机遇的监控情况	a）说明组织机构识别的短期、中期和长期气候风险和机遇	a）说明组织机构识别和评估气候风险的流程	a）披露组织根据其战略和风险管理流程，用于评估气候风险和机遇的指标
b）说明管理层在评估和管理气候风险和机遇方面的职责	b）说明气候风险和机遇对组织机构的业务、战略和财务规划的影响	b）说明组织机构管理气候风险的流程	b）披露范围1、范围2和范围3（适当时）温室气体（GHG）排放情况以及相关风险
—	c）说明组织机构的战略适应力，并考虑不同气候相关情景（包括2℃或更低温度的情景）	c）说明识别、评估和管理气候风险的流程如何与组织机构的整体风险管理相融合	c）说明组织机构用于管理气候风险和机遇的目标以及目标实现情况

资料来源：气候相关财务信息披露工作组。

10.4.1.3 TCFD信息披露建议执行指南

2017年《气候相关财务信息建议报告》实施以来，在全球范围内获得了广泛支持。2020年以来，TCFD加速了整个工作进程，制订了多项补充指南，涵盖风险管理、情景分析、气候相关指标和目标及转型计划、投资组合调整技术等多个方面，并每年对TCFD建议执行情况和企业披露情况进行统计分析，并发布年度现状报告。

1. 《风险管理整合指南》

《风险管理整合指南》提出以2017年COSO企业风险管理整合框架为基础，分析了COSO企业风险管理的五个关键要素（治理文化、战略和目标设定、绩效、审阅和修订、信息沟通和报告）及其在气候风险管理领域的应用。该指南建立起COSO的五个关键要素与TCFD四大建议方面之间的对应关系，并提出将气候风险融入企业整体的风险管理框架（见图10-1）。该指南还详细介绍了将气候风险整合到风险管理流程的成功案例和做法。

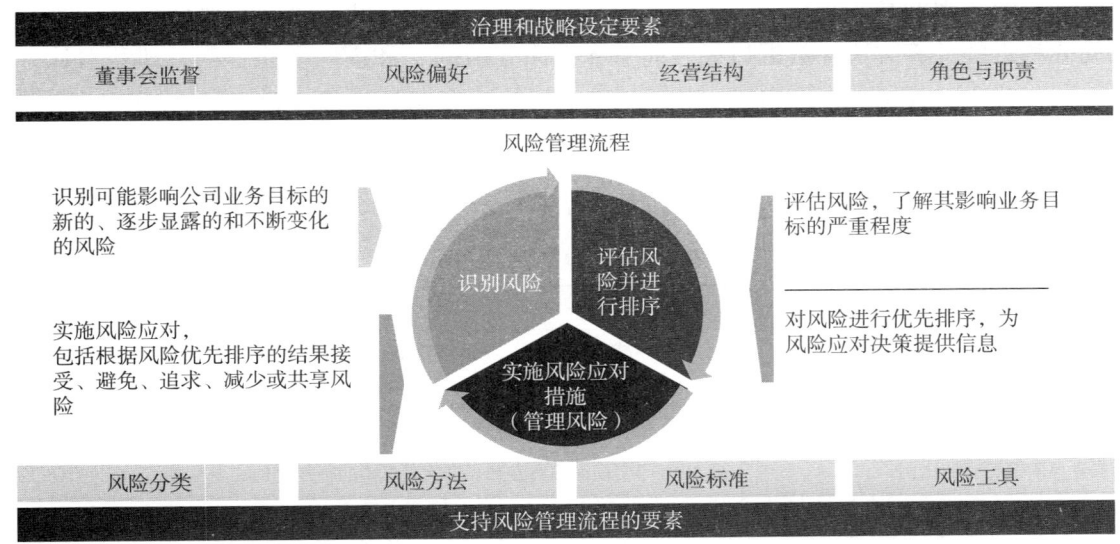

图 10-1　将气候风险整合到风险管理流程

（资料来源：气候相关财务信息披露工作组）

2.《情景分析指南》

《情景分析指南》为企业提供了一个在不确定条件下识别和评估气候风险潜在影响的方法。气候变化带来的风险具有长期性，其时间和规模无法准确预测，从而给企业了解气候变化对其业务、战略和业绩的潜在影响带来了挑战。TCFD 建议，企业应使用情景分析来评估气候风险和机遇对业务、战略和财务的潜在影响，并酌情在其年度财务报告中披露。例如，企业可通过情景分析，判断气候变化的不同情况下转型风险和实体风险在长期内如何影响其业务、战略和经营绩效。情景分析的三个主要步骤如图 10-2 所示。

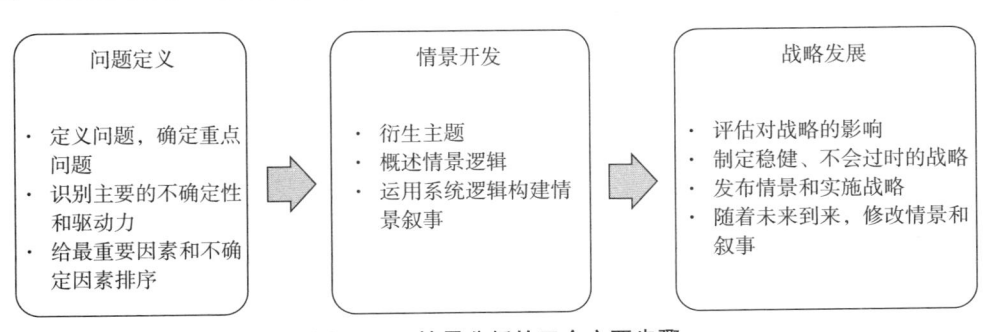

图 10-2　情景分析的三个主要步骤

3.《气候相关指标、目标和转型计划》

2021 年，TCFD 发布适用于不同行业的《气候相关指标、目标和转型计划》，促使各企业的披露指标更加量化和更具可比性、一致性。

TCFD 明确了气候风险量化指标的制定原则：一是相关性，能够反映企业在气候变化和低碳转型中面临的风险和机遇，包括对经营情况、财务情况的影响，帮助管理层进行决策。二是可理解，指标要具有明确、直观的含义，要详细说明所使用的数据和方法。三是可检验，制定指标所使用的数据真实可信，方法要有稳健性。四是客观性，指标的制定要避免主观价值判断，能够反映客观的真实信息。五是可比性和一致性，不同时间、不同企业的指标计算均应采用相同或相近的计算方法、数据口径，能够在纵向（时间）和横向（企业间）进行对比。

在该文件中，TCFD针对不同行业制定了统一的气候相关指标，包括"范围1"和"范围2"温室气体排放量、面临物理风险的资产比例、面临转型风险的资产比例等指标（见表10-4）。

表10-4 TCFD制定的主要指标

跨行业气候相关指标	TCFD举例：说明性量化目标
温室气体排放	到2050年减少范围1、范围2和范围3净排放至零，中期目标是到2035年实现排放量较2015年减少70%
影子碳价	到2030年将影子碳价提升至150美元，反映出潜在的政策变化
面临物理风险的资产的比例	到2050年实现面临突发和长期物理风险的资产比例减少50%
面临转型风险的资产的比例	到2050年实现面临转型风险的资产比例减少80%
契合气候机会的产品组合的比例	提高可再生能源净装机容量，到2035年实现占总容量比例达到85%
受气候考量因素影响的高级管理层薪酬的金额	到2025年实现受气候考虑因素影响的高级管理层的薪酬金额增加至50%
为应对气候风险和机会而部署的支出或资本投资的金额	至少将我们25%的年度资本支出投资于可再生能源

4.《投资组合调整技术指南》

投资组合调整团队（PAT）于2021年发布《投资组合调整技术指南》，通过构建量化指标衡量金融投资组合与气候目标的一致性。

随着全球深度减排的推进，需要整个经济社会逐步淘汰高碳排放资产，在投资领域，需要采用零排放技术的替代资产。金融机构在经济社会绿色低碳转型中可以发挥重要支持作用，能够将更多的资源投向绿色低碳的领域，同时减少对高碳排放行业的投放。PAT为衡量金融机构的投资组合是否与《巴黎协定》等气候目标相一致提供了量化工具。投资组合调整的方法步骤及设计判断如表10-5所示。

表10-5 投资组合调整的方法步骤及设计判断

方法步骤	设计判断
第1步：将基于情景的碳预算转化为基准	判断1：应该建立什么类型的基准？
	判断2：基准应该多详细？
	判断3：应该使用绝对排放量、产能还是排放强度单位？
第2步：评估公司层面的一致性	判断4：应该包括哪些排放范围？
	判断5：如何衡量公司的表现？
	判断6：如何预测公司的表现？
	判断7：如何衡量一致性？
第3步：评估投资组合层面的一致性	判断8：如何将一致性表示为指标？
	判断9：如何汇总公司层面的分数？

10.4.2 其他代表性气候风险信息披露框架

10.4.2.1 欧盟气候风险框架

2018年3月，欧盟委员会发布《可持续发展融资行动计划》。该计划提出建立一个新的可持续活动分类体系，并制定了环境相关测算标准，将可持续因素纳入机构投资人和资产管理人的受托责任。未来，欧盟将在该计划指导下，完善TCFD的披露要求，就如何执行TCFD建议向企业提供指导，并通过立法推动对上市企业报告的信息披露审查，确保各企业能充分考虑可持续发展和气候风险因素。2018年12月，欧洲经济与金融事务委员会要求上市银行强制披露环境、社会及公司治理（ESG）和气候风险相关信息。为推进气候相关财务信息建议有效实施，欧洲信息可持续会计准则委员会和气候披露标准委员会联合发布了《气候相关财务信息实施指南》，指导企业在信息披露中对标气候相关财务信息的相关要求。

2020年5月，欧洲中央银行发布《气候和环境风险指南》。该指南说明了欧洲央行希望各机构在制定和实施其业务战略、治理和风险管理框架时，将气候和环境风险视为既定审慎风险类别。此外，指南还进一步解释了欧洲央行希望各机构，通过披露更多气候和环境风险，提高透明度。总体来看，该指南是一份关于风险管理和披露相关的监管期望，主要内容包括以下几个方面。

一是各机构应了解气候和环境风险对其商业环境的短期、中期和长期影响，以便能够做出明智的战略和业务决策。

二是各机构应明确将气候和环境风险纳入其风险偏好框架，按照三道防线，在组织结构内分配风险管理的责任。

三是各机构应识别、量化气候和环境风险，在其确保资本充足性，评估是否会导致净现金流出或流动性缓冲耗尽。

四是具有重大气候和环境风险的机构，应评估其压力测试的适当性，并将重大气候和环境风险纳入不利情景。

五是各机构应至少按照《欧盟委员会非财务报告准则——关于报告气候相关信息的补充准则》，公布其认为重要的关于气候和环境风险的有用信息和关键指标。

10.4.2.2 巴塞尔委员会气候风险调查和未来计划

巴塞尔银行监管委员会对气候风险的监管处于起步阶段。2020年初，巴塞尔委员会成立气候相关金融风险高级别工作组（TFCR），负责推进气候相关金融风险的监管。

2020年4月，巴塞尔委员会发布《气候相关金融风险：对现有方案的调查》报告，对各成员国气候相关金融风险控制方案进行了梳理和调查，结果显示：一是大部分成员国认为，应当把该风险纳入监管框架。二是对气候相关金融风险的评估中，主要存在数据、评估方法、传导机制等方面的困难。三是约40%的成员国已经发布或正在制定气候相关金融风险的管理框架。

巴塞尔委员会 TFCR 工作组计划编制关于气候相关金融风险的一系列报告，包括气候风险量化方法、气候风险向银行体系的影响渠道、现有研究成果汇编，并制定有效的气候风险监管措施。

10.4.2.3 央行和监管机构绿色金融网络（NGFS）

2017 年，由中国等 8 个国家央行和监管机构联合发起绿色金融网络（NGFS），旨在促进各国金融市场构建绿色金融体系，截至目前已有 50 个成员或观察员机构，成员 GDP 占全球 GDP 的 44%，温室气体排放量占全球的 45%。NGFS 逐渐形成新的共识，环境风险（涵盖气候风险）已经成为金融风险的重大来源之一。

2020 年 9 月，央行与监管机构绿色金融网络（NGFS）发布了环境风险分析领域的两份重量级文件，包括《金融机构环境风险分析综述》和《环境风险分析方法案例集》。其中，《综述》主要涵盖三个方面的内容：一是对环境风险分析的关键步骤进行了总结；二是根据使用者和风险类别，对环境和气候风险分析的方法和工具进行了介绍和讨论，重点介绍了各类环境和气候压力测试和情景分析方法；三是讨论了 ESG 和自然资本风险分析等方法。

10.4.2.4 英国气候相关财务信息披露声明

为应对气候变化和可持续发展要求，英国商业、能源和工业战略部（BEIS）将能源与气候变化因素融入产业发展政策，制定并实施新的公司报告准则。BEIS 在原有财务报告准则的基础上，推出了非财务报告披露框架。财务报告准则委员会（FRC）以 BEIS 制定的公司报告准则为基础，制定更加有针对性的公司治理守则，重点关注企业在环境与社会可持续发展中的责任。

2019 年 4 月，英格兰银行和审慎监管局（PRA）发布《增强银行和保险公司管理气候变化财务风险能力声明》，提出银行应明确气候风险管理职责，在公司治理中考虑气候变化引发的财务风险，将该风险融入目前的财务风险管理实际中，使用短期与长期情景分析进行战略规划、风险识别与评估，建立信息披露渠道。

10.4.3 气候风险金融信息披露实施进展情况

10.4.3.1 全球范围实施进展

2021 年 10 月，TCFD 向全球发布《2021 年 TCFD 现状报告》，主要是分析评估各企业披露情况与 TCFD 建议的一致程度，这是 TCFD 成立以来发布的第四份年度现状报告，主要内容有以下方面。

一是全球范围内支持 TCFD 建议的机构数量显著增加。在过去一年里，TCFD 建议在全球范围内的支持呈加快之势，自 2020 年 10 月以来，气候相关财务信息建议的支持机构新增了 1 000 多个。截至 2021 年 10 月 6 日，全球范围内 TCFD 支持机构累计 2 600 多个，包括金融机构 1 096 家，全球支持机构数量前 5 名的国家包括日本、美国、英国、澳大利亚和法国。

二是支持 TCFD 建议的所有机构总市值显著上升。目前，支持 TCFD 建议的机构遍布全球

89个国家和地区,几乎涵盖了所有经济部门。2020年,所有支持机构总市值达到13万亿美元,2021年所有机构总市值超过25万亿美元,相比2020年增长99%。其中,支持TCFD建议的1 096家金融机构资产规模合计为194万亿美元,相比2020年增长近30%。

三是上市企业气候相关信息披露的整体水平提升。2021年TCFD评估了1 651家上市企业在2018—2020年的披露情况,这些公司的平均披露水平显著提高。

披露战略适应力的企业占比上升。尽管在不同气候情景下企业战略适应力是披露最少的内容,但在2018—2020年,披露此类信息的企业已从5%增长到了13%,增幅较大。有一半以上的企业在其2020年报告中披露气候风险和机遇信息。

治理情况的披露还有较大提升空间。尽管TCFD要求披露治理情况,治理情况的披露率仍然排在末尾。2017年TCFD提出了两条治理方面的披露建议,但这两条建议的披露率分别排在倒数第二和倒数第三。

分行业看,材料和建筑企业披露表现最好。对于11项建议披露内容,材料和建筑企业在2020财年的平均披露水平为38%。保险业披露水平显著提高。2019—2020年,保险业的平均信息披露水平显著提高了11个百分点。目前,在风险管理流程披露方面,领先所有行业至少15个百分点。

分地区看,欧洲仍是披露方面的领先地区。从2020年开始,在所有被评估的欧洲企业中,有一半企业达到了11条建议披露内容的平均报告水平。自2019年以来,欧洲企业的信息披露平均水平提高了15个百分点,比排名紧随其后的地区领先了16个百分点。

四是部分国家已将TCFD建议纳入政策和法规。迄今已有12国(地区)和数10家央行和监管机构正式表示支持TCFD建议。英国、瑞士、日本、新加坡、巴西、新西兰、欧盟和中国香港发布了按照气候相关财务信息建议进行报告的政策要求,作为法规强制执行披露。中国监管鼓励中资金融机构支持TCFD,同时不断完善中国的气候信息披露体系。2021年7月,香港金融管理局发布《气候风险管理指引》,要求银行在2023年年中之前首次披露,最晚于2025年完成与TCFD一致的披露。

五是国际组织相继发布支持TCFD建议的公开声明。多个致力于制定可持续发展标准的国际组织表示计划采用TCFD建议,促进全球气候相关报告实践的统一。许多组织已发布了官方声明,将TCFD建议作为国际气候相关信息披露工作的依据。2021年7月,金融稳定理事会发布了《应对气候相关金融风险的路线图》,提出应对气候风险和促进气候相关政策国际合作的计划。该路线图强调,金融稳定理事会和其他机构承诺使用TCFD建议框架,提高国家和区域气候信息披露政策的一致性。

10.4.4 对我国完善气候风险信息披露的建议

10.4.4.1 完善顶层设计，突出监管政策的引导作用

目前，气候相关信息的披露主要是以企业自愿的形式进行，体现了企业承担的社会责任与可持续发展理念。未来，随着全球各界环保意识和可持续发展理念提升，市场参与者将会要求更多的企业和机构披露气候风险的相关信息；信息披露框架、评估方法和执行细节的不断完善也会逐步降低企业的信息披露成本，为更广泛的信息披露提供条件。在监管层面，应逐步引入气候风险的相关要求，引导企业建立完善的信息披露框架，承担更多的社会责任，尤其是受气候变化影响较大的行业和地区，应充分评估气候风险对企业财务状况造成的潜在影响并向相关方进行披露。

10.4.4.2 推广披露试点，发挥绿色金融先行示范作用

目前，我国参照 TCFD 的建议进行气候风险相关信息披露的机构数量不断增加，已经覆盖了银行、资管、保险等多个行业，取得了突破性的进展。工商银行等机构的披露工作在 TCFD 的成员机构中得到了广泛的认可。另外，我国在绿色金融改革创新等方面进行了广泛的探索，在接轨全球绿色金融标准、推出绿色金融产品和服务等方面积累了丰富的经验。信息披露试点和绿色金融改革为未来的气候风险信息披露提供了宝贵的经验和借鉴。我国应加强绿色金融与气候风险信息披露的统筹规划，探索因地制宜的风险披露机制和绿色金融发展路径，提升应对气候风险的前瞻性与针对性。

10.4.4.3 加强信息共享，降低披露成本和执行难度

当前，碎片式的、不可比的气候风险披露内容使得投资者、债权人和承销商不能依据披露信息进行财务决策；监管层也受制于这种披露现状，不能准确判断金融体系面对气候风险的脆弱性程度。建立高标准的、统一的气候风险相关信息的披露机制需要投入大量的人力和财力，对全球范围内企业进行气候风险信息披露造成了较大的阻碍。因此，通过加强企业、政府、国际组织之间的合作，在规则制定、数据标准、压力测试、披露流程等方面进行信息共享，能有效降低信息披露的成本，提升企业进行信息披露的积极性。

10.4.4.4 制定统一标准，建立数据收集和分析平台

为汇总和分析相关数据，前瞻性预测与管理系统性风险，应建立统一的数据收集和挖掘分析平台，可分为官方与非官方形式，如可指定第三方公司建立相关数据仓库，负责清洗数据和分析数据，并将相关信息向相关利益人提供，鼓励专业投资分析公司对数据进行挖掘分析。这将更好地为贷款人、投资人和保险公司提供决策参考，也有助于促进信息披露公司提高压力测试水平，提高气候风险管理能力，防范由于气候风险引发的系统性风险。

11 绿色金融与绿色财政政策

11.1 2020年国外绿色金融政策进展

11.1.1 国外绿色金融政策概览

2020 年 5 月 19 日，国际可持续发展研究院（IISD）发布题为《联合国秘书长发布〈2020 年可持续发展目标进展报告〉》（UN Secretary-General Releases 2020 SDG Progress Report）的报道，提出联合国秘书长关于 17 个可持续发展目标（SDG）的年度报告。该报告利用了 2020 年 4 月之前 SDG 指标框架所包含的最新可用数据，列举了 COVID-19 疫情对 SDG 进展的影响。此外，全球的央行与监管机构目前正在形成一个新的共识，即环境风险（涵盖与环境和气候相关的风险）已经成为金融风险的重大来源之一。环境和气候因素可能会演化为金融机构所面临的金融风险，也可能会对金融稳定构成系统性的威胁。2020 年 9 月 10 日，央行和监管机构绿色金融网络（Central Banks and Supervisors Network for Greening the Financial System，NGFS）发布了环境风险分析领域的两份重量级文件，包括《金融机构环境风险分析综述》（Overview of Environmental Risk Analysis by Financial Institutions）和《环境风险分析方法案例集》（Case Studies of Environmental Risk Analysis Methodologies）。NGFS 指出，为了有效应对环境和气候相关风险，监管机构、金融机构、国际组织、第三方供应商和学术机构各界应共同努力推广环境风险分析（Environmental Risks Analysis，ERA）在金融业的应用。

2020 年，主要国家和地区持续推动绿色金融发展，取得一定成效。美国方面，2020 年 12

月15日，美联储发表声明称，联邦储备委员会以5-0的票数同意成为央行和监管机构绿色金融网络（NGFS）的成员。该倡议的目的在于更深入地了解气候变化对经济产生的风险，在逐步了解如何最好地评估气候变化对金融体系的影响之际，期待着与来自世界各地的NGFS同事继续并深入展开讨论。欧盟方面，自2020年1月欧委会正式公布"欧洲绿色协议"投资计划以来，欧盟不断加快"绿色发展"。该计划总投资规模预计将达到1万亿欧元，在未来10年内陆续实施，以帮助欧盟国家在2050年实现"碳中和"目标。其中，降低化石能源使用、提高可再生能源发电比例、开发氢能等低碳能源将是该计划的重点。欧盟委员会呼吁欧盟应坚持实施"欧洲绿色协议"投资计划，将其作为应对疫情、恢复经济的重要事项，德国、法国、意大利等十几个欧盟国家积极响应，将落实"欧洲绿色协议"作为各国经济恢复过程中的重要任务。2020年9月16日，欧盟委员会的年度"盟情咨文"，提出欧盟将在2030年将温室气体排放量减少一半以上，以确保在21世纪中叶实现既定的减排目标。在应对气候变化方面，欧盟委员会建议到2030年将欧盟温室气体排放量减少55%，以实现欧盟此前提出的在2050年达到"碳中和"的减排目标。这意味着，欧盟做出了更大的短期减排承诺，此前，欧盟的目标是在2030年将温室气体排放量减少40%。为了实现欧盟委员会"欧洲绿色协议"提出的2050年实现"碳中和"的目标，欧洲交通运输碳排放量必须减少90%。但是，目前汽车、航空等交通活动碳排放仍在增加。为此，2020年12月27日，欧盟委员会公布了最新的可持续智能交通战略，并将在随后几年陆续出台相关政策工具，以便切实推进绿色交通，其最终目标就是到2050年，力争每一辆汽车包括卡车都达到零排放标准。欧盟的一系列绿色行动计划无疑将改变人们的生活和出行方式，也有助于改善气候环境。欧盟还希望通过绿色金融等措施，为投资者提供明确的绿色环保指导，将私人资金引向电动汽车等领域，加快向清洁、绿色交通过渡。日本方面，日本政府承诺将争取在2050年实现温室气体净零排放，应对气候变化已经不再是经济发展的制约因素，而是推动产业结构升级和更强劲增长的重要举措。作为全球第三大经济体和第五大碳排放国，日本的这一最新承诺有着重要意义，意味着日本气候行动的强度将与《巴黎协定》要求一致。英国方面，英国于2020年11月18日提出一项宏大的绿色工业革命10项计划，该计划涵盖清洁能源、交通、自然和创新技术等领域，旨在推动英国在2050年之前消除其导致气候变化的因素。该计划将动用超过120亿英镑的政府资金，截至2030年时促进3倍以上的私营部门投资，以在英国及世界各地建立适应未来的绿色产业，还将提供和支持多达25万个就业岗位。10项计划是围绕英国的优势设立的，包括海上风能，氢能，核能，电动汽车，公共交通、骑行和步行，JetZero（喷气飞机零排放）理事会和绿色航运，住宅和公共建筑，碳捕获，自然，创新和金融。

11.1.2 中外绿色金融政策合作

2020年6月22日，国家主席习近平在北京以视频方式会见欧洲理事会主席米歇尔和欧盟委员会主席冯德莱恩。习近平主席强调双方要保持相互市场开放，加快推进中欧投资协定谈判，加强中欧绿色和数字领域合作，构建绿色发展伙伴。米歇尔和冯德莱恩表示，欧方愿同中方就疫苗研发、复工复产加强合作，扩大双边贸易规模，推动绿色低碳、数字经济等广泛领域合作取得更多进展，尽快达成欧中投资协定，为尽早克服疫情影响、促进世界经济复苏作出努力。欧方坚持多边主义，愿同中方在联合国、世界贸易组织、二十国集团等框架内就公共卫生安全、气候变化、可持续发展、对非三方合作等重大问题加强协调合作。10月16日，中国人民银行行长易纲应邀出席了可持续金融国际平台（IPSF）一周年线上活动，与欧盟委员会执行副主席东布罗夫斯基斯共同宣布，由中欧联合牵头的IPSF绿色分类术语工作组成立，将与各方共同推动绿色金融发展，促进向绿色和可持续发展转型。

2020年，我国与"一带一路"合作伙伴继续积极开展绿色金融合作。9月24日，"一带一路"绿色投资原则（GIP）第二次全体会议在北京召开。来自全球四十多个金融机构和国际组织的近140名代表通过线下参会或线上接入的方式出席会议。由签署机构主持的三个专题工作组共组织了四次能力建设网络研讨会，同时开发了一款用于测算项目层面碳排放的在线工具，并结合气候相关财务信息披露工作组的建议和GIP成员机构的实际情况，制定了一套气候和环境信息披露框架。会上发布了首份GIP年度进展报告，从公司治理和战略、可持续性风险评估和管理、投资组合绿色化以及信息披露四个角度，评估了各签署机构对原则的落实情况，并指出了需要在未来重点推进的工作领域。在报告的基础上提出了GIP的中长期规划——"2023愿景"，包括自我评估、信息披露、绿色承诺、加大投资和成员发展五个关键支柱。

11.2 2020年国内绿色金融政策进展

11.2.1 国家绿色金融发展政策

绿色金融写入"十四五"规划，国家层面支持力度不断增加。2020年11月，《中共中央关于制定国民经济和社会发展第十四个五年规划和二〇三五年远景目标的建议》发布，明确提出要加快推进绿色低碳发展，强化绿色发展的法律和政策保障，发展绿色金融，支持绿色技术创新，推进清洁生产，发展环保产业，推进重点行业和重要领域绿色化改造。绿色金融写入"十四五"规划，意味着在接下来的五年时间当中，促进绿色金融发展将成为我国经济发展的重要任务之一。12月，习近平总书记主持召开中央全面深化改革委员会第十七次会议，会议审议通过了《关于加快建立健全绿色低碳循环发展经济体系的指导意见》。2021年2月，国务院正式提出要大力发展绿色金融。发展绿色信贷和绿色直接融资，加大对金融机构绿色金融业绩评价考核力度。统一绿色债券标准，建立绿色债券评级标准。发展绿色保险，发挥保险费率调节机制作用。支持符合条件的绿色产业企业上市融资。支持金融机构和相关企业在国际市场开展绿色融资。推动国际绿色金融标准趋同，有序推进绿色金融市场双向开放。推动气候投融资工作。《意见》的提出立足于新发展阶段，坚持新发展理念，是构建新发展格局、开启我国社会主义现代化建设新征程的重大举措，是我国发展绿色型经济的重要政策保障。

相关政策部门持续推动绿色金融发展。2020年1月，银保监会发布《关于推动银行业和保险业高质量发展的指导意见》，提出要大力发展绿色金融，银行业金融机构要建立健全环境与社会风险管理体系，强化信息披露。2020年5月，人民银行同国家发改委、证监会起草了《关于印发〈绿色债券支持项目目录（2020年版）〉的通知（征求意见稿）》，将清洁煤和其他化石燃料排除在符合绿色债券融资条件的项目清单之外。2020年1月，生态环境部部务会议审议通过《碳排放权交易管理办法（试行）》，该办法于2021年2月1日起施行，在全国范围组织建立碳排放权注册登记机构和碳排放权交易系统。中央财经委员会第九次会议强调，完善有利于绿色低碳发展的财税、价格、金融、土地、政府采购等政策，加快推进碳排放权交易，积极发展绿色金融。银保监会表示，将积极发展绿色信贷、绿色保险、绿色信托。央行提出，已初步确立"三大功能""五大支柱"的绿色金融发展政策思路。

11.2.2 地方绿色金融发展政策

深圳市开启首个地方绿色金融立法举措。2020年10月，深圳市人大通过《深圳经济特区绿色金融条例》（以下简称《条例》），该《条例》是我国首个地方绿色金融立法，于2021年3月1日起正式实施。《条例》要求建立绿色金融产品管理制度，建立绿色金融统计标准，建立绿色投资评估制度。按照循序渐进的原则明确各主体的环境信息披露责任。支持中央监管部门驻深机构采取多种措施促进绿色金融发展，同时也要明确各方法律责任，保障绿色金融发展的规范性。在加大绿色发展的金融支持，落实碳中和重大决策部署，完善绿色金融政策框架的大背景下，《条例》的出台具有十分重要的意义，为深圳市在绿色金融发展方面先试先行提供了法律支撑，同时也为绿色金融发展走向纵深吹响了号角。

山东省围绕生态文明建设和高质量绿色发展推动绿色金融发展。人民银行济南分行联合山东省地方金融监管局、省发展改革委、省工信厅、省财政厅等九部门，制定下发《关于发展绿色金融服务生态文明建设和高质量绿色发展的实施意见》。该实施意见以建立绿色金融体系、助推高质量发展、促进生态文明建设为目标任务，从大力发展绿色信贷、利用证券市场支持绿色投资、支持发展绿色担保、设立绿色发展基金、发展绿色保险、建设绿色金融要素交易市场、支持各地开展绿色金融改革创新、构建完善绿色金融组织体系、建立完善绿色金融基础设施、防控绿色金融风险、保障措施11个方面，提出31条具体措施。

河北省多举措并举完善绿色金融服务体系。2020年9月，河北省地方金融监管局印发《关于构建绿色金融体系的实施意见》，提出通过加快发展绿色信贷、大力发展绿色资本市场、积极发展绿色保险、鼓励社会资本投资绿色产业等措施来推动绿色金融发展，同时，还要建立"绿色清单"制度，创新绿色金融产品和服务，建立绿色金融担保体系，提升绿色金融的服务水平。

天津市推出十条政策推动当地绿色金融发展。2020年11月，中国人民银行天津分行印发《关于进一步推动天津市绿色金融创新发展的指导意见》，推出十条措施进一步推动天津市绿色金融创新发展。10条措施包括健全绿色金融组织体系、加快绿色信贷产品和服务方式创新、大力发展绿色债券市场、积极推动绿色租赁业务发展、创新发展绿色供应链金融、协同推进排放权交易发展、夯实绿色金融发展基础、完善绿色金融风险防控机制、加大绿色金融发展政策支持力度、加强绿色金融宣传研究和人才队伍建设。

浙江省加强部门联动，强化金融与产业绿色化协同发展。2020年10月，浙江银保监局联合多部门出台《关于金融支持浙江经济绿色发展的实施意见》。该实施意见进一步明确要建立银行保险机构与生态环境主管部门、经信部门、住建部门的绿色信息共享机制，搭建浙江省金融综合服务平台"绿色金融服务专区"，扩大绿色信息共享范围；各银行保险机构健全绿色金融组织管理，建立完善环境、社会和治理风险管理体系，实施差异化绿色信贷和保险政策。通过强化金融与产业绿色化协同发展，支持银行保险机构先行先试，加快发展绿色金融业务，助力生态文明建设和发展方式转变。

江西省新政策支持赣江新区绿色金融改革创新试验区建设。2020年6月，江西银保监局发布了《关于银行业保险业支持江西生态文明建设的指导意见》。该指导意见提出要全力满足各领域绿色金融需求，并支持赣江新区绿色金融改革创新试验区建设。具体包括鼓励银行保险机构围绕赣江新区进行绿色金融改革；深化绿色金融产品服务创新，发展一批可复制可推广的绿色金融产品；促进绿色金融与普惠金融融合发展，将绿色金融与支持绿色农牧林业、小微企业发展相结合。此外，通过机构内部改进管理，外部加强监管引领来统筹推进绿色金融机制建设，严肃查处违规授信、非绿色金融项目"染绿""漂绿"等行为。

广东省深入推进粤港澳大湾区金融开放创新，深化内地与港澳金融合作。2020年7月，广东省七部门联合向珠三角九市政府和相关部门发布《关于贯彻落实金融支持粤港澳大湾区建设意见的实施方案》（以下简称《方案》），进一步推进粤港澳大湾区金融开放创新，深化内地与港澳金融合作。《方案》第二十条表示要支持港澳金融机构参与广州绿色金融改革试验区建设，搭建粤港澳大湾区环境权益交易与金融服务平台，鼓励银行保险证券基金机构创新绿色金融产品和服务。同时，发挥粤港澳三地金融学会、行业协会等机构的作用，加强绿色金融标准研究。2020年9月，为贯彻该《方案》，广州市地方金融监督管理局制定了《关于贯彻落实金融支持粤港澳大湾区建设意见的行动方案》，特别提出要成立广州绿色金融研究院、广州绿色金融协会、广州绿色金融服务中心。优化绿色金融产融对接系统，提高绿色金融产融对接效率，鼓励更多在穗企业利用港澳平台为绿色项目融资及认证。

11.2.3 绿色金融工具和基础设施发展

推动绿色信贷业务发展。2020年7月，中国人民银行起草了《关于印发〈银行业存款类金融机构绿色金融业绩评价方案〉的通知（征求意见稿）》，该征求意见稿的目的是对银行业存款类金融机构开展绿色业务的绩效进行评估，而银行提供的绿色金融服务中，很大比重是绿色信贷业务，该征求意见稿的起草说明政府已经将绿色信贷的发展作为对银行类金融机构进行量化考核的重要方面，未来，该通知正式出台后，也将对绿色信贷业务的数量和质量产生重要影响。

碳排放交易管理办法落地，目标在 2060 年实现碳中和。2020 年 9 月 22 日，中国国家主席习近平在第 75 届联合国大会的讲话中提到，中国将提高国家自主贡献力度，采取更加有力的政策和措施，二氧化碳排放力争于 2030 年前达到峰值，努力争取 2060 年前实现碳中和。为达到此目标，2020 年 12 月，生态环境部印发《碳排放权交易管理办法（试行）》。该办法指出，生态环境部根据国家温室气体排放控制要求，综合考虑经济增长、产业结构调整、能源结构优化、大气污染物排放协同控制等因素，制定碳排放配额总量确定与分配方案。省级生态环境主管部门应当根据生态环境部制定的碳排放配额总量确定与分配方案，向本行政区域内的重点排放单位分配规定年度的碳排放配额。

进一步规范绿色债券范围。2020 年 7 月，中国人民银行、发改委、证监会联合发布《关于印发〈绿色债券支持项目目录（2020 年版）〉的通知（征求意见稿）》。该征求意见稿对《绿色产业指导目录（2019 年版）》三级分类进行了细化，增加为四级分类。新版目录将现有政策的适用范围衔接起来，结合当前经济社会发展情况、产业发展情况和生态环境特点，进一步细化绿色项目的范畴和类型，实现了我国绿色债券市场在支持项目和领域上的统一。

11.3 2020 绿色财政支持绿色金融政策综述

11.3.1 2020 年财政资金支持绿色金融发展的总体情况

绿色财政是支持绿色金融发展的重要手段，为推动解决生态环境问题提供了一定的资金支持。2020 年，我国支持绿色金融发展的财政政策不断优化，涵盖的领域和范围不断拓宽，为推动解决我国的生态环境问题提供了有力的支持。总体来看，2020 年财政资金支持绿色金融发展主要包含以下内容。

一是财政专项资金由于疫情影响有所缩减。从节能环保支出和环境污染治理投资的财政资金投入情况来看，2001 年以来的财政资金规模长期保持稳定的增长趋势，但"后疫情时代"经济持续下滑对投资力度产生了一定的负面冲击。由于疫情，2020 年我国财政收入的总规模有所下降，而基层用于"六保"的支出则明显上升。2020 年，财政部安排大气、水、土壤污染防治资金和农村环境整治资金 523 亿元，比 2019 年减少 77 亿元，降幅 12.83%。坚持资金投入同污染防治攻坚任务相匹配，向生态环境治理任务重的区域行业、体制机制改革创新地区、治理效果和绩效管理好的地区倾斜，集中力量攻克突出生态环境问题，推动污染防治攻坚战取得关键进展，生态环境明显改善。

二是财政补贴政策不断优化。我国实施了多种类型的财政补贴政策支持环境保护相关领域的发展。经过十多年的探索实践，逐渐形成了脱硫脱硝补贴电价、除尘补贴电价、超低排放电价加价等针对燃煤发电企业控制大气污染物排放的环保补贴政策。2020 年 3 月，国家发展改革委印发《关于 2020 年光伏发电上网电价政策有关事项的通知》，提出对 2020 年光伏发电上网电价政策的进一步调整，降低工商业分布式光伏发电补贴标准，降低户用分布式光伏发电补贴标准。财政部等部委发布的《关于调整完善新能源汽车推广应用财政补贴政策的通知》《关于进一步完善新能源汽车推广应用财政补贴政策的通知》等政策，坚持平缓新能源汽车补贴退坡力度，保持技术指标门槛稳定，实现新老标准平稳过渡，完善市场化长效机制。

三是价格收费政策积极发挥作用。2020年，我国进一步优化了各类电价政策，包括：（1）新能源并网电价。国家发改委发布了《关于2020年光伏发电上网电价政策有关事项的通知》，对集中式光伏发电继续制定指导价，降低工商业分布式光伏发电补贴标准，降低户用分布式光伏发电补贴标准，并鼓励各地出台针对性扶持政策，支持光伏产业发展。（2）峰谷电价政策。多地实施了"一户多人口"政策，着力降低居民端的用电成本；国家发改委印发《关于清理规范城镇供水供电供气供暖行业收费进一步提升服务质量的意见》，提出完善峰谷分时电价政策，健全差别电价和惩罚性电价机制，深入研究并逐步解决政策性电价交叉补贴问题。（3）天然气价格政策。2020年7月1日，国家发展改革委、市场监管总局发布《关于加强天然气输配价格监管的通知》，梳理供气环节减少供气层级、合理制定省内管道运输价格和城镇燃气配气价格、严格开展定价成本监审、加强市场价格监管四大方面提出加强天然气输配价格监管。

四是财政税收政策持续发力。积极开展环境保护税征管，2020年环境保护税总额为207亿元，同比下降6.4%，第四季度税收总额分别为55亿元、46亿元、53亿元、53亿元。2020年9月，《中华人民共和国资源税法》正式实施，2020年资源税为1 755亿元，同比下降3.7%。西部大开发企业所得税政策拟新增部分节能环保类鼓励类产业。自2020年1月1日起，取消钨废碎料和铌废碎料2种商品进口暂定税率，恢复执行最惠国税率。继续鼓励使用新能源汽车，2020年，车辆购置税收入3 531亿元，同比增长0.9%。

11.3.2 2020年绿色财政政策支持绿色金融发展的具体情况

11.3.2.1 财政专项资金

1. 节能环保支出预算

节能环保支出预算规模仍然保持较高水平，但相比2019年整体处于收窄趋势。图11-1反映了2020年我国中央本级支出中节能环保支出的各项预算规模，全年节能环保支出的总规模为331.71亿元，其中，能源管理事务的规模体量较大，为114.43亿元（占总规模34.5%），比2019年执行数减少56.27亿元，下降33%；其他节能环保支出预算数为136.01亿元（占总规模41%），比2019年执行数增加5.24亿元，增长4%，主要是据实结算项目支出增加。节能环保支出预算中天然林保护、污染减排、自然生态保护、环境保护管理事务、环境监测与监察和污染防治的资金规模占比均在10%以内，分别为23.15亿元（6.98%）、21.69亿元（6.54%）、6.75亿元（2.03%）、6.5亿元（1.96%）、5.29亿元（1.59%）、4.29亿元（1.29%）。

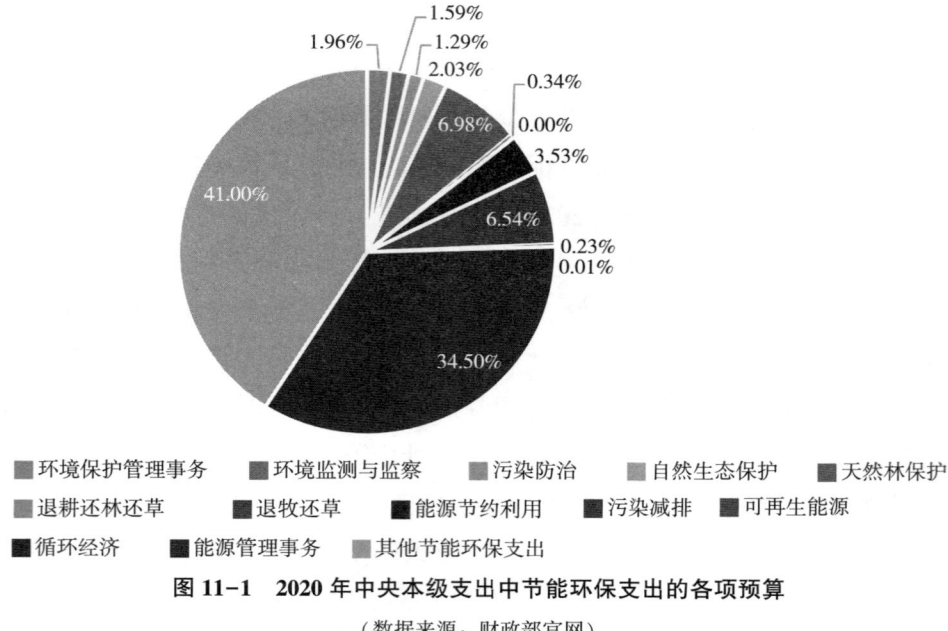

图 11-1　2020 年中央本级支出中节能环保支出的各项预算

（数据来源：财政部官网）

其中，污染防治预算数为 4.29 亿元，比 2019 年执行数减少 4.67 亿元，下降 52.1%，主要是 2019 年安排了新疆生产建设兵团部分一次性支出，2020 年年初预算不再安排。退牧还草预算数为零，比 2019 年执行数减少 0.18 亿元，下降 100%，主要是基本建设支出减少。能源节约利用预算数为 11.7 亿元，比 2019 年执行数增加 4.99 亿元，增长 74.4%，主要是基本建设支出增加。可再生能源预算数为 0.75 亿元，比 2019 年执行数减少 28.94 亿元，下降 97.5%，主要是 2019 年执行中安排了可再生能源发展专项支出，2020 年年初预算没有安排。

2. 环境污染治理投资

环境污染治理投资长期保持总体稳定的增长态势，但后疫情时代经济持续下滑可能会对投资力度产生一定冲击。如图 11-2 所示，2001 年以来，我国的环境污染治理投资总额总体保持增长态势，部分年份出现一定的下降。2001 年，我国的环境污染治理投资总额仅为 1 166.7 亿元，约占当年 GDP 总量的 1.05%，而到 2017 年增加至 9 539 亿元，约占当年 GDP 总量的 1.15%；部分年份的增长幅度较大，如 2010 年，我国环境污染治理投资总额达到 7 612.2 亿元，达到当年 GDP 总量的 1.84%；也有部分年份的环境污染治理投资总额出现下降的情况，如我国的环境污染治理投资总额从 2014 年的 9 575.5 亿元（约占 GDP 的 1.49%），下降至 2015 年的 8 806.4 亿元（约占 GDP 的 1.28%）；2016 年以来，我国的环境污染治理投资力度又进一步加大，2016 年和 2017 年的投资总额分别达到 9 219.8 亿元和 9 539 亿元。然而，从环境污染治理投资总额占 GDP 的比重来看，2001—2009 年，环境污染治理投资占 GDP 的比重呈现上升趋势，2010 年以来则呈现下降的趋势。由于 2018 年和 2019 年环境污染治理投资数据尚未公布，本报告中未能将相关结果纳入其中，但从新冠肺炎疫情给世界经济和中国经济带来的影响来看，世界经济将进入深度衰退阶段，我国经济受到严重的冲击，财政赤字规模不断扩大，环境污染治理投资将可能受到负面影响。

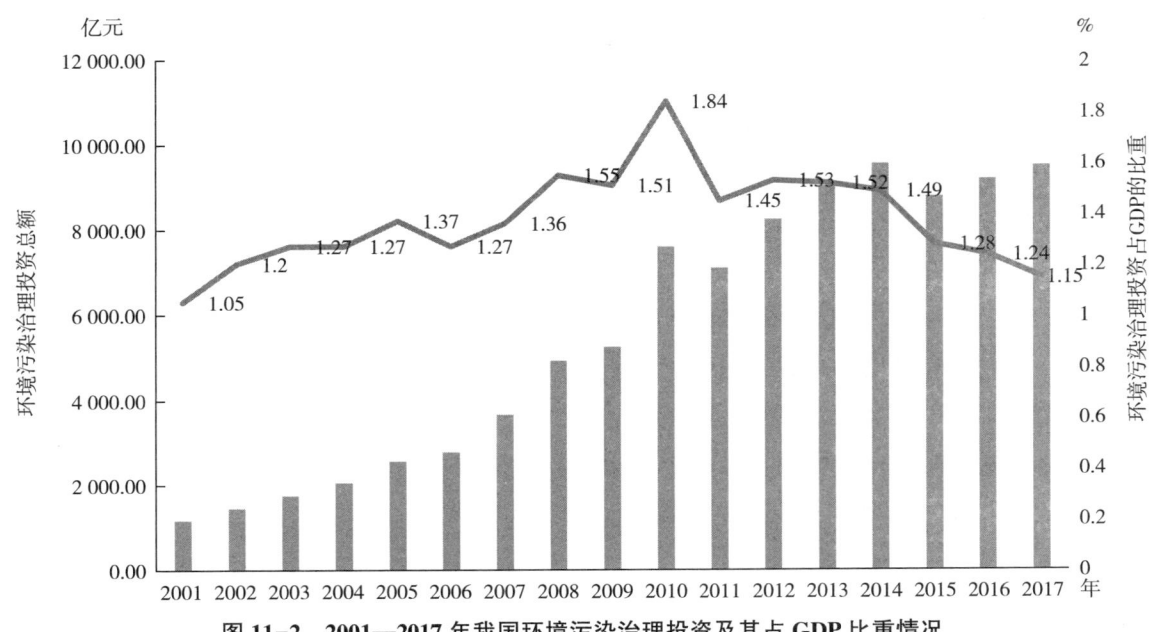

图 11-2　2001—2017 年我国环境污染治理投资及其占 GDP 比重情况

（数据来源：《中国环境统计年鉴 2020》。由于年鉴中"当年完成环保验收项目环保投资"的 2018—2019 年数据缺失，故总额与比例数据相应缺失）

城镇环境基础设施建设投资呈总体增加的趋势。图 11-3 反映了我国城镇环境基础设施建设投资规模的变化情况，2001 年以来，我国的城镇环境基础设施建设投资方面的力度总体呈现强化的趋势，投资规模从 2001 年的 655.8 亿元增加至 2019 年的 6 017.8 亿元；从城镇环境基础设施建设投资占环境污染治理投资总额的比重变化情况来看，2001—2017 年的年均比重维持在 45% 以上，2003 年达到比重的最高值 68.27%，而 2008 年则下降至最低值 45.53%，2010 年开始，占比呈现下降的趋势，从 2010 年的 68.08% 下降至 2015 年的 56.17%，而后逐渐回升，增加至 2017 年的 63.8%。

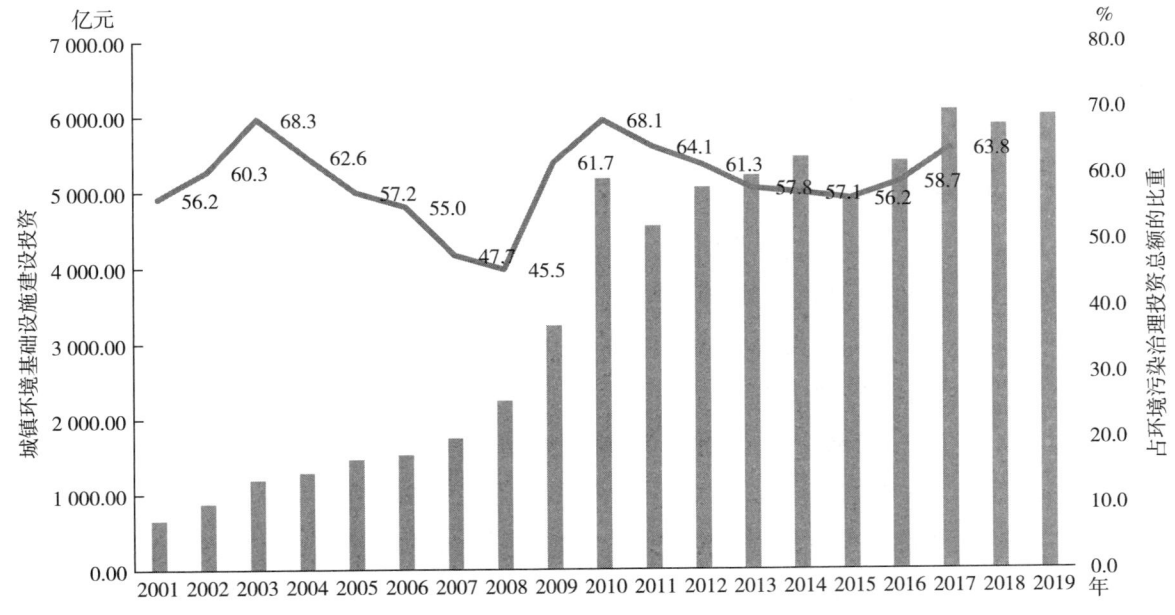

图 11-3　2001—2019 年我国城镇环境基础设施投资情况

（数据来源：《中国环境统计年鉴 2020》）

工业污染源治理投资规模变动幅度较大。工业污染源是我国环境污染的主要来源之一，投资规模呈现四个阶段的变化（见图11-4）：第一阶段（2001—2007年），工业污染源的投资规模不断扩大，投资规模从2001年的174.5亿元，增加至2007年的552.4亿元；第二阶段（2008—2010年），投资规模出现下降，由2008年的542.6亿元下降至2010年的397亿元；第三阶段（2011—2014年），工业污染源治理投资规模从444.4亿元增加至997.7亿元；第四阶段（2015年以来），2015—2019年的投资规模出现波动变化，投资额分别为773.7亿元、819亿元、681.5亿元、621.3亿元和615.2亿元，近两年趋于稳定。从工业污染源治理投资占环境污染整理投资的比重变化来看，2001—2005年出现了一波先降后增的趋势，占比从2001年的14.96%下降至2003年的12.67%，随后增加至近二十年来的最高值17.86%。2005—2010年，工业污染源治理投资占环境污染治理投资总额的比重呈现逐年下降的趋势，2010年下降至较低水平；为5.22%；2010年以来，投资比重出现波动式变化，2017年达到7.14%。

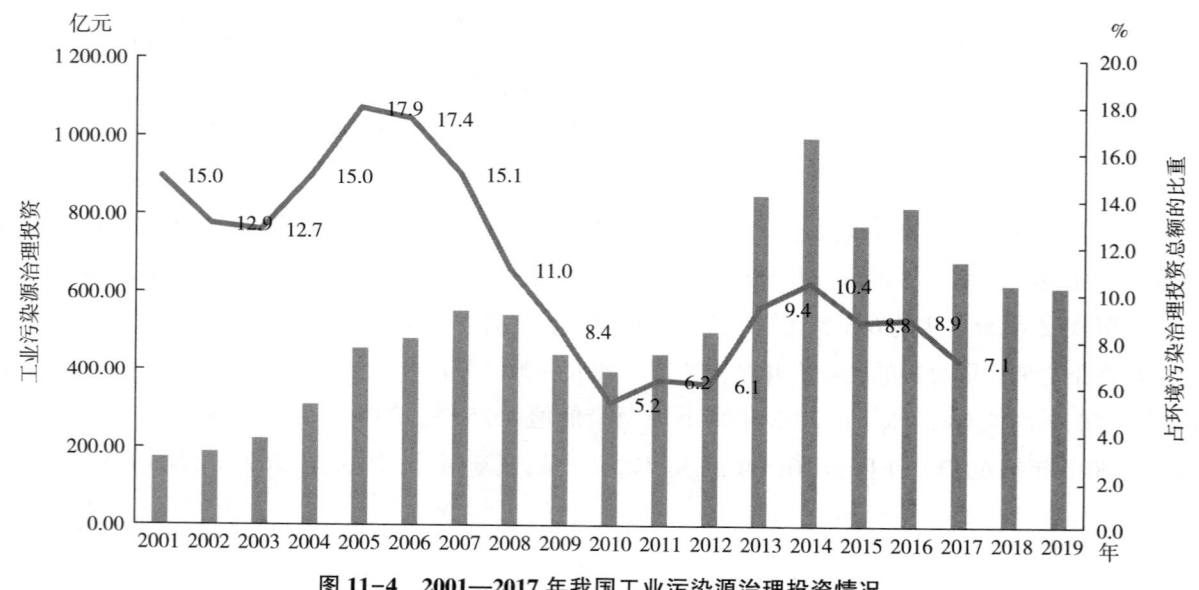

图11-4　2001—2017年我国工业污染源治理投资情况

（数据来源：《中国环境统计年鉴2020》）

3. 大气污染防治资金

大气污染防治专项资金是解决我国大气污染问题的重要资金来源渠道。2016年，财政部、环保部联合印发《大气污染防治专项资金管理办法》，明确提出大气污染防治专项资金为2013—2017年为改善大气环境质量，由中央财政设立的用于支持地方开展大气污染防治工作的专项资金。同时，明确提出到2017年，京津冀、长三角、珠三角等区域细颗粒物浓度分别比2013年降低25%、20%、15%左右，北京市细颗粒物年均浓度控制在60微克/立方米左右。2018年，财政部、环保部联合印发《大气污染防治资金管理办法》，明确提出大气污染防治资金为2018—2020年为改善大气环境质量，由中央财政设立的用于支持地方开展大气污染防治工作的专项资金。近几年的实践表明，大气污染防治专项资金在支持大气污染防治任务重、社会关注度高的地区发挥了重要的作用，也在整体改善大气环境质量方面起到了积极作用。

2020年的大气污染防治资金规模仍然较高水平。2019年11月和2020年6月，财政部分别下发《关于提前下达2020年度大气污染防治资金预算的通知》《关于下达2020年度大气污染防治资金（第二批）预算的通知》，明确了2020年度的大气污染专项治理资金总体规模和分配给各省（自治区、直辖市）的资金规模。其中，财政部第一批共安排214.5亿元中央财政专项资金用于大气污染防治，其中119.5亿元作为清洁取暖试点资金，95亿元作为打赢蓝天保卫战重点任务专项资金（见表11-1）。从分配给各省（自治区、直辖市）的打赢蓝天保卫战重点任务的资金分布来看，河北省分配到的资金规模最大，为54.32亿元；山东省、山西省、河南省、陕西省的资金规模也较大，分别为44.08亿元、36.88亿元、36.47亿元和20.48亿元（见图11-5）。第二批资金共35.5亿元，河北省、河南省、山东省分别为8.1亿元、6.6亿元和3.6亿元（见表11-2）。

2020年度大气污染防治资金整体绩效目标如表11-3所示。

表11-1 2020年度大气污染防治资金预算（第一批） 单位：亿元

序号	地区	清洁取暖试点资金	打赢蓝天保卫战重点任务	合计下达
合计	—	119.5	95	214.5
1	北京市	0	0.97	0.97
2	天津市	3	3.3	6.3
3	河北省	25.5	28.82	54.32
4	山西省	23.5	13.38	36.88
5	上海市	0	1	1
6	江苏省	0	4	4
7	浙江省	0	3	3
8	安徽省	0	7	7
9	山东省	30.7	13.38	44.08
10	河南省	24	12.47	36.47
11	陕西省	12.8	7.68	20.48

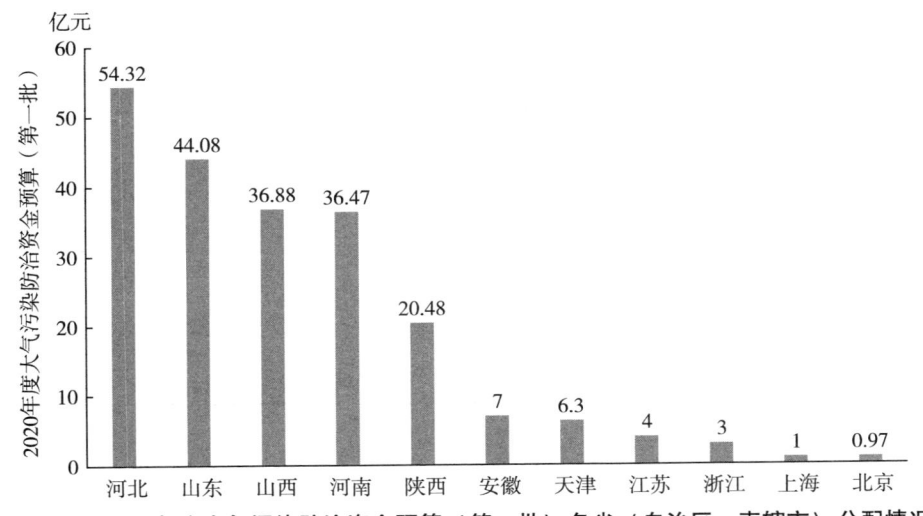

图11-5 2020年度大气污染防治资金预算（第一批）各省（自治区、直辖市）分配情况

表 11-2　2020 年度大气污染防治资金预算（第二批）　　　　　　　　　单位：万元

序号	地区	预算金额
	总计	355 000
1	天津市	30 000
2	河北省	81 000
3	山西省	19 000
4	内蒙古自治区	7 000
5	辽宁省	7 000
6	吉林省	6 300
7	黑龙江省	2 700
8	江苏省	3 110
9	浙江省	4 900
10	安徽省	2 000
11	福建省	2 700
12	江西省	9 000
13	山东省	36 460
14	河南省	66 000
15	湖北省	17 590
16	湖南省	7 000
17	广东省	6 300
18	广西壮族自治区	2 700
19	海南省	2 100
20	重庆省	7 000
21	四川省	7 040
22	贵州省	3 000
23	云南省	2 700
24	西藏自治区	2 700
25	甘肃省	2 700
26	青海省	3 000
27	宁夏回族自治区	7 000
28	新疆维吾尔自治区	7 000

表 11-3 2020 年度大气污染防治资金整体绩效目标

专项名称		大气污染防治资金	
中央主管部门		财政部、生态环境部	
资金情况	年度金额：	250 亿元	
	其中：中央补助	250 亿元	
	地方资金	—	
总体目标	年度目标		
	通过支持北方地区冬季清洁取暖、工业污染深度治理、移动源污染防治等重点工作，推动产业结构、能源结构、运输结构不断优化调整，促进全国环境空气质量持续改善，助力打赢蓝天保卫战。通过支持氢氟碳化物销毁处置，推进削减温室气体排放		
绩效指标	一级指标	二级指标	三级指标	指标值

一级指标	二级指标	三级指标	指标值
产出指标	数量指标	获得支持的省（区、市）PM2.5 未达标地级以上城市浓度下降比例达到国家下达的年度目标达标率	≥90%
		北方地区冬季清洁取暖试点城市绩效评价结果综合评分合格率	≥80%
		销毁处置 2019 年产生的 HFC-23	1.021 亿吨二氧化碳当量
	时效指标	获得资金支持的省份重点任务按计划完成率	≥90%
		获得支持的项目按计划开工率	≥80%
效益指标	经济效益指标	带动地方及社会资金投入	≥500 亿元
	社会效益指标	带动环保产业发展就业人数增加	≥2 000 人
	生态效益指标	环境空气质量改善，2020 年全国 PM2.5 未达标地级及以上城市浓度较 2015 年下降	≥18%
满意度指标	服务对象满意度指标	群众满意度	≥80%

4. 北方地区冬季清洁取暖试点资金

北方地区冬季清洁取暖试点地区的中央财政专项资金是推动北方农村地区取暖方式变革的重要资金来源。2017 年，中央政府设立北方取暖地区清洁取暖专项资金，用于支持我国北方地区实施"煤改气""煤改电"等清洁取暖。2020 年财政部共投入 119.5 亿元用于冬季取暖试点地区的取暖改造，其中包括天津市（3 亿元）、河北省 11 个地区（25.5 亿元）、山西省 8 个地区（23.5 亿元）、山东省 7 个地区（30.7 亿元）、河南省 10 个地区（24 亿元）、陕西省 6 个地区（12.8 亿元）（见表 11-4）。

表 11-4　2020 年北方地区冬季清洁取暖试点中央财政资金分配情况　　　单位：亿元

序号	地区	试点城市	金额	合计
1	天津市	天津	3	3
2	河北省	石家庄	1.9	25.5
		唐山	1.5	
		保定	1.5	
		廊坊	1.5	
		衡水	1.5	
		邯郸	4	
		邢台	4	
		张家口	4	
		沧州	4	
		定州	0.8	
		辛集	0.8	
3	山西省	太原	1.9	23.5
		阳泉	4	
		长治	4	
		晋城	4	
		晋中	2.4	
		运城	2.4	
		临汾	2.4	
		吕梁	2.4	
4	山东省	济南	6.7	30.7
		淄博	4	
		济宁	4	
		滨州	4	
		德州	4	
		聊城	4	
		菏泽	4	
5	河南省	郑州	1.9	24
		开封	1.5	
		鹤壁	1.5	
		新乡	1.5	
		洛阳	2.4	
		安阳	4	
		焦作	4	
		濮阳	4	
		三门峡	2.4	
		济源	0.8	

续表

序号	地区	试点城市	金额	合计
6	陕西省	西安	2.4	12.8
		咸阳	2.4	
		铜川	2.4	
		渭南	2.4	
		宝鸡	2.4	
		杨凌示范区	0.8	
	合计			119.5

5. 水污染防治专项资金

水污染防治专项资金为解决水污染问题提供了重要资金保障。水污染防治专项资金以水污染防治中央项目储备库为基础，专项资金重点支持范围包括：重点流域和重点区域水污染防治、良好水体生态环境保护、饮用水水源地生态环境保护、地下水环境保护及污染修复。依据《水污染防治专项资金管理办法》，由中央财政安排、专门用于支持水污染防治和水生态环境保护。

水污染防治专项资金不断加大支持力度，实施水污染防治资金整体绩效考核。2019年11月，财政部印发《关于提前下达2020年度水污染防治资金预算的通知》，积极推动水污染防治和水生态环境保护相关工作。2020年中央财政投入水污染防治的资金规模为133亿元，其中，长江经济带生态保护修复奖励35亿元、黄河流域水生态保护和污染治理补助15亿元、流域上下游横向生态保护补偿奖励5亿元、重点流域水污染防治78亿元。长江经济带生态保护修复奖励的资金主要分配给上海市（0.99亿元）、江苏省（2.29亿元）、浙江省（0.59亿元）、安徽省（1.71亿元）、江西省（2.18亿元）、湖北省（3.65亿元）、湖南省（4.56亿元）、重庆市（1.76亿元）、四川省（5.86亿元）、贵州省（1.78亿元）、云南省（1.63亿元）、西藏自治区（3亿元）和青海省（5亿元），黄河流域水生态保护和污染治理补助主要分配给山西省（4亿元）、内蒙古自治区（1亿元）、山东省（1亿元）、河南省（1亿元）、四川省（1亿元）、陕西省（1亿元）、甘肃省（1亿元）、青海省（4亿元）、宁夏回族自治区（1亿元），流域上下游横向生态保护补偿奖励主要分配给河北省（3亿元）和广西壮族自治区（2亿元），重点流域水污染防治资金分配的主要地区有安徽省（8.86亿元）、湖北省（7.2亿元）、天津市（5.42亿元）、云南省（5.2亿元）等（见表11-5）。

表11-5 2020年水污染防治中央财政安排情况

单位：亿元

序号	地区	长江经济带生态保护修复奖励	黄河流域水生态保护和污染治理补助	流域上下游横向生态保护补偿奖励	重点流域水污染防治	合计下达
	合计	35.00	15.00	5.00	78.00	133.00
1	北京市	—	—	—	0.76	0.76
2	天津市	—	—	—	5.42	5.42
3	河北省	—	—	3.00	4.00	7.00

续表

序号	地区	长江经济带生态保护修复奖励	黄河流域水生态保护和污染治理补助	流域上下游横向生态保护补偿奖励	重点流域水污染防治	合计下达
4	山西省	—	4.00	—	2.07	6.07
5	内蒙古自治区	—	1.00	—	1.13	2.13
6	辽宁省	—	—	—	4.26	4.26
7	吉林省	—	—	—	1.19	1.19
8	黑龙江省	—	—	—	1.10	1.10
9	上海市	0.99	—	—	1.12	2.11
10	江苏省	2.29	—	—	3.16	5.45
11	浙江省	0.59	—	—	4.05	4.65
12	安徽省	1.71	—	—	8.86	10.57
13	福建省	—	—	—	0.73	0.73
14	江西省	2.18	—	—	1.58	3.76
15	山东省	—	1.00	—	4.91	5.91
16	河南省	—	1.00	—	2.75	3.75
17	湖北省	3.65	—	—	7.20	10.84
18	湖南省	4.56	—	—	2.06	6.62
19	广东省	—	—	—	3.61	3.61
20	广西壮族自治区	—	—	2.00	0.89	2.89
21	海南省	—	—	—	0.47	0.47
22	重庆市	1.76	—	—	0.62	2.38
23	四川省	5.86	1.00	—	4.39	11.24
24	贵州省	1.78	—	—	2.09	3.87
25	云南省	1.63	—	—	5.20	6.83
26	西藏自治区	3.00	—	—	0.52	3.52
27	陕西省	—	1.00	—	1.12	2.12
28	甘肃省	—	1.00	—	0.86	1.86
29	青海省	5.00	4.00	—	0.21	9.21
30	宁夏回族自治区	—	1.00	—	0.41	1.41
31	新疆维吾尔自治区	—	—	—	1.27	1.27

同时，财政部进一步实施水污染防治资金整体绩效考核办法，明确了水污染防治资金的总体目标为支持重点省份开展重点流域水污染防治、集中式饮用水水源地保护、地下水环境保护及污染修复、良好水体（湖泊）等生态环境保护工作，实现重点流域水质达标断面个数有所增加，饮用水水源水质稳中向好，地下水水质保持稳定（见表11-6）。支持长江经济带、黄河流域生态环境保护，支持潮白河、九洲江建立流域生态补偿机制，促进流域水质逐步提高。

表 11-6 2020 年水污染防治资金整体绩效目标

专项名称			水污染防治资金	
中央主管部门			财政部、生态环境部	
资金情况	年度金额：		133 亿元	
	其中：中央补助		133 亿元	
	地方资金			
总体目标	年度目标			
	支持重点省份开展重点流域水污染防治、集中式饮用水水源地保护、地下水环境保护及污染修复、良好水体（湖泊）等生态环境保护工作，实现重点流域水质达标断面个数有所增加，饮用水水源水质稳中向好，地下水水质保持稳定。支持长江经济带、黄河流域生态环境保护，支持潮白河、九洲江建立流域生态补偿机制，促进流域水质逐步提高			
绩效指标	一级指标	二级指标	三级指标	指标值
	产出指标	数量指标	劣五类国控断面减少数量	≥18 个
		质量指标	七大重点流域（达到或优于Ⅲ类）比例	≥70%
			地级及以上城市集中式饮用水水源水质达到或优于Ⅲ类比例	≥90%
			全国地下水质量极差的比例	≤15%
			重点流域断面达标个数增加数	≥10 个
		时效指标	获得支持省份完成 2020 年度实施方案（计划）	获得资金 2 个月内
	效益指标	经济效益指标	水污染治理适用技术和装备应用范围	扩大
		社会效益指标	水环境监测预警和应急能力	提高
		生态效益指标	2020 年水污染防治目标责任书设定的水质目标	完成
			良好水体（湖泊）水质	逐步改善
			生态补偿试点流域水质	保持稳定并逐步改善
	满意度指标	服务对象满意度指标	未达到水质目标要求的地区名单向社会公布程度	100%
		服务对象满意度指标	群众满意度	≥80%

6. 土壤污染防治专项资金

土壤污染防治专项资金是土壤污染防治的重要资金来源。《中央土壤污染防治专项资金管理办法》明确规定，土壤污染防治专项资金是 2016—2020 年为推动落实《土壤污染防治行动计划》有关任务，中央财政一般公共预算安排的专项用于土壤污染综合防治的资金。在专项资金的支持下，力争到 2020 年，查明我国土壤环境质量状况，全国土壤污染加重的趋势得到初步遏制，土壤环境质量总体保持稳定，农用和建设用地环境安全得到基本保障，土壤环境风险得到基本管控；受污染耕地安全利用率达到 90% 左右，污染地块安全利用率达到 90% 以上。同时，专项资金将会重点用于突然污染状况调查及相关监测评估、土壤污染风险管控、污染土壤修复与治理、关系我国生态安全格局的重大生态工程中的土壤生态修复与治理、土壤环境监管能力提升以及土壤环境质量改善密切相关的其他内容。

土壤污染防治专项资金的支持力度持续加大。财政部分别印发《关于提前下达2020年土壤污染防治专项资金的通知》《关于下达2020年土壤污染防治专项资金（第二批）的通知》，并实施相应的绩效考核办法。2020年中央财政投入到各省（自治区、直辖市）的土壤污染防治资金第一批为35亿元，第二批为5亿元，总额40亿元。其中分配额较多的省份有湖南省（5.7亿元）、湖北省（4亿元）、广西壮族自治区（3.4亿元）、贵州省（3.4亿元）、浙江省（3亿元）等（见表11-7）。

表11-7 年土壤污染防治中央财政安排情况 单位：万元

地区	第一批	第二批
总计	350 000	50 000
北京市	160	
天津市	3 396	963
河北省	27 533	796
山西省	3 440	
内蒙古自治区	5 652	500
辽宁省	5 847	483
吉林省	1 623	100
黑龙江省	2 215	
上海市	1 280	
江苏省	13 120	721
浙江省	24 712	5 213
安徽省	6 343	395
福建省	5 026	449
江西省	8 083	634
山东省	10 429	508
河南省	7 503	2 057
湖北省	27 201	12 951
湖南省	42 616	14 345
广东省	25 819	2 719
广西壮族自治区	32 700	1 407
海南省	1 825	
重庆市	3 547	185
四川省	10 738	1 001
贵州省	32 543	1 106

续表

地区	第一批	第二批
云南省	25 976	2 222
西藏自治区	409	
陕西省	5 420	682
甘肃省	10 078	333
青海省	2 584	230
宁夏回族自治区	1 052	
新疆维吾尔自治区	1 130	

7. 农村环境整治专项资金

农村环境整治专项资金重点支持农村环境整治项目。《中央农村环境保护专项资金环境综合整治项目管理暂行办法》是农村环境整治专项资金的重要管理办法，为农村环境综合整治项目的管理和实施提供了重要的行动指南。从近几年农村环境整治专项资金的实施情况来看，该资金在有效推进农村环境污染的重点流域、区域范围以及农村环境问题的主要方面发挥了积极的作用。

2020年农村环境整治专项资金的支持力度较大。2020年8月，国家发展改革委、农业农村部印发《关于下达农村人居环境整治专项2020年中央预算内投资计划的通知》，专项用于农村人居环境整治，中央基建投资预算（拨款）共29.76亿元。从各省（自治区、直辖市）分配到的资金规模来看，资金规模较大的省份主要包括河南（2.6亿元）、湖北（2.5亿元）、四川（2.5亿元）、河北（2.1亿元）、湖南（2亿元）等（见表11-8）。

表11-8　2020年农村人居环境整治中央基建投资预算（拨款）总表　　　单位：万元

地区	金额
总计	297 560.00
河北省	21 000.00
山西省	12 000.00
内蒙古自治区	8 000.00
辽宁省	10 000.00
吉林省	9 000.00
黑龙江省	10 000.00
安徽省	16 000.00
江西省	13 000.00
河南省	26 000.00
湖北省	25 000.00
湖南省	20 000.00
广西壮族自治区	14 000.00

续表

地区	金额
海南省	3 000.00
重庆市	10 000.00
四川省	24 520.00
贵州省	14 000.00
云南省	14 520.00
西藏自治区	6 000.00
陕西省	12 000.00
甘肃省	11 520.00
青海省	4 000.00
宁夏回族自治区	4 000.00
新疆维吾尔自治区	10 000.00

从专项资金的绩效考核目标来看，支持以县为单位因地制宜开展农村人居环境基础设施建设，发挥典型示范引领作用，以点带面推动中央部署任务在各地落实（见表11-9）。同时，年度投资计划执行良好，项目建设质量和效益得到较好保障。

表11-9 2020年农村人居环境整治中央基建投资绩效目标汇总

专项名称			农村人居环境整治专项	
中央基建投资（万元）			297 560	
总体目标	根据中办、国办联合印发《农村人居环境整治三年行动方案》部署和国家发展改革委、农业农村部要求，支持以县为单位因地制宜开展农村人居环境基础设施建设，发挥典型示范引领作用，以点带面推动中央部署任务在各地落实。同时，年度投资计划执行良好，项目建设质量和效益得到较好保障			
绩效指标	一级指标	二级指标	三级指标	指标值
	实施效果指标	产出指标	支持省份个数	24个
			年度建设任务完成率	≥80%
		效益指标	运行管护机制基本建立的项目比例	≥80%
			已经完成县域村庄布局安排的项目县比例	≥80%
			基本实现年度整治目标的项目县比例	≥80%
		满意度指标	受益群众满意度	≥90%
	过程管理指标	计划管理指标	投资计划分解用时达标率	≥80%
			"两个责任"按项目落实到位率	100%
		资金管理指标	中央基建投资执行率	≥60%
			总投资完成率	≥80%
		项目管理指标	项目开工率	100%
			超规模、超标准、超概算项目比例	≤10%
		监督检查指标	审计、督查、巡视等指出问题项目比例	0

8. 生态功能区转移支付资金

生态功能区转移支付资金是生态功能重要区域建设的重要资金保障。2017 年 8 月 2 日，财政部印发《中央对地方重点生态功能区转移支付办法》，对生态功能区转移支付做出了相关规定。第一，明确转移支付的支持范围，主要包括限制开发的国家重点功能区所属县（县级市、市辖区、旗）和国家级禁止开发区域，京津冀协同发展、"两屏三带"、海南国际旅游岛等生态功能重要区域所属重点生态县域，以及国家生态文明试验区、国家公园体制试点示范和重大生态工程建设地区等。第二，明确转移支付资金的选取方式。转移支付的补助额包括重点补助、禁止开发补助、引导性补助、生态护林员补助、奖惩资金等几大方面。

强化对重点生态功能区的财政专项资金支持力度。2019 年 10 月，财政部发布《关于提前下达 2020 年中央对地方重点生态功能区转移支付预算的通知》，资金总规模为 662.17 亿元。从中央对地方重点生态功能区转移支付的资金分布来看，资金规模较大的省（区）包括甘肃省（54.33 亿元）、贵州省（49.55 亿元）、云南省（49.01 亿元）、湖南省（40.57 亿元）、新疆维吾尔自治区（40.52 亿元）、四川省（37.13 亿元）等（见表 11-10）。

表 11-10 2020 年中央对地方重点生态功能区转移支付的资金分配情况 单位：亿元

地区	2020 年提前下达
合计	662.17
北京市	1.98
天津市	0.79
河北省	33.39
山西省	8.33
内蒙古自治区	29.84
辽宁省	5.11
大连市	0.16
吉林省	9.29
黑龙江省	24.39
上海市	0.61
江苏省	1.83
浙江省	4.15
安徽省	20.06
福建省	11.57
江西省	19.09
山东省	8.06
河南省	20.87
湖北省	31.28

续表

地区	2020年提前下达
湖南省	40.57
广东省	11.30
广西壮族自治区	24.52
海南省	17.15
重庆市	22.05
四川省	37.13
贵州省	49.55
云南省	49.01
西藏自治区	15.67
陕西省	27.42
甘肃省	54.33
青海省	27.34
宁夏回族自治区	14.81
新疆维吾尔自治区	40.52

11.3.2.2 财政补贴政策

1. 可再生能源电价政策

2019年10月，财政部印发《关于提前下达2020年可再生能源电价附加补助资金预算的通知》，提出优先保障光伏扶贫、自然人分布式光伏、公共可再生能源独立电力系统等涉及民生的项目。2020年，可再生能源电价附加补助资金预算共56.75亿元，其中风力发电补助29.67亿元，太阳能发电补助（光伏扶贫、自然人分布式、光伏电站及工商业分布式）共21.58亿元，生物质能发电补助0.73亿元，公共可再生能源独立系统的太阳能发电补助4.77亿元。其中资金分配的重点为内蒙古自治区，包括风力发电补助28.97亿元、太阳能发电补助20.07亿元、生物质能发电补助0.73亿元，总计49.77亿元，占总资金额的87.7%（见表11-11）。

2020年3月，国家发展改革委印发《关于2020年光伏发电上网电价政策有关事项的通知》，提出对2020年光伏发电上网电价政策的进一步调整，对集中式光伏发电继续制定指导价，将纳入国家财政补贴范围的Ⅰ~Ⅲ类资源区新增集中式光伏电站指导价，分别确定为每千瓦时0.35元（含税，下同）、0.4元、0.49元；降低工商业分布式光伏发电补贴标准，采用"自发自用、余量上网"模式的工商业分布式光伏发电项目，全发电量补贴标准调整为每千瓦时0.05元；降低户用分布式光伏发电补贴标准，分布式光伏全发电量补贴标准调整为每千瓦时0.08元。

表 11-11 2020 年可再生能源电价附加补助资金提前下达预算汇总　　　　　　　　　单位：万元

序号	地方	风电项目	光伏发电项目			生物质发电项目	公共可再生能源独立系统	合计
			光伏扶贫	自然人分布式	光伏电站及工商业分布式			
	名称	风力发电补助	太阳能发电补助			生物质能发电补助	太阳能发电补助	—
	合计	296 720	2 603	3 390	209 808	7 339	47 682	567 542
1	内蒙古自治区	289 656	—	206	199 931	7 314	599	497 706
2	吉林省	—	680	—	6	—	—	686
3	浙江省	—	—	1	1	—	426	428
4	广西省	—	6	433	—	—	—	439
5	重庆市	—	—	55	—	—	—	55
6	四川省	—	—	—	—	—	8 074	8 074
7	云南省	1 240	—	—	1 562	—	—	2 802
8	陕西省	5 824	1 917	2 695	8 308	25	—	18 769
9	甘肃省	—	—	—	—	—	6 434	6 434
10	青海省	—	—	—	—	—	23 821	23 821
11	新疆维吾尔自治区	—	—	—	—	—	8 328	8 328

2020 年 7 月 31 日，国家发展改革委办公厅、国家能源局综合司发布《关于公布 2020 年风电、光伏发电平价上网项目的通知》，明确 2020 年全国风电装机容量为 1 139.67 万千瓦，光伏发电平价上网项目装机规模 3 305.06 万千瓦，天津、河北、山西、辽宁等 21 个省（自治区、直辖市）2020 年新增风电、光伏发电平价上网项目。

2. 新能源汽车补贴政策

2020 年 4 月，财政部、工业和信息化部、科技部、发展改革委联合印发《关于调整完善新能源汽车推广应用财政补贴政策的通知》，提出综合技术进步、规模效应等因素，将新能源汽车推广应用财政补贴政策实施期限延长至 2022 年底。平缓补贴退坡力度和节奏，原则上 2020—2022 年补贴标准分别在上一年的基础上退坡 10%、20%、30%。为加快公共交通等领域汽车电动化，城市公交、道路客运、出租（含网约车）、环卫、城市物流配送、邮政快递、民航机场以及党政机关公务领域符合要求的车辆，2020 年补贴标准不退坡，2021—2022 年补贴标准分别在上一年的基础上退坡 10%、20%。原则上每年补贴规模上限约 200 万辆。2020 年，保持动力电池系统能量密度等技术指标不作调整，适度提高新能源汽车整车能耗、纯电动乘用车纯电续驶里程门槛。将当前对燃料电池汽车的购置补贴，调整为选择有基础、有积极性、有特色的城市或区域，重点围绕关键零部件的技术攻关和产业化应用开展示范，中央财政将采取"以奖代补"方式对示范城市给予奖励。

2020 年新能源乘用车、客车、货车补贴标准如表 11-12、表 11-13、表 11-14 所示。

表 11-12　2020 年新能源乘用车补贴标准　　　　　　　　　　　　　　　　　　　　　单位：万元

车辆类型	纯电动续驶里程 R（工况法、千米）		
纯电动乘用车	300≤R<400	R≥400	R≥50
	1.62	2.25	—
插电式混合动力乘用车（含增程式）	—	—	0.85

1. 纯电动乘用车单车补贴金额=Min｛里程补贴标准，车辆带电量×500元｝×电池系统能量密度调整系数×车辆能耗调整系数。
2. 对于非私人购买或用于营运的新能源乘用车，按照相应补贴金额的 0.7 倍给予补贴。
3. 补贴前售价应在 30 万元以下（以机动车销售统一发票、企业官方指导价等为参考依据，"换电模式"除外）

表 11-13　2020 年新能源客车补贴标准

车辆类型	中央财政补贴标准（元/kWh）	中央财政补贴调整系数			中央财政单车补贴上限（万元）		
					6<L≤8m	8<L≤10m	L>10m
非快充类纯电动客车	500	单位载质量能量消耗量（Wh/km·kg）			2.5	5.5	9
		0.18（含）-0.17	0.17（含）-0.15	0.15及以下			
		0.8	0.9	1			
快充类纯电动客车	900	快充倍率			2	4	6.5
		3C-5C（含）	5C-15C（含）	15C 以上			
		0.8	0.9	1			
插电式混合动力（含增程式）客车	600	节油率水平			1	2	3.8
		60%~65%（含）	65%~70%（含）	70%以上			
		0.8	0.9	1			

单车补贴金额=Min｛车辆带电量×单位电量补贴标准；单车补贴上限｝×调整系数（包括：单位载质量能量消耗量系数、快充倍率系数、节油率系数）

表 11-14　2020 年新能源货车补贴标准

车辆类型	中央财政补贴标准（元/kWh）	中央财政单车补贴上限（万元）		
		N1 类	N2 类	N3 类
纯电动货车	315	1.8	3.5	5
插电式混合动力（含增程式）货车	450	—	2	3.15

根据 GB/T 15089-2001，N1 类指最大设计总质量不超过 3 500kg 的载货汽车；N2 类指最大设计总质量超过 3 500kg，但不超过 12 000kg 的载货汽车；N3 类指最大设计总质量超过 12 000kg 的载货汽车。

2020 年 11 月，国务院办公厅印发《新能源汽车产业发展规划（2021—2035 年）》，完善企业平均燃料消耗量与新能源汽车积分并行管理办法，有效承接财政补贴政策，研究建立与碳交易市场衔接机制。2020 年 12 月，财政部、工业和信息化部、科技部、发展改革委印发《关于进一步完善新能源汽车推广应用财政补贴政策的通知》，2021 年保持现行购置补贴技术指标体系框架及门槛要求不变，2021 年，新能源汽车补贴标准在 2020 年的基础上退坡

20%。为推动公共交通等领域车辆电动化，城市公交、道路客运、出租（含网约车）、环卫、城市物流配送、邮政快递、民航机场以及党政机关公务领域符合要求的车辆，补贴标准在2020年的基础上退坡10%。为加快推动公共交通行业转型升级，地方可继续对新能源公交车给予购置补贴。

3. 绿色农业补贴政策

2020年7月，农业农村部、财政部发布《2020年重点强农惠农政策》，耕地地力保护补贴方面，鼓励各地创新方式方法，以绿色生态为导向，探索将补贴发放与耕地保护责任落实挂钩的机制，引导农民自觉提升耕地地力。农机购置补贴方面，各省（自治区、直辖市）在中央财政农机购置补贴机具种类范围内选取确定本省补贴机具品目，优先保证粮食等主要农产品生产所需机具和支持农业绿色发展机具的补贴需要，增加畜禽粪污资源化利用机具品目。

农业绿色生产与农业资源保护利用方面，一是草原生态保护补助奖励。在内蒙古、四川、云南、西藏、甘肃、宁夏、青海、新疆8个省（自治区）和新疆生产建设兵团实施禁牧补助、草畜平衡奖励；在河北省、山西省、辽宁省、吉林省、黑龙江省和黑龙江省农垦总局实施"一揽子"政策。二是长江流域重点水域禁捕补偿。中央财政采取一次性补助与过渡期补助相结合的方式，对长江流域重点水域禁捕工作给予支持，促进水生生物资源恢复和水域生态环境修复。其中，一次性补助由地方结合实际统筹用于收回渔民捕捞权和专用生产设备报废，直接发放到符合条件的退捕渔民。过渡期补助由各地统筹用于禁捕宣传动员、提前退捕奖励、加强执法管理、突发事件应急处置等与禁捕直接相关的工作。三是渔业发展与船舶报废拆解更新补助。按照海洋捕捞强度与资源再生能力平衡协调发展的要求，支持渔民减船转产和人工鱼礁建设，促进渔业生态环境修复。适应渔业发展现代化、专业化的新形势，在严控海洋捕捞渔船数和功率数"双控"指标、不增加捕捞强度的前提下，有计划升级改造选择性好、高效节能、安全环保的标准化捕捞渔船。同时，支持深水网箱推广、渔港航标等公共基础设施，改善渔业发展基础条件。

4. 政府绿色采购政策

2020年10月，财政部、住房和城乡建设部印发《关于政府采购支持绿色建材促进建筑品质提升试点工作的通知》，选取南京市、杭州市、绍兴市、湖州市、青岛市、佛山市为试点城市，以医院、学校、办公楼、综合体、展览馆、会展中心、体育馆、保障性住房等新建政府采购工程为重点，鼓励试点地区将使用财政性资金实施的其他新建工程项目纳入试点范围。

一是形成绿色建筑和绿色建材政府采购需求标准。财政部、住房和城乡建设部会同相关部门根据建材产品在政府采购工程中的应用情况、市场供给情况和相关产业升级发展方向等，结合有关国家标准、行业标准等绿色建材产品标准，制定发布《绿色建筑和绿色建材政府采购基本要求（试行）》（以下简称《基本要求》）。财政部、住房和城乡建设部将根据试点推进情况，动态更新《基本要求》，并在财政部网站、住房和城乡建设部网站和中国政府采购网发布。试点地区可根据地方实际情况，对《基本要求》中的相关设计要求、建材种类和具体指标进行微调。试点地区要通过试点，在《基本要求》的基础上，细化和完善绿色建筑政府采购相关设计规范、施工规范和产品标准，形成客观、量化、可验证，适应本地区实际和不同建筑类型的绿色建筑和绿色建材政府采购需求标准，报财政部、住房和城乡建设部。

二是加强工程设计管理。采购人应当要求设计单位根据《基本要求》编制设计文件，严格审查或者委托第三方机构审查设计文件中执行《基本要求》的情况。试点地区住房和城乡建设部门要加强政府采购工程中落实《基本要求》情况的事中、事后监管。同时，要积极推动工程造价改革，完善工程概预算编制办法，充分发挥市场定价作用，将政府采购绿色建筑和绿色建材增量成本纳入工程造价。

三是落实绿色建材采购要求。采购人要在编制采购文件和拟定合同文本时将满足《基本要求》的有关规定作为实质性条件，直接采购或要求承包单位使用符合规定的绿色建材产品。绿色建材供应商在供货时应当提供包含相关指标的第三方检测或认证机构出具的检测报告、认证证书等证明性文件。对于尚未纳入《基本要求》的建材产品，鼓励采购人采购获得绿色建材评价标识、认证或者获得环境标志产品认证的绿色建材产品。

四是探索开展绿色建材批量集中采购。试点地区财政部门可以选择部分通用类绿色建材探索实施批量集中采购。由政府集中采购机构或部门集中采购机构定期归集采购人绿色建材采购计划，开展集中带量采购。鼓励通过电子化政府采购平台采购绿色建材，强化采购全流程监管。

五是严格工程施工和验收管理。试点地区要积极探索创新施工现场监管模式，督促施工单位使用符合要求的绿色建材产品，严格按照《基本要求》的规定和工程建设相关标准施工。工程竣工后，采购人要按照合同约定开展履约验收。

六是加强对绿色采购政策执行的监督检查。试点地区财政部门要会同住房和城乡建设部门通过大数据、区块链等技术手段密切跟踪试点情况，加强有关政策执行情况的监督检查。对于采购人、采购代理机构和供应商在采购活动中的违法违规行为，依照政府采购法律制度有关规定处理。

11.3.2.3　价格收费政策

1. 水资源价格政策

2020年3月，中共中央、国务院印发《关于构建更加完善的要素市场化配置体制机制的意见》，提出了推动政府定价机制由制定具体价格水平向制定定价规则转变，意味着水价定价机制将更加灵活。

国家积极推动农业水价改革。2020年7月31日，国家发改委、财政部、水利部、农业农村部联合印发《关于持续推进农业水价综合改革工作的通知》（发改价格〔2020〕1262号），明确2020年改革计划、因地制宜推进改革、有序做好改革验收工作、积极谋划"十四五"期间改革工作、切实加强部门协同配合、完善绩效评价机制等任务。2019年加快推进农业水价综合改革，全年新增改革实施面积约1.3亿亩，为当年计划新增面积的106%，累计实施面积达到2.9亿亩以上，改革由点及面稳步推进。根据各地实施计划，2020年将新增改革实施面积1.1亿亩以上。

地方深入推进农业水价改革取得明显成效。截至2020年底，四川累计实施农业水价综合改革面积2 022万亩，占总体改革范围的二分之一，其中大型灌区和大部分重点中型灌区的改革任务基本完成，改革取得积极成效；内蒙古实施改革面积2 906.37万亩，占总任务的61.7%，大中型灌区的国管和群管分界点全部实现了用水计量，配置了计量设施，按方征收水费，黄河流域地表水灌区已实施了取水许可和计划用水，部分灌区国管工程水价已达到运维成本。云南省实施改革的项目区农业节水普遍提高20%以上，灌溉水有效利用系数从实施前不到0.5提高到0.9以上，促进农业增产农民增收，引导农民调整作物种植结构，选择一些高附加值品种，取得了较好的经济效益。目前，多省（自治区、直辖市）已总结部分地区推进农业水价综合改革的典型经验，探索形成可复制、易推广的改革模式。

多地实行非居民生活用水价格制度改革。2020年4月，深圳市发改委联合深圳市水务局发布《关于继续对个体工商户实施阶段性用水价格优惠政策的通知》，提出4月至6月，全市缴交非居民生活用水和特种用水的个体工商户用水价格可按现行自来水价格优惠10%。浙江杭州企业到户用水价格下调10%的价格政策执行期限延长至2020年12月31日。2020年8月，天津市水务局公布《天津市超计划用水累进加价水费征收管理规定（征求意见稿）》，对非生活用水户超计划部分的用水量累进加价收费标准进行了明确，最高加收10倍。甘肃省于2020年9月1日起实施《甘肃省节约用水条例》，用水实行计量收费，非居民用水应当实行超定额累进加价制度，居民用水推行阶梯水价制度。从全国各地区的水价调整来看，因疫情部分地区水价优惠政策延长至12月，但总体来看，阶梯水价制度和水价上调仍是趋势。

地方完善居民阶梯水价制度改革。2020年，一些地方适时完善居民阶梯水价制度，实施并完善城镇非居民用水超定额、超计划累进加价制度，充分利用价格杠杆强化节水意识。3月19日，湖南省发改委发布《湖南省发展和改革委员会关于2020年部分县城建立居民阶梯水价制度的通知》（湘发改价调〔2020〕165号），明确2020年要全面推进郴州市安仁县、汝城县，怀化市中方县，湘西自治州龙山县、永顺县、保靖县、花垣县七个县城建立居民阶梯水价制度。10月25日，湖北省发改委、省住建厅、省水利厅近日印发《关于建立健全城镇非居民用水超定额累进加价制度的实施意见》（鄂发改价管〔2020〕413号），明确城镇非居民用水将实行"阶梯水价"，引导高耗水行业和用水大户节约用水，促进水资源可持续利用和产业结构调整。甘肃省9月1日起实施《甘肃省节约用水条例》，用水实行计量收费，非居民用水应当实行超定额累进加价制度，居民用水推行阶梯水价制度。

广东省广州市、湘潭市等规范再生水价格管理。为规范再生水价格管理，提高再生水利用率，2020年6月9日，广州市印发《广州市再生水价格管理的指导意见（试行）》，明确了再生水的价格构成、再生水运维和管理等其他方面的监督管理责任等内容；10月14日，湘潭市发改委印发《湘潭市再生水价格管理指导意见（试行）》（潭发改价调〔2020〕476号），明确再生水价格实行市场调节价，由供需双方协商确定，但应遵循效率公平、补偿成本、保本微利、保持合理比价、低于城市居民生活用水价格的原则。另外，广东省梅州市发改局印发《关于梅州市再生水价格管理指导意见的通知》（梅市发改价格〔2020〕262号），湖南省怀化市发改委印发《关于加强再生水价格管理的意见》（怀发改价商〔2020〕14号），推进再生水的生产与使用，提高水资源综合利用效率。

2. 差别化电价政策

差别化电价政策体系进一步完善。2020年4月，国家发改委印发《关于清理规范城镇供水供电供气供暖行业收费进一步提升服务质量的意见》，提出健全差别电价机制、完善峰谷分时电价政策、深入研究并逐步解决电价政策性交叉补贴问题等。山东省发改委会同省生态环境厅印发《关于钢铁企业试行超低排放差别化电价政策的通知》，山西省生态环境厅等五部门印发《关于钢铁企业试行超低排放差别化电价政策的通知》，河南省生态环境厅会同发改委印发《关于对钢铁、水泥企业试行超低排放 差别化电价、水价政策推进环境 空气质量持续改善的通知》，对钢铁、水泥企业试行超低排放差别化电价政策，强化生态环境政策措施对促进产业升级的正向拉动作用，综合运用价格机制，推动行业高质量发展。

优化峰谷分时电价。2020年11月25日，国家发展改革委、国家能源局印发《关于做好2021年电力中长期合同签订工作的通知》，指出峰谷差价作为购售电双方电力交易合同的约定条款，在发用电两侧共同施行，拉大峰谷差价。该通知印发前，山东省发改委曾下发《关于山东电网2020—2022年输配电价和销售电价有关事项的通知》，对现行工商业及其他用电峰谷分时电价时段进行优化。甘肃省发改委也发出通知，从2021年1月1日起调整甘肃省销售电价优化峰谷分时电价政策。浙江省、湖北省也陆续发布最新峰谷电价规则，峰谷价差拉大的同时，峰谷电价时段均有调整。

浙江省、陕西省等地完善居民阶梯电价政策。2020年12月18日，浙江省发改委发布《关于居民阶梯电价"一户多人口"政策执行等有关事项的通知》，积极回应群众对完善居民阶梯电价政策的诉求，明确自2021年1月1日起，居民阶梯电价"一户多人口"政策优惠范围将由原来"人户一致"的户籍居民，扩大为持《居民户口簿》《浙江省居住证》（包括持其他本省合法长期居住证明的境外人士）、在同一住址共同居住生活的居民。2020年10月20日，陕西省发改委印发《关于进一步明确我省居民电采暖用电价格政策的通知》，明确执行居民电采暖用电价格政策的"一户一表"居民用户，每年11月1日至次年3月31日的用电量不执行居民阶梯电价政策，即按照居民阶梯第一档电价不加价执行，年内其他月份执行相对应的居民阶梯电价。

3. 天然气价格政策

2020年3月16日，国家发展改革委对《中央定价目录》（2015年版）进行了修订，删除了天然气门站价格，推进竞争性环节的市场化改革，按照"放开两头、管住中间"的改革思路，将"天然气"项目修改为"油气管道运输"，自2020年5月1日起施行。

2020年7月1日，国家发展改革委、市场监管总局发布《关于加强天然气输配价格监管的通知》，梳理供气环节减少供气层级、合理制定省内管道运输价格和城镇燃气配气价格、严格开展定价成本监审、加强市场价格监管四大方面提出加强天然气输配价格监管。此后，为落实国家相关要求，各省陆续出台相关文件，要求在辖区内对管道运输价格执行情况、管道运输企业生产经营情况开展摸底调研和定价成本监审工作。山西省、甘肃省等省发展改革部门和市场监管部门联合印发相关文件，进一步加强本地天然气输配价格监管，重点整治部分地区天然气供气环节过多、加价水平过高、收费行为不规范等行为，切实减轻用户用气负担。广州市等城市制定了更加具体的监管标准，并对城市配气价格上限做出了规定。

11.3.2.4 财政税收措施

1. 环境保护税

积极推进环境保护税征管。我国于 2018 年 1 月 1 日起开征环境保护税。环境保护税由排污费改革而来，实施三年以来，费改税实现平稳过渡。截至 2020 年，环境保护税征收总额为 579 亿元。其中，2018 年环境保护税总额为 151 亿元，2019 年环境保护税总额为 221 亿元，2020 年环境保护税总额为 207 亿元，同比下降 6.4%。2020 年第一、第二、第三、第四季度的环境保护税总额分别是 55 亿元、46 亿元、53 亿元、53 亿元。税收征管促进了污染减排。据统计，2020 年黄河流域省份纳税人申报的主要大气污染物二氧化硫、氮氧化物排放量分别下降 9.0%、16.2%，主要水污染物化学需氧量、氨氮排放量分别下降 18.1%、16.2%，有近 700 家企业由直接向外排放污染物改为接入管网集中处理。

各省份均发布抽样测算方法。根据《环境保护税法》的规定，应税大气污染物和水污染物的应纳税额为具体适用税额乘以污染当量数。具体适用税额由省级人民政府统筹考虑本地区环境承载能力、污染物排放现状和经济社会发展目标要求，在环境保护税法规定的税额幅度内制定。污染当量数以该污染物的排放量除以该污染物的污染当量值计算，污染当量值在环境保护税法中已明确。《环境保护税法》第十条规定了应税污染物排放量的计算方法和顺序，依次为按自动监测数据法、监测数据法、排污系数和物料衡算法、抽样测算法。其中，抽样测算方法由省级人民政府生态环境主管部门制定和发布。截至目前全国各省份均已发布适用本省份的抽样测算方法，包括到畜禽养殖、餐饮娱乐服务业、医院、建筑施工、煤炭堆存装卸等行业。2020 年 3 月，四川省生态环境厅发布了《关于发布〈四川省环境保护税应税污染物排放量抽样测算方法〉的公告》（2020 年第 1 号公告），规定了无法进行实际监测或者物料衡算的第三产业小型排污者和施工扬尘 2 个行业相关污染物排放量的核算方法，弥补了监测和排污系数方法的缺漏。2018 年发布的《四川省环境保护税应税污染物排放量抽样测算方法（试行）》同时废止。

辽宁省应税大气污染物和水污染物环境保护税适用税额作出调整。2020 年 5 月 11 日，辽宁省十三届人大常委会第十八次会议表决通过省人大常委会关于批准辽宁省应税大气污染物和水污染物环境保护税适用税额调整方案的决议。调整方案将大气污染物中的二氧化硫和氮氧化物的适用税额上浮至 2.4 元/污染当量（上浮 100%），其他维持 1.2 元/污染当量不变；将水污染物中的化学需氧量和氨氮的适用税额上浮至 2.8 元/污染当量（上浮 100%），其他维持 1.4 元/污染当量不变。调整方案自 2020 年 7 月 1 日起施行。调整方案主要考虑到上述四项污染物为辽宁省主要污染物（占全部污染物的 68%），也是国家总量控制的重点污染物，实行较高税额有利于促进企业加大环保设备投入、减少排放。调整后，辽宁省环保税适用税额居于全国中游水平。

2. 资源税

2020年资源税税收额为1 755亿元，同比下降3.7%。从1984年的《资源税若干问题的规定（1984）》到2019年颁布的《中华人民共和国资源税法》，我国的资源税改革经历了从无到有、法律位阶逐步提升的过程。其间，我国资源税征收范围逐步拓展，征收计算方法不断改进，资源税收制度越加完善，征税形式由"按超额利润征收"演变到"从量计征"再到"从价计征"，对于优化能源结构、促进资源有偿使用、实现经济与环境的协调发展起到愈发积极的作用。

出台资源税法及配套法规。2020年9月1日起，《中华人民共和国资源税法》（以下简称《资源税法》）正式实施，在我国实施近27年之久的《中华人民共和国资源税暂行条例》随之废止。《资源税法》吸收了《中华人民共和国资源税暂行条例》实施以来长期践行有效的做法，以纳税人为中心，进一步深化放管服要求，落实税收法定原则，完善地方税体系，构建绿色税制。为更好地贯彻落实资源税法，财政部、税务总局等有关部门制定公布了配套政策文件，细化有关政策和征管规定，确保税法在全国顺利落地。"三个公告"分别是2020年6月的《财政部、税务总局关于资源税有关问题执行口径的公告》（财政部 税务总局公告2020年第34号，以下简称"34号公告"）、2020年7月的《财政部、税务总局关于继续执行的资源税优惠政策的公告》（财政部 税务总局公告2020年第32号，以下简称"32号公告"）、2020年8月的《国家税务总局关于资源税征收管理若干问题的公告》（国家税务总局公告2020年第14号，以下简称"14号公告"）。"34号公告"对资源税的计税基础、抵扣范围、税收优惠等进行了进一步的辨析，明确资源税应税产品的销售额按照纳税人销售应税产品向购买方收取的全部价款确定，不包括增值税税款。"32号公告"明确《资源税法》实施后继续执行青藏铁路自采自用砂石免征资源税等4项资源税优惠政策。"14号公告"规定了纳税人申报资源税时应当填报《资源税纳税申报表》，在享受资源税优惠政策时实行自行判别、申报享受、有关资料留存备查的办理方式，进一步对资源税法的相关内容进行了补充完善。

3. 进出口税

取消部分固体废物进口暂定税率。2019年12月23日国务院发布《2020年进口暂定税率等调整方案》，取消部分固体废物的进口暂定税率：自2020年1月1日起，取消钨废碎料和铌废碎料2种商品进口暂定税率，恢复执行最惠国税率，钨废碎料和铌废碎料的进口关税明显提高（见表11-15）。

表11-15 2020年固废进口税率变动情况

单位：%

海关编码	商品名称	最惠国税率	2019年进口暂定税率
8101970000	钨废碎料	6	0
8112924010	铌废碎料	3	0

固体废物进口量缩减明显。2020年11月生态环境部、商务部、国家发展和改革委员会、海关总署联合发布《关于全面禁止进口固体废物有关事项的公告》，规定自2021年1月1日禁

止以任何方式进口固体废物。在环境政策和绿色关税的双重作用下，我国"洋垃圾"进口大幅缩减，截至 2020 年 11 月 15 日，全国固体废物进口总量仅为 718 万吨，较实施《禁止洋垃圾入境推进固体废物进口管理制度改革实施方案》前 2016 年的 4 655 万吨减少 384.58%。

4. 增值税

增值税优惠政策助力磷石膏资源综合利用发展。2019 年 10 月，财政部、国家税务总局发布《关于资源综合利用增值税政策的公告（财税〔2019〕90 号）》扩大了磷石膏资源综合利用增值税即征即退的产品目录范围，降低了企业退税门槛，这有利于磷石膏综合利用行业的可持续健康发展。2019 年，由于磷石膏产品质量参差不齐，市场推广应用阻力大，磷石膏实际综合利率仅为 40%，同比下降 3.22%。2020 年，随着磷石膏产品质量逐渐稳定和提升，在税收优惠政策和财政补贴的双重作用下，部分省市的磷石膏综合利用率显著提高，如湖北省宜昌市预计 2020 年底预计新增磷石膏综合利用能力 185 万吨/年以上，磷石膏综合利用率将超过 40%，与 2019 年同比增长约 10 个百分点。贵州省 2020 年 1—8 月磷石膏利用处置 869.71 万吨，比去年同期增加 468.71 万吨，利用处置率高达 99.22%。

5. 交通类税收

持续鼓励使用新能源汽车。2020 年 4 月 16 日，财政部、税务总局、工业和信息化部再次发布《关于新能源汽车免征车辆购置税有关政策的公告》（财政部公告 2020 年第 21 号）对新能源车免征购置税延至 2022 年 12 月 31 日。2020 年 5 月 7 日，《关于稳定和扩大汽车消费若干措施的通知》（发改产业〔2020〕684 号）对新能源汽车相关政策进行了要求，提出要完善新能源汽车购置相关财税支持政策，除了上述公告的免征新能源汽车车辆购置税延至 2022 年底，还要求将新能源汽车购置补贴政策延续至 2022 年底，并平缓 2020—2022 年补贴退坡力度和节奏，加快补贴资金清算速度。截至 2020 年 12 月底，工业和信息化部与国家税务总局已联合发布《享受车船税减免优惠的节约能源使用新能源汽车车型目录》至第二十一批，《免征车辆购置税的新能源汽车车型目录》至第三十七批。从 2014 年到 2020 年，全国财政已累计减免新能源汽车的车量购置税 1 000 亿元。2020 年，车辆购置税收入 3 531 亿元，同比增长 0.9%。主要是汽车销量增长减缓，免税的新能源汽车销量占比提升。2020 年全国新能源汽车销量为 111 万辆，占全国汽车销量的 4.58%。

6. 企业所得税

西部大开发企业所得税政策拟新增部分节能环保类鼓励类产业。2020 年 4 月财政部、税务总局、国家发展改革委发布《关于延续西部大开发企业所得税政策的公告（财政部公告 2020 年第 23 号）》，规定自 2021 年 1 月 1 日至 2030 年 12 月 31 日，对设在西部地区的鼓励类产业企业减按 15% 的税率征收企业所得税。其中鼓励类产业企业是指以《西部地区鼓励类产业目录》中规定的产业项目为主营业务，且其主营业务收入占企业收入总额 60% 以上的企业。8 月，发改委发布《西部地区鼓励类产业目录（征求意见稿）》，各省均新增节能环保类鼓励类产业，如重庆市新增节能环保材料预制装配式建筑构部件生产产业，四川省新增 3 000 吨/年以上氧化钒清洁生产技术开发及应用产业等。

11.3.3 绿色财政政策支持绿色金融发展的展望

11.3.3.1 绿色财政存在问题

生态环境财政支出水平和支出效率有待进一步加强。尽管环保财政投入不断增加，但环保投入资金总量不足，用于生态环境保护的投资占国内生产总值（GDP）的比重依然过低，环境污染治理投资总额（包括城镇环境基础设施建设投资、工业污染源治理投资）占国内生产总值的比重仅为0.67%。"十四五"我国生态环境形势依然严峻，生态环境保护工作仍然处于攻坚期，历史欠账多，新的生态环境问题的不断涌现，部分地区、部分领域生态环境问题依然突出，财政投入总量与生态环境治理资金需求之间仍有很大差距。

财政补贴政策制度尚需进一步完善。财政补贴政策面临顶层设计、政策体系、技术支持、资金投入等方面的问题，清洁能源和清洁生活方式的激励机制还不够，如清洁取暖中央补贴按照行政级别支付定额补助，未充分体现试点城市改造任务量的差异，补贴制度设计不合理，缺乏导向性及精准性设计，市场积极性不高。

政府绿色采购制度不健全。我国尚未出台专门的绿色采购法律，关于绿色政府采购的要求大多是分散在多个法律条文的原则性指导意见，对于具体操作、考核指标等具体要求需要进一步完善。我国绿色政府采购的标准体系建设仍处在起步阶段，尚无国家层面的统一的绿色采购政策、绿色采购方法、绩效评价标准；绿色产品及技术的认证体系还需要进一步健全。尚未指定专门的机构和专业人员负责绿色政府采购，熟悉政府绿色采购相关业务的人才明显不足，采购双方在采购过程中对政府绿色采购实践的认识存在偏差，政府绿色采购专业化水平依然还有很大的提升空间。

11.3.3.2 绿色财政发展方向

完善生态环境保护财政政策。完善中央生态环境保护资金项目储备库。调整优化财政支出结构，加强对绿色产业和生态环境保护的财政支持力度。制定中长期生态环境保护预算，保障环境财政支出政策效益的连贯性。鼓励生态环境保护、污染治理等民生工程需求大、资金缺口大的地区适度增加地方政府专项债规模。

完善财政补贴政策体系。加强补贴政策与天然气价格、电价等政策之间的协调。研究支持居民清洁取暖的阶梯电价政策。完善相关清洁取暖技术的标准和法律规范，进一步细化清洁取暖补贴标准，充分发挥中央财政支持作用，利用市场吸引社会资本投入，完善多元化投融资机制，建立常态化稳定的资金来源渠道。推动陆上风电、光伏电站、工商业分布式光伏价格退坡，引导陆上风电、光伏电站、工商业分布式光伏尽快实现平价上网。提高新能源货车补贴标准，对新能源货车减征消费税，提高重型柴油货车消费税。研究推动符合国六标准的货车、新能源运输车辆的过路费优惠政策。

深化政府绿色采购制度。推进强制性政府绿色采购试点。开展工业生态设计制度研究，将其作为生产与消费的连接纽带，加大生态环境保护源头管控。完善政府绿色采购法律法规体系，有效引导和约束企业及消费者的行为，促进绿色采购的全方位推广实施。加强绿色采购的部门管理，严格落实绿色产品采购政策，使绿色采购法制化、标准化、规范化。探索建立统一的全国性的绿色政府采购信息平台，及时公开绿色政府采购信息。充分利用信息化手段将专项资金的预算、申报、使用、决算的全过程纳入信息系统，进行实时跟踪，获取项目实际进度数据，据此对项目的绩效进行评价。

12 绿色金融国际合作的最新进展

2020年以来，新冠肺炎疫情的阴影笼罩着全球社会经济各个领域，国内国外形势复杂多变，但也推动越来越多的国家和地区认识到绿色与可持续发展的重要性，集中体现在越来越多的国家和地区宣布具体的碳中和目标。在此背景下，绿色金融发展再次加速，相关领域的国际合作取得了突出进展，比如G20重启可持续金融研究小组并将其升级为工作组，仍然由中国人民银行共同主持；绿色"一带一路"建设取得新进展，绿色投资原则（GIP）发布了首份进展报告，建立了第一个区域（中亚）办公室；全球绿色金融领导力项目（GFLP）跨入了以"碳中和"为核心议题、内容不断丰富的新阶段。此外，北京、上海、深圳、香港等主要金融中心也积极展开国际合作与交流，发挥各自优势，助力我国绿色金融体系的发展与完善，并支持我国尽早实现碳达峰、碳中和目标。

12.1 G20重启可持续金融研究小组并升级为工作组

中国于2016年担任G20主席国期间，倡议发起了绿色金融研究小组，首次将绿色金融引入G20议题。该研究小组由中国人民银行和英格兰银行共同主持，联合国环境署（UNEP）担任秘书处。2017—2018年，德国和阿根廷分别担任G20主席并决定继续讨论该议题，但在2018年将绿色金融研究小组更名为可持续金融研究小组，仍然以绿色金融为核心议题，并考虑包括就业和收入分配等其他可持续发展因素。在此期间，研究小组连续三年发布《G20绿色/可持续金融综合报告》，有关政策建议纳入G20峰会成果，推动形成了发展绿色金融的国际共识。

2019—2020年，由于美国政府在应对气候变化议题方面存在政策转向，导致包括G20在内的国际社会对于环境和气候变化相关议题无法形成有效共识,但社会各界对绿色与可持续金融相关话题仍然保持较高的热度。比如,由全球主要央行和监管机构组成的绿色金融合作网络(NGFS)自2017年底成立以来重点关注气候变化和其他环境因素可能带来的金融风险,并在2019年和2020年取得一系列重大进展。

2020年初以来,新冠肺炎疫情暴发并在全球广泛传播,引发几乎所有国家对于气候变化和可持续发展相关议题的高度关注,绿色与可持续金融在内的相关议题也因此进一步主流化,更多国家和地区决定通过发展绿色与可持续金融市场,支持本国气候与可持续发展议程。

在此背景下,担任2021年G20主席国的意大利决定重启可持续金融研究小组,并邀请中国人民银行和美国财政部共同主持。考虑到该议题的广泛支持和重要作用,在2021年4月举行的部长会上,各国同意将其升级为工作组。2021年,该工作组重点讨论三个议题,包括改善可持续投资方法的可比性、兼容性和互操作性,完善可持续相关信息披露和报告的框架,以及促进国际金融机构支持《巴黎协定》和联合国可持续发展目标。

12.1.1 改善可持续投资方法的可比性、兼容性和互操作性

越来越多国家认识到制定绿色或可持续资产分类标准的重要性,包括中国和欧盟等多个主要经济体已经或正在制定相关标准,并为投资者开展绿色和可持续投资提供了重要参考,形成了一定规模的绿色金融市场。如果设计和应用得当,它可以提高可持续投资的可信度,有利于建立市场诚信,保持市场势头。但目前仍存在两方面的挑战亟待解决。

(1)并非每个经济体都拥有独立完整的绿色金融分类标准,或非必要拥有。中国和欧盟的分类法已被一些市场作为发展本国分类法的参照标准,例如,南非在很大程度上遵循欧盟的方法,同时考虑到当地的差异和法律,而俄罗斯和蒙古在方法上与中国的分类法相似,但在详细程度和覆盖范围方面有所不同。

(2)防范洗绿风险。由于各经济体之间对绿色投资的定义不同,对于绿色投资的认定也可能不统一。对于在不同市场发行、具有不同分类和验证标准的绿色债券,发行人需要根据不同规则阐述其可持续性绩效,在某些情况下涉及多重验证,从而产生额外的成本,甚至导致洗绿风险的发生。

面对上述挑战,工作组拟提出多项建议,包括使用相同的语言(如联合国认可的国际标准产业分类,ISIC)开发绿色资产分类标准(taxonomy),并在区域层面就分类标准进行协作,以增强可比性和互操作性;鼓励ESG评级等以市场为主导的可持续投资方法加强合作,增强可比性、互操作性和透明度;以及考虑气候转型需求等。

12.1.2 完善环境信息披露和报告框架

提高环境信息披露和报告的一致性、可比性和可靠性是建立可持续金融体系的基础,以更好支持《巴黎协定》和可持续发展目标。然而环境相关信息披露和报告在各个公司和经济体仍

然不完整、不一致，自愿披露的特性和越来越多的与环境信息相关的披露框架可能导致选择性披露的发生，投资者可能无法获得对其决策至关重要的环境信息。在向低碳经济过渡的背景下，特别需要考虑和管理好与环境相关的风险、机会和影响，并就披露和报告方式开展协调。因此，G20 成员与国际财务报告准则（IFRS）基金会和其他相关方，包括投资者和披露报告领域的国际组织经过协商，提出以下建议。

（1）建立具有透明和包容性治理结构的国际可持续发展准则理事会（ISSB），置于 IFRS 基金会的三层治理结构之中，专门负责起草和制定与可持续相关的信息披露和报告标准。

（2）制定可持续相关信息披露和报告的全球最低标准，并允许不同经济体采取"搭积木式"的方法自愿采纳和提高披露标准。该方法可以提供一致、可比和可靠的信息披露基准，帮助投资者做出决策，同时更具灵活性。

（3）从气候相关信息披露开始，逐渐扩展到其他可持续领域。鉴于气候挑战的紧迫性，ISSB 应在短期内采取"气候优先"的方法，今后可包括自然、生物多样性等其他可持续性问题。

（4）加强中小企业和新兴市场的能力建设。虽然 ISSB 将制定的标准可能会被世界各地广泛采用且作为报告基准，但中小企业和新兴市场需要更多的能力建设。IFRS 也可考虑发布中小企业可持续性报告指南。

（5）明确各经济体可自愿采纳的属性。IFRS 基金会明确表明"无权强制执行准则，这一权力属于各经济体主管当局。很多情况下由国内证券监管机构或资本市场当局自行决定如何将准则纳入国家或区域框架，并确定披露要求"。

12.1.3 促进国际金融机构支持巴黎协定和可持续发展目标

包括多边开发机构在内的国际金融机构在支持《巴黎协定》和联合国 2030 可持续目标方面发挥着关键作用。他们在其中主要扮演三类角色：自身在可持续领域的贡献、能力建设，以及帮助业务所在国提升应对气候变化和环境风险的能力。在此基础上，工作小组拟提出以下建议，帮助多边开发机构实现上述角色。

（1）发挥风险缓释（de-risking）功能，以吸引私营部门投资。鼓励多边开发机构利用金融和非金融工具，帮助政府和私营部门降低气候投融资风险，并克服其他障碍。

（2）在能力建设方面，多边开发机构应通过制定新的融资工具或框架支持气候行动，改善投资环境，促进私营部门投资，并通过对项目准备、交易结构和能力建设的支持，帮助发现私营部门可持续投资的新机会，增加银行可担保项目的存量。同时增强工具灵活性，综合考虑到每个发展中国家的财政空间，在投资贷款与赠款、政策性贷款、担保和其他信贷额度等工具之间实现更加平衡的组合。

（3）在帮助业务所在国提升应对气候变化和环境风险的能力方面，多边开发机构在支持低碳转型和建立具有气候抵御能力的发展道路方面发挥着主导作用。为发展中国家吸引投资、开发低排放长期战略（LTS）、与其他机构合作的同时，还应加大支持发展中国家制定可持续融资政策框架的力度，协助国家自主贡献方案（NDC）的执行。

12.1.4 预期成果

2021年，该工作组计划形成两个主要成果：一是包含上述三个主要议题的《G20可持续金融综合报告》，对可持续金融进一步发展面临的主要挑战提出具有可行性的建议；二是编制《G20可持续金融路线图》，为该工作组未来研究领域和方向提供指引，也可以对G20成员、国际组织和其他相关方在可持续金融议题的研究提供借鉴。

12.2 NGFS将环境风险研究扩展至生物多样性领域

迄今为止，各国央行和监管机构应对环境挑战的大部分工作都集中在气候变化上，而生物多样性损失带来的潜在风险在很大程度上仍未得到讨论。人们逐渐认识到气候变化并不是当今社会（包括非金融和金融企业）面临的唯一重大、非线性和潜在的生存环境风险，金融活动也并不只造成了气候变化这一环境影响，生物多样性的下降速度比人类历史上任何时候都要快。

生物多样性和生态系统服务政府间科学政策平台（IPBES）发现，目前全球有四分之一的物种受到威胁，约100万个物种面临灭绝，大多数生态系统和生物多样性指标下降。这种下降正在破坏自然的生产力、弹性和适应性，同时也对经济造成极端风险和不确定性。新型肺炎的大流行也与自然栖息地的破坏、城市扩张等不可持续的发展方式有一定关联。后者也加剧了生物多样性损失和气候变化。

1992年，国际生物多样性公约（CBD）与气候变化框架公约（UNFCCC）同时达成。然而，到目前为止政策的努力未能减缓全球生物多样性的下降，各国政府在2010年商定的10年计划中，涉及的20个生物多样性目标到2020年都没有实现。与自然环境密不可分的意识缺失将威胁到可持续发展目标的实现，并破坏应对气候变化所做的努力。因此，金融业对此逐渐提起重视，并开始恢复生物多样性。

在上述背景下，央行与监管机构绿色金融网络（NGFS）和国际可持续金融政策研究与交流网络（INSPIRE）共同成立了生物多样性和金融稳定联合研究小组，由中国绿金委主任马骏博士代表中国人民银行主持。该研究小组的目标是建立一种以证据为基础的方法，了解生物多样性下降对金融稳定的潜在影响，研究央行和监管当局需要如何在其职权范围内考虑生物多样性损失。

12.2.1 金融业因生物多样性下降而面临的风险

生物多样性下降可以通过不同渠道影响金融资产、金融机构和金融体系。值得注意的是，这些风险不仅是企业面临的风险，还包括家庭和公共部门，以及主权债务风险，它可能会削弱各国管理财政运作（包括长期偿债）和货币体系运作的能力。

12.2.1.1 自然风险（Natural Risk）

若依赖生物多样性的资产或经济活动业绩下降，金融机构就会面临损失。自然风险可以是慢性的，例如传粉昆虫的数量和物种多样性逐渐减少，导致作物产量下降，或增加人工授粉的成本；也可以是急性的，例如由于捕食者的消失，害虫摧毁了作物的大部分收成，或由于自然抵抗力下降而导致的疾病传播。它们往往具有可操作性，与资源的稀缺程度和质量相关，并且可以从地方迅速蔓延到多个部门和活动，从而成为全球性现象。荷兰央行发现，荷兰金融机构36%的投资高度或非常高度依赖一种或多种生态系统服务。生物多样性的损失除了与气候变化相互作用外，还可能大规模影响人类迁移模式，并产生区域性政治不稳定和冲突。

12.2.1.2 转型风险（Transition Risk）

为减少经济相关因素对生物多样性和生态系统造成的损害而出台或出现的政府措施、技术发展和消费者偏好的改变，有可能成为转型风险，尤其是当金融机构直接或间接地暴露于这些因素之下时。目前转型风险出现的时间和分布，以及对个别金融机构和金融系统的影响仍然存在不确定性。因此，需要进行更多研究来衡量和评估这些风险，并进一步评估生物多样性损失对金融系统稳定性的影响。作为其监管职责的一部分，金融监管机构可以在评估、管理和报告与生物多样性有关的金融风险方面进一步发挥作用。研究小组将在三个方面做出努力。

（1）致力于特定国家面临的风险，研究存在的不确定性。

（2）收集实例，详细分析特定部门和区域的影响。

（3）收集未来风险预测，以解决生物多样性影响的不可逆性带来的"地平线悲剧"，即需要为未来的奖励而采取当下行动，而鉴于隐性的"贴现率"，过去的奖励往往充满不确定性而过于微小，如物种灭绝和生态系统崩溃。

与气候变化类似，生物多样性损失可能会给金融系统带来风险。这就需要对宏观经济分析和微观审慎分析进行补充，并对金融系统的相互联系和溢出风险进行宏观金融分析。因此，该研究小组将审查在微观审慎方法的基础上增加宏观审慎视角的潜在需求和范围，以覆盖与生物多样性损失相关的整体系统脆弱性。

12.2.1.3 金融业对生物多样性影响

通过促进经济活动，金融系统既可以导致生物多样性的耗竭，又可以促进其保护和可持续利用。按照双重重要性（double materiality）的逻辑，央行和监管机构理解这些影响可能具有重要的战略意义。

据估计，每年生物多样性的资金缺口约为5 980亿~8 240亿美元。正如《达斯古普塔报告》（Dasgupta Review）[①]所指，改变当前局势的重任将很大程度落在全球金融体系身上。这并不意味着金融参与者可以靠自己扭转生物多样性的下降，而是意味着他们可以与政策制定者和

---

① 详见 Final Report-The Economics of Biodiversity：The Dasgupta Review，https：//www.gov.uk/government/publications/final-report-the-economics-of-biodiversity-the-dasgupta-review。

专业机构等一起发挥作用。在这方面,重要的是讨论央行和监管机构是否能够按照其核心任务,鼓励必要的金融创新,将资金动员到自然保护和恢复中。这可能涉及分辨调查区域或国家金融系统中阻碍生物多样性资金发展的法律或其他障碍。在涉及导致生物多样性下降的活动筹资问题方面,微观和宏观审慎监管以及货币政策的实施可以更加明确、更加系统化。

12.2.2　下一步研究计划

2021年10月,联合国《生物多样性公约》第十五次缔约方大会将在昆明举行,中国政府将采取一项新的全球生物多样性政策框架,初步目标为在全社会采取紧急行动,开始恢复生物多样性,造福地球和人类。根据商业自然联盟(Business for Nature)的数据,超过500家公司已经做出了扭转自然损失的承诺。37家管理着4.8万亿美元资产的金融机构签署了《生物多样性融资承诺》(Finance for Biodiversity Pledge),承诺制定目标,并披露其在增加生物多样性重大积极影响和减少重大负面影响方面的年度进展。此外,自然相关财务信息披露工作组(TNFD)将于2023年开始运作,该工作组将为企业和金融机构提供框架,以评估、管理和报告它们对自然的依赖性和影响。

包括欧洲央行在内的一些中央银行和金融监管机构也开始认识到生物多样性下降对其金融和货币稳定的核心任务构成的潜在威胁。2019年,NGFS明确承认存在气候变化以外的环境风险,荷兰中央银行是第一家审查其金融系统对生物多样性的影响和依赖性的央行。各国央行和监管机构需要明确自身在生物多样性与金融部门之间的职责所在,以发挥效力。

12.3　GIP成立中亚办公室并计划发布第二份年报

自2018年11月正式启动以来,"一带一路"绿色投资原则(GIP)已迅速发展成为由40家签署机构和12家支持机构组成的国际性网络。截至2021年8月底,这些成员持有或管理的总资产已超过49万亿美元。

自2020年以来,在指导委员会的监督下,GIP逐步建立并完善了治理架构及工作机制,包括设立由成员机构牵头的专题工作组、建立年度进展报告机制等。按照规定,签署机构应通过年度进展报告机制向秘书处汇报原则落实情况。因此,2020年4月,秘书处对成员机构散发了年度进展报告的调查问卷,通过参考国际领先实践和其他国际性倡议的汇报框架,针对七条原则的落实提出了一系列问题,旨在建立成员机构原则落实情况的基准线,了解机构整体落实情况和存在差距,为下一年度乃至下一阶段的能力建设工作指明重点;同时,通过每年一度的进展报告,逐步建立起单一机构和整体进展情况的纵向对比追踪机制。而在机构反馈的基础上,秘书处对当年的落实情况进行分析小结,形成GIP年度进展报告,于年会期间发布。

2020年9月举办的GIP第二届全体会议发布了首份GIP年度进展报告[①]。报告从公司治理和战略、可持续性风险评估和管理、投资组合绿色化以及信息披露四个角度，评估了各签署机构对原则的落实情况；会上同时提出了GIP的中长期规划——"2023愿景"，包括自我评估、信息披露、绿色承诺、加大投资和成员发展五大重点工作，并对签署机构提出了相应的期望，包括披露气候相关财务风险、开展环境风险分析、制定高碳资产的转型战略等。2021年，秘书处充分采纳签署机构意见，对问卷进行了修订。截至本稿执笔之时，第二份年度报告的分析及撰写工作正在稳步推进。

"2023愿景"提出，GIP秘书处将与世界经济论坛（WEF）展开紧密合作，通过设立区域办公室，加强与中亚、东南亚和非洲等"一带一路"重点地区的沟通与联络，提升原则的国际影响力，推动中长期目标的实现。一方面，随着我国"双碳目标"的提出，越来越多的"一带一路"国家正在积极考虑制定国家层面的"碳中和"目标和战略，"一带一路"绿色投资需求更加旺盛，绿色金融发展前景更加广阔；另一方面，GIP的签署机构以全球大型金融机构为主，成员机构如何融入"一带一路"地区的发展语境，了解实际的绿色投融资需求，是GIP在深耕"一带一路"地区过程中的重要任务，也是将供给侧和需求侧对接起来、真正以金融手段助推绿色可持续发展的必然要求。

在此背景下，2021年5月，GIP正式成立了第一个区域办公室——中亚办公室，由巴基斯坦前央行行长Yaseen Anwar主持、阿斯塔纳国际金融中心及其绿色金融中心（AIFC Green Finance Center）担任秘书处，致力于与当地金融机构和监管机构建立更紧密的合作关系，加深中亚地区对低碳转型需求的认知，吸引潜在的GIP签署机构，并为现有成员机构收集更多绿色项目信息，挖掘潜在的投资和合作机会。未来，GIP还将与更多国际机构展开合作，探索在东南亚、非洲等地建立区域办公室的可能性。

12.4 绿色金融能力建设进入新阶段

2020年，受新冠肺炎疫情影响，各主要经济体接连出台多项经济刺激政策，包括大规模的基础设施投资计划，同时呼吁各国经济刺激政策应当考虑环境和气候等可持续因素的声音越来越大。习近平主席在第七十五届联合国大会一般性辩论中提出"中国要在2030年前实现碳达峰，并力争在2060年前实现碳中和"，激励着越来越多国家做出"碳中和"承诺，比如哈萨克斯坦等"一带一路"沿线国家提出了明确的碳中和目标，对推动实现《巴黎协定》相关气候目标具有重要意义。与此同时，随着绿色金融概念的日益主流化，越来越多的国家和地区认识到发展绿色金融，动员私人资本开展绿色与可持续投资的重要性。但许多国家和地区存在能力不足和缺乏足够资源的挑战。

[①] GIP 2020年进展报告，详见https://gipbr.net/Content.aspx?id=319&type=670&m=105。

在此背景下，作为面向全球的绿色金融能力建设平台，全球绿色金融领导力项目（GFLP）在 2020 年至 2021 年上半年期间以线上研讨会的形式集中开展了多次绿色金融能力建设活动，吸引了来自 60 多个国家和地区的 3 000 多位金融行业政策制定者、企业高管、专业服务机构专家和各界人士的积极参与。

2020 年 4 月 2 日，GFLP 举办了主题为"金融机构和绿色债券发行人的环境信息披露"的能力建设活动，来自中国、中国香港、马来西亚、新加坡、法国、英国和美国的大型商业银行、资产管理公司、多边开发银行、研究机构以及国际组织的专家，分别就金融机构和绿色债券发行人开展环境信息披露的政策、方法和案例展开了深入讨论，从健全环境信息披露引导资金投资于绿色产业、提升市场透明度、促进绿色金融产品创新、防止洗绿风险等方面开展了能力建设。

2020 年 10 月 7—8 日，GFLP 开展了主题为"后疫情时代的绿色复苏和绿色金融促进保护生物多样性"的绿色金融能力建设活动，来自全球各地的 21 位金融和环境行业专家分享了各自国家或地区在绿色复苏、绿色金融分类和生物多样性保护方面的经验与思考，5 位联合国相关组织及发展机构的高管和学者就绿色复苏等议题展开了主旨演讲。此次活动以后疫情时代的绿色复苏、绿色分类法及其在绿色金融市场中的作用以及生物多样性投融资与可持续农业三个议题为切入点进行绿色金融能力建设。此次活动致力于促进绿色金融在疫情后的各国经济复苏领域发挥更大作用，关于后疫情时代绿色金融领域的相关分享也将对多边开发机构开展可持续性援助产生指导作用。

2021 年 5 月 27—28 日，GFLP 面向中亚地区举办了题为"净零背景下的 GFLP 暨 GIP 中亚分会成立"的能力建设活动，来自中国、英国、蒙古、巴基斯坦、哈萨克斯坦等多个国家和地区中央银行、金融机构、国际组织、研究机构的 30 余位专家分别就绿色投资机遇、绿色资产分类标准、环境和社会风险管理，以及生物多样性等话题进行了深入讨论。此次研讨会由北京绿色金融与可持续发展研究院（IFS）、阿斯塔纳国际金融中心（AIFC）和蒙古可持续金融协会（MSFA）共同主办，并由英国国际气候基金（UK PACT）提供支持。在此次研讨会上，GFLP 发布了《共筑中亚绿色金融发展之路》研究报告，该报告面向地方政府和国际组织等相关方就进一步扩大绿色投资提出了建议，指出由于中亚地区依赖化石燃料相关产业，需要开展低碳转型，未来将需要大量绿色融资支持以及能力建设活动。研讨会期间，中国金融学会绿色金融专业委员会主任马骏在会上宣布成立"一带一路"绿色投资原则（GIP）中亚办公室，并由巴基斯坦前央行行长担任主席。研讨会促进了国际社会和中亚地区各界的交流，进一步提升了 GIP 和 GFLP 在该区域内的影响力。

新冠肺炎疫情以来，GFLP 项目的成功召开标志着我国参与和主导的绿色金融能力建设进入了新阶段，主要体现在以下几方面。

（1）合作伙伴趋于多元化：与包括当地政府部门、行业协会、金融中心、主要金融机构加强合作，开展了更有针对性的能力建设活动。

（2）能力建设的形式趋于多元化：GFLP 活动从线下转为线上为主，并积极探索线上线下相结合的可能性，讨论形式也从宣教为主转为圆桌讨论和分组讨论为主，让学员更有参与感和获得感。

（3）能力建设的内容得到了扩展：在全球热议碳中和背景下，在不少迫切需要开展能力建设的重点地区，也将私人部门通过绿色金融参与实现碳中和有关议题纳入重点讨论话题，并进一步扩展至包括生物多样性、环境和社会风险管理等领域在内的多个能力建设框架。

12.5　我国金融中心积极参与绿色金融国际合作

绿色金融国际合作是我国金融外交的重要一环，也延续了我国在绿色金融发展"自上而下"和"自下而上"相结合的这一鲜明特征。在国家层面，有关部门近年来积极推动全球可持续金融议程设置，发起并主持 G20 绿色/可持续金融工作组；参与并引领多方倡议平台，如央行与监管机构绿色金融网络（NGFS）、可持续金融国际合作平台（IPSF）、"一带一路"绿色投资原则（GIP）等。在地方层面，我国主要金融中心也在绿色金融体系建设和具体实践中发挥了示范作用，并积极展开国际合作和交流，发挥各金融中心自身优势，多角度助力我国绿色金融体系的完善和发展。

自 2017 年起，北京、上海、深圳和香港作为城市代表相继加入联合国可持续发展金融中心网络（FC4S）。这一网络由联合国计划开发署（UNDP）和环境署（UNEP）主持，链接全球各地金融中心，促进经验交流、推动合作并采取务实行动以加快可持续金融在全球的发展。截至 2021 年 8 月，全球 5 个金融中心城市加入其中，其亚太地区秘书处设立在北京[①]。

12.5.1　北京积极建设中国首个国际绿色金融中心

2017 年，北京市金融局联合其他七部门印发《关于构建首都绿色金融体系的实施办法》，强调加强绿色金融国际合作，发挥首都国际交往中心优势，促进绿色金融能力建设，借鉴国际经验，构建绿色金融国际标准，推动在京建设绿色金融国际合作组织和机制，积极参与、主持国际交流论坛活动。在 2018 年的北京绿色金融国际论坛上，各方也以"推进绿色金融国际合作与首都绿色金融中心建设"为主题展开热烈讨论。2021 年 7 月，在"全球财富管理论坛北京峰会"上，北京地方金融监管局局长霍学文表示北京市还将打造全球金融机构绿色联盟，发挥好国际合作机制的作用。近期，国际交流活动不断开展，"一带一路"绿色金融与低碳发展论坛、"2021 绿色发展对话"论坛等等相继在京举办。

北京市致力于将首都副中心通州区建设成为全球绿色金融示范区，聚集相关资源、打造一批绿色金融交流平台。2020 年初，北京绿色金融与可持续发展研究院在通州落户运行。研究院在马骏院长带领下，为中国和全球绿色金融与可持续发展提供政策、市场、产品研究以及国际

---

① 具体成员信息详见官网：https://www.fc4s.org/members/。

合作平台的智库。研究院协调"一带一路"绿色投资原则（GIP）秘书处北京办公室相关工作，支持GIP指导委员会、央行与监管机构绿色金融网络（NGFS）、国际标准化组织（ISO）可持续金融技术委员会（ISO/TC322）、可持续金融国际合作平台（IPSF）的工作；设立全球绿色金融领导力项目（GFLP），为发展中国家的金融监管机构和银行、证券、资管等金融机构提供能力建设和交流平台；与英国碳信托（Carbon Trust）合作开展绿色科技创新与投资促进有关工作。

2020年，北京环境交易所正式更名为北京绿色交易所，也将进驻通州城市副中心。作为中国碳市场重要的参与者、建设者和推动者，绿色交易所一直着眼于首都节能减排、国家低碳发展和国际气候合作的大局，致力于将北京碳市场建设成为全国碳交易中心市场和绿色金融创新中心，国际重要的碳定价中心以及中外气候合作市场化平台。

今后，北京将继续发挥首都优势，不断加强国内外合作，与海内外大型金融机构、国际平台和组织、各国相关部门一起推动绿色金融标准、环境信息披露、ESG投资标准、绿色科技和金融监管等方面的建设。

12.5.2 打造上海作为联通国内国际双循环的绿色金融枢纽

2021年6月，在第十三届陆家嘴金融论坛上，人民银行行长易纲再次强调发展上海国际金融中心地位的重要性。同年的上海金融系统工作会议强调，要努力打造上海作为联通国内国际双循环的绿色金融枢纽，有序推进多层次、多元化、多渠道绿色金融市场体系的双向开放。

在绿色金融创新方面，上海取得显著成绩。2021年，上海清算所支持国家开发银行面向全球投资者发行"债券通"绿色金融债券，是我国首单获得国际气候债券倡议组织（CBI）认证的"碳中和"债券，也是目前市场发行规模最大的同时符合国内绿色债券相关标准和国际最新气候债券标准的绿色债券。

在城市绿色金融发展方面，陆家嘴金融城于2017年成立绿色金融专业委员会，于2018年4月成为中国金融学会绿色金融专业委员会常务理事单位，并承担了ESG投资价值研究小组秘书处、上市公司环境信息披露研究小组秘书处等职责。2019年9月，陆家嘴金融城绿色金融发展中心（GFDC）正式成立。

通过这一系列组织机构，上海得以在绿色金融国际合作方面不断有所作为。作为联合国FC4S的参与城市之一，陆家嘴绿金委主办了2018年FC4S年会，并在会议期间，正式上线国内首个地方性绿色金融线上平台——陆家嘴金融城绿色金融综合发展平台，与卡萨布兰卡金融城发展局在会上签署合作谅解备忘录；2021年3月，陆家嘴绿金委主持的"绿色金融支持碳达峰、碳中和"会议在浦东举行。会上，气候债券倡议组织上海办公室正式揭牌，未来将携手陆家嘴绿金委推动资产管理行业的绿色化，推动对绿色资产和项目的需求。此外，上海绿色金融发展中心也在2021年3月入选中英加速气候转型合作伙伴计划（China-UK PACT）。该项目由全球环境信息研究中心（CDP）主导，旨在协助中国进一步发展绿色金融体系，为其向全球碳中和经济体转型创造一个良好的监管环境。

12.5.3 深圳、香港：推动粤港澳大湾区成为未来全球最具活力的绿色金融市场

深圳和香港两大金融中心先后加入联合国 FC4S 网络，发挥好作为我国推进绿色金融、参与并引领国际可持续金融市场的重要枢纽的职责。

2019 年，中共中央在《关于支持深圳建设中国特色社会主义先行示范区的意见》中，提出深圳的定位之一就是"可持续发展急先锋"，并要"为落实联合国 2030 年可持续发展议程提供中国经验"，大力发展绿色产业，促进绿色消费，发展绿色金融。深圳绿色金融发展成效卓越：在金融标准体系方面，由人民银行深圳中心支行主导下的国家重点标准之一"绿色私募股权投资基金基本要求"的研究工作已立项并开展研究，有望于近期发布；在监管和信息披露方面，深圳是我国首个将绿色金融写进法律规章的地方——《深圳经济特区绿色金融条例》于 2021 年 3 月正式实施。该条例也是全球首部规范绿色金融的综合性法案。在国际合作方面，深圳积极参与国际标准化组织可持续金融标准（ISO/TC322）制定的讨论工作，加入联合国 FC4S 网络，并在这一平台上启动了"绿色金融服务实体经济实验室"。

在香港，由香港金管局领导发起的香港绿色金融协会于 2019 年成立，支持香港特区政府制定绿色金融政策，助力香港成为内地和"一带一路"沿线绿色投融资的重要平台。2020 年 5 月，金管局与气候债券倡议（CBI）合作，发布第二版香港绿色债券市场简报，显示 2019 年度在香港发行和发行的绿色债券总额为 100 亿美元，截至 2019 年年底累计上涨 260 亿美元。2020 年 11 月，国际金融公司（IFC）和金管局发起了绿色商业银行联盟，以应对气候变化挑战，并在 12 月共同主办了为期两天的气候业务网络研讨会，展示了可持续商业和气候金融方面的最佳实践。全球约 1 500 名参与者参加了此次活动。金管局与港交所-证监会推出了香港绿色和可持续金融战略，推动气候相关财务信息披露在该地区的落实和推广。

深圳和香港近年来在绿色金融方面的探索和成果为粤港澳大湾区绿色金融发展奠定基础，提供优秀借鉴。2020 年 5 月，人民银行等四部门发布《关于金融支持粤港澳大湾区建设意见》，提出建立粤港澳大湾区绿色金融合作工作机制。同年 9 月，粤港澳大湾区绿色金融联盟正式成立，秘书处落户深圳，成为全国首个区域性金融联盟。联盟综合广州、深圳、香港和澳门四地的实体经济优势、科技优势、资本市场和开放优势，将积极探索绿色金融新举措、新制度，在创新绿色金融跨境产品和服务、探索跨境监管等方面提供支持，致力于打造全球最具活力的金融市场。

12.6 绿色金融成为气候变化大会和生物多样性大会重要议题

联合国气候缔约方大会（COP）是《联合国气候变化框架公约》（UNFCCC）的重要组成部分，全球首脑们将就气候变化应对方案等话题进行讨论、承诺并展开行动。第二十六届缔约方大会（COP26）将于 2021 年由英国和意大利政府在英国格拉斯哥联合举办。这次大会将回顾

并评估自2015年《巴黎气候协定》签署后取得的进展、经验和下一步计划，是国际社会就应对气候变化达成公约后的首次考评。作为新冠疫情席卷全球之后的首个气候大会，COP26也将对各国绿色经济复苏、加快绿色和公正转型产生重要影响。

COP26设定了四大目标：确保本世纪中全球实现净零并将全球上升温度控制在1.5℃之内，适应并保护生态系统和自然栖息地，动员金融力量，共同应对气候挑战。其中，动员金融力量、加强气候金融第一次被正式列为气候大会重要目标。该目标指出，金融是实现前两个重要目标必不可少的部分，每年需要动员超过数万亿美元的气候融资。而公共部门资金能力有限，必须发挥私营市场在气候金融方面的作用，助力全球净零目标的实现。2021年4月，在联合国召集下，由联合国气候行动与金融特使马克·卡尼（Mark Carney）宣布成立"格拉斯哥净零金融联盟"（GFANZ），汇集现有和新成立的净零金融倡议行动，包括净零保险业联盟、净零资产所有者联和净零银行业联盟，覆盖金融体系各个部门的所有融资活动，共同努力筹集建立全球净零经济所需的数万亿美元。这一联盟将协调整个金融系统的行动，为金融机构实施其净零战略提供关键的分析工具和市场基础设施。

2020年底，UNFCCC秘书处组织召开了70余场"气候变化对话"线上系列活动，涉及国家自主贡献、适应气候变化、农业、气候资金、技术和能力建设、计划实施情况评估等多项重要议题，是2020年气候变化多边进程最为重要的一次综合性活动，为COP26的举办奠定良好基础。中方高度重视此次对话，生态环境部同外交部牵头，联合10余家单位组成中国代表团，全程参与了此次系列活动。会议期间，中国代表团在各项议题活动中发挥积极作用，持续提供建设性意见，充分展示了在节能和提高能效、提高非化石能源消费占比、增加生态系统碳汇等领域的"中国经验"。除政府层面参与以外，气候和低碳相关的社会组织也积极参与申请加入COP26大会观察员组织行列，例如中国生物多样性保护与绿色发展基金会在2021年8月获得COP26准入资格。

与COP26密切相关的是2021年10月将在云南昆明召开的联合国生物多样性缔约方大会（COP15）。本次大会以"生态文明：共建地球生命共同体"为主题，倡导推进全球生态文明建设。会议主要目标是通过"2020年后全球生物多样性框架"，制订各国及全球在未来十年甚至更长时间范围的工作计划。通过对生态系统的保护、恢复和可持续管理，更好地减缓和适应气候变化，充分利用生态系统功能应对气候变化带来的影响和挑战，这一方式也被称为"基于自然的气候变化解决方案（NBS）"。因此，昆明COP15会议成果势必会对气候大会COP26产生积极影响，帮助促进国际社会在全球核心议题上的又一次共同努力。

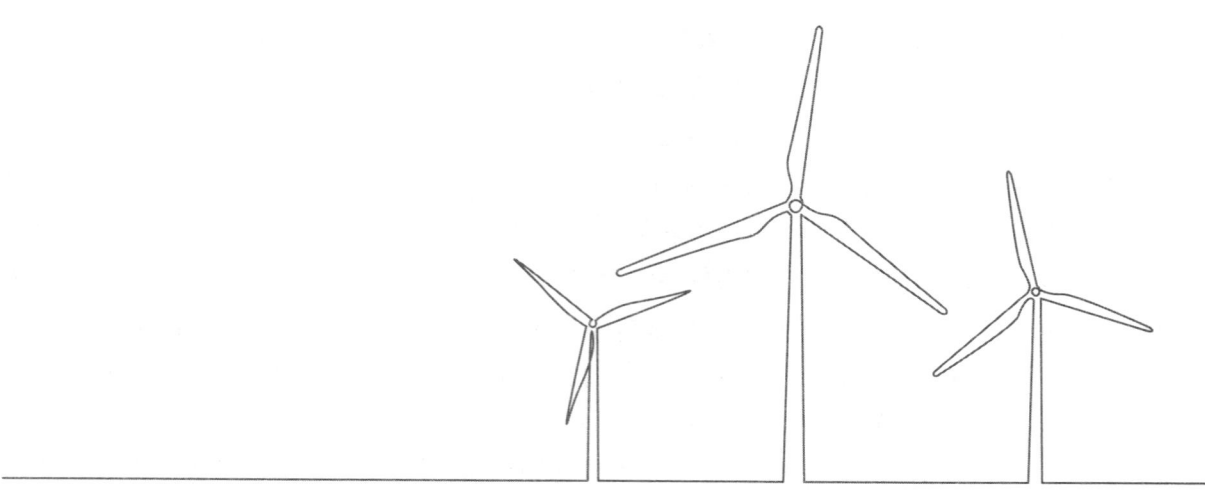

附录　中国 2020 年绿色金融发展大事记

1 月

1月9日，江西省金融工作座谈会在省行政中心会议中心召开，会议主要是回顾总结 2019 年全省金融发展成效，研究分析当前金融经济形势，部署安排 2020 年全省金融工作。省委常委、常务副省长毛伟明出席并发表讲话。《2020 年赣江新区绿色金融改革创新试验区建设重点工作分工表》。

1月16日，国际指数编制公司 MSCI 最新发布 2020 年环境、社会与公司治理（ESG）趋势展望报告。报告提出，房地产估值调整有望聚焦零碳排放：若房地产投资者仍未开始实践"零碳排放"，绿色地产投资将从一项有助提升声誉的良策转变为避免资产减值的必要之举。

1月16日，全国绿色金融改革创新试验区第二次联席会议在广州市花都区召开。中国人民银行研究局（所）、广州分行，广州市人民政府，广东省地方金融监督管理局，广州市地方金融监督管理局，以及广州市花都区的有关负责同志，中国金融学会绿色金融专业委员会和联席会议各成员单位的代表参加会议。会议审议了《2019 年绿色金融改革创新试验区评估报告》和《2019 年绿色金融改革创新经验和复制推广方案》。各试验区代表就试验区两年多来的绿色金融特色案例和有益经验进行了分享和展示。

1月17日，国务院办公厅发布《关于支持国家级新区深化改革创新加快推动高质量发展的指导意见》。意见就加快推动新区高质量发展提出五个方面重点举措。一是着力提升关键领域科技创新能力。二是加快推动实体经济高质量发展。三是持续增创体制机制新优势。四是推动全方位高水平对外开放。五是高标准推进建设管理。

2月

2月14日,人民银行、银保监会、证监会、外汇局和上海市人民政府联合发布《关于进一步加快推进上海国际金融中心建设和金融支持长三角一体化发展的意见》,从积极推进临港新片区金融先行先试、在更高水平加快上海金融业对外开放和金融支持长三角一体化发展等方面提出30条具体措施。

2月18日《江西省国家生态文明试验区建设2020年工作要点》已经省生态文明建设领导小组审定,正式印发。

2月24日,全国绿色金融改革创新试验区第二次联席会议和绿色金融推动绿色发展论坛在广州举办。

2月24日,为支持企业有序复工复产,保障经济平稳发展,广州市花都区充分发挥国家级绿色金融改革创新试验区优势,迅速落实国家有关部委关于加强金融支持疫情防控工作要求,加大对疫情防控相关领域的信贷支持力度,完善受疫情影响的社会民生领域的金融服务。

2月24日,国家发改委等十一部门联合发布的《智能汽车创新发展战略》。发展战略指出,利用多种资金渠道,支持智能汽车基础共性关键技术研发和产业化、智能交通及智慧城市基础设施重大工程建设等。强化税收金融政策引导,对符合条件的企业按现行税收政策规定享受企业所得税税前加计扣除优惠,落实中小企业和初创企业的财税优惠政策。利用金融租赁等政策工具,重点扶持新业态、新模式发展。

2月27日,国内唯一一家万亿级农商行——重庆农商行已采纳赤道原则,成为国内第四家赤道银行。

这也意味着,重庆农商行翻开了践行绿色发展理念、深耕绿色金融领域的新篇章。

3月

3月3日,中共中央办公厅、国务院办公厅印发了《关于构建现代环境治理体系的指导意见》,并发出通知,要求各地区各部门结合实际认真贯彻落实。

3月10日,保尔森基金会绿色金融中心日前与清华大学绿色金融发展研究中心联合发布《金融科技推动中国绿色金融发展:案例与展望》报告。这一报告是双方近一年的合作研究成果,展示了中国利用金融科技推动绿色金融可持续发展的四个案例,这些案例表明区块链、大数据、云计算及人工智能等新兴技术手段可以有效应用到绿色金融领域。这些运用可以为金融机构带来成本、效率、安全和数据真实性等方面的改善,也可以为金融监管在标准推广、统计、审计与反洗绿等方面提供更加准确高效的服务。

3月16日,全国近400位联合国教科文组织中国可持续发展教育全国工作委员会专家组成员以及生态文明与可持续发展教育实验学校校长联合发出倡议,按照"国家中长期教育改革与发展规划纲要"和"十三五"教育规划要求,在已经确定可持续发展教育作为战略主题基础上，进一步将生态文明教育与可持续发展教育共同作为实现国家 2035 教育现代化规划的战略主题，并尽快融入教育全过程。

3月26日，近日，住房和城乡建设部、中国人民银行、中国银保监会联合发文，浙江省湖州市获批成为全国首个绿色建筑和绿色金融协同发展试点城市，这是我省绿色金融改革创新领域又一重大突破。

3月16日，安吉农商银行通过丰收互联端掌上银行首次上线了"青芯绘绿．绿意存"绿色存款产品，三大特色助力环境保护，在云端开启了生态新时尚。

3月16日，重庆市轨道交通（集团）有限公司近日成功发行5年期15亿元绿色中期票据。本次发行受到了市场投资者的关注，全场认购金额是发行金额的2.3倍，票面利率为3.49%。本次中票发行独家主承销商为中国银行，绿色认证评估机构为联合赤道，主体绿色为深绿（G-AAA）。

3月25日，中国邮政储蓄银行股份有限公司（以下简称邮储银行）发布了《2019年社会责任（环境、社会、管治）报告》（以下简称报告）。这是邮储银行 A、H 两地上市后发布的首份报告，全面展现了邮储银行 2019 年度社会责任工作实践与成效。

3月27日，住房和城乡建设部、人民银行、银保监会联合发文，浙江省湖州市获批成为中国首个绿色建筑和绿色金融协同发展试点城市。

3月27日，国家发改委等十五部门近日联合印发《关于促进砂石行业健康有序发展的指导意见》，明确合理控制河湖砂开采，逐步提升机制砂石等替代砂源利用比例，加快构建区域供需平衡、价格合理、绿色环保、优质高效的砂石产业体系。

3月31日，广东省首批排污权质押融资项目贷款发放仪式广州市黄埔区、开发区中新广州知识城举行。企业获得融资额达200亿元，完成质押融资4 000万元。排污权质押融资项目的落地，一方面能有效帮助企业盘活合法拥有的环境权益资产，降低企业的融资成本，缓解融资难、融资贵的问题；另一方面有利于进一步控制污染排放，促进产业转型升级，推动经济可持续发展和生态文明建设纵深发展，探索实体经济、社会资本和生态协调发展的新路径。

3月，九江银行作为绿色金融服务中心牵头行参加赣江新区绿色金融"三中心"授牌仪式，按照新区要求主动担当作为，为绿色企业和绿色项目提供金融支持。九江银行赣江新区分行按照"聚集、聚合、聚变"的工作要求，梳理了国家、省级、新区等各层级关于绿色金融的相关制度，并制定了《赣江新区绿色金融联席制度》《绿色金融·赣江讲坛管理办法（试行）》等文件制度，从绿色金融知识科普、绿色金融成就展示、绿色金融场地布置等各方面着手，努力将服务中心打造成绿色金融展示平台、服务平台和创新平台。

4月

4月1日，加快推动绿色产业发展，是深入贯彻习近平总书记关于绿色发展重要讲话精神和国家层面关于绿色发展最新要求的客观需要，是自觉践行新发展理念、抓住用好绿色发展战略机遇、推动江苏高质量发展走在前列的必然选择。近日，江苏省人民政府以苏政发〔2020〕

28 号文印发了《省政府关于推进绿色产业发展的意见》，就全面推进全省绿色产业发展做出具体部署。

4 月 2 日，上海市地方金融监管局会同长三角生态绿色一体化发展示范区执委会以及"两省一市"相关金融管理部门、地方金融监管部门联合印发《关于在长三角生态绿色一体化发展示范区深化落实金融支持政策推进先行先试的若干举措》，大力推进长三角生态绿色一体化发展示范区金融改革创新先行先试。

4 月 2 日，长三角生态绿色一体化发展示范区（以下简称示范区）又推出"示范区金融 16 条"，金融一体化打开新局面。"示范区金融 16 条"即《关于在长三角生态绿色一体化发展示范区深化落实金融支持政策推进先行先试的若干举措》，具体包括 16 条先行先试举措。这是由示范区执委会联合人民银行上海总部等 12 个部门共同发布的又一重要专项政策。

4 月 7 日，生态环境部印发关于固定污染源排污限期整改有关事项的通知。

4 月 9 日，在中国金融学会绿色金融专业委员会指导下，几家主要从事绿色金融研究的智库，中国人民大学重阳金融研究院、清华五道口绿色金融发展研究中心、中央财经大学绿色金融国际研究院、中国工商银行现代金融研究院重磅推出十场"绿色金融公益直播讲座系列"。

4 月 15 日，华夏银行以商业银行金融债有史以来最低发行利率成功发行 2020 年第一期绿色金融债券，发行金额 100 亿元，获得 2.91 倍超额认购，发行利率 2.08%。此次绿色金融债券发行，是华夏银行推进绿色金融战略的又一举措，将有助于华夏银行绿色金融特色业务的深化发展。

4 月 15 日，生态环境部召开 3 月例行新闻发布会，发布会由生态环境部新闻发言人刘友宾主持，核设施安全监管司司长郭承站、核电安全监管司司长汤搏、辐射源安全监管司司长江光介绍统落实总体国家安全观和理性、协调、并进核安全观，推进核安全治理体系和治理能力现代化有关情况，并共同回答记者提问。

4 月 20 日，为贯彻落实市委市政府《关于推动生态涵养区生态保护和绿色发展的实施意见》，积极构建本区绿色金融体系，根据中国人民银行等七部门《关于构建绿色金融体系的指导意见》、北京市《关于构建首都绿色金融体系的实施办法》，结合密云实际，北京市密云区加快发展绿色金融的实施意见。

4 月 23 日，2020 年雅安市绿色金融创新试点工作推进会在中国人民银行雅安市中心支行召开，会上介绍了雅安市绿色金融工作的开展情况。雅安植被覆盖率达 67%，居四川省第一。四川省委十一届三次全会为雅安指明了未来五年发展目标——加快建设绿色发展示范市。其中，绿色金融是绿色产业发展的跨越式发展的"推进器"。

4 月，安吉农商银行及时与县政府对接，创新推出了"美丽乡村"建设链贷款。利用资金的提前介入为整体创建提供了启动资金，行政村可利用政府美丽乡村建设奖励资金以及项目自身收益归还贷款，并按基准利率下调 10%为建设项目提供金融支持。

5月

5月5日，香港金融管理局（金管局）和证券及期货事务监察委员会（证监会）共同发起成立绿色和可持续金融跨机构督导小组（督导小组）。其他成员包括环境局、财经事务及库务局、香港交易及结算所有限公司（香港交易所）、保险业监管局（保监局）及强制性公积金计划管理局（积金局）。

5月7日，生态环境部部长黄润秋主持召开部务会议，审议并原则通过新修订的《生态环境部工作规则》。生态环境部党组书记、副部长孙金龙出席会议。会议认为，党的十八大以来，以习近平同志为核心的党中央把生态文明建设摆在治国理政的重要位置，确立习近平生态文明思想，推动生态环境保护取得了历史性成就、发生了历史性变革，生态环境治理体系建设取得重大突破，生态环境质量显著改善。前几任部领导班子为此付出了大量心血，也积累了宝贵经验，为新一届领导班子接续奋斗打下良好基础。

5月8日，最高人民法院发布环境资源审判白皮书。全国法院通过依法审理环境资源案件，促进生态环境改善和资源高效利用。白皮书显示，全国法院受理各类环境资源民事一审案件202 671件，审结189 120件，同比分别上升5.6%、3.5%；受理各类环境资源行政一审案件47 588件，审结42 078件，同比分别上升12.7%、0.8%。

5月14日，为进一步落实党中央、国务院关于做好企业复工达产工作的决策部署，推动地方法人金融机构加大对涉农、小微企业和民营企业的信贷投放，同时，充分发挥广州市绿色金融改革创新试验区政策优势，再贷款政策支持小微和民营企业宣讲会暨绿色金融推动城乡融合发展融资对接会在广州花都召开。

5月19日，为切实加强快递包装绿色治理工作，全面推进行业绿色发展，国家邮政局印发了《关于开展邮政业绿色网点和绿色分拨中心建设试点工作的通知》（以下简称《通知》），选取北京、河北、辽宁、江苏、浙江、河南、湖南、广东、四川、陕西共计十个省（直辖市）部署开展邮政业绿色网点和绿色分拨中心建设试点工作。

5月19—26日，为促进清洁能源高质量发展，国家能源局综合司关于公开征求《关于建立健全清洁能源消纳长效机制的指导意见（征求意见稿）》意见的公告。

5月20日，香港货币及金融研究中心发表题为《香港银行业金融科技采用和创新》的首份应用金融研究报告。初步分析显示，香港银行业金融科技应用初见成效，对银行表现带来正面影响，包括提升成本效益和改善盈利。

5月22日，为深入贯彻习近平总书记在民营企业座谈会上的重要讲话精神，落实《中共中央 国务院关于营造更好发展环境支持民营企业改革发展的意见》，统筹推进疫情防控和经济社会发展工作，近日国家发展改革委、科技部、工业和信息化部、生态环境部、银保监会、全国工商联六部门联合印发了《关于营造更好发展环境 支持民营节能环保企业健康发展的实施意见》。

5月22日，人民银行发布2020年第3号工作论文《气候相关金融风险——基于央行职能的分析》。该论文称，鼓励金融机构将气候相关风险纳入风险管理框架、加强应对气候相关金融风险的政策协调与合作、推动构建统一的绿色金融标准等途径，提升对气候相关风险的识别、预警与前瞻性应对。

5月25日，从内蒙古大兴安岭重点国有林管理局获悉，目前我国最大国有林区——内蒙古大兴安岭重点国有林区已完成5笔林业碳汇交易，共计191万元，这标志着内蒙古大兴安岭生态效益转化为经济效益的速度在加快。

5月25日，生态环境部部长黄润秋在2020年全国两会第二场"部长通道"接受媒体采访时表示，今年会启动第二轮第二批中央环保督察，主要围绕有关生态环境保护和生态文明建设的一些重大决策部署的落实情况，围绕老百姓反映的一些突出生态环境问题，以及污染防治攻坚战各项重点任务的落实情况开展督察。

5月25日，贺州市获批成为广西壮族自治区绿色金融改革创新示范区创建城市，这标志着贺州市绿色金融改革发展进入新征程。

5月26日，据国家发改委官网消息，近日国家发展改革委、科技部、工业和信息化部、生态环境部、银保监会、全国工商联六部门联合印发了《关于营造更好发展环境 支持民营节能环保企业健康发展的实施意见》，围绕营造公平开放的市场环境、完善稳定普惠的产业支持政策、推动提升企业经营水平、畅通信息沟通反馈机制四个方面，提出了十二条支持民营节能环保企业健康发展的政策措施。

5月29日，中国人民银行会同国家发展和改革委员会、中国证券监督管理委员会等部门起草发布了《关于印发〈绿色债券支持项目目录（2020年版）〉的通知（征求意见稿）》（以下简称《通知》）。《通知》明确，依据国家生态文明建设重大任务、生态环境保护和污染防治攻坚战工作重点、绿色产业内涵调整、技术标准更新等具体情况和国内绿色债券市场发展的内在需求，适时对《绿色债券目录》（2020年版）进行调整和修订。其中，对建筑节能与绿色建筑、固体废弃物综合利用、矿山生态环境恢复、资源循环利用装备制造、生物质资源综合利用等作出明确界定。

5月，人民银行等部委发布的《关于金融支持粤港澳大湾区建设意见》提出建立粤港澳大湾区绿色金融合作工作机制，为联盟的成立提供了重要的依据。

6月

6月2日，生态环境部发布关于公开征求《建设项目环境影响评价分类管理名录（2020年版，征求意见稿）》《生态环境部建设项目环境影响报告书（表）审批程序规定（征求意见稿）》意见的通知。

6月3日，世界经济论坛（World Economic Forum）就"世界的复兴"（The Great Reset）主题举办了线上讨论会。英国威尔士亲王查尔斯王储、联合国秘书长安东尼奥·古特雷斯、国际货币基金组织总裁克里斯塔利娜·格奥尔基耶娃以及来自全球学界、商界的专家和意见领袖出席了会议。中国金融学会绿色金融专业委员会主任马骏应邀在会上就绿色刺激政策等议题发表了观点。全球 900 多家企业的 CEO 和高管以及 22 万民观众观看了讨论会。

6月4日，银保监会相关部门负责人表示，银行业保险业将加大对"两新一重"（新型基础设施、新型城镇化和涉及国计民生的重大项目）的资金支持，大力发展科技金融、绿色金融、消费金融，加大金融扶贫力度。充分发挥保险的风险保障功能，支持依法合规创新，引导保险资金为实体经济提供长期稳定的资金支持。

6月5日，第49个"世界环境日"。在这全球关注环境保护的重要时间节点上，素有"绿色银行"美誉的兴业银行，刚刚签约支持无锡市首笔节水型企业复工复产专项贷款，助力环保企业恢复正常生产经营和后续高质量发展。

6月9日，环境部发布《关于在疫情防控常态化前提下积极服务落实"六保"任务 坚决打赢打好污染防治攻坚战的意见》。

6月12日，国务院办公厅日前印发《生态环境领域中央与地方财政事权和支出责任划分改革方案》（以下简称《方案》）。《方案》指出，要以习近平新时代中国特色社会主义思想为指导，全面贯彻党的十九大和十九届二中、三中、四中全会以及中央经济工作会议精神，贯彻落实习近平生态文明思想，坚持绿水青山就是金山银山，健全充分发挥中央和地方两个积极性体制机制，适当加强中央在跨区域生态环境保护等方面事权，优化政府间事权和财权划分，建立权责清晰、财力协调、区域均衡的中央和地方财政关系，形成稳定的各级政府事权、支出责任和财力相适应的制度，坚决打好污染防治攻坚战，加快构建生态文明体系，推进生态文明体制改革，为推进美丽中国建设、实现人与自然和谐共生的现代化提供有力支撑。

6月17日，为进一步加快焦化行业转型升级，促进焦化行业技术进步，提升资源综合利用率和节能环保水平，推动焦化行业高质量发展，日前工信部发布关于《焦化行业规范条件》的公告。

6月18日，贵州生态日，贵州省金融学会联合贵州省社科联在贵州饭店举办了"贵州生态日绿色金融助推脱贫攻坚论坛"。论坛旨在总结和推广当前绿色金融助推脱贫攻坚领域的主要做法和取得的成效，为绿色金融业务更好的支持脱贫攻坚项目提供有益的经验借鉴。同时向全省金融机构和社会各界，宣传和推广《绿色金融术语（试行）》《绿色债券信用评级规范（试行）》《金融机构环境信息披露指南（试行）》和《环境权益融资工具（试行）》四项绿色金融国家标准，为贵州省绿色金融改革创新发展和绿色金融助推脱贫攻坚事业提供业务指引。

6月18日，贵州省金融学会绿色金融专业委员会2018—2019年度优秀研究成果获奖名单出炉，《贵安新区绿色金融创新研究报告》获二等奖。

6月22日，国家市场监督管理总局对《大气污染物综合排放标准》（GB 16297—1996）等11项环保强制性国标拟立项修订征求意见。

6月24日，生态环境部印发的《2020年挥发性有机物治理攻坚方案》文件要求"加快完善环境空气VOCs监测网。加强大气VOCs组分观测，完善光化学监测网建设，提高数据质量，建立数据共享机制。已开展VOCs监测的城市，要进一步规范采样和监测方法，加强设备运维和数据质控，确保数据真实、准确、可靠。尚未开展VOCs监测的城市，要参照《2020年国家生态环境监测方案》《关于加强挥发性有机物监测工作的通知》，抓紧加强能力建设，开展相关监测工作"。

6月30日，生态环境部召开6月例行新闻发布会，发布会由生态环境部新闻发言人刘友宾主持，法规与标准司司长别涛、生态环境部环境标准研究所副所长王海燕介绍生态环境保护法规标准相关工作情况，并回答记者提问。

7月

7月1日，为贯彻落实《中华人民共和国环境影响评价法》，深化环评改革，推动环评与排污许可数据衔接，我部对《建设项目环评审批基础信息表》进行修订，形成征求意见稿，现公开征求意见。

7月7日，生态环境部与欧盟等有关方面通过视频形式共同举办第四届气候行动部长级会议。生态环境部部长黄润秋作为中方联席主席出席会议并致辞。

7月7日，上海市人民政府、江苏省人民政府、浙江省人民政府印发《关于支持长三角生态绿色一体化发展示范区高质量发展的若干政策措施》的通知。

7月8日，为进一步规范国内绿色债券市场，统一国内绿色债券支持项目和领域，依据《关于构建现代环境治理体系的指导意见》《关于构建绿色金融体系的指导意见》（银发〔2016〕228号），中国人民银行会同国家发展和改革委员会、中国证券监督管理委员会起草了《关于印发〈绿色债券支持项目目录（2020年版）〉的通知（征求意见稿）》，现向社会公开征求意见。

7月9日，国际能源署（IEA）召开了清洁能源转型全球峰会，共有40个国家的代表参与了此次会议。联合国秘书长古特雷斯在会上督促各国停止对煤炭行业的投资并承诺停止新建煤电站，以实现向清洁能源的转型。

7月13日，国家发改委下达中央预算内投资93亿元，支持一批城镇生活污水垃圾处理、资源节约循环利用、环境污染治理重点项目建设。此外，长江经济带城镇污水垃圾处理设施建设、尾矿库污染治理项目获得35.8亿元，长江经济带中西部省份农业面源污染综合治理获得11亿元。至此，进入7月以来，环境治理项目获得中央预算内投资已达139.8亿元，有望撬动更多社会资金投入。

7月14日，生态环境部环境与经济政策研究中心向社会公开发布《公民生态环境行为调查报告（2020年）》，覆盖《公民生态环境行为规范（试行）》中10类行为领域，并重点关注生态环境、践行绿色消费、参加环保志愿活动和污染防治攻坚战公众评价等专题。

7月15日，坚实的产业基础和技术支撑是加强生态文明建设、推动绿色发展、建设美丽中国的重要保障。为搭建绿色发展促进平台，不断提高绿色产业发展水平，国家发展改革委办公厅发布关于组织开展绿色产业示范基地建设的通知。

7月15日，作为落实习近平生态文明思想、建设美丽中国和推动经济高质量发展的重要举措，国家绿色发展基金股份有限公司正式揭牌运营。上海市委书记李强，财政部部长刘昆，生态环境部部长黄润秋，上海市委副书记、代市长龚正通过视频连线方式共同为国家绿色发展基金股份有限公司揭牌。

7月17日，上海银行首批投资参与国家绿色发展基金，出资人民币20亿元。以此为契机，该行正式发布《上海银行绿色金融行动方案》，设立200亿元专项信贷额度，将绿色金融服务范围进一步延伸，构建"绿色金融+"服务体系，将生态环境产业、基础设施绿色升级、绿色消费、绿色贸易、新能源汽车、物流运输等纳入服务范围。

7月18日，贵安新区绿色金融管委会统计，2019年贵安新区绿色金融纳税达2.08亿元，较2018年增长3 000余万元。

7月21日，山东省人民政府颁布《山东省人民政府关于调整实施部分省级行政权力事项的决定》，将环评审批、危废许可等多项审批权下放。

7月21日，中国人民银行发布《关于印发〈银行业存款类金融机构绿色金融业绩评价方案〉的通知（征求意见稿）》（以下简称《方案》），对2018年7月发布的《关于开展银行业存款类金融机构绿色信贷业绩评价的通知》（银发〔2018〕180号）进行了更新。

7月23日，按照深圳市人大常委会本年度立法计划工作安排，深圳市人大常委会预算工委组织起草了《深圳经济特区绿色金融发展条例（草案）》，已经深圳市六届人大常委会第四十二次会议第一次审议。深圳市人大常委会法工委根据审议意见修改完善，形成了《深圳经济特区绿色金融条例（征求意见稿）》。

7月24日，住房和城乡建设部、国家发展改革委、教育部、工业和信息化部、人民银行、国管局、银保监会关于印发绿色建筑创建行动方案的通知，为贯彻落实习近平生态文明思想和党的十九大精神，依据《国家发展改革委关于印发〈绿色生活创建行动总体方案〉的通知》（发改环资〔2019〕1696号）要求，决定开展绿色建筑创建行动。

7月24日，在"广东股权交易中心绿色环保板企业专场挂牌仪式暨业务推介会"上，花都区5家绿色环保板企业成功挂牌，包括广东友安应急消防科技股份有限公司、毅峰（广州）汽配制造股份有限公司、广州市虹烨光电有限公司、广东快女生物技术有限公司、广州市鸿益塑料有限公司。

7月26日，市场监管总局、发展改革委、科技部、工业和信息化部、生态环境部、住房城乡建设部、商务部、国家邮政局八部门联合印发《关于加强快递绿色包装标准化工作的指导意见》（以下简称《意见》），提出到2022年年底前，制定实施快递包装材料无害化强制性国家标准，基本建立覆盖全面、重点突出、结构合理的快递绿色包装标准体系。

7月28日，生态环境部召开7月例行新闻发布会。科技与财务司司长邹首民出席发布会，向媒体介绍科技助力打赢打好污染防治攻坚战。生态环境部新闻发言人刘友宾主持发布会，通报近期生态环境保护重点工作进展，并共同回答了记者关注的问题。

7月28日，发改委发布《关于加快落实新型城镇化建设补短板强弱项工作 有序推进县城智慧化改造的通知》。通知指出四个方面的重点方向：一是夯实新型基础设施支撑；二是提升公共服务治理水平，依托已有基础集约推进政务信息化建设；三是强化标准协同、系统对接，推进应急、市政、交通、卫健、社区等公共领域部门间数据整合共享；四是优化产业发展数字环境。

7月29日，清华大学绿色金融发展研究中心主任、中国金融学会绿色金融专业委员会主任马骏博士应邀在"环境信息披露助力经济绿色复苏"研讨会暨CDP中国2019年度报告发布会上发表了题为"疫情后的绿色金融新趋势"的主题演讲，介绍了国内外绿色金融和环境信息披露相关的最新进展。

7月31日，广东省地方金融监管局联合人民银行广州分行、广东银保监局、广东证监局、人民银行深圳市中心支行、深圳银保监局、深圳证监局共同印发《关于贯彻落实金融支持粤港澳大湾区建设意见的实施方案》。针对意见提出的26项工作任务，广东结合实际提出80条具体措施，并明确落实各项措施的责任单位。

7月31日，中国钢铁工业协会党委书记、执行会长何文波在江苏连云港举行的中国钢铁工业协会六届二次理事（扩大）会议上指出，"十四五"期间，中国将全面落实钢铁行业超低排放，要拓展节能减排新途径，实现钢铁工业绿色可持续发展。

8月

8月4日，从银保监会官网获悉，山西银保监局下发《关于进一步加强绿色金融工作的通知》（以下简称《通知》），对辖内银行保险机构下一阶段的绿色金融工作做出重点部署。山西银保监局表示，《通知》的下发旨在进一步提升绿色金融发展质效，促进山西省资源型经济转型发展，改善环境整体质量。

8月5日，香港交易所计划设立全新可持续及绿色交易所STAGE，STAGE为亚洲首个可持续金融资讯平台，并致力成为区域内领先的可持续及绿色金融产品资讯枢纽。

8月10日，广州市地方金融监管局与花都区政府共同举办"绿色赋能、开放融通"FT账户助力绿色金融与绿色产业协同发展政策宣讲会。会上，花都绿色金融改革创新试验区正式开展FT账户创新试点工作。

8月11日，湖州绿色金融纠纷调处法官工作室在浙江省湖州市中级人民法院正式揭牌，旨在通过整合司法审判、金融监管、行业调处资源，深化金融纠纷多元化解机制，推进诉源治理工作向纵深发展。

8月12日，生态环境部发布《污染影响类建设项目综合重大变动清单（试行）》（征求意见稿）。旨在加强建设项目环境影响评价管理，规范建设项目重大变动判定，做好建设项目环评与排污许可衔接。

8月13日，人民银行济南分行联合山东省地方金融监管局、省发展改革委、省工信厅、省财政厅、省生态环境厅、省住建厅、山东银保监局、山东证监局九部门，制定下发《关于发展绿色金融 服务生态文明建设和高质量绿色发展的实施意见》（以下简称《实施意见》），在省级层面规划设计绿色金融体系建设，进一步强化全省绿色金融发展的政策依据和制度保障。

8月20日，国内首家赤道银行——兴业银行自主研发的绿色金融业务"点绿成金"系统二期项目成功上线。该系统是国内首个由金融机构自主研发的绿色金融IT支持平台，也是目前国内金融机构领先的绿色金融专业系统。

8月20日，全国绿色金融改革创新试验区（以下简称"试验区"）第三次联席会议日前在贵州贵安新区召开。

8月，广东省金融监督管理局会同几个部门制定了《关于贯彻落实金融支持粤港澳大湾区建设意见的实施方案》，明确提出要推动组建粤港澳大湾区绿色金融联盟。深圳市在《深圳市建设先行示范区的行动方案》等多个文件中也明确提出支持大湾区绿色金融联盟的成立。该联盟的建立也得到了香港和澳门政府和金融监管部门的大力支持。

8月20日，住建部于就《城镇排水许可管理办法（征求意见稿）》公开征求意见，旨在加强对污水排入城镇排水管网的管理，保障城镇排水与污水处理设施安全运行，防治城镇水污染。

8月20日，江苏省人民政府发布了《江苏省政府投资管理办法》（以下简称《办法》），《办法》提到，政府投资资金应当投向市场不能有效配置资源的社会公益服务、公共基础设施、农业农村、生态环境保护、重大科技进步、社会管理、国家安全等公共领域的项目，以非经营性项目为主。

8月25日，中国央行研究局局长王信在晚间举行的国是论坛"能源中国"第二期上表示，近年来中国绿色金融基础性制度体系日臻完善，已形成绿色金融可持续发展的"四大支柱"。而在制订"十四五"规划时，要强化各项复苏政策的绿色因素，应就绿色发展和应对气候变化未来的路径作系统性安排。

8月25日，为深入贯彻落实习近平生态文明思想，按照中央统筹推进常态化疫情防控和经济社会发展的有关安排，根据《中央生态环境保护督察工作规定》，经党中央、国务院批准，近日，第二轮第二批中央生态环境保护督察将全面启动。已组建7个中央生态环境保护督察组，分别负责对北京、天津、浙江3个省（直辖市），中国铝业集团有限公司、中国建材集团有限公司2家中央企业开展督察进驻工作，并对国家能源局、国家林业和草原局2个部门开展督察试点。

8月29日，由安永及对外经济贸易大学联合举办的"绿色基金发展研讨会暨中国绿色基金50人联盟成立"网络研讨会圆满结束。本次研讨会着眼可持续发展，聚焦资产管理，直击金融行业热点。会上，业内专家及安永相关领域的专业人员进行了交流对话，就中国如何推动绿色基金的大力发展及资管行业如何开展绿色投资、ESG投资等热点议题开展研讨。

8月，为推动落实《巴黎协定》的实质承诺，进一步助力重庆在推进长江经济带绿色发展中发挥示范作用，近期重庆银行联合重庆市金融学会、清华大学绿色发展研究中心开展"重庆市支持绿色低碳发展目标的绿色金融路线图"课题研究，并于8月31日召开课题结题会议。

9月

9月1日,《中华人民共和国固体废物污染环境防治法》将开始实施,新《固废法》规定,产生、收集、贮存、运输、利用、处置固体废物的单位未依法及时公开固体废物污染环境防治信息的,由生态环境主管部门责令改正,处五万元以上二十万元以下的罚款,没收违法所得;情节严重的,报经有批准权的人民政府批准,可以责令停业或者关闭。

9月2日,李克强总理在国务院常务会议上表示,治理大气污染、改善空气质量,是群众所盼、民生所系。要进一步加强大气污染科学防治、促进绿色发展。当天会议听取大气重污染成因与治理攻关项目研究成果汇报。

9月7日,2020中国国际金融年度论坛昨日在北京举行,本次会议主题为"新金融、新开放、新发展",中国银保监会政策研究局一级巡视员叶燕斐出席并发表主题演讲。

9月10日,上海正式启动绿色金融战略合作。当日,上海市生态环境局和兴业银行上海分行签署"战略合作协议"。根据协议,双方将立足上海打好打赢污染防治攻坚战,加快构建现代环境治理体系,打好"绿色金融"牌,进一步创新环境治理金融机制、激发市场主体活力、优化营商环境、服务企业发展。双方将加强在生态环境信用信息共享、上海和长三角绿色重大项目推进、绿色金融产品创新、环保宣传教育和公益活动等方面的合作。

9月11日,央行与监管机构绿色金融网络(NGFS)发布《金融机构环境风险分析综述》和《案例集》。

9月12日,在江苏南京召开的绿色金融助力美丽江苏建设理论研讨会上发布的《江苏省绿色金发展报告(2019)》,展现了2019年度江苏省绿色金融发展全景,对江苏省绿色金融助力绿色发展未来趋势作出展望。

9月12日,由新华报业传媒集团《金融汇》杂志、江苏省金融业联合会、中研绿色金融研究院共同主办的绿色金融助力美丽江苏建设理论研讨会暨江苏省绿色金融发展报告(2019)发布会在南京召开,来自政、产、学、研等多领域的专家学者为绿色发展与美丽江苏的建设建言献策。

9月19日,中国金融学会绿色金融专业委员会(简称绿金委)举行2020年会暨中国绿色金融论坛。年会由绿金委、中国人民大学重阳金融研究院、中央财经大学绿色金融国际研究院、清华大学绿色金融发展研究中心、北京绿色金融与可持续发展研究院、工商银行现代金融研究院、湖州市人民政府金融工作办公室、CFA Institute 联合主办。

9月22日,国家主席习近平在第七十五届联合国大会一般性辩论上发表重要讲话时表示,中国将提高国家自主贡献力度,采取更加有力的政策和措施,二氧化碳排放力争于2030年前达到峰值,努力争取2060年前实现碳中和。各国要树立创新、协调、绿色、开放、共享的新发展理念,抓住新一轮科技革命和产业变革的历史性机遇,推动疫情后世界经济"绿色复苏",汇聚起可持续发展的强大合力。

9月22日,中国社会科学院学部委员、国家金融与发展实验室理事长李扬在广州举办的

"绿色金融发展论坛暨 ESG 前沿研究"活动上表示，绿色金融成了粤港澳大湾区政策的关键词和高频词。

9月24日，上海市工商业联合会、上海市生态环境局举办战略合作签署仪式，上海银行与上海市工商业联合会签署支持绿色产业发展合作协议，并共同见证"上海市企业绿色发展联盟"揭牌。

9月24日，"一带一路"绿色投资原则（GIP）第二次全体会议在北京召开。来自全球40多个金融机构和国际组织的近140名代表通过线下参会或线上接入的方式出席会议。会上，秘书处发布了首份GIP年度进展报告，从公司治理和战略、可持续性风险评估和管理、投资组合绿色化以及信息披露四个角度，评估了各签署机构对原则的落实情况，并指出了需要在未来重点推进的工作领域。

9月26日，在INCLUSION·外滩大会的"金融科技—绿色金融的创新时代"论坛上，清华大学国家金融研究院金融与发展研究中心主任、中国金融学会绿色金融专业委员会主任马骏表示，绿色金融有很多内容，归类为"五大支柱"，即界定标准、环境信息披露要求、激励机制、产品体系、要在地方搞试点。

9月29日，生态环境部发布《京津冀及周边地区、汾渭平原2020—2021年秋冬季大气污染综合治理攻坚行动方案（征求意见稿）》。

9月29日，福建省南平市举办了2020中国资产管理武夷峰会，邀请了全国各地资管业内人士，共论资管行业在新形势下的发展机遇与挑战。这是南平举办的首届资管峰会，也是其发展绿色产业和绿色金融的一个缩影。

9月30日，习近平主席在联合国生物多样性峰会上发表讲话：绿色经济是人类发展的潮流，也是促进复苏的关键。中欧都坚持绿色发展理念，致力于落实应对气候变化《巴黎协定》。提出中国将提高国家自主贡献力度，力争2030年前二氧化碳排放达到峰值，2060年前实现碳中和，中方将为此制定实施规划。我们愿同欧方、法方以明年分别举办生物多样性、气候变化、自然保护国际会议为契机，深化相关合作。

10月

10月8日，为宣传介绍我国绿色金融改革创新的政策框架、市场体系、有益经验和最佳实践，为各国投资者参与我国绿色金融市场提供参考，为国内其他省区开展绿色金融改革创新提供借鉴，人民银行研究局牵头编著出版了《中国绿色金融发展报告（2019）》和《绿色金融改革创新案例汇编》。

10月15日，福建省人民政府办公厅发布《福建省人民政府办公厅关于印发三明市、南平市省级绿色金融改革试验区工作方案的通知》。经省政府研究，同意三明市、南平市创建省级绿色金融改革试验区。

10月15日，第42届国际货币与金融委员会（IMFC）会议以视频会议形式召开，会议主要讨论了全球政策议程和国际货币基金组织及各国对新冠肺炎疫情的政策应对等议题。中国人民银行行长易纲、副行长陈雨露出席会议。

10月18日，国家发改委官网发布了《深圳建设中国特色社会主义先行示范区综合改革试点首批授权事项清单》（以下称《清单》）。《清单》共40项首批授权事项清单，其中第24项为"完善金融支持科技创新的体制机制"，具体包括：（1）鼓励深圳银行业金融机构在风险可控、商业可持续的前提下，与外部投资机构加强合作，积极探索多样化的科技金融服务模式；（2）支持深圳积极发展绿色金融和金融科技，申建绿色金融改革创新试验区；（3）支持构建绿色技术市场导向创新体系。（4）探索完善绿色金融组织体系、标准体系、信息化管理体系，推动金融科技和绿色金融融合发展。

10月19日，中国金融学会绿色金融专业委员会（简称绿金委）举行2020年会暨中国绿色金融论坛。绿金委主任马骏指出，展望下一年度，绿金委将积极参与"十四五"绿色金融规划研究，以工作组形式继续推动绿色金融产品创新，推动对外投资环境风险管理制度的建设，继续推动GIP和多边、双边国际合作。

10月20日，财政部、发展改革委、国家能源局发布关于《关于促进非水可再生能源发电健康发展的若干意见》有关事项的补充通知。

10月20日，广州市黄埔区、广州开发区绿色金融项目发布会暨"开绿融"上线仪式在广州科学城举办，会上首批76家绿色企业和项目名单发布。"一支行两中心"揭牌成立，"开绿融"系统全面上线，进一步提升了绿色金融服务实体经济的能力。

10月22日，2020金融街论坛，在"深化中英绿色金融合作，推动经济可持续复苏"分论坛上，与会专家畅谈未来中英两国如何深化绿色金融合作，对接绿色金融标准，开拓绿色债券与ES投资市场，共同推动疫情后经济可持续复苏等问题。

10月26日，生态环境部、发改委、人民银行、银保监会、证监会发布关于促进应对气候变化投融资的指导意见，目标到2025年，促进应对气候变化政策与投资、金融、产业、能源和环境等各领域政策协同高效推进，气候投融资政策和标准体系逐步完善，基本形成气候投融资地方试点、综合示范、项目开发、机构响应、广泛参与的系统布局，引领构建具有国际影响力的气候投融资合作平台，投入应对气候变化领域的资金规模明显增加。

10月30日，浙江银保监局联合省经信厅、省生态环境厅、省住房和城乡建设厅等部门出台《关于金融支持浙江经济绿色发展的实施意见》（以下简称《实施意见》）指出，全面总结推广绿色金融良好经验做法，强化金融与产业绿色化协同发展，支持银行保险机构先行先试，加快发展绿色金融业务。

10月30日，工业和信息化部发布了关于公布第五批绿色制造名单的通知，其中，绿色工厂719家、绿色设计产品1 073种、绿色工业园区53家、绿色供应链管理企业99家。

10月31日，兰州新区出台《兰州新区绿色金融发展奖励政策（试行）》（以下简称《奖励政策》），明确兰州新区绿色金融改革创新试验区将设立绿色金融发展专项资金，统筹安排10亿元资金，用于鼓励和支持绿色金融改革创新，新设或迁入全国性金融机构总部一次性奖励1 000万元。

11月

11月1日，《南京市生活垃圾管理条例》实施，标志着南京正式进入垃圾分类时代。为响应垃圾分类政策，践行绿色生活理念，近日，兴业银行南京分行开展了一场别开生面的员工活动，旨在普及环保知识，提升员工的生态文明意识。活动以线上答题的形式开展，题目涉及垃圾分类、绿色金融、江苏生态文明20条等，超千名员工踊跃参与了答题活动。

11月3日，新华社发布中共中央关于制定国民经济和社会发展第十四个五年规划和二〇三五年远景目标的建议。其中提到：持续改善环境质量。增强全社会生态环保意识，深入打好污染防治攻坚战。继续开展污染防治行动，建立地上地下、陆海统筹的生态环境治理制度。强化多污染物协同控制和区域协同治理，加强细颗粒物和臭氧协同控制，基本消除重污染天气。治理城乡生活环境，推进城镇污水管网全覆盖，基本消除城市黑臭水体。推进化肥农药减量化和土壤污染治理，加强白色污染治理。加强危险废物医疗废物收集处理。完成重点地区危险化学品生产企业搬迁改造。重视新污染物治理。全面实行排污许可制，推进排污权、用能权、用水权、碳排放权市场化交易。完善环境保护、节能减排约束性指标管理。完善中央生态环境保护督察制度。积极参与和引领应对气候变化等生态环保国际合作。

11月4日，杭州市领导干部新时代美丽杭州建设专题培训班，其中开展绿色金融培训：《后疫情时代的金融、环境与发展》，中国人民大学重阳金融研究院执行院长王文受邀主讲。

11月6日，强制披露环境信息、建立绿色金融管理制度、投资项目需进行绿色评估，深圳的金融机构明年起将迎来这些变化。《深圳经济特区绿色金融条例》已经市人大常委会会议表决通过，将于2021年3月1日起正式实施，这是全国首部绿色金融地方性法规。

11月9日，香港金融管理局与国际金融公司签署合作协议，成立"绿色商业银行联盟"。此联盟以亚洲为起点，将逐步扩展至全球其他地区，旨在汇聚银行、其他金融机构、研究机构、技术创新企业的力量，协助银行业界应对气候变化及推进绿色金融业务。

11月11日，《南宁市建设绿色金融改革创新示范区工作方案》（以下简称《方案》）印发。根据创建目标，南宁市将通过5年左右的时间，逐步提高绿色信贷、绿色债券、绿色股权融资等在社会融资规模中的占比，构建起组织体系完善、产品服务丰富、政策支持有力、基础设施完备、稳健安全运行的绿色金融服务体系，探索形成可复制、可推广经验，有效提升绿色金融服务的覆盖率、可得性和满意度，助推面向东盟的金融开放门户建设。积极申报国家级绿色金融改革试验区，为全国绿色金融改革提供示范样本。

11月28日，2020中国金融学会学术年会暨中国金融论坛年会在北京举行。在本次年会的分论坛上，多位专家围绕"绿色金融与3060目标"主题进行交流。

11月12日，习近平总书记在第三届巴黎和平论坛的致辞：全球变暖不会因疫情停下脚步，应对气候变化一刻也不能松懈。我们要落实好应对气候变化《巴黎协定》，恪守共同但有区别的责任原则，为发展中国家特别是小岛屿国家提供更多帮助。中国愿承担与自身发展水平相称的国际责任，继续为应对气候变化付出艰苦努力。

11月12日，为适应新形势、落实新要求，进一步规范和指导产业园区规划环评工作，促进园区绿色发展和区域生态环境质量改善，根据《中华人民共和国环境影响评价法》《规划环境影响评价条例》的要求，生态环境部组织起草了《规划环境影响评价技术导则 产业园区（征求意见稿）》和编制说明，现公开征求意见。

11月13日，由国务院发展研究中心主办、中国发展研究基金会承办的中国发展高层论坛2020年会经济峰会举行。中外嘉宾围绕"全球经济复苏""数字经济""绿色发展"等话题展开讨论。

11月14日，"江西省发展绿色金融，推动绿色经济高质量发展"座谈会在南昌召开，多位专家学者齐聚此间，为江西绿色金融发展建言献策。

11月16日，中国建设银行广州市绿色金融改革创新试验区花都分行成功举办，绿色信贷余额突破50亿元！

11月17日，习近平主席在金砖国家领导人第十二次会晤上的讲话：二十国集团要继续发挥引领作用，在《联合国气候变化框架公约》指导下，推动应对气候变化《巴黎协定》全面有效实施。

11月20日，北京通州区人民政府开展北京绿色金融改革创新试验区方案论证会，中国人民大学重阳金融研究院受邀参加。

11月21日，国际金融论坛（IFF）全球绿色金融创新奖颁奖仪式在广州举行。华夏银行以其独家承接的世界银行"京津冀大气污染防治融资创新项目"获得"2020全球绿色金融创新奖"，成为唯一一家获得该奖项的银行业金融机构。

11月22日，习近平总书记在二十国集团领导人利雅得峰会"守护地球"主题边会上的致辞：中国为达成应对气候变化《巴黎协定》作出重要贡献，也是落实《巴黎协定》的积极践行者。

11月24日，2020中新金融峰会"绿色金融助力陆海新通道绿色发展"专题会议在重庆来福士洲际酒店举行，各位嘉宾通过线上线下结合的方式发表了精彩的演讲，并针对绿色金融当前面临的一些核心问题展开了讨论。

11月25日，生态环境部印发《关于进一步加强产业园区规划环境影响评价工作的意见》（以下简称《意见》），这是新形势下落实"放管服"总体部署，助力新发展格局，全面规范和指导产业园区规划环评工作，源头推进绿色发展的重要举措。

11月27日，为进一步推动天津市绿色金融创新发展，日前，中国人民银行天津分行印发了十条重磅措施，即《关于进一步推动天津市绿色金融创新发展的指导意见》（简称"天津绿金十条"）。

11月29日，在"中国高校绿色金融研究联盟2020年会暨绿色金融发展高峰论坛"上，年度绿色金融研究报告——《长三角"40+1"城市群绿色金融发展竞争力研究（2020）》发布。

11月，为贯彻落实党中央、国务院关于构建生态文明体系的决策部署，推动保护和改善生态环境，加快形成符合我国国情、具有中国特色的生态保护补偿制度体系，国家发展改革委在前期广泛调研和专家论证的基础上，研究起草了《生态保护补偿条例（公开征求意见稿）》。

12 月

12 月 2 日，由中国证券报主办的 2020 证券公司金牛奖榜单评选结果正式出炉，财通证券股份有限公司（下称财通证券）荣获证券公司绿色金融奖。

12 月 3 日，生态环境部发布《建设项目环境影响评价分类管理名录（2021 年版）》（以下简称《名录》）。《名录》修订是生态环境领域贯彻落实"放管服"改革，优化营商环境的重要举措，是做好"六稳"工作，落实"六保"任务的具体体现，对进一步规范环评分类管理，促进中小微企业绿色发展，助推经济高质量发展具有重要意义。

12 月 8 日，为进一步加强环保信用建设，有效提升绿色金融服务质效，切实加大对绿色、低碳、循环经济的支持，加快推进生态环境治理体系和治理能力现代化，中国银保监会江苏监管局、江苏省生态环境厅联合出台了《关于加强环保信用建设推进绿色金融工作的指导意见》。

12 月 10 日，由人民银行、浙江省政府指导，人民银行杭州中心支行、浙江省地方金融监督管理局和湖州市政府主办的"绿水青山就是金山银山"理念引领下的中国绿色金融改革创新研讨会的圆桌论坛之一"绿色金融支持应对气候变化的国际经验"在浙江湖州召开，中国金融学会绿色金融专业委员会主任马骏主持论坛，多位专家进行了交流讨论。

12 月 12 日，习近平主席在气候雄心峰会上的讲话：中国力争于 2030 年前二氧化碳排放达到峰值、2060 年前实现碳中和。实现这个目标，中国需要付出极其艰巨的努力。我们认为，只要是对全人类有益的事情，中国就应该义不容辞地做，并且做好。中国正在制定行动方案并已开始采取具体措施，确保实现既定目标。中国这么做，是在用实际行动践行多边主义，为保护我们的共同家园、实现人类可持续发展作出贡献。

12 月 16—18 日，中央经济工作会议在北京举行。中共中央总书记、国家主席、中央军委主席习近平，中共中央政治局常委、国务院总理李克强，中共中央政治局常委栗战书、汪洋、王沪宁、赵乐际、韩正出席会议。习近平总书记在会上发表重要讲话，总结 2020 年经济工作，分析当前经济形势，部署 2021 年经济工作。李克强总理在讲话中对明年经济工作作出具体部署，并作了总结讲话。

12 月 21 日，中英金融机构环境信息披露试点工作组第八次会议以线上线下相结合的方式在北京召开。本次会议由绿金委、中国工商银行现代金融研究院和 UNPRI（联合国责任投资原则组织）主办，北京绿色金融与可持续发展研究院承办，能源基金会支持。中国金融学会绿色金融专业委员会主任马骏、中国人民银行研究局杨娉、英国驻华大使馆金融与专业服务参赞 Rhys Gordon-Jones 等出席会议并发言。中英试点机构代表出席本次会议并对试点工作阶段性进展、未来工作进行沟通讨论。

12 月 24 日，2020 年绿色金融十大案例发布会暨绿色金融发展论坛在北京举办。会上，主办方中华环保联合会绿色金融专业委员会（以下简称专委会）正式发布了 2020 年绿色金融十大案例,《绿色金融发展报告(2018、2019)》《中国绿色债券运行状况报告(2019)》,八位专家学者围绕"发展绿色金融、建设生态文明"作了主题发言。此外,专委会新聘了五位副主任委员,与四家企业签订合作协议。

12月24日,2020年度湖州市绿色金融行业自律机制工作会议顺利召开,自律机制秘书处和成员单位代表共50余人参加会议,审议通过了第二任轮值秘书长单位农行湖州分行所作的《湖州市绿色金融行业自律机制年度工作报告》,推举工行湖州分行接任第三任轮值秘书长单位。人行湖州市中心支行、湖州市银保监分局、湖州市金融办等指导单位到会指导。

12月25日,生态环境部发布《碳排放权交易管理办法(试行)》,自2021年2月1日起施行。

12月29日,兰州新区举行绿色金融改革创新试验区建设一周年成果发布会,总结一年来新区绿色金融改革创新试验区建设取得的成就,明确下一阶段试验区建设的重点任务和努力方向,进一步引导金融资源和社会资本向兰州新区绿色企业和绿色项目集聚,助力绿色产业链高质量协同发展。

12月29日,简普科技(NYSE:JT)撰写的《2020惠州银行业绿色金融指数榜》正式发布。报告通过多个维度展现惠州绿色金融发展现状,为惠州提升绿色金融发展水平、促进绿色制造转型升级提供专业意见,助力惠州进一步树立守护绿水青山、促进经济绿色发展的城市形象。

12月30日,中国绿色金融改革创新研讨会在浙江湖州举行专家热议绿色金融支持"3060目标"的中国实践。

2020年,宝武财务公司共为宝武环科、宝武清能、欧冶链金、宝武水务、宝钢节能、宝钢气体等绿色环保类专业化公司叙做授信15笔,应授尽授、能授快授。截至2020年11月末,宝武财务公司绿色金融信贷余额约28亿元。

12月30日,中共中央总书记、国家主席、中央军委主席、中央全面深化改革委员会主任习近平主持召开中央全面深化改革委员会第十七次会议并发表重要讲话。会议审议通过了《关于加快建立健全绿色低碳循环发展经济体系的指导意见》《环境信息依法披露制度改革方案》等。

12月30日,为贯彻落实党中央、国务院有关决策部署,加快推进全国碳排放权交易市场(以下简称碳市场)建设,生态环境部编制了《2019—2020年全国碳排放权交易配额总量设定与分配实施方案(发电行业)》(以下简称《实施方案》)。同时,为确定纳入配额管理的重点排放单位名单,生态环境部请各省级生态环境主管部门提交有关材料并予以确认,在此基础上汇总形成了《纳入2019—2020年全国碳排放权交易配额管理的重点排放单位名单》。

后 记

《中国绿色金融发展研究报告2021》由中国人民大学和中国工商银行共同牵头，并由中国人民大学重阳金融研究院、中国人民大学生态金融研究中心、中国人民大学环境学院、中国工商银行现代金融研究院落实推进，旨在忠实记录中国绿色金融发展历程，深度研究中国绿色金融各个阶段各个领域的重大理论、政策和热点焦点问题，并预测未来发展趋势。

《中国绿色金融发展研究报告2021》还得到了北京环境交易所、环境规划院、环保部对外合作中心、中国国际工程咨询公司等单位的鼎力支持。中国人民大学生态金融研究中心、环境学院、财政金融学院等十几位教授、副教授、讲师参加了本年度报告的撰写，更有几十位研究生、博士生参与了数据采集、信息处理等基础性工作。中国工商银行城市金融研究所的研究员和分析师也在相关章节贡献了实践经验与研究成果。

本报告各章节撰写分工如下：

前言：蓝虹

第1章：马中、昌敦虎、白雨鑫、王子玉、周继、匡雨静

第2章：
    2.1：吴敏
    2.2：王洋
    2.3：蓝虹、陈雅函
    2.4：王晓霞、许光清
    2.5：梅德文、李建涛

第3章：
    3.1：郐志坚、陈思梦
    3.2：蓝虹、张奔
    3.3：陶恒凤、邓美华
    3.4：傅京燕、钟艺、何凤枝、庄玮琦
    3.5
        3.5.1：黄丁伟、贺晓亚
        3.5.2：万倩
    3.6：李浩东

第4章：
    4.1：殷红、严谨、邱牧远
    4.2：刘蕾、刘援
    4.3：李乐、郑军、刘援

第 5 章：殷红、张静文、张虹、邓凯馨、胡桂斌

第 6 章：王克、王佳邓

第 7 章：殷红、吴蔚、贾其容

第 8 章：马中、石磊、谭雪、陈迪、王玥、杨瑄

第 9 章：赵阳、刘援

第 10 章：刘瑞霞、冯乾

第 11 章：葛察忠、宋科、程翠云、宋祎川、吴梦雅、闫闹闹

第 12 章：程琳、刘薇、陈韵涵、沙孟维、赵嘉琳

附录：葛敏

全文由蓝虹、殷红统稿，由马中、周月秋、王文审校把关，并在 2021 年 9 月 25 日召开的 2021 中国金融学会绿色金融专业委员会年会上发布。

中国人民大学重阳金融研究院图书出版系列

一、智库新锐作品系列

百年变局．王文 贾晋京 刘玉书 王鹏 著．北京师范大学出版社．2020 年 5 月

数字中国：区块链、智能革命与国家治理的未来．王文、刘玉书 著．中信出版集团．2020 年 3 月

二、智库作品系列

财富是认知的变现．舒泰峰 著．中国纺织出版社．2021 年 12 月

称量货币时代．石俊志 著．中国金融出版社．2021 年 11 月

中国金融软实力：金融强国新支撑．中国人民大学重阳金融研究院 编著．人民出版社．2021 年 10 月

迈向绿色发展之路．翟永平 王文 主编．人民出版社．2021 年 6 月

绿色金融的机遇与展望：名家解读中国绿色发展．中国金融学会绿色金融委员会 主编．中国金融出版社．2021 年 5 月

转型的世界：对国际体系、中国及全球发展的思考．达尼洛·图尔克 著．外文出版社．2020 年 12 月

战疫——让世界更了解中国（中、英文版）．刘元春 主编．外文出版社．2020 年 12 月

世界古国货币漫谈．石俊志 著．经济管理出版社．2020 年 11 月

看好中国（罗马尼亚文），王文 著．Integral 出版社．2020 年 11 月

负利率陷阱：西方金融强国之鉴．王文 贾晋京 刘英等 著．中国金融出版社．2020 年 10 月

探讨中国发展之路——吴晓求对话九位国际顶级专家．吴晓求 等著 王文 主持．中国经济出版社．2020 年 6 月

成就、思考、展望——名家解读新中国 70 年辉煌成就．庄毓敏 主编 王文执行主编．中国

经济出版社．2020年6月

货币主权：金融强国之基石．王文 周洛华 等著．中国金融出版社．2020年5月

开启亚欧新时代：中俄智库联合研究两国共同复兴的新增量．王文［俄］谢尔盖·格拉济耶夫 主编．人民出版社．2019年11月

大金融时代——走向金融强国之路．王文 贾晋京 卞永祖等 著．人民出版社．2019年10月

中国改革开放40年与中国金融学科发展．吴晓求 主编．中国经济出版社．2019年9月

看好中国（繁体中文），王文 著．开明出版社（台北）．2019年9月

最后一场世界大战．美国挑起与输掉的战争．格拉济耶夫 著．世界知识出版社．2019年8月

强国与富民．中国人民大学重阳金融研究院 主编．中国人民大学出版社．2019年8月

强国长征路：百国调研归来看中华复兴与世界未来．王文 著．中共中央党校出版社．2019年7月

"一带一路"这五年的故事（7本六大语种）．刘伟 主编．外文出版社．2019年4月

货币起源．周洛华 著．上海财经大学出版社．2019年4月

伊朗：反妖魔化（中英波斯三语）．王文 著．伊朗纳尔出版社．2019年4月

别误读中国经济．罗思义 著．天津人民出版社．2019年2月

看好中国（英文版）．王文 著．英国莱斯出版社．2018年11月

中国改革大趋势．刘伟 主编．人民出版社．2018年10月

到人大重阳听名教授讲座（第一辑）．王文 主编 胡海滨 执行主编．中国金融出版社．2018年10月

造血金融与一带一路：中非发展合作新模式．程诚 著．中国人民大学出版社．2018年8月

新丝路、新格局——全球治理变革的中国智慧．王利明 主编．新世界出版社．2018年6月

富豪政治的悖论与悲喜．陈晨晨 著．世界知识出版社．2018年4月

"一带一路"民心相通．郭业洲 主编．人民出版社．2018年1月

看好中国：一位智库学者的全球演讲．王文．人民出版社．2017年10月

风云激荡的世界．何亚非 著．人民出版社．2017年10月

读懂"一带一路"蓝图．刘伟主编．商务印书馆．2017年8月

金砖国家：新全球化发动机．王文 刘英著．新世界出版社．2017年7月

全球治理新格局——G20的中国贡献于未来展望．贾伊楠 人大重阳 著．新世界出版

社. 2017 年 7 月

"一带一路"故事系列丛书（7 本 6 大语种）. 刘伟主编. 外文出版社. 2017 年 5 月

世界新平庸 中国新思虑. 何伟文 著. 科学出版社. 2017 年 5 月

一带一路：中国崛起的天下担当. 王义桅 著. 人民出版社. 2017 年 4 月

在危机中崛起：美国如何实现经济转型. 刘戈 著. 中信出版集团. 2017 年 4 月

绿色金融与"一带一路". 中国人民大学重阳金融研究院 中国人民大学生态金融研究中心 著. 中国金融出版社. 2017 年 4 月

破解中国经济十大难题. 中国人民大学重阳金融研究院 著. 人民出版社. 2017 年 3 月

伐谋：中国智库影响世界之道. 王文 著. 人民出版社. 2016 年 12 月

人民币为什么行. 王文 贾晋京 编著. 中信出版集团. 2016 年 11 月

中国—G20（大型画册）. 中国人民大学重阳金融研究院 著. 五洲传播出版社. 2016 年 8 月

G20 问与答. 中国人民大学重阳金融研究院 著. 五洲传播出版社. 2016 年 8 月

全球治理的中国方案. 辛本健 编著. 机械工业出版社. 2016 年 8 月

"一带一路"国际贸易支点城市研究（英文版）. 中国人民大学重阳金融研究院 著. 新世界出版社. 2016 年 8 月

2016：G20 与中国（英文版）中国人民大学重阳金融研究院 著. 新世界出版社. 2016 年 7 月

世界是通的——"一带一路"的逻辑. 王义桅 著. 商务印书馆. 2016 年 6 月

一盘大棋——中国新命运的解析. 罗思义 著. 江苏凤凰文艺出版社. 2016 年 4 月

美国的焦虑：一位智库学者调研美国手记. 王文 著. 人民出版社. 2016 年 3 月

2016：G20 与中国. 中国人民大学重阳金融研究院 著. 中信出版集团. 2016 年 2 月

"一带一路"国际贸易新格局："一带一路"智库研究蓝皮书 2015-2016. 中国人民大学重阳金融研究院 主编. 中信出版集团. 2016 年 1 月

G20 与全球治理：G20 智库蓝皮书 2015-2016. 中国人民大学重阳金融研究院 主编. 中信出版集团. 2015 年 12 月

"一带一路"国际贸易支点城市研究. 中国人民大学重阳金融研究院 著. 中信出版集团. 2015 年 12 月

从丝绸之路到欧亚大陆桥．黑尔佳·策普-拉鲁什，威廉·琼斯 主编．江苏人民出版社．2015年10月

财富新时代——如何激活百姓的钱．王永昌 主笔＆主编．中国经济出版社．2015年7月

生态金融的发展与未来．陈雨露 主编．人民出版社．2015年6月

构建中国绿色金融体系．绿色金融工作小组 著．中国金融出版社．2015年4月

"一带一路"机遇与挑战．王义桅 著．人民出版社．2015年4月

重塑全球治理——关于全球治理的理论与实践．庞中英 著．中国经济出版社．2015年3月

金融制裁——美国新型全球不对称权力．徐以升 著．中国经济出版社．2015年1月

大金融与综合增长的世界——G20智库蓝皮书2014-2015．陈雨露 主编．中国经济出版社．2014年11月

欧亚时代——丝绸之路经济带研究蓝皮书2014-2015．中国人民大学重阳金融研究院 主编．中国经济出版社．2014年10月

重新发现中国优势．中国人民大学重阳金融研究院 主编．中国经济出版社．2014年8月

谁来治理新世界——关于G20的现状与未来．中国人民大学重阳金融研究院 主编．社会科学文献出版社．2014年1月

三、学术作品系列

中国绿色金融发展报告2020．马中 周月秋 王文主编．中国金融出版社．2021年1月

经济政策不确定性与微观企业行为研究．刘庭竹 著．中国人民大学出版社．2020年11月

"一带一路"大百科．刘伟主编 王文 执行主编．湖北：崇文书局．2019年12月

中国绿色金融发展报告2019．马中 周月秋 王文主编．中国金融出版社．2019年12月

轻与重：中国税收负担全景透视．吕冰洋．中国金融出版社．2019年2月

中国绿色金融发展报告2018．马中 周月秋 王文主编．中国金融出版社．2018年7月

全球视野下的金融学科发展．吴晓求主编．中国金融出版社．2018年5月

"一带一路"投资绿色标尺．王文 翟永平主编．人民出版社．2018年4月

"一带一路"投资绿色成本与收益核算．王文 翟永平主编．人民出版社．2018年4月

中国绿色金融发展报告2017．马中 周月秋 王文主编．中国金融出版社．2018年1月

互联网金融风险与监管研究．刘志洋 宋玉颖 著．中国金融出版社．2017年9月

从万科到阿里——分散股权时代的公司治理.郑志刚 著.北京大学出版社.2017年4月

金融杠杆与宏观经济：全球经验及对中国的启示.中国人民大学重阳金融研究院 著.中国金融出版社.2017年4月

DSGE宏观金融建模及政策模拟分析.马勇 著.中国金融出版社.2017年2月

金融杠杆水平的适度性研究.朱澄 著.中国金融出版社.2016年10月

金融监管与宏观审慎.马勇 著.中国金融出版社.2016年4月

中国艺术品金融2015年度研究报告.庄毓敏、陆华强、黄隽 主编.中国金融出版社.2016年3月

四、金融下午茶系列

有趣的金融.董希淼 著.中信出版集团.2016年7月

插嘴集.刘志勤 著.九州出版社.2016年1月

多嘴集.刘志勤 著.九州出版社.2014年7月

金融是杯下午茶.中国人民大学重阳金融研究院 主编.东方出版社.2014年4月